《大唐西市博物馆藏墓志》发行式

胡戟主持发行式

北京大学教授吴宗国主旨报告

陕西省社联主席赵世超讲话

陕西省文物局副局长刘云辉讲话

文物出版社总编葛承雍讲话

大唐西市公司董事长吕建中致欢迎辞

大唐西市博物馆藏墓志国际学术研讨会

中国唐代文学会会长陈尚君致贺辞

刘屹宣读中国敦煌吐鲁番学会会长郝春文贺信

胡戟宣读中国唐史学会会长冻国栋贺信

韩国首尔大学名誉教授朴汉济发言

日本专修大学教授土屋昌明发言

台湾中兴大学教授宋德喜发言

大唐西市博物馆藏墓志国际学术研讨会

中国社会科学院黄正建研究员发言

陕西师范大学教授周伟洲发言

中央民族大学教授李鸿宾发言

上海师范大学教授汤勤福发言

陕西师范大学教授拜根兴发言

陕西师范大学教授刘戈发言

大唐西市博物馆藏墓志国际学术研讨会

胡明曌宣读北京大学教授罗新发言

西北大学教授李健超发言

北京石刻艺术馆滕艳玲主任发言

洛阳师范学院副教授毛阳光发言

兰州大学教授陆庆夫发言

北京理工大学教授赵和平发言

大唐西市博物馆藏墓志国际学术研讨会

北京大学中古史中心研究员史睿发言

中国社科院研究员李斌城发言

首都师范大学教授刘屹发言

西安碑林博物馆研究员王其祎发言

三秦出版社编审李郁发言

中国社科院研究员李斌城主持讨论

大唐西市博物馆藏墓志国际学术研讨会

中国文化遗产研究院邓文宽主持讨论

中国社科院研究员黄正建主持讨论

首都师范大学教授阎守诚主持讨论

西北大学教授李浩闭幕式讲话

胡戟宣读大唐西市公司总裁王少斌闭幕辞

大唐西市博物馆墓志展厅

大唐西市博物馆藏回鹘王子墓志国际研讨会

与会学者察看回鹘王子墓志

与会学者察看回鹘王子墓志

会场

合影

连树声张树森伉俪联袂画展

北京市特级教师连树声老师讲话

连树声老师书西市墓志警句赠陕师大学生

张树森老师留赠大唐西市艺术馆的富春山居全图之局部

祝贺大唐西市博物馆墓志展

震惊寰宇

辛卯钟繇题

大唐西市博物馆藏墓志研究 续一 上

吕建中 胡戟 主编

陕西师范大学出版总社有限公司

图书代号　ZH13N0891

图书在版编目(CIP)数据

大唐西市博物馆藏墓志研究:续一/吕建中,胡戟主编.—西安:陕西师范大学出版总社有限公司,2013.7
ISBN 978-7-5613-7207-4

Ⅰ.①大… Ⅱ.①吕… ②胡… Ⅲ.①墓志—研究—中国—古代 Ⅳ.①K877.454

中国版本图书馆 CIP 数据核字(2013)第 169799 号

大唐西市博物馆藏墓志研究续一
吕建中　胡戟　主编

责任编辑	刘　定
责任校对	陈　冰
封面设计	安　梁
出版发行	陕西师范大学出版总社有限公司
	(西安市长安南路199号　邮编710062)
网　　址	http://www.snupg.com
印　　刷	西安市建明工贸有限责任公司
开　　本	720mm×1020mm　1/16
印　　张	35.25
字　　数	500千
插　　页	6
印　　数	2000
版　　次	2013年7月第1版
印　　次	2013年7月第1次印刷
书　　号	ISBN 978-7-5613-7207-4
定　　价	128.00元(全二册)

读者购书、书店添货或发现印刷装订问题,请与本社营销部联系、调换。
电话:(029)85307864　85251046(传真)

目 录

序一 《大唐西市博物馆藏墓志》首发式暨国际学术研讨会欢迎辞
　…………………………………………………………… 吕建中　1
序二 发挥墓志作为特殊文物的作用 ………………… 吴宗国　4
中国唐代文学学会会长陈尚君教授的贺辞
　整理规范　文献珍贵——《大唐西市博物馆藏墓志》初读述感
　…………………………………………………………… 陈尚君　13
中国唐史学会会长冻国栋教授的贺信 ……………… 冻国栋　27
中国敦煌吐鲁番学会会长郝春文教授的贺信 ……… 郝春文　28
陕西省文物局副局长刘云辉致辞 …………………… 刘云辉　29
"祝贺、祝愿、祝福"三点感想
　——《大唐西市博物馆藏墓志》首发式致辞 …… 葛承雍　30

大唐西市博物馆藏汉文鲁尼文双语回鹘王子葛啜墓志简介
　…………………………………………………………… 罗　新　1
大唐西市博物馆入藏北朝胡族墓志考 ……………… 周伟洲　5
魏晋南北朝南人北迁及相关史迹释读
　——读《大唐西市博物馆藏墓志》 ……………… 汤勤福　21
北周是云㒲及夫人贺拔定妃墓志考释 ……………… 李鸿宾　39
有涉杨玄感起兵事件的三方新发现墓志 …………… 胡明曌　54
从《杨岳墓志》看杨氏在唐前期的浮沉 …………… 黄正建　62
大唐西市博物馆藏墓志所载唐代道教研究 ………… 李斌城　68
常鸿墓志与隋代宾贡科 ……………………………… 高明士　81
唐代萧祎墓志考释 …………………………………… 曹印双　89

《高婕妤墓志》考释 …………………………………… 郭海文　李　恭　101

唐代藩镇供军案例解析——以出土《夏侯昇墓志》为中心 … 贾志刚　113

对《大唐西市博物馆藏墓志》部分解题地名的异议 ………… 李健超　126

唐代文学和皇室的婚配仕进
　　——新见两方有涉大明宫的墓志披露的新资料 ……… 胡明曌　132

石解墓志研究新编 ……………………………………………… 宁　欣　139

大唐西市博物馆藏《韩处章墓志》与敦煌本《记室备要》的比较研究
　　………………………………………………… 赵晨昕　赵和平　166

长安瑰宝——读大唐西市藏志有感 …………………………… 李健超　178

大唐西市博物馆藏墓志所见唐刺史资料辑考 ………… 吴炯炯　田卫卫　181

新见有关《会要》作者苏冕的重要史料 ……………………… 沈寿程　204

《全三国六朝文补遗》的编辑出版及其学术价值 ……………… 李　郁　216

唐代长安通化坊江南士族的书学传承与法书收藏 …………… 史　睿　221

唐开元年间墓志纹饰图案初探 ………………………………… 周晓薇　229

掀开盛世唐人心扉的一角
　　——《大唐西市博物馆藏墓志》揭示的唐人门第观财富观价值观
　　…………………………………………………………… 胡　戟　243

碑志与唐代文学——在闭幕式上的讲话 ……………………… 李　浩　262

王少斌在闭幕式上的书面致辞 ………………………………… 王少斌　265

会议简报 ………………………………………………………………… 266

与会人员通讯录 ………………………………………………………… 282

后记 ……………………………………………………………………… 288

《大唐西市博物馆藏墓志》
首发式暨国际学术研讨会欢迎辞

吕建中

时值《大唐西市博物馆藏墓志》首发式暨国际墓志学术研讨会合并举行之际,通过墓志展览、学术交流、专家研讨、书画鉴赏等主题活动相继展开,深入探讨和研究中国墓志,这是对中国墓志学术内容及文物价值的一次具有里程碑式意义的审视。

大唐西市博物馆作为全国最大的民营墓志收藏馆之一,所收藏的历代石碑、墓志、志盖等数量达950多件,分属于西魏、北周、隋、唐、五代以及宋、金、元、明、清等十几个朝代,涵盖了1400年的历史。其中仅隋唐时期的墓志就有500多件,少于洛阳的千唐志斋和西安碑林博物馆而位居全国第三。这些墓志不仅具有宝贵的文学和史学的史料价值,还具有不可估量的书法、绘画等艺术价值,为研究中国古代社会,特别是为研究隋唐政治、军事、经济和文化提供了不可多得的史学资料,也为我们文博界的诸多探讨提供了弥足珍贵的佐证。大唐西市博物馆的墓志馆藏乃是珍贵的中国文化遗产,也是惠泽世界的精神财富。

大唐西市遗址具有绝对的历史价值和意义,它的被发现、被发掘和被保护历程也非同寻常。当年,就在这片开发建设的土地上,中国社会科学院考古研究所的马得志先生、安家瑶先生在此发现了古西市的文物并确认了大唐西市遗址的地理位置。这一发现让我们改变了当初的开发计划。怀着对历史的尊敬,加之对保护文物古迹的社会责任感和传承文化的使命感,我们放弃了追逐既定的巨大商业利润,转让了部分前景非常好的开发项目,承担了附加的修改成本,义无反顾地投入到了博物馆的建设和遗址的保护上。按照国家和省市文物局批准的保护方案,我们自发投资三个多亿来建设这个遗址保护博物馆。我们组织了多方优势资源参与其中,在考古单位普查和发掘之后,我们还邀请了胡戟老师带领的西北大学考古系、陕西师范大学历史系的教师和学生,对所有开挖的土方进行仔细筛查,努力做到不遗漏任何细小的文物。为了便于今后研究西市的历史和文化,充实博物馆的馆藏,我们也在社会上努力征集了反映丝路和西市文化的文物,来展现西市的全貌,目前博物馆珍贵的馆藏文物已达20000多件。

在博物馆的文化建设上,我们得到了葛承雍等老师的远瞻性见解支持。一个反映隋唐时期丝路文化和西市唐代商业文化的主题性博物馆的思路跃然而出。为明确这样的基调,胡戟老师还为此组织全国的隋唐史专家学者,对西市的地位和价值进行了系统的研究和考证,包括到丝绸之路沿线国家进行学术考察和交流求证,得出了西市是当时世界上最大的国际贸易中心、时尚娱乐中心、文化交流中心,更是丝绸之路的东方起点这一重大研究结论。

我们根据这一重要结论和西市所禀赋的历史文化内涵,进行了重新规划和设计,以"一大文化事业"和"五大文化产业"的发展为理念,形成了目前博物馆事业与国际古玩城、丝路风情街、非物质文化遗产城、胡姬酒肆、会展演艺等产业的总体格局。特别是丝绸之路风情街,浓缩了丝路沿线10余个国家的特色景观、特色餐饮、特色产品和特色演艺,形成了全新的异域文化展示区。每月举办的文化周活动使得与丝路沿线国家的文化交流更加频繁起来,恰如盛唐西市的繁荣景象再现,这必将成为西安乃至全国新的文化与产业亮点。

自大唐西市项目伊始,深入的挖掘和整理西市的历史与文化,就是我们的关注对象和工作内容之一。具有学术意义和文化传播价值的专著已出版的有《西安大唐西市》、《西安大唐西市博物馆》、《历史上的大唐西市》、《民办博物馆藏荟萃》、《民办博物馆发展论坛论文集》等。我们还正在构思运用传统媒体和新媒体创制讲述西市文化的栏目,为民众提供更好的平台来了解大唐西市,从而传播中国优秀的商业文化与商业历史知识。

大唐西市项目是传承中国优秀文化、续写历史的重要载体之一,我们从事的是益于国家和益于社会的事业,是阳光而创新的事业,是一项令人骄傲的事业。大唐西市已经成为国内外知名的文化产业品牌,先后荣获"国家文化产业示范基地"、"国家AAAA级旅游景区"、"国家级非物质文化遗产生产性保护示范基地"、唯一一个入选"国家二级博物馆名录"的民办博物馆等50多项专业与社会荣誉。这些荣誉来自我们的不懈努力,来自我们打造一个具有国际吸引力、影响力的文化传播中心和文化交流窗口的信念。我们自信成为中国文博界的一颗璀璨明珠,大唐西市品牌的铸成,已经成为全国首个民间资本与社会力量来保护遗址的成功范例。

"以商养文、以文促商"的创造性新模式是大唐西市的经营核心。大家知道,博物馆这一文化事业是公益性的,如果我们民营企业不来承担这个责任,那么就需要国家承担。目前我们已经探索出了社会力量出资保护遗址、发展文化产业的新路子,形成了以文化产业反哺文化事业,以文化事业促进文化产业的良性循环。目前,这种"民营资本投资模式"已被列为陕西大遗址保护五大实践模式之一,在全国同类产业中产生了巨大而积极的影响。

大唐西市的公益理念是长期化、品牌化、规模化和基地化。我们每年举行的"三大公益性活动",一是大唐西市春节文化庙会,已获中华文化促进会"中国节庆传承奖";二是非物质文化遗产展演系列活动,这是文化部和省政府联合主办的由我们公司承办的公益性的展演;三是大唐西市文化艺术博览会。这些公益性活动,不仅带动了西安文化旅游和文化消费,也在潜移默化地影响着人民的文化观,为城市建设、历史文物保护、增加都市生活价值做出了积极贡献。

最后,再次表示对与会各位专家的热烈欢迎,我还有"三个希望":一是希望各位专家和老师能够多提宝贵意见,促使大唐西市以及西市博物馆进一步的完善和提高;二是希望这次学术研讨会是推动我们今后长期合作研究,并共同为文博事业做出更多贡献的开始;三是希望大家今后多来大唐西市传经送宝,我们愿热情的为各位专家提供各种的服务。

千里之行,始于足下。发展特色文化产业,必须坚持"政府主导、科学规划、市场运作、企业支撑"。大唐西市这一特色文化产业如何持续前行,有赖于国家和省、市文物局的领导,各位专家学者的支持,各位同行的关心和社会各界朋友的帮助。在此祝愿,大唐西市,商业文化更加灿烂,公益事业再铸辉煌。

(作者简介:吕建中先生是大唐西市博物馆理事长,西安大唐西市文化产业投资有限公司董事长)

发挥墓志作为特殊文物的作用

吴宗国

一

《大唐西市博物馆藏墓志》终于出版发行了,这是一件值得庆贺的大喜事!

碑文和墓志铭在唐代文人的著述中占有重要地位。《张说之文集》25卷中,碑志共占9卷,其中大部分为碑文;《韩昌黎集》40卷中,碑志占12卷,其中大部分为墓志铭。而在唐朝流传下来的文献材料中墓志铭所占比重更大。《唐代墓志汇编》及《唐代墓志汇编续集》所收截至1996年全唐文未收和新发现的唐代墓志共5164件,全部都是录文。收录墓志拓片规模最大的有1984出版的《千唐志斋藏志》,收录墓志原拓图版唐志1209件;1991年天津古籍出版社出版发行的《隋唐五代墓志汇编》按照出土地域或收藏地分为九卷,收录隋唐五代墓志拓片5000余种。这两种全为图版,没有录文。《新中国出土墓志》从上个世纪八十年代开始分省陆续刊布,上册是墓志原件或损本的图版,下册是与图版对应的录文。

《大唐西市博物馆藏墓志》则是把原拓图版和录文印在一起,更便于对照阅读与欣赏。书中的墓志图版是大唐西市博物馆员工辛勤锤拓的结果;墓志录文则是动员了学术界八十余位专家学者和大唐西市博物馆员工,夜以继日,历时数年才得以完成的。在唐史学界动员面之广,所投人力物力之大,都是空前的。与此同时学者还在录文阶段对墓志展开了学术研究,召开了各种类型的学术讨论会。文物收藏单位和学术界这样亲密的、无私的合作,并且把整理与研究结合起来,这是继《天圣令》整理与研究项目后,历史学界,特别是唐史学界的又一件盛事。

二

墓志是特殊的文物,而不仅仅是新发现的文字史料。因为它不仅给我们留下了文字的材料,告诉我们许多已知而知之不多和未知的史实,向我们传达了当时人们的思想感情、价值观念和时代风尚。而且还给我们提供了许多从其他渠道无法得到的信息,给我们梦回盛唐,体味大唐风采提供了一个特殊的平台。

墓志和其他文物一样,都是有限的,不可再生的,所以非常珍贵。特别是在文物走私猖獗的时期,把新出土和新发现的墓志及时收藏和保存下来,更是俱有保护和抢救的意义。

大唐西市博物馆在相关部门和人士的支持下,克服各种困难,斥巨资收藏了历代石碑、墓志、志盖九百五十多石,包括这次刊出的主要是陕西、河南、山西的隋唐时代的墓志五百方石。继千唐志斋之后大唐西市博物馆是又一个公开出版,公开向民众展示,珍藏唐志最集中的地方。

这不是一种个人的爱好,而是对传统文化的热爱和对民族、对祖先的高度的责任心。为此我们要向启动收藏并向这项工作做了大量投入的吕建中理事长,全面负责此事并倾注了全部心血的胡戟教授,参与录文工作的各位学者,以及所有参与这项工作的人士表示衷心的感谢和崇高的敬意!

三

希望继续整理和刊布其余的志石,并进一步丰富收藏。当然碑志的收藏只能是因缘际会,是可遇而不可求的。但在陈列等方面希望能有更加吸引观众的创新。

我想是不是可以把一些具有典型意义的墓志,通过各种方式的解读和展示,把这些死的墓志变活,让观众更加直观地了解唐代的文化和历史,给民众提供一个直接和唐人对话的平台。

1. 例如书法,从墓志中我们可以清楚地看到民间书法的状况和唐代书法的变迁,可以看到汉隶、魏碑、王羲之和欧阳询等唐初四大家,以及颜真卿、柳公权等书法家在民间的影响。特别是,那些具有浓厚唐朝特色的隶书,带有隶味的楷书,还有夹着行草的志文,不仅在具有民间色彩的墓志中,而且在一些上层人士的墓志中都可以看到。唐人开放和率意的心态跃然志石之上。我们是不是可以选择一些具有代表性的或者艺术性比较高,或者字体具有某种特色的墓志,把墓志和拓片结合起来并加以说明,让观众更好地欣赏唐代书法,了解唐代书法的变迁。

2. 还有文体的变化。墓志不仅给我们提供了许多新的宏文巨篇,而且向我们展示了唐代文体上的变化。从唐朝初年的朴实无华，到唐高宗以后流行的四六对仗，典故充斥的骈体文，到古文，是一个逐步演变的过程，从墓志上的文字来看，这个变化开始于武则天时期，而转折则是在开元、天宝之际。虽然还保持了对仗的修辞方法，但典故已少了很多。

  3. 墓志虽然只是一方小小的石头，却包含了丰富的历史内容。通过墓志，只要进行必要的解读，就可以把唐朝历史的方方面面加以复活。

  当我们在《柳保隆墓志》(《墓志》二八三)中看到"属有唐草创，盛选英髦，从事雄藩，唯贤是与。解褐擢为秦府典签"时就会想到《大唐创业起居注》所记大唐创业过程中"卜祝庸保，量能使用"。以及唐初"官员不充，省符下诸州差人赴选，州县及诏使多以赤牒补官"[①]的情景。读到"既而关辅流离，颇资宁辑"时就会想到贞观元年到三年关中各地连续发生水旱霜蝗之灾，百姓在各级政府安排下有秩序地四处逐食，灾后纷纷返乡的情景。[②] 小小的一方墓志竟然包含了这么多的信息。

  而冠以"大周"的一些墓志则让我们形象地领略到武则天所造字在实际书写中的应用。虽然这些字在文献中全都流传下来了，对于我们来说并不陌生，但墓志中的这些字是当时人写的、刻的，充满了大周的时代气息，这是从文献中绝对感受不到的。

  《李令问墓志》(《墓志》二一〇)、《房先忠墓志》(《墓志》一五五)、《弓昭(郑国夫人)墓志》(《墓志》一五六)等墓志让我们看到唐初以来勋贵名臣之间的婚姻关系。李令问的伯祖是李靖，祖父是李客师，祖母长孙氏是唐太宗长孙皇后的堂姐。这样的婚姻关系与唐初门阀思想的残留是否有关呢？

  《房先忠墓志》，从翁婿的角度说明章怀太子李贤与房氏这对可怜的夫妻不仅生前坎坷，而且死后也历经曲折，最后才走到一起。从一个侧面反映了上层政治斗争的残酷。

  《侯子墓志》(《墓志》一三〇)中记载他担任洺州司马时"且耕田凿井"，可以看到武则天时期尽管上层的政治斗争是很激烈的，但并没有影响到各级政府对民生的关怀。

---

① 《资治通鉴》卷一九二贞观元年隋世选人条。
② 《贞观政要》卷一《政体》。

而从《柳壁墓志》(《墓志》一二八)中提到,"调露二年,有制曰:农为国本,食为人先。西郊未宁,粮储为务。"则让我们看到调露二年(680),黑齿常之为河源军经略大使,为解决军粮转输险远问题,在河源广置烽戍七十余所,开屯田五千余顷的工作中,①一个小人物柳壁,"筹功课最,君为第一。"粮食丰收,仓储委积,有他的一份功劳。这在其他文献中是很难见到的。

《韦贞范墓志》(《墓志》二三八)这方立于天宝元年的墓志中写道:"我皇上分忧列岳,委镇藩维,二畿托以腹心,三辅成其手足。天平海晏,国富人安。均雨露于万方,布风猷于百郡。"这是我们可以见到的当时人手写的对开元之治的颂扬,是难得一见的非常珍贵的第一手材料。

而《魏系墓志》(《墓志》二九四)提到安禄山进入洛阳、长安后官员从逆的惊人情况:"天宝之难,先朝动(勋)德之胤,半仕穹庐。"反映了当时一部分士人和官僚为了追求个人的发展,保持和发展自己的权力地位,已经丧失了信仰,陷入了道德危机,并且已经成为当时一个关系到国家存亡和社会稳定的严重的问题。

4. 墓志在树立社会道德规范方面具有特殊的作用,不论在为官、做人,还是妇女儿童等特殊人群,墓志中都突出他们在这些方面的优良品格。这对引领社会风尚,引起人们对身后评价的关注是有特殊意义的。

墓志中对地方官员的政绩和他们的官德人品多有描述。辅恒(《墓志》一五八)为宁州录军参军,"明以革弊,奸吏惧而易沮;智以提纲,轨范平而难越。"李炯(《墓志》一六三)任华州下邽县令,"间闻谊嚣于八郡,牒诉悾偬于五部。"社会不很平静。李炯"御急以宽,息烦以简。清身以洁下,屈己以从时。威之以法而俗齐,导之以礼而人劝。嗷嗷阖境,暨于今而歌之。"成公崇(《墓志》二二〇)任西州别驾,"为官清白,处事公平。宽猛临人,德政谋己。""长子日新等,并移家奉国,资孝事君。"

墓志还提供了材料,说明唐代妇女冲破了三从四德,并且提出了新的四德。唐太宗一纸鼓励寡妇再嫁的诏令早已把"未嫁从父,既嫁从夫,夫死从子"②的"三从"打破了。《李元雄墓志》(《墓志》二〇九)记载其夫人元氏,"有则有行,

---

① 《资治通鉴》卷二百二高宗永隆元年秋七月。
② 《仪礼·丧服·子夏传》。

妇德冠于闺门;闻礼闻诗,母仪盛于当代。"而在《曹氏墓志》(《墓志》二八三)这篇父亲为女儿所写墓志中则明确写道:"又见汝事宗尊以孝,执蠲吉以勤,施韠韍以功,奉娣姒以敬。弘此四德,睦彼六亲,可谓规范妇仪,昭宣壸阃矣。""四德"已从过去的"妇德、妇言、妇容、妇功"逐步演变为"孝、勤、功、敬",从过去作为丈夫的附庸的四德变成规范妇女作为家庭成员的义务的四德。

《程云墓志》(《墓志》四四五),写于咸通二年(861)。墓志中提到他后娶的夫人韩氏,"三从早着,四德素修。"三从四德的桎梏似乎又回到了妇女身上。

《申讽臣墓志》(《墓志》二一八)为我们提供了一个唐人对青少年评价的样本。申讽臣二十岁早亡,志文说他"穰而秀彻,髦而仁孝。志学读诗礼,既冠能文章"。

《萧道济墓志》(《墓志》一三一)、《刘氏及妻房氏墓志》(《墓志》一三七)描述了唐代前期佛教信徒的日常的宗教生活。"坚心正觉,游神妙理",是很让人钦佩的。涉及佛、道的墓志有很多内容是可以挖掘的。

最后不得不提的是《王玄德及夫人郜氏墓志》(《墓志》二一七)。这是一位大孝子为双亲所立的墓志铭。铭曰:"父兮母兮,恩实罔极。千秋万岁,琼珉纪德。"铭文写得如此直白,如此深情是很少见的。

墓志内容涉及许多方面。有几点是值得关注的。

一是墓志在谈到志主王玄德的曾祖和父亲分别为柱国和护军时写道,他们悉皆勇冠三军,长期成守,但是"上则不过护军,下则镜登柱国。呜呼!道之不行也,其若之何?"充满了不满和无奈之情。而在谈到志主王玄德时,一方面说他"不仕即世,窒名利之机,安恬澹之趣。"一方面又说"惜其辅颜回之仁,种咎繇之德。其行谨而信,其性俨而温,其言省而详,其迹晦而阐。有此一德而世不知,有此四科而身不耀者,何哉?外物,门之所尚也;自守,躬自所宝也。"虽然志文对"何哉"做了回答,但是一个"惜"字,一个"何哉"还是透露出写作者心中的不平。这不仅是写作者个人的感慨,而且也是写作者想要向后人诉说的心里话。

二是墓志四侧的出游、嫁娶、马球、对唱四幅线刻画,让我们形象地领略到唐代社会生活的丰富和文化生活的精彩。我第一次看到这方墓志的拓片时,就感到非常震惊!不敢相信这是唐代的,因为线刻画太精美了。还有为什么会出现这方迄今独一无二的有线刻画的墓志。这两点都是需要进一步深入的探索和研究才能搞清楚的。

5. 在职官制度、选举制度方面，墓志给我们提供了许多生动的例证。特别是千牛、三卫、斋郎和品子等与门荫入仕相关的材料，在现存的文献材料中是很少的，而在《大唐西市博物馆藏墓志》中则是相当丰富的。下面试看几个具有代表性的例子。

千牛：王美畅（《墓志》一九三），显庆元年（656）起家太子左千牛；乾封二年（667）授朝散郎（从七上散官）咸亨三年（672）秩终，以本阶转始州司法参军事。仪凤三年（676）授朝请郎（正七品上文散官）。高宗去世后（684）增为朝议郎（正六品上文散官）。垂拱三年（687）拜朝散大夫（从五品下文散官），行水部员外郎，迈入了五品高级官吏的行列。至万岁通天元年（696）加正议大夫（正四品上文散官），十年间连升七阶，离三品亲贵只有一步之遥。这是一个普通官员在一切顺利的情况下二十八年才有可能做到的，而王美畅在十年间就做到了。这其中他经历了扈从武则天拜洛，由朝散大夫迁朝议大夫（正五品下文散官），一下就超升二级。武则天利用庆典"以爵禄收取人心"和破格用人他都摊上了，真可谓是生逢其时。

三卫：李奴（《墓志》七九）祖、父皆为三、四品高官。贞观十四年（640）李奴以荫起家授右卫勋卫（从七品上），起家是相当高的。但直至乾封三年（668）才被授予奉议郎（从六品上文散官）行苑西面监。二十八年只升了三阶。

成公崇（《墓志》220），其父为正议大夫（正四品上阶散官）、上柱国（比正二品勋官）。成公崇，起家右卫勋卫（从七品上）。① 后应制及第，授右卫队正长上（正七品上）。但最终只做到一个正五品上阶的左骁卫翊府右郎将员外置同正员，兼西州别驾。情况虽比李奴要好得多，但运气还是远没有王美畅那么好。这告诉我们，尽管是五品以上高官子弟，享有门荫的特权，但是如果走的是担任卫官这一条路，仕途是并不通畅的。其实这种情况隋朝就有了苗头，李密以父荫为左亲侍，宇文述就对他说过："三卫丛脞，非养贤之所"。② 到了唐朝，三卫

---

① 《唐六典》卷二《尚书吏部》吏部郎中凡叙阶之法有以资荫条："若三品带勋官者，即以勋官品同职事荫。四品降一等。"成公崇父为正议大夫（正四品上阶散官），带勋官上柱国（比正二品勋官）。按四品官降一等的规定，当从正二品下叙。按规定一品子正七品上叙，至从三品子递降一等，成公崇当叙从七品上。

② 《旧唐书》卷五三《李密传》。

这些官二代、官三代更是越来越被人看不起了。套用当年诸兄对窦威说的一句话,"名位不达,固其宜矣。"①情况完全反了过来。因此早在贞观年间就发生了三卫逃亡的情况。这也从一个方面说明随着时代的发展,官吏任用标准和选用途径的变化对他们的前途和命运的深远影响。

挽郎、斋郎:李令问(《墓志》二一〇),起家唐高宗挽郎;周严顺之夫薛氏(《墓志》二〇三),"懿德太子挽郎出身";严澄(《墓志》二〇七)"斋郎应举及第"。这些通过挽郎、斋郎出身的,见证了武则天"以爵禄收取人心"的一个方面。

而严澄"斋郎应举及第"后,又先后通过"上书言政"和制举得到提拔,说明武则天时期并没有停留在单纯的收取人心上,而且通过一些方式来发现真正有才能的人,并把他们提拔到适当的岗位上去。而制举包括上书言政②则是一条最便捷的道路。

品子:仇青泰(《墓志》一三八,一六六《仇青泰墓志外一方》),父仇孝成唐初元从,授从九品下阶文散官将仕郎。仇青泰以"品子"起家唐赵王帐内(外一方记为"亲事"),考满授武散官陪戎副尉(从九品下)。属大周革命,又转勋官正七品云骑尉。一直到圣历元年(698)七十一(外一方作三)岁高龄去世,没有被授予任何官职。青住(《墓志》一五〇),父为从五品上阶勋官骑都尉,青住以品子身份授徐王亲事,期满后考试合格,授从九品上阶的武散官陪戎校尉。直到文明元年五十五岁终于家,也没有担任过任何官职。这是六品以下官和三至五品勋官子以"品子"考满授予武散官的例子。品子入仕后虽然也有可能通过一定的途径得到提升,但由于他们属于"杂色入流",社会地位低下,特别是他们自身素质的限制,升迁的空间是很有限的。

《韦辂墓志》(《墓志》四四二)还为我们提供了一个唐朝后期高官子弟不由科举而进入仕途的例证。韦辂"弱冠登太常第",即担任太庙斋郎或郊社斋郎期满考试合格,送吏部应选。"天官有取士科,甄校书判。"天官是指吏部。天官有取士科是指唐玄宗时期吏部开始设立的科目选中的拔萃科。选人选限未至能试判三条,谓之拔萃。合格者授与官职。"秩满赴调,又判入高等。"是指任职期

---

① 《旧唐书》卷六一《窦威传》:诸兄更谓威曰:"昔孔丘积学成圣,犹狼狈当时,栖迟若此,汝效此道,复欲何求?名位不达,固其宜矣。"

② 《封氏闻见记》卷三《制科》:"及进献文章并上著述之辈,或付本司,或付中书,考试亦同制举。"

序二

满后应选时所试身言书判中判列入高等。

有关科举的墓志也是不少的。有的墓志详细叙述了志主科举及第前后的情况,以及及第后通过各种途径步步高升的历程,是一幅幅比《枕中记》中卢生的黄粱梦更为实际的升官图。墓志加上图解,再与黄粱一梦中的卢生及其原型张说相比较,可以让观众形象地了解唐代是一个可以梦想的社会。①

《李朋墓志》(《墓志》四五〇)则生动地叙述了文宗大和、开成之际科举不放子弟和高锴掌贡举时"抑浮华,尚贞实"的情况,可与《旧唐书·高锴传》对照研究。墓志中记载的李朋科举及第后入仕和升迁的经历也不同于唐朝前期,是一幅典型的唐朝后期的升官图。

墓志上出现"乡贡进士某某撰"(《墓志》二七七、二九一、二九四、三二三……)、《乡贡进士某某墓志铭》(《墓志》三三三、三八五、四四一、四五三……),是从开元、天宝时期开始的,到唐朝后期就浸以成风了。唐代科举及第称"前乡贡进士"、"前乡贡明经"。"乡贡进士"、"乡贡明经"则是取得参加科举考资格的应举人的称号。"乡贡进士"在墓志中出现,说明未及第的举人称号已成为民间社会认可的一种头衔。②这也说明科举已经影响到整个社会,参加科举考试的下层士人的社会地位也因之有了相当大的提高。

《程云墓志》(《墓志》四四五)说他"霜坛受録,蕴德五千。"并且说他"诗书窟宅,乡党领袖。"这说明在民间,在农村,诗书和老子都是受到尊崇的。程云饱读诗书、老子,能够谈说清词,文章又写得好,虽然没有举人的身份,但是乡人还是把他视为"乡党领袖。"

乡贡进士、乡贡明经、乡党领袖这些称号的使用,说明基层社会已经开始发生变化,已经不是杜甫在《兵车行》中所说的"去时里正与裹头"那样的社会了。

这里只是粗略地列举了几点。大唐西市博物馆所藏的墓志几乎包含了唐朝各个时期各个方面的情况,有关唐朝的政治、军事、文化、教育、百姓生活,民族关系、对外关系等在墓志中多有反映。特别是唐朝后期"不历州县,不拟台省"已经制度化,而去从藩府,充当节度、观察使的幕僚,更是科举及第后快速升

---

① 胡戟、刘后滨主编:《唐代政治文明》第九章第二节《快速升迁的途径》,西安:西安出版社,2013年。

② 吴宗国:《唐代科举制度研究》第十四章第四节《举人层》。沈阳:辽宁大学出版社,1992年,北京:北京大学出版社,2010年。

迁的捷径，①因此官员多有在地方任官的经历，加之古文运动的开展，文体更加开放活泼，这些都使唐朝后期墓志的内容更加丰富，更加生动。

如果我们能够把这些方面，通过适当方式加以陈列，加以展示，加以解读，介绍给观众，那么这些碑志就不仅仅是为我们提供新的文献史料，或者仅仅作为学术研究的对象，而且同时可以成为广大群众认识和了解唐朝历史和文化的平台。我想这也可能更加符合这些墓志撰写者和建立者的初衷和心愿。

在展示的方式上，可以采用传统的展板的方式，优点是比较直观，可以一目了然。缺点是比较死板，信息量也比较有限。还可以采用多媒体的方式，优点是这种方式比较灵活、比较生动，容量很大，可以给观众提供很多的信息，并可以给观众一种与古人对话的感觉。缺点是缺少气魄，还不能让观众真正体验到梦回盛唐。为了弥补上述两种方式的缺点，还可与采用实物展示、讲解和大屏幕展示相结合的方法。作为上述工作的副产品，同时还可以组织选编《大唐西市博物馆藏墓志精选》和编写《墓志与唐朝的历史与文化》。《墓志与唐朝的历史与文化》既是上述展示的学术说明，也是一本雅俗共赏，别开生面地介绍唐朝历史与文化的读物。

墓志的收藏与整理是一件艰巨的工作，任重而道远，需要各方面的支持和博物馆、学术界亲密无间的合作和持续的努力。各个单位收藏的墓志希望不要为收藏者所独有，要尽快地进行整理和刊布。已经整理和刊布的墓志希望不仅是学术界研究的对象，而且要成为广大群众了解历史与传统文化的一个窗口和平台。这样墓志才能更好地发挥作为特殊文物的作用。

(本文作者：北京大学历史系教授)

---

① 吴宗国：《唐代科举制度研究》第十二章第二节《辟举与进士科的结合》。沈阳：辽宁大学出版社，1992年，北京：北京大学出版社，2010年。

中国唐代文学学会会长陈尚君教授的贺辞

整理规范　文献珍贵

——《大唐西市博物馆藏墓志》初读述感

陈尚君

一

胡戟、荣新江二教授主编《大唐西市博物馆藏墓志》(北京大学图书馆2012年9月出版)一书,在近年众多汇编中古墓志的出版物中,具有独特而鲜明的优势。一是该书所藏五百方墓志,全部是大唐西市博物馆所藏,并据原石拓本影印,不同于其他诸书大多以汇编拓本出版。二是本书整理工作主持单位为西安大唐西市博物馆理事会、北京大学中国古代史研究中心,参编单位则有中国社会科学院历史研究所、中国人民大学国学院、中国人民大学历史学院、中央民族大学历史文化学院、首都师范大学历史学院、中国国家图书馆古籍馆,列名主编、编委及整理名单者有数七十多人,集中了当代中古史研究的一大批前沿学者。如许多学者参与整理,保证了全书的学术质量。三是本书出版前的前期研究成果极其丰富,书末附有《大唐西市博物馆藏墓志研究文献索引》,罗列利用本书提供的新资料,前期发表的学术论文四十多篇,涉及墓志四十三方,且大多刊于国内一流刊物,显示了此批墓志极其难得的学术研究价值。

本书采取影印墓志拓本(部分附录志盖及四缘纹饰),再附加录文的方式,每篇墓志皆有较明晰得体的解体。解体体例统一,第一节说明志主之生卒、里籍、葬地,第二节说明墓志之形制、行款、纹饰、撰书人以及入藏情况。第三节略叙志主之家世、仕历及同出墓志情况,曾与史传略有参酌补充。这些解体对与读者利用这些墓志文献,无疑是很有意义的。

由于众多专业学者参与,本书录文及标点堪称优秀,可以为读者信任。我因为要写书评,通读全书,刻意求疵,也算找到几处可商榷的地方①。大端可以信任,则无疑问。

因为本书整理者主要为中古史学工作者,他们利用此批墓志已经发表的前期论文,主要集中在唐代民族、政治、家族、经济、都市等方面,可待进一步阐发的剩义仍有不少,尤其在文学方面,即拟以此作为本文论述之中心。

二

本书包含数量可观的显宦及其家人墓志,保存了唐史研究的重要记录。

由于近百年唐代墓志发现,无论科学考古、建筑施工还是盗墓私掘,经常都有一个家族墓群的系列发现,本书也多此例。其中较突出的,一是郭子仪家族墓志。以往已经看到郭晞夫妇墓志出土的消息,本书又有郭子仪弟郭幼儒(712—773)、郭幼明(719—773)、郭幼冲(734—788)、郭幼明妻苏氏(732—791)以及郭晞女郭珮(761—801)墓志的发现,为郭氏家族研究提供了很丰富的记录。另一为长城徐氏家族墓志的发现。这一家族最著名的人物,一氏太宗徐贤妃,有文才而时近谠议,两《唐书》破例在《后妃传》中为她修传;二是徐坚,为玄宗时的著名文士,尤因主修《初学记》而为世所知,两《唐书》亦有传。徐坚父徐齐聃,则因张说撰神道碑而得大体保存履历。本书五九号徐德墓志,题作《大唐故使持节沂果二州诸军史沂果二州刺史徐府君墓志铭》,未署作者名,但叙事则甚详尽。德字孝德,为徐贤妃之生父。墓志记载从梁徐文整以下其家四代官宦的经历,徐徐德则解巾巴西尉,又为伊阙臣,丁忧后为太子右卫长史,又自将作监丞为礼部员外郎。从太宗征辽,迁水部郎中。永徽二年,为沂州刺史,在职六年,有善政。显庆二年除果州刺史,甫到任即卒,年六十一。墓志所载可注意者,一是家族文史传统的延续,自其祖起即"衣冠礼乐,标映人伦",其父则"博游

---

① 录文可商者,三三号《陆士季墓志》"嗣膺朱邱"句,邱为清代后造字,拓本字形似邱,但就前后文看,显然为"邱"之异写。又如三〇三号《郭雄夫人李氏墓志》"夫人顿丘李太子舍人瀚之女",瀚,拓本显为"澣"字。另如四八六号《冯二铢墓志》,名似很特别,仔细看拓本,似"二"字仅为石刻凿痕之误识。再如四五二号《刘真仪墓志》,作者署"外兄乡贡进士陈松撰","松"字上加方框,显示原石有残损,我仔细辨认,倾向认为其名似为"桡"字。如标点可商者,如四三六号《李氏墓志》:"何论《孝经》,古赋之类,讽诵无阙,用此为娱乐。""何论"应指何晏注《论语》,为唐代通行之书,此处应点作"何《论》、《孝经》、古赋之类"。三九一号《王绾墓志》:"肜生上元元年,生未三月,家有大故,旋遇长安朱泚兵乱(下略)。"上元元年到朱泚兵乱,相隔逾二十年,故"家有大故"下之逗号应该句号。同志"命第二侄洙备,时服棺椟","备"下逗号应删。

文艺,玄览幽赜",至徐德则更突出"虽迹缨簪绂,而性偶山林,丘壑琴书,盖生平之好也。笃志于学,孜孜不倦。凡所撰述,且数万言。"且曾编集十五卷,可惜未传。二是墓志中完全没有提其女入宫服勤太宗之事,不知是否在武后刚立之际,有意识地加以回避。八九号徐齐聃墓志,署"子令坚述",无疑即徐坚撰。与张说撰碑比较,一是篇幅宏大,长达2300多字,为初唐少见的大墓志,二是叙事详备,因为毕竟是子叙父事,颇多精彩。如记徐齐聃年十余即受诏赋诗,得太宗赏赐;叙其高宗初入东宫为参军,后长期在潞王(改沛王,即章怀太子李贤)府任职,累除西台舍人。墓志云其"纶诰之美,海内推兄,议者以有国以来,罕有此例",虽不免溢美,但也可传达大体的时誉。又云:"太宗贤妃,先君之姊也,文词绮艳,标冠前修。贤妃掞左芬之才,先君韫太冲之笔。"并称其有集三十卷和《经典至言》二卷。此文撰于上元三年,是年约二十多岁,也据以可知其早年的文学才能。本书一九二号又收徐坚撰《窦思仁墓志》,则为其七十以后文。

关于唐初史实,本书有一些重要的史料补充。如六九号《李实墓志》云:"于时刘武周鸱张朔野,作梗汾川,窃据偏方,隐如敌国。武帝以公威能制寇,雄略克宣,诏从齐王,委以裨将。"以武德二年在并州榆次战死。由于太宗时的史官有意识地减削其兄弟在建唐过程中的作用,此方墓志记其从齐王元吉与刘武周战死的事实,堪足珍贵。又若三六号《胡演墓志》,载其在隋任北地郡丞。"义宁初,率郡归国,授左光禄大夫,封归义县公,拜北地郡太守。于时国步未康,妖氛尚梗,公招怀安集,境宇清夷。属薛举称兵,王师问罪,粮饩斯重,转运为劳。公倾私廪以犒军,率轻賫而赴敌。朝廷嘉美,玺书廷劳。"北地郡即坊州,是长安以北的要地。胡演以北地归唐,又为与西秦薛举的战事积极提供后勤保证,也是重要的史实。再如四○号《贺拔亮墓志》,载其隋末乱中占据洮阳城,击败羌人的攻围,拒绝薛举的重聘,以洮、叠、旭、宕四州归唐,也具史料意义。

三○八号《陈守礼墓志》,详载其自安史乱起到朱泚乱平之间三十年的一系列战功,如"辅敦煌王为和国史,得回纥五千帐赴难",代宗董戎时"亲入衙幕",即位时"凌霄门册立"功臣,吐蕃入长安时从銮幸陕,"及还宫也,命总六军兵五百人,搜僻行幸所止"。又"大历八祀,袄贼海藏徒伴二百余人,恣为幻化,扇惑闾阎。承制追捕,罔有遗逸,京邑清。"都很重要。更重要的是其因冤下狱,"本军元从将军王罗俊等一千余人诣阙自刭",在获释后又平泾州刘文喜之叛。此墓志涉及史实甚丰富,从附录文章目录知已有人撰文而未刊,希望及早刊出。

另如一五九号《召弘安墓志》涉及武后时期叠州、姚州战事细节，也很重要。

至于涉及皇眷者，也颇有可述。二八号《莫贵嫔墓志》，载莫卒于武德元年十一月，十二月葬，是目前所知唐最早之嫔妃墓志。数年前见高祖第五子汉王元昌墓志发表，载其卒于贞观十七年，年二十五，是当生于武德二年，而当时高祖前四子均已成年，能领兵打仗，由此推测高祖在称帝后广置嫔妃、热衷造人的事实。得此方墓志，可以增一旁证。二二七号《高婕妤墓志》，志主为玄宗婕妤，载其生颍王及昌乐公主，也与《旧唐书》卷一〇七《玄宗诸子传》载"高婕妤生颍王璬"记载吻合。墓志载高为玄宗在春闱时纳入，即位后封才人，进婕妤。墓志未载高之先人官位，疑为玄宗早年在民间所纳女子。所载昌乐公主婿嫁氏，也可补《新唐书·诸帝公主传》之未详。

本书所收五代宋初墓志仅七方，但有二位是两《五代史》皆有传的人物，一是四九一号牛存节墓志，毛阳光教授已经与邓盼合作撰文《洛阳新出五代〈牛存节墓志〉考释》（刊《洛阳师范学院学报》二〇一〇年第六期）加以研究，在此从略。另一方为赵莹墓志，其人《旧五代史》卷八九有传，本书可以补充的事实极其丰富。一载其字光图，与史载字玄辉不同。二载其家华阴及自曾祖以下谱系，较史为详，也可证史籍曾参据其家状，大端可信。三是史载其梁时在康延孝幕下为从事，墓志不载，或因康在后唐被指为叛逆，有意回避。四是赵莹入石敬瑭陕、并诸镇幕府十年，并成为拥立其在契丹扶持下即位的主要功臣，及在晋高祖、少帝二朝的仕宦经历，墓志均较史传为详，但也可证史乘大致准确。五是记述从开运兵败到契丹入汴过程中赵莹的作为和处境，多可补史书所未及，是该墓志最有价值的部分。在晋少帝命杜重威率军抵御契丹，墓志述赵莹"知杜威非千夫长，无万人敌有魏绛和戎之志，寡樊哙请行之言，必不能开八阵以摧凶，奋六奇而决胜，别举良将，用灭匈奴。上不纳极言，罔追前制。公退朝而论曰：'统军旅之事，非社稷之臣，邦家之危亡无日矣。'"《旧五代史》本传仅云其曾私下议论，不及在朝的谏议，但提到他推荐的主军人选为李守贞。墓志叙其在契丹陷汴北归，胁迫赵莹北行云："公履此危时，终能远害，罢黄枢之贵，从紫盖而行。一陷龙沙，五更凤历，马如羊而不入廐，金如粟而不入怀。胡王诏赴幽都，将期大用，赐以良田广宅，玉帛子女，皆辞让不受，即秉心可知也。""公耻于去国，遂遘沉疴。"以广顺元年六月十五日卒于幽州。《旧五代史》本传载其入蕃后事迹，主要是录广顺初田敏使契丹间的见闻，墓志明确载其卒日，可补史缺。关于其贵葬后事，也多有可参。

三

本书收有一批特殊人物，即以往墓志中很少见到人物的墓志，值得研究墓志文学之学者关注。在此可以指出的有以下数例：

甲、书吏。三六二号《王公素墓志》："王公素，洪州人也。年二十八，元和十年正月廿日，卒于东都归仁里。翌日，窆于城东七里伊川乡阳魏村。嘻！公素本以书吏求进，不幸遇疾，绵绵累月，医巫针艾，亦已备矣。骨肉在远，唯从舅熊良时来省之。命矣夫！嗟之叹之，聊记片石。"王公素的身份是书吏，即在公署中负责文件抄写的文吏，大约属于官府中文人地位最低的一位。他原欲以此求进，但因病卒于洛阳，亲人都在远方，只有从舅熊良时加关心。从死到葬，仅为隔天的事情，也是到现在为止所知唐墓志中，死、葬时间最仓促的一位。墓志无书撰人，可能就是从舅熊良代为操办。今之下层白领好自称屌丝，这位王君也可算一个。

乙、智障者。三七八号郑朗撰《唐故荥阳郑府君墓记》云："小字玉俊，如于岐嶷，忽怳忽忽，虽立不瘳。曾祖皇颍川郡太守长裕，大父赠口散骑常侍谅，父皇祕书少监咸悦，先夫人范阳卢氏。我叔父博约文德，儒室是馨。呜呼！有子若此，孰旌其善？春秋卅有六，长庆四年正月五日，卒于东午桥。四月十八日，墓于西午桥。生不知其生，死不知其死。悲夫！堂弟朗为之词。"这是我所见第二方唐智障人墓志。撰者郑朗，两《唐书》有传。荥阳郑氏是唐名门。墓志说郑玉俊小时厚也曾聪慧过，但突然恍惚无知，可能属于后天意外伤害造成的智障，到三十以后也未见痊愈，一直过着生死都不自知的生活。郑朗感叹其叔父以文儒名家，无奈生子如此，有善不得报的感叹。但我们也可以在此大家族中，毕竟为此智障者提供了三十六年的生活关照，且殁葬尽礼，可以见到唐代社会之一斑。

丙、私家奴婢。三九一号《唐大和六年七月廿二日江南西道观察支使试太子正字杨彤志王绾墓》，是很难得的家奴墓志，也记述了很少见的主仆之情。墓志较长，且赵振华先生已经撰文发表，故不全录，略述基本事实。王绾本字宜来，是杨彤祖父天宝间官太府寺丞时的书童。杨家牵连杨慎矜案贬谪康州，宜来服勤杨彤祖母南行。及归，祖母为其娶百姓李氏为妻。杨彤父为宜来改名绾,妻号如愿藏。杨肜生于上元元年(760),但不久家中再遭大故,估计是在肃宗末其父贬死,直到朱泚乱起,二十多年未归葬。但在此兵荒马乱、家族倾危之间,王绾夫妇为抚育少主杨肜成长,为杨家先人归葬,尽了最大的努力,并先后于贞元九年、十三年亡逝。到大和六年(832),杨肜年七十三岁,终于得到官职后,感叹:"沉痛既愈,唯绾是赍,绾其未安,岂暇宁息!"坚持为已经亡故超过三十五年的故仆办理葬事。这方墓志记载了唐代私家奴仆的真实状况,也留下主仆相知的难得记录。

丁、爱宠。四二三号轩辕嗣撰《宣义郎试左监门卫兵曹参君张公故爱宠段氏墓志铭》,以"爱宠"称段氏之身份,在我所见唐墓志中,似前所未有。墓志略云:"巨唐故段氏者,简号懿全,籍饶州浮梁县,袭而居焉。其来京国,私有因矣。君幼丧二亲,长无弟妹,托迹外族,亡传内谱。故以派沿裔基,靡可陈也。代有其三,今瞢其二。考讳俊,皇不仕。志闲溪谷,性习风云,慕玄微至道之源,舍缘情恩爱之累,是以懿君免仪而自寓也。君生而多慧,成性有方,周仁克备,柔德必全,百行承欢,一纪逾□。悲夫!有子其四,有女其二。因感清河公重而仰□,配若偶也。其寓也如此,胡然盛哉!"段氏卒于大中五年(851),年三十余。墓志叙述常恍惚其词,欲言又止,有关段氏家世、身份都不甚明白,我很怀疑其家为商人或道士,所谓"简号懿全",即指道号,其父又"慕玄微至道之源",不顾家事,且饶州浮梁县即商旅云集之处,白居易《琵琶行》"前年浮梁买茶去"可证。墓志既称其"幼丧二亲",又称其父舍尘累而不管她,也透露某些信息。她与张公之结合,时间超过十二年,且为其生下四子二女,原因仅是"因感清河公重而仰□",即感张之恩德或情好,因以身相许。所谓"配若偶也",是说类似成婚而事实并为成婚。志题称"宠爱",应该是张公与作者商定的表述,即表二人仅因爱而共同生活,但并没有世俗之名分。我曾在多年前撰文谈到唐代妾之称呼,有"侧室"、"别室"、"女母"、"儿母"、"美人"、"妓人"等[①],此段氏墓志提供了新的案例。

四

至于墓志内容特殊或形制比较特殊者,也可以介绍三方。

---

① 陈尚君:《唐代亡妻与亡妾墓志》,刊《中华文史论丛》2006 年第 1 辑。

一是三六八号刘伯刍墓志,其前半为刘伯刍自撰墓志,后半则为其子刘宽夫在其卒后新撰墓志。将两文合为一文,已属奇特,且刘自度将死,自撰墓志后,居然又活了十八年,且宦途起伏,终荣历显职。其子在主持其丧事后,居然又将其早年自撰墓志先刻,不仅因为先人手泽,更因墓志可见刘伯刍之读书为人态度。谨将其自撰部分录如下:

□□□□者,广平刘伯刍之志。广平刘氏出汉景帝,其世德爵位,史牒详焉,略而不叙。病故也。六岁识字,十岁就书,□□□□澗之间,未尝释手,于今一百九十八甲子矣。该所阅书,殆逾万卷,其意在通性命、乐黄尧而已。初不务记闻,□□□□,好属辞而不敢苟,短章小述,必稽义正。所著文二百廿三篇,编成十三卷。州举进士,一上登丙科,人不曰幸□□□□□事。十年至御史,自以为优。以疾去职,寓居苏州开元寺北。居数月,遘疠疾,凡九日,疾且亟,仰而呼曰:"老彭□□□□□归,虫臂鼠肝,于我何有?"遽命纸札,口占斯铭,时贞元十五年十二月日。铭曰:□□□□□□此者,或生于彼。达士谓之春秋,隶人悲其生死。妻子环哭,兄弟聚泣。物反其真,曾何嗟及!

稍有残缺,意思都还清楚。此年刘伯刍四十三岁,在登第十年后官至御史,仕途通顺之时,既因病去职居苏州,复因疠疾九日而至病危,故方有此口授墓志之自理后事。墓志自述读书经历,有两点尤应揭出,一是"□□□□澗之间,未尝释手",比欧阳修的三上读书早了二百多年;二是其读书目的"在通性命、乐黄尧而已",是中唐学风转变的重要记录。

二是二六七号赵楚宾撰《大唐赠靖德太子哀册文》,刻作墓志,亦与前此所见作玉册者不同。

三是一一一一号《焦海智墓志》,末述记告身十四通云:"三品孙告身一,翊卫告身二,副队正告身一,队正告身一,旅帅告身一,校尉告身一道,果毅告身二,典军告身二道,中郎告身一,率告身一道,率加阶告身一,建节告身一,上轻军告身一,括苍县开国男告身一道。"凡载十七道告身,应该是在入葬时,将一生所有告身一附葬的记录,其形式应与浙江武义近年发现南宋徐渭礼墓葬随葬平生官告文书意义相同。唯不知此墓志出土时,此批文告是否还保存完好。若得发现,则属唐初官制研究的珍贵文献。

五

本书收唐代有诗存世诗人的墓志,有三方可以提出讨论。

一是三六八号刘伯刍墓志。《全唐诗》未收刘伯刍诗,但唐褚藏言编《窦氏联珠集》中,有署名"金州员外司马刘伯翁"的《奉酬窦三中丞见赠》一首:"多幸昔陪侍玉墀,俄惊负谴阻天涯。今日相逢问荣悴,更嗟年鬓飒然衰。"唐未见刘伯翁其人。岑仲勉《唐人行第录》及《文史》三一辑刊陶敏文,皆认为其人应即刘伯刍。翁、刍二字,行草很相近,可以信从,但毕竟缺乏铁证。拙辑《全唐诗续拾》卷二二收录时,仍以刘伯翁立目。本书收三六八号刘伯刍自撰墓志及附刘宽夫补撰墓志,为此一考证提供了确证:其在德宗末因直言贬虔州司户参军后,"顺宗御宇,移信州司马。今皇帝嗣位,转金州长史。"虽官称细节有差异,信为一人则无疑。因得此方墓志,参酌史传,可以为刘写定较准确完整的小传:"刘伯刍(757—817)字素芝,洺州广平(今属河北)人。应进士试时撰文二百二十三篇,编为十三卷。登进士第。贞元五年,为淮南节度使杜佑从事。历十年至监察御史,以疾去职,居苏州开元寺北。十五年,自以为将不起,自撰墓志。十九年,召为右补阙,迁主客员外郎。寻为韦执谊所谮,贬虔州司户参军。顺宗时,移信州司马。元和初,转金州长史。未几,征为国子博士,除考功员外郎。请吏部考试《开元礼》等科目,迁考功郎中。三年,迁考功郎中。充集贤殿学士,判院事。转给事中。六年,预译《大乘本生心地观音经》。七年,出为虢州刺史。十年,擢刑部侍郎。十一年,知吏部选事。十二年四月卒,年六十一。工书,有《后集》十二卷。《新唐书·艺文志》著录《刘伯刍集》三〇卷,又录其预集《元和格敕》三〇卷,今并佚。"

二是李朋夫妇墓志。《唐诗纪事》卷五三录李朋诗,题作《绵州中丞以江山小图运垂赐及兼寄诗云》:"巴江与雪山,井邑共回环。图写丹青内,分明烟霭间。移君名郡兴,助我小斋闲。日想登临处,高踪不可攀。"并注:"朋为尚书郎,和于兴宗诗。"《全唐诗》卷五六四题作《奉酬绵州中丞以江山小图远垂赐及兼寄诗》,小传仅云:"朋,刑部员外郎。诗一首。"目前为止关于唐一般诗人生平叙述最详备的《中国文学家大辞典·唐五代卷》吴在庆教授,补充《樊川文集》卷一七《李朋除刑部员外郎制》、郑谷《云台编序》等记载,知其大中间由侍御史内供奉授刑部员外郎,后转吏部员外郎。官至河南尹。朋好奖掖后学,诗人郑谷年少时颇获其称赏,仍稍简略。本书四五〇号杨知温撰《唐故正议大夫守河南尹赐紫金鱼袋赠礼部尚书武阳李公墓志铭》、四五一号杨知远撰《唐故河南尹赠礼部尚书武阳李公夫人弘农郡君杨氏墓志铭》,提供了李朋完整的履历和家族关系。据此可以为李朋补写传记:"李朋(804—865),字子言,武阳人。虞乡令李宁子。文宗开成元年登进士第,为西川节度巡官。补秘书省校书郎,选为华州参军。历判镇国军事、光禄寺主簿、陕虢防御判官、山南东道节度掌书记,转观察判官。入为殿中侍御史,转侍御史,迁刑部员外郎。宣宗大中六年,由侍御史内供奉授刑部员外郎。后转吏部员外郎、郎中。咸通初,任右谏议大夫、给事中、工部侍郎,历户部侍郎。官至河南尹。六年卒,年六十二。"

三是崔岐。《全唐诗》不收其诗,杜牧《樊川文集》卷九收弟杜顗墓志云,杜顗年二十四"草阙下献书、与裴丞相度书,指言时事,书成,合数千字,不半岁遍传天下。进士崔岐有文学,峭澁不许可人,诣门赠君诗曰:'贾、马死来生杜顗,中间寥落一千年。'"因为杜牧的欣赏而存此二句。但除此以外,仅《新唐书》卷七二下《宰相世系表》二下载其出南祖房,为将作监丞崔照之子,后官江阴主簿。本书四〇三号收其撰《亡妻荥阳郑氏墓志》,署"前常州江阴县主簿崔岐自撰并书",保存了这位独特文人的佚文与书迹,且可知《新表》载官之可靠,知其妻为广德县主簿郑迥女,大和四年成婚,开成二年卒,成婚跨八年,育四子,唯存一女。而这位自视甚高的诗人,日常的生活则"居贫京洛,常歉衣食",为一介贫士。

就保存唐诗来说,本书四四一元璐撰《唐故乡贡进士博陵崔君墓志铭》保存了《全唐诗》未见的诗人崔文龟的两则诗,一是他临终前带有谶言意味的两句诗:"大中十二年冬,君始被疾,不果与计偕。明年三月□极,四日谓璐曰:'予之疾不可为也,前十一月时,赋咏题诗云:'惆怅春烟暮,流波亦暗随。'是日殁血,盖有征焉。又曰:'予平生为文,匦一笥矣,没后为我编辑之,用此为记。'后三日,启足于长安新昌里僦第,年二十七。"另一首则写其因二女弟先后夭殁,因而耽读佛典,作诗自咏以表达对人生短暂的感悟:"君女弟二人,往岁其长卒于洛,始闻其疾也,衣不解带,马不解鞍,自京师纔数夕而至。前年,其季又已焉,昼不安食,夜不安寐,视药膳者八十日,未不由而进耳。人或知也,惟璐见之。因而读浮图书,雅得其奥。每自咏曰:'莲花虽在水,元不湿莲花。但使存真性,何须厌俗家。'旨哉斯言,可以味于人矣。"虽然可能二诗都非完篇,但毕竟提供了唐人新的佚诗,值得重视。崔氏生平,也可据墓志摘要如下:崔文龟(833—859),字昌九,郡望博陵。处州刺史崔周衡子。大中丙子始为进士,屡试不第。十三年卒,年二十七。着古文七十首、赋十首、歌诗八百二十首、书启文志杂述五十三首,又作《玄居志》十八篇、拟诗人之讽十篇,未完成。

至于唐前诗人文献,也略有可补,试以殷英童为例。逯钦立先生编《先秦汉魏晋南北朝诗·隋诗》卷七录其诗一首,不载事迹。今知可据《元和姓纂》卷四和碑林藏颜真卿《颜勤礼碑》略补事实。本书一三六号《殷子慎墓志》载:"曾祖英童,周御史大夫,隋益州晋熙郡守。爰自江表,来仕关中,声第籍甚,见重当代"。大致可推知其在梁陈之间归北,仕北周至御史大夫,在隋则稍有贬损。

六

本书所收著名文士文章数量巨大,可举者有吕向、徐彦伯、张鼎、裴漼、吴兢、徐隐泰、员俶、郭密之、程浩、常衮、卢杞、任公叔、韦夏卿、郑余庆、杜兼、韩皋、苏特、王枢、杨巨源、吕让等,不能一一枚举。一些仅揭示一些重要而有特殊意义作者之文章,略述其价值。

郑绩是一位不见史传的学者。《文博》一九八九年四期刊出拓本贺知章撰其墓志,记载其着有述唐蕃分界的《柘州记》一卷、类书《新文类聚》一百五十卷,依《春秋》作《甲子纪》七十篇、掌地图撰《古今录》二百卷,贺知章评为"宪章遂古,贻范后昆"。可惜郑绩的著作全无存世。本书一九七号收郑绩撰《柳氏墓志》,是今得见郑氏唯一文章,弥足珍贵。

本书所载二〇二号贺知章撰《王内则墓志》,是我见到贺知章撰文的第九篇墓志。去年我曾刊文《贺知章的文学世界》①,根据已见八方贺撰文墓志,推测其平生撰文墓志当超过五十篇,相信还会有陆续出土。本书立即提供了支持。

汝阳郡王李琎是玄宗大哥李宪之子,是唐宗室中一位禀赋特殊,曾有许多造诣的人物。杜甫晚年在夔州撰《八哀诗》,所哀八人为王思礼、李光弼、严武、汝阳郡王琎、李邕、苏源明、郑虔、张九龄,八人之事功差异很大,部分是国之勋臣,更多则是杜甫的朋友。其中就数汝阳郡王琎事迹最不显。杜甫诗中说他像太宗:"汝阳让帝子,眉宇真天人。虬须似太宗,色映塞外春。"又说他好客而多

---

① 陈尚君:《贺知章的文学世界》,刊《杭州师范大学学报》2012年第3期。

才艺:"晚年务置醴,门引申白宾。""挥翰绮绣扬,篇什若有神。"隐约见似乎说因其特殊身份反而阻碍其成就。本书二三八号《让皇帝第十一男琄母夫人韦氏墓志铭》,署"兄昆孤子光禄大夫前行祕书监上柱国汝阳郡王璡",很难得地保存了他的佚文。志主是其父亲的妾,但内容则涉及其家室的诸多祕辛,颇值得玩味。

三四九号《石解墓志》撰者石洪,是与韩愈交谊密切的一位特立独行者,欧阳修《集古录跋尾》即收其贞元二十年撰《总悟上人钟山林下集序》,可惜存世文字极少。此墓志不仅其家先世事迹,且本身具有很高的文学趣味。一述石解义救名士郑丹事:"初,吴房令郑丹为当时闻人,假贾畜家钱百万,没其生业不能以偿。辩于官司,治之遭迫,移禁中牟狱。行贾视公善马,曰:'郑囚得马,吾当代输五十万。'丹先不知公,或言公乃效马,贾者义之,焚券免责。"在墓志中叙述有趣故事,韩愈多好此,石洪亦为之,知为韩门同人之同好。《中兴间气集》载郑丹撰玄宗、肃宗挽歌二首,据此墓志则可知其贞元初为吴房令。

崔立之三六一号《崔成务及夫人李氏墓志》,署"从祖弟儒林郎守京兆府蓝田县丞立之撰"。崔立之是韩愈的亲密朋友,韩有《赠崔立之评事》《寄崔二十六立之》《赠崔立之》等诗相赠,在他任蓝田县丞期间则有《酬蓝田崔丞立之咏雪见寄》,并为其撰《蓝田县丞厅壁记》。此方墓志对韩愈诗文研究皆有价值。

《因话录》卷三:"进士李为作《泪赋》及《轻》、《薄》、《暗》、《小》四赋,李贺作乐府,多属意花草蜂蝶之间。二子竟不遂大。"这位当年与李贺并称的赋家,以往未见文章传世。本书三六四号收《故朝议郎守丰陵台令程公墓志》,署"前乡贡进士李为撰",撰于元和十年(815),时李贺尚在世,知即其人。

杨复恭是唐昭宗时的权宦,《旧唐书》一八四有传,前此也曾有他撰文碑志的发表,是宦官中的一位才士。本书四四七号收其撰《王彦真墓志》,是他为同为宦官的朋友撰写的墓志,篇幅宏大,文辞华丽,可以见到他的才能。更重要的是此志撰写于咸通六年(865),在他在政治上大展拳脚前十多年,故尤可珍惜。

唐小说集《博异记》撰者郑还古,以往所知事迹甚少。本书三七五号收《唐故荥阳郑夫人墓志铭》,署"姪朝散郎前行河南府参军云骑尉还古撰"。据此不仅可以补充郑还古的佚文,还可据知其家世生平的许多线索。一是可知其高祖为太常卿郑果,曾祖为金吾将军郑放,祖为洛阳主簿郑放。二可补充其长庆三年前为河南府参军。三是知其当时多病,且感念其姑早年的抚育之恩:"还古残骸多病,笔砚久荒,永唯繦褓之年,蒙被煦育,置之膝上,分吐哺之慈,扶于掌中,窃似珠之爱。"虽然墓志缺载郑氏的卒年及享寿,但大致可以知其长庆三年前已经归嫁卢沐四十多年,可知郑还古的出生当不晚于贞元前期。四是墓志中有大段关于自己于姑姑一家之密切来往,见其对女师、处友、进退之态度,文长不录。

七

有关唐代制度史、社会史、文化史方面的重要文献,在此亦略摘数则。

三五五号权璩撰《张瑜墓志》,述张瑜举明经过冠不及第后云:"国家每岁第明经百余人,其间非儿则氓,举世贱明经四十年矣。吾得之不可期,可期不足荣吾亲。吾家世以干戈弧矢事君,忠有余,未尝大成,大成庶几在小子。"乃弃而改应武举。张瑜卒于元和七年,年四十一,其武举及第当在贞元十五年左右。其云"举世贱明经四十年",大约转折点可以回溯到天宝末。所谓"非儿则氓",则似指某些善于背诵的孩童及出身低微者常据此出身。今人多据《唐摭言》卷一引"三十老明经,五十少进士"语知唐人轻明经而重进士,但其间的转折点则未见明载。

四六四号《唐故太子洗马杨府君夫人宝应县主陇西夫人墓志铭》,志主为代宗子郇王第八女,文宗时"敦睦宗枝"而得封宝应县主。因其夫早世,二子年幼,故生计颇艰难。至懿宗时,每元正"朝会诸亲",宗室"有以无衣而求赉者,有以求耕□庇风雨者",县主读无所求,懿宗因而见问。墓志录了一段县主与懿宗的对话,较重要的一段是县主进词云:"妾连帝枝,蒙降良配。不幸夫族家餗疢灭。今一农室,尚能绪班,亡夫遗嗣二子,少而提育,粗闻诗礼,今已逾冠,无路仕进。幸帝哀奖,越例超赐,及妾□视,睹其歙板是固,不敢他求。久不发者,心难之也。"懿宗赞其"不利一时而欲大夫族",乃授其二子官。此方墓志涉及唐代宗室之生存状态,即唐代自玄肃以后,以十六子百孙院将皇家子孙禁锢起来,出嫁之公主、县主则随夫家生活,这种方式形成了唐后期弱宗枝的状况。如本墓志所述,有些已经沦落殆近农家,为衣食田亩小事还要在见到皇帝时提出要求,而在家族衰落后,县主之子也"无路仕进"。

四七五号赵玭《祁振墓志》,是一篇商人的墓志,写其"三造礼部"皆不捷,乃退归,"十数年间,致猗顿之富"。遭遇唐末大乱,"家业不散,守道自固",但却意外遭盗而亡:"不幸俨然在忧服之内,值群盗犯其家,昏黑苍惶,误抵锋刃,举家莫救,哀号动天。"

四二九号范邻撰《段宏墓志》,作者与志主皆无足称述,但墓志中录了一大段段宏对求宦建功的自述,则颇为难得:"恬默静处,不竞于时,吟啸自怡,琴书为友。常叹曰:'丈夫生于世,登科第,由清途,或处谏垣,或由宪府,历枢鐉而升台辅。处谏垣,则规天子之得失;由宪府,则行王者之纪纲;历枢鐉,则端总百揆,铨擢人才;升台辅,则调燮阴阳,镇抚风俗。致一人如尧舜,俾九土之清平,洒丈夫之上志也。次不由科名,不历显贵,则封侯万里,立功三边,旌幢前驱,貔貅后拥,形模麟阁,铭勒燕然,威震于紫塞之中,名书于青史之上,亦乃丈夫之次显也。今我年仅强仕,未窥一途,尚以常调求一级一资。屑屑于红尘之中,碌碌于青衫之下,非大丈夫之所为也。'"后应召入浙右节度使丁公着幕府,"丁公曰:'文武之道未坠于地,亦贤者见机而作矣。公能掷手版,佩金章,发迹于江镇之间,立功于边陲之上,直取富贵而可乎?'公私谓友曰:'我之昔论,岂非契乎?'"于是在浙幕逾二十年,幕职升至衔都,但因江表无事,迄无所成。墓志所书仍为入幕前官"文敬太子庙令"。此节段宏关于大丈夫立世所为之大议论,文气很像韩愈有名的文章《送李愿归盘谷序》,而其所虑之实质,则为走文官常调之路,还是入幕走军职之别途,可以说是中晚唐间许多士人反复思考的问题。段宏的议论,是研究唐后期士风的难得而直率的表达,故应予提出。

本书中有夫为妻撰写的墓志十七方,内容极其丰富,其中一〇七号《卢舍卫墓志》撰于高宗永隆二年(680),是今知最早的亡妻墓志之一,撰文者为于志宁之孙。这部分对唐代家庭、婚姻、妇女史研究极其重要,非本文能尽,暂从略。

<h2 style="text-align:center">八</h2>

墓志是丧挽文学的记录,其内容受到体例的限制,对死者以称颂为主,这应是可以理解的。墓志的价值在于保存了唐代社会各阶层各种人物的生平履历,提供了今人研究唐代文史的极其丰富的新史料。学者若能善于运用各类文献,适当采信墓志提供的文献,参比研究,必有可观的收获。以下使举一个与本书所收墓志有关的有趣故事,说明墓志文献之可贵,以作本文之结束。

《太平广记》卷二五八引《朝野佥载》:"周夏官侍郎侯知一,年老敕放致仕,上表不伏,于朝堂踊跃驰走,以示轻便。"时台中语有"侯知一不伏致仕"云。本书一六五号收《侯知一墓志》,详载其生平,太极元年(712)卒,年八十三,是当生于贞观四年(630),其任夏官侍郎,墓志云:"转兵部侍郎,加遂成县子。丁内艰去职。(略)天后圣帝封中岳礼毕,加银青光禄大夫,授上柱国,进封永乐县侯。服阕,西京留守,除华州刺史。"武后封中岳在万岁登封元年(696)初,侯知一任兵部即夏官侍郎,当在此前一两年,其时年约六十五六岁,未过悬车之年。知《朝野佥载》所记有误。其致仕在神龙初,时年已过七十五。估计其不肯致仕,或有其事,但不在夏官侍郎任上。至于墓志云其"屡请悬车,方延锡杖",则不免虚誉。据此可知笔记记载与墓志互参之重要。

九

本书校录认真,点断谨慎,达到很高的学术质量,已见前述。披览中偶见录文可商者,亦述如次。三三号《陆士季墓志》"嗣膺朱邱"句,邱为清代后造字,拓本字形似邱,但就前后文看,显然为"邸"之异写。又如三〇三号《郭雄夫人李氏墓志》"夫人顿丘李太子舍人瀚之女",瀚,拓本显为"澣"字。另如四八六号《冯二铢墓志》,名似很特别,仔细看拓本,似乎"二"字仅为石刻凿痕之误识。再如四五二号《刘真仪墓志》,作者署"外兄乡贡进士陈松撰","松"字上加方框,显示原石有残损,我仔细辨认,倾向认为其名似为"桄"字。如标点可商者,如四三六号《李氏墓志》:"何论《孝经》,古赋之类,讽诵无阙,用此为娱乐。""何论"应指何晏注《论语》,为唐代通行之书,此处应点作"何《论》、《孝经》、古赋之类"。三九一号《王绾墓志》:"彤生上元元年,生未三月,家有大故,旋遇长安朱泚兵乱(下略)。"上元元年到朱泚兵乱,相隔逾二十年,故"家有大故"下之逗号应该句号。同志"命第二侄洙备,时服棺椁","备"下逗号应删。

(本文作者:复旦大学教授,博士生导师)

中国唐史学会会长冻国栋教授的贺信

尊敬的胡戟先生殿：

欣逢《大唐西市博物馆藏墓志》国际学术讨论会召开之际，谨致以热烈的祝贺！

大唐西市博物馆在先生的主持下，陆续征集到约五百方墓志，殊为不易；而对这批贵重墓志的整理，包括识读、解题、录文等，更是十分艰苦的工作。阁下和整理组的诸位先生通力合作，在不足两年的时间内，将之高质量地整理完毕，公开刊布，并围绕这批墓志展开若干专题研究，取得了足可重视的阶段性学术成果，实在是可喜可贺！

作为唐史学会的成员之一，我感叹良多。在向阁下和整理组诸位的出色业绩致贺的同时，也心存感激。

感谢诸位使这批资料嘉惠学林，为中古史特别是唐史日后的研究和推进提供了新的素材。

二十世纪初叶以来的学术史业已表明，中古史包括唐史诸领域的一系列重大进展，与新资料的发现、整理、刊布息息相关。故我相信，同时也期待，这批墓志的整理、公刊，必在相当程度上有助于唐代文史之学，有助于相关领域或课题的深化，有助于某些历史疑难的解决。

而此次学术讨论会，可以预期，在数日的学术研讨中，在先生的组织和领导下，在诸多与会学者的共同努力下，有关这批墓志与北朝至唐代的不少学术问题，将得到进一步的阐释，取得吾人所期待的新的硕果。

遥祝讨论会取得圆满成功！

后学冻国栋　谨致
2013 年 4 月 21 日于武昌珞珈山

（本文作者：武汉大学教授，博士生导师）

中国敦煌吐鲁番学会会长郝春文教授的贺信

西安大唐西市博物馆理事会、《大唐西市博物馆藏墓志》国际学术研讨会并胡戟先生：

欣闻《大唐西市博物馆藏墓志》国际学术研讨会顺利召开，我谨代表中国敦煌吐鲁番学会向大会的召开表示热烈的祝贺！

《大唐西市博物馆藏墓志》一书由胡戟先生和荣新江教授联合主编，在大唐西市博物馆的全力支持下，经北京多所高校和科研机构的大批中青年唐史研究者共同努力参与编纂而成。该书从大唐西市博物馆近年来经胡戟先生选购的西安地区出土墓志中，精选其中的500方，刊布其图版和释文。这批材料的时间跨度从北朝到明清，以隋唐时期墓志为主体，为中古史的研究提供了一批宝贵的研究史料。在2011年底出版的《唐研究》第17卷，参与整理工作的学者们已就这批材料发表了一些重要的研究论文，使这批墓志资料的独特学术价值得到初步体现。今天，在大唐西市博物馆的支持下，又在这批珍贵墓志的收藏地西安，召开了以《大唐西市博物馆藏墓志》为主题的国际学术会议，国内外学者将就这批材料发表相关研究成果，定将使大唐西市博物馆藏墓志的学术价值和文物价值会得到进一步的弘扬。我因在法国访学，不克参加此次盛会，深感遗憾！衷心祝愿大会取得圆满成功！祝大唐西市博物馆的事业蒸蒸日上！

谢谢大家！

中国敦煌吐鲁番学会会长　郝春文
2013年4月22日

（本文作者：首都师范大学教授，博士生导师）

陕西省文物局副局长刘云辉致辞

尊敬的各位专家大家上午好，今天我们云集在大唐西市博物馆，参加大唐西市馆藏墓志出版发行式，我认为这是学术界的一件盛事，以胡戟教授为首的几十位学者共同参与把大唐西市的馆藏墓志集结然后研究出版，这是做了一件非常了不起的事。

大唐西市博物馆是一家民办博物馆，作为一家民办博物馆多年来征集了近千石碑志，为保存祖国历史文化遗产是一个贡献，这毫无疑义，他收藏这些文物不是为了赚钱，不是文物贩子，他是为了收藏保护祖国历史文物，供学术界来研究。这三本墓志上中下三册的学术价值，胡戟教授在走进隋唐人的精神世界里面做了宏观的概括。

墓志我理解可能比较浅浮一点，拿现在的话讲就是悼词，但比悼词更为丰富，它提供了许多历史文献当中没有的新的资料，对于我们了解已经过去的这个社会方方面面提供了第一手的资料，有时候他比史书里面提供的东西可能更为可靠。因为史书在传承的过程当中会有一些错误。我想意义我就不再多讲了，我不在学者面前班门弄斧，也没有资格。陕西是一个文物大省，除了大唐西市博物馆收藏有许多重要墓志之外，在西安碑林博物馆原有的收藏墓志这是大家都了解的，最近一个时期西安碑林博物馆有新收藏了近200方墓志，经过鉴定一级文物有10多件，另外就是我们西安博物院，尤其我们陕西省考古研究院还有好多近年来新出土的大量墓志，有些墓志也特别的重要。但最重要的我想是把这些已经发现的墓志能够尽快的结集出版，提供给学术界这是对社会的一种贡献。我祝愿大唐西市博物馆这一次开幕式，就是墓志出版的发行式圆满成功，同时也举办一个学术研讨会，希望各位学者在这里畅所欲言，把自己的智慧，你们的心得留在会议上，谢谢各位。

（本文作者：陕西省文物局副局长）

"祝贺、祝愿、祝福"三点感想
——《大唐西市博物馆藏墓志》首发式致辞

葛承雍

各位嘉宾,各位专家,各位学友,我在北京收到寄来的胡戟、荣新江主编的《大唐西市博物馆藏墓志》上中下三册,厚重如砖石,不禁感叹万分,在一个浮躁通病流行的社会,在一个电子趣味信息占据眼球的汪洋世界中,看到这类需要思考定力的图书,可谓"沉甸甸的收获","沉甸甸的心情"。

"沉甸甸的收获"是因为由北京大学出版社出版的这部书收录墓志500方,包括志题、解题、拓片、录文等。胡戟先生前言《走进隋唐人的精神世界》,洋洋近4万字,从不同角度作了阐释,有叙述有评介,该说的差不多全说到了。这部墓志整理时共有80多位人员参与这项工作,北京有66位,这么多的学人有兴趣参加整理编辑注释,纠谬匡正,厘清正误,历经五年着实不易,其中甘苦与辛劳真不容易,我主持的《长安新出墓石》出版也曾历经数年,有着类似的体悟,所以听后委实佩服赞叹,称为"厚礼"名副其实,所以我说是沉甸甸的收获。

"沉甸甸的心情"是因为还有大量的墓志流散于各个地方、各个单位,仅就古城长安来说,西安碑林博物馆最近收藏200多方,关中民俗博物院收藏200多方,陕西考古研究院汇集的《西安高阳原出土墓志》200余方,都是利用考古现场在墓道里拍摄的照片,真实感权威性都特强,我们正准备出版。西安其他考古研究单位还有不少,有些珍稀程度很高,如突骑施王子墓志、奚族质子热瓌墓志,与这次大唐西市博物馆收藏的回鹘王子墓志同样具有重要价值。至于我刚刚看到的有关比井真诚墓志记载日本还早的祢氏墓志,隐太子李建成等名人墓志,以及正在发掘整理的郭子仪家族墓地所出墓志,大家都在翘首以待。如何收集整理研究确实需要进一步下工夫,更需要静下心来慢慢琢磨,因而我的心情是沉甸甸的。

今天参加会议听了诸位发言,我有"祝贺、祝愿、祝福"三点感想:

首先是"祝贺"。大唐西市博物馆藏墓志顺利出版,大唐西市共收藏900多方墓志,这次选辑了500方,主要是陕西、河南、山西地域的隋唐墓志,北朝和宋元明还有待进一步刊布。以前我们对宋元墓志不太重视，现在这些墓志提供了不少信息，有助于史学界重新认识和评价当时的历史，因此期望进一步填补空白、惠及学界。

其次是"祝愿"。全国文史学者应该继续携手合作、团结攻关，拿下墓志、简牍、石刻、碑幢等出土文献类的古籍整理科研项目，我们现在正处在一个出土文献千载难逢的大好机遇期，很多原先不可想象的文物重见天日，陈寅恪等老先生也未遇到这样的机遇；当然现在也是一个文物损失流散最严重最坏的危机期，需要抢救保护追索，需要抢购弥补传承，保证传统文化再传的香火不绝。

第三是"祝福"。大唐西市博物馆应继续定好坐标，保持特色，推陈出新，增加活力，为全国学界连续提供不可多得的珍贵资料，如果能纳入国家文化繁荣与发展大局中，更是添彩增光，不光要"收进来"还要"走出去"，例如所藏的珍稀墓志可以在日本等国家举办一个大型展览，让盛唐文化圈影响扩展至东亚地区，与世界接轨。

整理墓志类的出土文献需要汲取穿越时空的智慧，需要理解千年前墓志所蕴含的思想、观点和价值观，需要品味千百年大浪淘沙后人类思想精华，这才是人类进步的阶梯。当然，墓志作为逝者的追悼词，不少阿谀奉承之词和吹捧不实语句需要，我们解读时需要格外注意，不能过度解释和随意发挥。

文物出版社作为国家文物局的一个存世留档、宣传出版、外宣各国的部门，作为一个近60年的国家级出版品牌单位，每年出版300多种图书，几乎一天一本，但是我们更期望出版流传后世的经典著作，现在全国每年37万种左右图书，有多少垃圾书、跑马书、惑众书、无聊书不言而喻，我愿和大家共同提高门槛，坚守底线，将"努力"变为"助力"，加强引导正确的学术规范路线，展现我们大家的科研成果和文化创造，希望今后多多联系、互相交流。

一座有历史文化底蕴的城市也应是一座历史文化图书飘香的城市，经典的好书蕴涵着永恒的力量，西安从广义上说应该是这样一座城市。溢美之词捧场之语我就不说了，最后谨向胡戟先生和吕建中董事长以及参与《大唐西市藏墓志》这三册图书出版的学人表示我的敬意，谢谢诸位嘉宾和各位同行。

2013年4月21日

（本文作者：文物出版社总编辑，西北大学教授，博导）

大唐西市汉文博物馆藏鲁尼文双语回鹘王子葛啜墓志简介

罗 新

西安大唐西市博物馆新入藏的回鹘王子葛啜墓志,因汉文墓志的左侧还有鲁尼字母的古突厥文刻铭而特别引人注目。陕西师范大学胡戟教授见到拓片后立即传送北京大学,请辨认古文字。两天后,2012年12月7日,我们告诉他是鲁尼字母的古突厥文,出在唐代墓志上,前所未见,价值很大。并作出初步解读,是非常重要的稀见文物。于是吕建中董事长决定由大唐西市博物馆对其收藏,马上保护起来。

中国古代史研究中心和大唐西市博物馆随即组织国内外专家多人对墓志的汉文和鲁尼文部分进行释读和研究,并于2013年4月7日和9日,分别在北京大学中国古代史研究中心和大唐西市博物馆举行专题讨论会。土耳其阿塔图克大学的Cengiz Alyilmaz教授、芬兰赫尔辛基大学的Volker Rybatzki教授等四名国际突厥学界鲁尼文解读专家欣然与会,并发表了他们对葛啜墓志鲁尼文刻铭的释读。国内回鹘语文学专家、中央民族大学的张铁山和阿布杜热西提·亚库甫教授等,也参与了鲁尼文的释读与研究。对葛啜墓志汉文部分的研究,王小甫、吴玉贵、荣新江、罗丰、罗新、陆扬、朱玉麒、李肖和西安的胡戟、刘戈、郭平梁等,也都各自发表了专文或评论。

葛啜墓志是在唐朝的中心地区第一次发现的、含有鲁尼文刻铭的石刻材料,虽然以前在新疆、甘肃和内蒙古发现过鲁尼文写本或刻铭,但在唐帝国的都城也能见到鲁尼文,这是过去的突厥学家们所未能想到的。唐代史料中从没有提到突厥和回鹘汗国所使用的这种官方文字,因此有学界推测是因为唐朝并不了解这种文字的使用情况。现在在长安发现了刻有鲁尼文的墓志,而这次安葬是唐朝官方组织和安排的,说明唐朝负责处理回鹘事务的官员是有很多机会了解鲁尼文的使用情况的。

根据 Cengiz Alyılmaz 教授和 Volker Rybatzki 教授对鲁尼文刻铭分别所做的释读和研究,我们现在对鲁尼文的全部内容已经基本掌握了。我在这里简要翻译鲁尼文的内容如下:

"此处(所葬)的人,是药罗葛汗的后人,是车毗尸特勤的儿子,是建都督的侄儿,是牟羽毗伽登里可汗的弟弟,即葛啜王子。唐朝皇帝安排了下葬,在猪年六月七日。"

鲁尼文的末尾,还有一个族徽,与 šine-Us 碑上的药罗葛家族族徽非常接近,可以认为是药罗葛汗族的族徽。

墓志的汉文部分当然要丰富得多。

墓志称回鹘而不是回纥,说明这时唐朝已经正式改回纥为回鹘了。《资治通鉴》依据《邺侯家传》、《北荒君长录》和《新唐书》,确定为贞元四年(788)[①]。墓志中贞元中后期的回鹘称谓,是对《通鉴》这一判断的坚强支持。

墓志称葛啜"可汗之诸孙",这个可汗是指谁呢?要回答这个问题,应该先弄清楚葛啜的父亲是谁。

墓志称葛啜之父为"车毗尸特勤",唐人常音译为"车鼻施"或"车鼻"。车毗尸特勤在"讨平逆臣禄山之乱"的时候,"实统戎左右,有功焉"。这里的"统戎左右",指统戎于可汗或回鹘军主将之左右。宝应元年(762)十月,唐军元帅雍王李适(即后来的唐德宗)与牟羽可汗相见于陕州黄河北岸的平陆,雍王大受困辱,主其事者就是"车鼻将军"。这场折辱使德宗对回鹘结下深怨,后来继位之初甚至因此一度改变了唐朝行之已久的亲回鹘政策。

牟羽可汗时期的车鼻将军,与五年前叶护帐下的车鼻施,无疑是同名异译,但是不是同一个人呢?由于前后间隔只有五年,又同为援唐回鹘骑兵的主要将领,是同一个人的可能性极大。而这个人,应该就是葛啜的父亲车毗尸特勤,只是汉文文献没有指出他的"特勤"身份而已。正如墓志所说:"我国家讨平逆臣禄山之乱也,[王子]父车毗尸特勤,实统戎左右,有功焉。"问题是,这位车鼻(车鼻施、车毗尸)将军,与当时前后在位的葛勒可汗(唐朝史籍又多称他为毗伽

---

① 见胡注引《通鉴考异》,《资治通鉴》卷二三三唐纪德宗贞元四年,第7515页。

阙可汗)及牟羽可汗(史籍中又常作登里可汗),又是什么关系呢? 这就必须结合鲁尼文铭文提供的信息了。

鲁尼文所记祖先药罗葛汗,叔父及兄长不见于墓志的汉文部分,对于探寻葛啜家世显然十分重要。

葛啜墓志的汉文部分说葛啜是"可汗之诸孙",鲁尼文部分则称葛啜是药罗葛汗的后人,都是要指明葛啜出于汗族,有特勤身份。因此,"可汗之诸孙"并不是说,葛啜的祖父乃是某一位可汗。若此推测成立,那么作为药罗葛氏祖先的药罗葛汗第一次出现在葛啜墓志的鲁尼文铭文中,对我们认识回鹘帝国时期汗族历史的官方叙述,就具有非常宝贵的价值。

葛啜的家世大致已如所述。他是车毗尸特勤之子(很可能是幼子),建达干(后名建都督)之侄,天亲可汗和骨咄禄毗伽公主之弟。虽然《资治通鉴》说顿莫贺是"登里之从父兄也",我们却难以据此论证车毗尸特勤与葛勒可汗是兄弟关系,但相信一定是近亲。出于汗族的车毗尸特勤本没有机会继承汗位,但其子顿莫贺却通过政变夺取了大位。车毗尸特勤的弟弟建达干(建都督)在顿莫贺一朝相当重要,所以葛啜墓志的鲁尼文部分也会提到他。不过汉文墓志还提到主持葛啜丧事的是他的兄长王子阿波啜(Apa Čor Tigin),此外参与者还有"诸部之属",这与史籍所记长安有很多回鹘人的情况是相合的,只是不知道葛啜是否与兄长一起入唐。

《资治通鉴》贞元十一年(795)记回鹘奉诚可汗死,其相骨咄禄(Kutluk)为可汗(即怀信可汗),冒姓药罗葛(Yaghlakar),"遣使来告丧,自天亲可汗以上子孙幼稚者,皆内之阙庭",事在四月间。胡注:"唐之阙庭也"。①《新唐书》亦称骨咄禄为汗后,"以药罗葛氏世有功,不敢自名其族,而尽取可汗子孙内之朝廷"②。可见怀信可汗因自己并非药罗葛族裔,称汗后为防止有人拥立药罗葛后人,就把药罗葛子弟全都送到长安了,而且他对天亲可汗一支防范尤甚。据吴玉贵先生考证,两《唐书》和《资治通鉴》对于怀信可汗政变时间的纪录都是错误的,事实上这场政变发生在贞元十年四月以前。因此,怀信可汗的使者,当然还有使者所押解的药罗葛氏子弟一众,是于贞元十年四月至五月间到达长安

---

① 《资治通鉴》卷二三五唐纪德宗贞元十一年,第7568页。
② 《新唐书》卷二一七《回鹘传》,第6126页。

的。葛啜之入唐,恰在此时,当然不是偶然的,他就是怀信可汗遣送至"阙廷"的药罗葛氏子弟中的一员。而他的哥哥阿波啜,应该和他一样,也是在这种情况下被强行押解到长安的。

葛啜死的时间,恰在德宗派张荐出使回鹘册封怀信可汗之前四天(五月二十日),这之间是否有什么关联,当然已无从考知。不过葛啜以回鹘汗族之贵,死后不得还葬漠北,而是就地葬在长安,究其原因,自然是出于怀信可汗的禁令。葛啜的哥哥阿波啜还能率领"诸部之属"营护丧事,说明未必存在一个针对药罗葛汗族的清洗行为,而墓志的鲁尼文部分,应该是阿波啜让人刻写的。即便如此,处在被监视和被控制的状态下,从草原汗庭的立场来看,在长安的药罗葛汗族是被放逐的一群人。尽管他们还能"秩班禁卫,宾籍鸿胪",死后"送终之饰,则有诏所司备仪焉,礼无其阙",也还颇享哀荣,但终究很大程度上已失去人身自由和安全感。葛啜死时,除了他哥哥阿波啜外,不知是否还有别的亲属家人在他身边。他的姐姐骨咄禄毗伽公主,即使此时仍然健在,却未必一同被遣送到长安了,因为身为女性,不必招致怀信可汗的特别猜忌。

(本文作者:北京大学中国古代史研究中心教授)

大唐西市博物馆入藏北朝胡族墓志考

周伟洲

2012年9月北京大学出版社出版了由胡戟、荣新江主编的《大唐西市博物馆藏墓志》一书（以下简称《馆藏墓志》），共收录西安大唐西市博物馆藏历代墓志五百方，主要是陕西、河南、山西出土的隋唐墓志①。此书印刷精美，体例完备，按墓志主卒年先后编号，由"题解"、墓志图版（拓印俱佳）及志"录文"组成。由于出于众多历史、考古学者及博、硕士生之手，错讹甚少。唯一令人遗憾的是，由于墓志绝大部分为征集而来，故墓志详细出土地点不明，只有录墓志本身所记葬地。

此书辑录北朝时期的墓志仅有九方（以墓主卒年为准），因系新发现的北朝墓志，故其价值颇高。自上世纪50年代以来，国内先后出土了一批关于北朝的墓志，但数量不多，分别著录于赵万里编纂的《汉魏南北朝墓志集释》（1956年科学出版社版）、赵超编《汉魏南北朝墓志汇编》（1992年天津古籍出版社版），罗新、叶炜著《新出魏晋南北朝墓志疏证》（2005年中华书局版），以及散见于国内有关的文物考古、博物馆杂志之中②。

此次《大唐西市博物馆藏墓志》一书公布的九方北朝墓志中，除《李稚华墓志》主人可断为陇西汉族李氏李暠之后裔外，其余八方墓志主人均为"胡"族③。笔者拟对上述八方胡族主之墓志的族属、先世、生平事迹及相关的职官名号、婚

---

① 见该书胡戟撰《前言》。
② 如2012年《考古与文物》第3期刊陕西考古研究院撰《北周莫仁相、莫仁诞发掘简报》一文，公布的北周莫仁相、莫仁诞父子墓志；参见周伟洲：《北周莫仁相、莫仁诞父子墓志释解》，载《考古与文物》2013年第1期。
③ 本文使用的"胡"，非专指秦汉时北方的匈奴，而是广义的"胡"族，即包括狭义的北方匈奴，也包括东胡、西域胡等北方少数民族。

姻及地理等方面问题作一考释，以求正于方家。

一 《刘阿倪提墓志》

此志载《馆藏墓志》编号一（第 2－3 页），《题解》云："志高五二点五、宽六五、厚一一点五厘米，铭文二六行，满行二三字，魏碑近楷体……无盖"。志首题"魏故使持节，骠骑大将军，仪同三司，尚书右仆射，都督恒、幽、安、平、燕五州诸军事，恒州刺史，栾城县开国刘武公墓志铭"，内"魏"当指西魏，除"栾城县开国刘武公"官爵外，其余官爵皆为卒后追赠。而"刘武公"之号，刘，为其姓，是志文中唯一提到的姓氏；"武公"也似为追赠之谥号，志阙载。

志文下记述家世、籍贯云："祖引，□（龙）骧将军、盛洛（乐）太守。父匹知倍，平西将军、燕州刺史。公讳阿倪提，恒农郡胡城县人。其先自恒农华阴徙家焉，及公四世。"文中并未有明确记述其家族之族属，但从墓主名阿倪提，父名匹知倍，祖名引来看，系胡名而非汉族姓氏；又志中又未言及家族与汉族氏族士家之渊源，故颇疑其家族原为胡族。因其姓刘氏，故其家族当为东汉内迁于内地之南匈奴部人，其中有南匈奴单于后裔于十六国时建汉赵国刘渊一族之刘，南匈奴独孤部之刘及铁弗匈奴刘虎一族之刘。时又泛称以上匈奴刘氏为屠各。①

但是，志云阿倪提为"恒农郡胡城县人。其先自恒农华阴徙家焉，及公四世"。似乎其为生长于内地的汉族？志未记其曾祖名及为何自恒农华阴迁至同郡之胡城县。恒农华阴，即弘农郡华阴县（今陕西华阴），北魏时避魏献文帝拓跋弘讳而改"弘"为"恒"，北周明帝时复改还为"弘农"。② 但北魏乃至西魏之恒农郡未辖华阴，此处是追述其高祖之前的籍贯，其高祖或曾祖时当东汉末，《后汉书》志第一九弘农郡下辖九城中有华阴，原属京兆。而北魏至西魏恒农郡（西恒农郡）未辖有胡城县，仅辖恒农、北邾、渚三县③；而胡城县，即汉武帝所置之湖县，属京兆尹，东汉改属弘农郡，至刘宋加"城"字④；据王仲荦《北周地理志》考证，湖城县应原为胡城县，地在今河南灵宝县西三十里，作者引用北魏故咸阳太守刘府君（名玉，其为匈奴刘氏）墓志、北齐中监将军张忻墓志，内均云其为"弘

---

① 见周伟洲：《汉赵国史》，山西人民出版社版，1986 年，第 19—25 页。
② 《元和郡县图志》卷六《虢州》弘农条。
③ 《魏书》卷一〇六《地形志上》恒农郡条。
④ 《元和郡县图志》卷六《虢州》湖城县条。

农胡城人"。① 与《阿倪提志》同。因此,在北魏末至西魏时,恒农郡所辖应增加胡城县,且早在北周明帝之前,"恒农郡"已有改还"弘农郡"之例。

阿倪提之曾祖或高祖可能原为南匈奴刘氏,在十六国时,匈奴刘曜于关中长安建前赵时,随迁至关中。前赵为后赵石勒所灭,其祖遂散居关中华阴,后迁至弘农胡城县,遂以此地为其籍贯。在北魏孝文帝改革后,入居内地胡族多以内地郡县为其籍贯,刘阿倪提一族当也如此。志后铭曰"唐尧高让,汉握遗灵",也透露出其族属原为内迁南匈奴的一丝信息。

其祖引,官至龙骧将军、盛洛太守,盛洛应即盛乐之异写,其郡置于北魏孝文帝迁都洛阳之后,为朔州所属二郡之一,治石卢城,在今内蒙古和林格尔北二十里。② 龙骧将军之号,当为孝文帝太和改制后之军事职官,二品;其父匹知倍"平西将军",三品;③燕州刺史,治今河北涿鹿。

志记阿倪提事,从北魏末孝昌年间(525—527)始,云:"运距孝昌,世屯道丧,盗贼蜂起,王化凌迟。公乃慨然,起从行阵,隘坚挫猛,亟有功捷。拜宁远将军,奉车都尉,累迁征西将军,金紫光禄大夫,栾城县开国伯,又别赏开国乡男"。此记正光五年(524)三月,沃野镇匈奴人破洛汗拔陵起兵反魏,六镇响应,此即北魏末的"六镇起义";接着在四月,高平(今宁夏固原)胡人酋长胡琛又起兵响应;六月,秦州(治今甘肃天水)羌人莫折太提也据城反,自称秦王;此外,各地也相继起兵反魏。④ 北魏则先后遣兵击诸处反魏起义军,且多遭失败。这种形势一直延续到孝昌年间。这就是志所说的"运距孝昌,世屯道丧,盗贼蜂起,王化凌迟"。阿倪提此时参与了镇压各地的起义,有功;志未详记其具体事迹,只云其"起从行阵,隘坚挫猛,亟有功捷"。因此,其先被封为宁远将军(五品上)、奉车都尉(从五品上),后又累迁征西将军(二品)、金紫光禄大夫(散官,从二品);并封其爵为"栾城县开国伯,又别赏开国乡男",此为北魏太和二十三年定官制后之五等封爵之"开国县公",从第一品,栾城县治今河北栾城;"开国乡男"为第五品封爵。

志下又云:"大统元年(535),加通直散骑常侍(散官,从三品)。二年,进爵

---

① 王仲荦:《北周地理志》卷七《河南上》湖城条,中华书局,2007年,第2次版,第578页。
② 王仲荦:《北周地理志》附《北魏延昌地形志北边州镇考证》,第1071—1072页。
③ 《魏书》卷一一三《官氏志》。以下官爵品级均引此书,不再出注。
④ 见《魏书》卷九《肃宗纪》等。

为公(即栾城县开国公),拜卫将军(二品)、右光禄大夫(散官,二品)。其年,进号车骑将军(二品),恒为别将。于时贼欢(指东魏丞相高欢)为乱,朝廷在西(西魏)。公从大丞相(宇文泰)经营天下,进拔陕城(一名北陕,治今河南三门峡陕县),及定河北,皆先尝(当)矢刃,功力莫先。"据史载,大统元年,东魏高欢曾遣军攻西魏潼关、华州(治今陕西大荔);三年正月,又攻龙门,屯军蒲坂(今山西永济东),宇文泰潜率军击斩东魏将窦泰于潼关,又收复洛州(治今河南洛阳)。八月,西魏宇文泰率十二将东征,攻下潼关、弘农,河南北东魏守将多降。此即所云,墓主随大丞相宇文泰反击东魏高欢时,身先士卒多立战功事。至大统三年十月,高欢又率十万大军从蒲阪渡过黄河,逼华州,遂与宇文泰军大战于沙苑(今陕西大荔沙苑),结果高欢大败。① 这就是历史上著名的"沙苑之战"。志称:"后与贼欢战于河渭(即沙苑),义感其生,奋无顾惜,遂婴创刃,竟以终徂。以大统三年十月十五日薨。时年卅五。朝廷军国,莫不伤痛"。即是说,阿倪提在沙苑之战时,受伤战死,时年三十五岁。

志接着记:"粤以其年(大统三年)十一月十一日将窆于石安县坚固乡中武里。有诏追赠使持节,骠骑大将军(从一品),仪同三司,尚书右仆射(从二品),都督恒、幽、安、平、燕五州诸军事,恒州刺史(治今山西大同)。又有诏赠尚书右仆射(从二品),增邑十室,并前二千户,殊礼也"。其葬地"石安县坚固乡中武里",石安县初置于十六国后赵石勒时,北魏因之,属咸阳郡所属五县之一②,治今陕西泾阳县。西魏北周贵戚大臣死葬地多在"石安原",即县西南原上③,此云"石安县坚固乡中武里",说明西魏时地方县治内实行乡、里之制;其地因此志出土地点不明,不能确指,亦一憾事。志未记其婚配情况,可能系战死时才三十五岁,还未婚配。

二 《宇文测墓志》

此志载《馆藏墓志》编号二(第4—5页),《题解》云:"志高五三、宽五三、厚一三点五厘米,铭文二二行,行二三字,魏碑近楷体,盝顶盖……铭文四行,行四字,篆书。"曰"魏故开府绥州刺史广川靖伯宇文测铭"。志首行题为"魏故使持

---

① 见《周书》卷二《文帝纪下》。
② 《魏书》卷一〇六《地形志》雍州咸阳郡条。
③ 见周伟洲:《陕西北周墓葬主死葬地考》,载《中国历史地理论丛》1995年第1期。

节,骠骑大将军,开府仪同三司,绥州刺史,广川靖伯宇文测墓(下阙"志铭"二字)"。

宇文测,《周书》卷二七、《北史》卷五七均有专传(二传内容基本相同,下引以《周书》为主),与志可相互补证。志云:"祖骐驎,平北将军(三品)、营州刺史(治今辽宁建昌东北)。父永,征虏将军(从三品),武川镇将。公讳测,字乌甘头,河南洛阳人也。其先建邦辽海,号大单于国。并仕魏,世有冠冕。盖详诸史牒,可得而略也。"而传云:"宇文测字澄镜,太祖之族子。高祖中山,曾祖豆颓,祖骐驎,父永,仕魏,位并显达"。澄镜,当为宇文测汉姓字,墓志所记"乌甘头"为胡姓字。传补志测高祖、曾祖名及官职,且云测为"太祖(宇文泰)之族子",后又记太祖曾令测"详定宗室昭穆远近,附于属籍";《北史》卷五七,将测列入《周宗室传》内。则宇文测当与宇文泰同族,其族源最早应为匈奴南单于之远属,即为匈奴族,后统鲜卑诸部,融入鲜卑,成为宇文部鲜卑。①《周书》卷一《文帝纪上》云:宇文泰祖先普回,"因狩得玉玺三纽,行文曰皇帝玺,普回异之,以为天授。其俗谓天曰宇,谓君曰文,因号宇文国,并以为氏焉";时宇文部首领也有称"单于"或"大单于"者②,故此所谓的"宇文国",即志所称之"大单于国"。

志文以下记宇文测各个时期仕途及官爵,与传多有异同,下录志文与传相互校证。志云测于"正光中,起家辟司空府行参军,拜伏波将军(从五品上),羽林监,领殿中侍御史。除南兖州别驾,转洛州长史。永熙末,拜征虏将军,司徒府右长史。大统初,拜安东将军、营州大中正,广川县开国伯,邑五百户。寻加镇东将军、河南邑中正,进号征东将军,太子少保。后除卫尉卿,俄转光禄勋,拜大丞相府右长史,除持节,汾州大都督,加通直散骑常侍。寻授使持节,汾州诸军事,行汾州事。征拜黄门侍部,散骑常侍,迁车骑大将军、仪同三司,拜使持节,骠骑大将军,开府,大都督,绥州诸军事,侍中,绥州刺史。"

传则曰:"起家奉朝请、殿中侍御史,累迁司徒右长史,安东将军。尚宣武女阳平公主,拜驸马都尉。及魏孝武疑齐神武(高欢)有异图,诏测诣太祖(宇文泰)言,令密为之备……使还,封广川县伯,邑五百户。寻从孝武西迁,进爵为公。太祖为丞相,以测为右长史……除通直散骑常侍、黄门侍郎。大统四年

---

① 周一良:《论宇文周之种族》,《魏晋南北朝史论集》,北京:中华书局,1963年,第220—235页。
② 《新唐书》卷七一《宰相世系一下》宇文氏条。

(538),拜侍中、长史。六年,坐事免。寻除使持节、骠骑大将军、开府仪同三司、大都督,行汾州事……八年,加金紫光禄大夫,转行绥州事……十年,征拜太子少保。"志与传所记测之仕途与官爵,主要官爵相同,传所记更为详细,并列举志云"公入司喉唇,出登牧伯,威而不猛,寇而不纵,克协民戎,抑古之遗爱"之具体事实。但有三处相异之处,且令人费解:

其一,传云测"尚宣武女阳平公主,拜驸马都尉",而志记其"夫人河南拓拔氏,阳平县主,父匡,侍中,司空公、东平王"①;即其夫人非宣武帝之女阳平公主,故未有"驸马都尉"官职,只是北魏宗室东平王元匡(即拓拔匡)之女,随测广川县开国伯(三品)爵而封为"县主"。

其二,传曰测"寻从孝武西迁,进爵为公",故《北史》卷五七《周宗室传》称其为"广川公";而志记其只是"广川县开国伯"(广川靖伯),爵位比公低。

其三,与上相关的是,志称测卒于绥州刺史任上"春秋五十有四",卒年为"(大统)三年十月八日庚戌薨于位";而传云其"(大统)十二年十月卒于位,时年五十八",故有大统四年至八年官爵之记载。

志与传所记谁为确?志为人死之后,葬时所书写,当可信从;然而,史传又记载确凿,似非杜撰;实难定断。不过,从各方面考量,应以志为确。

最后,关于测之葬地,志云"窆于京兆山北县",此县最早设于后秦姚兴时。据《魏书》卷一〇六《地形志二》雍州京兆郡下辖八县中有"山北县",在今西安杜城一带。

三 《王光墓志》及《叱罗招男墓志》

此志载《馆藏墓志》编号四(第8—9页),《题解》云:"志高五四点五、宽五四点五、厚八厘米,铭文三十行,行三十字,魏碑体,盝顶盖……铭文三行,行三字,线刻正书("周上黄郡开国公志铭")。"首题"周故使持节、骠骑大将军、开府仪同三司、大都督、侍中、上黄郡开国公王君之志铭"。

志开首记其籍贯、家世云:"君讳光,字兴国,太原祁人也。使持节、平南将军、并雍二州刺史、广阳公买之孙,持节、征东将军、零丘太守、干阳侯之之子。其先世古族轩冕,相袭历叶。魏朝以世胄子孙,维城攸寄,衔命居边,守兹蕃捍,

---

① 《馆藏墓志》录文在"父匡"前用句号不妥,使人误为墓主之父,应用逗号。

遂家朔土,绵历四世"。太原祁县王光一族,从此志似乎难断其族属,但其妻《叱罗招男墓志》内记其名为"乌丸光",则其族原为东胡乌丸(乌桓)人。其实,由于东胡乌桓族原居乌丸山(今内蒙古科尔沁右翼前旗归流河附近),以山名为号。早从西汉武帝之后,乌丸人就多次向南迁徙,东汉末曹操征三郡乌丸,斩蹋顿于柳城(今辽宁朝阳),后迁三郡等地乌丸于内地,"由是三郡乌丸,为天下名骑"。① 其中并州太原等地即为乌丸集中地区之一。如东汉建安二十二年(217)曹操取汉中后,至长安,曾留"骑督太原乌丸王鲁昔"屯戍池阳(今陕西泾阳)。鲁昔思念在晋阳之爱妾,率骑五百叛还太原。② 十六国时代北拓跋鲜卑部落联盟内,也有众多的乌丸部众,如《魏书》卷一《序记》云,神元帝力微时,有"乌丸王库贤,亲近任势"。因此,在北朝作官为吏之乌丸人较多,且多改为王氏。据姚薇元《北朝胡姓考》(修订本)云,在魏晋时,乌丸人有的已姓王氏;北朝时王姓乌丸见于史籍者甚多,但也有未改王姓者。③

《新唐书》卷七二中《宰相世系表二中》乌丸王氏条记:"乌丸王氏,霸长子殷,后汉中山太守,食邑祁县。四世孙寔,三子:允、瓅、懋。懋,后汉侍中、幽州刺史。六世孙光,后魏并州刺史。生冏,度支尚书、护乌丸校尉、广阳侯,因号'乌丸王氏'"。内"六世孙光",应即墓主人王光,墓志补充了王光之祖、父的任职情况,也知其籍贯为"太原祁人(祁县)"系来自其远祖殷之食邑祁县。但志未记光于后魏(北魏)任"并州刺史"事,是漏记,或误记,不得而知。又其子名,其墓志云"世子轨""公子毗阇",夫人墓志则记为"长子毗沙门"、"次子阿师父",《新唐书·宰相世系表》又仅记一子,名冏。三种记载均不相同,可能因分别记有汉式名及佛教式名之故。

志记光在北魏末年各地纷纷起兵反,天下乱,如志所云:"洎魏德不竞,皇维中稀,威正莫举,噬肟群飞",于是"慨然有立功立事之志"。后又云:"属故天柱大将军尔朱荣率晋阳之钾(同'甲'),匡定王室,援立孝壮,君预有力焉。起家为大将军帐内都督,密物左右,以忠信见知。奏授宣威将军(六品上)、给事中(从六品上)。稍迁安东将军(三品)、银青光禄大夫(三品)"。此云武泰元年(528)肃宗孝明帝崩,皇子即位,王光随时在晋阳的权臣尔朱荣率军入洛阳,另

---

① 《后汉书》卷九〇《乌桓鲜卑列传》。
② 《三国志·魏志》卷一五《梁习传》注引《魏略》。
③ 姚薇元:《北朝胡姓考》(修订本),北京:中华书局,2007年版,第276—278页。

立孝庄帝即位有功①,累迁官职。

志下又云:"及尔朱云亡,君沙苑之战,东军(东魏高欢军)大北(败北)。君因此归朝(即归西魏),一遇文皇(宇文泰),便披布怀抱,恩同久旧……以功锡爵平原侯(二品),帅都督,心膂之寄,威望日隆。大统十年(544),还复本官(即还复在东魏职官)。俄除华山郡守(治今陕西华县),唯良之寄,君实当之。谢任归副,进持节、大都督(从一品),转授抚军将军(从二品),进爵为公(从一品),加通直散骑常侍。授勋州诸军事、勋州刺史(治今山西稷山西南)。寻除使持节、车骑大将军(从一品)、仪同三司、大都督、散骑常侍……迁骠骑大将军(从一品)、开府(即自辟府僚)仪同三司、大都督,改爵首阳公。"

志下又云:"暨魏德告终,天命有归,大周握历,再造维新(即北周代西魏而立)。以君伏膺二朝(指北魏、西魏,或西魏、北周),遂进爵上黄郡公(即首行'上黄郡开国公',正九命)②……以周武成二年(560)遭疾,四月廿二日卒于蒲州城(蒲阪,今山西永济西南蒲州镇)。诏赠都督华、义、洛三州诸军事③、华州刺史,公如故……粤以其年八月庚辰卅日己酉,葬于华州华山郡(治今陕西华县)华阴乡灵泉里。"志后还记其"夫人曲梁郡君河南叱罗氏,岐、殷二州刺史石邑公鉴第二之女……"

《叱罗招男墓志》,载《馆藏墓志》编号三(第6—7页),《题解》云:"志高四一、宽四点五、厚一二厘米,铭文十六行,行十五字,魏体……无盖"。首题"大周使持节、骠骑大将军、开府仪同三司、大都督、上黄郡开国公乌丸光夫人曲梁县君叱罗氏墓志"。此云叱罗氏封号为"曲梁县君",而上王光志云其为"曲梁郡君",据《周书》卷五《武帝纪上》保定二年(562)"闰月乙丑,诏柱国以下,帅都曾以上,母妻授太夫人、夫人、郡君、县君各有差"。此虽在叱罗氏卒后所正式颁布,之前应以施行。叱罗氏先于其夫光卒,故卒时封号为"县君",光后卒时追封为"郡君"。

志云:"夫人字招男,河南洛阳人。其先氏胄,出自成都。迺祖迺父,世官世禄,不常其居,自而家焉"。叱罗氏,《魏书》卷一一三《官氏志》记,"神元皇帝

---

① 此一事件见《魏书》卷十《孝庄纪》;同书卷七四《尔朱荣传》。
② 按,《周书》卷二《文帝纪下》记,西魏恭帝三年(556)"春正月丁丑,初行周礼,建六官",即从此年后,新的"六官"制实施,故至北周建立,职官品级有改变。
③ 《馆藏墓志》录文在"都督"后点断,不妥。

（力微）时，余部诸姓内入者"有"叱罗氏，后改为罗氏"。故其源可能为代北鲜卑之一部。《周书》卷一一《叱罗协传》当为其族人。其祖、父在志后记为："祖退干，魏骠骑将军，济、徐二州刺史。父鉴，魏骠骑大将军，岐州刺史"，鉴与王光志所记同。内记"其先氏胄，出自成都"，则不可解？存疑。

志以下系对叱罗氏之溢美之词，后又云："时运不济，春秋卅，薨于同州。日（志录文作'曰'，可能为衍字）以元年（周闵帝元年，557）冬十月六日葬于华阴东原乡通灵里。"志未记其卒年，仅记其殡葬年，按一般墓志所记，墓主卒、葬多为同年或卒后一年，叱罗氏葬于周元年十月，故死、葬同年的可能更大。即是说，叱罗氏早其夫卒约三年。其卒于同州（即北魏时华州，治今陕西大荔），此可能其夫当驻守该地。而其夫卒于蒲州城，时任勳州刺史，可能巡视或驻守蒲州而卒。但两人先后均归葬于华山郡华阴，但一记为"华阴东原乡通灵里"，一为"华州华山郡华阴乡灵泉里"，系合葬一地或不同两地？因两志出土地点不明，故难定断。为何两人均归葬华山郡？可能与光曾任华山郡守有关。

四　徒何樹墓志

此志载《馆藏墓志》编号六（第 12—13 页），《题解》云："志高五〇点五、宽五一点五、厚一一点五厘米，铭文二〇行，满行二二字，魏体……盝顶盖……铭文三行，行三字云，楷书"；曰"周大将军故汝南公志"。志首题"故周大将军、汝南郡公徒何府君墓志"。

志下云："君讳樹，河南洛阳人也。本姓李氏，辽东襄平县人。祖贵，开府仪同、平州刺史。父永，镇西将军、凉州刺史，赠柱国大将军、河阳公。武安君之居边，实安赵国；海西侯之勇战，终全汉兵。"徒何氏，当原为辽东的慕容鲜卑，因慕容部首领慕容廆于晋太康十年（289）又从辽东北迁回到昌黎郡徒何（今辽宁义县东）之青山①，故慕容氏，有又姓徒何氏，或徒何鲜卑。《隋书》卷八三《吐谷浑传》云吐谷浑"本辽西鲜卑徒何涉归（廆父）子也"。其籍贯"辽东襄平县"（原治今辽宁朝阳西北）是慕容鲜卑部领地之一，此亦可证徒何氏原为慕容鲜卑。所谓"本姓李氏"，当为伪托。其祖贵、父永不见史载，但志以战国赵国武安君李牧守北边，匈奴不敢犯，以及西汉海西侯、贰师将军李广利，勇战击退敌军，保全汉

---

① 《晋书》卷一八《慕容廆载记》。

兵的典故,称誉其祖、父之功绩。

志又云其"少从戎政","出身右将军(三品)、大中大夫(从三品),迁抚军将军(从二品)、左光禄(三品)、晋县开国公(从一品)。大统十三年(547),授车骑大将军(从一品)、开府仪同三司。周元年(557),授大将军(正九命),改封汝南郡公(正九命)……以保定四年(565)闰十二月十九日遘疾薨于延州(治今陕西延安东),春秋年六十一。乃诏赠□□恒、朔、并、肆、燕五州诸军事,恒州刺史(治今河北石家庄),谥曰壮公,礼也。以五年四月廿一日归葬于建忠郡三原县之丰谷原。"按,北魏太武帝置三原县,属北地郡。永安元年(528),割北地郡之三原县置建忠郡,隋开皇三年(583)罢郡,以三原县属雍州。① 地在今陕西三原。由于不明志出土地点,故"三原县之丰谷原"在何处不明。

五　《是云伱墓志》及《贺拔定妃墓志》

《是云伱墓志》载《馆藏墓志》编号七(第14—15页),《题解》云:"志高四八点五、宽四九、厚一一厘米,铭文二七行,满行二七字,魏体,素面。无盖。首题为"使持节,骠骑大将军,开府仪同三司,大都督,宜、敷、丹三州诸军事,宜州刺史,洞城郡开国公是云伱之墓志铭"。

志文始云:"公讳伱(此字为'伱'之异体字),字宝国,其先出自轩辕,受氏于有魏太武皇帝,折侯真是云尚书,即君之十二世祖也……祖敦,蕴精藏仁,秉文经武。孝文世入为内三郎(侍卫,太和改制后省),出拜大宁郡守,赠相州刺史。"内云其源于"轩辕"(黄帝),及受氏魏太武帝及十二祖,可能均为伪托。据《魏书》卷一一三《官氏志》记,"内入诸姓"中有"是云氏后改为是氏。"则是云氏,应为代北鲜卑之一部。其祖、父不见于史传。

志下又云:"父宝……累拜使持节,大将军,大都督,凉、甘、瓜三州诸军事,凉州刺史,洞城郡开国公,食邑三千户。薨,谥曰哀。"按,是云宝,《周书》卷一九《宇文贵传》、《北齐书》卷二《尧雄传》记有其事迹:云其原为东魏扬州刺史(治今河南沈丘)②。大统初,东魏颍州刺史(治今河南许昌)贺若统降西魏,东魏即遣尧雄、赵育及是云宝率众二万攻颍。西魏宇文贵率军救之。后尧雄败走,赵

---

① 《元和郡县图志》卷一《京兆府》三原县条。
② 《北齐书》卷二《尧雄传》,内"是云宝"作"是育宝"。

育、是云宝先后降西魏。《宇文贵传》后还附宝事迹："是云宝、赵育既至，初并拜车骑大将军、仪同三司。宝后累迁至大将军，都督凉、甘、瓜三州诸军，凉州刺史，赐爵洞城郡公。世宗时，吐谷浑侵逼凉州，宝与战不利，遂殁于阵"。志隐去或略去宝降西魏，及世宗时，战殁于凉州事。

志下云偘"起家持节、抚军将军、大都督、通直散骑常侍，寻除尝上药监，依例封淮州道县开国子，邑三百户，仍加使持节、车骑大将军、仪同三司。属陈人侵轶九汉，虔刘三楚，公秉伏波之鉞，统楼船之师，岬陈兵，复梁壁。湘武有截，实著力焉。"志文后所述事件，即北周武成二年（陈天嘉元年，560）九月，北周将独孤盛领水军，与贺若敦水陆并进，向南攻占陈朝的巴州（治今湖北岳阳）、湘州（治今湖南长沙）等地；十月，独孤盛为陈太尉侯瑱袭破于杨叶洲（在今湘江口），盛收兵登岸，筑城自保。① 偘随独孤盛水军攻巴、湘等州，志以汉武帝遣伏波将军路博德、楼船将军杨仆率军灭南越国之故事，来比拟此次战争。

志下又云："保定初，袭洞城郡公。俄拜冬官司玉大夫（正四命），出为洛州诸军事、洛州刺史（治今河南洛阳），进骠骑大将军、开府仪同三司。门列邓骘之仪，阃崇羊祜之府（以东汉权臣邓骘、西晋羊祜之贵盛作比拟）……柱国邓国公受脤观兵，暇威芒阜。公偏师却敌，别将屠城。勇起一骑，功高三郡，还拜浙州刺史（治今河南陕县北）。"柱国邓国公即窦炽，保定元年封邓国公；四年（564），其随宇文护东征北齐。② 偘随窦炽偏师而进，有功，故还拜浙州刺史。

志下又云："以天和二年（567）十月二日遭疾，薨于州，时年卅有六……久客异乡，遗言返葬。十月十一日，子迁窆葬 里。主上伤惜，诏赠宜、敷、丹三州诸军事，宜州刺史（治今陕西耀县），谥曰（缺）。"志阙载其葬地，而出土地亦不明，故不知其葬地和出土地。

《贺拔定妃墓志》载《馆藏墓志》编号十一（第22—23页），《题解》云："志高四三点五、宽四三点五、厚八点五厘米，铭文二十行，满行二十字，楷体……盝顶盖……铭文三行，行三字，阳刻篆书……"云"大隋洞城公夫人墓志"。首题"大隋使持节、开府仪同三司、洞城公妻、昌城郡君贺拔夫人之墓志铭"。此墓志非北朝墓志，但其为北朝是云偘之妻，故附而论之。

---

① 《南史》卷九《陈本纪》；《资治通鉴》卷一六八，陈文帝天嘉元年九月至十月条。
② 《周书》卷三〇《窦炽传》。

志始云："夫人讳定妃，朔州人也。语其根本，出自轩丘；言其枝叶，分居若水……伯父岳，魏之任太师、太保、雍州刺史、西北道大行台，兼左仆射。父颖，开府、顿丘县开国公。"按，定妃伯父贺拔岳，《周书》卷一四《贺拔胜传》附有其传。据《贺拔胜传》记：胜"字破胡，神武尖山（即原武川镇，在今内蒙古武川县西不浪之东土城子）人也。其先分魏氏同出阴山"。故知贺拔氏非"出自轩（辕）之丘"，而是代北胡姓。《魏书》卷一一三《官氏志》"内入诸姓"有："贺拔氏后改为何氏"。据姚薇元《北朝胡姓考》考证，贺拔氏应为北朝的高车（敕勒、铁勒）族。①

《胜传》还云"胜兄弟三人，竝以豪侠知名。兄允，字阿泥……为神武（高欢）所害"。又记有其弟岳，并附其详细传文。另一弟则未记。据《定妃墓志》云其伯父为岳，父颖，则贺拔胜第二弟当即颖，官至"开府、顿丘县开国公"。志可补史之阙。

志下云定妃"年始韶龀（即童年），降嫔适于使持节、开府仪同三司、洞城公偘为妻，封昌城郡君……开皇六年（588）六月廿七日薨于待贤里之第，春秋五十有二……粤以八年岁次戊申三月庚午朔十五日，合葬于旧茔。"其卒于"待贤里"，从名称上看，非州郡之里第，可能如《题解》所云，为京师大兴城之待贤里。其卒于开皇二年，比其夫偘晚卒二十一年；而葬时又比卒时晚六年，不知何故？其与夫合葬之"旧茔"，因偘志未记，出土地不明，难以知晓。

六 《元世绪墓志》

志载《馆藏墓志》编号八（第16—17页），《题解》云："志高五一点五、宽五二点五、厚一二厘米，铭文二三行，行二二字，楷体……盝顶盖……铭文三行，行三字，阳刻篆书……"曰："大周仪同定公之墓志"。首题为"大周使持节、车骑大将军、仪同三司、大都督、义州刺史、定公墓志铭"。

志始云："公讳世绪，字长纶，河南洛阳人……高祖讳遵，字伏六兜，魏左右承（丞）相，常山王……曾祖讳素连，魏大将军、都督、内外二都大达官（即内、外都大达官，有内、外、中坐大官，权重，多宗室任之，大和改制罢）、常山王……祖讳淑，字买仁，魏肆、朔、燕、相四州刺史，御夷、怀荒三镇二道诸军事，宗正卿。

---

① 姚薇元：《北朝胡姓考》（增订本），第125—126页。

考讳凝,字庆安,魏通直散骑常侍,赠徐州刺史……"元世绪为北魏宗室,即原为拓拔鲜卑拓拔氏,孝文帝迁洛改革,改为元氏,籍贯也改为河南洛阳。

其高祖元遵,《魏书》卷一五有传,封常山王,但无志记之"左右丞相"官职,是为其"赐死"后之追赠？存疑。传云遵子名"素",应即志云之"素连",因其袭爵常山王。传记素(连)有"长子可悉陵","拜都幢将,封暨阳子。卒于中军都将"。不似世绪之祖淑,则淑当为素之次子;志所记世绪之祖淑、父凝,可补史之阙。

志记世绪云:"魏大统十年(544),除直阁将军、奉朝请(从七品)、符玺郎中(从六品上)。十六年,授辅国将军、都督。尝药监。周卫交戟,入陪兰锜;神方上药,内掌时禁。俄授持节、抚军将军、大都督、加通直常侍、骠骑将军、右光禄。保定五年(565),授使持节、车骑大将军(九命)、仪同三司、大都督、弘农郡守(治今河南灵宝)。天和四年(571)己丑五月五日,薨于治所,春秋卅五。诏赠义州刺史(治今湖北罗田),谥曰定,礼也。天和六年辛卯三月己酉朔廿二日庚午,葬于鸿固乡畴贵里地。"此记世绪历时迁升官爵,后为九命最高爵位。其葬地"鸿固乡畴贵里",近来于西安市长安区韦曲夏殿村西发掘的北周《莫仁相墓志》云其葬于"万年县界鸿固乡寿贵里"①,"畴贵里"当为"寿贵里"之异写,或"畴"字误。世绪葬地当亦在此。

志最后云:"夫人,京兆人,魏故度支尚书、仪同三司、南荆州刺史、彭城侯辛庆之女。息(子)桀,字隆宗。女孟婉。"世绪夫人父辛庆之,《周书》卷三九有传,云其为"陇西狄道人也。世为陇右著姓"。则世绪夫人辛氏为汉族,传阙载庆之"彭城侯"爵,可能为死后追赠,志可补之。

七 《若干荣墓志》

志载《馆藏墓志》编号九(第18—19页),《题解》云:"志高五一点五、宽五一点五、厚七点五厘米,铭文二四行,行二六字,魏碑体……盝顶盖……铭文三行,行三字,阳刻篆书……"曰:"大周开府长安公墓志"。首题为"周故开府、仪同大将军、长安公若干君之墓志"。

志始云:"公讳荣,字显宝,河南洛阳人也。其先禀气玄冥,世居北上,当涂

---

① 上引周伟洲:《北周莫仁相、莫仁诞父子墓志释解》,载《考古与文物》2013年第1期。

海运,遂徙南河……曾祖讳盖石于,魏镇东将军、幽、冀二州刺史。祖讳燕皇,魏内行羽真(魏初内侍近臣,鲜卑语音译)。父讳伏德,魏仪同三司、桓州刺史。"若干氏应为北方胡姓,《魏书》卷一一三《官氏志》"内入诸姓"记有:"若干氏后改为苟氏"。《周书》卷一七《若干惠传》云其为"代郡武川人也,其先与魏氏俱起,以国为姓"。则疑若干氏为东胡鲜卑之一部,以部为氏。荣之曾祖、祖及父不见史载。

志下记荣云:"公地藉膏腴,才兼文武,秉其一德,历事两朝(北魏、西魏)。少为大(太)祖(宇文泰)亲信,寻授都督……又迁平东将军(三品)、亲信帅都督。夙夜在公,烙勤无忝,帝嘉迺诚,进大都督……俄授殿中监(从五品下),仍转舍人……后除使持节、车骑大将军、仪同三司、右小武伯,转小宫伯(正四命)……于是锡爵长安县开国公(九命),食邑九佰(百)户……伪齐(北齐)以天和四年(569)侵我东鄙,公率先貔虎,身陷王事……李广洞石之材,困于群羯;杜回扛鼎之力,颠于结草……"志云天和四年,其年冬,北周遣齐国公宇文宪等东攻北齐宜阳,荣也随征,结果为北齐斛律光大败,荣即此战被俘。①志以西汉李广有射石虎之力,而降于匈奴,战国杜回有扛鼎之力,而败于魏妾之典故,来比拟荣之被俘。

志后云:"由是礼昇南冠,脱均堂阜,乔松独立,岁晏不移。以建德四年(575)七月十二日薨于邺(今河北磁县南)。客久思乡,曾闻讬梦,游魂返国,讵俟大招。朝廷哀伤,追赠使持节、开府仪同大将军、硖州刺史(治今湖北宜昌)。以建德六年七月十三日窆于泾阳县石安原"。此云荣被俘后,在邺城保持周节,于建德四年七月十三日卒于邺城;思乡心切,曾似托梦返国。因此北周朝廷追赠其官爵,并于建德六年七月十三日葬于泾阳县石安原。石安原即在今咸阳底张湾北原、现咸阳国际机场一带,此地又名泾阳洪渎川。葬于此地北魏、西魏、北周贵族甚多,如拓拔虎、若干云、独孤藏、尉迟运及妻、王士良及妻、王德衡、匹娄欢、独孤信、武德皇后阿史那氏(以上墓已发掘或有墓志出土),宇文宪、豆卢永恩、宇文显(和)、贺拔夫人元氏,等等。②因此,笔者甚至认为,"此地可与洛

---

① 按《北齐书》卷一七《斛律光传》记此事为河清三年(564),且云北周军攻洛阳,遭败北。《资治通鉴》卷一七〇,陈宣帝太建元年(569),记此事为天和四年冬至次年初,且记周军攻宜阳。从《通鉴》。
② 周伟洲:《陕西北周墓葬主死葬地考》,载《中国历史地理论丛》1995年第1期。

阳北邙山墓葬区相提并论"。①

八　结语

　　大唐西市博物馆入藏的八方北朝墓志,全为西魏、北周时胡族上层贵族的墓志。这批入藏的西魏、北周墓志,为我们研究和认识这一时期的历史提供了可靠的第一手的资料。历来出土的西魏、北周墓志不多,这批墓志出土及公布,将大大促进这一时期历史的研究。其学术价值,主要有以下几个方面:

　　首先,正如笔者早在十多年前,研究1984年至1900年咸阳国际机场出土的一批北朝墓葬文物及墓志时所说:"陕西这批北周胡族与汉族上层贵族墓葬形制、出土文物所表现出的一致性,固然与北周政治上的统一有关,但是却给人一个胡汉融合已基本完成的强烈印象"。② 通过对上述八方(实际为九方)胡族墓志的考释,增强了人们对西魏、北周政权中,占了很大比例的胡族上层贵族,已经处于汉化的过程或汉化已基本完成之中的认识。

　　八方墓志主人如追溯其族源则有:东汉末内徙的南匈奴(屠各)刘氏(刘阿倪提)、源于匈奴后融入鲜卑的宇文鲜卑(宇文测)、源于东胡乌丸的王氏(王光)、源于慕容鲜卑的徒何氏(徒何樹)、源于代北鲜卑的是云氏(是云㒇)、源于拓拔鲜卑的元氏(元世绪)、源于代北鲜卑的若干氏(若干荣),还有源于高车族的贺拔氏(是云㒇夫人贺拔定妃)和源于代北鲜卑的叱罗氏(王光夫人叱罗招男)等。他们的籍贯多已改为内地的河南洛阳、京兆、恒农胡城、太原祁县、朔州人等。从墓志中所述他们的功绩或品德,均俨然一汉族士族或贵妇。

　　他们的婚姻关系,除《刘阿倪提墓志》、《徒何樹墓志》、《若干荣墓志》三方未记其婚配外,其余均有记载。除元世绪娶汉族贵族、陇西狄道人辛庆之女外,其余均为胡族贵盛之家门当户对的婚姻。这反映了胡汉界限已渐消除,通婚重门第之风。

　　总之,正是因为经过魏晋南北朝漫长的三百余年,北方,包括东北和西北的少数民族(胡族)与汉族长期相处,到西魏、北周时,以汉化为主流的胡汉融合中,胡族也给汉族增加了新鲜的血液,这才有了隋唐时期光辉灿烂的文化。

---

① 周伟洲:《陕西北周墓葬主死葬地考》,载《中国历史地理论丛》1995年第1期。
② 周伟洲:《陕西北周墓葬与民族问题》,载《魏晋南北朝史研究》,武汉:湖北人民出版社,1996年。

第二，这批墓志对于补正史籍，极有价值。八方墓志中，正史有专传的仅有《宇文测墓志》，史籍中提到有《是云侣墓志》中偘父"是云宝"，《元世绪墓志》中绪夫人父"辛庆之"，《元世绪墓志》中绪高祖"元遵"、曾祖"元素（素连）"；其余均可补史之阙。而《宇文测墓志》则有三处与其传不同，特别是其卒年，相差近九年，事迹、官爵衔完全不同。

第三，这批墓志的书法艺术也很有价值，内有魏碑体、魏体，魏碑近楷体，也有楷体；除书法本身的艺术价值外，对于北朝魏体向隋唐楷体字的变化，也极具研究价值。

此外，墓志所记州郡名及死葬地也对研究北朝历史地理方面，提供了珍贵的资料。

（本文作者：陕西师范大学民族研究中心教授）

魏晋南北朝南人北迁及相关史迹释读

——读《大唐西市博物馆藏墓志》

汤勤福

魏晋南北朝是个民族大迁徙的时期，历来学界较多关注北民南迁问题，成果颇多。实际上，与此迁徙相反，还有不少南民北徙的移民活动，目前也开始受到学者关注，然而由于资料甚少，对此研究开展得并不很顺利。胡戟、荣新江主编《大唐西市博物馆藏墓志》①已正式出版，其中有关魏晋南北朝至隋初南人北迁及相关内容的墓志，学术价值极高，十分令人瞩目。本论文选择与这一内容相关墓志 23 通，不作全文释读，只释读与考辨有关魏晋南北朝南人北迁及相关的史实，力求弄清史实，纠正相关史籍错谬，为相关研究提供一些参考。

一 《叱罗招男墓志》

> 夫人字招男，河南洛阳人。其先氏冑，出自成都。迺祖迺父，世官世禄，不常其居，自而家焉……祖退干，魏骠骑大将军，济、徐二州刺史。父鉴，魏骠骑大将军，岐州刺史。②

姚薇元《北朝胡姓考》："疑后魏叱罗部落，本新罗种人之内人者，惟无史文之证，姑志疑义。"③由于史料极其缺乏，姚先生无法判断其族属与迁来地区，可以理解。但墓志中"其先氏冑，出自成都"一语，自述其先祖所出，并无夸耀内

---

① 胡戟、荣新江:《大唐西市博物馆藏墓志》,《叱罗招男墓志》,北京:北京大学出版社,2012 年。以下凡出此书仅列墓志名和页码。
② 胡戟、荣新江:《大唐西市博物馆藏墓志》,《叱罗招男墓志》,北京:北京大学出版社,2012 年,第 7 页。
③ 姚薇元:《北朝胡姓考》(修订本),北京:中华书局,2007 年,第 70 页。

容,应该可以相信,故可认定叱罗氏祖先曾居住于成都。尽管该墓志不足否定姚先生"新罗种人之内入者"的推测,但至少可补一说。因为后文"廼祖廼父,世官世禄",指明叱罗氏祖先相当长一段时期内生活在该地区。

又据墓志,招男死于北周,年龄为 40 岁,北周总共不足 30 年,那么她应该是北魏末或西魏时生人,墓志追述到其祖、父两代,可确定为北魏时期人无疑。自称洛阳人,则至少其祖父一代已经洛阳生活,显然从巴蜀迁入河南至少有数代。其祖叱罗退干、父叱罗鉴、其夫乌丸光,史书均未见记载。

二 《杨岳墓志》

君讳岳,字浮丘,弘农华阴人也……曾祖钧,魏司空,文恭公。祖暄,度支尚书,华州刺史,临贞忠公。父敷,大将军,蒙、汾二州刺史,临贞忠壮公……仁寿二年正月,丁太夫人萧氏忧。夫人,梁武帝之孙,武陵王之长女也,年十有三,封淮南公 4 主。①

弘农杨氏,世为北方大族。杨敷于《周书》、《北史》均有传,长短、内容各有不同,然两传均未提及杨敷妻为萧梁武帝之孙女或武陵王萧纪之女。《梁书》无萧纪女封淮南公主记载。考《梁书》卷五五有《萧纪传》,"初,天监中,震太阳门,成字曰'绍宗梁位唯武王',解者以为武王者,武陵王也,于是朝野属意焉。及太清中,侯景乱,纪不赴援。高祖崩后,纪乃僭号于蜀。改年曰天正。立子圆照为皇太子,圆正为西阳王,圆满竟陵王,圆普南谯王,圆肃宜都王",萧纪旋为其兄世祖萧纲所败,被杀,"有司奏请绝其属籍,世祖许之,赐姓饕餮氏"②。萧纪自立为帝并封诸子为王,则知淮南公主当为萧纪称帝时(552)所封。萧纪被杀并被逐出萧氏家族,其子女亦当收属官府。如此,则可推知淮南公主当在梁灭(557)之后随萧氏入北。

杨敷死年有记载,北周天和中(566—572),"为汾州刺史,进爵为公。齐将段孝先率众来寇,城陷见禽。齐人方任用之,敷不为屈,遂以忧愤卒于邺。"③其

---

① 胡戟、荣新江:《大唐西市博物馆藏墓志》,《杨岳墓志》,北京:北京大学出版社,2012 年,第 53 页。
② 《梁书》卷五五有《萧纪传》,北京:中华书局,1973 年,第 826 页、第 828 页。
③ 《北史》卷四一《杨敷传》,北京:中华书局,1974 年,第 1508 页。

妻萧氏13岁封淮南公主,当生于(540),卒于仁寿二年(602),享年63岁,此均可补史之阙。

三 《莫丽芳(贵嫔)墓志》

贵嫔莫氏,讳丽芳,吴郡吴人也。其先光辅楚国,望祀潼漳,世处莫敖,因以命氏。祖影龙,陈东衡、北兖、南徐三州刺史。父孝恭,高唐太守……(莫氏)武德元年十一月,薨于别馆,春秋卅有二……诏赠贵嫔,礼也。①

莫贵嫔为吴郡人,当属南方。其祖、父均为陈朝官员,那么莫氏家族已经入北。莫氏于武德元年(618)去世,32岁,即陈后主祯明元年(587)生人,陈亡仅3岁,当随父(或还有祖)北徙。

四 《颜宏墓志》

君讳宏,字伯达,琅邪临沂人也。祖协,梁湘东王记室。考之仪,周御正大夫,隋上仪同三司,集州刺史,新野公……大业二年,授涪州赤水县令……十一年十二月寝疾终于县馆,春秋六十有四。粤以大唐武德二年岁次己卯二月辛未朔九日己卯,返葬于雍州万年县永寿之乡。②

颜宏之父颜之仪,为之推之弟,《周书》卷四〇有传,"颜之仪子升,琅邪临沂人也,晋侍中含九世孙。祖见远,齐御史治书。正色立朝,有当官之称。及梁武帝执政,遂以疾辞。寻而齐和帝暴崩,见远恸哭而绝。梁武帝深恨之,谓朝臣曰:'我自应天从人,何预天下人事,而颜见远乃至于此。'当时嘉其忠烈,咸称叹之。父协,以见远蹈义忤时,遂不仕进。梁元帝为湘东王,引协为其府记室参军。协不得已,乃应命……江陵平,之仪随例迁长安。"颜宏大业十一年(615)卒,年64岁,则生于梁天正元年(551),梁亡时7岁,随父北徙。

---

① 胡戟、荣新江:《大唐西市博物馆藏墓志》,《莫丽芳(贵嫔)墓志》,北京:北京大学出版社,2012年,第61页。

② 胡戟、荣新江:《大唐西市博物馆藏墓志》,《颜宏墓志》,北京:北京大学出版社,2012年,第63页。

五 《陆士季墓志》

君讳士季，字南容，吴人也。祖僧景，梁临海太守……父庆，娶令……君(士季)少挺英杰，凤擅嘉猷。辩刃横飞，文锋秀上。乘帷书囿，万卷长开；函丈礼园，六艺斯阐。翰林仰其花萼，学海润其波澜。洎青盖西归，皇华南国，言游魏阙，郁号儒宗，博雅斯彰。署东宫学士，迁越王记室……俄而祸接尧城，冤穷汉阁。缅怀徐广之恋，独深陈泰之悲。逮乎入朝，除新井令……以贞观十三年终于永兴里，春秋六十九。十四年闰二月廿七日葬于京兆杜陵之东原。①

陆士季亡于贞观十三年(639)，69 岁，当生于陈宣帝太建三年(571)。墓志所称"青盖西归"，青盖者，原汉朝王所乘舆之盖，暗指陈被隋(589)所灭，陈帝及诸王西迁。陆士季时年 19 岁。然紧接着说"言游魏阙"，或指陆士季已随陈帝北徙也。"郁号儒宗，博雅斯彰"指他满腹经纶，被委为东宫学士，迁越王记室事。说其满腹经纶，墓志称"少挺英杰，凤擅嘉猷。辩刃横飞，文锋秀上。乘帷书囿，万卷长开；函丈礼园，六艺斯阐。翰林仰其花萼，学海润其波澜"或有溢美夸大之处，但陆氏有相当学养是可以肯定的。《万姓统谱》称陆士季"吴县人，从顾野王学《左氏春秋》、司马《史记》、班氏《汉书》，隋时为著作郎，贞观初终太学博士、兼弘文馆学士。"②顾野王亦为吴郡人，其父是当时"以儒术知名"的顾烜，野王"长而遍观经史，精记默识。天文地理，蓍龟占候，虫篆奇字，无所不通"，曾"掌国史，知梁史事"③，著述颇丰。如果《统谱》所言不差，那么陆士季随同郡高士顾野王学，其学问亦会相当不错。

其实，陆士季之父陆庆亦是当时名儒，《陈书》有传："时有吴郡陆庆，少好学，遍知《五经》，尤明《春秋左氏传》，节操甚高。释褐梁武陵王国右常侍，历征西府墨曹行参军，除娄令。值梁季丧乱，乃覃心释典，经论靡不该究。天嘉初，征为通直散骑侍郎，不就。永阳王为吴郡太守，闻其名，欲与相见，庆固辞以疾。

---

① 胡戟、荣新江:《大唐西市博物馆藏墓志》,《陆士季墓志》,北京:北京大学出版社,2012 年,第 71 页。
② 凌迪知:《万姓统谱》卷一一一,文渊阁四库全书本,第 957 册,第 556 页。
③ 《陈书》卷三〇《顾野王传》,北京:中华书局,1972 年,第 399 页至第 400 页。

时宗人陆荣为郡五官掾,庆尝诣焉,王乃微服往荣第,穿壁以观之。王谓荣曰:'观陆庆风神凝峻,殆不可测,严君平、郑子真何以尚兹。'鄱阳、晋安王俱以记室征,并不就。乃筑室屏居,以禅诵为事,由是传经受业者盖鲜焉。"①鄱阳王陈伯山,陈文帝第三子,天嘉元年"十月,上临轩策命之曰……策讫,敕令王公已下并燕于王第。仍授东中郎将、吴郡太守"②,晋安王陈伯恭,陈文帝第六子,"天嘉六年,立为晋安王。寻为平东将军、吴郡太守,置佐史。"③据此可知,陆庆自梁亡不欲宦事,陈朝屡征不起,"筑室屏居,以禅诵为事",显然非入北者。陆庆"遍知《五经》,尤明《春秋左氏传》",当对陆士季有相当影响。《陆庆传》未载其子嗣情况,两《唐书》无陆士季传,此墓志可补史阙。

六 《陶普慈墓志》

公讳普慈,雍州万年人也……往者陶潜迥秀,贞简晋朝。公之维贤,即其苗裔。曾祖乐,风播有随,任以青州刺史。祖雄,同州武乡县令。父文,高才同日,授以卫州新乡县丞。④

按:葬地为今陕西西安长安区郭杜镇。

此墓志自称是陶潜后裔。陶潜为陶侃之曾孙,原为北人,但最终隐居庐山,"宋元嘉中卒"⑤,实为南迁之人。然陶普慈之曾祖陶乐,在隋朝任青州刺史,即已入北。尽管不知陶氏家族何时返回北方,但大致可推定在南北朝晚期。

七 《刘辟恶墓志》

君讳辟恶,字文备,其先彭城人也……曾祖康,后魏使持节,骠骑大将军,开府仪同三司,度支尚书,东道大行台,河北道大全,襄、冀、并、定四州诸军事,四州刺史,土垠县开国公……祖安若头,后魏使持节,骠骑大将军,开府仪同三司,金紫光禄大夫,散骑常侍,冀、襄、荆三

---

① 《陈书》卷三三《王元规传》,北京:中华书局,1972年,第450页。
② 《陈书》卷二八《陈伯山传》,北京:中华书局,1972年,第360页。
③ 《陈书》卷二八《陈伯恭传》,北京:中华书局,1972年,第361页。
④ 胡戟、荣新江:《大唐西市博物馆藏墓志》,《陶普慈墓志》,北京:北京大学出版社,2012年,第119页。
⑤ 《晋书》卷九四《陶潜传》,北京:中华书局,1974年,第2463页。

州诸军事,三州刺史,袭爵土垠公……父舒,隋九陇郡守,翼州诸军事,翼州刺史,广安县开国公。①

墓志载刘辟恶之曾祖在北魏为官,当刘氏家族已入北为官。但刘氏家族究竟何时入北,亦不详。辟恶及曾祖、祖、父均未见史书记载。

八 《朱延度墓志》

君讳延度,字开士,吴郡钱唐人也……曾祖异,梁中书舍人,侍中,中领军,中权大将军,尚书左仆射……祖干,著作郎,太子舍人,周麟趾馆学士,齐王友,司城大夫,鄌、扬二州刺史……父长仁,齐王府参军,天官上士,随宜州司马,水部员外侍郎,朝请大夫,行卫尉丞。②

墓志称朱延度吴郡钱唐人,为南方人无疑。其曾祖朱异为萧梁大臣,《梁书》有传:"朱异字彦和,吴郡钱唐人也","长子肃,官至国子博士;次子闰,司徒掾。并遇乱卒"③,但未称有一子名干。据墓志,朱异至少有三子,此可补史之阙。另,侯景之乱时,朱异为中领军,病死于梁。墓志称"祖干,著作郎,太子舍人",此当是在梁任职;"周麟趾馆学士,齐王友,司城大夫,鄌、扬二州刺史"则为北周之职,即朱干梁亡时循例北迁。

九 《徐德墓志》

公讳德,字孝德,高平人也……曾祖文整,梁云骑将军,阳平太守,慈源侯。祖综,陈稜威将军,始安太守,袭慈源侯……父方贵,陈奉朝请,江夏王侍郎,伏波将军……随大业年,以陈梁衣冠子弟,起家为谒者台奉信员外郎,公时年甫十五。④

---

① 胡戟、荣新江:《大唐西市博物馆藏墓志》,《刘辟恶墓志》,北京:北京大学出版社,2012年,第123页。
② 胡戟、荣新江:《大唐西市博物馆藏墓志》,《朱延度墓志》,北京:北京大学出版社,2012年,第127页。
③ 《梁书》卷三八《朱异传》,北京:中华书局,1973年,第537页、第540页。
④ 胡戟、荣新江:《大唐西市博物馆藏墓志》,《徐德墓志》,北京:北京大学出版社,2012年,第129页。

十 《徐齐聃墓志》

先君讳齐聃，字希道，本高平人也……一龙东渡，俱违玉斗之亡，同奉金陵之气。因家于吴兴之长城，又为彼人焉……曾祖综，陈稜威将军，始安郡太守，桂州刺史，驸马都尉……祖方贵，陈伏波将军，鄱阳王府谘议，随延州延安县令，早卒……父孝德，皇朝礼部员外郎，水部郎中，沂、果二州刺史。①

此是父子两人墓志，徐德墓志撰者不详，徐齐聃墓志撰者为其子徐坚，即《初学记》的作者。两墓志与有关典籍记载有较多不同，故很有研究价值。此分述如下。

徐德本人于史书无传，墓志有"四子承风，詠中和之乐"一语，可见其膝下有四子，然不知名、字。据其墓志称，其曾祖为徐文整，萧梁时云骑将军，阳平太守，爵慈源侯，然《梁书》无徐文整传。

首先要讨论的是徐氏籍贯②。两志称"高平人"，即今山东济宁。然《全唐文》载张九龄为《初学记》作者徐坚所撰的墓志称："公讳坚，字某，其先东海郯人。永嘉之后，仕业南国，因家吴兴焉；隋氏平陈，徙族入雍，今为冯翊人也……至五代祖梁直阁将军慈源侯整；整生陈始安太守综，综生隋延州临真令方贵，（方）贵生唐果州刺史孝德，（孝）德生唐西台舍人赠礼部尚书齐聃，出入六朝，载祀数百，文武冠冕，存殁光灵。训子克家，谋孙必复，贤风儒行，世有其人，公即尚书府君之元子也。"③此称"其先东海郯人"，东海郡为今山东省郯城县北。徐氏可知的最初居地当是高平，然后迁入郯，西晋覆亡，举家南下至吴兴长城

---

① 胡戟、荣新江：《大唐西市博物馆藏墓志》，《徐齐聃墓志》，北京：北京大学出版社，2012年，第197页。

② 刘子凡《唐代徐氏家族及其文学家传》一文称："可能附于高平是唐代其他徐氏一个比较普遍的选择"，其意指徐氏冒籍高平，然并未提出有力证据，结论似有不妥。载《唐研究》第17卷（2011年）。其实，家族迁徙后再改籍贯是常见之事，即使徐氏家族陈亡后北迁，张九龄为徐坚所撰墓志中也明确称道："永嘉之后，仕业南国，因家吴兴焉；隋氏平陈，徙族入雍，今为冯翊人也。"

③ 张九龄：《曲江集》卷一九《大唐故光禄大夫右散骑常侍集贤院学士赠太子少保东海徐文公神道碑铭》，丛书集成续编本，第122册，第674页。此文又载《全唐文》卷二九一，文字略异。

县①，即今浙江长兴县。陈亡，徐方贵随例北迁入雍，居冯翊，即今陕西大荔县。这里顺便要辨析唐张说《张燕公集》中的徐聃墓志："公讳齐聘，字将道，姓徐氏，东海郯人也"②，这里明显的错误是"讳齐聘"，应为"齐聘"。文渊阁四库全书本《张燕公集》则为："公讳聘，字将道，姓徐氏，东海郡人也"③，脱"齐"字，又误"郯"为"郡"。《全唐文》也载了这篇墓志："公讳聘，字将道，姓徐氏，东海郯人也"④。显然，无论是丛书集成本还是文渊阁四库全书本的《张燕公集》，鱼鲁之讹，脱漏之误，都是需辨明的。

接着要辨析徐氏家族中名字的异同。徐齐聘不称徐聘，已如前面所述。据上引张九龄所撰徐坚墓志，徐坚五代祖为徐整，曾祖综、高祖方贵、祖孝德、父齐聘。然《徐德墓志》称"文整"。《旧唐书》徐齐聘本传未提及徐整（或徐文整），《新唐书》称："徐齐聘……梁慈源侯整四世孙。"⑤典籍无其他记载，因此很难判断究竟是"整"还是"文整"。

《徐德墓志》称"公讳德，字孝德"，然其子徐齐聘墓志则称"父孝德"，两者一为名，一为字。《徐德墓志》是亡者之墓志，应当不会错，《徐齐聘墓志》则是记其父名讳，也不应该出错。两《唐书》均有《徐齐聘传》，记载略异，一为"徐齐聘，湖州长城人也。父孝德，以女为才人，官至果州刺史"⑥，《新唐书》则无其父记载。笔者以为：若非《徐齐聘墓志》误写，那么徐德或以字行，故出现两个墓志的差异⑦。

徐综于《陈书》无传，明董斯张《吴兴备志》卷一："徐综，吴兴人，始安太守，

---

① 《旧唐书》卷一九〇上《徐齐聘传》称"湖州长城人"，北京：中华书局，1975年，第4998页。《新唐书》同。
② 张说：《张燕公集》卷二〇《唐西台舍人赠泗州刺史徐府君神道碑》，丛书集成新编本，第59册，第469页。
③ 张说：《张燕公集》卷二〇《唐西台舍人赠泗州刺史徐府君神道碑》，文渊阁四库全书本，第1065册，第833页。
④ 《全唐文》卷二二七张说《唐西台舍人赠泗州刺史徐府君碑》，北京：中华书局，1983年，第2289页。
⑤ 《新唐书》卷一九九《徐齐聘传》，北京：中华书局，1975年，第5661页。
⑥ 《旧唐书》卷一九〇上《徐齐聘传》，北京：中华书局，1975年，第4998页。
⑦ 有学者说，唐代有将双名称为单名的记载，故"德"与"孝德"可不必细论。此说恐怕不然。因为作为正史之传、墓志或奏疏之类"正规的"文字，都应该写下准确的姓名，不能将双名称为单名，史书无此种例证。

尚永嘉公主",此后有史料来源:"《吴兴统记》参《徐文公碑》",即史源来自《吴兴统记》,而《吴兴统记》又来自《徐文公碑》,此碑即徐综墓志。《吴兴备志》卷三又载:"徐综,棱(稜)威将军、驸马都尉,出为吴兴太守"。徐综为吴兴太守,又见于《咸淳临安志》卷四五《秩官三》。

徐方贵,史籍未见记载,但《徐德墓志》称其为陈奉朝请,江夏王侍郎,伏波将军,张九龄所撰徐坚墓志中有"隋氏平陈,徙族入雍",即徐方贵在陈亡后随例入北。徐德则在隋炀帝大业年间,"以陈梁衣冠子弟"出仕,墓志所载徐德、徐齐聃父子事迹,可补史籍所阙。

十一 《王约墓志》

公讳约,字处俭,琅耶临沂人也……曾祖冲,梁侍中,尚书左仆射,安东亭侯,赠司空,谥文简……祖琰,陈中书侍郎,御史中丞,都官尚书……父休宗,皇朝太子舍人,转国子监丞,东宫学士……夫人临沂县君,姓韦氏,京兆杜陵人也。祖休业,后魏冯翊、扶风、宜阳三郡守,开府仪同三司,新丰县公。父淹,袭封新丰公。①

王约之曾祖王冲,《陈书》有传:"王冲字长深,琅邪临沂人也……冲母,梁武帝妹新安穆公主,卒于齐世,武帝以冲偏孤,深所钟爱。年十八,起家梁秘书郎",敬帝绍泰(555)时,为尚书左仆射、侍中;入陈,任丹阳尹、南徐州大中正、太子少傅等职,"光大元年薨,时年七十六。赠侍中、司空,谥曰元简。冲有子三十人,并致通官。"②墓志仅写王冲梁朝所任之职,因入陈职位更为低下之故。王琰、王休宗史书无传。王约本人亦不见于记载。

王约之祖王琰在陈担任中书侍郎、御史中丞、都官尚书,陈亡,应当随迁入北。而王约与京兆韦氏婚,亦可见唐代南北人等通婚情况。

十二 《张弼墓志》

公讳弼,字及,南阳西鄂人也……高祖筠,宋中书侍郎,宣城太守,

---

① 胡戟、荣新江:《大唐西市博物馆藏墓志》,《王约墓志》,北京:北京大学出版社,2012年,第151页。

② 《陈书》卷一七:《王冲传》,北京:中华书局,1972年,第235页、第236页。

南阳县侯，食邑八百户，后魏大都督，秦州刺史，廓西县公，谥文烈……曾祖平，后魏太子洗马，冯翊太守，袭爵廓西公……祖延，后魏度支郎中，员外散骑侍郎，周阴盘太守，骠骑大将军，大都督，廓州刺史，袭封廓西公，隋邢州刺史……父宽，随侍御史，上党郡守，今朝开府仪同三司，青州大总管府长史，青州刺史，大将军，南阳县公，食邑一千户。①

张弼之高祖筠、曾祖张平、祖张延、父张宽于正史均无传。

墓志称张筠曾任宋中书侍郎等职，又为后魏大都督、秦州刺史，爵廓西县公，则自张筠起，张氏家族入北。但入北原因不详。张筠、张平、张延、张宽、张弼，正史均无记载。

十三 《徐令辉墓志》

夫人讳令辉，东海郯人也。五叶祖孝嗣，南齐尚书令，长兼侍中，中书令，太尉，枝江文忠公。高祖绲，梁驸马都尉，侍中，尚书右仆射。曾祖君敷，陈中书、黄门、吏部三侍郎，御史中丞，散骑常侍，左民尚书。祖温，陈太子中□人，黄门侍郎。父鼎，随谒者台散从员外郎……勋高旧楚，族著全吴。东南擅奇，吾家之冠冕盛矣；搢绅有让，吾家之礼义行矣。②

徐氏东海郯人，墓志称"勋高旧楚，族著全吴。东南擅奇，吾家之冠冕盛矣；搢绅有让，吾家之礼义行矣"，可见徐氏为东海名门望族，当与上述徐德（孝德）为一族，然其关系如何，史无明证。徐令辉先祖任职齐、梁、陈、隋四朝，祖徐温为官陈朝，当陈灭随例迁北。

《南齐书》载："徐孝嗣，字始昌，东海郯人也。祖湛之，宋司空；父聿之，著作郎，并为太初所杀。孝嗣在孕得免……八岁，袭爵枝江县公，见宋孝武，升阶流涕，迄于就席。帝甚爱之。尚康乐公主"，历任宋著作郎、南彭城太守等职。入齐，为晋陵太守、宁朔将军、御史中丞、五兵尚书、太子詹事、吏部尚书、右仆射等

---

① 胡戟、荣新江：《大唐西市博物馆藏墓志》，《张弼墓志》，北京：北京大学出版社，2012年，第225页。

② 胡戟、荣新江：《大唐西市博物馆藏墓志》，《徐令辉墓志》，北京：北京大学出版社，2012年，第233页。

职。助海陵王废郁林王,封枝江县侯,食邑千户,转左仆射。明帝即位,加侍中、中军大将军,进爵为公,增封二千户,转尚书令、中书监。明帝疾甚,孝嗣入居禁中,临崩受遗托,然次年(永元元年,499)冬便为东昏侯所杀①。孝嗣本传及相关记载无任职中书令的记载。任太尉见《梁书》②。

徐孝嗣有几子不详,据《南史》载:"长子演,尚齐武帝女武康公主,位太子中庶子,第三子况,尚明帝女山阴公主,并拜驸马都尉,俱见杀……中兴元年,和帝赠孝嗣太尉。二年……谥曰文忠,改封余干县公。子绲,仕梁,位侍中,太常,信武将军,谥顷子。"③徐绲于《梁书》无传,《南史·徐孝嗣传》有附传,仅上所引16字,未讲徐绲有几子,亦不载绲当时如何脱难。《高僧传》载:释智顺受到齐竟陵王的"特深礼异,为修治城寺以居之。司空徐孝嗣亦崇其行解,奉以师敬。及东昏失德,孝嗣被诛,子绲逃窜避祸,(释智)顺身自营护,卒以见免"④,可见徐绲是受到治城寺僧智顺帮助而脱险的。

徐君敷于《陈书》无传,只知其弹劾武陵王时任职"散骑常侍、御史中丞"⑤,其余事迹不详。徐温、徐鼎未见史籍记载。

十四 《王硕度墓志》

> 君讳硕度,字元节,琅耶临沂人也……曾祖景贤,梁征北将军,江州刺史……祖昙选,梁散骑常侍,太子左卫率,轻车将军,吴宁县子,陈车骑将军,扬州刺史,建安郡公,食邑二千户,加鼓吹、班剑。父修陁,陈长沙王国侍郎,给事中,羽林监,随左武候大将军,鄱阳郡公……夫人谯国曹氏,即陈广州刺史皮之孙,随新安太守仲礼之女也。⑥

按:葬地约为今河南龙门。

---

① 《南齐书》卷四四《徐孝嗣传》,北京:中华书局,1972年,第771页至第774页。
② 《梁书》卷三六《孔休源传》:"建武四年,州举秀才,太尉徐孝嗣省其策,深善之",北京:中华书局,1973年,第519页。
③ 《南史》卷一五《徐羡之传附徐孝嗣传》,北京:中华书局,1975年,第440页至第441页。
④ 慧皎:《高僧传》卷八《释智顺传》,北京:中华书局,1992年,第335页。
⑤ 《陈书》卷二八《陈伯礼传》,北京:中华书局,1972年,第363页。同书卷一四《方泰传》亦称御史中丞。徐君敷于《陈书》仅此两见。
⑥ 胡戟、荣新江:《大唐西市博物馆藏墓志》,《王硕度墓志》,北京:北京大学出版社,2012年,第235页。

王硕度祖上曾为南朝高官，父修陁曾任职陈朝，又为隋官，则知这一代已经北迁。王硕度妻曹氏之祖为官陈朝，而其父则为隋朝新安太守。大致是其祖或父一代入北。

王景贤、昙选均未见正史立传，然两人为隋朝、唐初著名道士王远知之祖、父，故史事略见记载："道士王远知，琅邪人也。祖景贤，梁江州刺史。父昙选，陈扬州刺史。远知母，梁驾部郎中丁超女也……远知少聪敏，博综群书。初入茅山，师事陶弘景，传其道法……炀帝幸涿郡，遣员外郎崔凤举就邀之，远知见于临朔宫，炀帝亲执弟子之礼，敕都城起玉清玄坛以处之。"王修陁亦未见史籍记载，然墓志称其在陈、隋任职，当是陈灭随例北迁者。

十五 《萧道济墓志》

太夫人讳道济，兰陵人也……曾祖詧，梁宣皇帝，运钟百六，祚传九五……祖岑，梁河间王，改封吴王，随大将军，怀义郡公，谥曰比……父璕，唐邛州临邛县令，乐城县开国侯……龙朔二年，拜兰陵县君。①

萧道济为萧詧后裔，其祖萧岑"字智远，詧第八子也。位至太尉。性简贵，御下严整。及琮嗣位，自以望重属尊，颇有不法，故隋文征入朝。拜大将军，封怀义郡公"②，即后梁末年，隋文帝已令萧岑北迁。萧璕于史无征。墓志称萧道济之夫庐江何府君。庐江，隋大业初改庐州置，治合肥县（今安徽合肥市），则知何氏原为南方人，但不知何时入北。

十六 《杜孝友墓志》

君讳孝友，字承亲，本京兆杜陵人也。五代祖随宋武南迁，因居襄阳，今为襄阳人也……父崩，梁散骑常侍，安南将军，武、江二州刺史……祖怀瑶（瑤），梁尚书比部郎，晋安、湘东二王府司马，梁、秦、豫三州刺史……解褐本州主簿，迁卫南令……夫人钱唐朱氏……以通天二

---

① 胡戟、荣新江：《大唐西市博物馆藏墓志》，《萧道济墓志》，北京：北京大学出版社，2012年，第291页。

② 《周书》卷四八：《萧詧传附萧岑传》，北京：中华书局，1971年，第867页。

年八月廿一日,合葬于缑氏县景山之原,礼也。①

杜孝友五代祖随宋武帝南迁,居襄阳,至其父杜崱已数代。祖怀瑶,墓志整理者在后加(琎),为"寶"字之古字。史载:"杜崱,京兆杜陵人也。其先自北归南,居于雍州之襄阳,子孙因家焉。祖灵启,齐给事中。父怀宝,少有志节,常邀际会"②,此处明确称怀宝。杜怀宝又见于《梁书》卷四《简文帝纪》:"在襄阳拜表北伐,遣长史柳津、司马董当门,壮武将军杜怀宝、振远将军曹义宗等众军进讨,克平南阳、新野等郡,魏南荆州刺史李志据安昌城降,拓地千余里"③。杜崱"即怀宝第七子也……释褐庐江骠骑府中兵参军。世祖临荆州,仍参幕府,后为新兴太守。太清二年,随岳阳王来袭荆州,世祖以与之有旧,密邀之,崱乃与兄岸、弟幼安、兄子龛等夜归于世祖,世祖以为持节、信威将军、武州刺史。俄迁宣毅将军,领镇蛮护军、武陵内史,枝江县侯,邑千户。令随王僧辩东讨侯景。至巴陵,会景来攻,数十日不克而遁。加侍中、左卫将军,进爵为公,增邑五百户……景平,加散骑常侍、持节、督江州诸军事、江州刺史,增邑千户……承圣二年……遘疾卒。诏曰:'崱,京兆旧姓,元凯苗裔,家传学业,世载忠贞。自驱传江渚,政号廉能,推毂浅原,实闻清静。奄致殒丧,恻怆于怀。可赠车骑将军,加鼓吹一部。谥曰武。'崱兄弟九人,兄嵩、岑、崧、岌、巘、㠑、岸及弟幼安,并知名当世。"④杜崱死于梁元帝承圣二年(553),为萧梁之末年。

杜孝友"解褐州主簿,迁卫南令",卫南县,隋开皇十六年(596)改楚丘县置,治今河南省滑县东南,故推知杜孝友于隋文帝时北上任职。夫人钱唐朱氏,亦为南人无疑。

十七 《王美畅墓志》

公讳美畅,字通理,其先太原祁人也……高祖僧辨,梁侍中,尚书令,太尉,中书监,录尚书,骠骑大将军,督中外诸军事,大司马,太子太傅,扬州牧……曾祖颛,梁侍中,大司马,北齐银青光禄大夫,平东将

---

① 胡戟、荣新江:《大唐西市博物馆藏墓志》,《杜孝友墓志》,北京:北京大学出版社,2012年,第301页。
② 《梁书》卷四六《杜崱传》,北京:中华书局,1973年,第641页至第642页。
③ 《梁书》卷四《简文帝纪》,北京:中华书局,1973年,第109页。
④ 《梁书》卷四六《杜崱传》,北京:中华书局,1973年,第642页至第643页。

军,除太尉,以本官出监沧州乐陵郡太守,永宁郡开国公……祖玜……每被宾贡,谢病不行……父思泰,唐累任比部郎中,东宫中允,国子司业,卫尉卿。①

王僧辩是萧齐时一位重要将领,在平定侯景之乱时立有大功。贞阳侯天成元年九月,司空、南徐州刺史陈霸先自京口举兵十万,偷袭王僧辩于建康,捕获王僧辩及子王頠,并杀之。僧辩长子王顗,"初,僧辩平建业,遣霸先守京口,都无备防,顗屡以为言,僧辩不听,竟及于祸……荆城陷,顗随王琳入齐,为竟陵郡守。齐遣琳镇寿春,将图江左,及陈平淮南,执琳杀之。闻琳死,乃出郡城南,登高冢上号哭,一恸而绝。"②可知王僧辩之长子王顗是萧梁被灭后入北齐任职。

十八 《梁阿耨墓志》

夫人讳阿耨,安定人也……北地衣冠,荣加弈叶。曾祖宁,梁殿中侍御史,金州刺史。祖景,随荆州江陵县令,兖州长史。父思善,唐荆州录事参[军],朗州别驾,襄州长史……夫人……子毅有东征之倖。旋以子贵,遂封安定县太君焉……子朝散大夫、行新郑县令古,呼天不逮,陟屺何追。③

墓主梁阿耨为唐文州司仓参军王某之妻,因其子王毅而封县君。其曾祖、祖、父均于史无征。据墓志,梁氏原为安定人,为"北地衣冠",梁曾祖宁为梁殿中侍御史,则已南下。祖景为隋荆州江陵县令,则又回归北方。但梁氏何时返北则不详,可能为陈灭北迁。

十九 《董嶷墓志》

君讳嶷,字昶,陇西人也。曾祖贞,齐邓州刺史……祖伦,随任晋州临汾县令……因任不归,卜居于此。父深,击水搏风九万里,比之大鹏;城郭人民一千年,同之仙鹤。水石清浅,恣漱流之心;烟雾曚昽,玩

---

① 胡戟、荣新江:《大唐西市博物馆藏墓志》,《王美畅墓志》,北京:北京大学出版社,2012年,第309页。

② 《梁书》卷四五《王僧辩传附王頠传》,北京:中华书局,1973年,第636页。

③ 胡戟、荣新江:《大唐西市博物馆藏墓志》,《梁阿耨墓志》,北京:北京大学出版社,2012年,第349页。

飞丹之验。君……以景云元年八月十一日寝疾终于私第。①

据墓铭,董嶷为唐轻车都尉。董嶷之父董深,实是道教信徒。祖籍陇西,曾祖董贞为齐国邓州刺史,实已开启董氏南迁之门,祖为隋朝晋州临汾县令,"因任不归,卜居于此",则是居住此地之始,墓志也于今山西临汾出土。但限于史料不足,董氏家族何时南下,何时北归均不详。

二十 《萧祎墓志》

大夫讳祎,字令臣,南兰陵人也……齐太祖高皇帝道成,公之七代祖也。高祖彪,周特进,少保,齐贞公。曾祖亨,周散骑常侍,随昌州刺史,大将军,沛郡公。祖俨,皇朝骠骑将军,洵、虞二州刺史,江阴县开国男。父行瑑,朝散大夫,濮州长史……(祎)粤以开元五年岁次丁巳二月壬申朔十三日甲申,葬于京兆府万年县洪原乡之少陵原,礼窀穸也。②

萧祎七世祖为萧齐开国皇帝,其高祖萧彪在萧齐灭亡后入北周为官。

另外,墓志明确说葬地是京兆万年县洪原乡少陵原,即今陕西西安长安区杜曲镇兴教寺北,不少其他萧氏墓志亦称葬于少陵原,则知是萧氏北迁后最初祖茔也。萧氏家族还有葬河南县万安山之北原,今河南洛阳市伊川县彭婆乡徐营村,当是后来开辟的茔地。

《洛阳伽蓝记》卷二:北魏孝庄帝"永安二年(529),萧衍遣主书陈庆之送北海入洛阳,僭帝位。庆之为侍中。景仁在南之日,与庆之有旧,遂设酒引邀庆之过宅,司农卿萧彪、尚书右丞张嵩并在其坐。彪亦是南人,唯有中大夫杨元慎、给事中大夫王?是中原士族。"显然萧彪至少在北魏末年即入洛阳为官。又胡戟先生指出《陈宗武墓志》与其他几个陈、萧子孙"以陈梁衣冠子弟"③炫耀,确实是一针见血。

---

① 胡戟、荣新江:《大唐西市博物馆藏墓志》,《董嶷墓志》,北京:北京大学出版社,2012年,第359页。
② 胡戟、荣新江:《大唐西市博物馆藏墓志》,《萧祎墓志》,北京:北京大学出版社,2012年,第385页。
③ 胡戟:《大唐西市博物馆藏墓志·前言》,载《大唐西市博物馆藏墓志》,第2页。

二十一 《萧重荨墓志》

公讳重荨,字元亨,兰陵中都人也,曰萧氏……即齐太祖高皇帝之五代孙,随散骑常侍礁府君之曾孙,唐太子洗马俊府君之孙,蜀州唐昌县丞绍远府君之少子……以开元十九年夏六月辛丑,遘疾终于洛阳县毓财里之私第。厥秋七月景寅,葬于河南县万安山之北原,礼也。①

景寅,避唐讳,即丙寅。萧重荨亦是萧齐后裔,高祖礁为隋官。《太平御览》引《梁书》曰:"永安侯萧礁,字仲正,少好弓马。人有笑者,礁谓之曰:'吾当为国家破贼,故预习之。'每临阵对敌,意气安详,带甲据鞍,自朝至夕,驰骤往返,不以为劳。侯景爱之,恒在左右。常从景出猎,见飞鸢,景众射之,莫能中。礁射之,应弦而落。"②此段记载实有问题。

明顾从义《法帖释文考异》卷四载《梁征南将军萧礁书》一通,有注曰:"伯思云:齐豫章王凝孙礁,子范之子,在梁位司徒,右长史。此云征南将军,不知何？恐是梁邵陵王纶之子确也。其书《孝经》一章亦近世伪体,非江左书。"③此豫章王"凝",当为"嶷"之误,萧嶷死于齐永明十年(492)。萧嶷婚后曾一段时间无子,养世祖四子子响为子,"后有子,表留为嫡"④,但后又还子响于世祖。嶷后生子十六人,嫡长子子廉,早卒,其弟元琳嗣,梁代齐,降为新淦侯。子范亦为嶷之子,卒于梁,梁元帝"追赠金紫光禄大夫"。子范有"子滂、确并少有文章,简文在东宫时,尝与邵陵王数诸萧文士,滂、确并预焉。滂位中军宣城王记室,先子范卒。确司徒右长史。魏平江陵,入长安。"⑤子范儿子萧滂,则其弟名亦为"水"旁字为是,现为"石"旁字,自可怀疑,但目前尚未发现足以否定它的可靠根据。《法帖释文考异》称"恐是梁邵陵王纶之子",亦不足信。萧纶有子坚、确,史载侯景之乱时,萧确受萧衍派遣去见侯景,"景爱其膂力,恒令在左右。后从景行,见天上飞鸢,群胡争射不中,确射之,应弦而落。贼徒忿嫉,咸劝除之。

---

① 胡戟、荣新江:《大唐西市博物馆藏墓志》,《萧重荨墓志》,北京:北京大学出版社,2012 年,第 467 页。
② 《太平御览》卷九二三,北京:中华书局,1966 年,第 4100 页。四库全书本《太平御览》卷九二三无此段。
③ 顾从义:《法帖释文考异》卷四《梁征南将军萧礁书》,文渊阁四库全书本,第 377 页至第 378 页。
④ 《南齐书》卷四〇《萧子响传》,北京:中华书局,1972 年,第 704 页。
⑤ 《南史》卷四二《萧巍传附萧子范传》,北京:中华书局,1975 年,第 1071 页至第 1072 页。《梁书》卷三五《萧子范传》亦称有子滂、确。

先是携王遣人密导确,确谓使者曰:'侯景轻佻,可一夫力致,确不惜死,正欲手刃之;但未得其便耳。卿还启家王,愿勿以为念也。'事未遂而为贼所害"①,可见萧确死于侯景之乱,并未入隋任职,故可排除。显然,上述《太平御览》引《梁书》称萧礭,实为萧确之事。

齐高帝萧道成为梁武帝萧衍族兄,萧嶷为萧道成之子,与梁武帝之子元帝萧绎、邵陵王萧纶为同一代,因而,《梁书》及《南史》载萧嶷之子名确,萧纶之子也名确,同一家族同一辈取同名,当无可能。也就是说,其中有一名"确"者当有误。笔者认为萧嶷之子萧确当为误。此可据《宋本册府元龟》所载:"萧子范为秘书监,有文集三十卷,二子滂、礭,并少有文章,简文在东宫时,尝与郡王数诸萧文士,滂、礭亦预焉"②,此段话与上述《梁书》、《南史》所载大致相似,但清楚表明子范二子为"滂、礭",而非"滂、确",这是对《萧重荨墓志》的最有力支撑,故笔者认为《梁书》、《南史》称"确"实误。

二十二 《薛锐墓志》

兄讳锐,字利用,河东万泉人也。其先以封为氏,代居于薛……及至周末……乃为楚灭,徙居谯沛……厥系至刘备据蜀,随备而迁;洎邓艾还师,从艾而入。遂受魏封,而居汾左。③

河东万泉,属今山西临汾地区,即志中所说"遂受魏封,而居汾左";"及至周末……乃为楚灭,徙居谯沛",即战国末被楚所灭,其家族迁居今安徽亳县东北、江苏沛县西南一带。墓志称薛氏家族随刘备入蜀,蜀灭北迁至今山西临汾地区,即薛氏家族为曹魏末年入北。

二十三 《萧儹墓志》

公讳儹,字思本,兰陵中都人也。九代祖梁武帝,后梁明帝之七代孙。四代祖灌,皇渝州长史,赠吏部尚书。曾王父嵩,皇中书令。王父华,皇中书侍郎,同中书门下平章事。考恒,皇殿中侍御史,累赠司空。

---

① 《梁书》卷二九《萧纶传附萧确传》,北京:中华书局,1973年,第437页。
② 《宋本册府元龟》卷八三九,中华书局,1989年,第3161页。
③ 胡戟、荣新江:《大唐西市博物馆藏墓志》,《薛锐墓志》,北京:北京大学出版社,2012年,第493页。

公即司空第三子也……以大中十年七月五日,薨于长安兴化里之私[第],享年七十有六……夫人荥阳县君郑氏,库部郎中、衢州刺史群之次女也……以其年十月二十四日,归祔于司空茔之东,与郑夫人同兆而异域,礼也。①

萧儹曾祖萧嵩,《旧唐书》卷九九有传。儹,两《唐书》无传。

萧儹之岳父郑群,韩愈为其作墓志:"君讳群,字弘之,世为荥阳人……初娶吏部侍郎京兆韦肇女。生二女一男。长女嫁京兆韦词,次嫁兰陵萧儹。"②"次嫁兰陵萧儹",历来注本称"一本作讃",据墓志可知为萧儹,讃为形近而误。

赵璘《因话录》卷六:"郑(溥)又自说,早承相国武都公知奖。当时为大理司直,常叹滞淹。会张蓍欲除大(太)常博士,李公云'郑司直久屈,必请举以代。'旋遇萧儹服阕,且要与官,诸坐遂以萧为博士。"③赵璘为唐文宗开成三年(838)进士、宣宗大中七年(853)为左补阙,郑群卒于长庆元年(821)八月,即赵璘与萧儹同时。赵氏称"儹",当正确无疑。朱熹《韩集考异》卷八"'儹'或作'讃'",宋本《五百家注昌黎文集》已出现"一本作讃",故至少宋代已有"讃"字一说了。

郭桂坤《〈唐萧儹墓志〉考释——以仕途迁转为中心》④对萧儹生平及萧氏齐梁房多所考证,有补于史。其对萧瓘有考证,认为当作"灌",据此墓志,自当正确。郭文考证萧嵩子孙传承,世系传承表中的子辈列华、衡两人,排序无错。但郭先生未指出《旧唐书》卷九九《萧嵩传》华、衡两人孰兄孰弟,如果利用了《贺睿墓志》资料,那么不难指出华长衡幼之明确结论,这对正确理解《萧嵩传》不谓无补。

(本文作者:上海师范大学古籍所教授)

---

① 胡戟、荣新江:《大唐西市博物馆藏墓志》,《萧儹墓志》,北京:北京大学出版社,2012年,第933页。
② 韩愈著,马茂元校注:《韩昌黎文集校注》卷七《唐故朝散大夫尚书库部郎中郑君墓志铭》,上海:上海古籍出版社,1986年,第517页至第519页。马茂元先生有注:"'儹',一作'讃'",此当为秉前前人之说,因马先生校注《韩昌黎文集》时没有看到《萧儹墓志》。
③ 赵璘:《因话录》卷六,上海:上海古籍出版社,1957年,第118页。
④ 郭桂坤:《〈唐萧儹墓志〉考释——以仕途迁转为中心》,载《文献》,2012年第3期。

北周是云偘及夫人贺拔定妃墓志考释[①]

李鸿宾

我在撰写《唐贺拔亮家族汉化取径之研究——<唐贺拔亮墓志>诸问题》一文时[②]，曾涉及是云偘及其夫人贺拔定妃的墓志信息，因为他（她）们均属北魏分裂后西魏与北周一系，与陈寅恪先生所谓关陇集团的政治势力有联系，而后者又关涉隋唐政权建立之路径，关联到中古政权北方系统建构的脉络问题[③]，这也是我近年比较关注的，此文遂以是云偘与贺拔定妃夫妇墓志为中心，通过对志文相关内容进行讨论，试图再次揭示北朝末期西魏－北周一系政治发展对隋唐产生的影响。

---

① 本文为"国家社科基金项目《墓志所见唐朝的民族关系与文化认同问题》09BZS038"成果之一；亦为教育部人文社科重点研究基地北京大学中国古代史研究中心和西安大唐西市博物馆共同主持的"《大唐西市博物馆藏墓志》整理与研究"项目成果之一，文中所引大唐西市博物馆藏墓志的录文、点校等工作，皆属于该项目的集体研究成果。

② 载《唐研究》第17卷，北京：北京大学出版社，2011年，第455—480页。

③ 这是一个颇为复杂又产生异见的问题。陈寅恪、唐长孺等人从隋唐中原正统王朝的角度出发，追溯其法统渊源，前者就制度的层面提出北魏·北齐、梁·陈和西魏·北周三源说，试图证明唐朝中期开始逐步回归传统（参见氏著：《隋唐制度渊源略论稿》，北京：中华书局，1963年）；唐长孺认为北朝由于少数族势力的介入，北方走上了与传统有别的特殊道路，其正统地位的回复，仍是在唐朝完成的（参见氏著：《魏晋南北朝隋唐史三论》，北京：中华书局，2011年，第463—473页）。谷川道雄和毛汉光等学者则多关注隋唐王朝与北方（胡族）政治势力之间的关联，前者认为"隋唐帝国的形成过程其实就是一个政治上的统一过程，它具体体现在北周吞并北齐→周隋革命→隋的南北统一这样一个历史进程中，而直接成为这一政治统一进程起点的，则是北魏末期的内乱"（氏著：《隋唐帝国形成史论》，李济沧译，上海古籍出版社，2004年，第4页）；后者从政治集团与核心区的转移关注北朝隋唐的联系（《中古核心区核心集团之转移——陈寅恪先生"关陇"理论之拓展》，氏著：《中国中古政治史论》，上海书店出版社，2002年，第1—28页；另可参见：Abramson, Marc S. Ethnic Identity in Tang China, Philadelphia, University of Pennsylvania Press, 2007, p. 143）。这个问题之所以出现，主要表现在东汉解体之后北方胡族政治势力崛起并向中原发展所产生的影响。有关的讨论甚多，此处从略。

一

为讨论清楚起见，先将二人的墓志内容罗列如下：

《是云悕墓志》：

使持节骠骑大将军开府仪同三司大都督宜敷丹三州诸军事宜州刺史洞城郡开国公是云悕之墓志铭

公讳悕，字宝国，其先出自轩辕，受氏于有魏太武皇帝，折侯真是云尚书，即君之十二世祖也。构本寿丘，分源弱水，洪澜茂绪，奕叶绵长。所谓积石开河，汤々远而弥盛，嶓??道漾，滔々引而不冥者矣。祖敦，蕴精藏仁，秉文经武。孝文世入为内三郎，出拜大宁郡守，赠相州刺史。父宝，英谟遐略，懋德宏图，矫首龙骧，腾驱虎步。累拜使持节，大将军，大都督，凉、甘、瓜三州诸军事，凉州刺史，洞城郡开国公，食邑三千户。薨，谥曰哀。公□灵挺秀，才实羽仪；龙气孤生，心游江海。龟人定公侯之兆，太守许鼎封之才。起家持节，抚军将军，大都督，通直散骑常侍，寻除尝药监，依例封淮州道县开国子，邑三百户，仍加使持节，〔车〕骑大将军，仪同三司。属陈人侵轶九江，虔刘三楚，公秉伏波之钺，统楼船之师，衂陈兵，复梁壁。湘武有截，实着力焉。保定初，袭洞城郡公，俄拜冬官司玉大夫，出为洺州诸军事，洺州刺史，进骠骑大将军，开府仪同三司。门列邓骘之仪，阁崇羊祜之府。自函崤绝地，嵩华分星，缅彼洛京，鞠为茂草。柱国邓国公受脤观兵，曜威芒阜。公偏师却敌，别将屠城。勇起一骑，功高三郡。还拜渐州刺史。方践三槐，台铉五福，昊天不惠，歼我良人。以天和二年十月二日遘疾薨于州，时年卅有六。鬼犹求食，讬梦归魂。久客异乡，遗言返葬。十月十一日，子迁窆葬里。主上伤惜，诏赠宜、敷、丹三州诸军事，宜州刺史，谥曰。卜灵龟筮，水侵松槚，荒芒陵谷，宁不高下。乃作铭云：

绵々瓜瓞，汤々江涘。本枝百世，承流千祀。郁々高基，振々公子。秀出龙门，翻为麟趾。绝尘千里，逸响九皋。濯缨超仕，曳组登朝。风云浩々，江汉滔々。万顷同量，千仞齐高。江浦虔刘，芒山旅拒。谁其清矣，函申伊甫。既扫尘埃，载清气阻。犹乐徇齐，如王定楚。方升紫替,观兽清丘。风惊靖树,水激覆舟。春非我春,秋非我秋。呜呼悲矣,其生若浮。虞渊潜晛,逝川不舍。□□方渐,新輴遽驾。驷马嘶晨,九原万夜。陇盈松月,人罔冬夏。

世子海龙,次子□陀,次子文略,次子文昌,次子陇生,次子鸾师。①

《贺拔定妃墓志》:

大隋使持节开府仪同三司洞城公妻昌城郡君贺拔夫人之墓志铭

夫人讳定妃,朔州人也。语其根本,出自轩丘;言其枝叶,分居若水。世代光华,悬之日月,金祯玉干,可略而详焉。伯父岳,魏之任太师,太保,雍州刺史,西北道大行台,兼左仆射。父颍,开府,顿丘县开国公。并以明德上才,佐时英略。夫人禀灵山岳,志气风云,幼而岐嶷,凤怀聪睿,孝敬自天,温恭匪学。织纴组纫之功,遇目即能;五音六律之声,听而便解。既号女师,实称妇则。年始龆齓,降嫔适于使持节、开府仪同三司、洞城公侣为妻,诏封昌城郡君。鸡鸣盥漱,不以崇贵娇矜;婉娩容仪,常以谦先在虑。四德纯备,六行聿修,庶当女师,景行君子。而昊天不憗,歼此淑姬,乾道茫茫,奄如风烛。开皇六年六月廿七日薨于待贤里之第,春秋五十有二。乘舆哀恸,百辟悼伤。粤以八年岁次戊申三月庚午朔十五日,合葬于旧茔。恐过隙难留,陵谷易改,故勒兹玄石,传芳不朽。乃为铭曰:

洪源遐绪,峻极天门。连枝宵汉,秀岭长源。芬芳兰室,玉润同温。如何不吊,忽奄长分。路多新道,埏开旧坟。天长地久,桂秀兰芬。一随幽夜,万代流闻。②

二

这两方墓志,前者较后者字数为多,内容亦较充实。限于篇幅,我只就几个问题略作申述。首先是是云氏的族属身份。

---

① 《是云侣墓志》(五六七),该墓志原西市编号为 7 - ly3 - 20,胡戟、荣新江主编:《大唐西市博物馆藏墓志》,北京:北京大学出版社,2012 年,第 14—15 页。

② 《贺拔定妃墓志》(五八八),该墓志原西市编号为 12 - ly3 - 36,同上书,第 22—23 页。

按《魏书·官氏志》云："是云氏，后改为是氏。"①这是史籍所见是云氏最早的记载。按《官氏志》，是云氏改称是氏是代北诸姓改动的一个部分。这次改动是在孝文帝之时，他在太和十九年（485）的一份诏文里称："代人诸胄，先无姓族，虽功贤之胤，混然未分。故官达者位极公卿，其功衰之亲，仍居猥任。比欲制定姓族，事多未就，且宜甄擢，随时渐铨。……令司空公穆亮、领军将军元俨、中护军广阳王嘉、尚书陆琇等详定北人姓，务令平均。随所了者，三月一列簿帐，送门下以闻。"②孝文帝改姓的对象，均为始祖神元皇帝拓跋力微以来拓跋部西征南下过程中兼纳的草原各部族，即如《官氏志》所谓"此四方诸部，岁时朝贡，登国初，太祖（道武帝拓跋珪）散诸部落，始同为编民"③，其北方非汉人族性是十分明确的。继此之后，其他文献亦有记载。唐人林宝《元和姓纂》谓"是云，改为高氏"，岑仲勉校记认为是将"是娄"氏误植所致，是云氏仅存目而已④。但同书卷四元氏条列有"是云元"，称："隋内史令元寿，状称景帝后。任城王澄子孙，避尔朱荣乱，投匿是云家，因从其姓，至隋改姓元氏。"⑤郑樵《通志》"代北复姓"记载是云氏"改为是氏，西魏有是氏开府是云宝"⑥；同书蛮夷改姓部分又云"是云之为是，是奴亦为是"⑦，其中"是奴"按姚薇元解释，是"叱奴"之异译⑧。邓名世的《古今姓氏书辩证》是云氏条亦只有"西魏有开封是云宝"诸字，其"开封"应为"开府"⑨。

从上引史籍可知，是云氏是北方草原跟随拓跋发展的诸部之一的姓氏，魏孝文帝太和年间强调汉化而将其改为汉姓"是"，且作为胡姓改汉姓整体的一个

---

① 见《魏书》卷一一三《官氏志》，北京：中华书局，1974年，第3009页。
② 同上，第3014—3015页。
③ 同上，第3014页。
④ 见[唐]林宝：《元和姓纂》卷六"是云"条，岑仲勉校记，北京：中华书局，1994年，第819页。参见姚薇元：《北朝胡姓考》（修订本）内篇第三"内入诸姓"是云条，北京：中华书局，2007年，第110页。
⑤ 《元和姓纂》卷四元氏条，第432页。按同页岑仲勉校记，"景帝"应作"景穆帝"。参见王仲荦：《鲜卑姓氏考》、《代北姓氏考》，氏著：《蜡华山馆丛稿》，济南：山东大学出版社，1995年，第25、102—103页。
⑥ 见[宋]郑樵：《通志》卷二十九《氏族志五》，北京：中华书局，1987年，第475页。
⑦ 见《通志》卷三〇《氏族志六》，第483页。
⑧ 见姚薇元：《北朝胡姓考》（修订本），第110页。
⑨ 见[宋]邓名世：《古今姓氏书辩证》卷二一"是云"条，王力平点校，南昌：江西人民出版社，2006年，第309页。

部分。这是《魏书·官氏志》记载的主要内容①,该志明确将是云氏诸姓视作朔代之北的胡姓。《元和姓纂》以后的唐宋姓氏文献遂依此而传,虽然各文献间有错讹,但其叙述的宗旨一直保持下来②。对是云氏研究较详尽的是姚薇元《北朝胡姓考》一书。该书是云氏条分作两个部分叙述,前一部分校正《魏书·官氏志》是云氏条目,后一部分则列出文献所记是云氏具体的人物。值得注意的是,诸文献出现的是云氏基本上就是是云宝一人。如《梁书·陈庆之传》记载他率南梁军于中大通二年(530)与北魏征战时,破"魏颍州刺史娄起、扬州刺史是云宝于溱水"③。这个是云宝于北魏分裂后进入东魏,在尧雄与西魏的争战中又投附了后者。据《北齐书·尧雄传》云:"颍州长史贺若徽执刺史田迅据州降西魏,诏雄与广州刺史赵育、扬州刺史是云宝等各总当州士马,随行台任延敬并势攻之。西魏遣其将怡锋率众援之,延敬等与战失利。育、宝各还本州岛,据城降敌。"④双方征战一事在《周书·宇文贵传》亦有详尽记载,是云宝就是在此役中归降西魏的:"是云宝、赵育既至,初并拜车骑大将军、仪同三司。宝后累迁至大将军、都督甘凉瓜州诸军、凉州刺史,赐爵洞城郡公。世宗时,吐谷浑侵逼凉州,宝与战不利,遂殁于阵。"⑤以上所记,就是文献中是云宝的基本情况。值得注意的是,是云宝投附西魏的职务,诸书多以为是扬州刺史,但《周书·文帝纪》则说"是云宝杀其东扬州刺史那椿,以州来附"⑥,《资治通鉴》亦云"是云宝杀其阳州

---

① 《魏书·官氏志》整体充满了汉化的倾向,这是否是实际情况的真实反映,抑或编辑体裁的选择性描述。这已成为学术界关注的内容。新近的讨论可参见胡鸿:《北魏初期的爵本位社会及其历史书写——以〈魏书·官氏志〉为中心》,《历史研究》2012年第4期。另可参阅姚大力:《论拓跋鲜卑部的早期历史——读〈魏书·序纪〉》,此据氏著:《北方民族史十论》,桂林:广西师范大学出版社,2007年,第1—17页。徐冲《中古时代的历史书写与皇帝权力起源》(上海古籍出版社,2012年)一书是对魏晋南北朝时代传纪书写遭受政治支配和影响进行研究的近作,亦可参阅。

② 近人臧励和等编的《中国人名大辞典》(上海书店,1980年)收有是云宝,亦为沿承旧说之范例,见该书第655页。

③ 见《梁书》卷三二《陈庆之传》,北京:中华书局,1973年,第464页。参见《南史》卷六一《陈庆之传》,北京:中华书局,1975年,第1500页;按"是云宝"原作"是玄宝",中华点校本据改,见第1506页注释10。按是云宝并非扬州刺史,而是其属将,详后。据《魏书》卷七二《曹世表传》,是云宝于此前曾任曹世表属下之统军,见该书第1623页。

④ 《北齐书》卷二〇《尧雄传》,北京:中华书局,1972年,第268—269页。

⑤ 《周书》卷一九《宇文贵传》,北京:中华书局,1971年,第312、314页。

⑥ 《周书》卷二《文帝纪下》,第25页。

刺史那椿,以州降魏"①,可知是云宝先杀扬州刺史那椿,然后以州降附西魏,西魏亦擢升他充任扬州刺史,据守项城(今河南沈丘)②,但东魏尧雄旋即反攻,是云宝守城不住,遂西走③。

  以上即根据文献与今人的相关研究对是云氏情况进行的总结。据此可以确认:是云氏在北魏孝文帝胡汉姓氏转换中改成单姓"是",流行于此后时代。文献所记多集中在是云宝身上,且其是云姓氏也属避乱托冒而成,非其本姓④。另一以此为姓者是是云晖,活动于北朝末年。《隋书·赵绰传》:北周末,"高祖(隋文帝杨坚)为丞相,知其(赵绰)清正,引为录事参军。寻迁掌朝大夫,从行军总管是云晖击叛蛮"⑤。

  如上所述,是云氏显然是北方胡人姓氏,《魏书·官氏志》说得非常清楚,郑樵《通志》等文献亦延续而清晰地将其界定为胡姓。但是云氏究竟属于哪个具体的族支,抑或就是北魏统治集团的拓跋人?擅长辨别胡姓的姚薇元及王仲荦等学者均未予以明确的答复⑥,陈连庆则将其归属为拓跋部系统⑦。按上引《魏书·官氏志》在列举诸姓之前明确宣称"神元皇帝时,余部诸姓内入者",诸姓之后又说"凡此四方诸部,岁时朝贡,登国初,太祖散诸部落,始同为编民"⑧,这就是说包括是云氏在内的诸部最早是在北魏建国前先祖拓跋力微(220—277 在位)之时陆续被兼并或投附过去的,到太祖道武帝拓跋珪建国时则从部落离散之后编入民户,由此成为北魏属民⑨。这些分布在草原的部落,只有在拓跋部向

---

① 《资治通鉴》卷一五七梁武帝大同三年(537)十一月条,北京:中华书局,1956 年,第 4889 页。按此阳州系扬州之误,见《周书·文帝纪下》注释 13,第 41 页。
② 这里的扬州系东魏于天平二年(535)置,寄至项城。说见《周书·文帝纪下》注释 13,第 41 页。
③ 《北齐书》卷二〇《尧雄传》,北京,中华书局,1972 年,第 269 页。
④ 按《北史·尧雄传》在记述西魏大统三年(537)是云宝、尧雄与西魏征战时径直称他为"是宝"而省一"云"字,姚薇元推测是云一名应属孝文帝改汉姓以后的习惯,见氏著:《北朝胡姓考》(修订本),第 110—111 页。
⑤ 《隋书》卷六二《赵绰传》,北京:中华书局,1973 年,第 1485 页。参见王仲荦:《鲜卑姓氏考》、《代北姓氏考》,前揭《𫓧华山馆丛稿》,第 25、102—103 页。
⑥ 参见姚薇元、王仲荦前揭书、文。
⑦ 陈连庆:《中国古代少数民族姓氏研究——魏晋南北朝姓氏研究》,长春:吉林文史出版社,1993 年,第 112 页。
⑧ 《魏书》卷一一三《官氏志》,第 3006、3014 页。
⑨ 关于北魏部落离散问题,参阅田余庆:《贺兰部离散问题——北魏"离散部落"个案考察之一》、《独孤部落离散问题——北魏"部落离散"个案之二》,氏著:《拓跋史探》,北京:生活·读书·新知三联书店,2003 年,第 62—91 页。

西开拓以后，尤其是南下长城地区挺进代北企图建立政权的过程中①，才会有拓跋部与草原诸部的兼并与容纳问题，《魏书·序纪》所谓"统国三十六，大姓九十九，威振北方，莫不率服"，"诸部大人，悉皆款服"就是很好的证明②。至于是云氏归附拓跋之前属于什么族性，限于资料，目前尚难考订，但其显然不是拓跋之属。拓跋部落的核心组织有十族或十姓，"凡与帝室为十姓，百世不通婚"③，形成于献帝拓跋邻时期，尚有一定的同族血缘联系④，而是云氏等则是归附于拓跋的其他部族，与拓跋部的关系基本上是地缘性的政治隶属。按《魏书·官氏志》"代人诸胄"的记载，此处的"代"即代北之地，采用田余庆的说法即阴山以南、陉岭以北、上谷以西、黄河以东的草原丘陵地带⑤，这正是拓跋部从草原南下走向政权建设的时代，所以是云氏很有可能就是在这个时候进入到拓跋部的。

三

其次是是云偘家族的变迁问题。

上面讨论的是云氏族属问题，依据的都是文献记载，而文献中出现的是云氏例证甚少，基本限定在一两个案例，最主要的就是是云宝。值得我们注意的恰恰是这个是云宝与本文的主人公是云偘又有密切的关系。

按是云偘的墓志在追述其族源时有"分源弱水"和"受氏于有魏太武皇帝"的记载，"弱水"一词表示这个家族所在的部落曾经活跃于长城以北的草原地带，我在贺拔亮墓志的论文里曾有详细的讨论，"弱水"已经成为他们追溯祖源的一种标记⑥；后者表明其家族姓氏出自北魏太武帝时代，这较《魏书·官氏志》所载太祖道武帝编户为民的时间稍后。按《魏书·世祖纪》史臣对拓跋焘的评论是："藉二世（指道武帝、明元帝）之资，奋征伐之气，逐戎轩四出，周旋险夷。扫统万，平秦陇，翦辽海，荡河源，南夷荷担，北蠕削迹，廓定四表，混一戎华，其

---

① 见田余庆：《代北地区拓跋与乌桓的共生关系——〈魏书·序纪〉有关史实解析》，《拓跋史探》，第190页。
② 《魏书》卷一《序纪》，第1、3页。
③ 《魏书》卷一一三《官氏志》，第3006页。
④ 参见黄烈：《拓跋鲜卑早期国家的形成》，《魏晋隋唐史论集》第二辑，北京：中国社会科学出版社，1983年，第60—94页。
⑤ 见田余庆：《拓跋史探》，第190页。关于代人的讨论，可参阅松下宪一：《北魏代人集团考略》，成都：巴蜀书社，2006年，第314—318页。
⑥ 见前揭拙文《唐贺拔亮家族汉化取径之研究——〈唐贺拔亮墓志〉诸问题》。

为功也大矣。"①拓跋焘一生的主要业绩就是征服北方各地,确立北魏的统治地位。《魏书》本纪里充斥着诸民族和部落投奔并被安置在都城等地为民的记述,是云偘先人"受氏于有魏太武皇帝"的描写,应当就是其中的事件。如此看来,其家族(及所在的部落)应当晚于道武帝"散诸部落,始同为编民"之时,是在拓跋焘的时代归附的。

根据墓志,是云偘的祖父是云敦,"孝文世入为内三郎,出拜大宁郡守,赠相州刺史",活动于孝文帝时期。其父是云宝,"累拜使持节,大将军,大都督,凉、甘、瓜三州诸军事,凉州刺史,洞城郡开国公,食邑三千户。薨,谥曰哀"。这个是云宝与文献记载的是云宝名字、官职等均相同,应当就是同一人。按《隋书·元寿传》记云他的祖父"敦,魏侍中、邵陵王。父宝,周凉州刺史"②,元寿祖父名敦,是云偘祖父亦名敦,二者官职虽有差异,应是不同时段仕任的反映;而是云宝的任职墓志与文献所记相当一致,既然文献、墓志记载的祖敦、父宝均同,所以是云偘与元寿系兄弟关系,同属是云(元)宝之子。按是云偘卒于天和二年(567),时年36岁(虚岁),他应生于532年,即北魏末年节闵帝普泰二年和孝武帝的太昌元年,这年四月改元。而元寿的生卒年,按《隋书》本传,他于隋炀帝大业七年(611)卒,时年63虚岁,他应生于549年,即西魏大统十五年,较是云偘年轻17岁,作为兄弟之间年龄差异的可能性是存在的,是云偘墓志说他"袭洞城郡公",应当是是云宝之长子,元寿则属是云宝少子。

如果这个推测成立,那么是云氏与元氏之间是什么关系,就需要我们再作辨别。

按照前引《元和姓纂》"是云元"条目,元寿这一家原本姓元,是拓跋皇族任城王元澄之后③,因躲避魏末战乱,依托于是云氏,遂沿用其姓,至隋后又改复元氏,于是才有《隋书》的元寿而非是云寿了。但若依据元寿长兄是云偘的墓志,志文称"其先出自轩辕",这是拓跋部等北族一般性的托附,不足以凭信;"受氏于有魏太武皇帝"才道出其族属的真正相貌:他们是归附于拓跋的其他北方族系。志文又说"折侯真是云尚书,即君之十纳裤子弟",以及"构本寿丘,分源弱水,洪澜茂绪,奕叶绵长"等句,描述其家族渊源有序,墓志并没有将其家系与拓

---

① 《魏书》卷四下《世祖纪下》,第109页。
② 《隋书》卷六三《元寿传》,第1497页。
③ 任城王澄见《魏书》卷一九中《任城王澄传》,第462—480页。

跋皇族连接起来，表明自身的族系脉络十分清晰，这也与《魏书·官氏志》的记载相互契合。所以作为是云伄同胞兄弟的是云（元）寿到隋朝始复元氏，我认为有冒托北魏宗族的嫌疑，或者说《元和姓纂》的那段记载是后来依托假冒的；还有一种可能，那就是至少到是云（元）寿这一辈人，他们长久依附拓跋魏，早已将自己与拓跋联系在一起，从而认为自己真的就是拓跋的组成部分，族属亦改换成拓跋了。我在贺拔亮墓志考释那篇文章里讨论的一个中心问题就是贺拔亮家族归附拓跋魏之后，亦随之而拓跋化变成了北魏主流政治势力的成员，其拓跋族属的认同随着政治职位的增加而强化，进入中原后又随拓跋而汉化。这似乎是北魏时代拓跋部之外的北方部族文化与族性转轨的一个较普遍的现象，即非拓跋部的北方胡族随着归附拓跋魏之后亦开始了拓跋化的进程。元寿先人以避乱托付是云氏而又复原"本姓"拓跋·元的故事，即使是杜撰的，也反映着这个时代的普遍性诉求。话题至此，我们似乎可以这样认为：是云宝这个家族，到了是云伄、是云寿这代人，其姓氏开始出现分化，是云伄依旧延续原有的姓氏，但是云寿则依托于元氏，将自己（的家族）与宗室皇姓结合在一起，从而抛弃了是云本姓。如果这种可能性成立，那么元寿的姓氏应当就是托冒的。

四

现在再谈谈是云伄的任职与他所属的政治集团。

墓志记载他起家持节，历任抚军将军、大都督、通直散骑常侍，寻除尝药监，依例封淮州道县开国子、加使持节、车骑大将军、仪同三司，保定（561—565）初，拜冬官司玉大夫，出为洛州诸军事、洛州刺史，又进骠骑大将军、开府仪同三司，终于浙州刺史。根据他的墓志与《隋书·元寿传》的记述，是云伄的祖父敦是孝文帝时代的官员，是云宝则在北魏灭亡后归入东魏，后在与西魏争衡中转投西魏，进入北周，志文记载他的任职是使持节、大将军、大都督、凉甘瓜三州诸军事、凉州刺史、洞城郡开国公，食邑三千户，这较文献描写更为翔实。职是之故，是云伄起家的位置亦较高，他后来在西魏北周职务的上升固然取决于他的个人表现，但其祖、父家世积累的功勋和地位，亦有不可忽视的影响。这个家族有着墓志描述的"门列邓骘之仪，合崇羊祜之府"般的显赫，虽有夸张不实之嫌，但无可否认的是，这个家族已经成为西魏北周政治集团的一个组成部分了。这不能不让我们将他们与陈寅恪刻画的关陇集团这个政治军事主流势力连接起来。

按陈氏的观点，关陇集团的创建者"宇文泰率领少数西迁之胡人及胡化汉族割据关陇一隅之地，欲与财富兵强之山东高氏及神州正朔所在之江左萧氏共成一鼎峙之局，而其物质及精神二者力量之凭藉，俱远不如其东南二敌，故必别觅一途径，融合其所割据关陇区域内之鲜卑六镇民族，及其他胡汉土著之人为一不可分离之集团，……始能内安反侧，外御强邻"①。宇文泰创建霸业的基础，是由跟随他前往关中的北镇武将、随从西魏宗室入关的势力以及其他西迁势力，加上关陇地方土著共同构建，最终形成了支配西魏朝政的关陇集团②。从这个角度讲，是云家族不属于关陇集团的初始成员，而是在是云宝脱离东魏转投西魏后随职务升擢而被吸收进来的。换句话说，是云家族进入关陇集团始于是云宝，是云偘顺随惯例步入该集团得以发展的。他娶贺拔定妃为妻，则是他在这个集团内谋求发展的另一个"助力"。为此，下面将要讨论的就是贺拔定妃墓志提供的相关讯息。

五

贺拔氏是高车人，这已在姚薇元的《北朝胡姓考》和我有关贺拔亮的文章里有所论述③。《魏书·官氏志》记载贺拔氏改为汉姓的何氏，同在拓跋力微至道武帝建国之间，说明贺拔氏归附拓跋并随其转成汉姓。然而此后的文献包括碑志记载仍旧有拓跋，说明这种转变不是一朝一夕，而有个长期延续的过程。具体到拓跋定妃，墓志中有"分居若水"一句，此"若水"即"弱水"之讹，是其源自草原的早期记忆，这在我的贺拔亮墓志那篇文章里有所讨论。需要指出的是，她的伯父贺拔岳和父亲贺拔颖均在文献里有所记载。尤其贺拔岳，是北魏末期的一位著名将领，曾受托孝武帝任关中大行台西入，经营关中，后被陇右都督侯莫陈悦所杀④，其部下转归宇文泰，后者亦为贺拔岳下属。宇文泰旋后率兵进据长安，奠定西魏立国之基础⑤。贺拔定妃的父亲贺拔颖一名又见于《唐贺拔亮墓志》，他是贺拔亮的祖父，可知贺拔定妃就是贺拔亮的姑母，她与贺拔亮之父贺

---

① 陈寅恪：《唐代政治史述论稿》，上海：上海古籍出版社，1982年，第15页。
② 有关这方面的研究，可参阅毛汉光：《西魏府兵史论》，氏著：《中国中古政治史论》，上海：上海书店出版社，2002年，第190—215页；张伟国：《关陇武将与周隋政权》之前三章，广州：中山大学出版社，1993年。
③ 姚薇元：《北朝胡姓考》，第125—128页；拙文：《唐贺拔亮家族汉化取径之研究——〈唐贺拔亮墓志〉诸问题》。
④ 《周书》卷一四《贺拔岳传》，第225页。
⑤ 参见张伟国：《关陇武将与周隋政权》，第35—36页。

拔威是兄妹。贺拔定妃墓志记载贺拔颎的职务是开府、顿丘县开国公，与贺拔亮墓志的"侍中，持节都督廓、豳、丹、北雍四州刺史，骠骑大将军，开府仪同三司，顿丘县开国公"可以契合。贺拔颎之显名主要是他参与宇文泰征讨侯莫陈悦的行动。《周书》记云："太祖（宇文泰）纵兵奋击，……（侯莫陈）悦与其子弟及麾下数十骑遁走。……（宇文泰）乃令原州都督（宇文）导邀其前，都督贺拔颎等追其后。（宇文）导至牵屯山追及（侯莫陈）悦，斩之。"①贺拔颎参与征讨侯莫陈悦固然出自宇文泰的安排，但贺拔定妃墓志揭示出他与贺拔岳之间的兄弟关系更能表明他出征也有为贺拔岳复仇的动机在。我在撰写贺拔亮墓志考释一文时未曾考虑二人的兄弟关系，这里特作补充。如此，《周书》、《北史》所记贺拔允、胜、岳就不只是兄弟三人②，至少还要加上贺拔颎一人。又《周书》记载贺拔颎当时的职务是都督，《资治通鉴》则为原州都督③，后者在贺拔亮与贺拔定妃的墓志里均没有反映，应以《周书》为是。

与此相关的另一个问题是其籍贯。贺拔定妃的墓志说她是朔州人，与贺拔胜的籍贯一致。据史籍，贺拔胜，"神武尖山人也。其先与魏氏同出阴山。有如回者，魏初为大莫弗。祖尔头，骁勇绝伦，以良家子镇武川，因家焉"④。按《魏书·地形志》朔州领郡五、县十三，神武是属郡之一，内有尖山县⑤。贺拔胜的祖父贺拔尔头始以武川（今内蒙古武川西）为籍，到他这一代则转为朔州，说明他们自北向南迁转中其籍贯或郡望亦属动态，朔州应当是贺拔氏南迁过程中一个标志性的籍贯选择⑥。这种情形在外族内迁中似乎具有某种程度的普遍性⑦。

---

① 《周书》卷一《文帝纪上》，第9页；参见《北史》卷9《周本纪上·太祖文帝》，北京：中华书局，1974年，第315页。《资治通鉴》所记史事略有差异，见该书卷156梁武帝中大通六年（534）四月条，第4842页。
② 《周书》卷一四《贺拔胜传附弟岳、兄允传》，第215—225页；《北史》卷49《贺拔允传附弟胜、胜弟岳传》，第1795—1803页。
③ 《资治通鉴》卷一五六梁武帝中大通六年（534）四月条，第4842页。
④ 《周书》卷一四《贺拔胜传》，第215页。
⑤ 《魏书》卷一〇六上《地形志上》，第2498—2499页。
⑥ 卒于北齐天保元年（550）的贺拔昌，亦是"朔州鄗无人"，见《贺拔昌墓志》，韩理洲等：《全北齐北周文补遗》，西安：三秦出版社，2008年，第59页。
⑦ 以中古时代的西域粟特人为例，他们在迁转的过程中常常将自己的籍贯挂靠在河西走廊与内地有名望的地区，这在墓志中甚为常见。参见荣新江：《安史之乱后粟特胡人的动向》，《暨南史学》第二辑，广州：暨南大学出版社，2003年，第102—123页；陈海涛、刘惠琴：《来自文明十字路口的民族——唐代入华粟特人研究》，北京：商务印书馆，2006年，第411—437页；及拙文：《史道德族属及中国境内的昭武九姓》、《史道德族属问题再考察》，此据拙著：《隋唐五代诸问题研究》，北京：中央民族大学出版社，2006年，第16—44页。

又志文说她"年始龆龀,降嫔适于使持节、开府仪同三司、洞城公侃为妻,诏封昌城郡君"。按龆龀指尚未成年之童稚少女,她即出嫁于是云侃。按上文推算是云侃出生在北魏节闵帝普泰二年和孝武帝太昌元年之间的532年,贺拔定妃卒于开皇六年(586),时年52虚岁,生当535年即西魏大统元年,小是云侃3岁,系同龄人。若此,作为少女甚至童年出嫁的对象,是云侃本身也不过是个少年,北魏通婚的年龄女子初婚13岁上下①,贺拔定妃出嫁的年龄可能要低于这个岁数,而她嫁给是云侃时后者已有使持节、开府仪同三司和洞城公的头衔,根据是云侃的墓志,他"起家持节",但袭爵洞城郡公和受封开府仪同三司则是成年以后特别是参加与南朝陈征战之后的封赐,并非贺拔定妃初嫁时的官职,这就意味着定妃墓志所记是云侃的职务应当是墓志撰写之时的追溯,而不是原初的状态②。

六

贺拔定妃墓志所载她出嫁是云侃的年龄,应该早于法定婚龄,婚龄早亦属当时社会的习惯。清人赵翼曾列举北魏北齐皇帝早生子嗣的现象,一般在12—15岁之间,他总结说:"盖魏齐之间,皇子皆早娶,故生子亦早。"③作为军功阶层的政治势力,贺拔定妃与是云侃的婚姻,亦应在这个范围之列。但二人毕竟在少年时代,其婚姻的选择不大可能自作主张,应当是家族操纵的结果。如是,是云侃与贺拔定妃的婚姻所反映的北方政治势力及由此兴起的军功贵族通过联姻促进彼此,就是这门婚姻成立的动机。他(她)们的结合亦由双方家族相互颉颃的政治地位所决定,易言之,这两个家族都应当属于宇文泰创立的关陇贵族集团之列。我们在前面的讨论中已经清楚地获得这样的信息:贺拔定妃的伯父贺拔岳是宇文泰的上司,他受北魏皇室之命底定关陇,宇文泰跟从他进入关中;只缘贺拔岳被杀,才终止了他的政治进程。宇文泰起家坐大关陇乃至掌控西魏朝政,所依托的关陇集团,正是凭借包括贺拔胜、贺拔岳的部属势力的支持才臻

---

① 参阅谢国富:《北朝婚龄考》,载《中国史研究》1998年第1期;秦冬梅:《十年来国内魏晋南北朝乡村社会史研究回顾》,载《南京农业大学学报》(社会科学版)2003年第3期。

② 贺拔定妃卒于开皇六年(586),较是云侃卒年(天和二年,567)晚19年,故她的墓志撰写时其丈夫的信息均已详备。

③ [清]赵翼:《廿二史札记》卷一五"魏齐诸帝皆早生子"条,北京:中华书局,1963年,第287页。

至达成①，贺拔氏家族列入关陇集团的核心，应当是可以确定的。贺拔定妃之父贺拔颍自应属于这个集团。我在贺拔亮墓志考释的文章里曾经说他的家族发展的转折点之一，就是贺拔颍参与镇压侯莫陈悦而博得宇文泰的欣赏，从此进入这个集团。现在看来这个结论应当略有修正：贺拔亮家族与宇文泰产生关系的始作俑者不是贺拔颍，而是贺拔岳。宇文泰的发迹依托的正是贺拔岳，作为岳之兄弟的贺拔颍，步入关陇集团的行列应当说是顺其自然，这个家族成员职务的擢升也应当有贺拔岳奠基的功劳在。如此，再将贺拔亮家族与关陇集团产生关系始于贺拔颍，显然是不合适了。

　　既然贺拔定妃家族在西魏、关陇集团地位显赫，且双方均属胡系，那么是云偘与她的结合，就应当属于北方虏姓军功贵族之间的通婚，又上文所说男女当事人尚未成年，其婚姻全系家庭操作，这样的婚姻实际上不啻为双方维系各自政治势力和社会地位的一种手段。这恰与北魏朝廷鼓励拓跋等北方军功贵族与汉人大族联姻、北方贵族彼此通婚的文化转型政策相合拍，其本身也是这种政策的产物。从双方的政治地位讲，贺拔氏家族似乎更胜一筹，这应当归功于贺拔岳那一代人作出的贡献，也归因于该家族与宇文泰结成的关系。比较而言，是云偘家族固然在北魏也属仕禄之列，但尚不足与贺拔家族等峙，他们直接步入西魏权力集团，应当就是是云宝弃东魏投西魏的结果。是否可以这样认为，是云偘联姻贺拔定妃，不排除有攀附后者动机的可能。但二人结婚的实质，还是军功贵族之间彼此的政治联合。一般而言，作为南下的北族势力，他们的婚姻既可以维系北族内部的团结，又能在此后的发展中稳固根基，提升地位，是云偘与贺拔定妃的婚姻，只有在这样的背景下理解才有意义。是云偘虽然过早去世，其政治前途终止，但他与贺拔定妃家族于西魏、北周之关陇集团政治地位的保持则是持续的，他们的结合裹挟在这个集团之内，而这个集团成为西魏、北周乃至隋唐王朝立国的渊薮②，他们与之同进退共发展，这在二人（尤其贺拔定妃）的墓志铭文里有明显的反映。更值得我们注意的是，贺拔亮与清河张氏的

---

① 参见张伟国：《关陇武将与周隋政权》，第39—43页。
② 参见陈寅恪：《唐代政治史述论稿》，第18页。赵翼曾说"魏之亡，则周、隋、唐三代之祖，皆出于武川"，并为此设置"周隋唐皆出自武川"条目，见《廿二史札记》，第290页。此观点遭到陈寅恪的驳难（见万绳楠整理：《陈寅恪魏晋南北朝史讲演录》，合肥：黄山书社，1987年，第288—291页），"武川"之说遂遭废弃，代之以关陇集团之成说，且多为学界认可。有关北朝隋唐政治演化的线索，可参阅谷川道雄《隋唐帝国形成史论》一书。

联姻,至少就贺拔氏家族而言,又突破了北族自身的限度,开始与汉人大族结合,接受中原文化①。这种自北而南、由胡转汉的进程与拓跋魏南下辗转成为西魏、北周、隋、唐政治体建构所呈现的文化转型——胡→汉——的脉络与其说是一致的,不如说是受其支配的。

七

根据以上讨论,本文初步得出几点结论:

第一,是云氏是鲜卑拓跋部西征过程中开始南向进入农耕地区即拓跋力微至北魏道武帝时期整合进入到以拓跋部为主体的北魏国家政体中的一支族系。他们具体的族属成分已经难以分辨,但从"弱水"的追记中似乎反映他们最早是在长城北部草原地区活动的诸部之一。

第二,是云偘家族则是北魏建国之后第三个皇帝太武帝拓跋焘在位时归附的,这较《魏书·官氏志》记载的其他是云氏为晚。拓跋焘时代也是北魏政权征服各地部族势力、奠定王朝发展的关键时期,其间北方诸族多被其兼并或自动归附,是云偘先人应属诸部归降者之一。

第三,贺拔定妃是贺拔颍之女,其伯父贺拔岳则是北魏名将。贺拔岳西入关中,西魏政权的实际控制者宇文泰就是其属下,贺拔颍与宇文泰关系亲密,是关陇集团的成员,应与此有关。文献记载贺拔允、贺拔胜、贺拔岳三兄弟,墓志证实还有贺拔颍,此可弥补文献之缺佚。

第四,是云偘与贺拔定妃之联姻,是虏姓军功贵族势力相互联系的表现,更能增进彼此的地位;贺拔亮与汉人大族的婚姻,表明该虏姓贵族与中原大姓关系的建立。支配他们婚宦的动力,是北方势力南下后遭遇的中原汉文化的强势牵制,他们顺应了汉文化转向的主流趋势。这既是拓跋鲜卑入主中原企图保有政治合法性的文化诉求,也是草原游牧势力进入王朝体制后如何掌控朝政的自主性的展现。

第五,贺拔定妃与贺拔亮是姑侄,我在《唐贺拔亮家族汉化取径之研究——〈唐贺拔亮墓志〉诸问题》一文中未曾措意,将贺拔亮家族与关陇集团的联系定

---

① 参见拙文:《唐贺拔亮张氏联姻反映的文化认同与士族相貌——以〈唐贺拔君夫人张氏墓志〉为中心》、《唐贺拔亮家族文化转型的旨向——以墓志铭资料为核心》,前文载本人主编:《中古墓志胡汉问题研究》,银川:宁夏人民出版社,2012年(即出);后文待刊。

位在其祖父贺拔颎参与宇文泰征讨侯莫陈悦的行动中,现在看来,贺拔颎就是文献缺载的贺拔岳的兄弟,出自贺拔岳门下的宇文泰创建关陇集团的时候,贺拔氏本身就是其重要资源,贺拔氏与宇文泰的关系并非始于贺拔颎,其关系的深厚远远超出了这个层面。

附:贺拔定妃、贺拔亮家族世系表

下表边框内正常字体为《周书》、《北史》等传世文献所载;边框内加粗字体则系墓志记载。

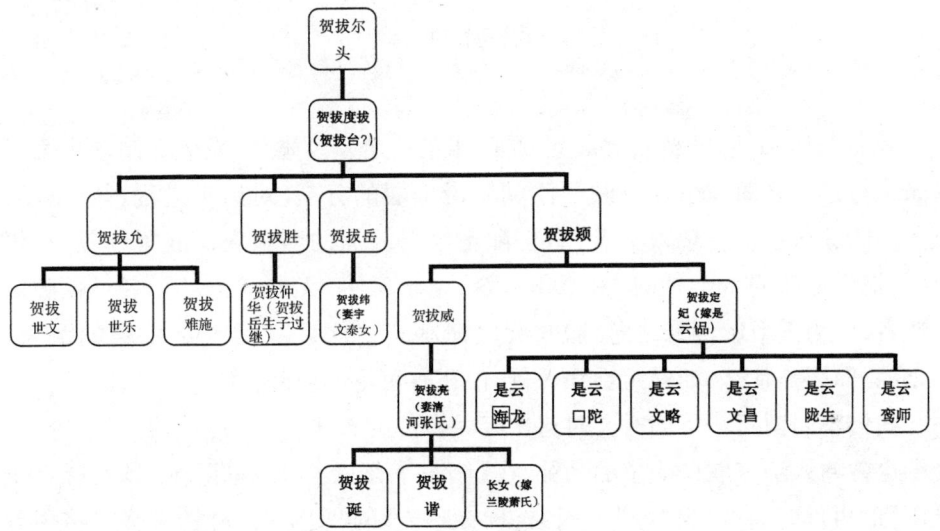

附识:本文是作者于2012年9月13—20日之间赴东京为参加"日本魏晋南北朝史研究会年会"和"由于石刻史料和史料批判魏晋南北朝史基本问题再探讨"课题(大阪教育大学伊藤敏雄教授主持)宣读会提供的会议论文,已先期收入伊藤敏雄教授编辑的《墓誌を通した魏晋南北朝史研究の新たな可能性》文集中(该文集是他承担的上述课题之中期成果,系内刊,2013年5月,第51－61页)。拙文收入此书已与伊藤敏雄教授商允并致谢! 又本文呈戴均禄、朱丽娜两位博士生同学协助校订,谨表谢意!

(本文作者:中央民族大学教授)

有涉杨玄感起兵事件的三方新发现墓志[①]

胡明曌

大业九年(613)的杨玄感起兵,是隋末的一个重要事件,发生在隋炀帝第二次亲征打辽东之时。事件反映了隋朝统治上层的分裂,对历史进程影响不小,五年后隋朝灭亡。从现象上看,事变和正风起云涌的隋末农民战争相呼应,誓众时,他说:"我身为上柱国,家累钜万金,至于富贵,无所求也。今者不顾破家灭族者,但为天下解倒悬之急,救黎元之命耳。"[②]这是富而且贵的第二代的造反,究竟原因是什么,如何定性和评价,似还有讨论的空间。

我们不妨留意一下当时人对这次起兵事件的看法。

也曾卷入隋末农民战争的魏征,在《隋书·炀帝纪下》里记述"杨玄感反于黎阳"的事件时,称之为"贼"。同书《杨玄感传》的"史臣曰"称杨玄感:"将肆莽卓之心,人神同疾,败不旋踵。"将杨玄感与篡汉的王莽、董卓并提,持否定态度。

大唐西市博物馆所藏三方新收的墓志,给我们补充提供当时人乃至当事人的看法。我们试录出墓志的志文来分析。

第一方是唐晏墓志

试录全文如下:

□□故上开府荆王府前典军唐公墓志铭

君讳晏,字承伯,晋昌人也。丹陵受符,郁崇基而远构;参墟析壤,

[①] 基金专案:本项研究为"中央高校基本科研业务费专项资金资助专案"《日本本位意识与隋唐文化选择性引进》,项目编号 NKZXB10013。

[②] 魏徵:《隋书》卷七十《杨玄感传》,中华书局,1973年,第1617页。

公茂绪」□□光。偃陵则烈士腾芬,西汉则儒林阐誉。清规素范,代有其人。弈叶」□联,焕乎可略。祖鉴、父光,并逸思霞,轩冲襟海,镜韫天人之爵,麟阁霭」其清徽。苞文武之才,珮戈铄其盛绩。君余庆锺美,生知挺秀,含风云以」散怀,泻山河而入抱。潜韬秘略,凤契冥符,引蕉中杨,自然神妙。大业八」年起家为宣惠尉。会杨玄感志怀枭镜,谋危社稷。首黎阳而作梗,横巩」洛以腾气。君壮髪冲冠,驰军殉命,戡如林之众,忽若冰销;溃择□之群,」俄然雾廓。以功授建节尉。暨炎灵告谢,天命惟新,君早达时机,先输款」劾。皇上嘉其忠节,致之幕府。于时飞龙之始,务在经纶,召两之余,」犹相啸聚。君纂戎一振,擐甲先锋。每裂颏云,清二周之蛇豕;频驱乱辙,」静三晋之豺狼。武德三年,蒙授仪同,寻加上开府,彰懋功也。贞观元年,」进授左亲卫校尉,二年又授赵王府左亲事副典军。八年,特诏授」荆王府左亲事典军,而平台寄重,碣馆任隆,佥事攸归,实光时选。譬申」穆而论道,言析秋豪;侔邹阳之曳裾,文掞春藻。韩将军之睢阳雅誉,宋」中尉之代邸芳声,比德论功,我有余裕。既而桑榆行暮,悬车告归。雅挹」谦冲,深鉴止足。黄金已散,优游太傅之怀;赤松可希,放旷文成之趣。岂」谓澄陂易竭,随逝水而不追;爱日不留,与沉辉而遽掩。以贞观廿三年」十一月廿四日卒于第,春秋八十。惟公依仁立本,资孝成基,始终不改。」其常喜愠,讵形于色。见机而作,心镜皎而逾明。感义必为,神霜励而弥」愍。扶风劲翮,不露九命之尊;锐志神锋,独冠三军之上。有道无命,良可」哀哉。廿三年十二月廿七日,窆于永寿乡高阳之原。礼也。惧年代之浸远,嗟陵谷之暂迁,寄声尘之永嗣,惟琬琰之可镌,乃为铭粤:

　　唐境□源,岸丘胙土。焕矣上系,昭哉下武。舄弈龙光,蝉联龟组。清芬雅」誉,重规叠矩。诞斯时彦,早契生知。神虚静谷。志澹澄陂。俗称翘楚,人实」羽仪。磊落奇节,傲傥英规。去彼无道,归斯景命。遂廓搀抢,载清枭镜。碣馆声远,梁园业盛。簪绂辞荣,林泉叶性。如何兴善,忽掩徂光。徒闻仙药,讵返神香。陇昏朝雾,松寒夜霜。勒兹贞琬,永播余芳。

唐晏(570—649)是位出身平平的普通人,事变前一年虚岁四十三才"起家为宣惠尉",是七品勋官。第二年就遇上杨玄感起兵,"君壮髪冲冠,驰军殉命,馘如林之众,忽若冰销;溃择囗之群,俄然雾廓。以功授建节尉。"唐晏满怀义愤,驰驱沙场,建立战功。升了一级,为六品建节尉。尔后早早归顺了李唐。他并不是矢忠于隋室的人,但是激烈反对起兵的杨玄感。这似是当时很多人的立场。

另有两方都是杨岳的墓志。杨玄感堂叔杨岳是受杨玄感事件牵连被处死的,后来他两次改葬,留下两方墓志,也给我们研究杨玄感提供了有价值的材料。

一方是大业十年(614)第一次改葬时刻的,墓志没有题头,直接从名讳写起:

试录全文如下:

君讳岳,字浮丘,弘农华阴人也。传山河者,五公庸勋,茂于西汉。补衮台者,四丨世名德,盛于东都。在魏见客礼之优,居晋有阿衡之重。布诸方册,可略而言。丨曾祖钧,魏司空、文恭公。祖暄,度支尚书、华州刺史、临贞忠公。父敫,大将军、蒙、丨汾二州刺史、临贞忠壮公。于时,两魏分争桑之境,河汾寔燔燧之郊。疆埸有丨彼此之机,诚义无苟全之地。握节不挠,义冠幽明。魏君缵积庆之基,承累德丨之胄,馥芝兰之秀气,发琬莹之光采。小年而有大成,弱龄而操重器。公孙公丨子,誉满当时。开皇元年五月三日,封遂州仓山县开国公,食邑一千三百户。丨回授一子,非无追远之恩;泽流友庶,且见念功之宠。二年六月,蒙任右武卫丨右亲卫,入亲卧内,出卫轩陛。自非荫籍高华,罕得膺斯俊选。仁寿二年正月,丨丁太夫人萧氏忧。夫人,梁武帝之孙,武陵王之长女也,年十有三,封淮南丨公主。幼称婉慧,凤擅母仪,慈训之道既弘,孝爱之情斯切。及在苫庐,殆将灭丨性。大业元年二月,擢为卫尉寺丞。秦置,交戟植镦之便繁;八屯汉制,警夜巡昼之伺察,岂止审其印信,赋彼不时。严其侯卫,箴斯暴猝。大业四年,出为京丨兆万年县令。王畿属邑,帝京近隧,栎阳献公之筑高陵,太上所宫,右戚是囗,丨当今未易。左辅旧治,自古云难。非君利衔,未见其可。遂得田余滞穗,路有遗丨金。民变其风,帝简其绩。方腾鸿渐,庶展鹏抟,岂图衅起黎阳,妖兴子姓,既丨罗(罹?)国讨之凶,遂缘众弃之祸。大业九年六月

廿四日,奄从非命,时年四十有七。|呜呼哀哉!初君异母兄素,任重朝端,富擅山海。奸匿潜于养鸩,宠赂彰乎铸|蛇。而君深惧贴危,每非聚敛,锺毓锺会,屡有挟术之公言;王惠王鉴,非无甫|田之私阅。皇上哀矜折狱,大明诛赏,念杨瑶不坐之表,思祖纳弗协之辞,|爰发明诏,蠲其虋籍。诏曰:"故万年县令杨岳,深识大义,凤秉至诚。其兄|枭素,包藏凶恶,每经奏陈,实为先见,宜免缘坐,以彰臣节。"仍令改葬。于是龙|锺稚子,始有主祭之庭;婉娈孀妻,方展裹鹿之制。以十年太岁甲戌,|四月戊辰朔,十七日改殡于大兴县洪固乡之原,礼也。惨挽铎之哀,凄俨帷□亢之容|,裔攀如慕之号,卷苞遣之宾祭,知若敖之不馁,且伯有之非厉。乃为铭曰:|

　　台阶丽天,岳牧镇地。猗欤洪族,世隆其位。不惑去三,慎知畏四。喉舌龙作,襟带鹗视。继体岐嶷,尤锺俊异。是曰奇才,足称伟器。谢爵勋胄,袁愧德门。薰心虽厉,结气俄冤。篱庭何及,墙门徒谊。明明在上,顾录傥言。氏复三姓,茔迁九原。薛家赤族,赖我斯存。

杨岳最后的任职,是雍州万年县令,在京城做官。在这王畿属邑当县令,"自古云难",但是他将地方治理得"田余滞穗,路有遗金",得到隋炀帝赏识。

大业九年六月杨玄感反于黎阳前,向在辽东前线和在京城的兄弟们密送了消息,却没有告知叔叔杨岳。六月三日(乙巳)举兵后仅二十一天,六月廿四日,杨岳连坐,在京城被处死。但过不久便为他平反恢复名誉,"仍令改葬"。志中收入隋炀帝为他恢复名誉的诏书,"蠲其虋籍",说杨岳:"深识大义,凤秉至诚。其兄枭素,包藏凶恶,每经奏陈,实为先见,宜免缘坐,以彰臣节。"看来杨岳与杨素早有不和,杨素遭到隋炀帝猜疑后,绝医而死,杨岳能和其兄划清界线,得到隋炀帝信任,这时得到平反,与此有关。

另一方墓志是显庆元年(656)杨岳第二次改葬时刻的:
　　试录文于下:

随万年县苍山县开国公杨君墓志铭并序

　　公讳岳,字浮丘,弘农华阴人。有周之苗裔也。伯侨因昨主而命士,赤泉立懋勋以飞名。四叶衮章,|东汉称其望族;百揆时叙,西晋著其门伐。自兹以降,代有名德。曾祖钧,魏司空、文恭公。谈丛理窟,|

义府儒宗,行成模楷,言为轨则。祖暄,魏度支尚书,临贞忠公。志摽弘雅,材惟栋干。天爵有伟,公望见称。父勇,大将军、临贞忠壮公。风调摽举,器岸雄杰,蹈高节以徇名,不苟免以亏义。公气量纯深,识度宏远,恂恂以养正,汪汪以全德。见人之过,若在诸身;闻人之善,有如不及。卑以自安,弱不好弄。是以望其门者,不测其墙仞;窥其室者,莫辩其波澜。忠壮公者,言牧西河,密迩临寇。固守累载,而援兵斯绝。既没虏庭,而始终不挠。公痛深陟岵之望,每切戴天之酷。公之长兄,太尉、楚景武公,以偶傥之材,受专征之任。平齐之役,公预在戎,麾军谋战,功为当时之最。以勋勩居多,封苍山县开国公。逮皇随革命之后,而景武当权衡之寄,势倾朝野。公以身轨物,静退是先,以大业中年,乃降敕授公雍州万年县令,非其好也。粤奉纶言,故不敢不当其职。此邑地粤秦中,望隆天府,权豪贵戚,是称难御。公抚之以礼仪,威之以刑罚,弦韦备举,小大以情,时人以为忠厚而干盅,仁惠而严肃。用之则行,见之于公矣。及乎哲兄云亡,立长斯及,邦家之嗣,其惟礼部尚书楚国公玄感乎?公每以谦逊为言,卑恭是诚,而玄感自以门着勋庸,材兼文武,知进而不知退,知存而不知亡,但识随氏之数锺百六,不知天命有归。公爱及犹子,虑深邦族,言之不用,方筹以全之。公外祖乃梁征西将军、太尉、假黄钺、承相,武陵献王其人也。而太子太保、司空、宋国公,有随之日,任居内史,门惟姻戚,即公之外氏之亲。乃因太保,言之于随帝,有如锺毓之事云。及玄感之作逆也,公时在关中,随炀方旋辽左,以公尝有忠谅之言,是以特有别敕,一房获免。道阻且远,竟无言及。以大业九年六月廿四日薨于京师。呜呼哀哉!惟公禀庆弈叶,载德蝉联,三事复太尉之高门,七叶迈金张之前烈。凤擅学植,早摽辞彩,贵而能降,辩而能讷。不以臧否忤物,不以伐阅凌人。生鼎铉之宗,无心于贵仕;居会昌之运,有志于恬泊。同子文之明鉴,赦宥不逮于生前;得吴札之风规,令望徒擅于身后。降年与善,何其爽欤。夫人韦氏,京兆杜陵人也。魏尚书右仆射、大司空、随太傅、雍州牧、相卫十二州总管、郧襄公之孙,随毛、恒二州刺史,滑国定公之女也。分枝公族,禀质阴祇。六行必称,无待箴诫;四德爰备,非因图史。苍山公奇材硕德,见重当年。眷彼好逑,言归于杨氏。既而苹藻聿」修，闺门载穆，德流邦政，誉宣中表。及乎遭犹子之坐，逮随季而流离。长子柱国、中书侍郎、太府卿、」清河公等，莫不文吏兼资，学行具美。俯拾金紫，自致青云。并以断织□训徙居戎业。俄而风树不」停，奄辞荣养。以贞观十五年十二月廿四日薨于私第。大子弘礼，故金紫光禄大夫、兵部尚书。第」二子弘义，鲁王府司马、隆州长史。第三子故弘文，祠部屯田郎中。第四子弘武，吏部郎中、太子中」舍人。嫡孙元嗣等，永惟积粟万锺，切寒泉之孝思，未臻远日，痛仁昆之遽亡。爰以显庆元年，岁次」景辰，三月乙丑朔，九日癸酉，龟筮叶从，迁厝于雍州万年县黄台乡少陵原。式陈芳烈，乃作铭云：」

　　高掌际天，长河带地。量蕴岳渎，才摽秀异。惟此华宗，积祉莫二。文武迭袭，台衮相次。司空雅正，识」度淳确。伟矣尚书，体兹冲邈。粤惟贞壮，壤才卓荦。孝实天姿，忠非植学。公之挺质，逖矣不群。道深」弘裕，气逸风云。晦斯荣宠，馥此兰薰。如愚睿质，朝隐清芬。进退存仁，归诸上哲。既号知子，亦称全」节，锺毓前规，智果往烈。昭厥有在，宗祧无灭。猗软懿室，出自华宗。瑟琴斯敬，苹藻惟恭。柏舟成德，」平反是踪。学着三从，才兼八龙。与善徒弃，降年多爽。过隙不留，光阴遂往。青乌叶吉，永这泉壤。蒿」里日沉，松门云上。丹旐逶迟，灵辒载路。哀挽凄切，骓骖顾步。逝川无返，白日云慕。恨结寒泉，悲深」风树。

杨岳深深了解杨玄感野心勃勃的狂躁性格，对杨家的这位长房长子，一向很不放心，他的墓志对杨玄感的为人持批判态度："公每以谦逊为言，卑恭是诚，而玄感自以门着勋庸，材兼文武，知进而不知退，知存而不知亡，但识随氏之数锺百六，不知天命有归。公爱及犹子，虑深邦族，言之不用。"这方唐志披露一细节："公时在关中，随炀方旋辽左，以公尝有忠谅之言，是以特有别敕，一房获免，道阻且远，竟无言及。以大业九年六月廿四日薨于京师。"说隋炀帝在从辽东急返时，曾专门下一敕，免责杨岳一房。可是路途太远，敕令没有传到，杨岳就被杀了。这一情节是否可信，或许是个问题。如若是真事，在十万火急的军情中，不忘特别下敕宽免杨岳，可见炀帝对忠实的臣子，尚存仁义之心。无论如何，杨岳"尝有忠谅之言"殆是事实，应是早就对隋炀帝说过，对重用这位志大才疏的不肖侄子心存忧郁,所以杨岳死后,很快得到平反。

综合上述三墓志,对杨玄感起兵事件的看法是一致的,唐晏志谴责杨玄感"志怀枭镜,谋危社稷。首黎阳而作梗,横巩洛以腾气。"两方杨岳志谴责杨玄感起兵是"衅起黎阳,妖兴子姓"。明确地定性事变是"作逆"。

时人关于杨玄感起兵的看法,最权威的评论见于陈子昂向武则天的一封上书,其中引述了当时"长老"们的看法:

> 麟台正字陈子昂上书:臣闻长老云:隋之末世,天下犹平。炀帝不恭,穷毒威武,厌居皇极,自总元戎,以百万之师,观兵辽海,天下始骚然矣。遂使杨玄感挟不臣之势,有大盗之心,欲因人谋,以窃皇业。乃称兵中夏,将据洛阳,哮虓之势,倾宇宙矣。然乱未逾月,而头足异处。何者?天下之弊,未有土崩,蒸人之心,犹望乐业。炀帝不悟,暗忽人机,自以为元恶既诛,天下无巨猾也,皇极之任,可以刑罚理之。遂使兵部尚书樊子盖专行屠戮,大穷党与,海内豪士,无不罹殃。遂至杀人如麻,流血成泽,天下靡然思为乱矣。于是萧铣、朱粲起于荆南,李密、窦建德乱于河北。四海云摇,遂并起而亡隋族矣。岂不哀哉!长老至今谈之,委曲如是。①

陈子昂上书中说,"杨玄感挟不臣之势,有大盗之心,欲因人谋,以窃皇业",批驳了杨玄感解民倒悬的冠冕堂皇说词,洞察这些富而且贵的二代谋夺最高皇权的野心。这倒正合出自关陇集团最高门第中人的脾气,之前的宇文觉、宇文毓、杨坚、杨广、李渊、李世民、李密、杨玄感……无不觊觎皇位,一有机会就举兵夺权。于是西魏、北周、隋、唐,走马灯似的政权更迭。杨素在隋,位居人极,势倾朝野,嗣子杨玄感与他一起上朝,站班时父子俩同在二品官列,荣宠至极。但杨玄感还是禁不住皇权的诱惑,谋反作逆而死。有学者分析:"杨玄感起兵是一次贵族造反,他和谋主李密都出自关陇集团的最高层,还有名将韩擒虎子世谔、观王杨雄子恭道、虞世基子柔、来护儿子渊、裴蕴子爽、大理卿郑善果子俨、周罗睺子仲等四十余达官贵族子弟参加。这批畿内的世袭特权在隋炀帝改革官制中受到侵害和剥夺,杨玄感是他们的代表,是站在社会改革的反对派的立场上

---

① 刘昫:《旧唐书》卷五十《刑法志》,北京:中华书局,1975年,第2146页。

反隋的。在这一点上，杨玄感这一伙又绝非是进步势力的代表。"①所以当时"郡县，未有从者。"②这印证陈子昂说的"长老"们的看法。墓志所称："知进而不知退，知存而不知亡"，生动刻画出这批富而且贵的第二代，权势欲熏心，利令智昏的愚妄心态，其实，他们之前的宇文觉、宇文毓和杨坚也是富贵的第二代，李渊是富贵的第三代，不过他们有智谋，抓住时机，成功了，杨玄感失败了，连累了杨岳等许多人。杨玄感的失败，首先在他看不清隋炀帝还有控制局面的实力。而如李渊，在杨玄感起兵时，妻兄窦抗鼓动他也起兵，李渊严厉制止说："无为祸始，何言之妄也!"③他要等待时机。到百万瓦岗军得势，隋炀帝困在扬州对局面失去控制时才起兵，以三万人马起家，迅速夺得天下。杨玄感和知进退知存亡的李渊相比，真是不可同日而语。

  还值得注意的是，杨岳两志前后对杨素的评语，褒贬迥然不同，耐人寻味。在隋代刻的第一方墓志，称他"枭素"，斥责他"奸匿潜于养鸩，宠赂彰乎铸蛇"，"包藏凶恶"，而在唐代刻的第二方墓志，改称杨素为"哲兄"，"公之长兄，太尉、楚景武公，以倜傥之材，受专征之任。……逮皇随革命之后，而景武当权衡之寄，势倾朝野。"完全是正面评价。殆因此，墓志才重刻的。当初在严厉惩处杨家和涉案人时，杨岳墓志也不得不按皇帝诏书口径行文。到唐代，事情过去了，没有了顾忌，便加誉杨素，究竟是弘农杨氏的杰出代表，在还极重阀阅的时代，杨素能有一个好的声誉，对家族还是重要的。虽杨玄感不被杨家人认可，而早其七年死的杨素已经可以再抬出来炫耀，为门第增光。弘农杨氏，包括杨岳的四个儿子——他们的母亲是京兆韦氏，魏隋间出将入相的名臣韦孝宽孙女——在唐代，做到兵部尚书等高官，像许多百挫不折的门阀大族一样，依旧活跃在政治舞台上。这些材料，对我们认识隋唐之际，正在步入后门阀时代的社会特点，是很有价值的。

（本文作者：南开大学汉语言文化学院副教授，博士）

---

① 胡戟：《隋炀帝新传》，上海：上海人民出版社，1995年，第194页。
② 司马光：《资治通鉴》卷一八二，大业九年，第5680页。
③ 《旧唐书》卷六十一《窦威传附抗传》，第2368页。

从《杨岳墓志》看杨氏在唐前期的浮沉

黄正建

《大唐西市博物馆藏墓志》中收有两方隋朝杨岳的墓志,分别是第二四方和第五三方①。这两方同一人的墓志包涵了许多信息,现不揣谫陋,就其中的一些问题分析如下。

一 杨岳的身世与亲属关系

据两方墓志并结合史籍,可将杨岳的身世排比如下(官职等择要而录,未出注者均出自墓志):

杨岳:

曾祖杨钧。

祖杨暄,始封临贞忠公。

父杨敷,封临贞忠壮公。杨敷恐怕有两任或三任妻子(或前后或同时或妻妾,不能确定,以前后的可能性最大)。前妻某氏;后妻某氏;再后妻萧氏。萧氏为梁武帝之孙,封淮南公主。杨敷有姊妹嫁给贺若家。

杨敷前妻生杨素、后妻生杨约、杨慎,再后妻萧氏生杨岳。杨素初袭封为临贞县公,被封清河郡公后,其弟杨岳被封临贞公②。其姊妹在贺若家生贺若弼③。

杨岳夫人韦氏,祖韦孝宽、父韦寿。生四子:杨弘礼(兵部尚书)、杨弘义(隆

---

① 胡戟、荣新江主编:《大唐西市博物馆藏墓志》,北京大学出版社,2012年9月,第52—53页,第112—115页。
② 《隋书》卷四八《杨素传附杨约传》,北京:中华书局,1973年,第1282、1293页。
③ 贺若弼曾说:"(杨)素,臣之舅子"(《隋书》卷五二《贺若弼传》,第1345页),知杨素是贺若弼舅舅的孩子。《杨岳墓志》说"而太子太保、司空、宋国公,有随之日,任居内史,门惟姻戚,即公之外氏之亲",指的应该就是贺若弼。也许因为贺若弼是被诛死的,所以不明言。

州长史)、杨弘文(屯田郎中)、杨弘武(吏部郎中、太子中舍人)。

杨弘礼有子名元嗣;杨弘武有子曰元亨、元禧、元祎①。

图示如下:

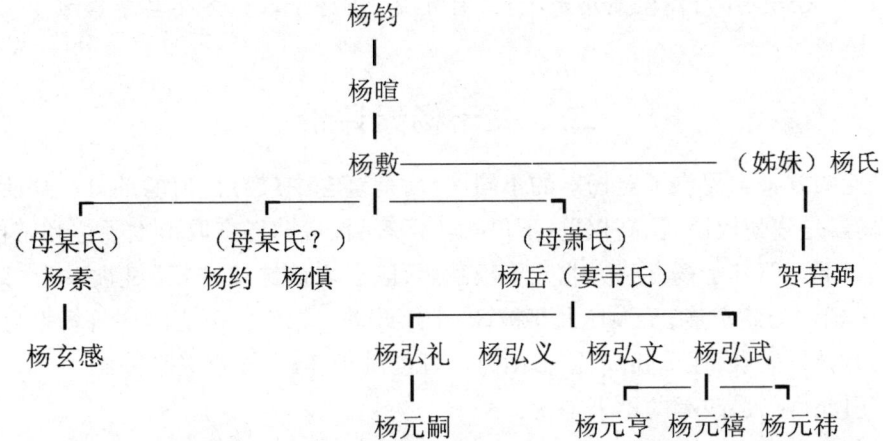

由此表可知,杨岳所在家族,与萧氏、韦氏、贺若氏联姻,名将名臣辈出,是一个势力雄厚的集团,注定也是皇室要拉拢和利用的集团。

以下是杨岳的经历:

567年(北周武帝天和二年)出生。1岁

581年之前,封临贞公。

581年(隋文帝开皇元年)五月三日,封苍山县开国公。15岁

582年(开皇二年)六月,任右武卫右亲卫,入亲卧内,出卫轩陛。16岁

602年(仁寿二年)正月,母萧氏病故。36岁

605年(隋炀帝大业元年)二月,任卫尉寺丞。39岁

608年(大业四年),出为京兆万年县令。42岁

613年(大业九年),六月三日(乙巳)②,杨玄感起兵③;六月廿四日杨岳被处死。47岁

614年(大业十年)四月十七日,改殡于大兴县洪固乡之原。

---

① 《新唐书》卷一百六《杨弘礼传》,北京:中华书局,1975年,第4045—4046页。
② 六月癸卯朔,"乙巳"是三日。据陈垣《二十史朔闰表》,北京:中华书局,1978年。
③ 此据《资治通鉴》,见卷一八二炀帝大业九年六月条,北京:中华书局,1976年,第5672页。

618—626年（唐高祖武德年间），以其子杨弘礼袭（杨素）清河郡公。

641年（唐太宗贞观十五年）十二月廿四日，夫人韦氏病故。

656年（唐高宗显庆元年）三月九日，迁厝于雍州万年县黄台乡少陵原。

二　关于杨素评价

这两方墓志提供了对杨素的不同评价，是墓志中最有价值的部分。众所周知，杨素是隋朝权臣，位高权重，不仅战功卓著，且帮助杨广取得太子位和帝位，势倾天下。但其子杨玄感大业九年叛乱后，诸子均被诛死，"杨"姓被改为"枭"姓[①]。杨岳受此牵连，于大业九年被诛，十年改葬。第一方墓志中评价杨素为：

君异母兄素，任重朝端，富擅山海。奸慝潜于养鸩，宠赂彰乎铸蛇。

引允许杨岳改葬的诏书中说：

其兄枭素，包藏凶恶。

这些语言，对杨素是全面否定的评价，说他不仅富贵权重，收受贿赂，而且"奸慝""凶恶"。诏书并直称其姓名为"枭素"。据《隋书·杨素传》，杨素虽然帮助炀帝夺得太子位并帝位，并帮助平叛，但"特为帝所猜忌，外示殊礼，内情甚薄"[②]。墓志所引诏书，正是炀帝内心的真实体现。由此也可见墓志所引诏书确是当时文字，是实录。

到唐朝建立，或许因为政治需要，也或许因为高祖与杨素有旧，总之"高祖即位，以（杨）素有功于隋，诏（杨）弘礼袭清河郡公"[③]。皇帝定下调子，加上杨素侄子杨弘礼表现出色，在战斗中"所向披靡"，被唐太宗誉为"越公儿郎，故有家风"[④]，因此对杨素的评价自然有所改变。

我们看成于唐代的《隋书·杨素传》，其中对杨素的描绘，极写其战功：平陈时沿江直下，从三峡打到汉口，"陈人望之惧曰：'清河公即江神也。'"；平陈后又赴江南平叛，从扬子江边一直打到泉州，以至海岛，"江南大定"；大败突厥，"自是突厥远遁，碛南无复虏庭"；炀帝即位后，再平汉王谅叛乱，保住了炀帝的

[①] 《隋书》卷四八《杨素传》，第1292页；《杨玄感传》，第1619页。
[②] 《隋书》卷四八，第1292页。
[③] 《新唐书》卷一百六《杨弘礼传》，第4045页。
[④] 《新唐书》卷一百六《杨弘礼传》，第4045页。

帝位,"元恶既除,东夏清晏"。炀帝感激之余给杨素写信说"古人有言曰:'疾风知劲草,世乱有诚臣'"。传中还说杨素"才艺风调,优于高颎"、"词气宏拔,风韵秀上",而否定性评价只说他"陵轹朝贵"而已。

"史臣曰"则说杨素"兼文武之资,包英奇之略","览其奇策高文,足为一时之杰",但同时也说他"专以智诈自立,不由仁义之道",批评他帮助炀帝夺得太子位并帝位。这后一点,无论是站在唐朝皇帝还是群臣的立场上,都是必定要谴责的。

在这样的背景下,改葬于唐高宗时的第二方墓志,对杨素的评价就有了比较大的变化。墓志云:

公之长兄太尉、楚景武公,以倜傥之材,受专征之任……逮皇随革命之后,而景武当权衡之寄,势倾朝野。

墓志只是说杨素"势倾朝野",别无否定之词。甚至对杨玄感的议论也有变化,不仅仍尊称其为"礼部尚书楚国公","门著勋庸、材兼文武",而且说其叛乱只是"但识随氏之数钟百六,不知天命有归"而已。

可是到了武周时代,由于杨岳之孙与张易之产生矛盾,武则天下诏书对杨素又作了基本否定的评价,云:

隋尚书令杨素,昔在本朝,早荷殊遇。禀凶邪之德,怀诡佞之才,惑乱君上,离间骨肉。摇动冢嫡,宁唯掘蛊之祸;诱扇后主,卒成请蹯之衅。隋室?亡,盖惟多僻,究其萌兆,实此之由。生为不忠之人,死为不义之鬼,身虽幸免,子竟族诛。斯则奸逆之谋,是其庭训;险薄之行,遂成门风①。

这种评价上的变化,不仅是时代的变化,也与杨素杨岳一支在唐初的政治地位变化有密切关系。

三 杨岳子孙在唐前期的地位浮沉

据《旧唐书》卷七七《杨弘礼传》,杨岳"大业中为万年令,与(杨)素子玄感不协,尝密上表称玄感必为乱。及玄感被诛,岳在长安系狱,帝遽使赦之。比使至,岳已为留守所杀,弘礼等遂免从坐"②。这一说法与第二方墓志所说基本相

---

① 《旧唐书》卷七七《杨弘礼传》,北京:中华书局,1975年,第2675页。
② 《旧唐书》卷七七,第2674页。

同。墓志云:"及玄感之作逆也,公时在关中,随炀方旋辽左,以公尝有忠谅之言,是以特有别敕,一房获免。道阻且远,竟无云及。以大业九年六月廿四日薨于京师"。除"薨于京师"是粉饰外,《旧唐书》的说法与墓志还有一点不同,即《旧唐书》说杨岳是在杨玄感被诛之后,被留守处死的。这一说法对不对呢?按杨玄感六月三日起兵,至八月壬寅才兵败被杀①,而杨岳早在六月二十四日就被处死了。因此,《旧唐书》这种所谓为炀帝赦免、只因路远没赶上颁布的说法恐怕是后人的虚词。关于此点,第一方墓志所说在杨岳死后,炀帝才下诏免其族属从坐,并命改葬,恐怕更符合历史真实。

无论如何,杨岳被赦免并改葬了。如上所说,到唐初,由于高祖或与杨素有某种关系,或从政治上考虑,总之选取了杨岳的儿子杨弘礼袭用杨素之爵,一方面算是给杨素恢复名誉,同时也是开始重用杨素(杨岳)后裔。据陈寅恪先生《记唐代之李武韦杨婚姻集团》分析,李、武二皇帝都曾有意与杨氏结成婚姻集团,以巩固各自的政治势力。李氏的目的是巩固关陇政治集团。陈先生举例说唐高祖使杨恭仁侄女为李元吉妃,又以隋炀帝女为李恪妃就是证明;更认为唐太宗具有"重视杨氏之心理",且因武则天母为隋观王杨雄侄女,所以引武则天入宫②。陈先生所论,或有可商榷处,但李氏皇室重用隋朝的杨姓贵族,则是确凿事实。

杨岳子孙的被重用,应该亦与李氏武氏重视杨氏一族有关。因此我们看到,杨岳长子杨弘礼后来为太宗欣赏③,与褚遂良、许敬宗同时"掌知机务",累任中书侍郎、司农卿。太宗死后,曾被贬,但高宗即位,仍予以重用,迁太府卿。墓志说他曾任兵部尚书,但不见本传。杨岳四子杨弘武在高宗为太子时就是其宫寮,后任至宰相。杨弘武被重用的一个重要原因是武则天"母荣国夫人杨氏以与弘武同宗,又称荐之"。这与武则天当皇帝后说"要欲我家及外氏常一人为宰相","乃以(杨)执柔同中书门下三品"④是异曲同工的。

第二方墓志的规格明显高于第一方,且多有褒词,如把杨岳说成是"奇材硕德"之类(这显然是夸大之词。杨岳在隋朝最终官只是县令,《隋书》无传,知其能力有限)就是例证。因此,这次改葬以及墓志铭并序的撰写,显然与杨岳子孙

---

① 《资治通鉴》卷一八二炀帝大业九年八月条,5681 页。
② 《金明馆丛稿初编》,上海:上海古籍出版社,1980 年,第 239—243 页。
③ 以下所述,除注明者外,均见《旧唐书·杨弘礼、弘武、元禧传》。
④ 《新唐书》卷一百《杨执柔传》,第 3928 页。

的被重用有很大关系。

按照陈寅恪先生的观点,李武韦杨组成的婚姻集团,形成各自牢固的政治势力。而从唐高祖到武则天,都注意把隋朝杨氏势力纳入自己的集团中。这从杨岳子孙的经历或也可以证明(杨岳夫人是韦氏,知在隋朝杨韦联婚已为成例)吧。

但同时有一点,陈先生也许省略而没有提及,即在唐朝的杨氏势力其实各有背景,不可一概而论。相对而言,隋观王杨雄后代杨恭仁一支受重用最多[①],而隋皇室直系子孙和杨素(杨岳)一支则命运有所不同。这是因为后者与隋朝皇帝或逆臣终究有着十分直接的关系,其势力随时都可能受到挑战,从而遭受打击,而每次打击都会使其势力减弱,终究归于衰亡。

例如杨岳之孙即杨弘武之子杨元禧,本来"颇有医术,为则天所任",只是因为得罪了张易之,为张易之所排挤。而张易之提出的理由则是"元禧是杨素兄弟之后,素父子在隋有逆节,子孙不合供奉",于是才有前面所引武则天的诏书。诏书在历数杨素罪恶后,说"其杨素及兄弟子孙,并不得令任京官及侍卫"。

同样的例子还有玄宗时的能臣杨慎矜兄弟。杨慎矜是隋炀帝玄孙,从其父开始就是理财能手。杨慎矜一直做到户部侍郎、御史中丞、诸道铸钱使,只因得罪了李林甫、王鉷,与兄弟慎名、慎余均被处死。而杨慎矜致罪的理由,是李林甫"云慎矜是隋家子孙,心规克复隋室,故蓄异书,与凶人来往,而说国家休咎"[②]。

这些例子说明,隋皇帝直系后裔与逆臣后裔的杨氏势力有天生的弱点,有天生的被政敌攻击的借口。随着他们遭受了不断地打击,这两支隋朝帝室或贵族的后裔势力基本趋于衰亡[③]。至于后来玄宗时的杨贵妃、杨国忠之流,多是个人行为,与隋朝帝室或贵族势力的杨氏已经没有多少必然联系了。

(本文作者:中国社会科学院历史所研究员)

[①] 《旧唐书》卷六二《杨恭仁传》最后说:"始恭仁父雄在隋,以同姓宠贵;自武德之后,恭仁兄弟名位尤盛;则天时,又以外戚崇宠。一家之内,驸马三人,王妃五人,赠皇后一人,三品已上官二十余人,遂为盛族"。2384页。

[②] 《旧唐书》卷一百五《杨慎矜传》,第3227页。

[③] 即使较少受打击的杨雄后裔一支,随着武则天时代的结束,其势力也趋于衰亡,玄宗后再不闻其家族内有名人重臣了。

大唐西市博物馆藏墓志所载唐代道教研究

李斌城

东汉末年创立的道教，经三国魏晋南北朝隋的发展，至大唐，由于高祖李渊，以道教教主老子为远祖，推行尊祖崇道政策，其后李唐诸帝继行此策，采取一系列措施，从政治、经济、文化等方面，大力扶植道教，因而无论从道教本身的发展，抑或社会影响，都达到了空前的高度，成为中国道教史上的兴盛时期。

大唐西市博物馆藏墓志，是中国古代、特别是隋唐墓志的重要组成部分。在它十分丰富多彩的内容中，道教是亮点之一。专门讲道教的墓志有四方，涉及道教和道家的墓志，多达九十八方。唐代道教的一些重要内容，均有明确记载，充实了唐代道教内涵，具有珍贵的学术价值。

一　唐代一些李姓自称老子后裔

在唐朝开国皇帝李渊以老子为远祖，朝野认可李唐出自老子。李唐宗室贵族自称或被人视为老子后嗣的时代背景下，一些李姓唐人也自称或被人视为老子条分叶散的子孙。如《崔璞夫人李氏墓志（八五六）》云："李姓系自老聃，至秦有名将信，自槐里徙陇西，逮于汉将军广，因家著望，遂为冠族。历世昌炽，门地益光。"《崔秀夫人李氏墓志（八五六）》云：李从易其先陇西人。"李氏系起皋陶，家承柱史。……姬周已来，道德间出"。从《史记·老子韩非传》所云"老子者，楚苦县万乡曲仁里人也。姓李氏，名耳，字聃，周守藏室之史也"来看，上述墓志中讲的老聃、老氏、柱史，都是指老子。以上墓志主人皆自称为其后代。其他唐代墓志和文献等，还记载赵郡赞皇、元氏及笼统称赵郡的三支唐人，河南洛阳、汜水的二支唐人,一位段姓夫人等,也自称或被人视为老子的后代。这些所谓的老子子孙,都是查无实据的假托,是唐代门阀士族崇尚门第等社会风气的反映。

二 老子和《道德经》对唐人的影响

由于李唐以老子为远祖,不遗余力的抬高其政治地位,钦定所撰《道德经》为众经之首上经,命天下士庶家藏并必读,列入科举取士,道举成为读书人释褐乃至飞黄腾达的途径之一,因而老子及其《道德经》的社会影响无所不在,既深又广。

《大唐西市博物馆藏墓志》中多有记载。如《李奴墓志(六七一)》云:"其先有李伯阳者,仕周为方书柱下史,负玄之又玄、上德不德之道,著五千文,而鲁孔丘师焉。故夫子述而不作,称吾闻诸老聃是也"。《李炯墓志(七一二)》云:"闻伯阳之出关"。"函谷紫气,卒致栖心之气"①。这些墓志说,从前有位李伯阳,在周朝任柱下史之职,见其朝衰落,听说出了函谷关,关令尹喜见紫气,认为有圣人从东方来,果见老子,遂请著书,老子便写下了五千余言的不朽之作《道德经》。

夏侯济之"高祖、曾祖、祖,并习老氏《道德经》",是个喜爱研究老子《道德经》的家族,并受老子道家思想影响较深,因而他们"隐居岩薮,中和养神,不乐显其玉名"②,子孙也不愿违背其忌讳。程仙君"霜坛授录,蕴德五千"③,曾于道坛受过道教符箓,成为道教徒。蕴含着《道德经》所宣扬的道德。《某仕六墓志(六七九)》称其"神俟老氏",神态都与老子相同,足见其受老子影响之深。

老子及其《道德经》对唐人的影响,突出的表现在引用《道德经》作为人生座右铭。引用较多的有:

知足

知足是老子思想的重要内容之一。《道德经》(下篇)四十六章云:"祸莫大

---

① 胡戟、荣新江主编:《大唐西市博物馆藏墓志·郑师墓志(六七五)》,北京大学出版社,2012年9月。
② 胡戟、荣新江主编:《大唐西市博物馆藏墓志·夏侯济墓志(八二四)》,北京大学出版社,2012年9月。
③ 胡戟、荣新江主编:《大唐西市博物馆藏墓志·程雲墓志(八六一)》,北京大学出版社,2012年9月。

于不知足";四十四章云:"知足不辱";《道德经》(上篇)三十三章云:"知足者富"。知足又称知止,"知止不殆,可以长久"。《王彦真墓志(八六五)》云:其多才多艺,仕途光显,皇帝顾遇方隆,他寻以疾退,"庶乎知足有谓"。贞观年间,荆王府左亲事典军唐晏,在隋末唐初战乱中,屡立战功,加官进爵,"比德谕功,我有馀裕。既而桑榆行暮",年近古稀。他"深鉴止足"之戒,遂告老还乡,得以善终①。处士赵惠满,少时遭遇诸灾,但他自强不息,人称其兼有忠、孝、贤、富、寿、正、善等七善,其中一善为"识止足之源,守死生之分,谓之寿"②。薛氏家族有"知止守极,悟荣非崇"③的传统。赵政收"自恬知命",恬淡寡欲,安与田园天伦之乐。

祸福相倚

《道德经》(下篇)五十八章云:"祸兮福之所倚,福兮祸之所伏",即祸福是相互倚伏的。《杨顗墓志(七五〇)》云:"人有尽兮,祸福相俦",人总是要走到尽头的,祸与福是相互的伴侣。安西经略大使周以悌夫人高氏,出身茂族,"以令淑闻",夫为"一时之望",婚姻美满。"呜呼!吉凶倚伏,舟壑推迁。将适大时,遽归长夜"④。吴淑之父为左羽林中郎将,夫任都苑总监,婚姻为人羡慕,认为她有福。谁知"祸兮所伏",年仅卅二而殁⑤。也有人对于老子的这一思想持异议。如《窦氏墓志(七七二)》云:其父说我看她"小闲礼典,长富令仪,作嫔于高,以配君子",却"何期不终偕老,遂此夭亡。"如今"祸福而何依",难道是"神理之冥昧"!

治大国若烹小鲜

出自《道德经》(下篇)六十章。意为治理大国者,如同烹饪小鱼,用晋代王弼的解释来讲,就是治大国的帝王,不要扰民,躁动则害多,静才能全真,才能广

---

① 胡戟、荣新江主编:《大唐西市博物馆藏墓志·唐晏墓志(六五〇)》,北京大学出版社,2012年9月。
② 胡戟、荣新江主编:《大唐西市博物馆藏墓志·赵惠满墓志(七四三)》,北京大学出版社,2012年9月。
③ 胡戟、荣新江主编:《大唐西市博物馆藏墓志·薛锐墓志(七三九)》,北京大学出版社,2012年9月。
④ 胡戟、荣新江主编:《大唐西市博物馆藏墓志·周以悌夫人高氏墓志(七五九)》,北京大学出版社,2012年9月。
⑤ 胡戟、荣新江主编:《大唐西市博物馆藏墓志·吴淑墓志(七三七)》,北京大学出版社,2012年9月。

得民心。唐代读书人入仕后,相当多的人都有担任县一级官员的经历。他们在这一级的治理中,往往以"治大国若烹小鲜"的精神处理政事,取得了较好的政绩。如吕和出任冯翊县宰,"制锦三辅,烹鲜一同。虽古之名宰,何以嘉兹"①。他用烹鲜的理念执政,成绩突出,尽管古代著名县宰,也难以超过他。《张弼墓志(六七九)》云:贞观十九年(645),唐太宗招授张弼"承议郎,行魏县令。(他)制锦资工,烹鲜俟妙"。许州许昌县令张庆,有"德谐制锦,道著烹鲜"之誉②。

功成身退

出自《道德经》(上篇)九章"功遂,身退,天之道"。其意是人功成名就后,便应退出,这是天道。游击将军谢玄侗,在中原地区丧乱时,投笔从戎,立下战功后,弃甲归田,过寻常日子。《谢玄侗墓志(八〇〇)》作者认为,这是他"既功成立,身退处常,亦公柄志道之贞也"。有的唐人,虽未功成,也信奉身退天道。如《王玄德及夫人郜氏墓志(七三五)》作者,引"老氏云'身退,天之道'",说明王玄德隐居不仕,寂于丘园,循于乡党,不屑名利的处世态度,是以老子所倡导的退身是天道思想为依据的。

天长地久

唐人在墓志的后面,往往写上一笔"天长地久"。此词出自《道德经》(上篇)七章"天长地久",天地所以能长久,以其不自生,自生则物争。《陈宗武墓志(八三二)》云:"大圆茫茫兮以玄以黄,蕴神粹灵兮地久天长"。《李芬墓志(七四六)》云:"日居月诸兮,天长地久"。《窦氏墓志(七七二)》云:"与天长而地久"。《仇钦泰墓志(六九八)》云:"天长地久,万古千秋"。

此外,还有玄之又玄。出自《道德经》(上篇)一章"元之又元,众妙之门"。元即玄。如《唐不占墓志(七四五)》云:唐弘才宏业广,"德岂掩言;玄之又玄,俊不伤道"。上善若水。出自《道德经》(上篇)八章"上善若水,水善利万物而不争"。如《萧重荨墓志(七三一)》云其"禀上善之器",具有利万物的若水的度量,因而他"事上尽恪勤之节,与人多爱利之诚",不以卑低的职位而不虔诚尽责,不以小的能力而不努力,可谓几乎尽善尽美。和光同尘。出自《道德经》(上

---

① 胡戟、荣新江主编:《大唐西市博物馆藏墓志·吕金纲墓志(六六〇)》,北京大学出版社,2012年9月。

② 胡戟、荣新江主编:《大唐西市博物馆藏墓志·张显墓志(六七〇)》,北京大学出版社,2012年9月。

篇)四章"道冲而用之,或不盈。渊兮似万物之宗。解其纷,和其光,同其尘,湛兮似或存"。《唐玄宗御注道德经真经》卷一释其意为:"道无不在,所在常无,在光在尘,皆与为一",不争得失,韬光晦迹,能处事和谐。《裴瑾墓志(八八〇)》云其自立自强,"持毗睦肃雍之道肥仆家,和光同尘之谕移仆气",堪称妇之上德。戎马生郊。出自《道德经》(下篇)四十六章"天下无道,戎马生于郊"。如《郭雄墓志(七八四)》云:唐玄宗执政后期,骄奢淫逸,朝政腐败"属(安)禄山作逆,宇县沸腾,戎马生郊"。道非常道。出自《道德经》(上篇)一章"道可道,非常道"。晋代王弼注曰:"可道之道,可名之名,指事造形,其非常也。故不可道,不可名也"。如《李令则墓志(七〇三)》云:"老氏则道非常道"。希夷之理。出自《道德经》(上篇)十四章"视而不见名曰夷,听之不闻名曰希"。晋代王弼注曰"无状无象,无声无响,故能无所不通,无所不往,不得而知"。如《徐府君夫人侯莫陈氏墓志(七九一)》云其"道究希夷之理"。

三 《庄子》对唐人的影响

由于唐玄宗将庄子、文子、列子和庚桑子封为真人,其所著书为真经,如庄子为南华真人,《庄子》为《南华真经》一并纳入道教,在祭祀老子的太清宫里,让他们列侍老子,社会地位和影响大大提高。

《庄子》对唐人的影响,表现在墓志铭等场合喜欢引用其中的一些故事,抒发人生感悟。他们引用较多的有:

大鹏展翅

《庄子集解·逍遥游》云:"北冥有鱼,其名为鲲。鲲之大,不知其几千里也。化而为鸟,其名为鹏。鹏之背,不知其几千里也。怒而飞,其翼若垂天之云……鹏之徙于南冥也,水击三千里,抟扶摇而上者九万里。"

《大唐西市博物馆藏墓志》中,不少墓志引用了这一著名寓言,以之寄托作者对墓志主等像大鹏展翅高飞,扶摇直上九万里的雄心壮志。如《董嶷墓志(七一一)》云其父董深,"击水抟风九万里,比之大鹏"。《王彦真墓志(八六五)》云其"攀龙附凤,鹍化鹏飞"展其才华,官运亨通。而更多地墓志作者,则是感叹墓主等正意气风发,飞黄腾达之时,忽遇不测之祸,壮志未酬之痛。如"幼挺奇聪"的郑贞,正"骥骋千里,鹏骞九万,未矫南溟之翼,遽埋东岱之魂",年仅二十七,英年早逝①。清庙台斋即杜宇亮,正"奋九万之势而夭阏北溟"。因其听见恶人有如遇仇敌,"有善必忠告。不违其短,人或难堪",结果被凶人周丕杀害,时年二十九②。"人称万石之孙,俗号千金之子"的长孙全义,正以门荫参调,独步铨庭,尚未居荣位,谁知"止笃呈灾;句□掩泽之乡,抟鹏落羽。有时无命",卒年二十八。③ "天假才器"的申讽臣,正"将抟於九万"却"婚宦未阶","北斗惊魂,奄归於冥寞",春秋二十而卒④。天资杰出,学综九流的李芬,正"鹏化凤翼,骏发天机",以为"星位可阶,天池有望",不幸短颜生之命,还未驰骋西王母的瑶池,却如同蕙叶上的露水已干掉了⑤。李抗生而卓立,偏详旧史,忠孝两全,仕途颇顺,夙负盛名。正"方冀曳组锵金,钟鸣鼎食",希望像大鹏搏击之势,"岂期不届戬穀,溢□朝露",天不假寿而暴殁⑥。杨雩本文武双全,政绩显著,正"方将扶摇冥冥,振翻而上",可是才能尚未尽显,而祸集于门,"不禄"而亡⑦。董远正"九万抟风,(却)未遂沧溟之运","行路悽然"⑧。

鼓盆而歌

此故事载于《庄子集解·外篇·至乐》。庄子妻死,惠子往吊,见其正垂双脚箕踞,敲口大底小瓦盆唱歌,惠子说,妻与你长期共居,今老身死,你不哭,也足够了,又敲盆唱歌,岂不是太过分了? 庄子说,不然。她刚死时,我何尝没有感慨! 然而,我观察人的开始,本无生、形、气,杂于茫茫雾水中。变而有气、有形、有生,又变为死,如同春夏秋冬四季运行。妻安然休息于大屋,而我嗷嗷的

---

① 胡戟、荣新江主编:《大唐西市博物馆藏墓志·郑贞墓誌(六七六)》,北京大学出版社,2012年9月。

② 胡戟、荣新江主编:《大唐西市博物馆藏墓志·杜宇亮墓志(七一四)》,北京大学出版社,2012年9月。

③ 胡戟、荣新江主编:《大唐西市博物馆藏墓志·长孙全义墓志(七二一)》,北京大学出版社,2012年9月。

④ 胡戟、荣新江主编:《大唐西市博物馆藏墓志·申讽臣墓志(七三六)》,北京大学出版社,2012年9月。

⑤ 胡戟、荣新江主编:《大唐西市博物馆藏墓志·李芬墓志(七四六)》,北京大学出版社,2012年9月。

⑥ 胡戟、荣新江主编:《大唐西市博物馆藏墓志·李抗墓志(七五五)》,北京大学出版社,2012年9月。

⑦ 胡戟、荣新江主编:《大唐西市博物馆藏墓志·杨雩本墓志(七七四)》,北京大学出版社,2012年9月。

⑧ 胡戟、荣新江主编:《大唐西市博物馆藏墓志·董远墓志(六九六)》,北京大学出版社,2012年9月。

哭她,自以为不通天命,因而不哭了。《柳子阳故妻皇甫氏墓志(六七八)》云其"觉盆歌之遂矫",感觉庄子妻死敲盆而歌矫揉造作。这是对庄子做法持否定态度的。《裴瑾墓志(八八〇)》云:"孤鸾舞镜,徒伤失偶之哀"、"达人鼓盆,以茹平生之叹"。豁达的人,妻亡鼓盆,以此发泄忍受平生痛苦的感叹。湖州参军王滕妻第五惊,字思玄,年二十夭折,他"鼓盆而书。思玄哀哉"①。《侯子墓志(六九五)》云其年九十八卒后,三位夫人"鼓盆之化俄及",不久先后去世了。

四　老庄道家和道教对唐人的影响

　　道家和道教,是既有联系又有区别的两个概念。道家是春秋战国时期诸子百家之一。老子和庄子本是道家。东汉时老子被道教尊为教主,庄子被唐玄宗封为道教神仙,成了道门中人。而道教,则是中国土生土长的宗教。

　　唐人、尤其是士大夫,受老庄道家和道教影响较大。《大唐西市博物馆藏墓志》多有记载。如庚慎思母张氏,"累世以道高不仕,志乐林泉",皇父"尤精黄老",是一个青睐道家的世家。张氏则"性耽玄寂","奉道修行"。"又耽溺浮屠氏之书,兼诵虚无之典,前后转读,约数千卷"。痴迷至"忘寝与食。常在道场,披黄焚香,以修行为务"②。柴朗"雅好游名山,遂遍览冥绝,追灵搴异,仙圣攸密,惟深必诣。凯风有怀,返跡园庐。耽道味古,逍遥永日"。他还尤好《庄子》,为之训解,综妙覆微,钩沉幽秘,触类因伸,"存象寓言之能事异矣"③,是一位受道家和道教影响很大并付诸实践者。云骑尉仇钦泰,"名虽混于朝市,心每期于幽寂。常欲适神闲旷,结志园林。讨玄经之秘术,征古录之至妙"④。他赞赏道家幽寂闲旷、亲近大自然的情趣,同时探讨道教经笈的秘术,古老符箓的奥妙。处士杨公甫,知命乐天,退身不仕,精通道教义理。《吕贞墓志(七四二)》云其好学行善,"老庄自得其体"。李元庆以文学隐居,人呼为处士。以子自称

---

① 胡戟、荣新江主编:《大唐西市博物馆藏墓志·第五惊墓志(八三六)》,北京大学出版社,2012年9月。

② 胡戟、荣新江主编:《大唐西市博物馆藏墓志·庾慎思母张氏墓志(八六九)》,北京大学出版社,2012年9月。

③ 胡戟、荣新江主编:《大唐西市博物馆藏墓志·柴朗及夫人杨氏墓志(七〇六)》,北京大学出版社,2012年9月。

④ 胡戟、荣新江主编:《大唐西市博物馆藏墓志·仇钦泰墓志(外一方)(七一三)》,北京大学出版社,2012年9月。

是道教徒显著标志之一。李元庆自号荆溪子,志尚闲逸,"积德蕴道"。《郭府君墓志(八四三)》云其"抱素乐道"。《麹建泰墓志(六七四)》云其"见将军于老子,趋入天机;觌剑客于庄周,走调神府"。"老庄是镜"。乌程县尉刘斌"幼子慕道,龆年离俗,法号惟清"(《刘斌墓志(八〇〇)》)此人之子,仰慕道教,在换牙的年龄就离开了世俗之家,投入道门,像这样小小年级的幼儿,当时称道童或童子,师事资深道士,授戒,修行,等到信仰道教更加坚定,持守道家戒律较好,年岁也较大,经师推荐,始能请求正式入道。惟清是在道的法号,即唯一的希望是清静无为,醉心道教之情可谓笃也。《徐府君夫人侯莫陈氏墓志(七九一)》云:这位"泊心玄元,坚志空寂",研究《道德经》希夷思想的夫人,在其夫吏部侍郎徐府君去世后,欲出家"栖身道门,徙寓于咸宜观"此观是唐代京城长安著名女冠观。《南部新书·戊》云:"士大夫之家入道,尽在咸宜(观)"。侯莫陈氏"竟终于净宇",死于此观。

五　唐王朝管理道教机构和道官制度

为了控制道教,使其正常发展,更好地为唐王朝效劳,李唐统治者制定了一套较为系统完整的管理机构和道官制度。《大唐西市博物馆藏墓志》中有部分记载。如《皇甫奉源墓志(七七七)》云:唐代宗"大历四年初,司封补本观监斋兼威仪。八年,迁上座。十一年,道门使奏充本观主,举有德也"。引文中的司封,是唐王朝管理道教的机构之一。《新唐书·百官志》云:"初,天下僧尼女冠,皆隶鸿胪寺。武后延载元年,以僧尼隶祠部。开元二十四年,道士女冠隶宗正寺。天宝二载,以道士隶司封",其后还有变化。天宝二载的载,当为年之讹。司封属尚书省吏部,长官为司封郎中,从五品上,天宝八载(749),司封奏"道士籍,每一载一度,永为恒式"[1]。至德二载(757),唐肃宗勅:"道士女冠宜依前属司封"[2]。皇甫奉源墓志所记大历四年(769)司封仍管理道教事务,可补史书缺载。监斋、上座和观主,为道观的道官三纲。《唐六典·尚书礼部·祠部郎中》云:"每(道)观,观主一人,上座一人,监斋一人,共纲统众事"。皇甫奉源任监斋是由司封补授的,任观主是由道门使奏请朝廷任命的,理由是"举有德也",即

---

[1] [宋]王溥,《唐会要》卷五〇《杂记》
[2] [宋]王溥,《唐会要》卷五〇《杂记》

有德行。与《旧唐书·鸿胪寺》所说"取其道德高妙、为众所推者"意同。他由监斋变上座称迁,说明后者地位高于前者。他是任监斋成绩大,才升迁为上座的。道门使,又称道门威仪使、道门威仪、天下道门使、天下道门威仪使等。是唐王朝设置的管理天下道教事务的最高道官,选择德高望重的著名道教徒担任。威仪有两种,一是道门威仪道官,从中央到地方、道观,都设有不同等级的威仪。另一种是道教徒的道号。《唐六典·尚书礼部·祠部郎中》云:"道士修行有三号:其一曰法师,其二曰威仪师,其三曰律师。其德高思精谓之练师"。此墓志所记的监斋兼威仪,当为兼任玄真观的道观威仪,而不是道号威仪师。

《臧敬廉墓志(七六三)》云:在他诸多官职中,有"充右街使"一职。全称为右街功德使。《新唐书·百官志》云:"元和二年,以道士女冠隶左、右街功德使"。此墓志表明,早在唐玄宗天宝八载(749)以前,右街使就有了,是否管理道教不得而知。

六　道教神仙思想对唐人的影响

神仙思想是道教的基本信仰。认为神仙实有,人通过修道,能够延年益寿,乃至长生不老,成为神仙,永享极乐。在唐代,上起天子,王公贵族,士大夫等,求仙成风。《大唐西市博物馆藏墓志》中,也反映了这种宗教信仰的时尚。如《元武寿墓志(六七〇)》作者说墓主,"方异西山五色,仙童之路可寻;东海千人,徐福之游不远"。即成仙的道路可以寻觅,像徐福那样奉秦始皇招率童男童女到海上找仙药,并非遥远之事。《麴建泰墓志》云:"朝游阆苑,独驾仙凫,暮集瀛宫,孤乘相鹤而已"。"仙凫万世,□鹤千年"。阆苑、瀛宫当为仙宫。凫为鸟。成天驾仙鸟乘仙鹤,畅游仙境。太原人成善,"寻仙宫之盛迹","履万仞之孤岵。恣赏桃源,想方壶之灵阙"。他为了寻找神仙住的宫殿的辉煌踪迹,不顾攀登高入云霄的孤峰的危险(一仞为八尺或七尺,万仞者,形容高矣)。一心所想,就是尽情地欣赏桃花源似的仙境。唐人还以神仙比喻人、事,如《长孙全义墓志(七二一)》称其有"杜乂之仙姿"。《秦怀道墓志(七一九)》云其"得杜乂之神仙"。《王泰墓誌(七二三)》赞其"凤挺神仙之质"。《高婕妤墓志(七三九)》形容她"翩然其如仙",洒脱轻盈宛如仙女。皇帝"出警入跸"为"仙跸"①。邠国夫人殡葬为"僊(仙)殡"②,管乐为"仙管"③。

在神仙思想的影响下,社会上广泛流传着各种神仙故事。这些故事有些是唐以前道教徒等撰写的《神仙传》之类,有些是唐代道教徒等新编写的。王子晋的故事就是其中最突出的一例。

王子晋是周灵王太子,名晋,字子乔,故称王子晋或王子乔,好吹笙。曾谏其父征民夫欲壅塞谷、洛二水,后被道人浮丘公接上嵩山修道,于缑氏山驾鹤仙去。后人立庙祭祀。至少从西汉起,王子晋故事已流传于社会。经东汉、三国、魏晋南北朝道教徒和文人墨客诗文赞扬,其人其事更广被天下。有唐一代士大夫深情地写下了难以数计的诗文,特别是武则天亲至缑氏山拜谒,修葺王子晋庙,御撰书《昇仙太子碑并序》后,他成为唐人羡仙、求仙的偶像。

《大唐西市博物馆藏墓志》中,有十五方墓志与王子晋故事有关。如《张据墓志(八三五)》作者称他已死,"如王子上宾,黄鹤与笙歌俱远"。就是说,其殁如同王子晋上天拜谒天帝,他乘坐的黄鹤,及所吹的作凤凰鸣的歌曲都远去了。"鹤远笙沉,厌缑山而长往"④。在唐代,皇太子去世的有关丧葬诗文中,往往以周灵王太子王子晋比喻其生前之贤明,死后之昇仙。《李琮(靖德太子)哀册文(七五二)》云:"曩时子晋,凌虚上宾。今兹靖德,异代同尘"即昔日周朝王子晋,凌空成仙,上天拜谒上帝。如今大唐靖德太子朝代虽异,命运却是相同的。有的唐人希望葬于缑氏县(今河南省偃师缑氏县),以便殁后也能见到王子晋。《明琰及夫人刘氏墓志(七三九)》说他们合葬于缑氏县景山,是因为"山有鹤而前飞,谓迎仙令"。而《杜孝友墓志(六九七)》作者却认为,杜孝友夫妇尽管合葬于缑氏县景山之原,却"徒瞻驾鹤之山"。

在唐人墓志中,常见有人自称或被人视为王子晋后裔。《大唐西市博物馆

---

① 胡戟、荣新江主编:《大唐西市博物馆藏墓志·王泰墓志(七二三)》,北京大学出版社,2012年9月。
② 胡戟、荣新江主编:《大唐西市博物馆藏墓志·王内则墓志(七二七)》,北京大学出版社,2012年9月。
③ 胡戟、荣新江主编:《大唐西市博物馆藏墓志·王内则墓志(七二七)》,北京大学出版社,2012年9月。
④ 胡戟、荣新江主编:《大唐西市博物馆藏墓志·蔡逸墓志(七〇七)》,北京大学出版社,2012年9月。

藏墓志》，也不乏其例。如太原人。《王美畅墓志（六九九）》云：其先，太原祁人，"自周灵（王）启祚，王子上宾，盛绪因其所生，故以王父为氏。虽复本枝历久，庆绪绵长，……殷子迁祁，世禄载隆，代居此地。"《王绶墓志（八一六）》也说，其先太原人，"（王）子晋发源。沿流分派，子子孙孙。胄绪簪缨，弈叶盛门"，与高门望族崔卢李郑合为五姓，是王子晋枝分叶长的子孙后嗣。《王内则墓志（七二七）》云其先太原郡人，"代表仙储之胤"，世世代代为王子晋的后代。王玄德，太原人，"衣冠赫耀，笙鹤灵仙"①。太原人王处俊"继周承储，仙圣贻烈"②。《王彦真墓志（八六五）》云其太原祁人，"昔天王既灵，太子将圣，仙源不极，光远无穷"，"缅维圣德，缑岭昇仙。庆流后裔，载诞英贤"。《王成及夫人牛氏墓志（八四九）》云其"子晋列仙翁之后"。说的都是一个意思——他们全是王子晋的仙胤。琅琊王氏也称王子晋后代。如《王询墓志（八七九）》云："子晋仙乡，玉叶悠长"。其实，这也都是假托。

　　有些唐人对道教所宣扬的服食金丹玉液可以治病，乃至长生不老，多有不满。如《王硕度墓志（六七九）》云："徒闻漱玉，谁验烧金。颓龄莫驻，厚夜方深"。徒然听说服食玉石，谁验证过烧炼金丹能够长生久视，止住年龄衰丧？只有冥间深沉的长夜。《柳冲夫人长孙氏墓志（六八二）》云："神方永秘，仙录无征"。治病的仙方，永远是秘密的；神人的符箓疗疾，也是没有验证的。《王直墓志（六八五）》云："无九转以长生"。没有服食九转金丹三日就能长生的。《方藏墓誌（六八六）》云："人生天地，寿非金石。访仙童之妙药，羽化空闻"。认为人生在天地之间，寿命不可能会像金石那样永远存在。寻访仙药以羽化登仙，只不过是凭空的传闻。《范公墓志（七二八）》云：梁夫人操行贞素，有肃雍之德，但"神不佑多福"。

七　其他

　　《大唐西市博物馆藏墓志》中，还记载了唐代的一些人和事。人方面，如《王硕度墓志（六七九）》云："茅山高士远知者，即君之伯父也。神凝紫室，名闻丹

---

① 胡戟、荣新江主编：《大唐西市博物馆藏墓志·王玄德及夫人邰氏墓志（七三五）》，北京大学出版社，2012年9月。

② 胡戟、荣新江主编：《大唐西市博物馆藏墓志·王處俊墓志（七三九）》，北京大学出版社，2012年9月。

台。苞九气以上升,冠三天而资出。随缘下济,流寓中京"。既是亲侄儿所说,自然较为可靠。王远知是隋末唐初著名道士,曾向逐隋失之鹿的李渊、李世民密告将得天下的预言符命,唐建国后,唐太宗对他特别宠信。墓志中对王远知的评述。龙兴观法师蔡先生,经书狎目,得其旨趣,煮玉煎金①于叔祖玄远道舍。天宝初奉诏以童诵随三洞法主秘希一传道经新罗。玄宗、肃宗时倍受信任②。女冠钱氏,曾育三子,"晚岁仍慕虚寂,爱披道裳"入道,"道号又玄"③。朱明观上清三洞三景弟子李义珪五方镇墓石。这些记载,可补道书缺载。

墓志中还记载了一些道教神仙人物,如"(九天)玄女"④、"八公之仙术"⑤、"叶令双凫"⑥、"赤松而不及"⑦,另有"赤松可追"、"赤松寥廓"⑧、"麻姑"⑨、"梅福"⑩。

人事方面,记载了唐代道教徒的一些专有称谓:"道门大德",是道教徒的高级头衔,一般由天子赐予。《因话录·角部》云:"元和以末,京城诸僧及道士,尤多大德之号。""尊师",是对著名高道的敬称。"真人",《太平御览·道部一》云:太清九宫,"其高总称曰道君,次称真人"。有的修行得道者也被称为真人,如唐太宗称孙思邈为"孙真人"。"三洞法主",造诣较高的道教徒又称法主,如王远知也称王法主。三洞指洞真、洞玄、洞神。又如墓志中记载了道举的一些

---

① 胡戟、荣新江主编:《大唐西市博物馆藏墓志·蔡逸墓志(七〇七)》,北京大学出版社,2012年9月。
② 胡戟、荣新江主编:《大唐西市博物馆藏墓志·皇甫奉譔墓志(七七七)》,北京大学出版社,2012年9月。
③ 胡戟、荣新江主编:《大唐西市博物馆藏墓志·钱又玄墓志(八八〇)》,北京大学出版社,2012年9月。
④ 胡戟、荣新江主编:《大唐西市博物馆藏墓志·宋緬之墓志(七〇二)》,北京大学出版社,2012年9月。参《云笈七籤·墉城集仙录·九天玄女》
⑤ 胡戟、荣新江主编:《大唐西市博物馆藏墓志·蔡逸墓志(七〇七)》,北京大学出版社,2012年9月。另参《云笈七籤·神仙传·淮南王八公》
⑥ 胡戟、荣新江主编:《大唐西市博物馆藏墓志·韓俭墓志(六八二)》,北京大学出版社,2012年9月。另参《云笈七籤·洞仙传·王子乔》
⑦ 胡戟、荣新江主编:《大唐西市博物馆藏墓志·王泰墓志(七二三)》,北京大学出版社,2012年9月。
⑧ 参《云笈七籤·列仙传·赤松子》
⑨ 胡戟、荣新江主编:《大唐西市博物馆藏墓志》236页,北京大学出版社,2012年9月。另参《三洞群仙录》卷二二。
⑩ 胡戟、荣新江主编:《大唐西市博物馆藏墓志·孙知节墓志(七〇二)》,北京大学出版社,2012年9月。

情况。《韦少华墓志(七九七)》云其"天宝十三载道举登科"。卢克乂"弱冠,道举及第"①。程纲:"大历初,科究道书,补邠州新平尉"②。

墓志中还讲到唐代道教的斋祠清宫、醮火坛金、飞章告篆、降格三清、术演黄庭、教存遗简、礼举窀衣③等。

总之,《大唐西市博物馆藏墓志》虽仅五百方,与已面世的有些唐代墓志汇编数以千计相比,数量不多,但其质量却很高,内容丰富重要,它提供了不少新资料,有助于唐代道教的研究。《大唐西市博物馆藏墓志》的出版,是学术界的一件盛事,功德无量。

(本文作者:中国社会科学院历史所研究员)

---

① 胡戟、荣新江主编:《大唐西市博物馆藏墓志·卢克乂墓志(七九七)》,北京大学出版社,2012年11月。

② 胡戟、荣新江主编:《大唐西市博物馆藏墓志·程纲墓志(八一五)》,北京大学出版社,2012年11月。

③ 胡戟、荣新江主编:《大唐西市博物馆藏墓志·皇甫奉譓墓志(七七七)》,北京大学出版社,2012年11月。

常鸿墓志与隋代宾贡科

高明士

一 前言:关于"宾贡科"研究

关于"宾贡科"的成立与发展,可分两个阶段,一是隋代,一是晚唐至明初。前者隋代阶段,是笔者所提出;后者晚唐至明初,学界着墨较多。但将第二阶段所见的"宾贡科",推定渊源自隋代,亦为笔者所提出。虽是如此,学界迄今对科举史上是否有"宾贡科",出现赞否两论。[①]

笔者自1987年提出"宾贡科"说,其后有陆续补强此说。初步较全面整理,是发表于1995年《宾贡科的起源与发展——兼述科举的起源与东亚士人共同出身之道》一文。[②] 至1999年出版《隋唐贡举制度》一书,[③]再将此说作一整理,于第一章《隋代的贡举制度》、第三章《宾贡科的起源与发展》分别作说明。二十多年来,笔者对"宾贡科"的看法仍无改变。否定论者最大的问题,在于讨论"宾贡科"时,并无认真检讨基本史料,而作过多推论或诠释。例如讨论隋代科举(正确说应曰:"贡举")的起源时,直接证据厥为墓志;文献的记载,则以武则天时期薛登的一段话最为基本。但遗憾的是否定论者极少批判这些史料。再如第二阶段的晚唐至明初时期,《登科录》是最基本史料,既曰"登科",当然是科目意义,而应举及第者的记述,也是时代的见证者,今日论者却忽略这种史料存在的意义,肆意诠释,因而有误导读者之嫌。

---

① 详细说明,参看刘海峰著:《科举学导论》,武汉:华中师范大学出版社,2005年,第十七章第一节《宾贡进士论》,第360—367页。
② 拙作,《宾贡科的起源与发展——兼述科举的起源与东亚士人共同出身之道》,《唐史论丛》第六辑,西安:陕西人民出版社,1995年10月,第68—109页。
③ 拙著,《隋唐贡举制度》,台北:文津出版社,1999年。

最典型的实例,就是新罗名儒崔致远在唐熹宗干符元年(874)"宾贡及第"(《新唐书》卷六十《艺文志》著录《桂苑笔耕》二十卷注);其次,为高儒名儒崔瀣(1287—1340)对"宾贡科"所下的定义,其曰:"所谓宾贡科者,每自别试,附名牓尾。"(《拙藁千百》卷二《送奉使李中父还朝序》)韩国安鼎福(1712—1791)《东史纲目》卷五上曰:

> (唐穆宗)长庆初,金云卿始登宾贡科。所谓宾贡科者,每自别试,附名榜尾。自云卿后至唐末,登科者五十八人,五代梁唐之际亦至三十二人。

此处之"宾贡科"定义,显然源自崔瀣。至《增补文献备考》(1770 年初刊、1782 年补、1903 年增订)卷一八五《选举考》附"宾贡科"条,除具体标列"宾贡科"条外,亦详列自唐至明初登第者,共列在唐 23 人、宋 9 人、金 1 人、元 20 人、明 1 人,共计 53 人(其实尚含入金登第的张良寿,宜曰 54 人),而崔瀣正是"登元科者"之一。所以崔瀣对"宾贡科"的定义,是现身说法,自是第一手证据,无可置疑。

按"宾贡"一词不见于古典文献,隋文帝开皇时期的碑志较多呈现,说明有其时代意义。论其本义,当指用宾客之礼以待贡士,着重于特定的身分。但从碑志看来,实是文帝于开皇七年创设贡举三科当中,新设一科为"宾贡"科,其余两科则为察举时期旧有科目的秀才、明经。惟"宾贡"科到炀帝即位后改称为进士科,"宾贡"科之名称自此消失。就此一演变而言,进士科其实是宾贡科。直至晚唐穆宗长庆初才再恢复,实施至明初。此一阶段,看到"宾贡进士"一词,也间接证明进士科原来就是宾贡科,而韩国文献所见到的"宾贡科",也是进士科。

所以贡举制度史上的"宾贡"科,共有三义,此即:隋代为贡举科目名称之一("宾贡科")、晚唐以后至明初为进士科的代称,以及呈现本义而以宾客之礼待贡士(有所谓"宾兴"之礼)。[①] 就"宾贡"的本义而言,在于凸显特定身分,以隋代而言,似藉此提拔中下层士人;就晚唐以后至明初而言,特指在华的外国人,或直接由外国政府推荐来华应考的士人。此时有所谓"宾贡进士",即以"宾贡"身分来应进士科考试,正如唐朝州县有所谓"乡贡进士",即以"乡贡"身分来应进士科考试。这是就应考身分而言,但"宾贡"有别于"乡贡",除指应考身

---

① 参看前引拙著,《隋唐贡举制度》,第 141 页。

分外,在隋代更以"宾贡"设科,所以及第者有"宾贡甲科"之例;就外国人而言,晚唐以后,将"宾贡"视为"进士"科的代称,亦称"宾贡科",而有"宾贡及(登)第"的事例。但在科举史上并无所谓"贡举及第"、"贡举甲科"或"乡贡及第"或"乡贡甲科"的用例,所以"宾贡"不能解为贡举或乡贡,至为明显。

　　如上所述,隋文帝开皇七年(587)创设贡举制度,虽设三科,其新义,则在于设置"宾贡科"。其与中央官学设置"四门学"的目的,同样都是政府要直接培养及拔擢中下层优秀人才,藉以压抑门阀,进而有效实施中央集权政策,以利将来进行统一大业。只是"宾贡科"存在时间短暂,到炀帝即位后,"又变前法"(薛登语),将"宾贡科"改为进士科,唐朝沿袭之。唐穆宗长庆以后,或许鉴于唐朝国力已衰,急需人才辅佐,此时在唐朝之外国人日多,尤其在长安的新罗人,乃鼓励外国人报考贡举实施最盛的进士科。于是援用隋文帝时期奖励中下层子弟报考"宾贡科"方式,给予外国人子弟若干优待,但发榜时,设置于进士科榜末;报考者称"宾贡进士",有类于本地州县士人报考进士科而曰"乡贡进士",及第者视同进士科出身。所以此时的"宾贡科",可说是进士科的代称。例如《宋会要辑稿·选举一之六·贡举一》记载:"(宋真宗咸平元年,998)诏礼部发榜,得进士孙仅已下五十人,高丽宾贡一人。"(马端临,《文献通考》卷三十《选举考·举士》亦同)此处记述发榜方式为"进士"若干人,接着是"高丽宾贡一人",足见"宾贡"是与"进士"对称的科目。再如《宋会要辑稿·选举九之八·赐出身》记载:"(宋仁宗)景佑元年(1034)四月三日,赐高丽宾贡进士康抚民同进士出身。"此处说明"宾贡进士"是应考的身分,考试结果为"同进士出身",正说明高丽康抚民是以"宾贡"身分来考"进士"科,获得"同进士出身",但在前引《增补文献备考》卷一八五《选举考》附"宾贡科"条中,列为"高丽登宋朝科者"之一,也就是将"同进士出身"视为"宾贡科"及第。文献记载明确,持否定论者不能随意抹煞。

　　至于发榜于榜末制度,到元代取消,而与中土的汉人、南人同榜,高丽李谷即是在元统元年(1333)登第的佳例(参看《元统元年进士录》),可是在《增补文献备考》卷一八五《选举考》仍然列入"宾贡科"名单中。所以此时的"宾贡科"是进士科的代称,其义甚明,且是外国人在中土登第的专有名词。目前可考于"宾贡科"登第的外国人,除韩国人外,尚包括渤海国,以及少数长期居留于中土的大食、波斯人,至明代似尚有安南、占城、琉球等国。①

二 隋常鸿墓志所见家世背景

最近收到《大唐西市博物馆藏墓志》三巨册,②其中第五十二方为"隋故荥阳郡圃田县长常府君墓志铭"。墓主常鸿(560-615),雍州始平人,隋大业十一年(615)二月二日卒于"峻仪县之官舍",年五十六。永徽六年(655)十月十三日葬于万年县之少陵原,在今西安长安区引镇北。在今日传存文献中,不见有关常鸿资料,此墓志提供第一手材料,弥足珍贵。其中关于"峻仪县",《隋书·地理志》曰"浚仪"县,隶荥阳郡,其下注曰:"东魏置梁州、陈留郡,后齐废开封郡入,后周改曰汴州。开皇初郡废,大业初州废。有关官。有通济渠、蔡水。"《隋书》其他记述,皆作"浚仪",然则碑志之"峻"字或为"浚"字之笔误。

根据墓志,常鸿之祖父常骊,隋奉朝请、清□郡丞;父常丑,隋荥泽县令;其子常基为唐右领军将军。兹略作说明。

(一)父、祖为中层官僚

常鸿之父常丑、祖父常骊,史书均无传记,亦不见其他文献记载。墓志简单记述常鸿之祖父常骊为隋奉朝请、清□郡丞。

按,奉朝请一职,汉以来有其制,《资治通鉴》卷三十三《汉纪》哀帝建平元年(前6年)九月条记载尚书令唐林上疏,其中提到"奉朝请",胡三省注引颜师古曰:"成帝尊礼张禹,使奉朝请,后遂以为官名。"又引沈约曰:"奉朝会请召而已。"《晋书》卷二十四《职官志》曰:

> 奉朝请,本不为官,无员。汉东京罢三公,外戚、宗室、诸侯多奉朝请。奉朝请者,奉朝会请召而已。

此即奉朝请本非为官职,亦无定员,对特定身分要求奉朝会请召而已,并不预政事。《宋书》卷三十《百官下》曰:

> 奉朝请,无员,亦不为官。汉东京罢省三公,外戚、宗室、诸侯多奉朝请。奉朝请者,奉朝会请召而已。晋武帝亦以宗室、外戚为奉车、驸马、骑都尉,而奉朝请焉。元帝为晋王,以参军为奉车都尉,掾、属为驸

---

① 以上,详细说明,参看前引拙著,《隋唐贡举制度》第三章。
② 胡戟、荣新江主编:《大唐西市博物馆藏墓志》,北京:北京大学出版社,2012年9月,全三册。此套书,承蒙胡戟教授惠赠、拜根兴教授惠寄,由衷感谢。

马都尉,行参军、舍人为骑都尉,皆奉朝请。后省奉车、骑都尉,唯留驸马都尉、奉朝请。(宋武帝)永初已来,以奉朝请选杂,其尚主者唯拜驸马都尉。三都尉并汉武帝置。(宋孝武帝)孝建初,奉朝请省。

此即南朝刘宋以奉朝请选杂,至孝武帝孝建初(454)一度罢废,但《唐六典》卷二《吏部郎中》条记载:"正七品上曰朝请郎",其下注曰:"晋、宋、齐、梁、陈并有奉朝请员。"足见朝请郎一职在南朝仍然存在。至于北朝甚至用为起家官,例如《周书·裴文举传》曰:"文举少忠谨,涉猎经史。大统十年(544),起家奉朝请,迁丞相府墨曹参军。"《周书·苏亮传》曰:"亮弟湛,字景儁。少有志行,与亮俱著名西土。(大统年间?)年二十余,举秀才,除奉朝请,领侍御,加员外散骑侍郎。"此等事例甚多,不一一枚举。至隋朝,其门下省亦有奉朝请四十人,但至开皇六年(586)又罢省,改为六品以下散官之一的朝请郎。唐承隋制,所以定其散官为"正七品上曰朝请郎"。

常鸿之祖父常骦,隋奉朝请,当是以开皇六年(586)为下限的起家官职位,任职至清□郡丞,若为清化郡,原属巴州,地点偏远,是否有误植,待考。郡丞,若以上郡丞而言,为从七品上。其父为荥泽县令,在今河南荥泽县,隶荥阳郡(原为郑州),《隋书》卷三十《地理中》荥阳郡荥泽县下注曰:"荥泽开皇四年置,曰广武。仁寿元年改名焉。"如后所述,以常鸿解褐授荥阳郡圃田县长一事在开皇十六年(596)看来,其父常丑出任荥泽县令,当可上溯到开皇四年以后,其县应当说是广武,撰碑志者是以后称来记述。荥泽县令若以上县而言,为从六品上。由此看来,常鸿的家世背景至多只能说出自中层官家子弟。

(二)其子常基参与建唐有功

志曰:

> 有子曰基,右领军将军,上柱国,魏县开国公。运属兴王,功参霸业。

常鸿子常基因参与建唐有功,位至右领军将军(从三品),上柱国,魏县开国公。志曰:"运属兴王,功参霸业",即指此事。由于炀帝时,将文帝时期之左、右领军府改为左、右屯卫,唐朝沿袭之,但唐朝又别置左、右领军卫,置大将军、将军员。(《唐六典》卷二十四)所以常基任职右领军将军,应当是唐朝的职位。常基史书无列传,只有高宗永徽六年(655)春正月壬申朔(初一),亲谒昭陵,曲赦礼泉县民诏书中提到："左监门员外将军尝（常）基在此宿卫进爵一等"。① 此处之尝（常）基或与墓志之常基为同一人，永徽六年（655）正月为左监门员外将军。就制度而言，左监门将军为从三品，此时进爵一等，或即改叙右领军将军（从三品），成为实职，撰碑志时之职位即据此职。

三 常鸿登隋代"宾贡"甲科

志曰：

（常鸿）业高乡党，誉满州间。以隋开皇十六年，首膺宾贡。……擢第甲科，用超非次。爰从解褐，授荥阳郡圃田县长。吏职誼恢，非其好也。……悲公明之秀杰，终少府而深嗟。……名高命舛，始谓虚言；有道无时，于兹验矣。

常鸿"业高乡党，誉满州间。"此即常鸿之德行，乡里赞誉。又曰："以隋开皇十六年，首膺宾贡。……擢第甲科，用超非次。爰从解褐，授荥阳郡圃田县长。"此即开皇十六年（596）首先参与"宾贡"（科）考试，结果以"甲科"登第。此处之"科"字，已暗示"宾贡"是一个科目。如前所述，此科为开皇七年（587）创设贡举制度时，共有三科（秀才、明经及宾贡）当中之一科。其次，擢第或登第曰甲、乙，若以唐制而言，只有进士及明法科。宾贡科到炀帝即位后改为进士科，此处之"甲科"，已为将来进士科登第曰甲、乙第建立前期制度。

在隋代类似实例，笔者已举出《房玄龄碑》云："年十有八，俯从宾贡。"《高士廉茔兆记》云："敬从宾贡，射策甲第。"《房基墓志铭》云："既预宾贡，策应甲科。"甲第、甲科同义，但具体而言，宜曰甲第于宾贡科，或曰宾贡科甲第。其中房玄龄之例，在两《唐书·房玄龄传》皆曰："年十八，举进士。"显然两《唐书》将碑云："俯从宾贡"，改为"举进士"。清代陆增祥在录《房玄龄碑》文之后，亦按曰："至碑云年十有八，俯从宾贡，言举进士也。"这样的记述，均以为"宾贡"就是后来的"进士"，两《唐书·房玄龄传》此处一方面依据《房玄龄碑》为玄龄立传，一方面采用当代用法而将"宾贡"改为"进士"。盖玄龄卒于唐太宗贞观二

---

① 参看《册府元龟》卷八十《帝王部·庆赐二》、《唐大诏令集》卷七十七《亲谒·亲谒陵曲赦醴泉县德音》。但《册府元龟》卷八十四《帝王部·赦宥三》、《全唐文》卷十一《高宗皇帝·曲赦醴泉县诏》则记载"右监门员外将军尝基在此宿卫"，此处暂取前者曰："左监门员外将军尝基在此宿卫"。又，《册府元龟》皆作"尝基"，《唐大诏令集》作"常基"，疑为同一人。

十二年（648），年七十一，①其十八岁登科时，是隋文帝开皇十五年（595），当时并无"进士"科，所以碑志曰："宾贡"科是合乎史实。过去学界只据两《唐书》记述房玄龄为进士出身，忽视《房玄龄碑》的重要性，今又见《常鸿墓志》曰："宾贡甲科"，可强化开皇创制"宾贡"科的证据。再者，房玄龄年十八于开皇十五年（595）登宾贡科，若无误，而常鸿于开皇十六年（596）登宾贡甲科，时年为三十七，年龄较大，此事说明宾贡科，或说开皇所创的贡举制度是每年举行考试，与唐制相同，则又是唐朝贡举制度沿袭自隋制的例证。至谓"宾贡"为科举说者，是不明甲、乙科之意义，史上亦无"科（贡）举甲科"之用例。②

志曰："擢第甲科，用超非次。爰从解褐，授荥阳郡圃田县长。"此即常鸿"宾贡"甲科登第后，解褐授荥阳郡圃田县长，是超拔任用。盖荥阳郡圃田县长，或曰县令，若以上县而言，为从六品上；但如房玄龄登第是授羽骑尉，为从九品下；高士廉除奉礼郎，为从九品下；房基授宣议（义）郎，为从七品下。就这些实例而言，常鸿解褐授荥阳郡圃田县长是超拔无误。只是常鸿解褐荥阳郡圃田县长在开皇十六年（596），依据《隋书》卷三十《地理志中》荥阳郡圃田县注曰："开皇十六年置，曰鄡城。大业初改焉。"可知常鸿是首任圃田县长，但当时应称为鄡城，足见撰碑志者是以后称为名。其父常丑出任同郡荥泽县令，也是采用仁寿元年（601）自广武改称为荥泽以后，按理其父任职县令，应当称为广武县，时间如前引《隋书·地理志》所示，可上溯到开皇四年（584）以后。

志又曰："吏职诪恢，非其好也。……悲公明之秀杰，终少府而深嗟。……名高命舛，始谓虚言；有道无时，于兹验矣。"恢字为乱之意，诪恢或作诪呕，"吏职诪恢"，意指官场复杂险谲，所以无意仕途，吏职实非其所好。其任官最终是在少府，但不明在少府是居何职。撰碑志者以常鸿"名高命舛"而感叹，认为是"有道无时"。常鸿之例，也是唐人不恋官场，从不同侧面表现唐人的达观。③

---

① 《旧唐书》本传谓卒年七十，《新唐书》本传谓卒年七十一，碑志不明。但在《旧唐书》本传曰："房乔字玄龄"，《新唐书》本传曰："房玄龄字乔"，在碑曰："公讳玄龄，字乔"。由此看来，《新唐书》本传较接近碑文，此处乃采用《新唐书》七十一岁说。
② 参看前引拙著，《隋唐贡举制度》，第一章。
③ 胡戟对《大唐西市博物馆藏墓志》当中有关不恋官场作为高尚选择，以表现唐人达观侧面，提出多例说明，常鸿是其中之一，读者可参照。参看胡戟：《大唐西市博物馆藏墓志·前言》（前引《大唐西市博物馆藏墓志》），页7下栏。

四　结语

《常鸿墓志》揭载常鸿于隋开皇十六年（596），"首膺宾贡"，"擢第甲科"，实为笔者提出文帝于开皇七年（587）创设三科贡举制度，其中一科曰"宾贡"科，再添一实例。惟"宾贡"科到炀帝即位后改为进士科，所以"宾贡"科在隋代存在时间很短。直至晚唐穆宗长庆初才再恢复，行用至明初，但此时的"宾贡"科，是专为外国人来报考，发榜于进士科榜末，视同进士及第。

按，"宾贡"一词不见于古典文献，隋文帝开皇时期的碑志较多呈现，说明有其时代意义。论其本义，当指用宾客之礼以待贡士，着重于特定的身分。所以贡举制度史上的"宾贡"科，共有三义，此即：隋代为贡举科目名称（"宾贡科"）之一、晚唐以后至明初为进士科的代称，以及呈现本义而以宾客之礼待贡士（有所谓"宾兴"之礼）。

过去学界探讨科举（正确应该说"贡举"）的起源，对于隋代创制的史实，因为《隋书》无直接数据可引用，都模糊带过。例如创制于哪一年？创制时共有几科可考？炀帝时期共有几科？进士科创制于何时？唐初武德建制，虽多依开皇之旧，但贡举制度恐多沿袭大业之制，实际情况又如何？若进一步探讨，文帝创制贡举制度，其实是作为实现统一大业的一环，内外诸多措施，看来循序渐进，并非临时起意，这样的时代新义，学界亦殊少讨论。《常鸿墓志》实例探讨，是抛砖引玉，或可以小窥大。

至于《大唐西市博物馆藏墓志》另有两方墓志提到"宾贡"，如五十八方《朱延度墓志（六五八）》曰："君虽云佐职，实典文房。或宾贡在庭，或案牍盈机。"一三九方《王美畅墓志（六九九）》曰："祖㻋，门风茂业，早着家声。乡党秀才，先推国器。每被宾贡，谢病不行，逍遥山水之情，放旷烟霞之志。"两方所见的"宾贡"一词，并非贡举科目名称之一的"宾贡科"，而是以宾客之礼待贡士的"宾贡"本义，附述于此。

（本文作者：台湾大学历史系名誉教授）

唐代萧祎墓志考释

曹印双

  2012年9月,北京大学出版社出版了《大唐西市博物馆藏墓志》。该书收录了五百方墓志,其中有四方是兰陵萧氏的墓志,志主分别是:萧道济(一三一)、萧祎(一七三)、萧重荨(二一一)、萧儹(四三四),萧祎、萧重荨是南朝齐太祖萧道成后裔,萧道济、萧儹是梁武帝萧衍的后代。笔者最近关注关陇集团研究,视兰陵萧氏大族是关陇集团附属家族成员,今检萧祎墓志考释如下:
  萧祎(655—715)墓志,墓志高59.5cm、宽59.5cm、厚10cm,铭文26行,行26字,楷书。墓志内容如下:
大唐故朝散大夫并州大都督府榆次县令上柱国萧公墓志铭并序[①]
朝议郎行京兆府万年县主簿河南元莹文
  大夫讳祎,字令臣,南兰陵人也。开元三年岁次乙卯十二月己酉朔廿九日丁丑,遘疾卒于官舍,春秋六十。于戏!伊适云寿,厥为上公。皇穹匪仁,降年不永,闻而呜呜者多矣。嗟其清猷树业,秀气腾范。标格凛凛,英规焯焯。凤探典籍,深懿精华。寡欲恬闲,不婴世利。身长六尺五寸,衣冠甚伟,温公谦肃,咸仪矜庄。貌不为纹饰改容,词不为喜怒易旨。同侪群议,必正色后言,无泄狎之交者终世。齐太祖高皇帝道成,公之七代祖也。高祖彪,周特进,少保,齐贞公。曾祖亨,周散骑常侍,随昌州刺史,大将军,沛郡公。祖俨,皇朝骠骑将军,洵、虞二州刺史,江阴县开国男。父行璪,朝散大夫,濮州长史。继天龙跃,副相鹏飞。襜帷刺举,海沂歌作。膺期诞哲,惟神降灵。以公

---

① 胡戟主编:《大唐西市博物馆藏墓志》,北京:北京大学出版社,2012年9月。

有缪彤之质,于是乎补廓州司仓;以公有孟尝之理,于是乎转凉州法曹;以公有戴就之用,于是乎改宜州司仓;以公有陈蕃之量,于是乎授汴州司士;以公有言偃之能,于是乎宰宋州襄邑;以公有仲由之术,于是乎禄并州榆次。畴庸加等,居大夫之秩;移风易俗,列子男之地。恤人以惠,为吏以简。凡所到官,贪匿是革,豪华斯屏。日给无留,岁教有则。咎谋□计,奸禄悛心。后之从政者,必法而行之,奉而循之。夫五福之征,何亏乎仁恕;三命之败,何负乎贤良。庆不从善者,天欤?数部乘齐者,命欤?天也,命也,泉明老于彭泽;贤也,良也,仲弓卒于太业。粤以开元五年岁次丁巳二月壬申朔十三日甲申,葬于京兆府万年县洪原乡之少陵原,礼穸穸也。嗣子颖,尪瘵余赢,坟茔告列。窅窅玄夜,松风与山原共永;绵绵清芬,蕙馥将江河不绝。铭石阴壤,式昭泉户。词曰:

俾哉贵族,厥乃世禄,镜像昭昭丰其屋。洪裔渊玄,器为人先,含光暧暧师其贤。山原溟朗,榛芜莽苍,新封垒垒松烟上。秦城窈窕兮京路尘,钟歌剑戟兮辞人。于戏夫子兮何无春,至精至精兮归其真。

一 萧祎墓志的特点

其一、志文先述志主卒年、卒地。唐代绝大多数墓志叙述卒年、卒地一般是放到志文的后面部分。出现这种状况原因是,志主开元三年卒于并州都督府榆次县令任上。两年后,才葬回京兆府万年县洪原乡少陵原。这期间有个迁坟环节,后面凸显的是二次下葬的时间及地点。

其二、志文先概述志主性格、才学、体貌、性情、人品、交友。志文说志主:"标格凛凛,英规焯焯。夙探典籍,深懿精华。寡欲恬闲,不婴世利。身长六尺五寸,衣冠甚伟,温公谦肃,威仪矜庄。貌不为纹饰改容,词不为喜怒易旨。同侪群议,必正色后言,无泄狎之交者终世。"之后才述郡望,这与一般唐代墓志先述郡望,后述志主为人有所不同。

其三、志文在述志主功业时排比用典特别突出,且高于一般墓志用典频率。墓志载:"以公有缪彤之质,于是乎补廓州司仓;以公有孟尝之理,于是乎转凉州法曹;以公有戴就之用,于是乎改宜州司仓;以公有陈蕃之量,于是乎授汴州司士;以公有言偃之能,于是乎宰宋州襄邑;以公有仲由之术,于是乎禄并州榆次。""天也,命也,泉明老于彭泽;贤也,良也,仲弓卒于太业。"

其四、墓志文本整体布局中,有一处也比较少见。就是在叙述郡望时,将"祖俨"与后面的"皇朝骠骑将军,洵、虞二州刺史,江阴县开国男。"内容隔开了三个字,这种分割似乎是没有道理的,不知是撰文者的误导,还是刻工的设计安排。

二　萧祎七代世系及萧道成家族成员考

萧祎墓志记载:"齐太祖高皇帝道成,公之七代祖也。高祖彪,周特进,少保,齐贞公。曾祖亨,周散骑常侍,随昌州刺史,大将军,沛郡公。祖俨,皇朝骠骑将军,洵、虞二州刺史,江阴县开国男。父行璪,朝散大夫,濮州长史。"

墓志说的萧祎高祖萧彪,史书未载。陈于全《萧彪考》①一文认为萧彪就是宇文彪。宇文彪简况如下:

《后周青州刺史齐贞公宇文公神道碑》载:"公讳彪,字明俊,兰陵人也。即宣帝(萧承之383—447)之元孙,高帝(萧道成427—482)之曾孙,临川王之孙,平乐侯之子。""禄去公朝,失诸侯之盟会;政由梁国(502年),建天子之旌旗。士女同叹于商墟,鬼神共谋于曹社。公杜门屏迹,心不自安,与门生故吏数百人归于后魏。宣武皇帝(500—515)以客礼待之,诏除给事中,假龙骧将军,正光五年(525)兼彭城府长史。""永安三年(530)帝北巡,迁抚军将军银青光禄大夫散骑常侍。""普泰元年(531)迁车骑将军,加右光禄大夫,永熙二年(533)出为颍川太守。""三年秋八月武帝幸长安,以义兵从顺。大统元年(535)授开府仪同三司,封灵璧县开国子,邑三百户。""二年拜车骑大将军,九年迁五兵尚书,十年迁中书监,领骠骑大将军,加开府仪同三司,进爵为公,增邑一千户。""十六年(552)迁侍中骠骑大将军","周武成二年(560)进封青州齐郡公,邑二千户,赐号东岳先生。""保定四年(564),公薨于长安私第。""(周宣帝保定)五年(565)赠少保使持节扬光桂三州诸军事扬州刺史,谥曰贞公,礼也。""曾孙皇朝右金吾将军同州刺史得照"。

萧祎墓志的出现可以进一步确认宇文公神道碑的宇文彪就是萧彪。萧祎高祖萧彪是南齐亡后北投北魏,大概就是502年左右。曾任职于从北魏宣武帝

---

① 陈于全:《萧彪考》,载《文学遗产》2011年3月。

到北周宣帝时期。大统十五年（550年）及魏恭帝元年（554年）曾两次下诏恢复太和以前代北旧姓，这期间赐姓最为频繁。李文才《试论西魏北周时期的赐、复胡姓》①认为萧彪赐宇文姓是在武成二年（560）。陈于全也估计是武成二年。但神道碑说赐的是"东岳先生"，且这一年距离碑主去世仅有六年，这时东岳先生至少74岁以上。如果赐姓也许是针对其曾孙得照了，否则就是在碑主壮年的大统时期了，待考。

《洛阳伽蓝记》景宁寺条所载如下内容，提及的萧彪："北有车骑将军张景仁宅。景仁会稽山阴人也，正光年（520）初从萧宝夤归化，拜羽林监赐宅城南归正里，民间号为吴人坊，南来投化者多居其内。近伊洛二水任其习，御里三千余家。自立巷寺，市所卖口味多是水族，时人谓为鱼鳖寺也。景仁住此以为耻，遂徙居孝义里焉。时朝廷方欲招怀荒服，待吴儿甚厚，褰裳渡于江者，皆居不次之位。景仁无汗马之劳，高官通显。永安二年（529）萧衍遣主书陈庆之送北海，入洛阳僭帝位，庆之为侍中。景仁在南之日，与庆之有旧，遂设酒引邀。庆之过宅，司农卿萧彪、尚书右丞张嵩并在其座。彪亦是南人，唯有中大夫杨元慎、给事大夫王眴是中原士族。庆之因醉谓萧张等曰：'魏朝甚盛，犹曰五胡，正朔相承，当在江左，秦皇玉玺今在梁朝。'元慎正色曰：'江左假息僻居一隅，地多湿蛰，攒育虫蚁，疆土瘴疠蛙黾共穴，人鸟同群，短发之君无杼首之貌，文身之民禀丛陋之质，浮于三江，棹于五湖，礼乐所不沾，宪章弗能革，虽复秦余汉罪杂以华音，复闽楚难言，不可改变，虽立君臣，上慢下暴，是以刘劭杀父于前，休龙淫母于后，见逆人伦，禽兽不异，加以山阴请婿卖夫朋淫，于家不顾讥笑，卿沐其遗风，未沾礼化。所谓阳翟之民，不知瘿之为丑，我魏膺箓受图，定鼎嵩洛，五山为镇，四海为家，移风易俗之典，与五常而并迹，礼乐宪章之盛，凌百王而独高，岂卿鱼鳖之徒，慕义来朝，饮我池水，啄我稻粱，何为不逊，以至于此。"②这段反映的是北魏和南梁角逐时期，萧彪壮年参与南北政治的互动，萧彪是一位重要人物是无疑的。有了宇文彪神道碑、萧祎墓志结合《洛阳伽蓝记》所记，萧彪的历史就丰满多了。

结合萧彪神道碑及萧祎墓志，可以整理出萧祎七代世系如下：七代祖萧道

---

① 李文才：《试论西魏北周时期的赐、复胡姓》，载《民族研究》，2001年3月。
② 杨衒之著，周祖谟校释：《洛阳伽蓝记》，上海：上海书店出版社，2000年。

成、六代祖临川王萧映①，五代祖平乐侯，四代祖萧彪，曾祖萧亨，祖萧俨，父行瑑。可补史之缺。

现将兰陵萧氏有关齐高帝萧道成家族成员列于下，以便更清楚萧祎在家族世系中的位置：

萧道成父萧承之，母陈道正。长兄，萧道度，衡阳元王；次兄，萧道生，始安贞王。昭皇后刘智容。子：长子萧赜，南齐武帝；次子萧嶷，豫章文献王。三子萧映，临川献王；四子萧晃长沙威王；五子萧晔，武陵昭王；六子萧暠，安成恭王；七子萧锵，鄱阳王；八子萧铄，桂阳王；九子早夭；十子萧鉴，始兴简王；十一子萧钧，衡阳王；十二子萧锋，江夏王；十三子早夭；十四子早夭；十五子萧锐，南平王；十六子萧铿，宜都王；十七子早夭；十八子萧铄，晋熙王；十九子萧铉，河东王。女义兴公主、陵海公主。

萧藻（483—549），字靖艺，元王弟，中卫将军、中书令，侍中。

齐武帝萧赜（440—493），字宣远，萧道成长子，南朝齐第二任皇帝（482—493在位）。

萧缅（454—491），字景业，南齐安陆昭王。

萧嶷（444—492）字宣俨，萧道成第二子，豫章文献王。萧子云（487—549）字景齐，为萧嶷第九子，南朝梁史学家、文学家。萧范，梁秘书监。范子萧乾字思惕。

萧映（459—489），字宣光，太祖萧道成第三子也，临川献王。长子萧子晋，侍中、左民尚书。入梁为辅国将军、高平太守，谋反伏诛。

萧宝义（？—509），字智勇，明帝萧鸾长子也，巴陵隐王。萧贲，字文奂，齐竟陵王萧子良孙，巴陵王萧昭胄次子。

萧宝夤（485—530），字智亮，萧鸾的第六子，胞兄为齐东昏侯萧宝卷。

萧子显（487—537），字景阳，南朝梁朝史学家，文学家。齐高帝萧道成孙。侍中、吏部尚书。萧恺（506—549），子显次子，南朝梁文学家。

萧特，字世达，萧子云次子。

萧赤斧，萧道成从祖弟也。祖隆子，卫军录事参军。父始之。迁散骑常侍，左卫将军。迁给事中，太子詹事。

---

① 李百药：《南齐书》，北京：中华书局，1972年。

萧颖胄（461—501），南朝齐散文家。字云长，父赤斧。萧颖胄弟颖孚。颖胄子靡，袭巴东公，位至中书郎。萧颖达，赤斧第五子，颖达子敏。

萧景先，太祖萧道成从子也。祖爱之，员外郎。父敬宗，始兴王国中军。

萧遥欣（469—499），南朝齐文人。字重晖，太祖兄始安贞王道生子。明帝时荆州刺史，改封曲江公。萧遥昌，字季晖，萧遥光弟，始安靖王萧凤子。

有如下墓志反映可补史之缺：

萧绍远（开元五〇八），齐武皇帝之玄孙；隋散骑常侍萧子隆之孙；唐晋州司马萧浚之子；长子绵州别驾重洋，次子豫州郾城县尉重萼。①

萧重萼（西市墓志二一一）：萧道成五代孙，曾祖萧礶，隋散骑常侍；祖萧俊，唐太子洗马；父萧绍远，蜀州唐昌县丞。

萧练（汇编元和〇〇二）：十代祖道成；曾祖德绪舒、杭、颖三州刺史；祖元晃，徐州蕲县令；父凝，信州录事参军；太原府参军。

萧行群（续咸通〇五六）：先祖是萧道成的父亲萧承之，二世祖曲江王遥欣公。萧行群二世祖是萧道成亲兄弟。曾祖审，皇亳州司马赠丹州刺史；祖强，皇太子司议郎兼侍御史。考辟，皇大理评事。行群，中郎将；子宏宣，前任孟州严邑府果毅；次子宏愈，早卒。②萧弘愈墓志（续咸通〇四三）进一步确认行群父子历职，包括曾祖强，祖璧（不知哪个正确，行群墓志是辟）；丈人行群（丈人实指的就是其父亲萧行群，此处丈人用法也比较少见）。

三 萧祎墓志与萧令臣墓志比较

陆心源《唐文续拾》曾收录一方萧令臣墓志，可与萧祎墓志比较，对理解萧祎墓志有一定启示。

唐故太原府太原县丞萧府君墓志铭（并序）③

公讳令臣，字祯之，兰陵人也。微子嗣殷，源以之远；勋侯相汉，流以之长，至彪为中书令，徙居兰陵，代有懿德，曾祖岑，梁吴王；祖瑾，永修侯，随亲卫大将军；父凝，赵州司功，左授雅州芦山令。公生禀淳和，靡德不铄，孝友资性，直方立身。若贞松高标，良玉发润，俗不可得而

---

① 周绍良主编：《唐代墓志汇编》，上海：上海古籍出版社，1992年。
② 周绍良主编：《唐代墓志汇编续集》，上海：上海古籍出版社，1992年。
③ 陆心源：《唐文续拾》，台湾：文海出版社，1979年。

斁也。代业不坠,祖德聿修,出入无违,余力成学。至于六经正始之道,九钥凝神之术,四禅绝谓之教,罔不精该,洞与心悟。常曰:"吾远祖汉相国何,每僻陋安宅,曰:'若使后代贤,师吾之俭,不贤,无为势家所夺。'又外远祖太尉震云:'无广屋宇,使后代知吾清白吏子孙耳。'钦若二祖二训,克举百行之美,于哉!"年弱岁,丁芦山府君忧,泣血绝浆,几于灭性。乡闾远迩,无不嗟服。解褐荆州当阳丞,德礼变荆衡之俗;改授汾州介休尉,直谅成汾晋之风。秩满从调,会府属冢宰氏大练多士,尤旌书判,密名考核,示人以公。判入第二等,超授北都太原尉,羡才也;累迁太原丞,宠政也。噫!天纵其能而不与其寿,以久视元年正月九日遇疾,卒于太原之官舍,春秋五十六。公体惟真素,行实高邈,业固丰硕,器则冲深。抗节加乎彝伦,立言成乎不朽。谁谓与善,曾不遐龄?壮志溢于白驹,远图殁于黄绶,悲夫!夫人南阳张氏,郓州刺史度之孙,洺州长史越石之女。祗若妇德,克闲有家,宣昭母仪,抚训孤嗣。义方既着,棠阴不留,以开元八年六月十三日终于河南县政俗里之私第,春秋六十四。以开元廿三年二月十日,迁于清风乡安乐里之旧茔,礼也。长子宽,濮州濮阳主簿,不幸早亡。次子寂,干蛊用誉,丕烈克扬,孝感终身,哀荒罔极。于戏!茫茫天壤,郁郁山河,积余庆之无穷,知子孙之逢吉。铭曰:殷臣播德,汉相流庆。才贤继轨,子孙其盛。矫矫高节,忠孝自然。安仁体道,知命乐天。莅彼二邑,人以康理。聿来汾京,独擅其美。牧阜晦迹,志匪徇荣。天假之才,而夺其龄。玄堂神邃,贞石载刻。万古千秋,潜灵纪德。

两方墓志关联比较点如下:

萧祎墓志说志主"讳祎,字令臣,南兰陵人也。"萧令臣墓志记载:"讳令臣,字祯之,兰陵人也。"这两位萧令臣,都来自兰陵。

两块墓志都提到萧彪:萧祎墓志记:"齐太祖高皇帝道成,公之七代祖也。高祖彪,周特进,少保,齐贞公。"萧令臣墓志:"勋侯相汉,流以之长,至彪为中书令,徙居兰陵,代有懿德。"前者是萧祎的四代祖。后者则是他们共同的祖先萧何的后代,也是他们共同的远祖。不过萧祎是齐太祖萧道成后裔,萧令臣则是梁武帝萧衍后代。

萧令臣(祯之)墓志说:"曾祖岑,梁吴王;祖瑾,永修侯,隋亲卫大将军;父凝,赵州司功,左授雅州芦山令。"

《新唐书》世系表记载:萧岑,吴王。子萧瓉(其子文朗,秘书少监)、子萧球(其子缮,衢州刺史)、子萧瑁(其孙宪亳州刺史)①。

《周书》萧岑传记载:"萧岑,字智远。(后梁宣帝)詧第八子也。位至太尉。性简贵,御下严整。及琮嗣位,自以望重属尊,颇有不法。故隋文帝征入朝,拜大将军,封怀义郡公。"②

萧令臣墓志中的曾祖萧岑是和史书吻合的,祖瑾和父凝可补史书之缺,《周书》说萧岑入隋拜大将军,萧令臣说祖父萧瑾入隋拜大将军,不知二者孰是,还是二者均是。

萧祎墓志:"曾祖亨,周散骑常侍,隋昌州刺史,大将军,沛郡公。祖俨,皇朝骠骑将军,洵、虞二州刺史,江阴县开国男。父行璪,朝散大夫,濮州长史。"萧祎墓志中的曾祖萧亨、祖俨,史书未见。萧祎墓志说但其"父行璪,朝散大夫,濮州长史。"《金石录》萧令臣条记载:"[唐]武后时人。大足元年(701)员半千撰周濮州长史萧府君碑,次子令臣正书。"③

萧祎、萧令臣父亲均曾任濮州长史,是巧合还是《金石录》中的萧令臣就是萧祎呢? 待考。而萧令臣墓志:"父凝,赵州司功,左授雅州芦山令",与《金石录》中的萧令臣有差异。但萧令臣长子与濮州倒是有关系,他曾任濮州濮阳主簿。

可见,萧令臣(祯之)墓志与史书《新唐书》、《周书》有吻合;萧祎墓志与《金石录》有吻合。

相比较而言,另一位萧君即《大周故衢州刺史兰陵萧府君墓志铭》中反映的萧缮世系就很准确:曾祖詧,梁宣皇帝;祖岑,梁吴王;父球,隋秘书监、仁化侯。基本与《新唐书》世系表一致,且补史之缺。

萧祎与萧令臣均有并州工作经历,一个任职并州榆次县令,一个任职太原丞。卒年也相去不远,萧祎卒于715年,萧令臣卒于700年。萧祎去世时60岁,萧令臣64岁去世。都有迁坟之举,前者是去世两年后,后者是去世35年后。

---

① 欧阳修等:《新唐书》,北京:中华书局,1975年。
② 令狐德棻等:《周书》,北京:中华书局,1971年。
③ 赵明诚:《金石录》,北京:中华书局,1983年。

四 萧祐墓志用典解读

萧祐墓志用典很丰富,引相关典范人物,从质、理、用、量、能、术六个方面概括了志主是一位德才兼备,仁智双修,有气节、有担当、能包容、有组织宣传才能、有统驭之术的官员形象。让我们能体会到志主人生功业的基本素养。后又引陶渊明、冉雍感叹天命、贤良,给予志主高度评价。涉及的人物如下:

缪肜:墓志载:"以公有缪肜之质,于是乎补廓州司仓。"《后汉书》[①]缪肜传:"缪肜,字豫公,汝南召陵人。少孤,兄弟四人,皆同财产。及各娶妻,诸妇遂求分异,又数有斗争之言,肜深怀愤叹,乃掩户自挝,弟及诸妇更为敦睦之行。仕县为主簿,时县令被章,见考吏皆畏惧自诬,而肜独证据其事,掠考苦毒,至乃体生虫蛆,传换五狱,逾涉四年,令卒以自免。太守陇西梁湛召为决曹史,安帝初,湛病卒官。肜送丧,还陇西,始葬会西羌反叛,妻子悉避它郡,肜独不去,为起坟冢,关西咸称。"以缪肜之质,反映志主之仁义。

孟尝:墓志载:"以公有孟尝之理,于是乎转凉州法曹。"《后汉书》孟尝传:"孟尝,字伯周,会稽上虞人也。少修操行,仕郡为户曹史。上虞有寡妇至孝,养姑。姑年老寿终,夫娣先怀嫌忌,乃诬厌苦供养,加鸩其母,列讼县庭。郡不加寻察,遂结竟其罪。尝先知枉状,备言之于太守,太守不为理。尝哀泣外门,因谢病去,妇竟冤死。自是郡中连旱二年,祷请无所获。后太守殷丹到官,访问其故,尝诣府具陈寡妇冤诬之事。因曰:'昔东海孝妇,感天致旱,于公一言,甘泽时降。宜戮讼者,以谢冤魂,庶幽枉获申,时雨可期。'丹从之,即刑讼女而祭妇墓,天应澍雨,谷稼以登。尝后策孝廉,举茂才,拜徐令。州郡表其能,迁合浦太守。郡不产谷实,而海出珠宝,与交阯比境,常通商贩,贸籴粮食。先时宰守并多贪秽,诡人采求,不知纪极,珠遂渐徙于交址郡界。于是行旅不至,人物无资,贫者饿死于道。尝到官,革易前敝,求民病利。曾未逾岁,去珠复还,百姓皆反其业,商货流通,称为神明。以病自上,被征当还,吏民攀车请之。尝既不得进,乃载乡民船夜遁去。隐处穷泽,身自耕佣。邻县士民慕其德,就居止者百余家。桓帝时,尚书同郡杨乔上书荐曰:'尝安仁弘义,耽乐道德,清行出俗,能干绝群。前更守宰,移风改政,去珠复还,饥民蒙活。且南海多珍,财产易积,掌握之内,

---

① 范晔:《后汉书》,北京:中华书局,1965年。

价盈兼金,而尝单身谢病,躬耕垄次,匿景藏采,不扬华藻。臣不敢苟私乡曲,窃感禽息,亡身进贤。'"孟尝去珠返还,反映志主之智。

戴就:墓志载:"以公有戴就之用,于是乎改宜州司仓。"《后汉书》戴就传:"戴就,字景成,会稽上虞人也。仕郡仓曹掾,扬州刺史欧阳参,奏太守成公浮臧罪,遣部从事薛安,案仓库簿领,收就于钱唐县狱。幽囚考掠,五毒参至。就慷慨直辞,色不变容。又烧鋘斧,使就挟于肘腋。就语狱卒:'可熟烧斧,勿令冷。'每上彭考,因止饭食不肯下,肉焦毁堕地者,掇而食之。主者穷竭酷惨,无复余方,乃卧就覆船下,以马通熏之。一夜二日,皆谓已死,发船视之,就方张眼大骂曰:'何不益火,而使灭绝!'又复烧地,以大针刺指爪中,使以把土,爪悉堕落。主者以状白安,安呼见就,谓曰:'太守罪秽狼藉,受命考实,君何故以骨肉拒扞邪?'就据地答言:'太守剖符大臣,当以死报国。卿虽衔命,固宜申断冤毒,奈何诬枉忠良,强相掠理,令臣谤其君,子证其父!薛安庸骏,忸行无义,就考死之日,当白之于天,与群鬼杀汝于亭中。如蒙生全,当手刃相裂!'安深奇其壮节,即解械,更与美谈,表其言辞,解释郡事。征浮还京师,免归乡里。"以戴就的气节参比,展示志主才堪大用的气节。

陈蕃:墓志载:"以公有陈蕃之量,于是乎授汴州司士。"《后汉书》陈蕃传:"陈蕃字仲举,汝南平舆人也。祖河东太守。蕃年十岁,尝闲处一室,而庭宇芜秽。父友同郡薛勤来候之,谓蕃曰:'孺子何不洒埽以待宾客?'蕃曰:'大丈夫处世,当埽除天下,安事一室乎!'勤知其有清世志,甚奇之。……八年,代杨秉为太尉。蕃让曰:'不愆不忘,率由旧章,臣不如太常胡广。齐七政,训五典,臣不如议郎王畅。聪明亮达,文武兼姿,臣不如刑徒李膺。'帝不许。"以陈蕃气度和容人之量,展示志主包容的胸襟。

言偃:墓志载:"以公有言偃之能,于是乎宰宋州襄邑。"言偃,字子游,孔门72贤弟子中唯一南方弟子。擅文学,曾任鲁国武城宰,阐扬孔子学说,用礼乐教育士民,境内到处有弦歌之声,为孔子所称赞。孔子曾云:"吾门有偃,吾道其南。"意即我门下有了言偃,我的学说才得以在南方传播,故言偃被誉为"南方夫子"。志文以言偃宣传之能说明志主的这方面能力。

仲由(子路):墓志载:"以公有仲由之术,于是乎禄并州榆次。"孔子设案授徒,辟德行、政事、言语、文学四科,子路是政事科之优异者。《论语》有不少篇章提到他同孔子讨论政治方面的问题,由于热心政治,关注社会政治问题的学习和研究,使得子路在政治方面的才能大有长进。对此孔子不止一次地予以称道,比如称赞子路:"千乘之国,可使治其赋也",意谓有一千辆战车的国家,子路可以充当管理兵役的长官。孔子还向季康子推荐子路说:"由也果,于从政乎何有?"①意思是子路果断干练,不拖泥带水,从政不成问题。志文用子路的统驭之术,来说明志主这方面能力。

陶渊明:墓志载:"泉明老于彭泽"。405 年,陶渊明叔父陶逵介绍他任彭泽县令,到任八十一天,碰到浔阳郡督邮,属吏说:"当束带迎之。"他叹道:"我岂能为五斗米折腰向乡里小儿。"②遂授印去职。陶渊明十三年的仕宦生活,自辞彭泽县令结束。以此示志主的人品气节。

仲弓(冉雍):墓志载:"仲弓卒于太业"。冉雍,字仲弓,山东菏泽人,孔子弟子,与冉耕(伯牛)、冉求(子有)皆在孔门十哲之列,世称"一门三贤"。冉雍曾做过季氏私邑的长官,他为政"居敬行简",主张"以德化民"。但是在季氏"仕三月,是待以礼貌,而谏不能尽行,言不能尽听,遂辞去,复从孔子。居则以处,行则以游,师文终身"。及孔子卒,恐失圣道之传,他与闵子诸贤,共著《论语》120 篇。又独著 6 篇,谓之《敬简集》。足见晚年笔耕不辍。

此外墓志提及的五福、三命观:"夫五福之征,何亏乎仁恕;三命之败,何负乎贤良。庆不从善者,天欤?数部乘齐者,命欤?天也,命也,泉明老于彭泽;贤也,良也,仲弓卒于太业。"《尚书》记载五福的第一福是"长寿",第二福是"富贵",第三福是"康宁",第四福是"好德",第五福是"善终"。孔颖达疏《礼记·祭法》③谈及受命、遭命、随命等三命。受命指年寿,遭命指行善而遇凶,随命指随其善恶而报之。

五 从作者元莹对萧祎认同的启示

墓志撰文的作者元莹,从姓上来看当是拓跋皇族后代。当年北魏孝文帝改革改易胡姓为汉姓,如改拓拔(皇族)为元姓。北朝赐姓也不少,如庾信所作的神道碑、墓志铭,墓主的姓氏皆用赐姓,而不用原姓,如周太子太保步陆孤逞神道碑、周柱国大将军纥干弘神道碑、周车骑大将军贺娄公神道碑、周上柱国宿

---

① 杨树达:《论语疏证》,上海:上海古籍出版社,2007 年。
② 房玄龄:《晋书》,北京:中华书局,1974 年。
③ 阮元校刻:《十三经注疏》,北京:中华书局,1980 年。

国公河州都督普屯威神道碑铭、周兖州刺史广饶公宇文公神道碑、周柱国大将军大都督同州刺史尔绵永神道碑等,墓主人原姓分别为陆氏、田氏、张氏、辛氏、郑氏、段氏。从元莹为萧祎撰文墓志看,拓跋后裔与改姓为宇文的汉族也彼此认同,这也是南朝萧氏家族由原来集团附属地位,伴随关陇集团退演变合为一体。从元莹对《后汉书》的熟稔,对《论语》及儒家典范人物的信手拈来,也可以判断依作为关陇集团重要家族之一的拓跋家族到唐代开元时期与汉族深度交融。

(本文作者:西安电子科技大学副教授,博士)

《高婕妤墓志》考释

郭海文　李　恭

新出《大唐西市博物馆藏墓志》中收集的《高婕妤墓志》有补充历史、证明历史之功，为我们进一步了解唐玄宗后宫的生活、了解嫔妃的性格特点、生活状况提供了重要的线索和依据。

唐玄宗"后宫佳丽三千人"。然而三千后宫的佳丽，她们是怎样的特殊群体？在后宫到底过着怎样的生活？史书记载甚少。正史里有传的唐玄宗的嫔妃也只有四名，她们是玄宗皇后王氏、玄宗贞顺皇后武氏、玄宗元献皇后杨氏、玄宗贵妃杨氏。王皇后在玄宗即将起事时，"颇预密谋，赞成大业。"[①]武惠妃即贞顺皇后"乃专宠"[②]"后宫数千，无可意者。"[③]，杨氏是肃宗的母亲。杨贵妃则是"三千宠爱在一身"，一曲《长恨歌》让杨贵妃和唐玄宗缠绵悱恻的爱情故事家喻户晓。《新唐书》卷八十二，十一宗诸子中在记载玄宗三十子时，稍稍提及了这些皇子的母亲。共有十七个嫔妃，分别为为刘华妃、赵丽妃、元献皇后、钱妃、皇甫德仪、刘才人、武惠妃、高婕妤、郭顺仪、柳婕妤、钟美人、卢美人、阎才人、王美人、陈才人、郑才人、武贤仪。"余七子夭，母氏失传。"[④]她们因为她们的儿子，在正史上留下了一个小小的身影。

《高婕妤墓志》的发现和整理，补充了正史之不足，也验证了正史上有些史实，具有非常高的史料价值。

唐玄宗的感情生活分为两个时期，一个是武惠妃时期，再一个就是杨贵妃时期。这方墓志讲述的就是武惠妃时期发生的故事。

---

① ［五代］刘昫：《旧唐书》卷五十一，北京：中华书局，1975年，第2177页。
② ［五代］刘昫：《旧唐书》卷五十一，北京：中华书局，1975年，第2178页。
③ ［五代］刘昫：《旧唐书》卷五十一，北京：中华书局，1975年，第2178页。
④ ［宋］欧阳修：《新唐书》卷八十二，北京：中华书局，1975年，第3606页。

一　墓志录文

大唐故婕妤高氏墓志铭并序 高婕妤（六九四—七三九）。

中大夫行给事中侍皇太子及诸王文章集贤院学士上柱国吕向奉敕撰

　　将仕郎守左卫长史侍皇太子及诸王书翰林供奉马处仙奉敕书

　　天上著星，指后宫之座；河间望气，识奇女之姿。虽有位昭定，而殊才间出。至夫入奉端极，从祀高禖。貌足以当人主，相有以生天胤，是可得而言焉。婕妤姓高，渤海人也。太岳有后，东海更盛。自公子之分族，以王父而为姓。俊哲沓起，轩裳骈集。霭隆于远代，映蔚于近时，今可得而略矣。婕妤生而杰异，幼而标绝。何冰肤与玉颜，及艳气以称态。其族常时而或见，见必同惊；所亲不敢以许人，人皆非偶。上昔春闱监抚，闻而召入。挺此灵质，必有其地；合于天心，不无其事。旋属开元受命，遂拜为才人。柔明而映澈，谦光而振曜。闲恬少事，沉敏希言。中节而成规，有章而合度。岂齐列以弥服，亦高流其毕慕。上既爱此盛行，欲致之重秩。而意恳讵夺，色正不回。乃言身以事圣为荣，非苟于贪位；心以体真作乐，何庸乎窃名。上又特惜其义，权止其事。子颖王璬，讨涉无倦，词情莫敌。游嬉于坟素之圃，驰骛乎翰墨之场。著书盛于二山，论文兼其七步。女昌乐公主，鲜妍神绝，如彼桃李。朗畅天成，协于锺律。莹秘思以自净，贮深识而弥明。莫不举胎教之大纲，约天训之高格。能令幼学之日，尽有老成之风。及王拜开府仪同三司，兼安东都护，持节平卢军节度大使，支度、营田、两蕃等使，上柱国；主降银青光禄大夫，秘书监，赞黄县开国子，驸马都尉窦锷。上因此复申前旨，将啓后命。使人感劝，虑犹固守。果乃其心益坚，敦喻无从而入；所指尤切，气色不可以当人。迫之曰："主恩何苦而至拒，子贵何猜而莫预？"对曰："已备初奏，岂藉重陈？且事必自审，人各有志。若让而终受，则词不由中，咸成妄饰，谁当亲信可不？尔勿复言。"上闻，咨嗟者久之，沉吟不行矣。常观徼践道，知幻归释。幽探自然之宗，深涉无生之教。以岁以月，是慕是敷。翩然其如仙，俨兮其如禅。同人示疾，处顺知全。时春秋册有六，以开元廿七年岁在己卯六月壬戌朔十日辛未，终于西京别宫，移殡于兴宁里。深测帝想，遽发皇明。议尽贵位,念阻平生。理循中道,恩标上意。追赠婕妤,用饰泉壤。有以见圣人遂幽明之旨,成始卒之义。乃命骠骑大将军兼左骁卫大将军、知内侍、上柱国、虢国公杨思勖,鸿胪卿冯绍烈监护,万年令郑岩副焉。越七月辛卯朔卅日庚申,诏葬于新丰步昌原,礼也。晻翳云日,萧飒川原。哀音切于梁苑,怨咽连于沁园。铭曰:

　　亭亭婕妤,天姿独立。得自名下,来因貌入。洛水风吹,巫山雨湿。且亲明圣,又育天人。宫中所重,掌上之珍。不欲进秩,常思退身。内学恣志,下慕馨歆。酹地愿延,享年何短。已矣泪竭,哀哉魂断。行行所适,东流其长。止止何处,北走之傍。三千年之见日,十余里之闻香。①

二　墓志解读

(一) 墓志反映了不是很显赫高氏家族情况

墓志曰:"婕妤姓高,渤海人也。太岳有后,东海更盛。自公子之分族,以王父而为姓。俊哲沓起,轩裳骈集。霭隰于远代,映蔚于近时,今可得而略矣。"

唐代林宝撰的《元和姓纂》曰:"齐太公六代孙文公,子高,孙傒,以王父字为氏。"②据宋代邓名世《古今姓氏书辩证》记载:高氏出自姜姓,齐太公六世孙文公赤,生公子高,其孙傒,为齐上卿,与管仲合诸侯有功,桓公命傒以王父字为氏,食采於卢,谥曰敬仲,世为上卿。又十世孙洪。后汉渤海太守,因居渤海蓨县。生宗俭,字士廉,相唐太宗,六子……元裕字景珪,初名允中,吏部尚书、渤海县男。③

五代后唐明宗的后妃可是着实不少,其中一位"婕妤高氏,封为渤海郡夫人"。不知这两位高氏婕妤之间有什么内在的联系。

(二) 墓志反映了高氏审时度势、安于现状的人生哲学

墓志曰:"婕妤生而杰异,幼而标绝。何冰肤与玉颜,及艳气以秾态。其族常时而或见,见必同惊;所亲不敢以许人,人皆非偶"。

胡戟先生认为:"比起前后朝代,唐代妇女无疑是幸运的一群,因为比较而

---

① 胡戟:《大唐西市博物馆藏墓志》,北京:北京大学出版社,2012年,第501页。
② [唐]林宝撰,岑仲勉校记:《元和姓纂》,北京:中华书局,1994年,第563页。
③ [宋]邓名世撰,王力平点校:《古今姓氏书辩证》,南昌:江西人民出版社,2006年,第158页。

言,她们有更多的空间作自主追求"。① 高氏并没有仅仅满足于玄宗对她的宠爱,她的人生目的也并不只是爬到后宫女人权力的最高峰。在后宫里,她自有她的尊严及人生追求,高婕妤"常观徼贱道,知幻归释。幽探自然之宗,深涉无生之教。以岁以月,是慕是敦。翩然其如仙,俨兮其如禅。"

从中可看出,高氏有一定的宗教信仰,且性格不争、比较恬淡。正因如此,"上昔春闱监抚,闻而召入。挺此灵质,必有其地;合于天心,不无其事。"而且"旋属开元受命,遂拜为才人。柔明而映澈,谦光而振曜。闲恬少事,沉敏希言。中节而成规,有章而合度。岂齐列以弥服,亦高流其毕慕。"甚至"上既爱此盛行,欲致之重秩"。但高婕妤却"意恳讵夺,色正不回"。并回答:"身以事圣为荣,非苟于贪位;心以体真作乐,何庸乎窃名。"最后,"上又特惜其义,权止其事。"与其说是性格使然,还不如说是环境使然。

玄宗的众多嫔妃中,高氏(694—739)、皇甫德仪(694—735)、武惠妃(699—737),年龄相仿。且都为玄宗生下皇儿。玄宗三十子:赵丽妃生废太子瑛。皇甫德仪生鄂王瑶,刘才人生光王琚,贞顺武皇后生夏悼王一、怀哀王敏、寿王瑁、盛王琦,高婕妤生颍王②。在这几人当中,皇甫德仪与废太子瑛的母亲赵丽妃以及光王琚的母亲刘才人受宠最早,"瑛母赵丽妃,本伎人,有才貌,善歌舞,玄宗在潞州得幸。"③"时鄂王瑶母皇甫德仪、光王琚母刘才人,皆玄宗在临淄邸以容色见顾,出子朗秀而母加爱焉。"④但是都是因后来居上的武惠妃而失宠,"及武惠妃宠幸,丽妃恩乃渐弛。"⑤"及惠妃承恩,鄂、光之母亦渐疏薄。"⑥

高才人是"旋属开元(713)受命,遂拜为才人",比她小五岁的武惠妃也是"开元元年见幸"⑦而且,武惠妃入宫后,"宠倾后宫,频产夏悼王、怀哀王、上仙公主,皆端丽,襁褓不育。及瑁之初生,让帝妃元氏请瑁在于邸中收养,妃自乳

---

① 胡戟:《大唐西市博物馆藏墓志·前言——走进隋唐人的精神世界》,载《大唐西市博物馆藏墓志》,北京:北京大学出版社,2012 年,第 14 页。
② [五代]刘昫:《旧唐书》卷一百七,北京:中华书局,1975 年,第 3258 页。
③ [五代]刘昫:《旧唐书》卷一百七,北京:中华书局,1975 年,第 3259 页。
④ [五代]刘昫:《旧唐书》卷一百七,北京:中华书局,1975 年,第 3259 页。
⑤ [五代]刘昫:《旧唐书》卷一百七,北京:中华书局,1975 年,第 3259 页。
⑥ [五代]刘昫:《旧唐书》卷一百七,北京:中华书局,1975 年,第 3259 页。
⑦ [五代]刘昫:《旧唐书》卷一百七,北京:中华书局,1975 年,第 3266 页。

之,名为己子。"①"及王庶人废后(724),特赐号为惠妃,宫中礼秩,一同皇后"。②后来,玄宗有意立武惠妃为后,因大臣谏议,才没有实行。大臣源乾曜《谏立武惠妃为皇后疏》从以下几个方面,阐述了立武惠妃为皇后不妥。第一,惠妃不当参立之数。"岂得欲以武氏为国母?当何以见天下之人乎?不亦取笑于天下乎?非止亏损礼经,实恐污辱名教。且惠妃本是左右执巾栉者也,不当参立之数。"③第二,储位实恐不安。"且太子本非惠妃所生,惠妃复自有子,若惠妃一登宸极,则储位实恐不安。皇太子既守器承祧,为万国之主本,何可轻易辄有摇动?古人所以见其渐者,良以是也。"④

所以,从一开始,武惠妃就高调登场,迅速"干掉"了先前最受宠的嫔妃——赵丽妃。张说《和丽妃神道碑铭奉敕撰》记载:"开元十四年,春秋三十有四,七月十四日,(赵丽妃)薨于春华殿。殡于龙兴观之精屋,示以出家,从道例也。命河南尹监护,河南令副焉,丧葬务约,成遗语也。二十六日,窆于故都之后邙山之阳。"⑤慢慢折磨死皇甫婕妤,"皇甫婕妤是以开元二十三年岁次乙亥十月癸未朔,薨于东京某宫院,春秋四十有二。"⑥这一切,与武惠妃同时进宫的高氏,不会不清楚。于是低调行事,安于现状,审时度势,不争宠,更不敢觊觎权位,成了她保持尊严、保全性命于后宫的策略之一。才有墓志所言的"上既爱此盛行,欲致之重秩。而意恳讵夺,色正不回。乃言身以事圣为荣,非苟于贪位;心以体真作乐,何庸乎窃名。"

(三)高氏随分从时、藏愚守拙处事经验保护了她的一双儿女

高氏为玄宗养育了一双儿女,"上因此复申前旨,将启后命。"高氏又一次地拒绝了玄宗的"提拔"。迫之曰:"主恩何苦而至拒,子贵何猜而莫预?"对曰:"已备初奏,岂藉重陈?且事必自审,人各有志。若让而终受,则词不由中,咸成妄饰,谁当亲信可不?尔勿复言。""上闻,咨嗟者久之,沉吟不行矣。"高氏的决绝与其说是性格使然,还不如说是环境所迫。

武惠妃战胜了其他三位早先得宠的嫔妃后,武惠妃又把斗争的矛头对准了

---

① [五代]刘昫:《旧唐书》卷一百七,北京:中华书局,1975年,第3266页。
② [五代]刘昫:《旧唐书》卷五十一,北京:中华书局,1975年,第2177页。
③ [清]董诰:《全唐文》卷二百七十九,北京:中华书局,1983年,第2839页。
④ [清]董诰:《全唐文》卷二百七十九,北京:中华书局,1983年,第2839页。
⑤ [清]董诰:《全唐文》卷二三一,北京:中华书局,1983年,第2336页。
⑥ [唐]杜甫著,高仁标点:《杜甫全集》,上海:上海古籍出版社,1996年,第318页。

她们的儿子。因为,赵丽妃的废太子瑛、皇甫德仪的鄂王瑶、刘才人的光王琚也"以母失职,颇怏怏。"①废太子瑛,玄宗第二子也,本名嗣谦,开元三年正月,立为皇太子。② 鄂王瑶,玄宗第五子也,初名嗣初。开元二年五月,封为鄂王。③光王琚,玄宗第八子也。开元十二年,封为光王。④ 而武惠妃唯一存活的儿子寿王李瑁是"玄宗第十八子也""十三年三月,封为寿王,始入宫中。"⑤不管是年龄、排行还有势力都不及他的哥哥们。武惠妃当然不会忘了"子以母贵"、"母以子贵"的道理,为此,"爱与诸子绝等"。从开元元年到开元二十五年,武惠妃绞尽脑汁,展开了艰苦卓绝的斗争,铲除一切异己分子。中间的争斗,史书语焉不详,但最后的结果是,开元二十五年,在赵丽妃去世11年、皇甫婕妤去世2年后,她们的儿子和刘才人的儿子"并废为庶人,俄又赐死,天下冤之。"⑥"其年,武惠妃数见三庶人为祟,怖而成疾,巫者祈请弥月,不痊而殒。"⑦在这种恶劣的环境下,正是高氏的随分从时、藏愚守拙的处事经验,才保全了她的一双儿女。

《新唐书》卷八十二《列传》第七有记载:玄宗三十子:……高婕妤生璬。⑧墓志曰:"子颖王璬(717-783),讨涉无倦,词情莫敌。游嬉于坟素之圃,驰骛乎翰墨之场。著书盛于二山,论文兼其七步。"与正史记载"颖王璬,喜读书,好文辞。"⑨相呼应,可看出,高氏的儿子也是才华横溢之人。"开元十五年,遥领安东都护。安禄山反,诏领剑南节度大使,以杨国忠为之副。帝西出,令御史大夫魏方进为置顿使,移书剑南属郡,托璬之籓,大设储偫。"⑩与玄宗其他几个死于非命的儿子,相比,高氏的儿子颖王璬算是善终了的。而且子孙也都封官加爵,比较平安。史书记载:"(颖王璬)建中四年(783)薨,年六十六。"⑪。颖王璬的

---

① [宋]欧阳修:《新唐书》卷八十二,北京:中华书局,1975年,第3607页。
② [五代]刘昫:《旧唐书》卷一百七,北京:中华书局,1975年,第3259页。
③ [五代]刘昫:《旧唐书》卷一百七,北京:中华书局,1975年,第3261页。
④ [五代]刘昫:《旧唐书》卷一百七,北京:中华书局,1975年,第3261页。
⑤ [五代]刘昫:《旧唐书》卷一百七,北京:中华书局,1975年,第3266页。
⑥ [宋]王溥:《唐会要》卷四,上海:上海古籍出版社,1991年,第48页。
⑦ [五代]刘昫:《旧唐书》卷一百七,北京:中华书局,1975年,第3261页。
⑧ [宋]欧阳修:《新唐书》卷八十二,北京:中华书局,1975年,第3606页。
⑨ [宋]欧阳修:《新唐书》卷八十二,北京:中华书局,1975年,第3606页。
⑩ [宋]欧阳修:《新唐书》卷八十二,北京:中华书局,1975年,3610页。
⑪ [宋]欧阳修:《新唐书》卷八十二,北京:中华书局,1975年,3610页。

儿子也都尽享福荫,"子伸为荥阳王,偁高邑王,俔楚国公,傅夔国公。"①

墓志曰:"女昌乐公主,鲜妍神绝,如彼桃李。朗畅天成,协于钟律。莹秘思以自净,贮深识而弥明。主降银青光禄大夫,秘书监,赞黄县开国子,驸马都尉窦锷。"与正史记载:"昌乐公主,高才人所生。下嫁窦锷。薨大历时。"②相符。墓志记载更为详细。而且公主"生知法度,性与柔和,亟闻肜史之言,颇识采苹之事。"③

从孙逖《册昌乐公主文》可知:

第一,公主出嫁的时间为"维开元二十五年岁(737)次丁丑八月癸卯朔二十九日辛未"。④ 高氏死于开元二十七年,作为母亲,她亲眼看到女儿出嫁,跟皇甫氏的女儿临晋公主是在皇甫氏去世(开元二十三年)后,出嫁(开元二十六)相比,高氏应该感到欣慰了。

第二,驸马为窦锷。窦锷是唐高祖李渊次女襄阳公主驸马窦诞的曾孙,他的姑母就是玄宗生母窦皇后,按辈分窦锷和唐玄宗是姑表兄弟,而昌乐公主则是他的表侄女。又是一门亲上加亲的婚事。"窦氏自武德至今,再为外戚,一品三人,三品已上三十余人,尚主者八人,女为王妃六人,唐世贵盛,莫与为比。"⑤《旧唐书》记载"孝谌,刑部尚书(窦)诞之子,昭成顺圣皇后父也。子希瑊、希球、希瓘。玄宗即位,加赠孝谌太保,希瑊等以舅氏,甚见优宠。希瓘初赐爵毕国公,后改名〈王曳〉。〈王曳〉子锷,又尚玄宗女永昌长公主(即昌乐公主),恩宠赐赉,实为厚矣。"⑥可见,窦锷"克嗣高门,能修善道,有温恭之言行,兼美秀之形神。勋华之绪,既连于旧戚;选尚之恩,更谐於新礼。俾升荣秩,仍锡宠章。"⑦

第三,公主婚礼的规模极高。从"今遣使银青光禄大夫工部尚书牛仙客、副使黄门侍郎陈希烈,持节册尔为昌乐公主。"⑧可看出。

---

① [宋]欧阳修:《新唐书》卷八十二,北京:中华书局,1975年,3610页。
② [宋]欧阳修:《新唐书》卷八十三,北京:中华书局,1975年,3659页。
③ [清]董诰:《全唐文》卷三一一,北京:中华书局,1983年,第3155页。
④ [清]董诰:《全唐文》卷三一一,北京:中华书局,1983年,第3155页。
⑤ [五代]刘昫:《旧唐书》卷六十一,北京:中华书局,1975年,第2371页。
⑥ [五代]刘昫:《旧唐书》卷一百八十三,北京:中华书局,1975年,第4725页。
⑦ [清]董诰:《全唐文》卷三百九,北京:中华书局,1983年,第3135页。
⑧ [清]董诰:《全唐文》卷三一一,北京:中华书局,1983年,第3155页。

"牛仙客,开元二十四年秋,以仙客为尚书。其年十一月,遂以仙客为工部尚书、同中书门下三品,仍知门下事。仙客既居相位,独善其身,唯诺而已。俄又进侍中,兼兵部尚书。"①"陈希烈者,宋州人也。精玄学,书无不览。玄宗凡有撰述,必经希烈之手。累迁兼兵部尚书、左相,封颍川郡开国公,宠遇侔于林甫。"②都是些位高权重之人。

据李健超先生《增订唐两京城坊考》记载,昌乐公主宅在亲仁坊。亲仁坊是唐代长安城中著名的里坊之一,大家所熟知的许多历史名人的宅邸均位于此坊。如"驸马都尉郑万钧宅、滕王李元婴宅、尚父汾阳郡王郭子仪宅、西华公主宅、柳州刺史柳宗元宅。"③

总之,因为高才人的低调,她的一双儿女才能比较有尊严地生活在开元,比较平安地度过了天宝。

(四)墓志反映比较隆重高氏的葬礼情况

《论语·学而》:曾子曰:慎终追远,民德归厚矣。唐朝提倡以孝治国,丧葬礼仪渗透着亲情,培育了感恩心。人性就是这样被呵护,文明由此而弘扬。④

墓志记载了高才人去世时葬礼的情况:

第一,去世时间、地点:"时春秋卅有六,以开元廿七年岁在己卯六月壬戌朔十日辛未,终于西京别宫,移殡于兴宁里。""越七月辛卯朔卅日庚申,诏葬于新丰步昌原,礼也。"

与皇甫去世42岁,武惠妃去世38岁相比,高氏算是"高寿"的了,也算善终。

"兴宁里",据李健超先生《增订唐两京城坊考》卷三记载:"次南兴宁坊。南街东出通化门。"⑤据李先生介绍,具体位置在今长乐西路第四军医大学东南。

"新丰"属于京兆府。《旧唐书》曰:京兆府 隋京兆郡,领大兴、长安、新丰、渭南、郑、华阴、蓝田、鄠、盩屋、始平、武功、上宜、醴泉、泾阳、云阳、三原、宜君、

---

① [五代]刘昫:《旧唐书》卷一百三,北京:中华书局,1975年,第3169页。
② [五代]刘昫:《旧唐书》卷九十七,北京:中华书局,1975年,第3059页。
③ [清]徐松撰,李健超增订:《唐两京城坊考》,西安:三秦出版社,2006年,第97页。
④ 胡戟:《大唐西市博物馆藏墓志·前言——走进隋唐人的精神世界》,载《大唐西市博物馆藏墓志》,北京:北京大学出版社,2012年,第17页。
⑤ [清]徐松撰,李健超增订:《唐两京城坊考》,西安:三秦出版社,2006年,第142页。

同官、华原、富平、万年、高陵二十二县。①《元和郡县图志·卷一·关内道一》记载："新丰故城,在(临潼)县东十八里,汉新丰县城也。汉七年,高祖以太上皇思东归,于此置县,徙丰人以实之,故曰新丰。并移枌榆旧社,街衢栋宇,一如旧制,男女老幼,各知其室,虽鸡犬混放,亦识其家焉。"②储光羲的《新丰作贻殷四校书》对新丰的历史来源、地理环境有了追述:"汉皇思旧邑,秦地作新丰。南出华阳路,西分长乐宫。安知天地久,不与昔年同。鸡犬暮声合,城池秋霁空。纷吾从此去,望极咸阳中。不见芸香阁,徒思文雅雄。"③钱起的《温泉宫礼见》对新丰的温泉有所描述。"新丰佳气满,圣主在温泉。云暖(一作暧)龙行处,山明日驭前。顺风求至道,侧席问遗贤。灵雪瑶墀降,晨霞彩仗(一作旆)悬。沧溟不让水,疵贱也朝天。"④

"步昌原",宋代宋敏求撰《长安志》卷十五记载:临潼(县)"步昌亭《三辅黄图》曰:'成帝於霸陵北步昌亭起昌陵,'即成帝之废陵也。"⑤李健超先生经过实地考察认为:汉成帝废昌陵,今人称"八角琉璃井",在西安市与临潼区交界的吕家堡村北董家村南的大土丘。从汉至唐,此地是长安东去关东的驿道必经之地。⑥"步昌原附近的原在唐代称细柳原,今称铜人原。是唐代嫔妃与诸王子的葬地。"⑦

《全唐文补遗》第8辑录有《唐故随州司马李君(知本)墓志铭》。文中曰:"公讳知本,公元皇帝之曾孙,蜀王湛之孙,渤海郡王奉慈弟二子。……春秋廿有九,葬于万年县步昌之原也。"⑧

以上可见,高氏所葬之地也算是风水宝地了。与同时期嫔妃葬埋地相比,贞顺皇后武氏葬敬陵,元献皇后杨氏祔泰陵,杨贵妃的安息地——马嵬坡,皇甫

---

① [五代]刘昫:《旧唐书》卷三十八,北京:中华书局,1975年,第1395页。
② [唐]李吉甫撰,贺次君点校:《元和郡县图志》,北京:中华书局,1983年,第7页。
③ 《全唐诗》卷一百三十八,北京:中华书局,1960年,第1404页。
④ 《全唐诗》卷二百三十八,北京:中华书局,1960年,第2650页。
⑤ [宋]宋敏求《长安志》,[北魏]杨衒之:《洛阳伽蓝记》(外七种),上海:上海古籍出版社,1993年,第186页。
⑥ 李健超:《被遗忘了的古迹——汉成帝昌陵、汉傅太后陵、汉霸陵城初步调查记》,载《汉唐两京及丝绸之路历史地理论集》,西安:三秦出版社,2007年,第166—167页。
⑦ 李健超:《长安细柳营》,李健超:《汉唐两京及丝绸之路历史地理论集》,西安:三秦出版社,2007年,第104—105页。
⑧ 吴钢:《全唐文补遗》第8辑,西安:三秦出版社,2000年,第266页。

氏"卜葬于河南县龙门之西北原",高氏葬于新丰步昌原,也算是死得其所了。

唐玄宗风流倜傥一辈子,最后陪葬他的,不是他的众多嫔妃,而是跟随他一辈子的宦官高力士。《唐会要》:泰陵陪葬名氏:赠扬州大都督高力士。① 这对那些争宠的嫔妃来说,是莫大的讽刺。

第二,葬礼的规格也比较高,"乃命骠骑大将军兼左骁卫大将军、知内侍、上柱国、虢国公杨思勖,鸿胪卿冯绍烈监护,万年令郑嚴副焉。越七月辛卯朔卅日庚申,诏葬于新丰步昌原,礼也。"

《旧唐书》记载:"杨思勖,本姓苏,罗州石城人。为内官杨氏所养,以阉,从事内侍省。预讨李多祚功,超拜银青光禄大夫,行内常侍。思勖有膂力,残忍好杀,从临淄王诛韦氏,遂从王为爪士,累迁右监门卫将军。"②"1952 年,杨思勖位于西安东郊纬十路南侧的墓被发掘,墓中有壁画 20 多幅,还有堪称盛唐石雕艺术的代表作品描金石刻武士俑。迄今,龙门石窟中存有唐上柱国虢国公杨思勖造像记,该造像记刊于佛龛洞门上部,文中赞颂杨氏'横行边徼,追马援之功'"。③

冯绍烈在正史里无传,但他的名字多次出现在"御史台精舍碑题名"上,可见冯氏并非寻常之辈。御史台精舍碑题名(钱塘赵魏洛生手录)碑在西安府学文八分书题名楷书:"侍御史并内供奉 冯绍烈④";"殿中侍御史并内供奉,冯绍烈";"监察御史并□□□ 冯绍烈"⑤。在《旧唐书》宇文融的传记里,有这样的记载:"裴光庭时兼御史大夫,又弹(宇文)融交游朋党及男受赃等事,贬昭州平乐尉。在岭外岁余,司农少卿蒋岑举奏融在汴州回造船脚,隐没钜万,给事中 冯绍烈又深文案其事实,融于是配流岩州。"⑥可见冯绍烈在当时的影响力。

这样规模的葬礼,与武惠妃及皇甫婕妤死后相比,高氏如果地下有知,应该知足了。盛极一时的惠妃死后,玄宗虽追赠她皇后之位,谥曰"贞顺皇后",葬于敬陵,并立庙祭祀,然其谋害三皇子之事人尽皆知,"乾元之后,祠享亦绝"。⑦

---

① [宋]王溥:《唐会要》,北京:中华书局,1998 年,第 414 页。
② [五代]刘昫:《旧唐书》卷一百八十四,北京:中华书局,1975 年,第 4755 页。
③ 谢清科:《骠骑大将军杨思勖》,《湛江晚报》,2011 年 7 月 26 日 17 版 文化印记版。
④ [清]赵钺、荣格撰,张忱石:《唐御史台精舍题名考》,北京:中华书局,1997 年,第 158 页。
⑤ [清]赵钺、荣格撰,张忱石:《唐御史台精舍题名考》,北京:中华书局,1997 年,第 164 页。
⑥ [五代]刘昫:《旧唐书》卷一百五,北京:中华书局,1975 年,第 3221 页。
⑦ [五代]刘昫:《旧唐书》卷五十一 ,北京:中华书局,1975 年,第 2178 页。

皇甫氏则"厥初权殡於崇政里之公宅,后诏以某月二十七日己酉,卜葬于河南县龙门之西北原,礼也。""丧事所须,并宜官供,河南尹李适之充使监护。"①

第三,追赠情况:

墓志铭曰"理循中道,恩标上意。追赠婕妤,用饰泉壤。有以见圣人遂幽明之旨,成始卒之义。"

唐代妃嫔制度:皇后之下有贵妃、淑妃、贤妃各一人,为夫人,正一品;四妃之下有,即昭仪、昭容、昭媛、修仪、修容、修媛、充仪、充容、充媛各一人,为九嫔,正二品;婕妤九人,正三品;美人九人,正四品;才人九人,正五品;宝林二十七人,正六品;御女二十七人,正七品;采女二十七人,正八品。② 唐玄宗即位后,后宫位号又有所变动。玄宗认为:"后妃四星,其一后也,既有后位,复立四妃,则失其所法象之意焉。"因省嫔妇、女御之数,改定三妃、六仪、美人、才人四等,共二十人,以备内官。其位:惠妃也,丽妃也,华妃也。妇德、妇容、妇言、妇功,可以坐而论礼者则进,无则阙焉。夫人佐后,坐而论妇礼者也。其于内则无所不统,故不以一务名焉。六仪六人,正二品。六仪掌教九御四德,率其属以赞导后之礼仪。一、淑仪,二、德仪,三、贤仪,四、顺仪,五、婉仪,六、芳仪。美人四人,正三品。美人掌率女官修祭祀、宾客之事。才人七人,正四品。才人掌序燕寝,理丝枲,以献岁功焉。③ 高氏生前封为才人,正四品。才人掌序燕寝,理丝枲,以献岁功焉。按着唐玄宗制定的后宫制度来的。死后被赠婕妤,正三品,又是按着唐玄宗之前的后宫制度来的。皇甫氏生前被封为德仪,是正二品,掌教九御四德,率其属以赞导后之礼仪,是按着唐玄宗制定的后宫制度来的。离世后,却被赠"淑妃",为夫人,正一品,也是按着唐玄宗之前的后宫制度来的。

(五)高氏墓志撰写情况

高氏墓志是奉敕撰、奉敕书。"志文和书法,全是名家作品。"④据《新唐书》记载:"吕向,字子回,亡其世贯,或曰泾州人。少孤,托外祖母隐陆浑山。工草隶,能一笔环写百字,若萦发然,世号'连锦书'。强志于学,每卖药,即市阅书,

---

① [唐]杜甫著,高仁标点:《杜甫全集》,上海:上海古籍出版社,1996年,第318页。
② [五代]刘昫:《旧唐书》卷五一,北京:中华书局,1975年,第2162页。
③ [唐]李隆基撰,[唐]李林甫注:《大唐六典》卷一二,西安:三秦出版社,1991年,第249页-250页。
④ 胡戟:《大唐西市博物馆藏墓志》,北京:北京大学出版社,2012年,第502页。

遂通古今。玄宗开元十年,召入翰林,兼集贤院校理,侍太子及诸王为文章。尝以李善释《文选》为繁酿,与吕延济、刘良、张铣、李周翰等更为诂解,时号《五臣注》。"①

皇甫德仪的生平则是通过杜甫的《唐故德仪赠淑妃皇甫氏神道碑》记载,被后人所知。杜甫写此神道碑还是因为他与郑虔私交甚好,而郑虔是皇甫氏的女婿——驸马郑潜曜的叔叔。

结 语

总之,高氏墓志不仅补充了正史之不足,印证了某些史实。而且墓志铺就了一条让我们进入唐代嫔妃精神世界的大道。让我们感知到了后宫嫔妃生存环境的险恶,和为了有尊严地活着的卑微地抗争。就像有学者所说,"墓志所言的不仅是政治情况的变化,更有着一个个鲜活生命的人生轨迹,正是由于这如同棋子一般的人物,才使得历史丰富而真实。"②

本论文在撰写过程中,得到李健超先生、李裕民先生、胡戟先生、王双怀教授的指点,在此谢过。

(本文作者:郭海文,陕西师范大学历史文化学院副教授;李恭,陕西省考古研究院副研究员)

---

① [宋]欧阳修:《新唐书》卷二百二,北京:中华书局,1975年,第5759页。
② 赵力光、王庆卫:《新建唐代郭晞夫妇墓志及其相关问题》,载《唐研究》第十六卷,2010年。

唐代藩镇供军案例解析

——以出土《夏侯昇墓志》为中心

贾志刚

唐代中后期诸道藩镇如何供给本道军费,曾经引起学界极大关注,①但因为史料记载零散等原因,在一些领域留下不少尚待解决的问题。2003年河南省洛阳市孟津县出土了《唐夏侯昇墓志》,②此墓志多处涉及唐代藩镇特别是徐州武宁军的供军记录,是研究唐代藩镇军费供给个案问题和通例问题的一份珍贵资料,某些方面弥补了传世文献对藩镇供军记载的不足,值得注意。有鉴于此,本文专就志文关涉藩镇供军的几个问题稍加申述,以就教于学界时贤。

一 从徐州营田看藩镇营田供军模式

夏侯昇曾经供职于彭城,属于徐泗濠节度使(武宁军)管辖,此节度使治所在徐州,据《夏侯昇墓志》记:(贞元中)"时水旱作沴,连帅以军食不足为忧,询诸府寮,箴有对者。公曰:欲实仓箱,莫先播植,请为君决汴河,灌蕲泽,拥陂水,

---

① 张国刚著《唐代藩镇研究》分三个时期分析了唐代财政制度演变对藩镇财政收入的影响,特别关注两税法下藩镇财政收入的具体情况,注意到营田收入、杂税收入、商业收入和两税收入构成藩镇的全部收入。(湖南教育出版社1987年版,第200—221页);陈明光著《唐代财政史新编》就唐中后期地方州级预算支出与使级预算支出要目进行分析(中国财政经济出版社1999年第二版,第213—229页);李锦绣著《唐代财政史稿》(下卷)就中唐以后地方收支的有关问题予以研究(北京大学出版社2001年版,第1083—1129页);贾志刚著《唐代军费问题研究》着眼于藩镇供军所引起的地方赋税与上供的分割问题(中国社会科学出版社2006年版,第212—236页),相关论著对唐代藩镇军费问题多以普遍性论略取代特殊性研究,究其所由是因为现存史料缺少单个藩镇军费支用的系统记录,《夏侯昇墓志》对武宁军节度军费来源的记载,使得从藩镇供军个案研究诸道军费问题成为可能,从另一角度审视唐代藩镇军费来源问题。

② 赵君平、赵文成编:《河洛墓刻拾零》三九0《唐夏侯昇墓志》,北京:北京图书馆出版社,2007年,第520页。整理记提到该墓志由杜俨撰,王继之书,满行37字,共34行,755厘米×755厘米。

涨陴湖，芟剃蘩芜，莳植秔稻。"当地水旱灾情导致当道军食不足的现象，正是中唐以后，唐代多级供军体制下，诸道军食本道方圆自筹的体现。在两税三分制（上供、送使、留州）下，藩镇军费来源平时只能依靠两税的送使和留州部分，只有在中央征发藩镇军出本界行军作战的情况下，才能由中央度支供给其军费，此为食出界粮。武宁军将士当时处于未出界的状态，无法得到中央食出界粮的待遇，而本道水旱歉收会直接影响到两税送使、留州部分的征收，所以才出现徐州节度使（志文中的工部尚书、南阳公、连帅）以军食不足为忧之局面。

贞元年间，任徐州节度使者三人：高明应、张建封及其子张愔。① 三人中可称为工部尚书、南阳公者，只有张愔，因为张愔为南阳人，贞元十六年（800）至元和元年（806）任武宁节度使，罢任后征为工部尚书。② 故志主夏侯昇建议营田植稻应在张愔任徐州节度使期间，《墓志》记："是岁开地三千余顷，当秋获稻二十万余斛。"志主夏侯昇在彭城（徐州）营田业绩可从几个方面衡量，营田顷亩数达到3000顷，岁获20万斛，亩产2/3斛。

徐州营田之事其他史籍多未记载，《唐六典》所记开元年间全国992屯，并无徐州屯田记录，③说明唐前期徐州未有屯田。唯韩愈《贺徐州张仆射白兔状》略有提及："伏闻今月五日，营田巡官陈从政献瑞兔……其始实得之符离安阜屯，屯之役夫，朝行遇之……不在农夫之田，而在军田。"④符离县在元和四年（809）之前属徐州⑤，韩愈称徐州张仆射，当在贞元十二年（796）张建封以徐泗濠节度使检校右仆射之后⑥，贞元十六年（800）张愔任节度使之前。韩愈因营田官员在徐州符离安阜屯军田上获白兔而献贺文，正说明徐州曾经于张建封任

---

① 吴廷燮撰：《唐方镇年表》卷三《感化即武宁军》，北京：中华书局，1980年，第308—311页。
② 《新唐书》卷一五八《张建封传》："张建封字本立，邓州南阳人。"第4938页。《资治通鉴》卷二三五，唐宪宗元和元年十月条："武宁军节度使张愔有疾，上表请代。十一月，戊申，征愔为工部尚书，以东都留守王绍代之，复以濠、泗二州隶武宁军。"第7638页。
③ 《唐六典》卷七《尚书工部》屯田郎中条："凡天下诸军州管屯，总九百九十有二。"第223页。
④ 《全唐文》卷五五一，韩愈《贺徐州张仆射白兔状》，第5580页。
⑤ [唐]李吉甫撰：《元和郡县图志》卷九《河南道五·徐泗节度使》宿州条："本徐州符离县也，元和四年，以其地南临汴河，有埇桥为舳舻之会，运povered所历，防虞是资。又以蕲县北属徐州，疆界阔远，有诏割符离、蕲县及泗州之虹县置宿州。"北京：中华书局，1983年，第228页。《唐会要》卷七十《州县改置上》河南道条："宿州，元和四年正月，以徐州符离、蕲，泗州虹三县置，遂为上州，治符离，仍隶徐州濠泗等州观察使……以蔡孽未平，遂割前件三县及徐州将士一千四百人，权置宿州。"第1256页。
⑥ 《册府元龟》卷一七六《帝王部·姑息一》贞元十二年二月："徐泗濠节度观察度支营田使、简校礼部尚书、兼徐州刺史、御史大夫张建封，并简校右仆射。"第2122页。

节度使时开过营田。又检大唐西市博物馆最新公布"营田副使杜兼"所撰的《唐故徐泗节度营田巡官试大理评事刘公（莒）墓志铭》记："今徐泗节度等使、右仆射、南阳公，公之外兄也。"①不仅志主刘莒身前任徐泗节度营田巡官，撰写此志之营田副使杜兼也可能是徐泗节度使下的营田官员，尤其是志文也提到了右仆射南阳公徐泗节度使，因为志主卒于贞元十二年（796），说明此南阳公是张愔之父张建封，进而有力地证明张愔之南阳公是承袭其父张建封之封爵，也说明徐州较早地推行了营田之法。但其营田成效如何，韩愈文和《刘莒墓志》中均未提及。《夏侯昇墓志》虽说不是记张建封而是记其子张愔的营田业绩，却是记载徐州营田绩效的直接资料。韩愈文和杜兼文只提到符离安阜屯、营田副使杜兼和营田巡官陈从政、刘莒等人，其营田动机、谁来主持、营田绩效等问题都不清楚。《夏侯昇墓志》可以提供部分信息，夏侯昇曾经实际主持过徐州营田，所收获的20万余斛稻米成功解决了困扰徐州节度使的军食不足问题。但要说夏侯昇是徐州营田的倡议者，却并不准确，因为在他之前徐州就曾推行过营田。

徐州所实行的借助营田供给军粮之法，也是中唐以后诸道军镇最常用的供军措施之一。与徐州张建封、张愔父子营田供军几乎同时，义成军节度使、陈许节度使也推行营田之法，②如贞元十年（794），李复任义成军节度营田使，"置营田数百顷，以资军食，不率于民。"③再如，贞元中，陈许大将孟元阳，"董作西华屯。元阳盛夏芒屩立稻田中，须役者退而后就舍，故其田岁无不稔，军中足食。"④陈许营田岁无不稔而使当道军中足食，义成军以营田供军更是做到不率于民，都是藩镇营田供给当道军食的例证。贞元以后，内地营田也时有所闻，如元和十三年（818），山南东道节度使孟简任命卜璀为"襄唐两州营田兵马使，管屯院四所，军健三千人，岁出斛斗三十万石。"⑤营田兵马使卜璀也是在内地营

---

① 胡戟、荣新江主编：《大唐西市博物馆藏墓志》三二一《刘莒墓志》，北京：北京大学出版社，2012年，第694—695页。
② 《唐六典》卷七《尚书工部》屯田郎中条："河南道陈州二十三屯，许州二十二屯，豫州三十五屯，寿州二十七屯……开元二十二年，河南道陈、许、豫、寿又置百余屯。"第223页。开元二十五年敕罢，屯田令分给贫人。杜佑撰《通典》卷二《食货二·田制下》屯田条自注："上元中于楚州古谢阳湖置洪泽屯，寿州置芍陂屯，厥田沃壤，大获其利。"第45页。陈许等地多有屯田记录。
③ 《旧唐书》卷一一二《李复传》，第3338页。
④ 《旧唐书》卷一五一《孟元阳传》，第4062页。
⑤ 《唐代墓志汇编》长庆015卢子政撰《唐朝散大夫检校太子詹事襄州节度押衙兼管内诸州营田都知兵马使及车坊使卜（璀）府君墓志铭并序》，第2069页。

田,其营田业绩达到岁出军食30万石,甚至超过志主夏侯昇在徐州营田的业绩,这些事例说明营田与某些内地藩镇的供军关系密切。

中唐以后,营田不仅对那些本道自筹军费的内地藩镇有重要意义,对军费仰给于度支的西北边镇也有关键作用,如元和十五年(820),李听任灵盐节度使,"境内有光禄渠,废塞岁久,欲起屯田以代转输,(李)听复开决旧渠,溉田千余顷。"①李听开渠溉田千余顷,目的是以代转输,也就是供给边军。又如敬宗宝历元年(825),杨元卿为泾原节度使,上言,"营田收禾粟二十万斛,请付度支充军粮。"②还有,大中初(847),邠宁节度使毕諴,"以边境御戎,以兵多积谷为上策,乃召募军士,开置屯田,岁收谷三十万石,省度支钱数百万。"③诸如此类,不胜枚举。由此可见,营田对于边军的供给仍然具有重要地位。灵盐、泾原、邠宁等节度使在唐朝中后期均属西北边镇,其军粮多仰给于度支,但由于转输艰难,运米一斛至边,常费钱数缗,④故边镇多兴营田,其作用不仅使本道足食足兵,也可缓减唐政府的转输馈运之劳,所以,李听、杨元卿、毕諴等人于边镇营田供军的战略意义还要大于纯粹的军费供给意义。

二 从武宁军以商补军与以工助军看藩镇军费来源

中唐以后,不管是边镇,还是内地藩镇,其军费来源主要有三种方式:所在营田、税亩自供、和籴,但有时也出现以工商补军的情况。所谓的以工商补军,除去非常情况下强行借商、税商措施外,以工商补军主要指征收军市之租和军府直接参与工商经营。关于唐代军队设置军市问题,拙文《唐代军市问题研究》曾予以关注,⑤此不赘述。而诸道军府以何种形式参与工商经营,其对本道军费筹措的作用如何,值得我们进一步思考。

相对于零散的唐代军镇直接参与工商经营的记载,《夏侯昇墓志》关于徐州军府贸迁有无、市人窜名军籍的记载就显得尤为珍贵。《夏侯昇墓志》记徐州:

---

① 《旧唐书》卷一三三《李听传》,第3683页。
② 《册府元龟》卷四八五《邦计部·济军》,第5798页。
③ 《旧唐书》卷一七七《毕諴传》,第4609页;另见《新唐书》卷五三《食货志三》,第1373页。
④ 《陆贽集》卷十八《请减京东水运收脚价于缘边州镇储蓄军粮事宜状》:"今陛下广征甲兵,分守城镇,除所自营田税亩自供之外,仰给于度支者尚八九万人,千里馈粮,涉履艰险,运米一斛达于边军,远或费钱五六千,近者犹过其半。"北京:中华书局,2006年,第582页。
⑤ 贾志刚:《唐代军市问题研究》,《唐史论丛》第十辑,西安:三秦出版社,2008年,第171-177页。

"募市人善贾者,署以显职,俾之贸迁贿货,交易有无。"将市人善贾者召募入军且署以显职,令其替军府贸迁有无,正是唐人所谓的窜名军籍,①以此来解决徐州军费。事实上,这种办法带有一定的普遍性,并非仅限徐州一道,如朱忠亮在泾原四镇时,"隐核军籍,得窜名者三千人,"②泾原四镇一次就查出窜名者3000人;又如郭晞领河中行营屯邠州,史言"邠人之嗜恶者,纳贿窜名伍中,因肆志,吏不得问。"段秀实称之为"今邠恶子弟以货窜名军籍中。"③也属于军府纳货窜名的情况;再如,泽潞刘从谏"大商皆假以牙职,使通好诸道,因为贩易。"④泽潞以商人署牙将,借通好诸道之名,却行贩易之实的办法与徐州全同;另邢州大将"裴问所将兵号'夜飞',多富商子弟。"⑤此500夜飞将可能也是商贾之窜名军籍者。这些事例证明商贾市贩窜名军籍的现象在诸道较为多见,难怪唐人皇甫湜元和三年(808)对策中认为:"简拳勇秀出之才,斥屠沽负贩之党,则十分之士可省其五矣。"⑥窜名之屠沽负贩者可以占军中将士的一半,似乎这样的观点也并非全属无稽之谈。

不仅诸道节度使下军府存在商贩窜名军籍的情况,就连两京之禁军也多见同类情况。史载,天宝时,"六军宿卫皆市人,富者贩缯采,食粱肉。"市人入军后却依然有贩缯采之行为。安史之乱后,郭子仪于广德元年(763)奏论道:"六军之兵,素非精练,皆市肆屠沽之人。"⑦此言六军均为市贩屠沽者,可能是痛定思痛之后的矫枉过正之言,但也非空穴来风,应有一定的依据。这些都显示六军兵士逐渐市井化,⑧但是市人善贾者未必善战,这种情况曾引起较大的争议,唐人邵说撰《张惟岳神道碑》提到左羽林军清退市井屠沽入伍事件:

"前此军政坏蠹,习以生常,有无其人而私入其食与其衣者;有市井屠沽之

---

① 贾志刚:《唐代军籍虚占与军费》,载《武汉大学学报》2003年第2期。
② 《新唐书》卷一七〇《朱忠亮传》,第5165页。
③ 《新唐书》卷一五三《段秀实传》,第4849页。另参《柳宗元全集》卷八《行状·段太尉逸事状》,上海:上海古籍出版社,1997年,第53—54页。
④ 《资治通鉴》卷二四七,唐武宗会昌三年(843)四月条,第7979页。另参《新唐书》卷二一四《藩镇·刘从谏传》:"贾人子献口马金币,即署牙将,使行贾州县,所在暴横沓贪,责子贷钱。"第6015页。
⑤ 《资治通鉴》卷二四八,唐武宗会昌四年(844)闰七月条,第8005页;另参《新唐书》卷二一四《藩镇·刘稹传》,第6017页。
⑥ 《文苑英华》卷四八九,皇甫湜《贤良方正直言极谏策》元和三年三月,第2501页。
⑦ 《旧唐书》卷一二〇《郭子仪传》,第3457页。
⑧ 贾志刚著:《唐代军费问题研究》,北京:中国社会科学出版社,2006年,第106—115页。

伍,避属所征役而冒趋戎行者,公悉罢斥,归之尹京。解紫绶而被褐衣者,凡千二百辈。"①

时任左羽林军将军的张惟岳整顿军中虚名挂籍与市人窜名军籍的现象,并将1200人清退出军。但并非所有清退屠沽入伍的行动都能成功,如贞元八年(792),左神策军大将军知军事柏良器,"募材勇以代士卒市贩者,中尉窦文场恶之,"结果柏良器因此"换右领军卫,自是军政皆中官专之。"②神策军招募材勇之士入伍,反不如招募市贩商贾受欢迎,极其耐人寻味。通过这些事实,表明唐朝决策层对市人窜名军籍的问题存在两种不同的立场:强调军府作战能力者重视勇士,强调军费筹措者注重商贩。两种立场代表两种势力,两种势力的起伏经常会影响到唐政府的政策,中尉窦文场代表宦官力量支持吸纳商贾入军,而以柏良器为代表的主将却主张以勇士代替市贩者。最终随着柏良器罢职离开神策军,军营向市人商贾敞开大门。

不仅长安禁军招募商贩者入军,东都留守将士也出现同样现象,唐人韩愈在《为河南令上留守郑相公启》记:"坐军营操兵守御,为留守出入前后驱从者,此真为军人矣;坐坊市卖饼,又称军人,则谁非军人也!愚以为此必奸人以钱财赂将吏,盗相公文牒,窃注名姓于军籍中。"③东都留守所辖军府中也存在坐坊市卖饼的军士,同样出现了类似诸道、诸军以市贩者入伍的窜名现象。由此可见,徐州夏侯昇以市人窜名军籍正是这种风气下的产物。

就在诸道市贩者入伍现象蔚然成风的同时,诸道军府参与工商贸易的记载也屡见于史。如安禄山任范阳节度使,"潜遣贾胡行诸道,岁输财百万……阴令群贾市锦采朱紫服数万为叛资。"④"贾胡"之贸易营利成为范阳之叛资,说明范阳之胡商与当道军费的关系。又如前揭《张惟岳神道碑》也涉及左羽林军贸迁有无之事:"图赡军实,贸迁有无。制良弓劲矢,强弩坚甲,动万万计。其长戟利

---

① 陆增祥撰:《八琼室金石补正》卷六六,邵说《唐故开府仪同三司兼左羽林军大将军知军事文安郡王赠工部尚书清河张公神道碑□□序》,第458页。碑主大历乙卯岁(775)卒,此碑贞元八年(792)建。"

② 《新唐书》卷一三六《柏良器传》,第4596页。《全唐文》卷六三八,李翱《唐故特进左领军卫上将军兼御史大夫平原郡王赠司空柏公神道碑》记:贞元八年,"迁(左神策)大将军,士卒之在市贩者,悉挥斥去,募勇者代之,故为所监者不悦。"第6447页。

③ 《全唐文》卷五五四,韩愈《为河南令上留守郑相公启》,第5611页。

④ 《新唐书》卷二二五上《逆臣上·安禄山传》,第6414页。

剑,戈矛殳铤,亦万万计。至于经费余羡,缗钱缯缟,米盐稻麦之数,莫之能纪,咸登于内府,实于禁仓。其有斗车什器,入于中者,亦数十百万。"此碑虽建于贞元八年(792),但碑主张惟岳卒于大历十年(775),故其记事当在大历十年之前。据碑文知,左羽林军也有为图赡军实而贸迁有无之事,虽说其经营获利是否与制造甲仗器械、积蓄钱粮军资有关,不得而知,但足以说明大历年间左羽林军同样也存在军府贸迁有无之举。再有,大历十四年(779),敕令:"诸道节度观察使以广陵当南北大冲,百货所集,多以军储货贩,列置邸肆。名托军用,实私其利息,至是乃绝。"①诸道节度使以军储货贩,于扬州置邸肆取利,其行为是以军用为名,即以筹措军费为目的,说明藩镇军费筹措中贸易营利在徐州夏侯昇之前就曾盛行。唐德宗即位后虽有禁绝之令,史载"至是乃绝",实际上是言过其实。因为此类事例在此后仍多有存在,不仅《夏侯昇墓志》所记徐州以商贾入伍从事贸迁交易之事,也有开成中,宣武军节度使李绅于本州置利润楼店。② 大中年间,监军使梁承乂于寿州"置楼邸于旗亭之冲,岁收其利以助用,撼拾其余货,以创军营二所。"③节度使、监军使置利润楼店、楼邸于旗亭,其用意是收利以助军用,显然也是藩镇筹措军费的一种方式。除了在当道置利润楼、邸店营利以助军费外,还有派军将出使他道从事商贩活动,李锦绣对此曾予以关注,并引长沙周姓小将以本郡钱帛货殖于广州之例、河东裨将范翃与陈福前往淮南收市绵绮之事及夏州节度使田缙以将士军粮于上都杂市易送本道等例证,认为天下各大都市及交通要地,均有诸道所遣部将从事商贸活动的足迹。④

徐州夏侯昇不仅有招募市贩者窜名军籍,也以军府名义贸迁有无,更有借筹措军费之名收管榷酤、插手制陶冶炼之事,《夏侯昇墓志》记:"预领榷酤、埏埴陶冶务。"榷酤即酒专卖,埏埴陶冶务即制陶冶炼,可能是将本道酒专卖、制陶冶炼之获利也用来供军,可知徐州既有以商补军之举,也有以工助军之事。无独

---

① 《唐会要》卷八六《市》,第1582页。另见《旧唐书》卷十二《德宗纪》大历十四年七月条,第322页。《册府元龟》卷一六〇《帝王部·革弊二》,第1928页;同书卷五〇四《邦计部·贪黩》,第6050页。

② 《南部新书》壬部:"开成中,李绅为汴州节度使,上言于本州置利润楼店,从之。与下争利,非长人者所宜。"第143页;《旧唐书》卷一七三《李绅传》,第4499页;《册府元龟》卷六九七《牧守部·苛细》,第8319页。

③ 《全唐文》卷七九三,刘恭伯《寿州护军大夫梁公创制功绩记》:"于是得钱六十万,置楼邸于旗亭之冲,岁收其利以助用,撼拾其余货,以创军营二所。"第8311页。

④ 李锦绣著:《唐代财政史稿》下卷,北京:北京大学出版社,2001年,第1098—1102页。

有偶,河西道也有类似举措,如敦煌文书P.2942《唐永泰年间河西巡抚使判集》所记河西节度使两件判文。

判文之一:

39 豆卢军兵健卅九人无赐

40 沙州兵健,军合支持,既欲优怜,复称无物,空申文牒,徒事

41 往来,不可因循,终须与夺,使司有布,准状支充,如至冬装,

42 任自回易。

判文之二:

153 瓜州尚长史采矿、铸钱、置作

154 采矿铸钱,数年兴作,粮殚力尽,万无一成,徒扰公家,苟润

155 私室,况艰难之际,寇盗不恒,道路复遥,急疾无援,到

156 头莫益,不可因循,收之桑榆,犹未为晚,再三筹议,事

157 须勒停。①

上引二判系河西节度使于永泰年间(765—766)为处理实际事项所作,其中涉及河西军府供军之实状,如判文一中要求豆卢军之冬装任自回易,判文二提到瓜州尚长史"采矿铸钱,数年兴作"。沙州有豆卢军等,瓜州有墨离军等,②都隶属河西节度使,③瓜州采矿铸钱与当州军费的关系判文并未明言,但此事属于总掌军旅的河西节度使管理,又说明瓜州采矿铸钱也与军府有关联。

事实上,诸道多有铸钱充军费的事例,如唐阙名《开铜坑判》:"蔚州申管内铜坑先禁采,昨为檀州警,发遣兵,州库无物可装束,刺史判令开铜坑以市物给兵募,不阙军机,廉察使科违敕。对:救兵屡发,帑藏云空,方兴计日之师,遂有随时之义,取铜以给,在敕诚违,应机而行,于事可恕。"④判文属于拟判,其作判者、作判时间难以确定,但判文对蔚州采铜市物以给兵募之办法认可,也表明以工助军已为时人接受。不仅以采铸供军之法为时人接受,也被唐政府认可,唐人李吉甫于元和七年(812)提议于河东蔚州铸钱,以救河东困竭之弊,《元和郡

---

① 池田温著:《中国古代籍账研究·后图》二三六《唐年次未详(C765)河西节度使判集》,北京:中华书局,2007年,第350—352页。

② 《新唐书》卷四十《地理志四》陇右道沙州条、瓜州条,第1045页。

③ 《旧唐书》卷三八《地理志一》记:"河西节度使,断隔羌胡,统赤水、大斗、建康、宁寇、玉门、墨离、豆卢、新泉等八军,张掖、交城、白亭三守捉。"第1386页。

④ [宋]李昉等编:《文苑英华》卷五四六,阙名《开铜坑判》,北京:中华书局,1966年,第2788页。

县图志》记:"置五炉铸钱,每岁铸成一万八千贯。"①此事《新唐书·食货志》记为河东节度使王锷置炉于蔚州:"疏拒马河水铸钱,工费尤省,以刺史李听为使,以五炉铸,每炉月铸钱三十万,自是河东锡钱皆废。"②结合上引,知河东铸钱由李吉甫提议,河东节度使王锷委任蔚州刺史李听实施,以五炉铸钱,每炉每月30万即300贯,一年可铸成3600贯,五炉每年达18000贯,诸处所记基本一致。此举扭转了河东道新收易定后,以铁锡钱供给军用的萧条局面,也是藩镇以工助军的典型例证。到元和十五年(820),唐政府敕令收回民间铜器命诸道军人熔铸充军费,"仍令本处军人熔铸……所铸钱便充军府州县公用。"③从此诸道藩镇以工助费、以铸养军之举措成为藩镇军费的来源之一,诸道以采铸供军的行为由违敕到敕准,显示了藩镇供军的又一变化。而泽潞节度使刘从谏,"榷马牧及商旅,岁入钱五万缗,又卖铁、煮盐亦数万缗,"④泽潞一镇为筹措军费推行了熬盐、货铜铁、榷马牧、榷商旅等多项措施,也说明诸道藩镇筹措军费之措施已远远超出采铜铸钱、埏埴陶冶之范围。

诸道军府不同程度地存在通过参与商贸交易、经营陶冶铸钱等方式筹集军费之情况,但诸道军府的实际成效却差距很大。据《夏侯昇墓志》记:"二纪之间,约获利五百万余贯。"徐州军府通过窜名军籍、贸迁有无、收管榷酤、插手制陶冶炼等方式,二纪之间(20年)获利五百万余贯,每年可达到25万贯。其绩效因为没有相应的文献作对比,无从评判,但据其他军府的记载来看,徐州夏侯昇的业绩是比较突出的,如泽潞节度使刘从谏"岁榷马,征商人,又熬盐,货铜铁,收缗十万。"⑤泽潞筹措军费的办法与徐州相似,但每岁十万缗的收入,远不及徐州夏侯昇每年25万贯之业绩。又如泾原节度使杨元卿政迹突出,据出土《杨元卿墓志》记:"用省度支经费,岁十五万。"⑥每岁15万贯之业绩也没有超过徐州夏侯昇。甚至禁军的以商供军业绩也无法超过徐州,如《唐贾温墓志》记:"护军中尉开府马公,当权左校之日,荐公以能默纪群货,心计百利。俾之总

---

① 《元和郡县图志》卷十四《河东道三·蔚州条》,第407页。
② 《新唐书》卷五四《食货志四》,第1389页。
③ 《旧唐书》卷四八《食货志上》,第2104页。
④ 《资治通鉴》卷二四七,唐武宗会昌三年(843)四月条,第7979页。
⑤ 《新唐书》卷二一四《藩镇·刘从谏传》,第6015页。刘从谏任泽潞节度使在宝历二年(826)到会昌三年(843)。
⑥ 赵振华:《杨元卿墓志与唐平定淮西》,载《考古与文物》2002年第4期。

双廛贾贸,未几禁军食十五万贯,酬以衙前正将。"①志主卒于大和八年,大和之前任左神策军护军中尉的马姓宦者,当指马存亮。马存亮任左神策军中尉在元和十三年(818)到唐穆宗长庆四年(824)之间。②马存亮委任贾温专知两市回易,两市应指长安东市、西市,每年以15万贯营利充禁军军费,贾温也因此转任右神策军衙前正将。但专知长安两市回易的贾温每年获利仅15万贯,较徐州夏侯昇之每年25万贯也逊色不少。

诸种事例均反映出军府以工商助军费之法成为流行之法,大唐西市博物馆收藏了《唐左龙武军大将军知军事陈守礼墓志》记:"初视军事也,仓无斗粟,库无尺帛,今则藏廪实,仍进献粮粮一万一百廿八石,更请当管二千五百人二年不授粮赐。"③任左龙武军知军事的陈守礼在二年不领军粮,还要进献10128石粮的条件下,做到仓廪充实的业绩,如果不在常规途径外另辟蹊径,则此事就变得无法解释。

三 从《夏侯昇墓志》看藩镇将士出界作战的供馈问题

据《夏侯昇墓志》记:"元和末,郓人不率,皇帝震怒,诏天下兵讨除。我军首出,全师深入贼界,支度供军,转输未继。公凿空供应,变化如神,奔千轮,走万蹄,逾出渡水,晦明不息。千金日贵,不乏斯须,赏设既丰,每战辄胜,贼徒歼殄,寰宇肃清,公之力也。"

此事发生在志主夏侯昇由右神策军先锋兵马使转任陈州长史后,陈州当时隶属于陈许节度使(忠武军)。所言元和末年伐郓之事即讨伐淄青李师道之役,检《旧唐书》卷十五《宪宗纪下》元和十三年(818)七月条:"诏削夺淄青节度使李师道在身官爵,仍令宣武、魏博、义成、武宁、横海等五镇之师,分路进讨。"而

---

① 《唐代墓志汇编续集》大和〇五二《大唐故银青光禄大夫检校太子宾客上柱国阳武县开国子充右神策军衙前正将专知两市回易武威贾公(温)墓志铭》乡贡进士李抱一文,上海:上海古籍出版社,2001年,第920页。

② 《全唐文》卷七一一,李德裕《唐故开府仪同三司行右领军卫上将军致仕上柱国扶风马公神道碑铭》:"元和十三年,公自神策军副使诏受云麾将军左监门卫将军知内侍省事,兼左街功德使。"第7298页。《新唐书》卷二百七《宦者上·马存亮传》:"元和时,累擢左神策军副使、左监门卫将军,知内侍省事,进左神策中尉。"第5870页。《资治通鉴》卷二四三,唐穆宗长庆四年七月:"以(马)存亮为淮南监军使。"第7838页。据此可知,马存亮任左神策护军中尉约在元和十三年(818)到长庆四年(824)期间。

③ 胡戟、荣新江主编:《大唐西市博物馆藏墓志》三〇八《陈守礼墓志》(陈锽撰,志主卒于贞元二年),第666—669页。

实际参加此次讨伐的不仅有五镇军队,还有淮南道、忠武军等也参加讨伐。① 据《旧唐书·李师道传》记:"陈许节度使李光颜于濮阳县界破贼,收斗门城、杜庄栅,"②与《夏侯昇墓志》所言"我军(忠武军)首出,全师深入贼界"之记载基本相符。而《夏侯昇墓志》记载此次战役中有"支度供军,转输未继"的情况,涉及唐代中后期藩镇军队出界作战的军需供馈问题,有必要再作申述。

　　中唐以后,唐朝供军体制发生很大变化,前期中央的统筹统支之法难以维持,改为军费由中央、藩镇、州府分级供给。在此体制下,诸道军队只有在唐政府征调出界时,才由度支供给出界粮,平日由本道于留使、留州钱内方圆自筹,史载:"诸道讨贼,兵在外者,度支给出界粮。每军以台省官一人为粮料使,主供亿。士卒出境,则给酒肉。一卒出境,兼三人之费。将士利之,逾境而屯。"③此次战役由中央政府征调数道军队讨击淄青李师道,故诸道行营军费应由唐政府供给,按照一般惯例,唐朝要专门委派粮料使,此次诸道出兵讨伐由谁任粮料使《夏侯昇墓志》未记。检《唐会要》卷七八《诸使杂录上》记:"元和十三年七月,上藉钱谷吏以集财赋,以宣歙观察使王遂为淄青四面行营诸军粮料使。"可知王遂充任的淄青四面行营诸军粮料使正是负责此役的军粮供给。而《旧唐书》卷十五《宪宗纪下》记王遂在元和十四年三月罢兵时任职为"淄青四面行营供军使",二说稍有差异,是否王遂由粮料使转任供军使,还是有其他原因,不得而知。不管王遂是诸军行营粮料使,还是诸军行营供军使,他的职责都是负责供给四面行营诸军出界粮。

　　虽然唐朝设有专门供军机构负责军饷供应,仍然出现了前线供馈不继的情况。据唐人裴镛撰《唐韦应墓志铭》:"元和末,天兵临东平,徐帅以全师从,将克而馈不及,师悬而老,惧有变。主兵食者表公知武宁供军院,授监察御史里行。驰传而往,至而馈不乏,既克东平。"④此处所言之"东平"即淄青节度使理

----

① 《新唐书》卷二一三《藩镇淄青横海·李师道传》,第5994页。《旧唐书》卷一七〇《裴度传》记:"(元和)十三年,李师道翻覆违命,诏宣武、义成、武宁、横海四节度与(魏博)田弘正会军讨之。弘正奏请取黎阳渡河,会(忠武)李光颜等军齐进。"第4420页。证明忠武军也参加了此役。
② 《旧唐书》卷一二四《李师道传》,第3540页。
③ 《新唐书》卷五二《食货志二》,第1353页。
④ [唐]裴镛撰《唐故朝散大夫前守太府卿上柱国赐紫金鱼袋赠左散骑常侍京兆韦公府君(应)墓志铭并序》拓片由毛阳光先生提供,顺致谢意。

所郓州。① 因为徐州武宁军也是讨伐淄青李师道的行营之一,故此言"徐帅以全师出"与史传所记一致,上引《韦应墓志》还特别记录了战役中的新情况,即唐军"将克而馈不及"的情况,值得一提。志文中所言之主兵食者应该就是淄青四面行营诸军粮料使王遂,据此可知,正是王遂表奏志主韦应知武宁供军院,也正是在韦应的努力下供军院才做到了武宁军的供馈不乏。事实上,中唐以后的历次大战役多有设立供军院负责供输出界作战的军饷,主要是供给行营诸军出界粮。② 此次用兵也不例外,既有四面行营诸军粮料使王遂,也有知武宁供军院韦应,据情推测,参与此次作战的行营都可能设立供军院。凑巧,此次战役中供馈不及的情况也在《夏侯昇墓志》有所反映,在"支度供军,转输未继"之时,忠武军行营之供输由夏侯昇临危受命,而所谓的"奔千轮,走万蹄,逾出渡水,晦明不息,"也只是协助供军院运输军资。其供军物质应该仍然出自供军院,并不是出自本道,因为忠武军行营也是出界作战,同样要由中央供给出界粮,即史载之"诸道行营出其境者,粮料皆仰给度支,谓之食出界粮。"③但此次出界作战,供军院究竟供给武宁军和忠武军军费各是多少,已无从得知。幸运的是,此次战役唐政府所投入的总军费却留存下来,《旧唐书》卷一六二《王遂传》:"充淄青行营诸军粮料使。初,师之出也,岁计兵食三百万石,及郓贼诛,遂进羡余一百万。"④此次讨伐从元和十三年七月始,到十四年三月罢兵,前后共八个月,本来此次讨伐淄青李师道的军费预算是每年三百万石,每月就是25万石,结果只用了八个月就平定叛乱,用去200万石(包括诸道行营归还之时的宴劳和赏赐费⑤),还有100万石的羡余,这也是王遂进羡余百万的来源。从而可知,此次战役共用去200万石军粮,也就是所谓的诸道行营出界粮合计之数,均由粮料使或供军使主持的供军院供给。

综上所述,虽然唐代藩镇军费供给制度全貌未见史传明确记载,但通过传

---

① 《元和郡县图志》卷十《河南道六·郓州条》,北京:中华书局,1983年,第257页。
② 贾志刚:《唐代中后期供军使、院及相关问题探讨》,《魏晋南北朝隋唐史资料》第18辑,武汉:武汉大学出版社,2001年,第78—86页。
③ 《册府元龟》卷四八四《邦计部·经费》,第5786页。
④ 《新唐书》卷一一六《王遂传》:"始,调兵食岁三百万,俄而贼诛,遂簿羡赀百万以献。"第4226页。
⑤ [宋]宋敏求编《唐大诏令集》卷一二四《破淄青李师道德音》元和十四年二月二十一日:"诸道行营……应缘讨伐将士,归还之际,合有宴劳、赏赐等,并从别敕处分。"北京:商务印书馆,1959年,第667页。

世文献和出土资料的相互质证,其基本原则仍然有迹可循。尽管诸道供军细则因时因地常有变化,但因为都处在唐政府多级供军体制下,其供军制度又经常表现出相互取则的现象。故唐《夏侯昇墓志》所记徐州武宁军的供军措施是了解中唐以后藩镇军费问题的重要线索。

(本文作者:西北大学历史学院副教授)

对《大唐西市博物馆藏墓志》部分解题地名的异议

李健超

隋唐长安城与城外万年、长安两县的广大郊区,是构成长安国际大都会风貌的有机整体。两者相辅相成,交相辉映。近郊作为城市生活展开和依托的重要区域:名园别墅、山庄水榭、膏腴良田,风光秀丽,是长安人居最富有生机和活力的重要场所,也是京城最重要的墓葬区。经学者研究,唐代关内道的园林别业有80处,是从古籍文献记载和唐代墓志中检索出来的。绝大多数集中在唐长安城内、外。如"樊川别业"、"太平公主山庄"、"太平公主新庄"(灞川)等等。① 宋代张礼《游城南记》提供更具体的唐代园林别业的遗址。大唐西市博物馆藏墓志大部分是从西安和洛阳的郊区出土的。《大唐西市博物馆藏墓志》的出版,汇积了数十名专家学者的辛勤劳动,成果辉煌、功德无量。但由于专家学者们来自各地不同的部门,对西安的地质、地貌不十分熟悉,所以对某些墓志的"解题"存在着诸多失误。

汉唐长安城位于今西安市区内,是渭河干流冲积平原发育最宽广的区域,地貌以二级阶地为主,东南迭嵌入三级阶地,间有古河道洼地分布,微观地形开阔平坦,海拔400—450米。

渭河干流冲积平原,是在秦岭地槽褶皱带和鄂尔多斯地台之间南部边缘断层基础上发展起来的相对沉降地带。秦岭在西安东南折向东北,与骊山东南丘陵相连,西安城区及周边地表形态是东南高,西北、西南低。八水绕长安的八水,除泾、渭在西安城北流去,源于秦岭的灞、浐、潏、滈、沣、涝等地面河流和地

---

① 李浩:《唐代园林别业考录》,上海:上海古籍出版社,2005年版。

下水均从东南流向西北(或由南向北)。由于历史时期渭河及其在城区之南的诸多河床摆动以及地质构造作用,特别是渭河在关中平原中部,从咸阳西南流向东北,形成西安地区周围的不同高原,如少陵原、白鹿原、铜人原、毕原、神禾原、高阳原等等,历史时期长安地区的墓葬大多分布在这些高亢的原面上,再由于历史时期,原面上的乡里村名的变化,导致很多地名错乱,如唐代万年县的细柳原就是现在我们所说的铜人原。笔者就有些解题提出不同看法,就正于专家学者。

一 关于龙首原的地理位置

《大唐西市博物馆藏墓志》(以下简称《西市墓志》)第三〇八《陈守礼墓志》解题:"贞元二年葬于万年县龙首原,在今西安北郊龙首村一带。"第三五五《张瑜墓志》解题:"元和七年葬于长安县龙首乡渭水南小严村卧龙之原,约在今西安北郊龙首村一带。"此外,还有多方葬于龙首原的墓志,解题均指今西安北郊龙首村。龙首原位于西安城北,东起浐河西岸的广大门(唐禁苑东面南门光泰门),西至汉长安城遗址,东西横亘约三十里。属于残存于二级阶地之上的三级阶地,龙首村确在龙首原上,东距唐大明宫之麟德殿尚不到200米,隋唐两代300多年龙首原是都城内的禁苑(隋名大兴苑),当时的老百姓、官员死后,怎么可能埋葬在皇室游乐的禁苑内呢?

万年县龙首原在隋唐长安城东,龙首原有龙首乡,北界浐川乡,东抵白鹿原。《长安志》龙首乡"在(万年)县东十五里,管村三十五,神鹿里。"今西安城东韩森寨、郭家滩均属唐代龙首乡,已经在这里出土十多方唐墓志。①

长安县龙首原在唐长安城西,今枣园村和阁庄一带。天宝十四载张登山墓志标明葬于"开远门外西三里龙首原。"长安县龙首原有龙首乡、龙首里等乡里。张瑜墓志所载的"龙首乡渭水南小严村卧龙之原"是地理写实。近一百年来在开远门西龙首乡出土唐代墓志三十余方。其中内侍省令史堵颖志记载:"小严村即开远门外临皋驿西南。"1956年在枣园村东出土的初唐画家王定墓志:"万岁登封二年二月十二日,与夫人徐氏合葬于长安县小严村北平原。"因此可认定小严村在今枣园村附近,该村约在今大土门村西北3公里。在此再说明一点,

---

① 《西市墓志》有关万年县龙首原的墓志有编号为九四、二一三。

从长安西去中国西域以及中亚、西亚、欧洲的丝绸之路的第一个驿站临皋驿,在今大土门村西北七里,这是唐内侍省宫闱局丞杜玄礼墓志所提供的数据。①《西市墓志》还有关龙首原的墓志编号为九八、一○四。

二 关于细柳原、细柳乡的地理位置

《西市墓志》第二九○《常无名墓志》解题:"大历十年迁祔于弘农大君杨夫人在细柳原之茔,博陵崔夫人同合焉。在今西安长安区西南细柳乡一带。"《西市墓志》第三五二《宋公夫人张氏墓志》解题:"元和六年归葬于万年细柳乡新店原,在今西安临潼区西泉乡一带。"②《西市墓志》第四四七《王彦真墓志》解题:"咸通六年葬于万年县细柳乡故郡村,祔先茔,在今西安长安区。"

关于细柳营、细柳原、细柳仓,唐代李吉甫《元和郡县图志》卷一京兆府万年县:"细柳营在县东北三十里,相传周亚夫屯军处。今按亚夫所屯在咸阳县西南二十里。言在此,非也。"长安县:"细柳原在县西南三十三里。别是一细柳,非周亚夫屯军之所。"咸阳县:"细柳仓,在县西南二十里,汉旧仓也。周亚夫军次细柳,即此是也。张揖云在昆明池南,恐为疏远。"从军事地理学研究,周亚夫屯兵细柳是保卫汉长安城防御匈奴骑兵从萧关道直扑长安,应当是在渭河北(或西北)的细柳仓,而且经考古研究,地点在今西宝高速公路渭河桥以西的过唐村,而且也有汉代遗物。而长安县西南三十三里之细柳原只是一片平旷起伏微小的原野,无任何军事价值,但遗憾的是中国军事科学院编撰的《中国军事史》第二卷《兵略上》③竟误为周亚夫屯军的细柳营在今长安区的细柳乡一带。

唐代的细柳原究竟在哪里?万年县有,长安县也有。宋代宋敏求《长安志》卷十二长安(县):"细柳原在县西南三十三里"。④ 关于万年县的细柳原,历史文献记载的有唐代萧昕《元献皇太后哀册文》与《昭靖太子哀册文》(《全唐文》三五五卷)"窆于万年县细柳之北原",从长安城到细柳原要"越素浐以东指。……对骊宫以立表",即要过浐河并对秦始皇的骊山秦宫殿。唐代韩述《奉天皇帝长子新平郡王墓志铭》:"窆于万年县龟川乡细柳原。"(《全唐文》四三九),新

---

① 关于史堵颖、张登山、王定、杜玄礼墓志分别见《续修陕西通志稿》卷一五二,载《文物》等杂志。
② 《西市墓志》关于万年县细柳原、细柳乡的编号为二六七。
③ 《中国军事史》第二卷《兵略上》,北京:解放军出版社,1986年版。
④ 《西市墓志》关于长安县的细柳口有编号为六三,吕金纲墓志。

平郡王李俨是唐玄宗之孙,唐代的龟川乡即今西安郊区灞河东邵平店一带。《全唐文补遗》载《吴巽墓志》:"天宝七载十月二十四日,葬于京兆府会昌县铜人原。"《大唐庆国故细人孙氏墓志铭》"卒于天宝五年……即以其载十一月十三日,安厝于会昌县界细柳之原。"①这两方墓志均指明葬于会昌县铜人原、细柳原。据《旧唐书》卷三十八《地理志》"天宝二载,分新丰、万年置会昌县,七载省新丰县,改会昌县为昭应,治温泉宫之西北。"《旧唐书》卷九《玄宗纪》"(天宝三载)十二月甲午,分新丰县置会昌县。"《新唐书》卷三十七《地理一》也有记载天宝三年析新丰、万年置会昌县。说明今临潼铜人原的一部分就是天宝三年析万年县之地所置。如果认为唐代皇后、王子的哀册文和有关墓志还没有确指万年县细柳原的地望。1958年临潼县西泉乡唐村出土唐玄宗第六子荣王的第八女婪女墓志:"天宝九载冬十月旬有五日,诏葬京兆府咸宁(万年)县之细柳原"。1974年临潼县西泉乡椿树村西南出土《唐□请大夫内侍省上柱国常允逸神道碑》,碑文记载常允逸于天宝七载:"以明载二月十四日从先茔于京兆细柳原。"上述《元献皇太后》就是唐玄宗的元献杨皇后,是唐肃宗的生母,唐代宗时由细柳原的原葬地起出遗骸与唐玄宗合葬于奉先县(今蒲城县)的唐泰陵。临潼县的西泉乡和斜口以南,灞桥区洪庆以东,这一带地区今称铜人原,是唐代皇后、王子、县主以及达官贵人的葬地。由此可见《西市墓志》的宋公夫人张氏墓志的解题是正确的,而《常无名墓志》的葬地是不是长安区西南的细柳乡尚不能确定,而《王彦真墓志》葬地解题则是错误的。此外还有《西市墓志》编号一九八、二一〇,三方墓志只记载"细柳原"不知是万年细柳原,还是长安细柳原。

三 三益村的地望

《西市墓志》第三一四《郭幼明夫人苏氏墓志》解题:"贞元七年,归祔于丈夫郭幼明之茔,当在万年县义善乡之南原,今西安长安区大兆乡三益村一带。"《西市墓志》还有编号为八五、九一、一三七、一七一、二八四、二九二、三一〇、三一五、三九六、四一九等墓志,解题均注名"三益村"。

西安地区古今有三爻村、三兆村、三府井村、三门口村、三桥村,唯独没有

---

① 吴钢主编:《全唐文补遗》第三辑,西安:三秦出版社,2000年版,第83页、81页。

"三益村"。《陕西省西安市地名志》①中亦无"三益村"。此名最早得知于王其祎、周晓薇夫妻撰写的《西安碑林新入藏柳宗元撰〈独孤申叔墓志〉笺证》一文。②独孤申叔墓志在西安市南郊的长安县大兆乡三益村发现。从墓志文中得知独孤申叔自其祖、父均葬于"灞水之左,今上王后营陵于其侧,故再世在此。"

贞元十八年七月七日,独孤申叔葬于万年县凤栖原义善乡。灞水源于蓝田县秦岭北坡,向北流经隋唐长安城东入渭。"灞水之左"就是灞河西岸,凤栖原义善乡正当其地。经王其祎、周晓薇教授研究,"今上王后营陵于其侧",指独孤申叔在义善乡的墓侧是唐德宗王皇后(昭德皇后)营建的"靖陵",后来在唐顺宗永贞元年十一月"徙靖陵,祔葬于崇陵。"崇陵就是唐德宗的陵墓。

独孤申叔墓志出土地点"三益村"在哪里?2010年第2期《中国历史地理论丛》刊载日本学者户崎哲彦《唐京兆府万年县乡里补考》一文,作者多次提到三益村,认为"三爻村"疑为三益村之讹。为了实地考察三益村所在,特嘱历史地理研究生高铁泰,据唐万年县义善乡的地望寻找。高铁泰实地考察得知:20世纪50年代由大鲍陂、小鲍陂和五府井三个自然村合并而名"三益村","三益村"地名的存在不是三爻村,三益村距离东三爻村是6公里,距西三爻村更要达7公里了。③同时也启示我们在群众习称的大小鲍陂村附近还有一座皇后陵——靖陵,后来成为一座空陵。

四 终南山楩梓谷

《西市墓志》一一六《方藏墓志》解题:"垂拱二年葬于终南山楩梓谷,在今西安长安区南。"这种解题太笼统,今长安区相当于隋唐两代万年县和长安县的大部分土地,面积过大。实际上楩梓谷及楩梓谷口的鸡鸣阜,是隋唐两代的佛教圣地,即今"天子峪"。1995年11月14日,笔者在天子峪内华严宗的祖庭至相寺遗址周围实地考察,在一牛圈中发现一方唐代刘晏墓志,志称刘晏"临终诫子弘满,以至相寺施身,仍于寺西北营塔。"刘晏在显庆六年二月二十七卒于长安隆政里,麟德元年十一月二十九与夫人同建塔于终南之山。此外在天子峪

---

① 西安市地名委员会、西安市民政局1986年出版。
② 王其祎、周晓薇:《擢擢其英 煜煜其光——西安碑林新入藏柳宗元撰〈独孤申叔墓志笺证〉》载《书法丛刊》,2007年第5期。
③ 高铁泰:《对〈唐京兆府万年县乡里补考〉的异议》一文,载《唐都学刊》2011年第4期。

内还见到几方出土榾梓谷的唐人墓志。榾梓谷口的鹉鸣阜、南至至相寺约 2 公里，是终南山天子峪的冲积洪积扇，三阶教的信行禅师和数以百计的三阶教徒舍肉身收骨起塔于此，俗称"百塔寺"，是三阶教终南山的圣地。是兴盛于隋唐时代佛教的三阶教遗留至今最重要的文化遗存。

五　黄子陂、皇子陂

《西市墓志》第四二《爨君墓志》解题："爨君雍州鄠县人，贞观二十三年，葬于黄子陂北原，应在今西安户县。"爨君曾为唐太宗文德皇后的挽郎，其祖、父"驰荣两禁"，贞观二十三年十月十四日，窆于黄子陂北原。户县古今无黄子陂，唐长安城南有皇子陂。《水经注》"沈水上承皇子陂于樊川。"沈水就是潏河，于皇子陂以下改道后，原河道于韦曲镇以下渗出为皂河。《太平寰宇记》"皇子陂在启夏门（唐长安南面东门）南三十里，陂北原上有秦皇子冢，因以名之。隋文（帝）改为永安陂，周回九里。"皇子陂是一处周围达九里的池塘，可以泛舟，唐时达官贵族多来此游赏。唐末罗隐有《皇陂》诗，盛赞此地风光。今长安区韦曲镇东南有皇子坡，皇子坡当在樊川（潏河）河道附近，今已淤塞为良田。

还有一些墓志志文中的地名有误，如编号四一和四二○的墓志关于神禾原和少陵原的记述有误。

最后向与会者呼吁，西安地区是我国封建时代皇帝陵墓最多的地区，有秦始皇陵、汉十一陵、唐十八陵等。还有汉成帝废昌陵、汉傅太后（汉元帝傅昭仪）的空陵。还有很多唐代皇后陵，至今也无下落。例如唐玄宗李隆基的贞顺武皇后陵，位于少陵原上的庞留村，近年被盗墓分子将其石椁卖到美国。有位于义善乡的唐德宗王皇后的空陵，还有今西安东郊的唐武宗母韦太后的福陵、唐宣宗晁皇后庆陵、唐懿宗王皇后安陵、唐僖宗之母惠安太后寿陵，至今均无踪迹。希望能在唐代和唐后的墓志中得到点线索。

（本文作者：西北大学西北历史研究所教授）

唐代文学和皇室的婚配仕进

—— 新见两方有涉大明宫的墓志披露的新资料*

胡明曌

当西安的唐代大明宫遗址保护工程大规模开展,我们对新出有关大明宫的唐墓志给予了特别的关心。近日又见大唐西市博物馆新的两方内容与大明宫有关的墓志,披露于下。

第一方是崔成务与夫人赵郡李氏的合祔墓志:

试录文如下:

唐故邕管营田判官左骁卫兵曹参军崔公及夫人赵郡李氏合祔墓志铭并序
从祖弟儒林郎守京兆府蓝田县丞立之撰

公讳成务,字知止,博陵安平人也。曾大父操,皇银青光禄│大夫,润州刺史。大父履素,金吾郎将、大明宫留守。父淑,魏│州贵乡县尉。世济义烈,激为风猷,功著王府,业传昆裔。公│即贵乡之子,生禀异气,长多休问,有文,有学,有忠,有孝,有│友道,有吏能,有君子之行之容,可以师范宗党,奖励戚属,│故所至皆为人所慕仰。始以柔立,终而训成,莫可得而具│举也。其于五言诗,又精穷律吕,工错绮绘,或当时得盛名│者,亦知所钦挹推伏焉。及其在邕管也,政绩茂著,虽府主│屡易,而寄托转崇。适拜太常太祝,俄迁环列之显,有以见│其充用之器矣。娶赵郡李氏,即永州刺史敬仲之息女,谦│和明顺,克谐姻族。而不幸无子,相次殁于江徼,恸可穷耶。│公春秋六十三,夫人矣。今二輴齐归祔于先茔,实韦氏寡妹与入继之侄让,衔哀藏事。克以礼终始,

---

* 基金项目:本项研究为"中央高校基本科研业务费专项资金资助项目"《日本本位意识与隋唐文化选择性引进》,项目编号 NKZXB10013。

人伦」之所难也。时元和九祀十一月十一日,告永毕焉。立之与」公,亲则从祖昆弟,义则文墨知友,自所进取,多由奖励,今则已矣。」痛悼何能极哉。抚膺援笔,愧无以纪叙万一。铭曰:」

天斯长,地斯久,人非金石,安能不朽。兄实孝义,志积高且」厚。偃然亦往,神明之咎。追悼莫见,生涯何有。呜呼哀哉。灵匹嘉偶,仪表永祔于南原,独休声尚传于后。

崔成务是《京兆韦府君博陵崔氏(成简)合祔墓志铭》中志主崔成简的兄弟,崔成务这墓志中也提到:"大父履素,金吾郎将、大明宫留守",显然,兄妹俩都以先人曾任大明宫留守为荣。但凭这墓志,仍不能确知崔履素任大明宫留守的年代,和他能以官阶较低的金吾郎将任大明宫留守一职的原因。我们对此的认识,还只能停留在推测的"可能是在唐玄宗末遇到安史之乱,更可能是在唐德宗时的朱泚、李怀光乱时。皇帝在出逃时,匆匆将看守大明宫事,全部或部分派给他。"

该志在研究唐代人物评价标准和唐代文坛两个方面,也提供了材料。志文盛赞崔成务"有文,有学,有忠,有孝,有」友道,有吏能,有君子之行之容,可以师范宗党,奖厉戚属",其中特别夸奖的有友道、吏能、君子之行之容,是将才貌、能力、品德综合起来的评价,中唐以后,士人的评价要求由世族门第渐有向德行文章甚至政事的趋向,此方墓志很好的阐释了这种趋向。这里不再夸耀门第的高贵——作为"五姓"之首,志主无疑是有雄厚资本的,而将博陵崔氏的一流高门身份,一笔带过无多涉及。讲述的文、学、忠、孝、友道、吏能、君子之行之容,结合文学、功业、品德,可以为人楷模,用很高的标准衡量品评人物,这是一种清新向上的时代新风。

在众多才艺中,墓志着重称赞志主的文学才能:"其于五言诗,又精穷律吕,工错绮绘,或当时得盛名者,亦知所钦挹推伏焉。"无疑,唐诗的繁荣,就是由于成千上万崔成务这样的才子努力而来的。唐代诗坛上,不仅有耀眼的明星,更有志主这样灿烂的群星衬托。进而推敲"有文,有学"一句,其实内涵很丰富。所谓"当时得盛名者,亦知所钦挹推伏焉",此处这位未指名道姓者,当是包括了当时身处贬谪地的大文学家柳宗元。柳宗元曾记述他与志主的交往的情形:"博陵崔成务,尝为信州从事。为予言:邑有闻人濮阳吴君,弱龄长鬣而广额,好学而善文。居乡党,未尝不以信义交于物;教子弟,未尝不以忠孝端其本。以是卿相贤士,率与亢礼。"①崔成务在信州任从事的时候,把又一位"好学而善文"的濮阳吴君(吴武陵之父)介绍给柳宗元,后来柳宗元为这位濮阳吴君的文集写了序言,柳宗元品评人物,颇重视品德,对这位他乐意为之写序的吴君,不仅引用了志主崔成务的评价:"居乡党,未尝不以信义交于物;教子弟,未尝不以忠孝端其本。"他自己也评价说:"其为词赋,有戒苟冒陵僭之志;其为诗歌,有交王公大人之义;其为诔志吊祭,有孝恭慈仁之诚。"很称赞他忠孝、信义和戒苟冒陵僭之志、孝恭慈仁之诚这些品德,感叹他得不到"近世之居位者"赏识任用,而"行不昭","辞不荐","其可惜哉!"

墓志还帮我们揭示一个文学现象,在流放地永州,一批文人聚集,继续他们的文学事业。有"有文有学"善五言诗的崔成务,有带来其父"文集十卷"的吴武陵,都聚到柳宗元处。

在官场和科场不能把握自己命运的官员举子,广泛结交,联合互助,声气相通,以文会友。像崔成务这样有文有学和有文集十卷的濮阳吴君,仅在大唐西市博物馆藏的墓志中,就有如徐齐聃墓志:"编次遗失之余,成集卅卷,及所撰《经典至言》二卷";宋璟墓志:"尝着《道训》十卷";卢朓墓志:"文集十卷,行于代";刘伯刍墓志:"所著文二百廿三篇,编成十三卷";于汝锡墓志:"于汝锡尤工诗赋,赋累百、诗至千首";王逢墓志"前后所著文章,存诸缃袟,尽以讽化之本,往往寘于丞相家";崔文龟墓志:"生平所为古文七十首,赋十首,歌诗八百二十首,书启文志杂述共五十三首。又作《玄居志》十八篇,拟诗人之讽十篇"。还不算墓志中提到的《括地志》、《会要》的作者,就有7人之多,在总共456个葬年在唐代的墓志中,占了1.53%,是个惊人的比例,这些大多佚失不存唐代诗文,更见那个文学时代的辉煌规模。

顺便说一下墓志的撰写者崔立之,他职务不高,只是儒林郎守京兆府蓝田县丞,文章简洁,铿锵上口。最后的铭文,突破四字一句的程序,写得洒脱,一句"天斯长,地斯久,人非金石,安能不朽",将豁达的生死观,阐发得淋漓尽致。没有眼泪,没有悲伤,"仪表永衬于南原,独休声尚传于后",并非以官位的高低,而是以对成功人生的庆贺,祭拜了逝者。

另一方是唐代宗孙女宝应县主墓志:

---

① 柳宗元:《濮阳吴君文集序》,《全唐文》卷五七七,上海:上海古籍出版社,1990年,第2583页。

试录文如下：

唐故太子洗马杨府君夫人宝应县主陇西夫人墓志铭并序
再从外甥朝议郎守国子尚书博士柱国分司东都贾修撰

夫人积德厚庆，胤生帝宫，为代宗皇帝之孙，守司空循王遹之｜第八女，王妃荥阳郑氏之出。享年六十四岁，咸通十二年五月十八日寝疾薨于｜永崇里。以其年十月十二日葬于万年县高平乡西焦村，祔洗马茔。礼也。｜呜呼！士殁于世，行有可称，史得书之。夫人令德，修详而备，不让以叙。｜文宗御宇以孝，敦睦宗枝，□日诏执事曰："三纲之始，人伦之重，莫大于配偶及时，絪缊和合。况我贤□令嗣，思降良匹。"是时诏下一十八家，"宜择名士族子，副｜我求配。"

夫人封邑宝应，洗马服五品资，行御轮礼而尚焉，齐眉谐和，｜妇礼修备，成家内炽，愠容无一，日见亲姻，咸曰不宜王宫，来不幸□。｜洗马早世，鬓髻育幼，导训日严，遂使稚齿克家，不失先构。□我外族残薄，今｜无一人通班，可称鸿河毁而将通，邓林摧而冀华，夫人振之也。｜

今上统位，天下雍睦，不□□帝心。每元正便殿朝会，诸亲有以无衣｜而求赉者，有以求耕□庇风雨者，咸遂下托，无不应焉。独夫人无是。｜上常曰："何独异乎？"进曰："厚家暖躯，人之大欲。然妾衔悲，未敢发冀。｜陛下宽之，一日当启，移□朝请。"上曰："有欲当发，无为后叹。"声喧久通，含辛｜言进，上默左右，听我词曰："妾连帝枝，蒙降良配。不幸夫族，家焰灰灭。｜今一农室，尚能绪班，亡夫遗嗣二子，少而提育，粗闻诗礼，今已逾冠，无路仕进。｜幸帝哀奖，越例超赐，及妾□视，睹其敛板是固，不敢他求。久不发者，心难｜之也。"上惨容曰："能不利一时，而欲大夫族，真可哀也。可□疏来，为姑行之。"长｜子泌乃授左清道率府录事参军。又明年，次子玩授右司御率府胄曹参军。泌、｜玩禀训修立，能无违容。泌为今丞相王公牢盆吏，知苏州院事，检校祠部员外｜郎，兼侍御史，赐绯鱼袋。煮鞴逾格，加检校户部郎中。玩三转为京兆府士曹参军。呜呼！体柔强立，广事薄己，传书难之，况宫生而能哉。铭曰：

风自火出，成家内炽。欣扶其道，山处地中。为谦卑损，象慊其好。移天柔敬,顺贞姻族,醇和如扫,鬈髪垢面,未亡训孤,励其研讨。夫胤无期,焰燃帝念。情哀所⌋祷,福祉被其何微,祸伏锺之何卑。二子哀叫,连沵长诉。奠潋穹昊,旧垄旭旦。新开吟松,暮惨霜草。泉开今日,永闭风月,千秋自老。

朝散大夫守将作少监兼通事舍人柱国李薰书

志主太子洗马杨府君夫人宝应县主李氏,是唐代宗孙女,守司空循王李遹之第八女,母亲是王妃荥阳郑氏。李氏享年六十四岁,死于咸通十二年,埋在长安万年县。她的生卒年为(808—871)。

墓志有意思的地方,首先是记载了这位皇家金枝玉叶如何找良配的事情。唐文宗继位时,宝应县主已 18 岁,早已到了要着急的待嫁之年,于是皇帝下诏给十八家,重申"三纲之始,人伦之重,莫大于配偶,及时纲缊和合"的伦理后,直言主题:"宜择名士族子,副⌋我求配。"

唐朝后期,皇家子女与著名的士族家庭攀亲,成一时风气;而已经过气的士族旧门,自初唐的"禁婚家"以来,为争取"陪门财"等种种好处,而自抬身家。以致社会上普遍有将是否娶到"五姓女",作为和是否金榜题名出身进士一样的人生大愿来追求。皇家也不能脱俗,顺从这种社会风气,争与高门大族通婚。唐文宗为宝应县主或者还有其他皇家女择婿而下的这"宜择名士族子"的诏令,给我们又提供了一个这样的例证。而且事情还交代得很清楚,是在指定的十八家里挑选。

最后花落京兆杨家,显然不是最高门第。宝应县主只是当今皇上唐文宗五代祖唐代宗一个普通的孙女,马上出五服的远亲,其父循王李遹作为唐代宗第十七子,没有功绩没有背景,宝应县主显然不是士族高门的热门人选,最后所选婿太子洗马杨府君,是有一定地位的五品清官,只是夫君先她谢世了。她的县主的封邑名义在宝应,还不知是不是实封,是否有实惠收入。她带着两个孩子的日子并不好过。只能"鬈髻育幼,导训日严,遂使稚齿,克家不失。"

墓志内容最有价值的是记录了元日朝会,皇亲们进宫面见皇帝时的具体情况。事情发生在唐懿宗咸通年间,时宝应县主已经年逾五十,地点只说是"便殿"。因为元日朝会地点在含元殿,偶遇有丧事等但不取消朝会的话,会移至宣政殿或紫宸殿。①但会见外命妇等女眷亲戚,不能在这些大朝或中朝、内朝的正殿,可能是在光顺门内殿,也有曾在麟德殿的记载。例如高宗将会百官及命妇于宣政殿,并设九部伎及散乐,袁利贞上疏谏曰:"臣以前殿正寝,非命妇宴会之地",请命妇会于别殿,帝纳其言,即令移于麟德殿。②

墓志里说到朝会活动的细节:"每元正便殿,朝会诸亲,有以无衣」而求赍者,有以求耕□庇风雨者,咸遂下讬,无不应愿。",皇室的亲眷们,乘机纷纷提出衣服和房子等方面的要求,唐懿宗统统应承下来。由此可见,唐代后期相当一部分的皇亲国戚,生活并不富裕。

唐懿宗发现宝应县主没有说话,特意一再询问。宝应县主的回答却和众人不同,无关日常生活:"妾连帝枝,蒙降良配。不幸夫族,家焰灰灭。今一农室,尚能绪班,亡夫遗嗣二子,少而提育,粗闻诗礼,今已逾冠,无路仕进。幸帝哀奖,越例超赐,及妾□视,睹其敛板是固,不敢他求。久不发者,心难之也。"说的是家庭不幸败落,但亡夫留下的两个孩子,还是读了些书,现在已经成年却没有门路做官。只能指望皇帝破例照顾。不敢更有别的请求,可还是很难开口,所以没说话。皇帝听了说:"能不利一时,而欲大夫族,真可哀也。可□疏来,为姑行之。"夸奖县主不图一时之用的馈赠,而是要重振夫族,特别指示就此上书。这里皇帝称县主为姑,实际县主比皇帝大三辈,当是太姑婆。懿宗皇帝言出必行,授予她长子杨泌一个在太子身边供职的从八品上的左清道率府录事参军。又明年,授予她次子李琬从八品下的右司御率府胄曹参军的职位,也在太子身边供职。不少李唐皇亲国戚的后人,由此进入官场。而当时做官前景最好的科举进士及第把关较严,皇家出身亦不易走通。从这样为数不少的事例中,可以获悉一些官场竞争还算公平的消息。而唐代科举制确立后,尚有众多官员并非由科举进身。在中晚唐时代,一方面,不是进士出身,很难做到宰相高官;另一

---

① 《文献通考·王礼考二·开延英仪》有解释:"唐以宣政殿为前殿,谓之'正衙',即古之内朝也;以紫宸殿为便殿,谓之'上阁',即古之燕朝也;而外别有含元殿。……唐含元殿,宜如汉之大会殿,宣政、紫宸乃前、后殿,其沿习有自来矣。方其盛时,宣政盖常朝,日见群臣,遇朔望陵寝荐食,然后御紫宸。"

② 刘昫:《旧唐书》,北京:中华书局,1975年,第4958页。

方面,非科举出身的人,在中下层官员中所占比例还是很大的,他们可由门荫、辟举、军功、吏职流外入流等许多途径入仕,本文介绍的宝应县主墓志,具体生动地提供了一个皇帝敕赐给官(武职)的实例。

（本文修改定稿时,墓志录文参考了大唐西市博物馆藏墓志整理课题组所做录文,谨致谢意。）

（本文作者:南开大学汉语言文化学院副教授,博士）

石解墓志研究新编[1]

宁欣

近得阎守诚老师和毛阳光老师先后惠赐,得览大唐西市所藏"唐故衡王府长史致仕石府君墓志铭并序"拓片,读后小有心得,不揣浅陋,草拟三篇,以求教于方家。现将原文迻录,迻录如下[2]:

唐故衡王府长史致仕石府君墓志铭并序
从弟洪撰

勃海石氏,元魏世有祖兴,守仁义推让,全于内诚,晦名不显。亲旧发明,赐谥曰"恭",在《魏书·节义传》。至孙,恒州刺史九思,群从同爨,业治于九门。开元中,系孙宾玉,玉子扶沟令浑,浑弟玄英,英长子解,又三世,不异财。修儒尚农,植孝立悌,族居鄢[3]陵。解字通州,最[4]孝谨质厚,无狎友,未尝慢词失敬。其所与游,皆取以为信。为文

---

[1] 本文为国家社会科学基金项目"唐五代宋初都市社会中下阶层研究"(10BZS057)的成果之一。并得到北京师范大学"中央高校基本科研业务费专项资金资助"资助。本文在台湾中正大学2010年6月举办的"第二届汉化、胡化、洋化国际学术研讨会"提交论文的基础上,再经修改而成。原文载《史学史研究》期,第103-117页。本文略有删改。

[2] 承蒙阎守诚教授转赠胡戟教授惠予拓片《唐故衡王府长史致仕石府君墓志铭并序》照片,来源未示,是胡戟教授为"大唐西市"工程收集的多方墓志之一。后赴洛阳,承洛阳师院历史文化学院毛阳光先生惠示原拓及录文,与我已经做的录文相对校,多有裨益。
做完录文,见到龚静《反映唐代义商与唐人财富观的三方墓志》《考古与文物》2010年第2期,第96—101页,她也做了录文。本文根据她的录文做了个别的修改,特此致谢。但在个别地方仍有不同,适当加以说明。标点符号不同者,则不再标明。

[3] 按:原文左右结构是相反的。

[4] 按:原文为最的异体字,宝盖下"取"。

甚工,尝曰:余之业不以文。由进士及第①,授中牟尉。初,吴房令郑丹,为当时闻人,假贾畜家钱百万,没其生业不能以偿,辩于官司,治之,遭迫,移禁中牟狱。行贾视公善马,曰:"郑囚得马,吾当代输五十万。"丹先不知公,或言公乃效马,贾者义之,焚券免责。亳州团练使郭闻风悦之,辟为从事,试太常寺协律郎。贞元七年夏,鸿胪卿庾俇充册回鹘公主使,奏公为副,授监察御史里行,加章服。时奉使者,皆赐一子官。长子宗攸当得之,公曰:"伯父衰②疾,有子又长,且悦暮年之心。"于是,奏从弟随。九年七月使回,守本官入台。十二年六月,转殿中侍御史。十三年冬,太夫人薨,哀毁荒骇,露坐毁庐,因中风,足躃。十七年七月,除侍③史,留东都台。台有子来小吏百人,缘附为奸,发求民④间阴事,投书削名行,风闻责牒,人多愁恐。公曰:"御史司风俗之乖缪,察奸恶之冤滛⑤。刑讼咸狱,府尹之职也。"尽锄去不省。逾月,吏半引归。先是,台有积年役利,以给飡⑥钱,户死伍逃,分责乡里。公显列姓名,除版蠲籍⑦,发修廨赢资,减公食储费,洛中人至今诵之。同官嫉胜,谮诉台丞,以疾免职。寻授国子博士,治第⑧于东都康俗⑨西隅,始依竺乾教,从法言禅师学冥机复性术。改衡王府长史致仕。元和三年六月六日,殁世。公与郑氏,世为婚姻,夫人秘监静思之孙,梁县尉、三老次女,生二子,皆娶郑氏。长子宗攸,先公一岁卒;次子恭次,自许州鄢⑩陵县启夫人先殡,十一月廿四日,合葬于河南府偃师县亳邑乡武林里石桥东二里。洪兴公,累世旧好,齿伯仲行,于公行业,

---

① 原文"弟"。[清]徐松撰,孟二冬补:《登科记考补正》,北京:北京燕山出版社,2003年,没有石解登第的记载,有弟石洪举明经的记载。
② 龚静录文为"袡",似可商榷。
③ 按:缺"御",应补。
④ 按:原文"民"字缺末笔,应是避李世民讳。
⑤ "淫"的异体字,如做"滥",也通。
⑥ 龚静录文做"飱"。也是"餐"的异体字。
⑦ 原文为"藉"。
⑧ 原文"第"为草字头。
⑨ 洛阳定鼎门街东第四街自南起第二坊为康俗坊,见李健超:《增订唐两京城坊考》,三秦出版社1996年版,第280页。据上书,康俗坊有丞相张说、太子詹事陆余庆、东都留守刘知柔、前亳州刺史卢瑗、成都功曹萧公、大中大夫行定州长史李谦(以下略)等人的宅第。
⑩ 按:原文左右结构是相反的,下同。

素所详悉,得实刻铭。词曰:

习俗讹伪,駈①走名利,虚礼餙②仪,是则明智。毁节持荣,不为亏□③,常山石门,十世行义。成孝友乡,乐不言施,旧烈则泯,贞良未匱。长史深诚,然诺攸主,不持小善,每维大矩。败服尘容,亦莫余侮,由道而黜,琴书自辅。参错报德,迷茫上天,鄢陵阴里,旧陇新阡。全祯保祉今万斯年!

墓志没有注明时间,据墓志所记,墓主于唐德宗贞元七年(791)有明确的任官,于唐宪宗元和三年(808)去世,主要活动时间应该在代宗和德宗朝,主要任官经历在德宗朝。墓志铭并序由自署"从弟"的石洪撰写。

上篇 石氏家族的中原之路

代北胡姓在魏孝文帝改革时,进入中原的族姓基本都改成了汉姓,众所周知的大姓,研究成果多④,有关记载也比较丰富。但还有不少中低等氏族,官爵和家族地位都不如那些著姓,史料记载也较为零散和含混不清,在几百年的发展过程中,很多家族的姓氏也发生诸多变动,甚至汉、胡交织,乌石兰氏改为石氏即是其中之一。历时数百年后,进入唐朝的石氏家族,原为胡人的石氏已经汉化,但仍然保留了代北胡姓的影子或尾巴,甚至与汉晋中原石氏纠缠不清。通过对"唐故衡王府长史致仕石(解)府君墓志铭并序"的释读,同时辅以相关材料,可以得知,唐朝的石氏已跻身成中等官僚士族,其中如石解及为他撰写墓志的"从弟"石洪,起家走的都是科举之途,发达和辉煌也与文化素养有直接关系。同时,他们的挫折与转机仍然可以察觉到胡姓社会关系网的影子。随着南下、汉化、改姓、改籍贯等,中原姓氏与代北胡姓逐渐纠缠不清,世系交错。由于石解和石洪的家族都属于中等或中下等官僚士族阶层,在正史中记载很少,甚至不见记载(如石解),因此,通过对最近发现的石解墓志的考察,结合撰写者石洪的材料,我们会有很多新的发现和思考。

---

① "趋"的异体字。
② "饰"的异体字。
③ 该字左右结构,左边不清,右半边为"页"。
④ 有的胡姓家族进入中原后族系仍然清晰可寻,如源氏家族,见郭峰:《北朝隋唐源氏家族研究——一个少数族汉化士族家族门第的历史荣衰》,《中国社会经济史研究》2002年第3期,第1—10页。恕不一一列举。

一　关于石洪

"从弟"石洪,史书上有记载,转录如下:

《新唐书·乌重胤传附石洪传》:

> 石洪者,字浚川,其先姓乌石兰,后独以石为氏。有至行,举明经,为黄州录事参军,罢归东都,十余年隐居不出。公卿数荐,皆不答。重胤镇河阳,求贤者以自重,或荐洪,重胤曰:"彼无求于人,其肯为我来那?"乃具书币邀辟,洪亦谓重胤知己,故欣然戒行。重胤喜其至,礼之。后诏书召为昭应尉、集贤校理。①

韩愈撰《集贤院校理石君墓志铭》:

> 君讳洪,字浚川。其先姓乌石兰,九代祖猛,始从拓拔氏入夏,居河南,遂去"乌"与"兰",独姓石氏,而官号大司空。后七世至行褒,官至易州刺史,于君为曾祖。易州生婺州金华令讳怀一,卒葬洛阳北山。金华生君之考讳平,为太子家令,葬金华墓东;而尚书水部郎刘复为之铭。
>
> 君生七年丧其母,九年而丧其父,能力学行;去黄州录事参军,则不仕而退处东都洛上十余年,行益修,学益进,交游益附,声号闻四海。故相国郑公余庆留守东都,上言洪可付史笔。李建拜御史、崔周祯为补阙,皆举以让。宣歙池之使,与浙东使交牒署君从事。河阳节度乌大夫重胤间以币先走庐下,故为河阳得。佐河阳军,吏治民宽,考功奏从事考,君独于天下为第一。元和六年诏下河南,征拜京兆昭应尉、校理集贤御书。明年六月甲午,疾卒,年四十二。
>
> 娶彭城刘氏女,故相国宴之兄孙,生男二人:八岁曰壬,四岁曰申。女子二人。顾言曰:"葬死所"。七月甲申,葬万年白鹿原。既病,谓其游韩愈曰:"子以吾铭。"铭曰:"生之艰,成之又艰,若有以为而止于斯。"②

---

① [宋]欧阳修、宋祁:《新唐书》卷一七一《乌重胤传附石洪传》,北京:中华书局,1975年,第5188—5189页。

② [唐]韩愈撰,马其昶校注,马茂元整理:《韩昌黎文集校注》卷六《碑志》,上海:上海古籍出版社,1986年,第372—373页。

二　石解与石洪世系与经历

(一)石解

石解墓志首句为"勃(渤)海石氏",应是追溯石解的先世,但文末铭词又云:"常山石门,十世行义",可以理解为祖籍渤海(或攀附渤海),从有比较明确记载的十世祖石解先祖——石祖兴这一支迁居到常山。石祖兴属地方豪族,因助丧地方县令,而获得"上造"的爵位,并且被列入《魏书·节义传》。以后数代子孙,分别担任过恒州刺史(九思)、扶沟县令(浑)等,尚未见史载。墓志中的重要的人名、地名、职名等释读如下:

勃海,又为渤海,是石氏的郡望之一。西汉时,治所在浮阳县(今河北沧县东南四十里旧州镇),辖境相当今天津市、河北安次县以南,文安、阜城以东,山东无棣、乐陵、宁津以北地区。东汉移治南皮县(今河北南皮县东北八里),后辖境渐小。隋开皇废。南朝宋曾设置,属侨置郡,治所在临济城(今山东高青县东南高城镇)辖境相当今山东高青县附近地。北齐废。东魏置渤海郡,治所在东光县(今河北东光县东二十里)。隋开皇初废。①

据有关研究,中原石姓最早发源于当时的卫国之地,即今天的河南北部一带,以后便主要繁衍于黄河中下游地区,再后向更广的地方发展。魏晋南北朝时,在北方形成了五大聚居地。历史上石姓有望出"武威、渤海、平原、上党、河南"之称。据《元和姓纂》,渤海石氏,最早可以上溯到春秋时期的卫大夫石蜡,再往后续到晋司徒石苞,最晚续到唐虞部郎中石晷。② 墓志中的石氏标明为渤海石氏一系,最早追溯到常山石祖兴,《魏书·节义传·石祖兴传》:"石祖兴,常山九门人也。太守田文彪、县令和真等丧亡,祖兴自出家绢二百余匹营护丧事,州郡表列,高祖嘉之,赐爵二级,为上造。后拜宁陵令,卒。吏部尚书李韶奏其节义,请加赠谥以奖来者,灵太后令如所奏,有司谥曰'恭'"。③

常山,西汉时为"恒山",西汉时因避汉文帝刘恒讳,一度改称为"常山",隋

---

① 主要参照《中国历史地名大辞典》,中国社会科学出版社2005年。下同,书名略,仅注明页数。
② [唐]林宝撰,岑仲勉 校记《元和姓纂》(附四校记)卷一〇《石》,北京:中华书局,1994年,第1595—1596页。
③ [北齐]魏收:《魏书》卷八七《石祖兴传》,北京:中华书局,1974年。

置恒山郡,唐改为"常山"。因石祖兴助葬有功①,拜宁陵县令。宁陵县在河南东部。此后,墓志所见的子孙转徙任职,大致仍未出河南一境。

祖兴之孙九思,为恒州刺史。恒州,北魏改司州置,基本在今山西、内蒙、河北等地。东魏、北齐继续设置在山西。西魏在甘肃,北周在陕西。唐移治石邑县(今石家庄),又移治真定县(今正定县)。元和十五年(820)避穆宗讳,改名镇州。五代后唐改为真定府,后晋复名恒州,后汉又改名镇州。②

石浑任职扶沟县令。扶沟县,西汉置,属淮阳国,治所在今河南扶沟县东北四十四里古城村。东汉属陈留郡。三国魏属陈留国。西晋初废,后复置。东魏属许昌郡。北齐移治今扶沟县。隋属颍川郡。唐属许州。仍然是河南境内。按墓志文中的排序,石浑是石解父石英玄的兄长,则石浑应是石解的大伯,任职时间应在唐中期。

石解家族"族居鄢陵"。鄢陵县,东汉改傿陵县置,属颍川郡,治所在今河南鄢陵县西北十八里古城村。北魏改为鄢陵县。北齐废。开皇中复置鄢陵县,属许州,徙今鄢陵县。开皇十六年(596)为洧州治。大业初属颍川郡。唐武德四年(621)复改为鄢陵县。③

石解进士及第后,解褐中牟县尉。中牟县,西汉置,属河南郡。治所在今河南中牟县东。北魏并入阳武县,后复置。东魏为广武郡治。北周移治圃田城(今河南郑州市东)。隋开皇初改为内牟县,后改为圃田县。唐武德三年复改中牟县,为牟州治,仍还旧治。后属汴州。龙朔二年(662)改属郑州。五代属开封府。

石解墓志中提到吴房令郑丹。吴房县,西汉置,属汝南郡。治所即今河南

---

① 后人对石祖兴助葬得官,不以为然,明人朱明镐在所撰《史纠》卷二《北魏书·节义传》云:"节义传中,石祖兴可削也。祖兴营太守县令两丧,赐爵上造。以愚言之,守令悉属王官,果有治状,恒典自有国恤,即无赐榇家人或能视含,何烦部民屡出办丧,此尽善事上官逢迎当涂者之所尚,李锥郭尖优为之耳。故曰:祖兴宜去。或曰:然则石留之葬县令黄宣也,张安祖之殡县令元承贵也,二人犹之石祖兴也。二人亦宜去。曰:是,不然本传明言之矣。黄令无期功强近之亲,元令有弱息旅魂之痛,所治有行德者,急录其行以风薄俗可也。"影印文渊阁四库全书第 688 册,台湾商务印书馆 1984 年,第 480 页。(唐)李延寿:《北史》卷八五《节义传》:"史载:郭琰沓龙超乙速孤佛保三人搜补逸漏可称良史。独传中王玄威、石祖兴,一以匹夫而丧天子,一以部民而结上官,长无耻之习,开侧媚之端,犹然仍魏氏书而不削,未可以训也。"第 495 页。

② 《中国历史地名大辞典》(下),第 1953—1954 页。

③ 《中国历史地名大辞典》(下),第 2769 页。

遂平县。南朝宋废。隋大业三年(607)改遂宁县复置,属汝南郡。唐武德四年属豫州,贞观元年(627)废。八年复置。宝应元年(762)属蔡州。元和十二年(817)改为遂平县。石解于元和三年去世,按其任官履历,郑丹任吴房令任上因经济案件入狱应在贞元七年以前。①

石解因在郑丹经济案件的审理中,效马②解难,亳州团练使郭降闻风悦之,辟为从事。亳州,北周末改南兖州置,治所在谯县(今安徽亳州市)。隋大业三年(607)改为谯郡。唐武德四年(621)复为亳州。天宝元年(742)改为谯郡。乾元元年(758)又曰亳州。辖境相当于今安徽亳州、涡阳、蒙城及河南鹿邑。③仍未离河南及附近郡县。

石解的任官履历条理如下:初为中牟县尉;贞元七年,受聘于鸿胪卿庾铤,奏充册回鹘公主使副使,授监察御史里行,加章服;贞元九年回朝,入台为正官(监察御史),并得到赐一子官的优遇;三年后,转迁晋升为殿中侍御史;后因太夫人去世,哀毁过度而中风,病休四年;复出后转到东都留台,升侍御史;但留台台吏已经形成盘根错节的势力,上下其手,石解锐意革弊,虽多见成效,但受到同僚嫉恨和排挤,"以疾免职",授予国子博士,实为闲职,于是在洛阳治第休养,潜心佛学,颐养天年;后改衡王府长史致仕。

石解于宪宗元和三年六月六日去世,次子恭次,当年十一月廿四日自许州鄢陵县启夫人先殡合葬于河南府偃师县亳邑乡武林里石桥东二里。

2. 石洪

石洪以"从弟"自称,但他的家族显然与石解相距甚远。以《新唐书》本传和墓志互为参照,可知,其先祖姓氏为乌石兰,九代祖石猛,始从拓拔氏入中原,

---

① 郑丹:《全唐诗》卷二七二"郑丹":"郑丹,大历间诗人,蕲州录事参军。诗二首"。录有:《明皇帝挽歌》:"律历千年会,车书万里同,固期常戴日(一作载物),岂意厌观风,地惨新疆理,城摧旧战功,山河万古壮(一作在),今夕尽归空"。《肃宗挽歌》:"国以重明受,天从谅闇移,诸侯方北面,白日忽西驰,龙影当泉落,鸿名向庙垂,永言青史上,还见戴无为。"中华书局1960年,第3063页。(宋)计有功:《唐诗纪事》卷二八《郑丹》:"高仲武云:丹诗剪刻婉密,宝应中,献二帝、两后挽歌三十首,词旨哀楚,得臣子之致。虽不及事,朝廷嘉之,解褐蕲州录事参军。二章其尤者也。丹,大历间诗人。"上海古籍出版社1987年,第432页。按:高仲武,撰有《中兴间气集》三卷,辑至德迄大历中钱起以下二十六人诗,自为序。应该是大历以后人。郑丹为大历间诗人,做个小县令是可能的。时间也比较吻合。

② "效马","效"有"献出"之义,因此应指"献马"之举。前列龚静一文解释为郑丹会相马之术,这个结论需要斟酌;几个与郑丹案件有牵连的人之间的关系,也须再斟酌。

③ 《中国历史地名大辞典》(下),第2179页。

居河南,遂去乌与兰,独姓石氏,官至大司空。魏孝文帝太和十八年(494)迁都洛阳,二十年尽改复姓。改乌石兰止为石氏,以河南为望。沿袭七世(或九世),曾祖官至易州刺史①,祖石怀,官至婺州金华令,去世后葬洛阳北山。父亲石平,官至太子家令,去世后葬其父墓东,尚书水部郎刘复②为之撰写墓志。

据《元和姓纂》,河南石氏,原为乌石兰氏,改姓石。最早上溯到北魏司徒兰陵公石猛,最晚续到武则天时期曾任天官侍郎的石抱忠。③

综上,石洪一系应该是代北胡族,魏孝文帝改革期间举家迁洛阳,逐渐走上汉化之路。家族主要成员中虽然有远赴江南任职者,但仍然归葬洛阳。

石洪履历如下:唐代宗大历六年(771)出生;七岁丧母;九岁丧父;举明经;先为黄州(也许是冀州,但不确定)录事参军(纠曹),但似乎并未恋栈,不仕而退处东都洛上十余年;元和三年(808)原宰相郑余庆留守东都④,推荐石洪为史官之才;同年,李建拜御史⑤、崔周祯为补阙皆举石洪自代,即推荐其可为台谏之官;宣歙观察使卢坦、浙东观察使薛苹有意署为从事,大概未就,最后接受了河阳节度使乌重胤的辟署,为河阳节度府参谋⑥;因考课优秀,元和六年,征拜京兆昭应尉、校理集贤御书,赴京任职;元和七年卒,葬万年白鹿原,韩愈为之撰写墓志。

可知,石洪生卒年为公元771—812年,终年42岁。

3. 两"石"世系的纠结

依据石解和石洪的墓志,以及石洪的本传,石洪虽然以石解从弟自称,但石解属于中原渤海石氏分支,而石洪属于代北随魏孝文帝南迁的胡族乌石兰氏,

---

① 是否是赠官不详。
② 刘复,登大历进士第,官水部员外郎。见(唐)林宝:《元和姓纂》卷五《诸郡刘氏》。
③ 《元和姓纂》的记载见前注。据严耕望《唐仆尚丞郎表(二)》归纳,"石抱忠,天册万岁元年(695),以检校天官郎中知天侍事。神功元年(697)正月二十四壬午,被杀。"中华书局1986年,第553页。两《唐书》无传,受来俊臣等诬告被杀,族诛。
④ [后晋]刘昫:《旧唐书》卷一四《宪宗纪上》。
⑤ 元和三年十月,以高郢为御史大夫,奏李建为殿中侍御史。参见《旧唐书》卷一五五《宪宗纪下》。
⑥ 元和五年四月,以乌重胤为河阳节度使,治孟州。见[宋]司马光:《资治通鉴》卷二三八,北京:中华书局,1956年。韩愈有《送石洪处士赴河阳幕得起字》云:"长把种树书,人云避世士;忽骑将军马,自号报恩子。风云入壮怀(一作风雷开壮怀),泉石别幽耳;巨鹿师欲老,常山险犹恃。岂惟彼相怜,固是吾徒耻;去去事方急,酒行可以起。"《全唐诗》卷三三九,第3806页。

似乎不应搭界。石洪为石解撰写的墓志又称与石解是"累世旧好"。

石解的世系应该没有什么疑问,但关于石洪的世系,《周冠军公夫人乌石兰氏墓志铭》①却又给我们不同的信息,志文追溯乌石兰氏的先祖为西晋司徒乐陵公石苞,后代北魏时做官而蒙赐姓乌石兰,又有迁徙到河南河北的支系,与韩愈所撰墓志对石洪这一支先世的追述不同。

如果石洪先世追溯到石苞是真实的,按石苞为乐陵人,属渤海郡,则与石解正可按辈分自署"从弟"。因此,两石氏终于有了千丝万缕的联系。

石洪的先世到底出自乌石兰还是渤海石氏,即到底是依据韩愈所撰石洪墓志,其先祖本代北乌石兰氏(显然是胡姓,族属不详),北魏时迁居中原,改为石姓呢?还是依据周冠军公夫人墓志,其先祖原为渤海石氏,在北魏时蒙赐姓改为乌石兰,后又改回呢?

冠军公夫人的墓志为庾信②撰写,庾信生卒年为公元513—581年,韩愈生卒年为768—824年,晚了两百五十多年,但对石氏的先世却有颠覆性的记述。虽然韩愈采用的是代北先世说,但石洪本人似乎将自己的族属归在了渤海石氏一系。这中间到底发生了什么,两石究竟有何种联系,如无更确凿的佐证,今天恐怕也考证不清了。还有学者提出,石姓是昭武九姓之一,石解"善马",又有"琴书自辅",显然是善琴艺,应该是昭武九姓的特征③,但没有其他史料佐证,只能暂且存疑。

在这些纠缠不清的家族史的记述中,我们可以看到,追随孝文帝从代北迁居的非高等胡姓与中原普通士族,在辗转几百年的流徙中,在汉化与胡化的周折中,族属已经纠缠不清了,才会有庾信与韩愈的互相矛盾,才会有石解和石洪到底是出自同一族属还是攀附过程中主动或被动发生交错的疑问。经过魏晋南北朝隋唐几百年的融合,这些交错和疑问已经日趋淡化了。

---

① [北周]庾信撰,[清]倪璠注,许逸民校点:《庾子山集注》,中华书局1980年,第1051页。录有铭文全文:"夫人讳某,乐陵人也,晋司徒乐陵公苞后,子孙就封,因即家焉。扶风旧城,犹存铁市,河南故墅,尚余金谷。或寓燕隥,仍仕代郡。祖行,代郡尹。父,魏司空、兰陵郡公。司空佐命魏朝,少傅丞凝周室,并为大族,俱蒙赐姓,秦晋匹也,是曰通家。夫人年十七,归于宇文氏。淑令端庄,含章贞吉,箴盥惟仪,闺阃已正。某年,除金乡郡君。某年,改授冠军国夫人。四德小君,宜其家室;三事内主,翻辞赞务。以保定五年四月遘疾薨,时年四十有四。即以其年某月日归葬于京兆之某原。"(下略)

② 庾信,先后仕梁、西魏、北周,《北史》有传。

③ 台湾中兴大学宋德熹教授作此推测。毛阳光:《洛阳新出土唐代粟特人墓志考释》,载《考古与文物》2009年第5期,考察了洛阳出土墓志中的粟特人,其中有史、康、安几姓。

三 石氏的交往圈与向洛阳集中的趋势

石解和石洪虽然族属有些纠缠不清,是否是同一族属尚存疑问,但从石洪亲自给石解撰写墓志可知,至少在唐朝中后期,同为石氏的两个家族,基本属于同一社会阶层,同处以洛阳为中心的社会交往圈应该有着很多的联系。

石解的家族中,石解的官职是最高的,其他人担任的官职最高是恒州刺史,此外就是中下县的县令。石姓在魏晋南北朝延续下来的士族中并非高门,石解和石洪家族中的人,只有追溯到先辈石苞西晋时位至司徒,未见到其他显赫官职。石解虽然进士及第,初仕县尉,凭借两年出使经历,得到监察御史的正官,晋升殿中侍御史后,又因母亲去世和疾病休养四年,转为东都留台后,本想有一番作为,但却受到排挤和诋毁,"以疾免职",前程无望,赋闲在家,最后以衡王府长史的身份退休。据考,石解于元和三年(808)去世,衡王应该是顺宗子绚,虽然官品为从四品上,但王府长史唐朝中叶以后多为闲职,属于抚慰性的官职,并无实际职任。① 因此,石解家族属于中下等士族,石解基本属于中层官吏阶层。

石解的交往圈史料没有记载,墓志中出现的有:

吴房令郑丹。已知郑丹任吴房令陷入经济纠纷时在贞元七年以前,此后历职不清。吴房县与石解任职的中牟县同属河南道,两县治直线距离约140公里。第二个是亳州团练使郭降。亳州属河南道,亳州团练使郭降其人不见史传。第三人是鸿胪卿庾侹,《旧唐书》卷一九五《回纥传》:"贞元七年五月庚申朔,以鸿胪少卿庾铤兼御史大夫,册廻纥可汗及吊祭使。②"庾铤应与墓志中的庾侹为同一人,可能镌刻有误。志文中的"册回鹘公主使"使名不见记载,应该以《旧唐书》为据,正确的使名是"册回纥可汗及吊祭使",夏和五月也能对得上③。《元

---

① 衡王:《旧唐书》卷一四《顺宗纪》:"十七男绚封衡王"(第407页),"衡王母阎昭训等各以其王并为太妃"(第418页)。卷一五〇 "衡王绚,顺宗第十二子。贞元二十一年(805)封。宝历二年薨"。(第4048页)

② 《旧唐书》,北京:中华书局,1975年,第5210页。

③ [宋]王钦若等:《册府元龟》卷九六五《外臣部·封册三》"(贞元)七年二月,以鸿胪少卿康铤兼御史大夫、册回纥可汗及吊祭使。先是,六年四月,忠贞可汗国人матерь,立其子可汗,遣达北勒梅禄将军告哀,且请册新君,故有是命。"北京:中华书局,1982年,第11351页与墓志中的夏和《旧唐书》记载的"五月"不同,人名也不同,待考。

和姓纂》卷六，排列新野庾氏时有"俚，宋州刺史鸿胪卿"，新野属河南，宋州亦属河南道。因此，也可以从一个方面解释庾俚之所以奏署仅任职亳州团练使从事的石解为副使的缘由了。

再看石洪一支。石洪先世追溯到的最高官职是九代祖王猛，官至大司徒。曾祖官至刺史，祖父为县令。父亲石平做到太子家令（从四品上），但两《唐书》无传。石洪本人举明经，仕途不畅，应聘于节度使府参谋，属于幕职，后被征召为畿县昭应尉，以非朝官为集贤校理，未及，身故。因此，石洪的家族也应属于中等阶层，所任官职基本也是中下层官吏。

与石洪交往的人有：

郑余庆①，河南荥阳人，德宗朝宰相，曾于元和三年到六年为东都留守，有荐举当地贤能的义务。石洪属于当地名士，得到宰相级别的高官举荐也非同一般。

李建、崔周祯未见史传，宣歙观察使卢坦（河南洛阳人）②、浙东观察使薛苹（河东宝鼎人）③两《唐书》都有传。上述四人或举石洪自代，或拟聘至幕府，应该与石洪的名士声誉有很大关系，也应该与石洪属于以洛阳为中心的士人社会圈有关。

河阳节度使乌重胤情况有所不同。乌重胤的籍贯一说张掖人④，一说京兆人⑤，实际族系属于代北乌石兰氏，在北魏还是属于有一定地位的氏族，因此有改姓的记载，但各支应该差别很大，籍贯的记载也有很多不同。乌重胤这一支跟随南迁，就有了张掖或京兆的籍贯。从族属上，石洪家族如追溯到乌石兰，和乌重胤应属于同族属，乌重胤镇守河南，延聘名士，石洪选择应乌重胤之聘应该是有地位和地域两方面的考虑。后应召到京师地区，不离开两京，可能是石洪

---

① 《旧唐书》卷一五八、《新唐书》卷一六五，有传。
② 《旧唐书》卷一五三、《新唐书》卷一五九，有传。
③ 《旧唐书》卷一八五下、《新唐书》卷一六四，有传。
④ [明]凌迪知：《万姓统谱》卷一三载："乌承玼，字德润，张掖人。"影印文渊阁四库全书第956册，台湾商务印书馆1985年，第266页。重胤是其少子。
⑤ 据《元和姓纂》卷三《乌》："齐有乌余、乌枝鸣。莒有乌存，秦有乌获。鄱阳，'《姓苑》云：今鄱阳有此姓'，河南，'代北人乌石兰改姓乌，兼御史大夫乌洽。（案《韩愈集》及《唐书》俱作'承洽'，此脱'承'字。洽从父弟承⋯。（案：《唐书》，乌承玼官检校殿中监，此亦脱去。）玼生重允，今为河阳节度。"（宋）陈思：《宝刻丛编》卷一○《唐司徒乌重胤碑》："唐司徒平章事裴度撰，山南东道节度使窦易直书。重胤，字保君，京兆人。"影印文渊阁四库全书第682册，台湾商务印书馆，1984年，第373页。

的基本原则。

石洪属于河南名士,举明经十余年不出仕,马端临云:"有强起隐逸之士者,若乌重胤之于石洪、温造"。①

乌重胤的父亲乌承玭"以武功显,封昌化王",韩愈、许孟容都为之作碑。②

石解和石洪两家族是否能理清族属渊源,两石在先世是否是同一族支,在记载上扑朔迷离,纠缠不清,两门石氏辗转各地,在石解和石洪前后几辈逐渐形成以河南为中心的居住和仕宦区域,并且逐渐向洛阳集中,这点是相同的。他们都属于中等士族,石解官位高些,石洪虽然十余年不仕,但已跻身地方名士之列。也反映了科举之路给中原普通士族提供了同样的机会,不管先世追溯或挂靠到哪支,在文化背景上,已无太大差别。但若想晋升高位,障碍重重。石解已经升到中高品阶,由于遭遇排挤,发到东都赋闲。石洪仕途不畅,后被乌重胤礼聘,但细究缘由,除了他的名士身份,似应与同为代北胡姓乌石兰姓后裔也不无关系,其中,代北胡姓社会关系网的遗存仍然若隐若现。

中篇　赐官转让、吏员超编、役利以给公食餐费
——石解墓志③释读三题

大唐西市收藏的"唐故衡王府长史致仕石府君墓志铭并序"记载了正史中不见传载的石解一生的经历。墓志铭中,涉及了唐朝的赐官转让、吏员超编、役利以给公食餐费等,在具体层面上反映了唐朝尤其是唐后期制度的变通性。

据墓志铭所记,墓主石解,渤海人,家族辗转迁徙后聚居河南鄢陵。石解进士及第后历任河南中牟县尉、亳州团练使从事、试太常寺协律郎、充册回鹘公主副使、监察御史里行、殿中侍御史、东都留台侍御史、国子博士,以衡王府长史致

---

① [元]马端临:《文献通考》卷三九《选举一二·辟举》,北京:中华书局,1986年,第368页。
② 据清雍正朝《陕西通志》卷七一《陵墓二·华阴县》:"昌化王乌承玭墓。玭,张掖人,世以武功显,封昌化郡王,葬华阴告平里,韩愈作碑。今无考。县志。"影印文渊阁四库全书第555册,台湾商务印书馆1984年,第283页。《宝刻丛编》卷一○(引《集古录目》)《唐冠军将军乌承玭碑》,唐左散骑常侍河南尹许孟容撰,魏博节度副使胡证八分并篆额。第373页。
③ 本文为国家社会科学基金项目"唐五代宋初都市社会中下阶层研究"(10BZS057)的成果之一。并得到北京师范大学"中央高校基本科研业务费专项资金资助"资助。感谢"唐文献研读班"提出的宝贵意见。原文载《唐史论丛》第十四辑,第103—112页,杜文玉主编,陕西师范大学出版社,2012年2月。

仕。据铭文记载,石解于唐德宗贞元七年(791)有明确的任官,于唐宪宗元和三年(808)在东都洛阳去世,主要活动时间应该在代宗和德宗朝,主要任官经历在德宗朝。墓志铭并序由自署"从弟"的石洪撰写。

墓志为我们提供了很多信息,其中与制度有关的几则信息可与传世文献相比照,也有助于弥补传世文献之不足。本文将集中讨论志文中涉及的与赐官转让、吏员超编和役利以给公食餐费有关的问题。

一 赐官与转让

志文:贞元七年夏,鸿胪卿庾伾充册回鹘公主使,奏公为副,授监察御史里行,加章服。时奉使者,皆赐一子官。长子宗攸当得之,公曰:"伯父衰疾,有子又长,且悦暮年之心",于是,"奏从弟随"。

这里涉及唐朝的赐官及回授制度。

唐朝赐官已经形成一套比较完整的制度[1],赐官对象主要有几类:1. 功臣子弟及后代;2. 立军功的将帅子弟;3. 忠烈及死王事者子孙、宰相、刺史、六军将军等文武高级官吏子弟;4. 宗室、皇亲子弟;5. 一些政绩、劳绩突出的官吏子弟;6. 二王三恪、褒圣侯后裔;7. 归顺和效忠朝廷的藩镇节度使子弟;8. 礼仪官子弟;9. 孝子和义门、烈妇子弟等;10. 致仕赐官(一子官);等等。

墓志记载了石解于唐德宗贞元七年,被出任"充册回鹘公主使"的鸿胪卿庾伾奏为副使,按惯例,享受"赐一子官"的待遇。这应该属于奖励"劳绩"一类,而且按记述的顺序,是在临行前就予以兑现。

据《旧唐书》卷一九五《回纥传》:"贞元七年五月庚申朔,以鸿胪少卿庾鋋兼御史大夫,册回纥可汗及吊祭使。"[2]庾鋋应与墓志中的庾伾为同一人,可能镌刻时部首有误。石解墓志中的"册回鹘公主使"使名不见记载,应该以《旧唐书》为据,正确的使名是"册回纥可汗及吊祭使",夏和五月也能对得上[3]。

这里涉及几个制度方面的问题:一是因出使而得到赐一子官的优遇;二是

---

[1] 彭炳金:《唐代赐官制度述论》,载《人文杂志》1999年第1期,第104—108页。
[2] 中华书局1975年,第5210页。
[3] 《册府元龟》卷九六五《外臣部·封册三》"(贞元)七年二月,以鸿胪少卿康鋋兼御史大夫、册回纥可汗及吊祭使。先是,六年四月,忠贞可汗国人所慕,立其子为可汗,遣达北勒梅禄将军告哀,且请册新君,故有是命。"(中华书局1982年,第11351页)与墓志中的夏和《旧唐书》记载的"五月"不同。

这项优遇在出使前即兑现；三是赐一子官的优遇可以在族内转让，并得到准许。

唐代派遣出使"绝域"的使臣，在经济和政治上都会得到适当的资助、酬赏和回馈①，如：赐给一定的州县官员额可出售，以充路资②；根据路程远近赐予相应的衣物、程粮、程料等；出使者朝廷廪食妻子；若出使身没，延期收回国家授予的田产或不再追回；出使者若品级不高，可借绯紫，即在服饰上可升级着官服；使回后可晋级升官；使回后赏赐钱物，等等。但像石解墓志所反映的临行前惠赐一子官，很少见到过记载。可知，赐一子官也是出使域外的优遇措施之一，石解墓志可补文献记载之不足。

墓志中，还记载了石解将所赐一子官转让给族内其他成员的事例。据志文，石解转让的原因是"伯父衰疾"、"暮年"，遂申请将本应自己长子所得官让给"从弟"某，并获得朝廷批准。可以说也丰富了有关唐朝回授制度的记载。

唐朝对官吏所得赐勋、爵、官回授有规定，据《通典》卷一九《职官一》载："其有从勋官、品子、流外、国官、参佐、视品等出身者，自今不得任京清显要等官。若累阶应至三品者，不得进阶，每一阶酬勋两转。如先有上柱国者，听回授期以上亲。必有异行奇材别立殊效者，不拘此例。"③这里是对勋官回授的规定，且限定在期亲以上者。

文献中有不少是赐爵回授的记载。据《旧唐书·职官志二》："凡名山大川，及畿内诸县，皆不以封。至郡公有余爵，听回授子孙。其国公皆特封。"④可知按规定是受封至郡公，允许回授子孙。唐初，魏徵即将赐一子爵的恩遇转让于已去世的兄长之子，太宗认为："卿之此心，可以励俗。"⑤裴度、李夷简、王播、郑

---

① 贾志刚：《唐代外交出使费用探析》，载《人文杂志》2004 年第 3 期，第 146—152 页，对行前的优遇和回朝后代酬赏做了归纳，但未见有赐子官的待遇。

② 韩愈：《唐故江西观察使韦（丹）公墓志铭》："故事，使外国者，常赐州县官十员，使以名上，以便其私，号'私觌官'。"［唐］韩愈，马其昶校注：《韩昌黎文集校注》卷六，上海古籍出版社 1986 年，第 374 页。

③ ［唐］杜佑，王文锦等点校：《通典》卷一九《职官一》，中华书局 1988 年，第 472 页。

④ 《旧唐书》卷四三《职官志二》，第 1821 页。又，《唐六典》卷二《尚书吏部》"司封郎中"条："至郡公，有余爵，听回授子孙。"［唐］李林甫等，陈仲夫点校：《唐六典》，中华书局 1992 年，第 38 页。

⑤ 《旧唐书》卷七一《魏徵传》："寻以（魏徵）修定《五礼》，当封一子为县男，请让孤兄子叔慈。太宗怆然曰：'卿之此心，可以励俗。'遂许之。"（第 2558 页）

絪、杨於陵等都有赐爵回授之例①。其实,《北史·李贤附弟穆传》已有这样的记载:"穆自以叔侄一家三人皆牧宰乡里,恩遇过隆,固辞不拜。周文不许。后入为雍州刺史,兼小冢宰。周孝闵帝践阼,又封一子为升迁县伯。穆请回授贤子孝轨,许之。"②

官职也可请求回授。太宗朝段志玄请回授弟段志感③,程务挺则天朝请将赐其子为尚乘奉御一职回授其弟④。穆宗朝宰相萧俛请将所赐一子官回授从弟⑤。穆宗即位赦文,则准许:"文武常参官及外官职事五品已上有母者,并加邑号,如已至郡太夫人、国太夫人者,许回授周亲。"⑥再如:穆宗朝宰相崔植将所赐一子官回授侄子⑦,可见将赐官回授族内子侄,是有规可循的。

回授的范围有逐渐拓宽的趋势。有请求回授亡亲之例,《唐大诏令集》卷四《改元载初赦》:"战亡人格外赠勋两转,回授期亲。"⑧后来也有请求回授亡亲的事例,如白居易所作《为崔相陈情表》云:"自去年已来,累有庆泽。凡在朝列,再蒙追荣。或有陈乞,皆许回授。况臣猥当宠擢,谬陟台阶。爵禄之荣,实有逾于同辈;显扬之命,独未及于先人。饮泣茹悲,哀惭两极。臣今请以在身官秩,并前后合叙勋封,特乞圣慈,回充追赠。"⑨这已经不限于赐官了,而是请求将"在身官秩并前后合叙勋封"回授亡母。

我们还可以看到一些特例。《通典》卷一一《食货一一·鬻爵》:"诸道士、女道士、僧、尼如纳钱,请准敕回授余人,并情愿还俗,授官勋邑号等,亦听。如无人回授及不愿还俗者,准法不合畜奴婢、田宅、资财,既助国纳钱,不可更拘常

---

① [唐]白居易,朱金城笺校:《白居易集笺校》卷四八《裴度李夷简王播郑絪杨於陵等各赐爵并回授爵制》,上海:上海古籍出版社,1988年,第2891页。
② 《北史》卷五九,北京:中华书局,第2115页。
③ 《旧唐书》卷六八《段志玄传》:"志玄顿首固请回授母弟志感,太宗遂授志感左卫郎将。"(第2505—2506页)
④ 《旧唐书》卷八三《程务挺传》:"则天临朝,累受赏赐,特拜其子齐之为尚乘奉御。务挺泣请回授其弟,则天嘉之,下制褒美,乃拜其弟原州司马务忠为太子洗马。"(第2785页)
⑤ 《白居易集笺校》卷五一《萧俛一子回授三从弟伸制》,第3017页。
⑥ [宋]宋敏求:《唐大诏令集》卷二《穆宗即位赦》,北京:中华书局,2008年,第12页。
⑦ 白居易《崔植一子官回授侄某制》:"敕:丞相植:典职枢务,亦既逾岁,而能明我目,达我聪,左右我躬,以底于道。况属郊祀,摄赞大仪,宠锡之间,植宜加等。而念其犹子,乞用推恩,既叶旧章,允膺新命。其侄某可某官。"(《白居易集笺校》卷四九,第2921页)
⑧ 《唐大诏令集》卷四《改元载初赦》,第19页。
⑨ 《白居易集笺校》卷六一《为崔相陈情表》,第3422页。

格。其所有资财能率十分纳三分助国,余七分并任终身自荫,身殁之后,亦任回与近亲。"①居然道士僧尼还可以享受回授。

还发现有请求回授女婿的例子。据《唐语林》记载,王如泚的岳父"以伎术供奉玄宗",借改官之机,请求回授正准备应进士举的女婿王如泚及第,玄宗同意,交付礼部。王如泚以为大功告成,宾朋宴贺,车马盈门,不料,礼部上报宰相,中书门下认为"进士,国家取材之地",不可轻易与之,遂下牒,"王如泚可依例考试",断绝了他的非分之想。② 宋代还有请求回授祖母的事例③。

回授由于有利可图,居然也演变为某些人牟利的手段。《唐会要》卷五八《尚书省诸司中·吏部员外郎》就揭露了长庆元年(821),左卫大将军张克勤利用赦文恩准五品官可授一子官的恩惠,奏请回授外甥,被吏部员外郎裴夷直指控为"自有息男,妄以外甥奏请,苟涉卖官,实为乱法"④,回授也落入买卖官爵的泥淖,看来亦非偶然。

石解墓志表明所赐官爵在家族内转让不仅有章可循,也是一种相对普遍的行为,成为社会推崇的一种谦让美德,因而特地镌刻在墓志中,昭示世人。

二　吏员超编

志文:"(石解)贞元十七年(801)七月,除侍〔御〕史,留东都台。台有子来小吏百人,缘附为奸,发求民间阴事,投书削名行,风闻责牒,人多愁恐。"

这里涉及唐朝的"吏"的编制问题。

---

① 《通典》卷一一《食货一一·鬻爵》,第244页。
② 《唐语林》卷一"进士王如泚者,妻公以伎术供奉玄宗。欲与改官,拜谢而请曰:'臣女婿王如泚见应进士举,伏望圣恩回授,乞一及第。'上许之,宣付礼部宜与及第。侍郎李暐以咨执政,右相曰:'王如泚文章堪及第否?'暐曰:'与亦得。'右相曰:'若尔,未可与之。明经、进士,国家取材之地。若圣恩优异,差可与官,今以及第与之,将何以观材?'即自奏闻。居二日,如泚宾朋宴贺,车骑盈门。忽中书门下牒礼部:'王如泚可依例考试。'闻之罔然自失。"([宋]王谠,周勋初校证:《唐语林校证》,北京:中华书局,2008年,第57页。)
③ [宋]周辉:《清波别志》卷一:"给事中寇瑊,临汝人,仕仁庙朝。少孤,鞠于祖母王,及登朝,以妻所得封邑回授。朝臣得回封祖母,自瑊始。又著令,不封赠父母,不许先封妻室,立法防闲,至矣!尽矣!"《文渊阁四库全书》本,第1039册,台湾:台湾商务印书馆,1985年,第100页。
④ [宋]王溥:《唐会要》卷五八《尚书省诸司中·吏部员外郎》:"长庆元年正月,左武卫大将军张克勤奏:'近准赦文,许五品官一子官恩。今臣子幼,请回授外甥。'状至中书,下吏部,员外郎判废置裴夷直执奏曰:'一子官恩在念功,贵于延赏。若无己子,许及宗男。张克勤自有息男,妄以外甥奏请,苟涉卖官,实为乱法,所请望宜不许。仍永为定例。'从之。"上海:上海古籍出版社,2006年,第1181页。

唐代的官吏都是有固定编制的，以石解曾经任职的御史台为例：

> 据《唐六典》卷一三《御史台》："御史台，大夫一人，中丞二人，侍御史四人，主簿一人，录事二人，令史十五人，书令史二十五人，亭长六人，掌固十二人，殿中侍御史六人，令史八人，书令史十人，监察御史十人，令史三十四人。"①还根据需要设有若干里行、台使。据此，御史台的正员官26人，吏职110人。正员官与吏的比例约为1:4。

《唐会要》卷六〇《御史台上·东都留台》："旧制，中都留台官，自中丞已下，元额七员；中丞一员，侍御史一员，殿中侍御史二员，监察御史三员。"②官吏编制不到西台的三分之一③，吏员编制未见具体记载。

已知御史台西台吏员110人，如按正员官西台与留台的比例，留台吏员编制应该在30—40人之间。但墓志却记载，当时留台"子来小吏百人"，至少超过应有编制的2倍多。

据勾利军研究，安史之乱以后，皇帝不再东幸，掌"殿廷供奉之仪式"的东台殿院已无存在的意义，大量官员随皇帝常驻西京长安，东台台院与察院的工作也大为减少，由一名御史知台也可胜任，所以才出现了开成年间"今东都知台御史即一员，兼得行中丞公事"的情况。但东都御史台的监察范围较为广泛，据赵煜《东都留台石柱记》云："夫洛阳有明堂辟雍、太仓武库、郊庙百祀，邦畿百域，有不如法，得举劾之。"④说明东都御史台不仅负责对百官的监察，同时还具有对明堂、辟雍、太仓、武库、郊庙、百祀等方面的监察权。

《唐会要》卷六〇《御史台上·殿中侍御史》："贞元十年（794）四月敕：'准《六典》，殿中侍御史，凡两京城内，分知左右巡，察其不法之事。'"⑤东都留台除负责对百官的监察、对明堂、辟雍、太仓、武库、郊庙、百祀等方面的监察外，应该也兼有负责洛阳城内的治安纠察之务。

因此，监察、纠察权限的广泛，用人机制的紊乱，应该是不在编制吏员膨胀的重要原因。石解墓志中的记载正是唐朝后期中央和地方各机构不在编吏员

---

① 第377页。
② 第1233—1234页。
③ 勾利军：《唐代东都御史台研究》，《华南师范大学学报》（社科版）2006年第2期，第87—92页。
④ [唐]赵煜：《东都留台石柱记》，《全唐文》卷三三〇，中华书局1990年，第1481页。周绍良主编：《全唐文新编》，吉林文史出版社1992年，第3757页，为赵骅。
⑤ 第1241页。

膨胀和为非作歹已成为普遍现象的真实反映。如具体到编制外的胥吏"缘附为奸",搞得官不能制,民多愁怨,则需另文探讨。

三　役利以给公食餐费

志文:"先是,台有积年役利,以给飡①钱,户死伍逃,分责乡里。公显列姓名,除版蠲籍,发修廨赢资,减公食储费,洛中人至今诵之。"

这里涉及唐朝的"役利以给公食餐费"的问题。由于文献记载语焉不详,只能根据志文再参考有关材料。役利、餐钱、公廨同时出现,应该不是偶然的。从墓志中可以得知,承担御史台"役"是有专门的人户,若有逃死现象,则责成同乡里承担,其实就是转嫁到其他人户分担,因此,才有石解的"除版蠲籍"之举措。

那么,"役利"的来源,"餐钱"的构成,承担役利的人户,到底反映出现实的什么情况呢?

以"役利"所得给"餐钱",这里的"役利"应该属于资课一类的征收,在文献中未见记载,推测是由征发役演变为征收钱而所利。御史台作为一级官署,可以征收何种"役"呢？史无明文,有可能是衍生出的役,有可能是各级各类官署自行征派的役,当然,最终都转化成征钱。

我们再看"餐钱"的构成。唐朝各级官吏的俸禄中有"食料"一项,《唐六典》卷四《尚书礼部》"膳部郎中员外郎"条记述了自亲王以下颁给的"常食料",名目众多,包括粮、油、盐、蜜、水果、木炭、蔬菜、肉、鱼、酒、豆、酱、饼等有差,都是供给实物②。

各级官署(百司)则有"公厨(官厨)",据《唐六典》卷一三《御史台》"主簿"职责有"掌印及受事发辰、勾检稽失(兼知官厨及黄卷)"③,可知御史台也是有公厨的,东都留台也不会例外。"公厨(官厨)供应"工作餐",经费来源主要是当司公廨田及食利本"④,即:设立食利本钱,以利息作为公厨支出的费用。中央百司都设官厨,政事堂还专门设有"堂厨",唐后期,堂厨食利本钱委江淮巨商主

---

① 龚静录文做"飱"。也是"餐"的异体字。
② 第138—139页。
③ 第380—381页。
④ 李锦绣:《唐代财政史稿》(下卷)第三编第二章"二、公廨本钱",北京:北京大学出版社,1995年,第1161—1166页。

持,一时横行天下①。

从前后文意推断,墓志中的"餐钱"应该是"公食储费"。李锦绣分析了中央各司和地方官署"公厨"的经费来源,认为唐前期中央百司官厨的经费主要来源为"当司公廨田及食利本",推测"外官的官厨粮料及蔬果料主要由公廨田园收入供给。其薪炭料则由州县杂职提供","这种杂职即专门提供薪炭的薪炭户"。②

从石解墓志看,东都御史台公食餐钱的来源是"役利"所得,这些役利是由专门人户承担,似与李锦绣所推测的由杂职户承担官厨所需类似,只是提供的已由役、物品转化为钱了,因此称之为"役利",也可能是"资课"钱的一种。这应该也是唐后期的普遍现象。由于负担过重或其他天灾人祸,这些承担官厨"役利"的逃死户增多,严重影响了留台的收入,遂采取责成乡里摊派的方式。刘玉峰对公廨本钱有很深入的考察,他指出:开元年间改变了自高宗以来的以典史捉公廨本钱的经营方式,转而采取以官本散之编户、按户均摊共捉的方式,结果是因所纳利率过高而导致捉钱户破产流亡③。也很可能与墓志中所述事件类似。

还有一种可能,承担缴纳"役利"是台内另设的征役项目,具有"小金库"性质。如果确实如此,各级和各类官署机构自行开辟的"创收"项目估计不在少数。石解的改革举措是"除版蠋籍",废止某些固定人户承担"役利"的责任,如果这些人户确属李文所说的杂职,"除版蠋籍"的举措是要承担很大风险的。

各司的"公食储费",没有严格的限度,本司似可自行增减。因此,有"积年役利"的现象,也有主动减省本司"公食储费"的举措。由此想到,唐后期,官署经费来源渠道多样,弹性大,胥吏上下其手的空间也很大。

---

① 《新唐书》卷一八〇《李德裕传》载:"始,二省符江淮大贾,使主堂厨食利,因是挟赀行天下,所至州镇为右客,富人倚以为高。德裕一切罢之。"(第 5333 页)但足见公厨经费的利钱不在少数,才能引起如此大的动静。

② 李锦绣:《唐代财政史稿》(上卷)第三编第一章,第 868 页。另外,刘玉峰《唐代公廨本钱制的几个问题》一文中谈到唐代公廨本钱新旧制度的变化,载《史学月刊》2002 年第 5 期,第 46—53 页。

③ 刘玉峰:《唐代公廨本钱制的几个问题》,载《史学月刊》2002 年第 5 期,第 46—53 页。

下篇　从石解墓志看唐后期制度的变通性①
——志文中的换推、避籍

据墓志所记,墓主石解进士及第后,历任河南中牟县尉、亳州团练使从事、试太常寺协律郎、充册回鹘公主副使、监察御史里行、殿中侍御史、东都留台侍御史、国子博士,以衡王府长史致仕,于唐宪宗元和三年(808)去世,主要活动时间应该在代宗和德宗朝,主要任官经历在德宗朝。墓志铭并序由自署"从弟"的石洪撰写。墓志中涉及了唐朝的鞫狱换推、任官避籍②等,可与传世文献相比照,也有助于弥补传世文献之不足,并在具体层面上反映了唐朝尤其是唐后期制度的变通性。

一　鞫狱换推

录文:"初,吴房令郑丹,为当时闻人,假贾畜家钱百万,没其生业不能以偿,辩于官司,治之,遭迫,移禁中牟狱。"可知,与墓主有关系的河南府吴房县令因经济案件入狱,后移狱中牟县。

据唐《狱官令》,司法审理案件,有"换推"的规定。

《唐六典》卷六《刑部郎中员外郎》中关于换推制度有如下记载:"凡鞫狱官与被鞫人有亲属、仇嫌者,皆听更之。(注:亲谓五服内亲及大功已上婚姻之家,并授业经师为本部都督、刺史、县令,及府佐与府主,皆同换推。)"③

《天圣令》复原唐令第52条"鞫狱官回避条":"诸鞫狱官与被鞫人有五服内亲,及大功以上婚姻之家,并受业师,经为本部都督、刺史、县令,及有雠嫌者,皆须听换推。经为府佐、国官,于府主亦同。"④

---

①　感谢北京师范大学"唐文献研读"班的研究生对本文从史料到史实提出的宝贵意见。原文载《山西大学学报》,2011年第4期,第36—40页。并得到北京师范大学"中央高校基本科研业务费专项资金资助"资助。
②　墓志中还涉及赐官转让、任官避原籍和役利以给公食餐费等问题,已在另一篇文章《石解墓志释读三题:赐官转让、吏员超编、役利以给公食餐费》中讨论。墓志中涉及的胡汉家族自北朝以来的变迁,已撰文《石解墓志释读——兼论石氏家族的中原之路》,待发。
③　[唐]李林甫:《唐六典》,北京:中华书局,1992年,第191页。
④　雷闻:《唐开元狱官令复原研究》,天一阁博物馆、中国社会科学院历史研究所天圣令整理课题组:《天一阁藏明钞本天圣令校证——附唐令复原研究》(下册),北京:中华书局,2006年,第603—649页。

可知，鞫狱时，按规定审判官人选需要避亲、避业师、避本部长官、避雠嫌、避僚属。郑丹为吴房县令，是本县长官，应该是参照有关规定，需要移狱审理和关押。

《册府元龟》卷六三〇《铨选部·条制二》唐代宗永泰元年（765）七月《避任本贯州县官诏》曰："不许百姓任本贯州县官及本贯邻县官，京兆河南府不在此限。"①

按永泰元年的诏令，除京兆河南府外，避原籍的地域范围包括本州县和邻县。墓志记载，郑丹移狱的地点，选在中牟县。吴房县和中牟县都属于河南道，但属于不同的州，吴房县属蔡州（紧州）上县，中牟县属郑州（望州）紧县②，两地直线距离约140公里，且不相邻，应该是符合避籍的规定。虽然我们没有见到若地方长官获罪，如何移狱的规定，但可以考虑应该是比照上述《鞫狱官回避条》和《避任本贯州县官诏》的条制具体执行的案例③。郑州和中牟县，州和县的行政级别都略高于蔡州和吴房县，反映了移狱换推，应该是就高不就低。

二 任官规避原籍

唐朝任官有地区回避、职务回避、亲属回避、考试回避及特殊官员任职回

---

① 《册府元龟》，北京：中华书局，1960年，第7555页。
② 据《唐六典》、《通典》和两《唐书》所载：州有辅、雄、望、紧、上、中、下七等。《通典》卷三三《职官一五》载："开元中，定天下州府自京都及都督、都护府之外，以近畿之州为四辅，其余为六雄、十望、十紧。"（中华书局，1988年，第909页）并有上、中、下之分。其辅、雄、望、紧州，主要以所在地位的重要为划分依据。"辅"，是指京城附近之地，西汉有三辅，即：京兆尹、左冯翊、右扶风。唐代以京城附近之州为辅州，地位高于它州。"雄"、"望"、"紧"州的划分，是以其政治、军事地位之重要与否以及经济地位的重要程度作为依据。开元天宝年间，四辅州为：同州、华州、岐川、蒲州。后岐州升为凤翔府，号西京，蒲州升为河中府，仅存同、华二辅州。六雄州为陕州、怀州、郑州、汴州？魏州、绛州。上、中、下州的划分，主要依据户口多寡而定。但"近畿者为畿内州，户虽不满四万，亦为上州"（《通典》卷三三《职官一五》，第909页）。也有特例，如果亲王领任中、下州官职，虽不一定亲自赴任，也要升为上州，以示尊贵。不过亲王离任后，仍然恢复旧制。
③ 吴房县：西汉置，属汝南郡。治所即今河南遂平县。南朝宋废。隋大业三年（607）改遂宁县复置，属汝南郡。唐武德四年（621）属豫州，贞观元年（627）废。八年复置。宝应元年（762）属蔡州。元和十二年改为遂平县。中牟县，西汉置，属河南郡。治所在今河南中牟县东。北魏并入阳武县，后复置。东魏为广武郡治。北周移治囿田城（今河南郑州市东）。隋开皇初改为内牟县，后改为囿田县。唐武德三年复改中牟县，为牟州治。仍旧治。后属汴州。龙朔二年（662）改属郑州。五代属开封府。两县都属河南道，直线距离约140公里。

避等。①

  据史载,东汉时已有任官回避的措施,其中包括籍贯回避。《后汉书》卷六〇《蔡邕传》:"初,朝议以州郡相党,人情比周,乃制婚姻之家及两州人士不得对相监临。至是复有三互法(注:三互谓婚姻之家及两州人不得交互为官也)。"②此后历代都有任官回避的原则规定,但比较笼统,施行中往往不甚具体也不严格③。

  《文献通考》卷六三《职官一七·县丞》:"汉氏县丞尉多以本部人为之,三辅县则兼用他郡……及夫隋氏革选,尽用他郡人。"④

  据此,一般认为隋朝实行中央铨选制后,任官避原籍逐渐形成制度,但是否有严格的规定,尚不清楚。

  唐初,承隋制,但诸事草创,还带有较大的随意性。《封氏闻见记》卷三《铨曹》:"先是,侍郎唐皎铨引选人,问其稳便。对曰:'家在蜀',乃注吴;有言'亲老在江南',即唱陇右。有一信都人,心希河朔恩,绐曰:'愿得淮、汜'。即注漳、滏间一尉。由是大为选人作法,取之往往有情愿者。高宗龙朔之后,以不堪任职者众,遂出长牓放之冬集,俗谓之'长名'。"⑤据《唐会要》,唐皎任吏部尚书掌选,是在贞观八年,他有意在铨选注拟时避开原籍,才会有"家在蜀,乃注吴"、"亲老在江南,即唱陇右"的现象,也由于建国伊始,档案不全,导致选人有"殆言"的对策⑥。

  明确规定避"本贯州县官及本贯邻县官"是在唐代宗朝。前举《册府元龟》卷六三〇《铨选部·条制二》永泰元年七月《避任本贯州县官诏》曰:"不许百姓任本贯州县官及本贯邻县官,京兆河南府不在此限。"⑦从另一方面也反映了当时不避本贯州县任官已经成为具有普遍性的现象,皇帝不得不强调和重新加以

---

① 刘兴云:《唐代任职回避探析》,载《经济研究导刊》2009年第24期,第218—219页。
② [南朝刘宋]范晔:《后汉书》,北京:中华书局,1965年,第1990页。
③ 关于官吏避籍问题,本文参照了张邦炜:《宋代避亲避籍制度述评》,载《四川师大学报》1986年第1期,第15、16—23页;苗书梅:《宋代官吏回避法述论》,载《河南大学学报》1991年第1期,第24—30页。两文都简略追溯了回避制度的渊源与发展,重点阐述了宋代的制度。
④ [元]马端临:《文献通考》,北京:中华书局,1986年,第573页。
⑤ [唐]封演:《封氏闻见记》,北京:中华书局,2005年,第20—21页。
⑥ 《唐会要》卷七四《选部上·掌选善恶》:"(贞观)八年十一月,唐皎除吏部侍郎,尝引人铨问,何方便稳,或云其家在蜀,为注与吴;复有云亲老先任江南,即唱之陇右,论者莫能测其意。"(第1592页)
⑦ 《册府元龟》,北京:中华书局,1960年,第7555页。

规定和限制。避贯的范围包括本贯州县和本贯邻县,这里的邻县应该是邻本贯县的外州县。

据志文,石解家族开元中因石宾玉任河南道许州扶沟令,家族逐渐移聚河南鄢陵,即文中所说的"族居鄢陵"。鄢陵县位于河南中部,为河南道许州辖县,距离扶沟县直线距离约30公里,石解任职河南道郑州中牟县尉,鄢陵距中牟县直线距离约70多公里,石解夫人籍贯为都畿道梁县,鄢陵距离梁县的直线距离约140公里。如此看来,如果石宾玉任扶沟令时石家已经"族居鄢陵",那么开元时任县令的石宾玉和贞元时任县尉的石解,确实回避了原籍。如果石宾玉任职扶沟令时,家族已经迁居鄢陵,两县都属许州,只是回避了县贯,没有回避州贯。石宾玉和石解任职都没有出河南道,看来回避县贯执行比较普遍,但回避州贯并没有严格执行,尤其在唐朝后期,在官僚士族向两京集中的大趋势下,在政治重心逐渐东移的大趋势下,对一些次等士族或赋闲失意的权贵,河南道的职任反倒是更佳的选择。

如东都任职不在避本贯之限,出使不计,石解的正式职任都没有离开河南,最远的距离是亳州从事,距离鄢陵150公里左右。

因此,唐代宗永泰元年发布的诏书,确实是有针对性的规定,拟官虽然可能避开本贯县,但很多情况下仍然不离本州或本道,尤其是以两京及近畿所属道为本贯的众多官僚士人,就如石解和石洪家族,都不离开河南(或京兆、关中),而且迁徙的趋势是向洛阳(或长安)集中。

通过墓志中涉及的州县府来看石解家族的迁徙、活动路线及区域:

恒州:北魏、北齐、北周置。唐高祖李渊武德六年在此置北恒州。贞观十四年改名为云州,治定襄县(大同市)——先祖石祖兴孙石九思任恒州刺史,年代不详,约在北魏迁都后到北周时期。

九门:河北道镇州辖县——石家举族治业;

扶沟县:河南道许州辖县——开元中,石宾玉任扶沟县令,石氏家族逐渐定居于河南;

鄢陵县:河南道许州辖县——石宾玉后三世族居于此;

中牟县:河南道郑州辖县——墓主石解任职县尉;

吴房县:河南道蔡州辖县。

亳 州:河南道辖州——团练使郭降选辟石解为从事

衡王府：衡王絢，顺宗子，顺宗永贞元年（805）封①，宝历二年（827）死②。录文中石解"改衡王府长史致仕"，应该是不到任而享受相应的待遇退休。

梁　县：都畿道汝州辖县——石解夫人籍贯所在地；

偃师县：河南府（洛州）畿县，石解去世后，子孙将夫人的灵柩从先所葬地鄢陵县（可能是家族墓地）与父亲合葬于河南府畿县的偃师县，很可能是家族的重心已经迁移到洛阳一带了。按照葬俗，父亡在先，可以开墓，即就男不就女。因此，偃师的家族墓地可能早已经选定，但因母亡在先，只能先葬于老家，父亲亡故后，再行合葬③。

鄢陵县位于河南中部，距离扶沟县直线距离约 30 公里，鄢陵距离梁县的直线距离约 140 公里，鄢陵距中牟县直线距离约 70 多公里，距亳州治亳州约 150 公里，逐渐向东洛阳周边地区移动。最后任职在洛阳东都留台，赋闲退休后，在洛阳置舍居住，修身养性，皈依佛教。去世后的家族墓地也选择离洛阳不过二、三十公里的偃师。

如东都任职不在避本贯之限，出使不计，石解的正式职任都没有离开河南，最远的距离是亳州从事，距离原籍鄢陵 150 公里左右，任官、社会交往圈、家族生活圈都没有离开河南，避原籍的规定至少已经大打折扣了。

石洪的情况也是如此，两石虽然可能不是同出一源，但辗转迁徙发展最后都以河南为根据地是相似的。很多官僚士人就在两京之间徘徊，唐朝后期的两京中心的集中趋势也因了这条避原籍不包括两京的规定而有了更多发展回旋余地。

《封氏闻见记》中的"对曰'家在蜀'，乃注吴；有言'亲老在江南'，即唱陇右。"④经常被引用，但从石解的经历看，并没有严格执行，石解的情况是具有普遍性的。

全面、严格、更加细密的避籍制度是在宋代。宋代对回避籍贯已经有比较

---

① ［宋］司马光：《资治通鉴》，北京：中华书局，1956 年，7614 页。
② 同上，第 7350 页。
③ 葬俗一般是以卑就尊，移母就父。参见齐东方：《唐代的丧葬观念习俗与礼仪制度》，载《考古学报》2006 年第 1 期，第 59—81 页。
④ 第 20—21 页。

严格和具体的规定,但也有变化,最严格的是扩大到不许在本路任官①。对从胥吏以劳绩而入官者,也有相应的要求。《宋会要辑稿》刑法二之八二《禁约二》:"臣僚言:'古者府吏胥徒皆有常职,今州县小吏或滥跻仕版,不欲去里闾,远亲戚,则又求仕乡邦,贪缘请托。乞今后州县人吏缘劳绩入官者,不许任本州县差遣。'从之。"②这条规定是针对由吏职经劳绩入官者,但也不排除对其他出身的官吏也有类似的规定。除了籍贯,宋代任官地区回避法不限于本州,还扩大到财产所在地、寄居地(包括妻家)③。

即便有所变通,仍然规定"三任内许一任去本贯三百里外守官"④。政和六年(1116),"诏:知县注选虽甚远,无过三十驿。三十驿者,九百里也。"⑤即,三百里外、九百里内比较合适。石解的任职地点都少于三百里,显然回避籍贯的制度有一个比较长时间的调整过程,也是一个官僚士族利用官任重新结集势力与中央集权博弈的过程。宋朝基于对地方势力固结的畏忌,回避籍贯的有关规定趋于严格和具体,正是为避免地方势力坐大,吸取唐朝后期的前车之鉴。不过,也经常看到有各种补充规定,而使严格的制度有所变通和具有弹性。⑥

赘　语

在不厌烦琐的释读和梳理过程中,我认为有几个线索值得关注,并希望成为开放式的论题:

一是由石洪与乌重胤的关系可看出,具有地域特色的士族官僚成为藩镇社会基础构成的重要要素。

二是一般士族仍注重与著姓联姻,门当户对还是当时实态。未曾大发的石氏家族与过气郑氏家族的联姻,正是社会的普遍状态。

三是涉及一些制度史方面的问题,如:司法回避的具体案例、任官避原籍的

---

① 张邦炜:《宋代避亲避籍制度述评》,载《四川师范大学报》1986年第1期,第15—23页;苗书梅:《宋代官吏回避法述论》,载《河南大学学报》1991年第1期,第24—30页。
② [清]徐松:《宋会要辑稿》,北京:中华书局,1957年,第6536页。
③ 参见苗书梅:《宋代官吏回避法述论》,载《河南大学学报》1991年第1期,第24—30页。
④ [宋]李焘:《续资治通鉴长编》,北京:中华书局,2004年,第2185页。
⑤ [明末清初]顾炎武著、[清]黄汝成集释:《日知录集释》,上海古籍出版社,2006年,第495页。
⑥ 关于宋朝的有关制度和变通规定请参看上列张邦炜和苗书梅的论文。

规定如何实行；赐官在近亲中的转让；公厨餐费经费来源及纳役利钱征收方式等。

四是文中郑丹陷入的经济纠纷"假蓄贾钱"可能涉及高利贷业问题，非常值得注意。近日有龚静一文专门讨论了墓志，是从义商的角度，还有继续讨论的余地和必要。

五是东都留台御史台的"子来小吏"有百人之多，不仅远远超过固定吏员的编制，而且还嚣张异常，宋世官弱吏强的征兆已经显露。

六是石氏家族迁徙路线和归葬路线，可以透露一些中等以下士族的动向。

七是石解和石洪何以待遇和声誉有别。石解进士出身，官至东都留台侍御史，以衡王府长史致仕，官为从四品，而石洪隐居十余年不出，出身也不过是举明经，征召到京师任低品官员，却因是地方名士，不仅得到多位藩帅的延聘，还得到多位在职官员的"举自代"，不仅正史中有传（虽然附在乌重胤传后），去世还由韩愈亲自撰写墓志，但并未见有什么大的作为。反倒是名不见经传的石解，据墓志所述，在御史任上进行了很有声势的整顿。①

随魏孝文帝南迁的"三十六国，九十九姓"②，如果贞观年间还能分清郡姓和房姓，到了唐朝后期，很多中下等士族的族属已经纠缠不清。石解和石洪的经历和有关记载，给我们提供了了解中下等士族在辗转迁徙过程中的很多信

---

① 以上都属于开放性的问题，希望在今后共同的探讨中能解惑释疑，推动研究的深化。值得重视的7个问题中，有些问题已经有学者做过相关的讨论，如：代北房姓走向汉化士族的居住与仕宦趋向，王春红：《从两件敦煌文书看代北房姓士族的地方化》（《湖州师范学院学报》2009年第6期），提出："房姓士族在唐初还是以河南郡为其主要郡望所在，但已出现地方化的例子。到唐后期，郡望分布则出现了明显的地方化"。很有启发，但和我此文的观察角度不同。韩昇：《南北朝隋唐士族向城市的迁徙与社会变迁》（《历史研究》2003年第4期），列举了很多士族迁居城市的事例，基本以高等士族为主，如：博陵崔氏、清河崔氏、赵郡李氏、太原王氏、琅琊王氏、渤海高氏、河东裴氏、薛氏、柳氏、彭城刘氏、吴郡陆氏、兰陵萧氏等。北魏孝文帝迁都洛阳后，规定："迁洛之民，死葬河南，不得还北"，于是"代人南迁者，悉为河南洛阳人"。我这篇文章只能起到拾遗补缺的作用吧。铭文中涉及若干政治和经济制度的问题，也足以引起我们的重视，已经撰文另述。

② ［唐］令狐德棻等：《周书》卷四《周世宗本纪》"（二年三月）庚申，诏：'三十六国、九十九姓，自魏氏南徙皆称河南之民。今周室既都关中，宜改称京兆。'"北京：中华书局，1971年，第55页。《魏书》卷一一三《官氏志》："初，安帝统国，诸部有九十九姓。至献帝时，七分国人，使诸兄弟各摄领之，乃分其氏。自后兼并他国。各有本部，部中别族，为内姓焉。年世稍久，互以改易，兴衰存灭，间有之矣，今举其可知者……神元皇帝时，余部诸姓内入者：……嗢石兰氏，后改为石氏。"北京：中华书局，1974年，第3005—3014页。神元皇帝，即拓跋力微（174—277），三国时期至西晋初年的鲜卑索头部首领，北魏皇室先祖。

息,使我们能从中层及下层士族的层面观察科举制度、任官制度对这些群体的影响和作用,考察他们社会交往的范围及交往过程中的一些特点。①

(宁欣:北京师范大学历史学院教授)

---

① 以上的论述有很多不成熟之处,也有很多重要的问题没能展开,希望为方家更深入的研讨起到砖石之用。感谢陈涛帮我核对了部分史料。

大唐西市博物馆藏《韩处章墓志》与敦煌本《记室备要》的比较研究

——兼论唐末宦官的几个问题

赵晨昕　赵和平

一　引　言

胡戟教授近年下大力气收集散落民间的墓志，与荣新江教授等一大批学者通力合作，集成《大唐西市博物馆藏墓志》出版，可谓嘉惠学林、功德无量。众所周知，现在的隋唐史研究，新史料的应用日益显著，随着近年来《唐代墓志汇编》《全唐文补遗》《新中国出土墓志》《全唐文补编》等金石资料的相继出版，唐代墓志石刻资料成为隋唐史研究的重要支柱之一，如果一篇论文中没有运用石刻资料就略显单薄。作为史料重要组成部分的石刻墓志资料，在唐代政治、文化史研究方面的作用愈加凸显。随着二十世纪初敦煌藏经洞的发现和大量敦煌文献的重见天日，越来越多的隋唐史学者开始关注敦煌文献对研究隋唐史的重要参考价值，诚如陈寅恪先生在《王静安先生遗书序》一文中说："然详绎遗书，其学术内容及治学方法，殆可举三目以概括之者。一曰取地下之实物与纸上之遗文互相释证。凡属于考古学及上古史之作，如殷卜辞中所见先公先王考及鬼方昆夷玁狁考等是也。二曰取异族之故书与吾国之旧籍互相补正。凡属于辽金元史事及边疆地理之作，如蒙古考及元朝秘史之主因亦儿坚考等是也。三曰取外来之观念，与固有之材料互相参证。凡属于文艺批评及小说戏曲之作，如红楼梦评论及宋元戏曲考唐宋大曲考等是也。此三类之著作，其学术性质固有异同，所用方法亦不尽符会，要皆足以转移一时之风气，而示来者以轨则。"[1]敦煌遗书重见天日和隋唐墓志出土刊布与陈先生所说之第一点相合，即"取地下实物与纸上遗文互相释证"，虽然敦煌文献多流散海外，但是得益于数字化传播，伴随国际学术交流不断增强，通过国际敦煌学项目对敦煌文献进行整理研究已是常态。将墓志研究与敦煌文献相结合，证之以传统史籍，将是未来隋唐史学界研究的大势所趋。作为隋唐史研究者，而不是专职的敦煌学家或金石专家，应该既见树木又见森林，在对敦煌文献和出土墓志释录考证、整理还原的基础上，将这些材料放入隋唐时代波澜壮阔的历史背景中去考察，寻求历史研究的最终目的——找到其中蕴藏的客观规律和历史真相，而不是仅就考证而考证，为考据而考据。

陈寅恪先生的《唐代政治史述论稿》对唐代宦官问题进行了深入透彻地剖析，不仅核定了宦官主要由南方而来，并且还进一步阐释了宦官对朝官的影响及分野产生的推动作用。[2] 其后唐长孺、陈仲安二先生先后就唐代宦官问题发表了一系列论文，唐长孺先生的《唐代的内诸司使及其演变》一文将当时所能见到的宦官使职按层级高下顺序排序，所费心血尤多。[3] 进入二十世纪九十年代，香港学者赵雨乐对宦官和宫城的地位联系问题有着进一步的研究，其中论述宦官与军政关系着力颇多。[4] 敦煌文献方面，赵和平、杜文玉先后对敦煌本《记室备要》中涉及宦官排序的问题进行了初步的研究。[5] 进入二十一世纪，唐代宦官研究反而陷入停滞，多为人云亦云，鲜见有佳作诞生。海外方面，日本学者对宦官的研究一直持续到九十年代，诸如矢野主税等学者对唐代宦官做了卓有成效的论述，但是相对而言仍不成体系。[6] 台湾学者王寿南先生于七十年代所著《唐代宦官权势之研究》一书自成体系，对宦官的权力来源、产生方式等问题多有建树。[7] 但由于诸多限制，上述不论是海外还是国内的著作，都忽视了新出墓志对

---

[1] 陈寅恪：《金明馆丛稿二编》，上海：上海古籍出版社，1980年，第219页。
[2] 陈寅恪：《唐代政治史述论稿》，上海：上海古籍出版社，1982年，第112页。
[3] 唐长孺：《唐代的内诸司使及其演变》，《山居存稿》，北京：中华书局，1989年，第244—272页。陈仲安：《唐代后期的宦官世家》，《唐史学会论文集》，西安：陕西人民出版社，1986年，第195—224页。
[4] 赵雨乐：《唐宋变革军政制度——官僚机构与等级之编成》，台北：文史哲出版社，1994年。
[5] 赵和平：《〈记室备要〉的初步研究》，《段文杰敦煌研究五十年纪念文集》，北京：世界图书出版公司，1996年，第244—247页。杜文玉：《唐代宦官世家考述》，载《陕西师范大学学报》1998年第2期。
[6] （日）矢野主税：《唐代枢密使制的发展》，《长崎大学学艺部人文社科研究报告》3，1953年。
[7] 王寿南：《唐代宦官权势之研究》，台北：正中书局，1971年。

于宦官研究的重要参考作用,唐末政治史记载本就零落,正史所载更是有限,这就需要更多史料学支撑,出土墓志填补了这一空缺,本文所用《韩处章墓志》墓主人虽不是宦官,却是宦官的养子,从这方墓志中能够发现唐末宦官政治的许多特点,填补正史记载的空缺,推进对唐末宦官群体的研究。

二 乡贡进士与唐末宦官政治

《唐故银青光禄大夫左羽林大将军知军事兼御史中丞上柱国赠右散骑常侍韩公墓志铭并序》作者为:"乡贡进士独孤潭撰并书及篆盖",①对比敦煌本P.3723《记室备要》所载"乡贡进士郁知言撰",独孤潭和郁知言都是"乡贡进士",独孤潭撰写《韩处章墓志》的时间是在乾符三年(876),郁知言撰写《记室备要》的时间是在咸通七年(866),相差仅十年,可以说时代相近,那么"乡贡进士"到底指的是哪一类人,他们与宦官有什么样的关系,而他们的时代特点又是什么,是下文要探讨的。

(一)"乡贡进士"是"进士"候选人

《通典》卷十五《选举三》载:

> 大唐贡士之法,多循隋制。上郡岁三人,中郡二人,下郡一人,有才能者无常数。其常贡之科,有秀才,有明经,有进士,有明法,有书,有算。自京师郡县皆有学焉。并具学篇。每岁仲冬,郡县馆监课试其成者,长吏会属僚,设宾主,陈俎豆,备管弦,牲用少牢,行乡饮酒礼,歌鹿鸣之诗,征耆艾、叙少长而观焉。既饯,而与计偕。其不在馆学而举者,谓之乡贡。旧令诸郡虽一、二、三人之限,而实无常数。到尚书省,始由户部集阅,而关于考功课试,可者为第。②

《通典》卷五十三《吉礼十三》载:

> 开元七年(719)十月,皇太子诣国学,行齿胄礼。[开元]二十六年正月,赦文:'古者乡有序,党有塾,将以弘长儒教,诱进学徒,化人成俗,率由于是。其天下州县,每一乡之内,里别各置一学,仍择师资,令其教授。'又敕:诸州乡贡见讫,令就国子监,谒先师,学官为之开讲,所

---

① 参见胡戟、荣新江:《大唐西市博物馆藏墓志》,北京:北京大学出版社,2012年,第1005页。为行文方便,下文统称《韩处章墓志》。

② 《通典》卷一五《选举三》,北京:中华书局,1988年,第353页。

司设食。弘文、崇文馆学生及监内学生,亦许听焉。天宝初,明经、进士习尔雅。九载(750),国子监置广文馆,知进士业博士助教各一人。十二载七月诏,举人不得充乡贡,皆补学生,四门俊士停之。①

《通典》于贞元十七年(801)完成进呈唐德宗李适,虽载天宝前制度,但考虑到作者杜佑的生活年代,其中掺入了德宗时期一些制度的记载也是可能的。上述两条史料都提到"乡贡进士"是在州县学馆"就学"且基层地方官员认为是"有才能者",又"旧令诸郡虽一、二、三人之限,而实无常数",按现在的话通俗地说就是由州(郡)一级选拔推荐的"特殊人才",数量有限。一旦考上,则成为人人羡慕的"进士",但与普通进士不同之处在于,他们并不是地方馆学的正式备考生,而只是"乡贡进士"。

(二)"乡贡进士"为宦官写墓志

由于墓志材料比较分散,对"乡贡进士"为宦官写墓志的问题,我们仅以《隋唐五代墓志汇编》为例加以说明,列表如下:

表一 "乡贡进士"撰写宦官(含亲眷)墓志表②

撰者	墓主人	时间	页数
乡贡进士王融撰	军使朝散大夫行内侍省奚官局令员外置同正员赐绯鱼袋上柱国南阳乐公夫人成氏墓志铭并序	大中〇一〇(847)	976
乡贡进士崔愿撰	唐故夫人刘氏墓志铭并序	大中〇三六(853)	994
乡贡进士刘玄休撰	唐故太原郡王夫人墓志铭并序	大中〇四二(854)	999
乡贡进士郑晦撰并书	大唐故右神策军护军副使朝散大夫行内侍省掖庭局令员外置同正员上柱国赐紫金鱼袋间府君墓志铭并序	大中〇六三(857)	1015

---

① 《通典》卷五三,第1469页。
② 此表所收墓志均收录在《隋唐五代墓志汇编》(陕西卷)。宦官亲眷包含有宦官养子、宦官夫人等等。

撰者	墓主人	时间	页数
乡贡进士柳凤撰	唐荆南监军使银青光禄大夫行内常侍赐紫金鱼袋吴德镛妻天水郡赵夫人墓志铭并序	咸通〇一八（863）	1046
乡贡进士张绚书	大唐故尚党郡夫人樊氏墓志铭并序	咸通〇三四（865）	1061
乡贡进士杨璠撰兼书并篆	大唐故朝请郎行内侍省掖庭局宫教博士上柱国清河张公墓志铭并序	咸通〇八六（871）	1099
乡贡进士袁标撰	唐故赠朝散大夫奚官局令赐绯鱼袋杨公故夫人左太君墓志铭	乾符〇〇五（875）	1121

上表列出了《隋唐五代墓志汇编》大中至乾符年间（847—875）有明确记载的八名宦官（或亲属）的墓志铭与作者，大致可推出三点：第一，已发现的大中至乾符年间的宦官墓志多为"乡贡进士"所写，这充分说明了"乡贡进士"与宦官的依存关系，宦官相对而言鲜有文化高深者，正要依靠有文化的"乡贡进士"帮他们做文书处理的工作，二者依存度高。第二，就时间而言，所载宦官大多死于大中至乾符这28年间，说明唐末的"乡贡进士"地位十分重要，作为具有一定文化修养的特殊阶层，无论他们是否踏入仕途，均是唐代权力的重要补充，这一时期进士的作用彰显。如王谠的《唐语林》载：

> 宣宗爱羡进士，每对朝臣，问"登第否"？有以科名对者，必有喜，便问所赋诗赋题，并主司姓名。或有人物优而不中第者，必叹息久之。尝于禁中题"乡贡进士李道龙"。宦官知书，自文、宣二宗始。①

足见唐代大中后，文人甚至是"乡贡进士"的受重视程度。第三，就"乡贡进士"所撰写墓志主人身份来看，既有散官达从三品的高级宦官，也有儒林郎这样的低散阶宦官，说明这一时期，"乡贡进士"这一文士群体广泛服务于宦官群体，不仅是高级宦官，低级宦官同样也与"乡贡进士"相依存。

自宋代以来，学者们一般认为唐代士大夫与宦官之间势同水火，陈寅恪先生《唐代政治史述论稿·中篇》透彻分析了宦官与晚唐士大夫们的互动关系。

---

① 《唐语林》卷四《企羡》，上海：上海古籍出版社，1978年，第131页。

其实,李德裕曾为大宦官刘弘规和马存亮撰《神道碑》,①刘瞻为宦官刘遵礼撰《墓志铭》,②郑薰为仇士良写《神道碑》,③中晚唐已降,上自宰相,下至"乡贡进士",士大夫与宦官"打成一片",难分你我,实处于一种相互依存共生的状态。

三 宦官官位排序探究

据《韩处章墓志》载,墓主人韩处章的"父亲"是韩文约,《资治通鉴》卷二五二《唐纪》"懿宗咸通十四年(874)秋,七月,戊寅,上疾大渐,左军中尉刘行深、右军中尉韩文约立少子普王俨。《考异》曰:范质《五代通录》:'梁李振谓陕州护军韩彝范曰:懿皇初升遐,韩中尉杀长立幼以利其权,遂乱天下,今将军复欲尔耶!彝范,即文约孙也。'……八月,丁未,追尊母王贵妃为皇太后,刘行深、韩文约皆封国公。"④韩文约是决定皇位继承的神策军中尉,其在懿宗、僖宗时的权势可知。韩文约有十二个养子,长子从真早逝;次子韩处章虽非宦官,但在45岁去世时即升任"银青光禄大夫左羽林军大将军兼御史中丞上柱国",散官、职事官均至三品,已入高官序列,不仅如此,韩处章之下,还有十名宦官弟弟,其职官也是由高到低排序,由此颇能体现宦官使职的高下关系,需要强调的是,韩文约有十二个养子,至其孙彝范时,仍为大宦官。

(一)宦官收十二养子,大大逾制

《唐会要》卷六五"内侍省"条载:"贞元七年(791)三月十三日敕,内侍省五品以上许养一子,仍以同姓者,初养日不得过十岁。"⑤但由唐末尤其是咸通乾符年间宦官墓志可见,逾制者非只一二宦官,几乎所有高级宦官均有这一行为,兹举数例:

《唐故盐州监军使正议大夫行内侍省内府局令员外置同正员上柱国赐紫金鱼袋吴公墓志铭并序》

---

① 《全唐文》卷七一一《李德裕》十六:《唐故左神策军护军中尉兼左街功德使知内侍省事刘公神道碑铭》,北京:中华书局,1983年,第7294—7297页。《全唐文》卷七一一《李德裕》十六:《唐故开府仪同三司行右领军卫上将军致仕上柱国扶风马公神道碑铭》,北京:中华书局,1983年,第7298页。
② 《金石萃编》卷一一七《刘遵礼墓志》,北京:中国书店,1985年,第4—6页。
③ 《全唐文》卷七九〇《郑薰》:《内侍省监楚国公仇士良神道碑》,北京:中华书局,1983年,第8271页。
④ 《资治通鉴》卷二五二"昭宗光化三年六月"条,北京:中华书局,1956年,第8166页。
⑤ 《唐会要》卷七九,北京:中华书局,1980年,第1131页。

公有嗣子四人：长曰彦方，文林郎、行内侍省掖庭局宫教博士、赐绿；从事矣恭俭於心，义推让果。次曰彦球，登仕郎、行内侍省掖庭局宫教博士、上柱国、赐绿；职系王庭，位同察采，鹤仪独立，迥秀风姿，凤备三端，四科克萃。次曰彦钊，次曰彦及，并蕴材器，孝敬修身，时美四龙，茂英秋菊，雁序飞鸣，而偕佐辅，咸以泣血，兴言方苏。①

《故太原郡夫人王氏墓志铭并序》

有子七人，长曰师□，宣徽供奉官、奉义郎、行内侍省内寺伯、上柱国、赐紫金鱼袋；次曰师璠，给事郎、行内侍省内府局丞、上柱国、赐紫金鱼袋；次曰师球，将仕郎、守内皆省内府局令、上柱国、赐绯鱼袋；次曰师琯，将仕郎、行内侍省掖庭局宫教博士；次曰师瑛，将仕郎、行内侍省掖庭局宫教博士；次曰畴，内飞龙厩押衙、银青光禄大夫、检校国子祭酒，兼剑州司马、侍御史，上柱国；次曰师瑀，将仕郎、行内侍省掖庭局宫教博士。②

据《大唐西市博物馆藏墓志》447 号《唐故前染坊使中大夫行内侍省宫闱令上柱国赐紫金鱼袋王公(彦真)墓志铭并序》所载：王彦真(835—865)为淮南监军使王茂玄之子，有弟彦宾、彦回、彦钧、彦雍、彦范五人，另有同居堂兄弟彦由、彦式、彦昭共三人；据《唐律》，同居者可视为一家，则王彦真兄弟共九人，淮南监军使王茂玄家至少有九个养子。③

由以上三例可知，至咸通、乾符年间，宦官，尤其是高级宦官已经视"贞元七年敕条"为无物，收养子已经不限于一两位，而是多有突破，多者六七人也不奇怪，但是像韩文约这样收十二个养子确实少见。从另一个角度说明，宦官利用养子来巩固权力在唐末非常盛行。

（二）《韩处章墓志》与《记室备要》所记宦官使职的对比研究

韩处章的十名宦官"弟弟"官职中有使职的暂列如下表：

---

① 周绍良、赵超：《唐代墓志汇编续集》，上海：上海古籍出版社，2001 年，第 1131 页。
② 《隋唐五代墓志汇编》编辑委员会：《隋唐五代墓志汇编》（陕西卷第四册），天津：天津古籍出版社，1991—1992 年，第 1118 页。
③ 《大唐西市博物馆藏墓志》，第 961 页。

表二　韩处章十名弟弟官爵表①

姓名	职事官	爵	赐鱼袋	食封	使职
韩处恭	右威卫上将军	颍川县开国公	紫金鱼袋	一千五百户	（宣徽）南院使
韩处诲	左监门卫上将军	颍川县开国子	紫金鱼袋	八百户	小马坊使
韩处让	内仆局令		紫金鱼袋		总监使
韩处端	内谒者监		紫金鱼袋		
韩处人	内寺伯		紫金鱼袋		军器副使
韩处柔	内寺伯		紫金鱼袋		
韩处厚	奚官局令		紫金鱼袋		
韩处谟	宫闱丞		绯鱼袋		
韩处譚	内府令		绯鱼袋		
韩处顒			赐绿		

据上表可以看出以下几个问题：第一，从韩处恭的职事官右威卫上将军而言，是十二卫将军中比较高的，十二卫上将军中，监门卫将军最低，但是从职级上看，都是从二品，韩处恭的职事官位仍比弟弟韩处诲略高；而从爵和封户上看，则哥哥品级更是高得多，开国县公是从二品，而开国子仅仅是正五品。韩处让死在内仆局令、总监使任上，所以职事官位要比其弟韩处端低。韩处人和韩处柔职事官内寺伯都是正七品下，低于韩处端内谒者监的正六品下，韩处厚的奚官局令与韩处譚的内府令同处于从八品下，但是在排列时，奚官局位于内府局前，故处厚的职事官高于处譚，现在唯一的例外是韩处谟，宫闱丞是从八品下，却位于处譚之上，原因不得而知。总体而言，十名宦官的职事官基本上从高到低依次下降是没有问题的。第二，十名宦官中，无一人载有散阶等级，从另一个侧面而言，散官在乾符时代的作用已经不太显著，虽然由其他墓志分析可见散官还是遵从由高到低顺序，但至少在《韩处章墓志》中，宦官散官的官阶显然已不如职事官那么"有用"，当然，唐末职事官的散官化趋势使得散官的作用日益降低。第三，由韩处恭和韩处诲的官职记载而言，他们的职事官官阶很相近，

---

① 《大唐西市博物馆藏墓志》，第1005页。

划分途径似乎只有通过爵位才能看出,一个是开国县公,一个是开国子,品级相差很多,同时由食封上可以知道,一个是一千五百户,一个是八百户,也很明显,据此推测,唐后期的宦官等级,由爵的等级和食封的户数划等可能会更加直接。

明确了兄弟之间以长幼为序揭示了官职的高低后,结合敦煌本《记室备要》中卷对使职的排序,是有一定吻合性的,现将《记室备要》中卷宦官使职罗列如下:

中尉　军容　长官　两军副使　飞龙使　飞龙副使　内园使　庄宅使　宣徽使　僻仗使　仗内使(令)　翰林使　西院直公　总监使　省令　琼林等使　牛羊使　诸司使　监军使①

以出现过的使职而言,(宣徽)南院使、总监使、省令的排序完全相符,但不同的是其中小马坊使和军器副使在《记室备要》中并没有出现,唐长孺先生《唐代的内诸司使及其演变》一文推断:军器使职位较高,当与飞龙使同级。② 但是韩处人仅是副使,考《唐故正议大夫行内侍省内寺伯上柱国陇西郡开国子食邑五百户李公(升荣)墓志》:

至开成元年(835)冬,又除栽接副使。至二年(836)夏,又授军器副使。至开成五年(840)夏,又除楼烦监牧使。至会昌元年(840)秋,又加开国子,食邑五百户。至会昌三年(843)冬,又除总监使。③

时任军器副使的李升荣职事官也是内寺伯可知,军器副使与军器使在地位上还是有相当差距的,不能一提军器副使就认为一定是高级宦官。

四　《韩处章墓志》所见宦官使职执掌问题

(一)小马坊使隶属宣徽院及其执掌

小马坊使咸通以前不见诸史籍,当然这与唐末史料缺失严重有关。文宗时有五坊使,虽然没有史料支持五坊使与小马坊使有任何联系,但是可以根据仇士良墓志说明二者都属于宣徽院。这点可从《全唐文》中辑出:

《停废诸使敕》

---

① 赵和平:《〈记室备要〉的初步研究》,《赵和平敦煌书仪研究》,上海:上海古籍出版社,2011年,第243页。
② 《唐代的内诸司使及其演变》,第244—272页。
③ 《唐代墓志汇编续集》,第1028—1029页。

大唐西市博物馆藏《韩处章墓志》与敦煌本《记室备要》的比较研究

今后除留宣徽两院、小马坊、丰德库、御厨、客省、卜门、飞龙、庄宅九使外，余并停废。其内园冰井公事，委河南府勾当。①

《授内官韩坤范等加恩制》

宣徽小马坊使某，絜矩操心，温润成器。刚而不暴，柔而不回。②

由此可知，小马坊使隶属宣徽院当是无疑，且考这两条史料基本都来自大中年以后，尤其是《停废诸使敕》在天祐元年（904），距唐亡已经不远。则至少说明小马坊的出现时间是在唐末。

小马坊使的执掌甚少见诸史籍，《韩处章墓志》的出土为我们提供了新的线索和证据，得以一窥小马坊使的执掌，墓志中说：

洞究文房，深穷武库。竭明诚而奉职，罄直节以事君。将膺捧日之荣，暂典追风之署。③

笔者据"将膺捧日之荣，暂典追风之署。"推断，所谓"捧日"，指代皇帝出行时的仪仗，所谓"追风之署"，指代马厩，则小马坊使的执掌可推为皇帝出行时所备皇宫内苑之仪仗马，考敦煌莫高窟 156 窟宋国夫人出行图和张议潮出行图均可知，节度使出行时尚且需要大量马匹作为仪仗的承载工具，考虑到皇帝的规格远高于节度使，则其出行时所需的全套配置必定需要大量马匹，小马坊使的执掌也就是负责这些马匹的管理工作。但与飞龙使不同的是，这些马匹并不一定是战马，更有可能是仪仗马，至于后唐时小马坊使成为右飞龙院，笔者推断与黄巢起义时皇帝逃到四川，仪仗马只能借用禁军飞龙院的马匹有关。

（二）《韩处章墓志》与敦煌本《记室备要》载宣徽使的执掌对比研究

《韩处章墓志》所载韩处恭任（宣徽）南院使的执掌如下：

学穷百氏，道赞九重。仗开物成务之才，抱匡国济时之略。颙然寰宇，伫秉枢机。④

敦煌本《记室备要》载宣徽使执掌如下：

厶官博达多能，硕学众望。今者功高武库，宠极班行。厶久沐眷

---

① 《唐会要》卷七九，第 1454 页。
② 《全唐文》卷八〇三《李碱》：《授内官韩坤范等加恩制》，北京：中华书局，1983 年，第 8439 页。
③ 《大唐西市博物馆藏墓志》，第 1005 页。
④ 《大唐西市博物馆藏墓志》，第 1005 页。

私,常承顾遇,欢抃之至,倍百群情。①

《唐故内庄宅使银青光禄大夫行内侍省内侍员外置同正员上柱国彭城县开国子食邑五百户赐紫金鱼袋赠左监门卫大将军刘公墓志铭》

大中二年,授朝散大夫、彭城县开国子食邑五百户。密侍右迁,枢轴备选,边防经制,才略所先,公论咸推,帝命惟允。②

以上三条史料相排比,笔者大致可以推出宣徽使在唐代大中至乾符年间的执掌,韩处章墓志中的"贮秉枢机"一词,与《记室备要》中"长官"条下的"今者秉握璇枢",敦煌本《甘棠集》中《贺东上两枢密状》《贺西门枢密状》的"枢机重任"、"再持枢轴"相似,据此可以判断,在韩处章死时的乾符三年,宣徽使的地位已经大大上升,《益州名画录》载:

御容后写左神策军观军容使、护军中尉田令孜,右神策护军中尉、观军容使西门思恭,内飞龙使知内侍省杨复恭,内枢密使田匡礼,内枢密使李顺融,宣徽南院使刘景宣,宣徽北院使田献铢,左卫大将军石守悰,左金吾大将军刘巨容,行在诸军马步都虞候赵及,诸司使副一百余员。③

此画做成时间是在"僖宗皇帝幸蜀回銮之日"(885),是时宣徽使已成为仅次于枢密使的高级宦官,排位尚在诸将军之前,这与韩处章的右威卫上将军、颍川县开国公、食邑一千五百户的散官、爵位、食封也一致。

上引天祐元年(904)时的《停废诸使敕》,也说明宣徽院的重要性,在庞杂的北司诸使中,宣徽院得以保留,并在宋代仍旧发挥重要的作用,这与唐末,尤其是咸通乾符年间,宣徽使的执掌向中枢机密官转型是分不开的。

结　语

唐代宦官问题所涉方面尤多,波及政治、经济、文化甚至外交者均不一而足,加之唐末正史材料有限,使得研究平添几分难度,好在如今敦煌资料较为丰富,同时又有大量墓志不断出土以补传统史籍之缺憾。

本文所述"乡贡进士"、宦官排序、宦官执掌三个方面内容看似不相关联,但实际展现了唐代咸通至天祐年间宦官政治生态的一个侧面,乡贡进士的文化底

---

① 赵和平:《敦煌表状笺启书仪辑校》,南京:江苏古籍出版社,1997年,第96页。
② 《金石萃编》卷一一七《刘遵礼墓志》,第4—6页。
③ 黄休复:《益州名画录》卷上,何韫若、林孔翼注,成都:四川人民出版社,1982年,第42—44页。

蕴与宦官的权力相结合，造就了晚唐富有特色的宦官干政现象；而宦官干政又与其地位的提高密不可分，这不仅从宦官使职地位和执掌方面体现，同时也在唐末日益淡薄的官制体系中加以体现；同时，由于宦官地位的提升，使得宦官越来越靠近政治的中心，从而促使宦官干涉军政和机密的情况在唐末尤其是唐懿宗后屡见不鲜，甚至常态化，这一现象，回溯历史，是对唐代既有职官体系的挑战，同时也是相权和皇权争斗的结果，并初步塑造了宋代的官僚政治体系雏形，宋代的枢密使、翰林使、宣徽使无一不是唐末宦官的延续，只不过任职者从宦官变成了士人。由此，唐末宦官专政不仅仅是所谓政治现象，而是有着深刻制度变革内涵的机构体制变化，有着承前启后的重要意义。

虽然墓志等金石资料与敦煌文献等资料为隋唐史（甚至是魏晋南北朝史）研究提供了重要的参考资料与史学基石，但是决定性的还是正史资料，所谓以正史史籍为主，以金石资料为辅的方针是隋唐史发展大趋势，由于敦煌文献的纷繁复杂和庞大，决定了敦煌学虽然能成为学科但是不能脱离历史研究而单独存在，同样，金石的散布范围广与涉及面大，使得它也只能作为研究历史的辅助而不能单独成为学科，在隋唐史研究中，我们要把金石学、敦煌学与传统史料相结合，才能为隋唐史研究别开生面。

【附记】：赵晨昕2012年博士毕业论文题目是《唐代宦官权力的制度解析——以敦煌本〈记室备要〉和唐代墓志为中心》，文中除引用传世史籍外，还搜集了大量相关宦官墓志材料，荣新江教授见文后，慨赠《大唐西市博物馆藏墓志》中三名有关宦官的墓志录文，以备论文修订增补之用。胡戟教授赶在会议前惠赐《大唐西市博物馆藏墓志》三巨册，父子二人草成此文，既表示对胡戟、荣新江二教授美意的诚挚谢意，又为推进隋唐史研究略尽绵薄之力。

（本文作者赵晨昕，中国社会科学杂志社编辑；赵和平，北京理工大学人文社会科学学院教授。）

长安瑰宝

——读大唐西市藏志有感

李健超

在人类进入资本主义社会前,隋唐长安城是当时全世界最宏伟的国际大都会,面积达84.10平方公里。典型的棋盘式格局、特征鲜明的城市功能分区,是中国封建时代城市规划建设的典范,是东方世界以及朝鲜半岛、日本等国家都城的楷模。但是,在公元904年,也就是唐昭宗天祐元年长安城在一次人为的破坏中被毁为废墟。一千多年来,这座城市遗址经过风雨侵蚀,人为的破坏,原有的遗存大多泯灭。因此,对隋唐长安城的历史、建筑和文化史的研究,历史典籍和实物遗存日益显得不足,新资料、新信息的来源主要是来自地下埋藏文物的发现和研究。大唐西市收藏的唐代墓志,是极其珍贵的瑰宝,不仅对研究隋唐长安城建筑史、历史、文化史和丝绸之路提供了新的、生动的实物证据和文字材料,而且对我们认识大唐长安文化在当时世界上的地位,投射一束新的光芒。

大唐西市收藏的一方墓志,对改写一个坊(里)的名称,重新绘制隋唐长安地图,提供了充分的证据。这方墓志是《郑琮墓志》(三九三),是薛涣为夫人郑琮撰写的。郑琮于唐文宗大和七年二月八日,逝于长安县怀真里之私第,其年四月二十八日,归葬于京兆府万年县少陵原先茔之东北。

根据历史文献记载和近半个世纪的考古发掘证实,隋初规划建造大兴城时,有13条东西大街和11条南北大街,将全城划分为130个近于正方形和长方形的网格。其中,宫城据有8个网格;皇城据有8个网格;东市和西市各据有2个网格,其余的110个网格当时称为"里",后来又称为"坊",每个坊里都有名字。以朱雀大街为界:街东55坊(因曲江占一坊,所以也说54坊)为万年县(也称咸宁县)管辖;朱雀街西55坊为长安县管辖。

长安城的坊数和坊名在盛唐之后变化不大，但有些坊名史籍缺载。例如皇城南朱雀门外与含光门外之间有南、北两坊，名称不详，清代徐松撰著《唐两京城坊考》时误为"光禄坊"和"□□坊"。黄永年先生点校元代骆天骧撰写的《类编长安志》正确的补上"善和坊"和"通化坊"。那么除此之外，隋唐长安城的坊名还有没有搞错的？有。位于今西安市含光路西，唐城宾馆西的唐代怀真坊，清代以后，讹为怀贞坊。有关隋唐长安图都标明"怀贞坊"。

　　按唐代韦述的《两京新记》卷三残卷"次南怀真坊，西南隅御史大夫乐思晦宅。"历史学家岑仲勉先生对《两京新记卷三残卷复原》一文中①指出："怀真，长安志九，城坊考四及长安、咸宁两县志图均作怀贞……以作怀贞，当宋人改。"

　　黄永年先生在点校元代骆天骧撰的《类编长安志》时，于怀真坊下有案语"(案)宋志怀贞坊，"黄先生可能据毕沅校订本认为宋时将怀真坊改为怀贞坊。

　　西安市文物保护考古研究院杨军凯同志，在北京大学出版社出版的《唐研究》第十七卷，发表《隋唐长安城怀真坊名考》一文。认为怀真坊改名为怀贞坊是清代徐松在《唐两京城坊考》一书中改错的。

　　杨军凯同志据《长安志》怀真坊内之庙宇、宅第，一一对照史籍查对，全部是"怀真"，无一处是"怀贞"。不佞于2006年修订本《增订唐两京坊考》收入四方生前居住怀真坊，薨于怀真坊的宅主墓志，以后又陆续收集四方薨于怀真坊的唐人墓志，②特别是西市收藏的薛涣夫人郑琮，在大和七年二月八日，逝于长安县怀真里之私第，为正名"怀真坊"增添了新的不可或缺的证据。

　　因此我认为误改怀真坊为"怀贞坊"，肇始于清代毕沅校刊之《长安志》，徐松又误改《唐璿碑》文和唐许棠诗中的"怀真"为"怀贞"，从而竟将"怀真坊"错改为"怀贞坊"。

　　长安城内万年县的昭国坊，原名不称昭国坊。四库全书本《长安志》卷八昭国坊"按此坊本犯中宗庙讳，长安中改，唐中叶后多云招国，招字殊无义理，未详。"唐中宗李显，庙讳当系"显"字。《大唐西市博物馆臧志》第一二八号《柳璧

---

① 《国立中央研究院历史语言研究所集刊》第九本，中华民国三十六年出版。
② 其中一方墓志是西安市文物保护考古研究院2010年9月—2011年2月，于长安区韦曲街道办事处，东兆村北500米，东距高望村(高望堆)约1公里处发掘唐殿中侍御医蒋少卿及夫人宝手墓时所得。宝手以咸亨四年十一月二十日，终于长安之怀真里卒(西安市文物保护考古研究院《西安唐殿中侍御医蒋少卿及夫人宝手墓发掘简报》《文物》2012年第10期。)另外还有崔藏之、郑齐丘、渤海郡君高氏夫人墓志。

墓志》以实物证据与文字说明揭开了这一千古之谜。柳璧夫人梁氏"奄以长寿二年三月六日,终于明堂显国坊里第。"长寿二年是公元693年,正是武则天掌权时期,当时坊名显国,数年后长安年间(701—704),改明堂县的显国坊为昭国坊。需要说明,唐高宗总章元年(668)分万年县而置明堂县,县廨在永乐坊西南隅,武后长安三年(703)废明堂县,复并入万年县。

(本文作者:西北大学西北历史研究所教授)

大唐西市博物馆藏墓志所见唐刺史资料辑考

吴炯炯 田卫卫

郁贤皓先生多方搜罗唐代刺史相关资料,著《唐刺史考全编》(简称《全编》)①,煌煌五册,嘉惠学林,于治唐史及唐代文学者多有裨益。自出版以来,已成为唐代研究中不可或缺之工具书。近年来,地不惜珍,贞石墓志往往间而现焉,学者利用新出石刻数据对《全编》多有补正之作②。笔者二人参加大唐西市墓志整理工作,受命核对有关刺史信息,今据《大唐西市博物馆藏墓志》(以下简称《西市藏志》,所用墓志材料皆以刊布时编号为序)所刊新出唐代墓志③,摘录相关唐代刺史之材料,草成此文,期以能补正《全编》之未及。已经前文所补正者,此处不赘。以下谨按《全编》之格式分次而录之:

---

① 郁贤皓:《唐刺史考全编》,合肥:安徽大学出版社,2000年。
② 郁贤皓:《〈唐刺史考全编〉订补》,《南京师大学报》2001年第3期,第147—155页;潘明福《〈唐刺史考全编〉补遗》,《文献》2005年第2期,第149—156页;毛阳光《〈唐刺史考全编〉新补订》,《文献》2006年第1期,第31—40页;毛阳光《〈唐刺史考全编〉再补订》,《文献》2007年第2期,第53—65页;马建红《〈唐刺史考全编〉拾补》,杜文玉主编《唐史论丛》第12辑,西安:三秦出版社,2009年,第215—219页;吴炯炯《〈唐刺史考全编〉订正》,《中国历史文物》2010年第3期,第83—88页;杨晓、吴炯炯《〈唐刺史考全编〉订正(二)》,《甘肃社会科学》2011年第1期,第173—176页;客洪刚《〈唐刺史考全编〉辑补》,《图书馆理论与实践》2012年第1期,第58—61、93页;赵望秦《〈唐刺史考全编〉补遗》,赵力光主编《碑林集刊》(十六),西安:三秦出版社,2012年,第250—289页;陈翔《〈唐刺史考全编〉拾遗、订正》,杜文玉主编《唐史论丛》第14辑,西安:陕西师范大学出版总社有限公司,2012年,第272—283页;赵望秦《〈唐刺史考全编〉补例订正》,杜文玉主编《唐史论丛》第15辑,西安:陕西师范大学出版总社有限公司,2012年,第218—253页;张天虹《〈唐刺史考全编〉补正》,《中国国家博物馆馆刊》2012年第7期,第62—71页;杨晓、吴炯炯《〈唐刺史考全编〉订正(三)》,《敦煌研究》2012年第3期,第97—103页;吴炯炯《〈唐刺史考全编〉订正(四)》,《敦煌学辑刊》2013年第2期(待刊)。
③ 胡戟、荣新江主编:《大唐西市博物馆藏墓志》,北京:北京大学出版社,2012年。

第一编　京畿道

卷三　华州（太州、华阴郡）

侯知一　约武后末

《侯知一墓志》："转兵部侍郎，加遂成县子。……服阕，西京留守，除华州刺史。……入为尚方监，除太子右庶子，食实封二百户。……转太府卿，除同州刺史，复为太府卿。……神龙初，优制归老。"（《西市藏志》一六五）《会要》卷五九"兵部侍郎"条："长寿二年正月二十四日，又加一员，以侯知一为之。"又《广记》卷二五八引《朝野佥载》："周夏官侍郎侯知一。年老。敕放致仕。上表不伏。"长寿二年任兵部侍郎，神龙初致仕。其间历华、同二州刺史，约在武后末。

韦怀敬　约武后时

《韦贞范墓志》："祖怀敬，皇朝华州刺史，左羽林大将军，转忠武将军、左领军将军，邧部县开国公，食邑三百户。"（《西市藏志》二三八）韦贞范于开元六年卒。其祖怀敬，《姓纂》卷二"京兆杜陵韦氏"，弘敏从祖兄怀敬，右领军将军。又据《新表四上》韦氏平齐公房："怀敬，左领军将军。"疑其任华州刺史在武后时。

卷四　同州（冯翊郡）

侯知一　约武后末

《侯知一墓志》："转兵部侍郎，加遂成县子。……转太府卿，除同州刺史，复为太府卿。……神龙初，优制归老。"（《西市藏志》一六五）参看上面卷三华州条考证。

卷五　岐州（扶风郡、凤翔郡）

窦思仁　开元八年（720）前

《窦思仁墓志》："累迁岐、华、相三州刺史。……在相岁余，解印归节。享年七十，开元十一年正月廿日，薨于静安里第。"（《西市藏志》一九二）据《全编》所考，窦思仁开元八年在华州刺史任，之前曾任岐州刺史。

段师　时代待考

景龙三年十一月廿日《卢崇嗣妻段夫人墓志》："祖师，……皇朝历陕州司马，虢州长史，金紫光禄大夫，岐州刺史。"（《西市藏志》一六〇）段氏于景龙元年卒，享年不详。

卷六　邠州（豳州、新平郡）

窦思仁　约景龙三年（709）

《窦思仁墓志》："父怀让,密、泗、德三州刺史。……未视事,丁德州府君忧。……服终,拜豳州刺史。"（《西市藏志》一九二）据《窦怀让墓志》①,窦思仁丁父忧在神龙二年,三年后（约景龙三年）服除,拜豳州刺史。

第二编　关内道

卷七　鄜州（洛交郡）

韩俭（处约）　永隆元年（680）前

《韩俭（处约）墓志》："改迁鄜州刺史。居无何,授滑州刺史。……以永隆元年十月九日,薨于州府,春秋六十有六。"（《西市藏志》一〇八）韩俭以永隆元年卒于滑州刺史任上,之前曾任鄜州刺史。

卷九　丹州（咸宁郡）

牛名俊　贞元元年—约贞元末（785—约805）

《牛名俊墓志》："宰臣议屈,丹州出牧。抚绥凋瘵,二十余年。课绩推尤,联帅公荐。诏命褒奖,入迁左领军卫大将军,励节匪躬。"（《西市藏志》三五〇）《全编》据《旧唐书·德宗纪上》系牛名俊任丹州刺史在贞元元年。据此志,其刺丹州二十余年,至贞元末入朝为左领军卫大将军。

卷一一　宁州（彭原郡）

杜嗣及　约高宗、武后时

《杜该墓志》："父嗣及,皇曹、宁、青三州刺史。公则青州府君之第三子也。"（《西市藏志》二四一）杜该于开元廿九年卒,年五十六。父嗣及,《全编》"青州（北海郡）"卷据《姓纂》卷六《京兆杜氏》所载,推测其任青州刺史约贞观中。据此志推,其任曹、宁、青三州刺史,约高宗、武后时,当不可能早至贞观中。

卷一五　陇州（汧阳郡）

牛名俊　?—元和四年（806—809）

《牛名俊墓志》："大唐元和四年岁次己丑闰三月丁未朔十四日庚申,奉天定

---

① 拓片图版见赵君平、赵文成编：《秦晋豫新出墓志搜佚》,北京：国家图书馆出版社,2012年,第385页。

难功臣、开府仪同三司、使持节陇州诸军事、行陇州刺史、充兵马留后、兼御史大夫、安陆郡王、上柱国、食实封二百五十户陇西牛府君名俊……终于陇州之公馆。……入迁左领军卫大将军,励节匪躬。未周星岁,圣皇御极,擢用勋臣,出典于陇。"(《西市藏志》三五〇)据此志,牛名俊元和四年卒于陇州刺史任上。

卷一七　绥州(上郡)

李粹　约天宝中

《李粹墓志》:"尝任济原县令,上郡太守,仪州刺史。"(《西市藏志》二七九)李粹于大历二年卒,年六十四。为李承乾曾孙,越州都督象孙,怀州刺史玼子。

卷二四　胜州(榆林郡)

杨献　?—开元三年(?—715)

《杨献墓志》:"转胜州都督,仍充东受降城使,兼借紫。……开元三年,又特敕追赴京,频召与语。"(《西市藏志》一八〇)据此志,杨献曾任胜州都督,至开元三年离任。

第三编　陇右道

卷二九　渭州(陇西郡)

贺拔亮　贞观元年—贞观三年正月、贞观三年四月—贞观十三年(627—629、629—639)

《贺拔亮墓志》:"贞观元年诏:'识用闲明,器能贞固。绥和之术,声效有闻。冲要之地,朝寄斯在。可渭州刺史。'三年正月,敕公驰驿检校兰州都督。四月,敕还渭州。"(《西市藏志》四〇)据此志,贺拔亮两度任职渭州,其中贞观三年正月至四月,检校兰州都督。

卷三〇　兰州(金城郡)

贺拔亮　贞观三年(629)正月—四月

《贺拔亮墓志》:"(贞观)三年正月,敕公驰驿检校兰州都督。四月,敕还渭州。"(《西市藏志》四〇)

卷三二　武州(武都郡)

贺拔亮　武德四年—五年(622)八月、十一月—七年(621—624)

《贺拔亮墓志》:"(武德)四年,奉诏入朝,授武州刺史,加上开府。五年八月,有诏判岷州总管。十一月,奉诏还武州。"(《西市藏志》四〇)《全编》据《元龟》卷九九〇所载,著录贺拔亮武德五年在任武州刺史。今据此志,确知其武德四年至七年在任,其中五年八月至十一月判岷州总管。

卷三五　岷州(和政郡)

贺拔亮　武德三年—四年(620—621);五年(622)八月至十一月

《贺拔亮墓志》:"(武德)三年,岷州刺史。四年,奉诏入朝,……五年八月,有诏判岷州总管。十一月,奉诏还武州。"(《西市藏志》四〇)据此志,贺拔亮二度任职岷州;武德三年至四年任岷州刺史;武德五年八月至十一月判岷州总管。

卷三六　廓州(宁塞郡)

召弘安　？—景龙三年(？—707)

《召弘安墓志》:"迁拜云麾将军,行左领军卫中郎将,检校廓州刺史,上柱国,兼积石军经略使。……以景龙三年二月三日,终于积石军所,春秋七十有一。"(《西市藏志》一五九)据此志,召弘安景龙三年卒于廓州刺史任上。

卷三七　迭州(合川郡)

召弘安　万岁通天元年(696)

《召弘安墓志》:"万岁通天元年,……检校迭州刺史。"(《西市藏志》一五九)

卷三八　宕州(怀道郡)

贺拔亮　武德二年—三年(619—620)

《贺拔亮墓志》:"(武德)二年,宕州刺史;三年,岷州刺史。"(《西市藏志》四〇)

第四编　都畿道

卷四九　河南府(洛州)上

刘守敬　圣历二年(699)——删

《刘彦参墓志》:"烈考讳守敬,嘉、隆、洺、湖等州刺史。"(《西市藏志》一七八)《全编》"湖州(吴兴郡)"卷据《吴兴谈志》卷一四:"刘守敬,正(贞)观二十一年自洛州刺史授;迁太常卿少卿。《统记》云,圣历二年授。"且认同岑仲勉《元和姓纂四校记》之考证,著录在圣历二年,可从。据此志,守敬曾任嘉、隆、洺、湖等州刺史,又检《全编》所考,此时任洛州者,均称洛州长史,并未见称刺史者,疑《吴兴谈志》云其由洛州刺史授,恐是因"洛"、"洺"二字形近致误,当正作

"洺"为是。故应删去《全编》此条。

卷五〇　河南府(洛州)下

李朋　咸通六年(865)四月—五月六日

《李朋墓志》题"唐故正议大夫守河南尹柱国赐紫金鱼袋赠礼部尚书武阳李公墓志铭并序,中大夫守河南尹柱国赐紫金鱼袋杨知温撰":"咸通皇帝嗣位之六年仲夏之六日,河南尹李公薨于位。……于是河洛阙守,乃命公尹理之。至任之日遇疾,不一旬而捐代,享年六十二。"(《西市藏志》四五〇)李朋于咸通六年五月六日卒于河南尹任上。《全编》据郑谷《云台编自序》等所载,疑其任河南尹在咸通末,不确。据此志,李朋咸通六年四月任河南尹,五月六日即卒于任上,概由其外兄杨知温于五月间继任,因任期太短,史籍所载多未及之,今当移正。

卷五二　怀州(河内郡)

弓志元　约武后永昌元年(690)前

《弓凤儿墓志》:"皇考志元,唐持节魏、晋、怀、相等诸军事,十七州刺史,金吾等十二卫将军。"(《西市藏志》二〇八)弓凤儿于开元十八年卒,享年六十一。父志元,《全编》"相州(邺郡)"卷据《新唐书·则天皇后纪》所载,著录在永昌元年。又,《新唐书·地理志三》:"平棘,上。东二里有广润陂,引太白渠以注之,东南二十里有毕泓,皆永徽五年令弓志元开,以畜泄水利。"永徽五年其在平棘县令任上,武后永昌元年前任怀州刺史。

卷五三　郑州(荥阳郡)

窦思仁　开元初

《窦思仁墓志》:"开元初,以亲累贬授太子仆,而金紫章绂如故。寻出摄蒲州别驾。……顷之,进拜公为郑州刺史"(《西市藏志》一九二)

韩恭　天复初

《韩恭夫人李氏墓志》:"自唐天复初,即拜郑州刺史。"(《西市藏志》四八五)

卷五四　汝州(临汝郡)

韦少华　约建中中

《韦少华墓志》:"自殿中侍御史转度支员外,擢为长安令,出典临汝郡,入守考功郎中。建中末,吐蕃输诚修好,丞相李揆莅盟,公授兵部正郎,倅属而往。"

(《西市藏志》三二二)韦少华于贞元十二年卒,年六十八。《新表四上》韦氏逍遥公房:"少华,太府卿",建中末出使吐蕃,此前曾历汝州刺史,约建中中。

第五编 河南道

卷五五　汴州(陈留郡)

胡演　贞观十年—十五年(636—641)

《胡演墓志》:"(贞观)十年,迁汴州诸军事,汴州刺史。……十二年,抗表致仕,优诏不许。十五年,重陈情款,方允所请,即加银青光禄大夫,禄赐同京官。"(《西市藏志》三六)

卷五六　宋州(睢阳郡)

房先忠　上元二年(675)前

《房先忠墓志》:"时宋州久缺良守,无复政方,理此乱绳,非公莫可,除宋州刺史。……征还京,复授右骁卫将军。无何,雍王为太子,迁左千牛卫将军,兼判左骁卫事。"(《西市藏志》一五五)房先忠,章怀太子李贤岳父。《全编》据《大唐故雍王赠章怀太子并妃清河房氏墓志铭》系房先忠任宋州刺史在高宗时。今据此志,房先忠在李贤为太子前刺宋州,据《旧唐书·高宗纪下》:"上元二年(675)六月戊寅,以雍王贤为皇太子。"其任宋州当在上元二年之前。

程悦　时代待考

《程惟诚墓志》:"先府君悦,宋州刺史。"(《西市藏志》三四二)程惟诚于元和二年卒,年七十四。

卷五七　滑州(灵昌郡)

韩俭(处约)?—永隆元年(?—680)

《韩俭墓志铭》:"居无何,授滑州刺史。……以永隆元年十月九日,薨于州府,春秋六十有六。"(《西市藏志》一〇八)

卷六〇　陈州(淮阳郡)

王美畅　天授二年—长寿二年(691—693)

《王美畅墓志》:"天授二年,□中散大夫,使持节陈州诸军事,守陈州刺史。……长寿二年,转使持节饶州诸军事,守饶州刺史。"(《西市藏志》一三九)《全编》据《金石补正》卷五九《北峰塔院铭残碑》及王美畅卒于圣历元年,推测其任刺陈当在武后天授至长寿年间,据此志,可确知在天授二年至长寿二年。

卷六八　曹州（济阴郡）

杜嗣及　约高宗、武后时

《杜该墓志》："父嗣及，皇曹、宁、青三州刺史。"（《西市藏志》二四一）杜该于开元年廿九年卒，年五十六。《全编》据《姓纂》卷六"京兆杜氏"所载，推测其任青州刺史约贞观中。据此志推，其任曹、宁、青三州刺史，约高宗、武后时，当不可能早至贞观中。

卷七〇　沂州（琅邪郡）

徐德（孝德）　永徽二年—约显庆元年（651—约656）

《徐德（孝德）墓志》："永徽二年，授使持节沂州诸军事，沂州刺史。……在职六年，奏课连最。及执珪入觐，奉计来庭。考绩居多，光膺后命。"（《西市藏志》五九）徐德（孝德），太宗徐贤妃之父。《全编》据《宝刻丛编》等记载，推测其任沂州约在贞观中。据此志，永徽二年任沂州刺史，在任六年，约显庆元年去职。

杨令本　上元元年（674）

《柳冲墓志》："上元元年，恩诏搜扬，广收杞梓。沂州刺史杨令本未尝披雾，籍甚嘉声，报国荐贤，襃然为首。"（《西市藏志》九五）《全编》据《全唐文》卷四一玄宗《杨珣碑》，疑杨贵妃之高祖令本仕沂州约在武德或贞观中，今此志明言上元元年在任。

卷七一　密州（高密郡）

侯善业　龙朔二年（662）后

先天元年十月二日《侯知一墓志》："父善业，皇朝刑部侍郎，大理卿，公事降密州刺史，赠安州都督。"（《西市藏志》一六五）《姓纂》卷五上谷侯氏："唐刑部侍郎侯喜（善）业；生知一，兵部侍郎。"《册府元龟》卷六九："龙朔二年五月，司刑少常伯侯善业为详刑正卿。"侯善业龙朔二年转为大理卿，其任密州刺史当在龙朔二年后。

卷七四　淄州（淄川郡）

梁某　贞观二十三年

《梁府君夫人崔氏墓志》："府君，去贞观二十三年，淄川代谢，坟槚旧葬岐州，今者暂移此□，续望岐州迁厝。"（《西市藏志》一九一）

卷七六　青州（北海郡）

张宽　约武德时

《张弼墓志》："父宽，随侍御史，上党郡守，今朝开府仪同三司，青州大总管府长史，青州刺史，大将军，南阳县公，食邑一千户。"（《西市藏志》一〇二）张弼武德末丁父忧，贞观初服除。其父宽由隋入唐，曾任青州刺史，疑在武德时。

杜嗣及　约高宗、武后时

《杜该墓志铭》："父嗣及，皇曹、宁、青三州刺史。"（《西市藏志》二四一）杜该于开元年廿九年卒，年五十六。父嗣及，《全编》据《姓纂》卷六《京兆杜氏》所载，推测其任青州刺史约贞观中。据此志推，约高宗、武后时，当不可能早至贞观中。

第六编　河东道

卷八一　晋州（平阳郡）

弓志元　约武后永昌元年（690）前

《弓凤儿墓志》："皇考志元，唐持节魏、晋、怀、相等诸军事，十七州刺史，金吾等十二卫将军。"（《西市藏志》二〇八）弓凤儿于开元十八年卒，享年六十一。父志元，《全编》"相州（邺郡）"卷据《新唐书·则天皇后纪》所载著录在永昌元年。之前历魏、晋、怀等州刺史，时间约在武后永昌元年前。

李朋　约大中十一——十三年（857—859）间

《李朋墓志铭》："丞相切于擢用，遂拜晋州刺史。……今户部尚书崔公玙节制蒲府，乃以公之政绩上闻，下诏褒美，仍锡银章之命。"（《西市藏志》四五〇）据此志，李朋曾历晋州刺史，其时正当崔玙任河中节度使，据《全编》所考，崔玙大中十年至十三年在任。

卷八三　隰州（大宁郡）

崔思贞　开元初

《卢朓墓志》："夫人清河县君崔氏，皇隰州刺史思贞之女。"（《西市藏志》二六五）崔氏开元廿年卒，年四十六。《崔华墓志》："祖思贞，故隰州刺州（史）。"[①]崔华于开元二十七年卒，年十七。《全编》据《新表二下》崔氏清河大

[①] 拓片图版见赵君平、赵文成编《秦晋豫新出墓志搜佚》，第609页。

房："思贞，隰州刺史"，将其列于待考录中。据此二志，其任隰州刺史约在开元初或更早。

卷八八　仪州（辽州、箕州、乐平郡）

李粹　约肃宗、代宗时

《李粹墓志》："尝任济原县令，上郡太守，仪州刺史。"（《西市藏志》二七九）李粹于大历二年卒，年六十四。为李承乾曾孙，越州都督象孙，怀州刺史毗子。

卷九三　忻州（定襄郡）

李迁　时代待考

《李奴墓志》："父迁，皇朝虢县令，骠骑大将军，使持节忻州诸军事，忻州刺史，上柱国，新城县开国男、食邑三百户。"（《西市藏志》七九）李奴咸亨二年卒，享年五十七。

卷九六　朔州（马邑郡）

杨献　约景龙二年（约708）

《杨献墓志》："景龙二年，朔方道行军大总管张仁愿奏充行军司马，兼置三城使。……寻拜朔州刺史，仍充朔方道行军长史。"（《西市藏志》一八〇）据此志，杨献约景龙二年拜朔州刺史。

第七编　河北道

卷九八　魏州（冀州、魏郡）

弓志元　约武后永昌元年（690）前

《弓凤儿墓志》："皇考志元，唐持节魏、晋、怀、相等诸军事，十七州刺史，金吾等十二卫将军。"（《西市藏志》二〇八）弓凤儿于开元十八年卒，享年六十一。父志元，《全编》"相州（邺郡）"卷据《新唐书·则天皇后纪》所载，著录在永昌元年。之前历魏、晋、怀等州刺史，时间约在武后永昌元年前。

卷九九　博州（博平郡）

王约　贞观十六年（642）

《王约墓志》："（贞观）十六年，复授博州刺史。舆疾诣阙，抗表奉辞。取类淮阳，卧而从政。"（《西市藏志》六八）

卷一〇二　贝州（清河郡）

陈谠　时代待考

《陈宗武墓志》："曾祖说，皇检校右散骑常侍兼贝州刺史。"（《西市藏志》三九二）陈宗武于大和六年卒，享年不详。《全编》"韶州（番州、东衡州、始兴郡）"、"春州（南陵郡）"卷据《唐文拾遗》卷二九《陈说志》，著录陈说，约乾符、咸通时，二者非同一人。

卷一〇三 邢州（巨鹿郡）

韩恭 天复三年（903）

《韩恭夫人李氏墓志》："（天复）三年，牧巨鹿。"（《西市藏志》四八五）

卷一〇四 洺州（广平郡）

刘守敬 圣历二年（699）

《刘彦参墓志》："烈考讳守敬，嘉、隆、洺、湖等州刺史。"（《西市藏志》一七八）《全编》"湖州（吴兴郡）"卷据《吴兴谈志》卷一四："刘守敬，正（贞）观二十一年自洺州刺史授；迁太常卿少卿。《统记》云，圣历二年授。"且认同岑仲勉《元和姓纂四校记》之考证，著录在圣历二年，可从。据此志，守敬曾任嘉、隆、洺、湖等州刺史，又检《全编》所考，此时任洛州者，均称洛州长史，并未见称刺史者，疑《吴兴谈志》云其由洛州刺史授，恐是因"洛"、"洺"二字形近致误，当以"洺"为是。

韩恭 约天复三年（903）至唐亡

《韩恭夫人李氏墓志》："（天复）三年，牧巨鹿，复又刺广平，理有异政，民多去思。及太祖受禅，即参预神谋，佐命鸿业。"（《西市藏志》四八五）《全编》据新旧《五代史·袁象先传》著录袁象先天复三年至天祐三年任洺州刺史，不知孰是，待考。

程胤 时代待考

《程惟诚墓志》："祖胤，洺州刺史。"（《西市藏志》三四二）程惟诚于元和二年卒，年七十四。

卷一一二 定州（博陵郡）

杨献 约开元四年—八年（716？—720）

《杨献墓志铭》："开元三年，又特敕追赴京，……其年，按察使崔琬以清白强干名闻，召拜左领军将军。未几，除右威卫将军。岁余，授定州刺史，兼岳岭军使。……享年六十有五，以开元八年二月廿九日癸丑，遘疾终于官舍。"（《西市藏志》一八〇）据此志，杨献约开元四年授定州刺史，八年卒于任上。

第八编　淮南道

卷一二五　滁州(永阳郡)

赵楚客　时代待考

《赵才林墓志》:"曾祖绅,随汉州长史。祖威,宋州司马。考楚客,唐滁州刺史。……府君即刺史第三子也。"(《西市藏志》二六九)赵才林于开元十九年卒,年八十五。

卷一二六　和州(历阳郡)

贺拔亮　贞观十三年(639)

《贺拔亮墓志》:"(贞观)十有三年,迁和州刺史。"(《西市藏志》四〇)

卷一二八　舒州(同安郡、盛唐郡)

韩俭(处约)　永隆元年(680)前

《韩俭墓志铭》:"诏迁庐州刺史,除舒州刺史……授滑州刺史……以永隆元年十月九日,薨于州府,春秋六十有六。"(《西市藏志》一〇八)

卷一二九　庐州(庐江郡)

韩俭(处约)　永隆元年(680)前

《韩俭墓志铭》:"诏迁庐州刺史,除舒州刺史……授滑州刺史……以永隆元年十月九日,薨于州府,春秋六十有六。"(《西市藏志》一〇八)

卷一三一　蕲州(蕲春郡)

房先忠　约高宗末、武后初

《房先忠墓志》:"俄而掘蛊作孽,长琴失位。公以姻亲,左贬荣州刺史,转蕲州刺史。"(《西市藏志》一五五)房先忠,章怀太子李贤岳父。今据此志,房先忠因姻亲关系,李贤被废时,先贬荣州刺史,再转蕲州刺史。据《旧唐书·高宗纪下》:"(调露二年八月,680)甲子,废皇太子贤为庶人,幽于别所。"贬蕲州刺史约在高宗末、武后初。

卷一三二　光州(弋阳郡)

陈嵩　时代待考

《陈宗武墓志》:"祖嵩,皇光州刺史。"(《西市藏志》三九二)陈宗武于大和六年卒,享年不详。

卷一三三　申州(义阳郡)

胡演　贞观八年—十年（634—636）

《胡演墓志》："（贞观）八年，除使持节申州诸军事，申州刺史。十年，迁汴州诸军事，汴州刺史。"（《西市藏志》三六）

窦思仁　约武后末

《窦思仁墓志》："遂以公为申州刺史。……丁德州府君忧。"（《西市藏志》一九二）据《窦怀让墓志》，怀让神龙二年卒，窦思仁任申州刺史约在武后末。

卷一三四　黄州（齐安郡）

王泰　约武后时

《王泰墓志》："上元初，解巾授东宫进马，转英王府典籖。……除黄州刺史，视诸侯也。……开元十年，公统部羽仪，扈陪仙跸。"（《西市藏志》一八七）王泰，高宗、武后时宰相王德真之子，开元十年卒，享年七十。

卷一三六　沔州（汉阳郡）

钱惟正　开元十二年（724）

《钱府君妻柳氏墓志》："长子沔州刺史惟正，次子湖州司法参军玄正，丧实加等。粤（开元）十二年岁次甲子十一月丁巳朔廿六日壬午，迁祔于先府君之圹，礼也。"（《西市藏志》一九七）

第九编　江南东道

卷一三七　润州（丹阳郡）

王美畅　约长寿二年—圣历元年（约693—698）

《王美畅墓志》："长寿二年，转使持节饶州诸军事，守饶州刺史。未朞，加通议大夫，使持节润州诸军事，守润州刺史。万岁通天元年，加正议大夫，进勋上柱国。迁望郡而逾洁，忝列蕃而弥恭。……近以入计赴都，百姓扶车而扣马。……万岁登封元年，预侍封山之礼。……粤以圣历元年正月八日，遘疾薨于洛阳道政坊之里第，春秋五十有五。"（《西市藏志》一三九）《全编》据《金石补正》卷五九《北峰塔院铭残碑》等记载系在圣历元年，大致不差。据此志，王美畅长寿二年转为饶州刺史，未朞，转为润州刺史，圣历元年卒官，可补《全编》之确切系年。

卷一三八　常州（晋陵郡）

杨知至　咸通六年、七年（865、866）

《李朋夫人杨氏墓志》（季兄中散大夫使持节常州诸军事权知常州刺史柱国知至书）："咸通乙酉岁夏三旬有六日，河南尹李公薨后十有一日，夫人弘农郡君杨氏亦捐其馆。"（《西市藏志》四五一）《全编》据皮日休《松陵集序》所载及陶敏先生之考证，系杨知至于咸通七年，据此志，其咸通六年已权知常州刺史，据《全编》体例，当由此年算起。

卷一四〇　湖州（吴兴郡）

韦贞（德正）　约武德或贞观时

《韦贞范墓志》："曾祖德正，皇朝司门、兵、吏三部员外郎，转给事中，迁湖州刺史、殿内监，袭平齐公。"（《西市藏志》二三八）韦贞范于开元六年卒。其曾祖韦贞（德正），《新表四上》韦氏平齐公房作"贞字正德，隋监辽东城西面军事。"疑其入唐后任湖州刺史约在武德或贞观时。

卷一四一　杭州（余杭郡）

李处一　约武后时

《李炯墓志》："曾祖袭志，皇朝右光禄大夫，使持节汾州诸军事，行汾州刺史，上柱国，始安郡开国公。……父处一，皇朝太中大夫，使持节文、吉、郴、杭四州诸军事，守杭州刺史，嗣始安郡开国公。"（《西市藏志》一六三）李炯太极元年卒，享年不详。曾祖袭志两《唐书》有传，《全编》系于高宗时。父处一约武后时历文、吉、郴、杭四州刺史。

卷一四六　衢州（信安郡）

裴郿　贞元六年—九年（790—793）

《裴郿墓志并序》："以功转衢州刺史。……以贞元九年八月十三日，终于官舍，享五十四年。"（《西市藏志》三三四）《全编》据《嘉靖衢州府志》系于贞元六年，大致可从。据此志，贞元九年卒于任上。

卷一四七　睦州（新定郡）

房先忠　约高宗末、武后初（未之任）

《房先忠墓志》："迁睦州刺史……坐为奸吏所陷，未及之任，流配辩州。越五岭之阳，从三居之窜。阮籍哭于穷途，屈平沉于湘水。以载初元年六月廿日，遘疾弥留，奄然薨逝，春秋六十有三。"（《西市藏志》一五五）房先忠，章怀太子李贤岳父。据此志，房先忠因为姻亲关系，至李贤被废时，先贬荣州刺史，再转蕲州刺史，又迁睦州刺史，未之任睦州，便流配辩州。据《旧唐书·高宗纪下》:"(调露二年八月,680)甲子,废皇太子贤为庶人,幽于别所。"贬睦州刺史约在高宗末、武后初。

卷一五二　建州(建安郡)

裴郾　？—贞元六年(？—790)

《裴郾墓志》:"恩授太子中舍,议者以为非报忠激节之义,寻改建州刺史。……以功转衢州刺史。"(《西市藏志》三三四)《全编》"衢州(信安郡)"卷据《嘉靖衢州府志》系于贞元六年,由建州刺史转任。

第十编　江南西道

卷一五九　饶州(鄱阳郡)

王美畅　长寿二年(693)

《王美畅墓志》:"长寿二年,转使持节饶州诸军事,守饶州刺史。未朞,加通议大夫,使持节润州诸军事,守润州刺史。"(《西市藏志》一三九)《全编》据《金石补正》卷五九《北峰塔院铭残碑》等记载推测约在长寿前后,大致不差。据此志,王美畅长寿二年转为饶州刺史,未朞,转为润州刺史,可补入确切之系年。

卷一六二　吉州(庐陵郡)

李处一　约武后时

《李炯墓志》:"曾祖袭志,皇朝右光禄大夫,使持节汾州诸军事,行汾州刺史,上柱国,始安郡开国公。……父处一,皇朝太中大夫,使持文、吉、郴、杭四州诸军事,守杭州刺史,嗣始安郡开国公。"(《西市藏志》一六三)李炯太极元年卒,享年不详。曾祖袭志两《唐书》有传,《全编》系于高宗时。父处一约武后时历文、吉、郴、杭四州刺史。

卷一六四　鄂州(江夏郡)

王美畅　约永昌元年—天授二年(约689—691)

《王美畅墓志》:"永昌元年,迁朝议大夫,行司封郎中。……俄而转使持节鄂州诸军事,守鄂州刺史。……天授二年,□中散大夫,使持节陈州诸军事,守陈州刺史。"(《西市藏志》一三九)《全编》据《金石补正》卷五九《北峰塔院铭残碑》等记载推在天授中,大致不差。据此志,王美畅约永昌元年左右任鄂州刺史,天授二年转陈州刺史,可补正《全编》之系年。

卷一六八　郴州(桂阳郡)

李处一　约武后时

《李炯墓志》:"曾祖袭志,皇朝右光禄大夫,使持节汾州诸军事,行汾州刺史,上柱国,始安郡开国公。……父处一,皇朝太中大夫,使持节文、吉、郴、杭四州诸军事,守杭州刺史,嗣始安郡开国公。"(《西市藏志》一六三)李炯太极元年卒,享年不详。曾祖袭志两《唐书》有传,《全编》系于高宗时。父处一约武后时历文、吉、郴、杭四州刺史。

卷一七〇　道州(营州、南营州、江华州)

何据　时代待考

《何邕夫人李氏墓志》:"既笄,归于刑部郎中庐江何邕,邦之闻人也,与兄据并有高称。天宝中,据以乡举进士,官至监察御史、起居郎、库部员外、道州刺史。"(《西市藏志》三二四)李氏于贞元十三年卒,年五十二。夫何邕之兄何据,曾任道州刺史,天宝中举进士。

卷一七一　永州(零陵郡)

萧某　?—约宝历二年(?—约826)

《崔侹墓志》:"已刺邵阳,秩虽二千石,中馈无主,牢落如客。夫人既至,德礼以居,体和而群下睦,意肃而家政修,然后使君感相国郑夫人之知言也。……洎使君受代零陵,寓于澧阳,方脱落荣宦,和光世尘,夫人亦攻苦食淡,克顺遐致。居始一岁,不幸遘疾,以大和元年八月六日终于澧阳之私第,享年卅。"(《西市藏志》三八一)崔侹于大和元年卒,年三十。据此志,其夫萧某卸任永州刺史,居于澧阳一年后崔侹病卒,可推知其夫约宝历二年离任永州。

李敬仲　时代待考

《崔成务及夫人李氏墓志》:"娶赵郡李氏,即永州刺史敬仲之息女。"(《西市藏志》三六一)

卷一七二　邵州(南梁州、邵阳郡)

萧某　约元和时

《崔侹墓志》:"已刺邵阳,秩虽二千石,中馈无主,牢落如客。夫人既至,德礼以居,体和而群下睦,意肃而家政修,然后使君感相国郑夫人之知言也。"(《西市藏志》三八一)崔侹于大和元年卒,年三十。出适萧氏时其夫萧某已在邵州刺史任,约元和时。

第十一编　黔中道

卷一七九　锦州（卢阳郡）

成公虔裕　约武后时

《成公崇墓志》："父讳虔裕，皇正议大□，行锦州诸军事，锦州刺史，上柱国。……君崇则亡考虔裕之长子也。"（《西市藏志》二二〇）成公崇于开元二十四年卒，年六十二，疑其父虔裕任锦州刺史约在武后时。

第十二编　山南东道

卷一九三　郢州（富水郡）

郑汲　大历十三年（778）

《李从偃墓志》题"朝议郎使持节郢州诸军事守郢州刺史郑汲撰"："维天宝十五载四月二日，太常寺郊社令李公终于长安青龙佛寺。以大历十三年十一月景寅，丧服启事，哀奉言旋。十二月庚寅，昭告旧茔，礼从合祔。"（《西市藏志》二九五）

卷二〇三　金州（安康郡、汉阴郡）

弓志弘　约高宗时

《弓昭墓志》："父志弘，皇朝使持节商、陈、金三州诸军事，三州刺史，袭离石郡开国公。"（《西市藏志》一五六）弓昭于景龙二年卒，年五十三。《全编》"陈州（淮阳）"卷据《姓纂》所载系其父志弘约在高宗末。据此志，弓志弘曾任金州刺史，疑亦在高宗时。

韩恭　天复初

《韩恭夫人李氏墓志》："自唐天复初，即拜郑州刺史，检校左仆射，寻以功，又拜金州。未数月而除辉郡，加司空，以龙跃之地以旌贵焉。"（《西市藏志》四八五）

卷二〇四　商州（上洛郡）

弓志弘　高宗时

《弓昭墓志》："父志弘，皇朝使持节商、陈、金三州诸军事，三州刺史，袭离石郡开国公。"（《西市藏志》一五六）弓昭于景龙二年卒，年五十三。《全编》"陈州（淮阳）"卷据《姓纂》所载系志弘约在高宗末。据此志，弓志弘曾任商州刺史，疑时代亦在高宗时。

第十三编　山南西道

卷二〇六　凤州（河池郡）

胡演　贞观二年（628）

《胡演墓志》："（贞观）二年，坐公事免。俄授员外散骑侍郎，守凤州刺史。"（《西市藏志》三六）

卷二〇九　洋州（洋川郡）

韦中立　约文宗、武宗时

《韦辂墓志》："皇考讳中立，皇洋州刺史。元和中进士擢第，周历柏台，一转兰省，自长安令出守洋牧。贵显未臻，遽弃养于洋地。"（《西市藏志》四四二）《新表四上》韦氏彭城公房，中立为伯矿孙，未著结衔。据此志，元和中进士擢第，疑其刺洋在文宗、武宗时。

卷二一〇　通州（通川郡）

长孙元适　约开元时

《郭公夫人长孙氏墓志》："大父讳元适，皇任通州刺史。"（《西市藏志》三九七）长孙氏于大和八年卒，年六十七。《长孙璀墓志》："考元适，通州刺史，赠兵部侍郎。"①长孙璀于贞元九年卒，年五十九。据此二志推，长孙元适任通州刺史约在开元时。

卷二一六　阆州（隆州、阆中郡）

刘守敬　圣历二年（699）前

《刘彦参墓志》："烈考讳守敬，嘉、隆、洺、湖等州刺史。"（《西市藏志》一七八）刘守敬圣历二年由洺州刺史授湖州刺史，之前曾任隆州刺史，参看上面卷四九河南府上条考证。

卷二一七　果州（南充郡）

徐德（孝德）　显庆二年（657）

《徐德（孝德）墓志》："显庆二年，改授使持节果州诸军事，果州刺史。……

---

① 拓片图版及录文见赵力光、王庆卫《新见唐代郭晞夫妇墓志及其相关问题》，见荣新江主编《唐研究》第16卷，北京：北京大学出版社，2010年，第225—248页

以显庆二年六月十七日,薨于位,春秋六十有一。"(《西市藏志》五九)《全编》据《旧书·徐齐聃传》等相关记载,推测其任约在贞观中,今据此志可确系于显庆二年。

卷二二一　涪州(涪陵郡)

刘逸　时代待考

《刘斌墓志》:"叔父讳逸,皇任银青光禄大夫,涪州刺史。"(《西市藏志》三二八)刘斌于贞元十六年卒,年六十。

第十四编　剑南道

卷二二三　汉州(德阳郡)

韦少华　约建中末、兴元时

《韦少华墓志》:"及领汉州刺史,征为太府少卿。贞元初,诏求循良,将加褒劝。公已去任,郡人永怀,纂其遗芳,陈于封部。"(《西市藏志》三二二)韦少华于贞元十二年卒,年六十八。《新表四上》韦氏逍遥公房:"少华,太府卿",贞元初已不在汉州刺史任,任汉州刺史约在建中末、兴元时。

卷二二五　蜀州(唐安郡)

第五申　约元和中

《第五惊墓志》:"有唐丞相第五琦之孙,故蜀州刺史申之次女,既筓矣,大和八年嫔于湖州参军王滕之室。"(《西市藏志》四〇二)第五惊于大和九年卒,年二十。《全编》据《册府元龟》卷七〇〇记载,系第五申元和十四年前任资州刺史。据此志,疑其刺蜀亦在元和中。

卷二二六　眉州(通义郡)

刘辟恶　永徽元年—四年(650—653)

《刘辟恶墓志》:"永徽元年,迁通议大夫,使持节眉州诸军事眉州刺史。……至四年,除正议大夫,使持节守都督戎、昆、协、盘、梨、尹、曾、髳、靡、钩、褒、微、姚、宗、匡、麻、傍、望、览、丘、求、靖、勤、郎廿五州诸军事,戎州刺史。"(《西市藏志》五七)

卷二二七　绵州(巴西郡)

王璋　约太宗时

《王处俊墓志》:"祖璋,圣朝著作郎,绵州刺史。"(《西市藏志》二三一)王处俊于开元廿二年卒,年五十七。其曾祖王恒在隋朝为官,推其祖王璋任绵州刺史约在唐初太宗时。

卷二三〇　遂州(遂宁郡)

鲜于令征　约天宝中

《何邕夫人李氏墓志》:"夫人本姓鲜于,渔阳人也。……以烈考蓟襄公德于王,故赐姓李氏。祖讳令征,皇遂宁郡太守,赠太常卿、左散骑常侍。"(《西市藏志》三二四)李氏于贞元十三年卒,年五十二。为宝应元年京兆尹鲜于叔明之次女,赐姓李氏。其祖鲜于令征,约天宝中任遂宁郡太守。

卷二三四　荣州(和义郡)

房先忠　约调露二年(约680)

《房先忠墓志》:"俄而掘蛊作孽,长琴失位。公以姻亲,左贬荣州刺史,转蕲州刺史。"(《西市藏志》一五五)房先忠,章怀太子李贤岳父。今据此志,房先忠因姻亲关系,李贤被废时,贬荣州刺史。据《旧唐书·高宗纪下》:"(调露二年八月,680)甲子,废皇太子贤为庶人,幽于别所。"约调露二年贬荣州。

召弘安　约万岁通天元年(约696)后

《召弘安墓志》:"万岁通天元年,制授朝请大夫,检校迭州刺史。……寻加太中大夫,使持节荣州诸军事,守荣州刺史,上柱国。……迁拜云麾将军,行左领军卫中郎将,检校廓州刺史,上柱国,兼积石军经略使。……以景龙三年二月三日,终于积石军所,春秋七十有一。"(《西市藏志》一五九)据此志,召弘安万岁通天元年检校迭州刺史,景龙三年卒于廓州刺史任上,期间曾任荣州刺史。

卷二三六　嘉州(犍为郡)

刘守敬　圣历二年(699)前

《刘彦参墓志》:"烈考讳守敬,嘉、隆、洺、湖等州刺史。"(《西市藏志》一七八)刘守敬圣历二年由洺州刺史授湖州刺史,之前曾任嘉州刺史,参看卷四九河南府上条考证。

苏份　建中前

《崔时用夫人苏氏墓志》:"父份,皇朝任嘉州刺史、兼御史中丞,终陈王傅。建中初,与先夫偕随嘉州府君,始居京师。"(《西市藏志》三一七)苏氏于贞元十一年卒,年三十三。先随父在嘉州,数年后,于建中初离职居于京师,可推其父苏份任嘉州刺史在建中之前。

卷二四四　戎州（南溪郡）

刘辟恶　永徽四年—显庆二年（653—657）

《刘辟恶墓志》："至（永徽）四年，除正议大夫，使持节守都督戎、昆、协、盘、梨、尹、曾、髳、靡、钩、褒、微、姚、宗、匚、麻、傍、望、览、丘、求、靖、勤、郎廿五州诸军事，戎州刺史。……以显庆二年，始获陈请，蒙授银青光禄大夫，即同致仕之例。"（《西市藏志》五七）

卷二四五　姚州（云南郡）

召弘安　武后时，约万岁通天元年（696）后

《召弘安墓志》："又加正议大夫，使持节都督姚州诸军事，守姚州刺史，上柱国。"（《西市藏志》一五九）据此志，召弘安万岁通天元年检校迭州刺史，景龙三年卒于廓州刺史任上。其任姚州刺史约在武后时。

卷二四六　巂州（越巂郡）

许枢（思言）　圣历二年（699）

《许惟明墓志》："父思言，皇龙、泗二州刺史，巂州都督。"（《西市藏志》二三六）此为改葬志，其父思言历龙、泗二州刺史及巂州都督。《全编》"泗州（临淮郡）"卷据《千唐志·大周故正议大夫使持节巂州诸军事守巂州刺史上柱国高阳县开国男许君（枢）墓志铭并序》著录许枢（思言），然于"巂州（约巂郡）"卷及"龙州（龙门郡、江油郡）"卷据同志著录为"许抠"，显因误读而将同一人讹为不同两人。今是志亦可佐证，许枢（思言），曾任龙、泗、巂三州刺史。

卷二四八　文州（阴平郡）

李处一　约武后时

《李炯墓志》："曾祖袭志，皇朝右光禄大夫，使持节汾州诸军事，行汾州刺史，上柱国，始安郡开国公。……父处一，皇朝太中大夫，使持节文、吉、郴、杭四州诸军事，守杭州刺史，嗣始安郡开国公。"（《西市藏志》一六三）李炯太极元年卒，享年不详。曾祖袭志两《唐书》有传，《全编》系于高宗时。父处一约武后时历文、吉、郴、杭四州刺史。

卷二五〇　龙州（龙门郡、江油郡）

许枢（思言）　圣历二年（699）

《许惟明墓志》："父思言，皇龙、泗二州刺史，巂州都督。"（《西市藏志》二三六）此为改葬志，其父思言历龙、泗二州刺史及巂州都督。今是志亦可佐证，许

枢(思言),曾任龙、泗、巂三州刺史,参看上面卷二四六巂州条考证。

卷二八七　象州(象山郡)

贺若震　武后时

《贺若震墓志》:"旋以招抚功,拜朝散大夫,使持节象州诸军事,象州刺史。"(《西市藏志》一九○)贺若震证圣元年卒于由爱州赴京上计途中。

卷二八五　澄州(南方州、贺水郡)

贺若震　武后时

《贺若震墓志》:"无何,追录前功,再迁澄州刺史,封成安郡开国男。"(《西市藏志》一九○)贺若震证圣元年卒于由爱州赴京上计途中。

卷二九一　贵州(南尹郡、怀泽郡)

朱景阳　开元廿九年(741)前

《王令珣夫人朱氏墓志》:"夫人讳元斡,朱氏,其先吴郡人也。唐洪府长史胄甫之孙,唐棣州蒲台县丞之女,皇朝贵州刺史景阳之姊。"(《西市藏志》二三四)朱元斡于开元二十九年卒,年六十七,其弟景阳任贵州刺史约在此之前。

卷三一四　爱州(九真郡)

贺若震　?—证圣元年(?—695)

《贺若震墓志》:"又迁爱州刺史。……证圣元年,入计上京,婴疾于路。奄以其年十月九日,薨于广州,春秋七十有二。"(《西市藏志》一九○)

卷三二三　环州(正平郡)

韩刿东　贞观中?——删去

《韩俭墓志铭》:"考大将军刿,随元城县令,皇朝同州别驾,东环州刺史。"(《西市藏志》一○八)《姓纂》卷四昌黎棘成县"韩氏":"刿东,环州刺史;生处约,主客员外。"对勘此志,整理本《姓纂》标点有误,当正作:"刿,东环州刺史;生处约,主客员外。"故《全编》据此所系韩刿东不确,当删去此条。又,唐之东环州,其地待考。

附编　开元二十九年前后废置之州郡

河东道

四五　虞州

萧俨　武德末、贞观初

《萧祎墓志》:"祖俨,皇朝骠骑将军,洵、虞二州刺史,江阴县开国男。"(《西市藏志》一七三)萧祎于开元三年卒,年六十。据《旧唐书·地理志》所载,虞州只存在于武德元年至贞观十七年,故其祖俨任虞州刺史当在此期间。

山南东道

洵州

萧俨 武德元年—七年(618—624)

《萧祎墓志》:"祖俨,皇朝骠骑将军,洵、虞二州刺史,江阴县开国男。"(《西市藏志》一七三)萧祎于开元三年卒,年六十。据《旧唐书·地理志》所载,洵州只存在于武德元年至七年间,其祖俨任洵州刺史当在此期间。

附记:本文写作过程中一直得到荣新江老师、朱玉麒老师的指导帮助,在此谨致谢忱。

基金项目:教育部人文社科重点研究基地北京大学中国古代史研究中心和西安大唐西市博物馆共同主持的"《大唐西市博物馆藏墓志》整理与研究"项目;兰州大学2013年中央高校基本科研业务费专项资金资助项目"新刊唐代墓志与唐代地方牧守编年研究"(13LZUJBWZY039)

(本文作者:吴炯炯,男,兰州大学历史学院讲师,主要从事石刻文献学研究;田卫卫,女,北京大学历史学系硕士研究生,隋唐史专业。)

新见有关《会要》作者苏冕的重要史料

——以大唐西市博物馆藏《唐苏建初墓志》为中心

沈寿程

《会要》开创了中国史书编写史上的新体例——会要体,并对后世产生巨大影响,唐以后出现了不少按会要体例编写的史书,尤其是宋代,其在秘书省下设会要所专掌修撰会要等事项,以省官任其事,修成《宋会要》两千两百卷余。元、明两代则重视会典类型书籍的编撰,至清代会要体才重新出现,有姚彦渠撰《春秋会要》、孙楷撰《秦会要》等。虽然《会要》一书意义重大,但关于《会要》作者和成书时间的问题一直为学界所争论,比较有代表性的研究当属瞿林东先生和董兴艳先生的论文[1]。最近,西安大唐西市博物馆新收入一批墓志,其中有一方《唐苏建初墓志》(编号为:89-长安-55),志主系《会要》作者苏冕之长子。这方墓志为研究苏冕家族及《会要》的编纂提供了非常宝贵的新数据。本文就试图从这方墓志入手,对《会要》的作者、成书时间及其他相关问题进行一些新的考索。

一 墓志录文

为方便讨论,我们先将《唐苏建初墓志》迻录如下[2]:

---

[1] 瞿林东:《苏冕与〈会要〉——为会要体史书创立1200周年而作》,载《安徽大学学报》2003年第5期,1—10页。董兴艳:《〈会要〉撰者、成书时间考》,杜文玉主编:《唐史论丛》第12辑,西安:三秦出版社,2010年,第220—228页。

[2] 本文为教育部人文社会科学重点研究基地北京大学中国古代史研究中心和西安大唐西市博物馆共同主持的"《大唐西市博物馆藏墓志》整理与研究"项目成果之一,文中所引大唐西市博物馆藏墓志的录文、点校等工作,皆属于该项目的集体研究成果。

唐故殿中侍御史武宁军节度判官苏公墓志铭
季弟侍御史内供奉特撰

公姓苏氏，讳建初，字子敬，世为武功人。曾祖叔岊，安州都督府士曹。祖隐甫，宁州彭原县主簿，赠祠部员外郎。烈考冕，京兆府士曹参军，怀道积学，不偶于时，着《会要》册卷，行于天下。公即士曹府君之长子，幼挺懿德，七岁知让。宗族异之，遂试以玩好之具，必择其美者推于诸季，自取其众人之所不欲者，其他物皆如之。十四丁天终之衅，抱罔极之哀。十五随季父南迁。公以居长，常侍左右，每命以笔札，必潜会旨要，略无停缀。廿侍太夫人北归，礼法之外，室唯四壁。公乃奋曰："吾长于诸子，使滑甘有阙，衣食是虞，非男子也。"乃装贫策蹇，南谒先执湖南观察河东薛公。公留居门内，视诸子等，累疏奏请试吏，不果行。及来浙右，方遂释褐，授江阴主簿。由是耸身涤群，从辈因得讲艺，膝下皆获荣名。未几，遽违志养，礼终，换合阳尉。故刑部侍郎萧公澣闻慕其风，妻以兄之子。因缘推择，补左藏库专知。岁满，转华原尉。今盐铁使、尚书崔公长于卿寺，爱其勤干，及出镇徐方，遂与之俱，得裹行监察，军府之事无大小与知，故崔公有御暴悍之名，得镇静之妙。及尚书薛公之来也，三军以公留为安，由是改殿中。今年二月廿二日，无疾终于使院之公堂。以日月不叶，至九月十一日，特再来奉公之柩归于京师。素车之出也，军府将吏、闾巷市贾，知与不知，无不屑涕。呜呼！公之懿行直诚，固可以移风俗、厚人伦矣。春秋五十五。其年十一月卅日祔于先茔，礼也。夫人明敏宜家，慈仁抚下，哭无常声，哀感衢路。有己子二人、女三人，皆在孩提。等儿、岘儿，非夫人之出也，奉丧如成人焉。特辍哭茹哀，哀不成文。其铭曰：

孝竭于家，义敦于友。推诚待物，当官慎守。君子之行，备而可久。既全其材，宜贵而寿。与善福仁，斯理何谬？天高莫问，地厚难扣。哀哀夫人，泪尽清□。□忘令嗣，振我华胄。

二 墓志年代与相关内容考释

《苏建初墓志》并未明确交代志主的卒年与葬年，但我们可以通过志文与相关文献材料的比勘推出，而志文本身的一些内容也值得略作考察。

苏建初，字子敬，世为武功人。据墓志记载："烈考冕，京兆府士曹参军，……公即士曹府君之长子。""冕"即苏冕，其长兄苏衮，三弟苏弁，三人均有时名，事迹主要见于两唐书《苏弁传》。贞元十四年（798），时任户部侍郎判度支的苏弁"坐前以腐粟给边，贬汀州司户"，苏衮、苏冕亦受牵连，史言"以弁故，贬衮永州、冕信州司户参军"①。苏建初为苏冕之长子，少年经历颇为艰辛，14岁时其父去世，家境日衰，以致"礼法之外，家唯四壁"。据墓志记载，建初慨然曰："吾长于诸子，使滑甘有阙，衣食是虞，非男子也。"可见，作为家中长子，他对于家庭有很强的责任感，于是南投父辈旧交、时任湖南观察使之薛公，以期释褐，供养孤寡。

墓志所载"湖南观察使河东薛公"当是薛苹。薛苹，两唐书有传，据《旧唐书》卷一八五下《薛苹传》记载："薛苹，河东宝鼎人也，少以吏事进累官至长安令，拜虢州刺史，朝廷以尤课擢为湖南观察使，又迁浙江东道观察使，以理行迁浙江西道观察使。"自德宗建中元年，担任湖南观察使的薛姓长官仅薛苹一人②，且墓志所记苏建初随薛公来浙右，与薛苹的任职经历相吻合，故这里提到的"河东薛公"为薛苹无疑。史言薛苹为人慷慨，"俸禄悉以散诸亲族故人子弟"③。建初亦颇受优遇，薛苹"视诸子等"，累疏奏为建初请试吏，无奈朝廷迟迟不准。建初又随薛苹转任浙东、浙右，终于在浙右授江阴主簿。

不久，苏建初以"违志养礼"故，换合阳尉，重回京兆，朝中大臣萧澣闻其名，将侄女嫁与建初，并为建初谋得左藏库专知一职。萧澣可说是继薛苹之后对苏建初政治生涯产生巨大影响的第二人。萧澣，两唐书无传，后官至刑部侍郎，史料所见多是关于其结党的记载，他是牛党重要成员，史言"众以杨虞卿、张元夫、萧澣为党魁"④。太和七年（833）二月，李德裕曾与文宗论及朝廷朋党之事，指责杨虞卿、杨汝士、杨汉公、张元夫、萧澣五人交结权要，上干执政，下挠有司，为士人求官及科第无不如志，萧澣时任给事中⑤。今从其为侄婿苏建初谋官一事看，史言可谓不虚。

---

① 《新唐书》卷一〇三《苏弁传》，北京：中华书局，1975年，第3992页。
② 吴廷燮：《唐方镇年表》第二册，北京：中华书局，1980年，第912—913页。
③ 《旧唐书》卷一八五下《薛苹传》，北京：中华书局，1975年，第4832页。
④ 《新唐书》卷一七四《李宗闵传》，第5235页。
⑤ 《资治通鉴》卷二四四，北京：中华书局，1956年，第7883页。

墓志又云:"今盐铁使、尚书崔公长于卿寺,爱其勤干,及出镇徐方,遂与之俱,得裏行监察"。此处提到的崔公当为崔珙。自德宗建中元年,担任徐州武宁军节度使的崔姓长官仅崔群、崔珙两人①。二人中只有崔珙曾于开成四年夏至会昌三年间(839—843)担任过盐铁转运使②。自宝应元年(762),刘晏任盐铁使兼转运使,以盐利为漕运经费,遂使二使密切结合。刘晏以后,二使常由一人兼任,盐铁使与转运使遂变为一职,盐铁转运使即盐铁使。故此处盐铁使崔公当为崔珙。崔珙曾担任太府卿一职③,在其"长于卿寺"期间,苏建初正担任太府寺下属左藏库专知一职。很可能正是在任职左藏库时,苏建初得到崔珙赏识,故及崔珙出镇徐州,特辟他为僚属,得裏行监察一职。崔珙出镇徐州的时间为文宗太和七年(833),《资治通鉴》记载:"徐州承王智兴之后,士卒骄悖,节度使高瑀不能制,上以为忧。甲寅,以岭南节度使崔珙为武宁节度使。珙至镇,宽猛适宜,徐人安之"④。在崔珙的政绩中,应该也还有苏建初的一份功劳。

据墓志交代,崔珙之后,武宁军又迎来一位薛姓长官。崔珙以后担任武宁节度使的薛姓长官有三人,分别是薛元赏(836—840)、薛绾(865—866)、薛能(873—878)⑤,以时间推断,墓志提到的薛公当是薛元赏。薛元赏,《新唐书》亦有传,开成元年(836)十二月丙申,以京兆尹兼御史大夫薛元赏接替崔珙为武宁节度徐泗宿濠观察等使⑥。此时苏建初继续留在武宁军,最后无疾卒于武宁军节度判官任上,时年55岁。

虽然墓志仅记录苏建初于二月廿二日无疾终于使院之公堂,但通过墓志留下的线索及相关史料,我们依然可以确定其卒年。首先,墓志先后提到了崔珙和薛元赏这两位苏建初在武宁军任职时的最高长官,且没有提到武宁军下任节度使,那么就有理由推断建初当是卒于薛元赏掌控武宁军时期,即开成元年至开成五年间(836—840)⑦。又据墓志所载"今盐铁使尚书崔公"句,可知在苏特撰写墓志时崔珙正担任盐铁使、刑部尚书。

---

① 吴廷燮:《唐方镇年表》第一册,第308—329页。
② 严耕望:《唐仆尚丞郎表》,北京:中华书局,1986年,第803—804页。
③ 《新唐书》卷一八二《崔珙传》,第5362页。
④ 《资治通鉴》卷二四四,第7883页。
⑤ 吴廷燮:《唐方镇年表》第一册,第317—325页。
⑥ 《旧唐书》卷一七下《文宗本纪》下,第567页。
⑦ 吴廷燮:《唐方镇年表》第一册,第317页。

关于崔珙初任盐铁使的时间，《通鉴》记为开成五年五月己卯，以刑部尚书崔珙同平章事兼盐铁转运使①，据严耕望先生考证，《通鉴》此处记载有误，应取"崔珙于开成四年夏在刑尚、诸道盐铁转运使任，五年五月四日己卯，以本官同中书门下平章事，仍充使职。"②苏建初墓志也证实了严先生的观点，墓志提到崔珙时任"盐铁使尚书"，说明崔珙最初担任盐铁使时尚未担任同平章事。苏特在撰写墓志期间（当年二月廿二日至十一月卅日）正担任侍御史内供奉，与崔珙同在朝廷任职，理应明确崔珙此时的品职。故而墓志此处所反映的信息是可信的，崔珙以刑尚充使与苏建初去世是同一年，即开成四年（839），这也是苏建初的葬年，从其55岁去世来推算，其生年当为贞元元年（785）。

三 苏建初的家族谱系

墓志记载："公姓苏氏，讳建初，字子敬，世为武功人。曾祖叔屺，安州都督府士曹。祖隐甫，宁州彭原县主簿，赠祠部员外郎。烈考冕，京兆府士曹参军。"苏建初的曾祖苏叔屺、祖父苏隐甫史书均无考，而其父则是《会要》的作者苏冕。贞元十四年闰五月甲子，因弟弟苏弁坐给长武军粮朽败③，苏衮、苏冕俱受牵连："甲子，贬太子詹事苏弁为汀州司户，兄赞善大夫衮为永州司户，前京兆府士曹冕为信州司户。"④此志称苏冕的官衔为"京兆府士曹参军"，而非最后贬任的"信州司户"，显然是其子苏特在撰写此志时的避讳之举。

《新唐书》记载："又有称冕才者，帝悔不用，而衮以老先还，重追冕。更问大臣昆弟可任者，左右以王绍之兄纾、韩皋之兄群对。帝乃擢纾右补阙，群考功员外郎，冕遂不复用。"⑤德宗以苏衮先还故，难再追冕，乃更擢他人，不复用冕。苏冕虽未被追回，但从"帝悔不用"一语可看出其才华颇受德宗青睐。苏冕最终没能等来德宗的恩赦，于被贬当年不幸去世。根据墓志，苏建初生于贞元元年（785），其十四丧父，可知苏冕卒于贞元十四年（798），即被贬为信州司户的同

---

① 《资治通鉴》卷二四六，第7945页。
② 严耕望：《唐仆尚丞郎表》，第803页。
③ 《旧唐书》卷一八九下《苏弁传》，第4976页。
④ 《旧唐书》卷一三，《德宗本纪》下，第388页。
⑤ 《新唐书》卷一○三《苏弁传》，第3992—3993页。

一年。由于诸子年幼,生活极成问题,因此他们于次年(799)随苏弁南迁汀州①。

相比苏冕,苏弁则幸运得多,他晚年又被起为杭州刺史②,史言"当德宗时,朝臣受谴,少蒙再录,至晚年尤甚,唯弁与韩皋得起为刺史。"③泾原兵变以后,德宗对大臣比较刻薄,盖因泾原兵变时文官武将多变节投敌,而颇受压抑的宦官则表现忠诚。此后,德宗转而信任宦官,猜忌大臣。但德宗对苏氏兄弟还是很宽厚的:可怜苏衮老迈,听还;念苏弁有旧功④,再录;唯有苏冕,最终因当年去世而未能还朝任官。

苏家其他成员也颇需重新整理。《新唐书》卷一八九下记载:"苏弁,子元容,京兆武功人也。曾祖叔嗣"。则苏弁祖父叔岯是武周时期名相苏良嗣之侄,而叔岯父亲可能年长于良嗣⑤。

苏冕有子三人,即苏建初、苏涤和苏特。长子苏建初的事迹详见本墓志,他有子二人、女三人,二子分别为苏等、苏岘。苏特,即本志作者,《元和姓纂》记载苏冕生子持、涤⑥,不过有关苏持的记录只此一处,应是《姓纂》因"持"、"特"二字形近致误。苏特又生子苏楯、苏桢。苏涤,"字玄献,冕子也,荆南节度使,吏部尚书"⑦。苏涤生子苏粹、苏冲。显然,与苏建初相比,他的两个弟弟苏涤、苏特的仕途要好许多。

关于苏特与苏涤的长幼,需要略作说明。在撰写长兄苏建初的墓志时,苏特自称为"季弟",通常情况下这是指最幼之弟。不过,据赵璘《因话录》卷三记载:"伯仲昆弟,以史笔继业、家藏书最多者,苏少常景胤、堂弟尚书涤,诸家无比,而皆以清标雅范,为后来所重。少卿登第,与堂兄特并时,亦士林之美"⑧。

---

① 关于苏弁的贬所,各史料分别记载为汀州、河州、汴州三处。其中《旧唐书》卷一八九下《校勘记》第七条,已将河州改为汀州。董兴艳认为"汀"、"汴"字形相近,易形近而讹,《册府元龟》卷五一一记载的"汴"当为"汀"笔误无疑。
② 董兴艳前揭文《〈会要〉撰者、成书时间考》。
③ 《旧唐书》卷一八九下《苏弁传》,第4976—4977页。
④ 据《资治通鉴》卷二二八记载,朱滔作乱,德宗仓惶逃往奉天,奉天官员皆欲奔窜山谷,唯主簿苏弁力排众议,迎驾有功,德宗颇德之,奖擢有加。
⑤ 《资治通鉴》卷二二八载:"(苏)弁,良嗣之兄孙也",第7355页。
⑥ 《元和姓纂》卷三,北京:中华书局,1994年,第294页。
⑦ 《新唐书》卷五八《艺文志》二,第1472页。
⑧ 《因话录》卷三,北京:中华书局,1985年,第13页。

按,文中的"苏少常景胤",即苏弁之子,后官至中书舍人①。据此,则苏特为景胤堂兄,苏涤为其堂弟,可见苏特长于苏涤,这与《苏建初墓志》中"季弟"之说不合,录此待考。

兹将苏氏家族世系图列于下②:

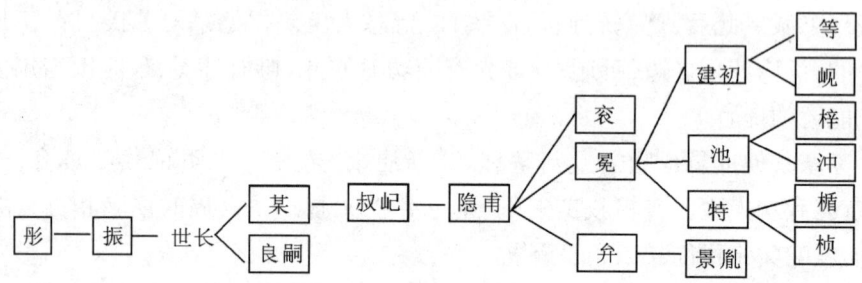

苏建初兄弟生活的9世纪前半期,唐廷正经历以李德裕、郑覃为首的李党与以牛僧孺、李宗闵为首的牛党长近四十年的争斗,史言"因是列为朋党,皆挟邪取权,两相倾轧,自是纷纭排陷垂四十年"③。苏建初及其兄弟也卷入了这场漫长的党争,其缘起当可追溯到苏建初与萧澣家族的联姻。如前所述,萧澣是牛党重要人物,他将侄女嫁与建初,并推荐他担任左藏库专知。或许是因为萧澣的缘故,苏特、苏涤亦加入牛党。尤其是苏涤,史言他与裴夷直"皆为李宗闵、杨嗣复所擢"④;又曰:"涤,李宗闵党,前为李德裕所斥"⑤。太和九年(835)秋七月,牛党重要人物杨虞卿坐妖言下狱,李宗闵因为杨虞卿辩护遭贬斥,牛党一批官员亦受牵连纷纷被贬,萧澣、苏涤、苏特俱在其中:"(癸丑,贬)刑部侍郎萧澣为遂州刺史"、"(戊午,贬)考功郎中、皇太子侍读苏涤忠州刺史"、"(辛酉,贬)殿中侍御史苏特为潘州司户"⑥。由此可见,苏特、苏涤是属于牛党阵营的。

四 《会要》的作者与成书时间

关于《会要》的作者,史书有两种记载。其一,《会要》为苏弁所撰,此种记

---

① 《新唐书》卷五八《艺文志》二,第1472页。
② 苏良嗣一支见赵超《新唐书宰相世系表集校》,北京:中华书局,1998年,第715—716页。
③ 《旧唐书》卷一七六《李宗闵传》,第4552页。
④ 《新唐书》卷一七七《李景让传》,第5291页。
⑤ 《旧唐书》卷一八上《武宗本纪》,第610页。
⑥ 《旧唐书》卷一七下《文宗本纪》下,第559页。

载仅见于《唐会要》卷三六《修撰》:"杭州刺史苏弁撰《会要》四十卷,弁与兄冕缵国朝故事为是书"①。其二,《会要》为苏冕所撰,此种记载较多,例如,《元和姓纂》卷三《苏》:"冕撰《会要》三十卷"②。《旧唐书》卷一八九下《苏弁传》:"冕缵国朝政事,撰《会要》四十卷,行于时"③。《新唐书》卷五九《艺文志》三:"苏冕《会要》四十卷"④。《通志·艺文略第三》:"《会要》四十卷,唐苏冕撰,起高祖,讫代宗"⑤。《册府元龟》卷六〇七《学校部·撰集》:"苏冕为京兆府士曹,缵国朝政事,撰《会要》四十卷"⑥。

当今学界关于《会要》作者的看法也有两种。一种支持苏冕、苏弁同撰,持此观点者主要有黄永年、谢保成⑦,其主要依据就是上文提到的《唐会要》卷三六《修撰》中的记载,其中黄先生认为:"至《唐会要》谓苏弁与兄冕撰,《新志》、《读书志》等却都说是苏冕撰,当是《新唐书》所题衔名苏冕以兄居首之故。"⑧

另一种支持苏冕独撰,这一观点为尹达、张泽咸、瞿林东等多数学者所持⑨,其中瞿林东前引《苏冕与〈会要〉——为会要体史书创立1200周年而作》一文比较有代表性,他指出:第一,《唐会要》之所以说《会要》为苏弁撰是因为苏弁官位高于苏冕,故此处记其为撰者,这也合乎苏氏兄弟"皆以友弟儒学称"的时评;第二,崔铉主持撰《续会要》时对《会要》中的《封建》篇曾作议论,崔铉在文中只提"苏冕所载"不提苏弁,按崔铉生活时间与苏冕相去不远,应对《会要》撰者十分清楚,此应无疑;第三,根据《旧唐书》撰者于苏弁本传中,只字未提及《会要》一事,只是突出地记述了苏弁"聚书"、"勘校"之事,且《旧唐书》苏弁本传中写道苏冕撰《会要》"行于时",说明其流传广泛,因而撰者当不会产生歧义,《新唐书·艺文志》三类书类著录:"苏冕《会要》四十卷。"这同《旧唐书》所记一致。

---

① 《唐会要》卷三六《修撰》,北京:中华书局,1955年,第660页。
② 《元和姓纂》卷三,第294页。
③ 《旧唐书》卷一八九下《苏弁传》,第4977页。
④ 《新唐书》卷五九《艺文志》三,第1563页。
⑤ 通志·艺文略第三,见《通志二十略》,北京:中华书局,1995年,第1547页。
⑥ 《册府元龟》卷六〇七《学校部·撰集》,北京:中华书局,1960年,第7285页。
⑦ 谢保成:《隋唐五代史学》,厦门:厦门大学出版社,1995年,第209页。
⑧ 黄永年:《唐史史料学》,上海:上海书店出版社,2002年,第69页。
⑨ 尹达:《中国史学发展史》,中州古籍出版社,1985年,195页;陈高华等《中国古代史料学》第五章《隋唐五代史史料》,北京出版社,1983年,第210页,本章由张泽咸先生执笔;瞿林东《中国史学史纲》,北京出版社,1999年,第366—367页。

关于《会要》卷数，史籍记载亦有不同，不过除《元和姓纂》卷三记载"冕撰《会要》三十卷"外，其他史籍都记载为四十卷。

关于《会要》成书时间，瞿林东认为苏冕在唐德宗贞元十九年（803年）撰成《会要》一书，其依据是《唐会要》卷三六《修撰》中的记载："贞元十九年二月，淮南节度使杜佑撰《通典》二百卷，上之。……又，杭州刺史苏弁撰《会要》四十卷"。他认为从行文语气来看，这两件事都发生在贞元十九年，故连书之。董兴艳前引文认为《会要》成书时间当在贞元十九年二月至贞元二十一年间，其依据是《唐会要》卷三六《修撰》中的记载："贞元十九年二月，淮南节度使杜佑撰《通典》二百卷，上之。……又，杭州刺史苏弁撰《会要》四十卷。……给事中陆贽着《集注春秋》二十卷、《君臣图翼》三十五卷，上之"，以及《旧唐书》卷一四《顺宗本纪》的记载："（贞元二十一年正月丙申，顺宗）即位于太极殿。……四月，给事中陆贽、中书舍人崔枢并为太子侍读"，陆贽在贞元二十一年（805）正月顺宗即位以后方被征为给事中，陆贽又卒于是年，则陆贽上书亦当在贞元二十一年。由此推断，《唐会要》将《会要》次于杜佑上《通典》和陆贽上《集注春秋》之间，则《会要》成书时间当在贞元十九年二月至贞元二十一年之间。

《苏建初墓志》的出现，为相关问题的最终解决提供了宝贵的新数据。墓志明确记载："烈考冕，京兆府士曹参军，怀道积学，不偶于时，着《会要》卌卷，行于天下。"显然，苏冕撰《会要》四十卷毋庸置疑。苏冕于被贬当年（798）去世，此时《会要》业已成书，只是《会要》写成后并未实时呈送朝廷。据《新唐书》卷一〇三记载"则又有称冕才者，帝悔不用"和《旧唐书》卷一八九下记载"或有人言冕才学，上悔不早知"，这说明此时苏冕的才学在当时业已得到时论的认可，他本身以精于典章制度之学见称，最能代表其才学的作品当属《会要》，此时虽未呈送朝廷，但可能已经在小范围内流传，为时人所称。故苏冕在被贬前，即贞元十四年（798）闰五月前已写成《会要》。

"学成文武艺，货与帝王家"，像《会要》这样一部著作，苏家怎会任其埋没，但负责向朝廷献书的人需有一定的影响力。此时苏衮已去世①，苏冕诸子年纪尚轻，故只有苏弁最为合适。而苏弁又是在何时上书的呢？据上文所引《唐会要》卷三六《修撰》之行文顺序看，《会要》呈书时间当在《通典》后，即贞元十九

---

① 《旧唐书》卷一八九下《苏弁传》，第4977页。

年(803)二月之后。又据韩愈《顺宗实录》卷二记载,贞元二十一年三月壬申,"前户部侍郎判度支、汀州别驾苏弁为忠州刺史"①。德宗被认为是刻薄寡恩的君主,所以苏弁不大可能仅因与德宗有旧而幸蒙再录。他当是做了一些引发德宗注意的事,才得以幸蒙再录,而代兄进献《会要》极可能就是其中之一。德宗又念起苏弁之旧功,故而再录之。由此,《会要》呈送时间也变得明晰:杜佑进《通典》之后,苏弁任刺史之前,即贞元十九年(803)二月至贞元二十一年(805)三月间。

董兴艳在《〈会要〉撰者、成书时间考》中特别提到《唐会要》卷二五《百官奏事》中的一则记载,以证明其关于《会要》成书时间的推断,现将该材料录于下:

(贞元)十八年七月,嘉王府咨议高宏本正衙奏事,自理逋债,因下赦曰:比来百官,每于正衙奏事,至于移时,为弊亦甚。自今以后,不须于正衙奏事,如要陈奏者,并于延英进状请对。(原注:正衙奏事,不易之制。贞观之间,孜孜治道,讲陈政事。其后正衙奏御,凡在列位,无不上达。今宏本自理,罪之可也。因人而废其事,不可。)

董兴艳认为此条注文提到贞元十八年七月高宏本奏事,称"今",则此条注文只能是苏冕所撰,苏冕能够在注文中对贞元十八年(802)七月的事情加以评议,印证了其关于《会要》成书于贞元十九年之后的推断。事实上,苏冕早已于贞元十四年去世,此注文定然不是其本人所作。笔者认为,此条很可能是苏弁或苏家其他人在校对《会要》时加注的。

史言"弁与兄衮、冕皆以友弟、儒学称"②,苏氏兄弟情深,苏弁自不会冒名邀功,况且如上文所言,《会要》为苏冕所撰可能已为时人所知。但为何《唐会要》卷三六《修撰》会记载:"杭州刺史苏弁撰《会要》四十卷,弁与兄冕缵国朝故事为是书"?《唐会要》的内容直接取自《会要》和《续会要》,故其编者在确认《会要》的撰者时肯定非常慎重。《唐会要》成书时间晚于《元和姓纂》、《旧唐书》和《续会要》,因此其编者应该会参考这些典籍的记载。三书均言苏冕撰《会要》,尤其是《续会要》的相关记载,王溥等人是不可能忽视的,而且《唐会要》本身也有多处类似"苏冕曰"、"苏冕驳曰"的字样。王溥没有采纳较有说

---

① 收入《韩昌黎文外集》下卷,见马其昶《韩昌黎文集校注》,上海:上海古籍出版社,1987年,第702页。

② 《旧唐书》卷一三九下《苏弁传》,第4977页。

力的史料,执意将苏弁定为《会要》作者,这说明在当时谁是《会要》的作者已经存在一定争议,故而王溥等人决定重新确定《会要》的编者。

笔者推测,《唐会要》将苏弁定为《会要》作者的原因可能如下:当时向朝廷进呈《会要》的人是苏弁,可能正是因为《唐会要》的编者从史料中看到苏弁进书的记录,就误把进书之人当成撰书之人,认为《会要》主要由苏弁完成,苏冕只是在撰书过程中做了一些辅助工作。苏弁是有名的藏书家,"聚书至二万卷,皆手自勘校,至今言苏氏书,次于集贤秘阁焉"①,且多有著述(如《制集》十卷等),位、望均在苏冕之上,故认为苏弁主撰《会要》的可能性更大些,遂将著作权归给了苏弁。

如今,《苏建初墓志》载明《会要》四十卷确系苏冕之作。虽然此志作者苏特出自苏冕一系,在某种程度上难免有偏袒之可能,但根据"(苏)弁与兄冕、衮,皆以友弟、儒学称"的时评,以及墓志中体现出的苏建初兄弟对苏弁的感激之情②,则假如《会要》确为苏弁所撰或二人合撰,苏特断不会在撰写此志时公然将著书之功全归苏冕一人。况且苏弁后人(如其子苏景胤),对著书之事肯定也有了解,苏冕一系自不敢欺世盗名。因此,以前关于苏弁撰《会要》或苏冕、苏弁合撰《会要》的说法都是不正确的,苏冕才是《会要》确定无疑的作者。

余 论

由于史料的阙失,关于《会要》的作者和成书时间,学界一直存在争论。《苏建初墓志》的发现,为解决这些争论提供了确凿的证据,验证了多数学者所持"苏冕撰《会要》"观点的正确性,至于成书时间,也可精确系于贞元十四年(798)闰五月之前。需要进一步指出的是,苏冕能完成《会要》这样一部著作是受整个家族影响的结果,苏弁的藏书、严谨的家学、武功苏氏的文化传统无一不是其撰成《会要》的必要前提。

自从苏绰为宇文泰制定六条诏书以来,武功苏氏就是关陇集团中特别强调文化的一支。北朝时期,北方尚武气息浓厚,特别是在东、西魏对抗的过程中,宇文泰组建起军事色彩极为浓厚的关陇集团,以苏绰、苏椿兄弟为代表的武功

---

① 《旧唐书》卷一八九下《苏弁传》,第 4977 页。
② 从墓志"十五随季父南迁"句,可看出苏冕去世后,苏弁对建初一家相当照顾,建初兄弟对此非常感激,故而苏特在建初墓志中特别提及此事。

苏氏正是在这一时期加入该集团的。《周书》卷二三《苏椿传》记载："正光中，关右贼乱，(苏)椿应募讨之，授荡寇将军。累功迁奉朝请、厉威将军、中散大夫，赐爵美阳子，加都督、持节、平西将军、太中大夫。大统初，拜镇东将军、金紫光禄大夫，赐姓贺兰氏。"武功苏氏是靠拥兵响应宇文泰发迹的，但其在隋唐两代长期据有的政治地位却是靠其文化实力巩固实现的。苏绰就是最早展现武功苏氏文化实力的典型代表，苏绰精通典章制度之学，史言"绰始制文案程序，朱出墨入，及计帐、户籍之法"①，尤其是他曾为宇文泰制定"六条诏书"，史言"太祖甚重之，常置诸座右。又令百司习诵之。其牧守令长，非通六条及计帐者，不得居官。"②

隋唐以来，随着南北一统及中央集权的加强，特别是科举制度的出现和完善使得一些依靠门荫制度维系的功勋家族迅速没落，比较典型的如李靖、魏征等人子孙的遭遇："初，天宝中，贵戚第舍虽极奢丽，而垣屋高下，犹存制度，然李靖家庙已为杨氏马厩矣。"③元和四年，"魏征玄孙稠贫甚，以故第质钱于人"④。相比之下，武功苏氏特别是苏冕这一支双轨并举，在攥住门荫的同时又牢牢抓住科举这条途径，屹立宦海不倒。苏冕高祖苏世长位列秦府十八学士，曾叔祖苏良嗣曾为文昌左相、同凤阁鸾台三品。苏弁曾擢进士，多有著述，其子苏景胤参与《宪宗实录》的编写。苏冕著《会要》，其子苏特著有《唐代衣冠盛事录》一卷⑤，苏涤成就尤为突出，其曾任史馆修撰参与编写《穆宗实录》，更是在太和九年担任太子侍读，才学可见一斑。可以说，武功苏氏虽不是中古一等士族，但也是源远流长，人才辈出，文化实力不容小觑。

《苏建初墓志》的发现，为解决《会要》相关问题提供了重要依据，显示了墓志文献在唐史研究中的特殊价值。苏冕才学满腹，写就《会要》，创会要体史书之先河，奈何官卑位贱，以致有如是成就，却迟迟不得正名，令人扼腕。

(本文作者：中国社会科学院研究生院硕士生)

---

① 《周书》卷二三《苏绰传》，北京：中华书局，1971年，第382页。
② 《周书》卷二三《苏绰传》，391页。关于苏绰与关陇集团的关系，可参看陈寅恪《隋唐制度渊源略论稿》三《职官》，《陈寅恪集·隋唐制度渊源略论稿·唐代政治史述论稿》，北京：三联书店，2001年，第98—106页。
③ 《资治通鉴》卷二二五，第7264—7265页。
④ 《资治通鉴》卷二三七，第7657页。白居易在《论魏征旧宅状》亦专门论说此事。
⑤ 《新唐书》卷五八《艺文志》二，第1485页。

《全三国六朝文补遗》的编辑
出版及其学术价值

——根据韩理洲先生主持的《全三国两晋南朝文补遗》《全北齐北周文补遗》《全北魏东魏西魏文补遗》《全隋文补遗》的编辑出版心得所写

李 郁

清代著名学者严可均于道光十四年(1834)编纂成一部规模宏大的文学总集《全上古三代秦汉三国六朝文》(以下简称《全文》)。该书共746卷,收录了先秦至唐代以前的单篇散文18000余篇。其中,收录三国到隋朝灭亡的单篇散文554卷,13200余篇,约占全书收文总量的73%。该书自光绪十八年(1892)刊行以来,一直被学界视为研究上古至六朝时期文化的必备文本,严氏之嘉惠学林,学界公认。

但是,严氏的编纂也有误收、重出、失考、遗漏等错误。对于这些问题,学界屡有指陈。西北大学国际唐文化研究中心韩理洲先生在21世纪之初,便着重开始针对《全文》存在的较为严重的遗漏问题,开展了《三国六朝文》部分的补遗的专题整理和研究。截至目前,也就是本月底,由他主持辑校整理的几部成果已经全部出版。

最早出版的是《全隋文补遗》,2004年三秦出版社出版;
接着是《全北齐北周文补遗》,2008年三秦出版社出版;
《全北魏东魏西魏文补遗》,2010年三秦出版社出版;

《全三国两晋南朝文补遗》，2013年三秦出版社出版。

这几部书的出版得益于国家对于学术出版的支持和扶持。在此我要特别说明的是，自2003年《全隋文补遗》获得全国古籍整理出版规划领导小组的出版资助开始，这几部书陆续得到了国家古籍整理资助，因而出版比较称心如意。当然，国家古籍整理资助项目的申请立项要求非常之高，就像这次《大唐西市博物馆藏墓志》立项那一年，陕西没有一种立项。这个项目曾经震动了整个陕西出版界。而且我们这个项目连续报了三次才成功立项。我们根据《大唐西市博物馆藏墓志》立项的情况进行分析研究，发现近几年来国家对于出土文献的重视程度是非常高的，资助的力度也很大。因此，从2012年开始，我们着重于出土文献的研究整理立项。2012年陕西只有一种在国家立项，就是我们的《全三国两晋南朝文补遗》。2013年我们申报了《任城王汉墓出土文献全集》。这些得益于《大唐西市博物馆藏墓志》立项的启发，在此表示由衷的感谢。我希望以后有机会和大唐西市以及在座的专家学者合作，申请到更好更多的学术立项，出版更多的学术著作。

当然，韩理洲先生的这几部书也得到了西北大学出版基金的资助。大家知道，以前的任何一种基金资助不过几万元。大学的资助完全不够出版这么规模的图书，即使出，也出不了那么好。在此以前，直到2012年十七届六中全会以前，学术著作的出版都面临严重的资金困难，所以许多好的作品不能够面世，或者说面世很艰难。即使面世，也使得作者不很自在。我在很多年里都没有勇气参加唐史学会的活动，在多年以前，我几乎逢会必参加，那时候谈的是出版好书，不谈钱，所以我们约到了很多的好书稿，其中影响最大的大概是《隋唐历史文化丛书》。后来这些书脱销了好些年，也没有再敢印制。需要的人很多，韩国的、日本的留学生来了一拨又一拨，把我们仅有的那些编辑藏的样书也搜罗殆尽。好在我还留了几本自己用。去年，2012年，我们再版了一部分。影响很大。后来，随着出版社企业化改革的推进，我们不敢再随便向各位约稿，我是唐史学会的会员，也属于与学术有深厚感情的编辑。我开不了口向大家约稿又要钱。我今天有机会向唐史学会和各位先生们汇报，我依然在坚守着学术出版的阵地。在此特殊的困难时期，我坚持出版了北京大学祝总斌先生的学术文集，上下两卷，上卷是《中国古代史研究》，下卷是《中国古代政治制度研究》，今天我把它特意赠送给各位先生。数量有限，一共就剩这么多，如果不能够达到人手一册，还请谅解。另外我从2000年开始致力于《周秦汉唐文化研究》年刊和《周秦汉唐文化工程》丛书的出版事宜。在这两种图书的编辑出版工作中，我完全是按照自己的学术情节和兴趣做事。目前，《周秦汉唐文化研究》年刊已经出版了8辑。在座的有不少的先生也给我们赐过好稿子，在此深表感谢。在此期间，我最感欣慰的是出版了像韩理洲先生那样的好作品。同时，我们还出版了《全唐文补遗》9卷。

下面我着重介绍《全三国六朝文补遗》的基本情况。

一　严氏编纂之遗漏

关于《全文》的遗漏，因缺乏全面具体的统计，学界多语焉不详。据韩理洲先生的学术团队的研究统计，"严氏遗漏的三国六朝文有4400多篇，占其收录总数的30%。就目前情况，辑补三国两晋南朝文920篇，北魏及东西魏文1547篇，北齐北周文1151篇，全隋文750篇。除三国两晋南朝以外，辑补的各时期文章篇数都超过了严氏《全文》对应各时期的原有数量。就《全隋文补遗》来说，严氏录隋文670篇，另有存目无文者13篇，二者合计683篇。《全隋文补遗》录文750篇，存目无文者118篇，二者合计868篇。"

二　这些辑补的文章的资料来源

这些辑补的文章除了严氏曾经参阅的有关传世文本中的被遗漏者而外，则主要来自晚清以来发现的石刻、简牍等考古文献。

（一）严氏身后新发现的或从域外传入的古代文献，如《敦煌宝藏》、《吐鲁番文书》、《文馆词林》、《玉烛宝典》、《文镜秘府论》等，其中保存了许多三国六朝文，可资辑补。仅《日藏弘仁本文馆词林校证》就可辑得一百余篇，其中有重要历史人物和重要作家魏武帝、晋武帝、梁武帝、后魏孝文帝、梁元帝、后周武帝、隋文帝、隋炀帝、张华、沈约、任昉、魏收、温子升、薛道衡等人的佚文。

（二）严氏身后百余年发现的大批石刻（包括碑刻、墓志、造像记、摩崖、买地券等），它们遍布陕西、河南、河北、山西、内蒙、山东、江苏、湖北、安徽、四川、甘肃、宁夏、辽宁、新疆等地，为三国六朝文提供了很多真实可信的补录资料。这些石刻，有的已经作了录文，如《西陲石刻录》《关中石刻文字新编》《山右石刻丛编》《汉魏南北朝墓志汇编》《新出魏晋南北朝墓志疏证》等；有的则有拓本而无录文,如:《汉魏南北朝墓志集释》《北京图书馆藏中国历代石刻拓本汇编》;有的则既有拓本影印件,又有录文,如《洛阳出土北魏墓志选编》《新中国出土墓志》等,以及《考古》《文物》等杂志刊登的有关资料。

(三)有的石刻流传到域外,严氏无从得知的资料。如据《中国历代纪年佛像图典》,可见流传到日本、美国、瑞士、法国等地的大批六朝造像。这些造像都刻有造像记,据此可辑得三国六朝文183篇。

三 辑补整理的体例

为了保障《全六朝文补遗》的尽可能翔实、准确。整理者花费了十多年的时间进行普查和整理、研究、考证。坚持文史、考古相参,厘正讹误,录文与拓本互校,同一篇录文若有两则以上出处,坚持用不同版本的录文互校,一时难以定夺的异文,列出校记。并对每篇录文,坚持参验相关史料及同时代相关文献、石刻文字,并内证外证结合,从避讳、帝号、干支、纪年、郡县名称、官职制度、历史事件、人物生平、交游等方面考辨,力求确凿。

由于录文是严氏《全文》的补遗,因此在编排体例方面仍然坚持严氏的体例,分代以人系文,处于革代之际的作者,仍依严氏旧例。对于大量阙名的石刻,先分为碑刻、墓志、造像记、杂刻四类,各类以作年先后为序排列。对于作年不清者,列于该作者或该类之后。

四 补遗文的学术价值

三国六朝的补遗文章,内容丰富,学术价值颇高。它们可为这一时期的文学、史学、哲学、宗教、经济等多门人文社会科学的研究提供珍贵的原始资料,有利于研究工作在坚实的基础上深入发展。三国六朝文补遗中的大批碑刻、墓志提供了许多历史人物的籍贯、家世、行事、交游,丰富了这一时期的历史画廊,具有验证、补充和纠正史书和文献记载的重要价值。如杨素是隋王朝"声振遐迩,势倾朝野"的权臣,又是工诗善文的作家,史书虽有传,但历来言及他均云生平不详。20世纪80年代在陕西潼关县出土的《杨素墓志》,则明确记载有"春秋六十三",由其卒时"大业二年七月二十三日"上推,则可知生年为西魏大统十年(549)。有如隋代名将范安贵的生平事迹,《隋书》记载说"事皆亡失,故史官无所述。"(《隋书·王辩传》)而今天,我们则可以据《范安贵墓志》得以详览。华山地区出土的杨泰、杨颖、杨侃、杨仲宣、杨昱、杨钦等15方墓志,对研究北魏、西魏、北周至隋代的政治、军事,对于研究鲜卑皇族与汉族世家弘农杨氏的姻亲关系,探讨民族融合,都大有裨益。诸如此类。

　　最后,我要特别说明的是,《全三国六朝文补遗》这是一个临时的书名,是为了这一次的研讨会的这篇文章临时借用严可均先生《全上古三代秦汉三国六朝文》的相应部分所拟就。在我们出版的时候是按照四部书稿出版的,分别是《全三国两晋南朝文补遗》《全北齐北周文补遗》《全北魏东魏西魏文补遗》《全隋文补遗》。每一部书出版之后都有撰文并发表在相关的报刊上做过介绍。总之,对这些文献的历史文化价值的进一步挖掘,必定会推动三国六朝研究的继续深入。

(本文作者:三秦出版社编审)

唐代长安通化坊江南士族的书学传承与法书收藏

史 睿

长安为唐代都城，文化菁华皆萃于此。就法书收藏而言，历代烜赫名迹或藏于宫廷内府，或缄于集贤、翰林，或为寺院宝藏，或为私家珍秘[①]。唐代的宫廷法书收藏继承前代者有限，而太宗、玄宗等帝王征集、购求之成绩斐然，内府及弘文馆、集贤院藏弆甚丰。长安书法鉴藏群体之中既有传统的世家大族，也有战功起家的勋贵之家，因科举仕进的士子，还有别识宝物的胡商，等等，可统称之为法书收藏的"好事者"群体[②]。唐代长安法书鉴藏群体往往以法书鉴藏为媒介，结成各种社会关系网络。如唐初聚居"吴儿坊"（即通化坊）的颜氏、殷氏、欧阳氏等江南士族家族延续南朝士人家学，以法书鉴藏为经史学问之佐助，怡情养性之雅玩，也是江南书学传入关中并与北方书学融合的重要媒介，家族或姻亲的纽带以及地缘关系将他们联系在一起。从地缘、亲缘、姻缘的角度重新考察长安江南士族的书学和法书收藏，我们能够获得一种新的角度，不仅揭示唐代长安的法书收藏流转的历程和鉴藏知识的发展、传递，从而描绘长安文化史的一个侧面，而且重新审视长安城市中的各种社会网络，为进一步分析它们的媒介、形态、机制以及不同社会网络的交错提供一种思路。

[①] 关于法书收藏的分类得到李芳瑶的启发，并承赐示未刊稿本谨此致谢。本文参考了李芳瑶：《唐代长安的收藏——以韦述、段成式、张彦远为中心》，北京大学历史学系博士论文，2013年。

[②] 盛唐已降，配合好事家的勃兴，产生了一系列专为法书收藏、鉴赏提供相关知识的文献，如韦述《集贤注记》、《两京新记》，张怀瓘《书估》、《书断》，徐浩《古迹记》，窦蒙、窦臮昆仲《述书赋》及注，张彦远《法书要录》、《历代名画记》辑录众家，总其大成。这些著作或总结典藏理论、鉴赏方法、市场行情、藏品分布，或为历代书法人物立传，或为评骘书品高下，涉及法书鉴藏的各个方面。

一　唐初长安通化坊江南世家的法书典藏

隋文帝建大兴城，在北周长安故城东南重新布置城垣坊里，官人士民迁居于此。当时收藏法书之家宫廷之外主要有两类，即关陇勋贵和江南士族之家。裴孝源《贞观公私画录》记载唐初进献图画之家有杨素家人和萧瑀、许善心等[1]。杨素是关陇勋贵，萧瑀、许善心为江南士族。溯其源，西魏当平定江陵之际，"人民百万而囚虏，书史千辆而烟飏"[2]，大量书籍、图画、法书输入长安故城，而多入关陇勋贵之家；隋代平陈之时，杨素亲统其事，略得建康数百年来收藏，当有所获。萧瑀为南梁萧氏之后[3]，或许保有梁室旧藏，今可知者为唐太宗所赐王褒所书《大品般若经》[4]；许善心出自高阳许氏，家有旧书万余卷，又曾校正隋室秘书[5]，所见书画必夥。

唐初长安私家收藏中江南世家仍是法书收藏的主流，这个群体主要集中在长安东南的通化坊，史云：

〔通化坊〕东南隅行台左仆射郧国公殷开山宅。西门之北，秘书监颜师古宅。（原注：贞观、永徽间，太常少卿欧阳询、著作郎沈越宾亦住此坊。殷、颜即南朝旧族，欧阳与沈又江左士人，时人呼为"吴儿坊"。）[6]

---

[1] 裴孝源：《贞观公私画录》，卢辅圣主编：《中国书画全书》，上海书画出版社，1993年，第107页。

[2] 《历代名画记》卷一"叙画之兴废"引《观我生赋》，第6页。《北齐书》卷四五《文苑·颜之推传》作"民百万而囚虏，书千两而烟炀"，北京：中华书局，1972年，第622页。

[3] 《隋书》卷七九《外戚·萧岿传》，北京：中华书局，1973年，第1795页；《旧唐书》卷六三《萧瑀传》，北京：中华书局，1975年，第2398页。

[4] 《旧唐书》卷六三《萧瑀传》，2402页。又萧瑀"写《法花经》凡一千部，纸墨等事，尽妙穷微，书写经生，清净香洁"（惠详《弘赞法华传》卷十，《大正新修大藏经》第51册，第46页），可知萧瑀精鉴纸墨。此条承季爱民提示，谨致谢忱。

[5] 《隋书》卷五八《许善心传》，第1424、1427页。

[6] 宋敏求《长安志》卷九"敦化坊"，清光绪辛卯思贤讲舍本，1891年，6a页。按，"敦化坊"当作"通化坊"，参考福山敏男《校注〈两京新记〉卷第三及び解说》载《美术研究》第170卷9期，1953年，第36页）、黄永年《述〈类编长安志〉》（《中国古都研究》第一辑，杭州：浙江人民出版社，1985年，第111—113页）、辛德勇《唐长安都亭驿考辨》（《唐史论丛》第一辑，西安：陕西人民出版社，1988年，第136—140页）、季爱民《北朝末至唐前期长安社会中的佛教与道教关系》第三章第二节《通化坊南方家族的文化策略与宗教选择》北京大学历史学系博士论文，2009年。（承蒙季爱民赐示未刊稿本，谨志谢忱。）。又，殷原作毁，据《类编长安志》卷四"秘书监颜师古宅"条（北京：中华书局，1990年，第117页）改，徐松虽知"毁"字有误，但不知致误之由，《唐两京城坊考》卷三径删"毁"字（北京：中华书局，1985年，第90页），不妥。"吴儿坊"中江南家族居住集中，疑为隋文帝规划大兴城时的有意安排。此点曾与中国人民大学历史学院王静讨论，受益良多，谨致谢忱。

唐代长安通化坊江南士族的书学传承与法书收藏

琅琊颜氏是江南旧族中学问、风操堪称典范者。颜师古为颜之推孙,学问遵循祖训,步趋惟谨①,入唐得太宗任用②,为初唐官学领袖;所作《五经定本》根据古本整理典籍,奠定唐朝经学发展的方向;参与修撰《贞观礼》及封禅仪注,为后世所宗;两度修史,终成《隋书》;《汉书注》则集南北朝汉书学之大成;《颜监字样》、《匡谬正俗》、《急就篇注》等小学著作亦泽被后世,为学问津梁。书法是颜氏家学,世代相继,绵延不绝,师古七世祖颜腾之善草隶,见称于梁武帝,六世祖炳之以能书称,曾祖颜协工于草隶③。师古祖父颜之推将书法作为士族身分的标志,所著《颜氏家训·杂艺篇》云:

> 真草书迹,微须留意。江南谚云:"尺牍书疏,千里面目也。"承晋、宋余俗,相与事之,故无顿狼狈者。吾幼承门业,加性爱重,所见法书亦多,而玩习功夫颇至,遂不能佳者,良由无分故也。④

颜氏的书法重在鉴赏,经验极多,收藏亦丰,然所谓书不能佳者,一方面是谦辞,一方面也有"夫巧者劳而智者忧,常为人所役使,更觉为累"的顾虑,所以遗训以为"此艺不须过精"⑤。据颜之推自述,"梁氏秘阁散逸以来,吾见二王真草多矣,家中尝得十卷",并由此论及南朝书家的书法源流,我们可以推知颜之

---

① 王利器:《颜氏家训集解叙录》,颜之推著、王利器集解《颜氏家训集解(增补本)》,北京:中华书局,1993年,第8页。
② 颜师古曾任中书侍郎、秘书监,见《旧唐书》卷七三《颜师古传》(2594—2595页);《初学记》卷一二《职官部》下有《唐太宗正授颜师古秘书监诏》(中华书局,1962年,296页);白居易云"颜师古谙练故事,长于文诰,允称唐初之大手笔",见《白居易集笺校》卷四八《冯宿除兵部郎中知制诰制》(白居易撰,朱金城笺注《白居易集笺校》,上海:上海古籍出版社,1988年,第2877页),又云"与魏徵、虞世南相继为秘书监,得人之盛,后世希之",见《白居易集笺校》卷四九《许季同可秘书监制》(同书,2914页)。
③ 颜腾之见王僧虔《论书》(张彦远《法书要录》卷二,人民美术出版社,1984年,21页),又见颜真卿《晋侍中右光禄大夫本州大中正西平靖侯颜公大宗碑铭》(颜真卿著,黄本骥编《颜鲁公文集》卷七,《三长物斋丛书》本,清道光十九年后(1839—1850),5a页,以下简称《大宗碑》)及《唐故通议大夫行薛王友柱国赠秘书少监国子祭酒太子少保颜君碑铭》(《颜鲁公文集》卷七,19b页,以下简称《家庙碑》)。颜炳之见《大宗碑》(《颜鲁公文集》卷七,5a页),颜协见《梁书》卷五〇《颜协传》(北京:中华书局,1973年,第727页),参考罗香林《颜师古年谱》,台北:台湾商务印书馆,1982年,第6页。
④ 《颜氏家训集解(增补本)》,第567页。
⑤ 同上。颜氏举亲见的王褒为例,云"王褒地胄清华,才学优敏,后虽入关,亦被礼遇。犹以书工,崎岖碑碣之间,辛苦笔砚之役,尝悔恨曰:'假使吾不知书,可不至今日邪?'以此观之,慎勿以书自命。"(579页)又梁庾元威云"所学正书,宜以殷钧、范怀约为主,方正循纪,修短合度;所学草书,宜以张融、王僧虔为则,体用得法,意气有余,章表笺书,于斯足矣。夫才能则当性分,耽嗜殊妨大业"(《法书要录》卷二,第55页),与颜氏同调,旨在临习合乎法度且能表现士族文化修养的书体,主要用于人际交往的表章笺启。

推在二王真草之外至少经眼或收藏过梁陶弘景、阮研、萧子云、丁觇等人的墨迹①。当然，经过战乱流离，颜之推再罹亡国之痛，所藏法帖或已散佚，然其家法帖鉴赏之学则传之子孙，为颜师古所继承。史载：

〔颜〕师古既负其才，又早见驱策，累被任用，及频有罪谴，意甚丧沮。自是阖门守静，杜绝宾客，放志园亭，葛巾野服，然搜求古迹及古器，耽好不已。②

古迹即古代法书墨迹，古器即古代器物，这两类收藏及其学问，在《颜氏家训》中皆有记录，是颜氏家学传统。颜之推所藏法书墨迹，见于前引《颜氏家训》"慕贤"、"杂艺"两篇，所见古器，则见于同书"书证"篇，其略云：

开皇二年五月，长安民掘得秦时铁称权，旁有铜涂镌铭二所……其书兼为古隶。余被敕写读之，与内史令李德林对，见此称权，今在官库。③

颜之推利用始皇、二世两代所铸秦权铭文考证史书上的秦代丞相隗林当是隗状之误，这是古器铭文证史的学问。祖武前辈，颜师古搜集古迹、古器，赏玩之外，亦有证史之用，《封氏闻见记》云：

〔秦绎山刻石〕云"刻此乐石"，学者不晓乐石之意。颜师古云，谓以泗滨磬石作此碑。始皇于琅琊、会稽诸山刻石，皆无此语，惟绎山碑有之，故知然也。④

泗水磬石本事又见颜师古《汉书注》，其《地理志》云："泗濒浮磬"，师古曰："泗水之涯浮出好石，可为磬也。"⑤精熟史事、文物，兼通书法如颜师古者方可求得确解。颜师古搜研古迹、古器之学传于其弟勤礼之子昭甫，史云：

昭甫，字周卿。少聪颖，而善工篆隶草书，与内弟殷仲容齐名，而劲利过之，特为伯父师古所赏，凡所注释，必令参定焉。为天皇曹王侍

---

① 陶弘景、阮研、萧子云见于《颜氏家训·杂艺篇》(《颜氏家训集解(增补本)》，第570页)，丁觇见于《颜氏家训·慕贤篇》(同书，133页)。
② 《旧唐书》卷七三《颜师古传》，第2595页。所谓"早见驱策"指唐之后颜师古所授官为李世民敦煌公文学，"累被任用"指此后高祖、太宗两代皆任职中书，专掌机密。惜颜师古笔迹后世无传，或者以为《等慈寺碑》为颜师古自撰自书，然而此碑书写间有俗字，恐非出自精通字样学的颜师古之手。
③ 《颜氏家训集解(增补本)》，第455—456页。
④ 封演《封氏闻见记》卷八"绎山"，北京：中华书局，2005年，第73页。
⑤ 《汉书》卷二八《地理志》上，北京：中华书局，1962年，第1527页。

读、曹王属，有献古鼎篆书二十余字，举朝莫能读，昭甫尽识之。①

窃以臣亡（昭甫）祖伏膺文儒，克笃前烈，能读三坟、五典、八索、九丘，特为伯父故秘书监先臣师古之所赏爱。师古每有注释，未尝不参预焉。②

是知颜师古赏爱昭甫，一则以博学多识，一则以工篆隶草书，故以家学相授。通习篆籀古字，既是书学，也关乎名物制度、文字训诂，故昭甫能读古鼎篆书，与师古搜研古迹、古器定有关联。再者，殷仲容系颜师古之婿，亦见赏于师古。其墓志云：

> 公（殷仲容）才雄著述，及精图写，千载之外，独冠古今，皆成部裒，发挥别传。唐秘书大监颜师古，海内羽仪，人物宗匠，家有淑女，亲结其褵。③

此外，武德年间，颜师古曾与殷仲容之祖殷闻礼同修前代史书，殷闻礼主魏史，颜师古主隋史，修史期间，两家姻亲之外更有同僚之谊。

殷氏家族与颜氏命运相似，皆曾为西魏之囚，后因家学而中兴④。殷氏家族文章、书法皆有名当世，《殷子慎墓志》云"昔休琏（应璩）、吉甫（应贞），代富文词；伯玉（卫瓘）、巨山（卫恒），世工篆籀。兼斯二美，独在一门"⑤，信非虚言。殷氏世传笔法，仲容曾祖、颜师古外祖殷英童善画，兼楷隶⑥，英童之子殷闻礼，书画妙过于父，闻礼子令名，书法精妙，不减欧（阳询）、虞（世南）⑦，令名子仲

---

① 颜真卿《大宗碑》，《颜鲁公文集》卷七，6a 页。又颜真卿《家庙碑》（《颜鲁公文集》卷七，21a 页）略同。按，昭甫本名显甫，见《元和姓纂》卷四（林宝撰，岑仲勉校勘，郁贤皓、陶敏整理，孙望审订《元和姓纂（附四校记）》，北京：中华书局，1994 年，523 页），避中宗李显讳，后世碑铭书作昭甫。

② 颜真卿《谢赠祖官表》，《颜鲁公文集》卷一，8b 页。按，明安国所编《颜鲁公文集》卷三此篇题为《谢赠官表》（《四部丛刊》影印明锡山安氏馆刊本，卷三，1a 页）。

③ 杨志□《殷仲容墓志》，陕西省考古研究所《唐殷仲容夫妇墓发掘简报》，载《考古与文物》2007 年第 5 期，第 25—28 页。

④ 参考爱民：《北朝末至唐前期长安社会中的佛教与道教关系》第三章第二节《通化坊南方家族的文化策略与宗教选择》北京大学历史学系博士论文，2009 年。

⑤ 《殷子慎墓志》，《大唐西市博物馆藏墓志》，北京：北京大学出版社，2012 年，第 302—303 页。应璩、应贞为父子，其家为文学世家，《晋书》卷九二《文苑·应贞传》云："应贞字吉甫，汝南南顿人，魏侍中璩之子也。自汉至魏世，以文章显，轩冕相袭，为郡盛族。"（北京：中华书局，1974 年，第 2370 页）卫瓘、卫恒亦为父子，卫氏长于书法，羊欣《采古来能书人名》云："〔卫〕瓘，字伯玉。为晋太保。采张芝法，以〔卫〕觊法参之，更为草稿。草稿是相闻书也。瓘子恒，亦善书，博识古文。"（《法书要录》卷一，第 13 页）

⑥ 《历代名画记》卷八，第 158 页。

⑦ 赵明诚《金石录》卷二三"隋益州长史裴镜民碑"跋尾，赵明诚撰、金文明校证《金石录校证》，桂林：广西师范大学出版社，2005 年，第 398 页。

容,善书画,工写貌及花鸟,妙得其真①,善篆隶,题署尤精②,书汴州安业寺额、京师衰义、开业、资圣寺额、东京太仆寺、灵州神马观额,皆精妙旷古,为后代程式③。今存殷令名书《裴镜民碑》综虞世南、褚遂良之美。殷仲容所书昭陵十四国君长像题名及《马周碑》今存,可见面貌④。殷仲容和颜昭甫,皆是颜师古内外子侄,一为外甥兼爱婿,一为亲侄,两人书学齐名,当有互相切磋。仲容之子损之、承业亦有书学,《殷仲容墓志》损之篆盖,承业书志。仲容妻《颜顾墓志》虽无撰书人姓氏,要之皆为殷氏子弟所书,书风端楷,有大家之风,志盖篆书尤为精整,绝似秦峄山刻石,当是精心临摹所得。殷仲容侄孙"嘉绍尤工小篆,为寸字飞白,劲利绝伦"⑤,年代虽不相接,然可窥见殷家篆书传承。秦李斯小篆历代所宗,传为李斯所书的《峄山刻石》尤为书家所宗。徐浩将李斯《峄山》列入"旷绝"之品,是唐代摹写小篆的范型,有石本、木本广泛流传。杜诗云"峄山之碑野火焚,枣木传刻肥失真"⑥,窦蒙云李斯"作小篆书《峄山碑》,后其石毁失,土人刻木代之"⑦,即其本事。前文提及颜之推曾与李德林解读秦权文字,颜师古于峄山刻石有精到的解说,颜昭甫能读古鼎铭文,皆可证明颜氏精通篆书。颜家当皆有秦篆经典范本的收藏,例如峄山刻石、秦权铭文之类,殷氏此学或受颜家影响。

另外,殷家的笔法和鉴定之学亦由殷仲容传于颜氏后辈⑧。颜师古之侄昭甫早亡,其子惟贞、元孙兄弟幼年即教养于舅氏殷仲容家(同在长安通化坊),从

---

① 《历代名画记》卷九,184—185页。按《述书赋》、《历代名画记》、《旧唐书·殷开山传》所记殷氏世系有误,当据杨志□《殷仲容墓志》、颜真卿《曹州司法参军秘书省丽正殿二学士殷君碣铭》(以下简称《殷践猷碣》)、《颜鲁公文集》卷一一,7b—8a页)、《元和姓纂》(396页)订正。参考李明《初唐书法名家殷仲容》,载《考古与文物》2007年5期,第95页,季爱民《颜氏、殷氏世系与婚姻表》(前引博士论文第三章第二节,2009年)。
② 张怀瓘《书断》卷下,《法书要录》卷九,第303页。
③ 窦臮《述书赋》下,《法术要录》卷六,第201—202页。
④ 赵明诚《金石录》卷,63,397—398页。参考李明《初唐书法名家殷仲容》,《考古与文物》2007年5期,95页(李文以《褚亮碑》亦为殷仲容书,然无确证,不取)。
⑤ 《颜真定碑》,《颜鲁公文集》卷一一,1b页。又林宝《元和姓纂》卷四云"嘉绍工书"(396页)。
⑥ 杜甫《李潮八分小篆歌》,《杜工部集》卷七,上海图书馆藏宋刻本,25b—26a页。
⑦ 《述书赋》上,《法书要录》卷五,176页。
⑧ 参见朱关田《颜真卿年谱》,杭州西泠印社,2008年,第19页。

仲容受笔法①，元孙为之代笔，人莫能辨②。颜元孙亦有鉴定法书之能，睿宗时，玄宗以太子监国，颜元孙任太子舍人，独掌制诰，一日召入，"御小殿赐食，因出诸家书迹数十卷，曰：'闻公能书，可为寡人定其真伪。'公分别以进，玄宗大悦，因赐藤牋、笔墨、衣服等物"③，若溯其源，法书鉴定的学养亦当承自颜氏本宗及殷氏外家。

颜、殷两家世代联姻，自颜之推起，六世娶于殷氏，殷氏至少有三代娶于颜氏；最晚从颜思鲁、殷峤（开山）一代始，同居通化坊④，两家各自所藏法书名迹、文物古器，当互相借阅观赏，同以书法之学传家。从颜惟贞之子真卿的早期书法作品，如《王琳墓志》、《郭虚己墓志》中，明显有殷令名楷书的影响，晚年正楷，如《家庙碑》、《颜勤礼碑》，则有殷仲容隶书的雄浑。我们从法书收藏的共赏和书学笔法的传递这个侧面观察，通化坊殷、颜两家之间的联系特征鲜明，展现了江南世家旧族社会网络中同僚、学友、姻亲、邻里等多重关系结合的复杂形态，构成一个紧密的共同体。

同居通化坊的欧阳询自幼被陈中书令江总收养，"博览经史，尤精三史"⑤，出自南朝士族学问的正途，欧阳氏虽非士族，而有江南士族文化特质，故当以士族视之。就书法而言，窦蒙云欧阳询"书出于北齐三公郎中刘珉"⑥，大约是就铭石书而言，而《旧唐书》本传云"询初学王羲之书，后更渐变其体，笔力险劲，为一时之绝。人得其尺牍文字，咸以为楷范焉"⑦，则指尺牍行狎书而言。史载欧阳询在索靖所书碑版下留连三日⑧，是其鉴赏古代名家书迹的重要记载。据徐浩论书家笔法传承云"近古萧、永、欧、虞，颇传笔势"，以欧阳询上承萧子云、智

---

① 颜真卿《家庙碑》，《颜鲁公文集》卷七，21b页。颜元孙、颜惟贞兄弟亦曾受教于长姊殷履直妻颜真定，见颜真卿《杭州钱塘县丞殷府君夫人颜君神道碣铭》（以下简称《颜真定碑》），《颜鲁公文集》卷一一，1a页。
② 颜真卿《朝议大夫守华州刺史上柱国赠秘书监颜君神道碑铭》（以下简称《颜元孙碑》）云："仲容以能书为天下所宗，人造请者笺盈几，辄令代遗，得者欣然，莫之能辨。"（《颜鲁公文集》卷九，8a页）
③ 《颜元孙碑》，《颜鲁公文集》卷七，9a页。
④ 殷仲容伯祖殷峤居于通化坊，见《长安志》前引文。殷仲容、颜颀夫妇居通化坊见《殷仲容墓志》。
⑤ 《旧唐书》卷一八九《儒学·欧阳询传》，第4947页。
⑥ 窦臮：《述书赋》下，《法书要录》卷六，第200页。
⑦ 《旧唐书》卷一八九《儒学·欧阳询传》，第4947页。
⑧ 刘餗：《隋唐嘉话》，北京：中华书局，1979年，第23页。

永,又曰"欧阳率更云'萧(子云)书出于章草',颇为知言"①,崔备《壁书飞白萧字记》引欧阳询云"萧侍中(子云)飞白,轻浓得中,如蝉翼掩素"②,对萧子云飞白书推崇备至。张怀瓘亦以为欧阳询能得萧子云飞白书之妙,曾云:

  梁武帝谓萧子云言:"顷见王献之书,白而不飞,卿书飞而不白,可斟酌为之,令得其衷。"子云乃以篆文为之,雅合帝意。既括镞而藉羽,则望远而益深,虽创法于八分,实穷微于小篆。其后欧阳询得之。③

从此可以考知欧阳询曾经以萧子云、智永书迹为楷模,心追手摹,故能得其笔法。欧阳询经眼者还有张弘、王羲之、王献之等人的飞白书,故后人评价"欧阳飞白,旷古无比"。又张怀瓘《书断》引"欧阳询与杨驸马书章草《千文》批后云:'张芝草圣,皇象八绝。并是章草,西晋悉然。迨乎东晋,王逸少与从弟洽变章草为今草,韵媚宛转,大行于世,章草几将绝矣。'"汉代张芝章草,东晋过江之后真迹殆绝④,唐代有拓本流传,孙吴皇象、东晋王羲之、王洽章草法帖唐代尚存真迹。皇象章草《急就章》是其著名法帖,传至宋代御府⑤。王羲之具有章草笔意的《姨母帖》、今草《初月帖》其时藏于王方庆家⑥,同为江南士人的欧阳询或曾寓目。欧阳询之子欧阳通能继家学,史传云:

  〔欧阳询〕子通,少孤,母徐氏教其父书。每遗通钱,绐云:"质汝父书迹之直。"通慕名甚锐,昼夜精力无倦,遂亚于询。⑦

唐人云"学有大小夏侯,书有大小欧阳"⑧,足见当时之誉。欧阳通近习乃父之书,仍需远摹二王法帖。南朝惠式书仿王羲之,欧阳通云"式道人,右军之甥,与王无别",可见他深知二王系统书迹的谱系。

(本文作者:北京大学中国中古史研究中心研究员)

---

① 《法书要录》卷三,第117页。
② 崔备:《壁书飞白萧字记》,《法书要录》卷三,第133页。
③ 张怀瓘:《书断》上,《法书要录》卷七,第233页。
④ 褚遂良云:"钟繇、张芝之迹,不盈片素。"(张怀瓘《书断》上,《法书要录》卷八,第262页。)
⑤ 《宣和书谱》卷十三,北京:人民美术出版社,2011年,第138—139页。又《淳化阁帖》卷二收入皇象《文武帖》、《顽闇帖》诸法帖。
⑥ 王羲之《姨母帖》、《初月帖》皆在王方庆所献《万岁通天帖》中,墨迹本今藏辽宁省博物馆。
⑦ 《旧唐书》卷一八九上《儒学·欧阳通传》,第4948页。又《宣和书谱》卷八"欧阳通"条(91页)略同。
⑧ 窦臮:《述书赋》下,《法书要录》卷六,第200页。

唐开元年间墓志纹饰图案初探

周晓濛

墓志铭撰写在我国古代传统丧葬文化中占有着极为重要的地位,自三国时期北魏以降逐渐盛行,墓志所包含的丰富历史信息和书法艺术审美价值并为后世所重。而墓志纹饰,作为墓志外观装饰的一部分,无论在反映当时社会高超的工艺水平和审美趋向方面,抑或是在表明墓主人的宗教信仰和生活情趣方面,都有其不可替代的作用和意义。隋唐时期,特别是唐开元年间,出土墓志中装饰的繁华富丽的图案是任何时期的墓志所不能比拟的。

明朝吴纳《文章辨体序说·墓碑、墓碣、墓表、墓志、墓记、埋铭》有言:"墓志,则直述世系、岁月、名字、爵里,用防陵谷迁改。埋铭、墓记,则墓志异名。"据出土墓志显示,早在北魏早期,墓志已基本具备上述功用,而墓志中纹饰图案的不断完善和丰富,则相对较晚。虽然如周晓薇、王菁老师在《隋墓志所见山水花草纹饰与古代早期绘画史论的印证》中所言:"南北朝时期的墓志石,已有颇多图案纹饰堪称精美,主要表现为祥云、瑞兽、四神、十二辰兽、莲花、蔓草、联珠等纹饰类别。"然而,相较出土隋唐以前墓志的庞大基数而言,其中带有精美纹饰的墓志总量则要小得多。例如,大唐西市博物馆所藏墓志中唐以前墓志共有30方,而其中有纹饰图案的共有5方墓志(志石或志盖有纹饰的情况亦归于有纹饰类,图表列于下。)唐开元年间,是唐代最为鼎盛的时期,诗人杜甫《忆昔》有云:"忆昔开元全盛日,小邑犹藏万家室。"通过观察现今所能看到的唐代金银器、丝织品、石窟佛寺、铜镜、绘画作品、墓志等可知,至此,用以装饰起美观作用的纹饰图案已臻成熟。而笔者在整理《大唐西市博物馆馆藏墓志》、《洛阳新获墓志》、《洛阳新获墓志续编》、《西安碑林博物馆新藏墓志汇编》和《新中国出土墓志》等墓志集刊中关于纹饰图案部分,特别是唐开元年墓志纹饰时,通过对大量数据进行比较分析,初步了解了关于唐开元年间墓志纹饰的一些类型特征。

一　唐开元年间出土墓志纹饰类型

(一)蔓草纹

蔓草纹是墓志纹饰中最为固定也是出现频率最高的纹饰类型,自南北朝时期起,至隋唐及以后,期间虽历经朝代更替,基本样式仍然一直保留下来,变化不大。开元年间,蔓草依然广泛镌刻于墓志之上,传达其特有的缱绻之情。蔓草纹主要分为两类:Ⅰ式卷草纹,一条细长弯曲的"S"形主干延伸出弧度不一的蔓草,无明显叶、茎、花、果实等,纹样简单疏阔。开元年间出土墓志中的卷草纹那旋绕盘曲、蜿蜒流转的形态,传达出一种缠绵悱恻,无可奈何之情,是一幅画,亦像一首清丽芊绵的诗。如《诗经·国风·郑风·野有蔓草》:"野有蔓草,零露漙兮。有美一人,清扬婉兮。"如图一。

图一:唐薛元皦夫妇墓[①]

Ⅱ式卷叶纹,同样从细长弯曲呈"S"型的主干延伸开来,有明显叶、茎、花、果实等缠绕延绵其中,花以牡丹为多,亦称缠枝牡丹纹,《碑林博物馆新藏墓志汇编》开元二十三年景羨墓志,墓志盖四杀饰缠枝牡丹纹,《洛阳新获墓志续编》开元大唐故吏部常选前右虞侯率府细引杨公墓志,墓志四侧饰缠枝牡丹瑞兽纹。不同于卷草纹传达出的依依不舍之情,卷叶纹除了缠绵意义外,稍具茂密繁盛之感。如图二大唐西市博物馆馆藏墓志开元二十年崔知之墓志。

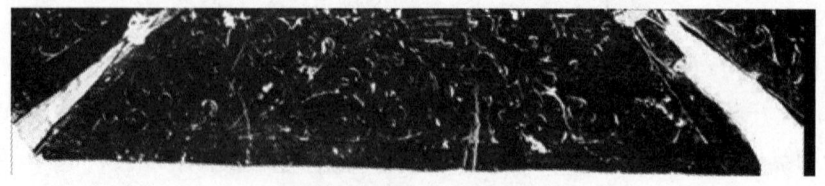

图二、崔知之墓志

---

① 陕西省考古研究院:《唐薛元皦夫妇墓发掘简报》,载《考古与文物》2009年第6期。

（二）宝相花纹

一般认为，宝相花纹是自魏晋南北朝以降佛教的传播，结合中国本土莲花纹、祥云以及忍冬纹等要素形成的一种装饰纹样。而盛唐时期，时人追求豪迈浪漫，也将宝相花纹的创新推向了一个巅峰，"盛唐宝相花层次繁褥华丽，富有富贵宝相气层次增多，形象丰富。宝相花纹样逐渐定形，侧卷花、对勾瓣、云曲瓣这三种基本瓣都形成，且自由组合，是宝相花花纹最为丰富的时期。"①这种情况同时也反映在唐开元时期的墓志里，从附录图表可以看出，与卷草纹不同的是，开元年间是宝相花在墓志纹饰中出现频率最高的时间段，开元年间以前，卷草纹和四神十二生肖纹占据绝对主导地位，开元年间以后，写实莲花纹亦普遍应用于墓志纹饰中。而所能看到的宝相花纹也可分为两类：

Ⅰ式宝相花，即基本造型呈团花状，花瓣由对卷的忍冬叶、莲花纹和卷云组成，有时仅一朵居其中，有时以正反相间连续排列，庄重典雅且富丽。如图三大唐西市博物馆馆藏墓志开元十六年高文贞墓志。

图三、高文贞墓志

Ⅱ式宝相花，则更显精致，与齐东方在《唐代金银器研究》一书中所说"云勾瓣宝相花纹"相似，即"花心为十字形云曲瓣小花；中层为对勾，并在顶端加云曲组成的花瓣；外层花瓣有两种，一种是平园的花瓣，另一种是对卷瓣。"然而此例甚是稀少。

（三）四神十二生肖

一般情况下是墓志盖上刻四神并伴有云纹，志石四侧以3个动物为一组刻于其上，同时每个动物又是独立处于壸门之中，有时，不以壸门相隔，而是换成自然山川草木。另四神所处方位并非完全固定，主要依据墓室方位而定。南北

---

① 徐萃：《唐代宝相花纹艺术符号研究》，湖南工业大学2009年硕士论文。

朝、隋、唐前期四神十二生肖一般同时出现，即志石刻有十二生肖，志盖装饰以云纹四神；盛唐时期，特别是开元年间，四神十二生肖的出现频率明显下降，并且出现四神或十二生肖单独存在的情况，开元以后，十二生肖多数以兽面人身长袍持笏的形象出现，应该是工匠为了节省工力，雕刻方便。如图四大唐西市博物馆馆藏墓志开元十一年王泰墓志，图五大唐西市博物馆馆藏墓志开元二十五年贺睿墓志：

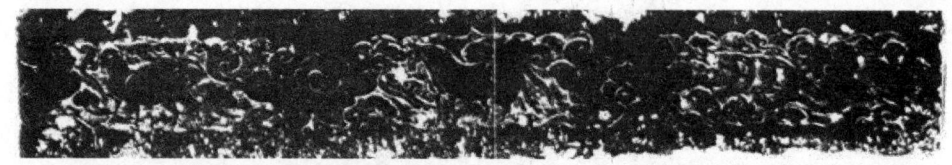

图四、王泰墓志

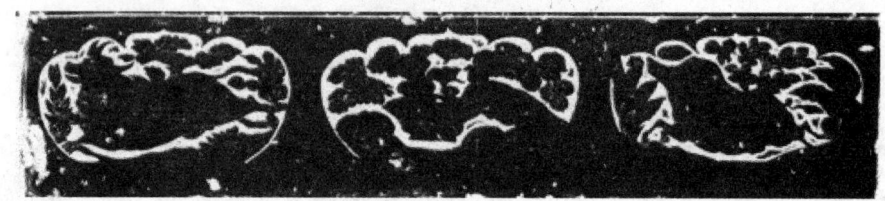

图五、贺睿墓志

（四）云纹

云纹作为墓志的主要装饰纹饰的情况比较少，一般做修饰作用。云纹一般没有一条呈S形弯曲的主干，造型更为自由散漫，由卷曲的云头连续排列。云纹作为中国传统装饰纹样，历史悠久，其外形简洁舒缓，且绘制简单、寓意吉祥，多应用于墓志装饰中。即使是在以其他纹饰，例如四神十二生肖为主的情况下，周边亦有云纹的点缀。而通过附录图表，可知，唐开元以后，墓志装饰中云纹的应用普遍开来。如图六大唐西市博物馆馆藏墓志开元十五年李承范墓志：

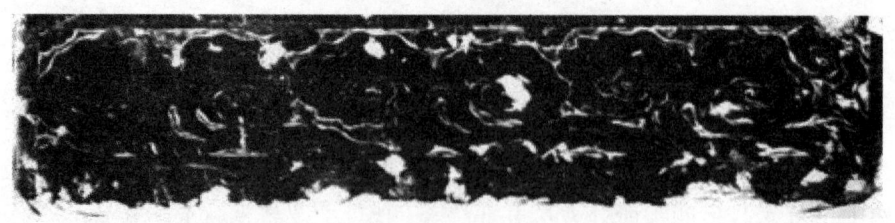

图六、李承范墓志

(五)附属纹饰

Ⅰ铺首,位于墓志盖最中心处,兽面纹样。东汉末的应劭所著《风俗通义》有这样的记载:门户铺首。谨案:百家书云:"公输般之水上,见蠡,谓之曰:'开汝匣,见汝形。'蠡适出头,般以足画图之,蠡引闭其户,终不可得开,般遂施之门户,欲使闭藏当如此周密也。"①传统说法认为铺首有驱妖避邪,避祸求福的能力。应用于墓志上的铺首,表达墓主人美好的祈愿。《碑林博物馆新藏墓志汇编》开元十八年和善墓志有此例。

Ⅱ壶门,由一条弯曲的单线围成一个封闭的空间。《碑林博物馆新藏墓志汇编》开元十五年冯猛墓志、开元十六年张买妻令狐氏墓志皆有此例。

Ⅲ水波纹,多条连绵不断呈波浪状曲线纵向排列,如图七《大唐博物馆馆藏墓志》开元十一年窦知节墓志:

图七、窦知节墓志

二 唐开元年间墓志纹饰特征

(一)墓志数量和带有纹饰的墓志明显增多

与开元时期前相比,开元时期墓志数量明显增多,且基本都刻有纹饰,或简单或复杂。简单如《碑林博物馆新藏墓志汇编》开元十五年冯猛墓志,仅在墓志四侧饰以壶门纹饰,复杂如李君夫人弓凤儿墓志,志四侧卷叶怪兽纹,盖四周宝相花纹,四杀四神纹。通过对《大唐西市博物馆馆藏墓志》开元年间墓志数量统计可知,开元年间有墓志70方,其中素面纹饰有6方。这种情形表明,纹饰图案作为墓志铭的一部分被广泛认可,而在撰写墓志铭的同时,装饰以纹饰图案,成为墓志制造工序的重要环节。

(二)纹饰的图案类型明显丰富并已自成体系

纹饰图案有其特有的发展演变脉络,例如在开元时期出现频率较高的宝相

---

① 林巳奈夫著,常耀华、王平、刘晓燕、李环译:《神与兽的纹样学——中国古代诸神》,北京:三联书店,2009年。

花纹、卷叶纹等纹饰,早在南北朝隋之前已然存在,只不过数量较少,而铺首纹饰,甚至可以追溯到良渚文化时期,开元之后,仍然是墓志纹饰大家族中的成员。然而,唐开元年间,墓志纹饰虽然数量庞大,种类丰富,却有章法可循,自成体系。正如前文所分类的宝相花纹类、蔓草纹类、四神十二生肖类、云纹类等等。特别值得关注的是,占据墓志纹饰主流的宝相花纹、卷草纹、云纹等等纹饰亦广泛应用于当时的金银器、铜镜、绘画作品、丝织品装饰。

(三)宗教因素

墓志纹饰图案很大程度上能够反映当时人朴素的哲学思想和宗教信仰,尤以长期占据墓志纹饰主流的四神十二生肖为例,"四神是中国古代天文学中的一种重要的星座体系,与二十八宿体系相重叠,代表四个赤道宫与东、南、西、北四方;由于四神被赋予了巫术性质,它们又被视为死后升居天界的引导者和拱卫者。""十二生肖图像主要设置在象征大地的方形志石之上,表示与四方密切相关的十二辰位,与汉唐时期流行的用于占卜通神的六壬式地盘上的十二支的含义相同。"[1]由此表明,四神十二生肖的配置蕴含了古人深刻宗教原理。魏晋南北朝以来,佛教等外来文化冲击中国传统文化,忍冬纹、莲花纹等具有浓郁外来气息的纹样传入中原,包括在此基础上发展而来的宝相花纹,为中国古代纹饰注入新的活力。随着佛教的广泛传播和不断本土化,宝相花纹、莲花纹等纹饰亦成为墓志主要装饰纹样,深切反映了唐人的宗教信仰活动。

三 结语

盛唐开元年间,政治经济文化高度繁荣,社会艺术以其富丽堂皇著称于世,而墓志纹饰的纷繁绚丽也成为墓志发展历程中的一大亮点,当时工匠怀着对逝者的深切追念而镌刻下的墓志纹饰,留予了后人瞻仰盛唐风采的机会和宝贵艺术财富。

---

[1] 李星明:《隋唐墓志四神十二生肖装饰图案中的易理》,载《装饰》2003年第7期。

附表一：

大唐西市博物馆藏墓志		
墓主人	葬年	墓志纹饰
侯莫陈思义	开元二年（七一四）	志四侧云曲纹，盖四周卷叶纹四杀十二生肖
杜宇亮	开元二年（七一四）	志四侧蔓草纹，无盖
王嘉凤夫人薛七娘	开元二年（七一四）	志四侧卷叶纹，无盖
李华	开元三年（七一五）	志四侧卷叶纹，无盖
乙速孤直	开元四年（七一六）	志四侧卷叶纹。无盖
元郎及夫人司马氏	开元四年（七一六）	志四侧十二生肖，盖四周几何纹，四杀蔓草纹饰
独孤□道及夫人王氏	开元五年（七一七）	志四侧卷叶纹，无盖
萧祎	开元五年（七一七）	志四侧卷叶纹，无盖
李素及夫人崔氏	开元五年（七一七）	志素边，无盖
姜暹	开元六年（七一八）	志四侧卷叶纹，盖四周、四杀四周云曲纹，四杀卷叶纹
刘彦参	开元七年（七一九）	志四侧卷叶纹，盖四杀卷叶纹
秦怀道	开元六年（七一九）	志四侧卷叶纹，盖四周三角纹，四杀卷叶纹
令狐小改	开元八年（七二〇）	志四侧十二生肖，盖四杀云纹四神
杨献	开元八年（七二〇）	志四侧十二生肖，盖四周宝相花纹、四杀云纹四神
崔脩	开元九年（七二一）	志素边，无盖
钱夫人柳氏	开元九年（七二一）	志四侧卷草纹，无盖
长孙令义	开元九年（七二一）	志四侧卷云纹，盖四杀卷云纹
李庭秀	开元十年（七二二）	志四侧卷云纹，盖四杀宝相花纹
卢广敬	开元十年（七二二）	志素边，盖四杀卷叶纹饰
武子瑛	开元十年（七二二）	志四侧卷云纹，盖四杀卷云纹纹饰
郑偘夫人崔上尊	开元十一年（七二三）	志四侧卷叶纹，盖四周、四杀四周云纹，四杀宝相花纹
董义及夫人李氏	开元十一年（七二三）	志素边，无盖

大唐西市博物馆藏墓志		
窦知节及夫人元氏	开元十一年（七二三）	志四侧虚线波纹
贺若震及夫人萧氏	开元十一年（七二三）	志四侧四神云纹，盖四杀忍冬纹饰
李元雄夫人元氏	开元十一年（七二三）	志四侧宝相花纹，盖四杀宝相花纹
窦思仁	开元十一年（七二三）	志四侧卷叶纹，无盖
许怀敬及夫人郜氏	开元十一年（七二三）	志素边，盖四杀素面无纹饰
梁府君妻崔夫人	开元十一年（七二三）	志四侧简单卷叶纹，无盖
王泰	开元十一年（七二三）	志四侧十二生肖，盖四周团宝相花纹，四杀四神
郭智及夫人张氏	开元十二年（七二四）	志四侧云纹，无盖
袁清	开元十二年（七二四）	志四侧卷叶纹，盖四杀卷叶纹饰
窦思仁夫人李挚	开元十四年（七二六）	志四侧卷叶纹。无盖
尉元宾	开元十四年（七二六）	志四侧卷叶纹，盖四杀卷云纹
李承范	开元十五年（七二七）	志四侧卷云纹。无盖
卢夫人韦嘉娘	开元十五年（七二七）	志四侧卷叶纹，盖四杀卷叶纹
窦夫人王内则	开元十五年（七二七）	志四侧十二生肖，无盖
范公	开元十六年（七二八）	志四侧卷叶纹，盖四周宝相花纹、四杀卷叶纹饰
高文贞	开元十六年（七二八）	志四侧卷草纹，盖四杀宝相花纹
薛夫人周严顺	开元十六年（七二八）	志四侧十二生肖，盖四杀四神
严澄	开元十七年（七二九）	志四侧卷叶纹，盖四周卷叶、四角团花、四杀宝相花纹
赵若丘及夫人史氏夫人元氏	开元十七年（七二九）	志四侧卷叶纹，无盖
李令问	开元十八年（七三〇）	志四侧十二生肖，无盖
李元雄及夫人元氏	开元十八年（七三〇）	志四侧团花，盖四杀宝相花纹
李君夫人弓凤儿	开元十八年（七三〇）	志四侧卷叶怪兽纹，盖四周宝相花纹，四杀四神兽
萧重尊	开元十九年（七三一）	志四侧卷云纹，盖四周、四杀卷云纹饰
李夫人崔娇娇	开元廿年（七三二）	志四侧卷云纹，无盖
独孤朏及夫人郑氏	开元廿年（七三二）	志四侧云曲纹，盖四杀云曲纹

大唐西市博物馆藏墓志		
崔知之	开元廿年（七三二）	志四侧卷叶纹，盖四杀卷叶纹饰
柳夫人长孙氏	开元廿二年（七三四）	志四侧宝相花纹，盖四杀团花
阳简及夫人王氏	开元廿三年（七三五）	志四侧瑞兽云纹，盖四周四杀卷云纹
申讽臣	开元廿四年（七三六）	志四侧卷云纹，盖四杀卷云纹
成公崇	开元廿五年（七三七）	志四侧卷叶纹。无盖
萧嵩夫人贺睿	开元廿五年（七三七）	志四侧十二生肖，盖四杀四神
吴淑	开元廿五年（七三七）	志四侧卷草纹，盖四杀卷草纹
段廉	开元廿五年（七三八）	四侧卷叶纹，无盖
薛锐及夫人柳氏	开元廿六年（七三八）	志四侧卷叶纹，盖四周宝相花纹，四杀卷叶纹
元释及夫人李氏	开元廿六年（七三八）	志四侧卷云纹，盖四杀团花纹饰和卷云纹
陈某及夫人刘十娘	开元廿七年（七三九）	志素边，无盖
张公	开元廿七年（七三九）	志四侧卷叶纹，无盖
高婕妤	开元廿七年（七三九）	志四侧卷叶纹，无盖
卢夫人韦氏	开元廿七年（七三九）	志四侧卷叶纹，盖四周宝相花纹、四杀卷叶纹饰
裴夫人卢婉	开元廿七年（七三九）	志四侧卷云纹，盖四周、四杀卷云纹饰
明琰及夫人刘氏	开元廿七年（七三九）	志素边 四侧卷叶纹，盖四杀团花四神纹饰
苏陟及夫人吴氏	开元廿七年（七三九）	志四侧卷云纹，盖四周宝相花纹、四杀云纹
赵行陇	开元廿七年（七三九）	志素边，无盖
王处俊	开元廿七年（七三九）	志四侧四神和卷叶纹，盖四周宝相花纹、四杀卷叶纹
宋琇	开元廿八年（七四〇）	志四侧卷云纹，盖四杀云曲纹饰
杨承恩	开元廿八年（七四〇）	志四侧卷云纹，盖四周、四杀宝相花纹
韦倬夫人杨氏	开元廿九年（七四一）	志四侧卷草纹，无盖
王令珣夫人朱元轸	开元廿九年（七四一）	志素边，无盖

附表二：

大唐西市博物馆藏墓志		
墓主人	葬年	墓志纹饰
万鉴墓志	开元二年(714)	盖四杀卷草纹
别智福墓志	开元三年(715)	墓志四侧卷叶纹
崔寂墓志	开元五年(717)	墓志四侧云纹
申屠元礼墓志	开元五年(717)	墓志四侧壶门四瓣草叶纹
王君妻独孤氏墓志	开元九年(721)	盖四杀花鸟云纹
韦晃墓志	开元十年(722)	墓志四侧卷草纹，盖四周宝相花纹，四杀卷草纹
赵玄敏墓志	开元十一年(723)	墓志四侧水波纹
赵君妻成果墓志	开元十三年(725)	盖四杀十二生肖云纹
胡恪及妻张氏墓志	开元十四年(726)	墓志、盖四侧卷草纹
崔思忠墓志	开元十五年(727)	墓志四侧卷草纹
郑玄墓志	开元十五年(727)	墓志、盖四杀宝相花纹
冯猛墓志	开元十五年(727)	墓志四侧壶门
张买妻令狐氏墓志	开元十六年(728)	墓志四侧壶门
李怀墓志	开元十八年(730)	墓志四侧壶门
李眘交墓志	开元十八年(730)	墓志四侧卷草纹
和善墓志	开元十八年(730)	墓志四侧壶门及云纹；盖中部铺首，四周宝相花纹，四杀缠枝牡丹纹
董礼墓志	开元十九年(731)	墓志四侧壶门生肖
陈素墓志	开元二十年(732)	左、上、右侧饰鸟壶门兽纹，下侧壶门宝相花纹
萧知义	开元二十一年(733)	墓志四侧壶门，墓志盖中部铺首，四杀宝相花纹
郑君妻董氏墓志	开元二十一年(733)	盖中部铺首，四周宝相花纹，四杀牡丹纹
温纪墓志	开元二十二年(734)	墓志四侧宝相花纹，盖四杀卷叶纹
景羡墓志	开元二十三年(735)	盖中部铺首，盖题四周卷云纹，四杀牡丹纹

大唐西市博物馆藏墓志		
李神墓志	开元二十三年(735)	墓志四侧壶门
司徒□臣墓志	开元二十四年(736)	墓志四侧壶门十二生肖
宋子墓志	开元二十四年(736)	墓志四侧壶门卷草纹
李着墓志	开元二十六年(738)	墓志、盖四侧宝相花纹
浩览墓志	开元二十七年(739)	墓志四侧壶门纹饰
申屠征墓志	开元二十七年(739)	墓志四周卷草纹,四侧十二生肖
杨隐墓志	开元二十七年(739)	墓志四侧云纹团花
裴闻一墓志	开元二十七年(739)	盖四周宝相花纹,四杀卷草纹
俾失十囊墓志	开元二十七年(739)	盖四杀宝相花纹
郭留庆墓志	开元二十七年(739)	墓志四侧壶门
范元墓志	开元二十九年(741)	墓志四侧蔓草纹
李君妻段慈顺墓志	开元二十九年(741)	盖四杀宝相花纹

附表三：

洛阳新获墓志续编		
唐故定州安喜县令周府君	开元三年(715)	墓志四侧卷叶纹
大唐故左金吾卫大将军王公夫人墓志	开元三年(715)	墓志四侧卷叶纹
并州乐平县主簿陇西李公夫人荥阳郑氏墓志	开元四年(716)	墓志四侧卷叶瑞兽纹
大唐故朝议郎行同州司法参军柱国临淮刘君墓志	开元四年(716)	墓志四侧卷叶纹,盖四杀莲花纹
大唐开府仪同三司紫薇令梁国公姚公夫人沛国夫人刘氏墓志	开元五年(717)	墓志四侧十二生肖
故岐州陈仓县令丘公夫人李氏墓志	开元五年(717)	墓志四侧卷草纹
故丘处士妻刘氏墓志	开元六年(718)	盖四杀云曲纹
大唐故朝请大夫齐州临济县令吴兴姚君墓志	开元六年(718)	墓志四侧卷草纹,盖四周宝相花纹,四杀卷草纹
大唐故蜀州晋原县令韦府君夫人博陵崔氏安喜君墓志	开元七年(719)	墓志四侧卷草瑞兽纹、卷云瑞兽纹

	洛阳新获墓志续编	
大唐故饶州司仓参军事李府君墓志	开元七年（719）	墓志四侧卷叶纹
唐故银青光禄大夫太府卿少府监上柱国赵国公崔府君墓志	开元七年（719）	墓志四侧十二生肖
大唐故汴州司马博陵崔公夫人清河房氏墓志	开元八年（720）	墓志、盖四侧卷叶纹
大唐故吏部常选前右虞侯率府细引杨公墓志	开元八年（720）	墓志四侧缠枝牡丹瑞兽纹
大唐故汾州隰城县丞河东裴府君墓志	开元九年（721）	墓志四侧卷草纹
大唐故宁远将军韩府公墓志	开元九年（721）	墓志四侧卷草纹
大唐故正议大夫易州遂城县令上柱国康公	开元九年（721）	墓志四侧卷叶纹（石榴纹？）
唐故左卫翊卫吏部常选陇西李君墓志	开元十二年（724）	墓志、盖四侧卷草纹
大唐故左金吾卫翊卫潘府君墓志	开元十五年（727）	墓志四侧卷草瑞兽纹
大唐朝议郎前湖州参军王璲亲故陇西李夫人墓志	开元十五年（727）	墓志、盖四侧卷草纹
大唐故朝请郎行许州长社县丞祖君墓志	开元十五年（727）	墓志四侧宝相花瑞兽纹
唐故华州司马李府君夫人段氏墓志	开元十七年（729）	墓志四侧十二生肖
唐故殿中尚药奉御钟离府君墓志	开元廿年（732）	墓志四侧卷草纹
大唐故上柱国周君墓志	开元廿一年（733）	墓志、盖四侧卷叶纹
唐故巴州刺史卢公墓志	开元廿一年（733）	墓志、盖四侧宝相花纹
大唐郭征君墓志	开元廿三年（735）	墓志四侧卷叶纹
唐故朝仪郎行鄜州通义县令上轻车都尉王府君墓志	开元廿三年（735）	墓志四侧宝相花纹
唐故太子右赞善大夫河东裴公墓志	开元廿三年（735）	墓志四侧卷叶纹

洛阳新获墓志续编		
唐故潞州乡县尉上柱国潘府君墓志	开元廿四年(736)	墓志、盖宝相花纹
大唐故雍州明堂县尉陇西李府君墓志	开元廿四年(736)	墓志云纹团花,盖云纹瑞兽
大唐故棣王府录事参军辛璩墓志	开元廿五年(737)	墓志四侧卷草纹
大唐上柱国段府君墓志	开元廿六年(738)	墓志四侧水波纹
唐故通义县令太原王府君夫人崔氏墓志	开元廿八年(740)	墓志四侧水波纹
唐故赵府君墓志	开元廿八年(740)	墓志四侧云曲纹
大唐故渤海郡李夫人墓志	开元廿九年(741)	墓志、盖宝相花纹
故益府士曹李府君夫人清河崔氏墓志	开元廿九年(741)	盖团花纹

附表四：

新中国出土墓志		
大唐故游击将军郭公墓志	开元三年(715)	墓志四侧宝相花纹,盖四周十二生肖,四杀宝相花纹
大唐左卫高思府果毅都督长上谯国公夫人武氏	开元三年(715)	墓志、盖卷草纹
唐故契苾夫人墓志	开元九年(721)	墓志四周宝相花十二生肖纹,四侧卷草纹,盖四杀宝相花纹
大唐故右监门卫将军上柱国朔方郡开国公兼尚食内供奉执失府君墓志	开元十一年(723)	墓志四侧宝相花纹,盖四杀卷草纹
大唐故右威卫将军武威安公故妻新息郡夫人下邳翟氏墓志	开元十五年(727)	盖四周宝相花纹,四杀四神
大唐故蕲州蕲春县尉孟府君墓志	开元十五年(727)	墓志四侧卷草纹
大唐故十学士太子中舍人上柱国河东县开国男赠率更令刘府君	开元十八年(730)	盖四杀宝相花纹

新中国出土墓志		
大唐故冠军大将军左羽林军大将军上柱国东莞郡开国公臧府君墓志	开元十八年(730)	墓志四侧十二生肖,盖四杀四神
唐故上柱国杨府君墓志	开元廿四年(736)	墓志、盖四侧卷草纹
大唐故恒山愍王荆州诸军事荆州大都督墓志	开元廿六年(738)	墓志四侧十二生肖,盖四周宝相花纹,四杀四神
大唐室人太原王氏墓志	开元廿七年(739)	墓志四侧卷草纹,盖四周宝相花纹,四杀卷草纹
唐故空寂师墓志	开元廿七年(739)	墓志四侧宝相花纹,盖四杀云纹

(本文作者:深圳市福田区红岭中学教师)

掀开盛世唐人心扉的一角

——《大唐西市博物馆藏墓志》反映的唐人门第观财富观价值观

胡 戟

史学应当关注普通民众,走出帝王将相史的局限,正在成为大家的共识。但正史上保留的关于民众的资料很有限,而出土数量殆以上万计的隋唐墓志,保存的人物传记数量,大约四倍于《隋书》和两《唐书》,藉以能了解更多的个体的人,对于研究人的历史,意义之重大,自不待言。绝对数量还在不断增加的墓志,是我们可以期待的史学的未来。

2012年由北京大学出版社出版的《大唐西市博物馆藏墓志》,收五百方墓志,隋唐墓志占四八五方,绝大多数是第一次刊出。志主不乏贵族将相大臣,更多的是普通民众,为我们研究各阶层的隋唐人物提供了宝贵资料。系统反复阅读,恍然有迈进隋唐人的精神世界的感受。当代最著名的历史学家,美国普林斯顿大学荣休讲座教授余英时先生,在回答"下一步的计划是研究什么?"时说:"探讨一下唐代的精神世界。"[①]这一探讨,不仅可以看看唐代的诗和禅宗语录等资料,还可以看看唐人的墓志。

先说门第观

读隋唐墓志,首先给人的印象是,追述各自祖先光荣,夸耀门第阀阅的材料,铺天盖地扑面而来。

门阀社会在东汉末确立以后,历三国两晋南北朝的强势存在和极盛而衰,自隋代确立进士科举制度,隋唐进入后门阀时代,这是旧门阀仍保留着社会影

---

① 陈致:《国学与现代学术的种种——余英时教授访谈录》,载《明报月刊》2007年9月。

响的时代。直到五代以后,"取士不问家世,婚姻不问阀阅"①,才将旧的门阀时代遗痕涂抹干净。所谓唐宋变革的实质,是从门阀贵族时代,进入进士官僚时代。

在后门阀时代的隋唐,旧士族门阀家族已经失去了以往的经济政治特权,但是在落后于经济政治变化的社会观念上,千百万人的习惯意识仍被门阀观念支配,由将"不得娶五姓女"②列为平生三恨之一,和"陪门财"③现象的顽强存在,便可知崇尚门第观念还是一种社会思潮。这在墓志中的表现,就是隋唐墓志无不尽量大写特写自家门第阀阅,蔚为风气。这提醒我们,不能忽视高门士族的社会影响,门阀时代还没有完全过去。

不少墓志争说门阀史上的官方定族姓高下的重要事件,是为道明祖宗荣耀的由来。王普功德墓志追述:"自后魏文皇帝定百家氏族,以五姓为首,仁贤冠冕,千载一时。"(《墓志》三二九)④长孙汪墓志补充:"洎于魏文,越迁于华夏。据宝鼎而临万邦,端拱而治于河洛……自是昆季派分,遂为十姓。"(《墓志》二六)庾慎思母张氏墓志比对南北大姓:"在南朝时,朱张顾陆、姚吴沈谢,世称八族。衣冠赫奕,忠孝儒学,比今崔卢李郑、裴韦萧薛焉。"(《墓志》四五七)郭秀及夫人王氏墓志细分:"士君子谓郭居四姓次,处八族先,茂盛久矣。"(《墓志》三一九)郭盈夫人卢氏墓志:"郭氏膺河汾之庆,袭锺鼎之贵,轩裳赫弈,传芳台阁。"(《墓志》四〇九)郭府君墓志:"府君其先,太守林宗之苗裔。盛族强家,绵联簪绂,历(历)秦汉而秩禄相望,隔周随而綦(箕)裘不绝。"(《墓志》四一三)郭幼明墓志:"太原着姓。尚书令之母弟。"(《墓志》二八五),郭子仪兄弟也是这太原郭姓。郭氏一姓得以这样提升,显然是因郭子仪的关系。其实姓氏地位向来是随时代而稳中有变,变化的依据实际是当时冠冕。郭子仪有了唐史上空前的名位,太原郭氏因而提升门第并不足怪。

更多墓志像郭幼明墓志一样说自家门第。贺拔亮墓志:志主先人为鲜卑部

---

① 《通志》卷二五《氏族略》。
② 《隋唐嘉话》中。
③ 《资治通鉴》卷第二百显庆四年:"太宗疾山东士人自矜门地,婚姻多责资财……仍定天下嫁女受财之数,毋得受陪门财。(胡三省注:陪门财者,女家门望未高,而议姻之家非耦,令其纳财以陪门望。)然族望为时所尚,终不能禁。"
④ 本文引用《大唐西市博物馆藏墓志》(胡戟、荣新江主编:北京大学出版社,2012年11月28日出版)中的墓志,只简注其在书中的序号。

落,"世号大人",南迁后,复为河南着姓。(《墓志》四〇)柳冲夫人长孙氏墓志:"河南洛阳人也。昔有魏业隆廓地,长孙氏功赞补天……门高鼎族。"(《墓志》一一二)独孤保生墓志:"我家三朝后族,百氏无俦。"(《墓志》三三一)侯莫陈思义墓志:因都河洛遂为着姓。(《墓志》一六九)窦宣礼墓志:"肇自秦汉,姻联帝戚,貂蝉宠禄,历古无遗,驸后荣宗,于今不泯,可谓蕃昌盛族,世莫能俦。"(《墓志》四八三)窦思仁墓志,志称志主为车骑将军(窦献)裔孙,"入于鲜卑,魏南迁河洛。"(《墓志》一九二)说的是河南窦姓。有以为窦氏是鲜卑或匈奴,这里仅提供墓志的一种说法,不作详辨。

中唐时的《陕虢观察使卢公墓志铭》犹称:"世重五姓,冠于百族。"(《全唐文》卷七百八十四),所以五姓之人,更在墓志中炫耀门第。崔知之墓志:"博陵安平人……世为着姓。"(《墓志》二一二)说的是五姓之一的博陵崔姓。郭盈夫人卢氏墓志:"夫人大宗茂绪,礼乐阀阅,他族莫之争长。"(《墓志》四〇九)卢朓墓志:"范阳人……因官着姓,而食蔡于卢。祇命锡土,遂迁居于涿。"(《墓志》二六五)说的是五姓之二的范阳卢姓。卢克乂墓志:"公讳克乂,范阳人也,元魏仪曹尚书阳乌九代孙……姑藏李氏之出。外祖讳成休,颍州长史。外曾祖讳寰,给事中。中外俱为山东甲望,华姻盛烈,辉灼当代。"(《墓志》三二四)说的是五姓之二、之三的范阳卢和姑藏李,姑藏李是陇西李氏炖煌、姑藏、绛郡、武阳四房之一。某又先墓志:"陇西望族,河南令懿。"(《墓志》一三三)说的或是陇西李姓。李楚琼墓志:"陇西狄道人也。本枝俱茂……衣冠锺鼎,蝉联不絶。"(《墓志》一四三)说的是陇西狄道李姓。李芬墓志:"陇西城(成)纪人……世称鼎族。"(《墓志》二五三)崔府君及夫人李氏墓志:"赵郡李氏别为蒲山公房者,本黄帝之后也。夫人,晋尚书令、司徒、广陆侯胤,则十四代祖也。自广陆至隋司农卿匡义,凡十世,历(歷)晋、燕、魏、周、隋,位之卑者,不下于列卿。或才华冠于时彦,或忠武卓为人杰,勋着竹帛,声闻管弦,斯可谓衣冠之盛族者也。"(《墓志》三九五)李庭秀墓志:"赵郡赞皇人也,代为著族。"(《墓志》一八四)说的是赵郡李姓。五姓七家中李姓有二,陇西李之外,又有这赵郡李。王绶墓志:"公讳绶,其先太原人也。冠族共推,与崔、卢、李、郑为五姓,王实有焉。"(《墓志》三六六)乙速孤直墓志:"本姓王氏,太原人也,至后魏赐姓焉。"(《墓志》一七一)太原王是四海大姓的五姓中的第五姓。又有琅琊王的两方墓志,王珎及夫人何氏墓志:"粤府君姓王氏,讳珎。甲族望于琅琊。"(《墓志》三四五)王叔平墓志:"其先琅琊人也,后因冠盖西迁,复为京兆人……四海之中,我为茂族。"(《墓志》三四七)。琅琊王著名于前朝,唐时未列入五姓之家或唐高宗时定的禁婚的七姓十一家,不是四海大姓,墓志所说有点不实了。

苏礼文墓志:"父晖,皇鄂州江夏县令。妣南阳张氏。夫人中外亲戚皆有官声,时称士族,可谓盛矣。"(《墓志》三九九)李朋墓志:"唐工部尚书、赠兵部尚书、懿公大亮之五代孙……为山东冠族。(《墓志》四五一)杨岳墓志:"弘华阴人……东汉称其望族;百揆时叙,西晋门伐。"(《墓志》五三)说的是弘农杨姓。唐郭敬墓志:"夫人公孙氏,淄川茂族,则汉承(丞)相平津侯弘之后也。"(《墓志》六〇)说的是淄川公孙姓。韦告成夫人裴氏墓志:"夫人裴氏,河东冠族……韦、裴族望,中外清华,皆奕世载德,传芳继美。"(《墓志》三四八)河东还有柳氏,朱夫人柳氏墓志:"河东解人……是为茂族。"(《墓志》一二三)王约墓志:"夫人梁氏,天水盛族。"(《墓志》三四)说的是天水梁姓。成公崇墓志:"东郡人……地望清华。"(《墓志》二二〇)说的是东郡成公氏。姜暹墓志:"陇西天水人……姜为著族。"(《墓志》一七六)说的是天水姜姓。《岁华纪丽》卷第二记长安谚云:"城南韦杜,去天尺五",是说这韦杜两姓地位之高,墓志里有反映。韦韫中墓表:"夫人讳韫中,京兆杜陵人,七代祖夐,弱冠应召,以其职非所好,因谢病去官。周太祖纵而不逼,待以客礼。至明帝,敕有司日给河东酒一?,以为常秩。世宗知道终不可屈,故赐号'逍遥公'。"(《墓志》三九六)赵肃夫人韦氏墓志:"韦氏,京兆人也……蝉联阀阅,莫之与京。爰历周随,洎我皇室,官婚之盛,益为大族。"(《墓志》三二八)韦羽墓志:"京兆杜陵人……五代祖尚书右丞瓒,封南皮县开国伯,三子武德初同时为郎官,时人荣之,号曰'三列宿'。由是言氏族者,以郎官为房目。"(《墓志》三四三)杜升墓志:"京兆杜陵人……门称望族。"(《墓志》三一三)

墓志无不竭力追溯攀附门阀的写法,微妙地反映着唐人对家族身上正在消退的过去的光荣无限留恋的心态。究其没落的原因,可以注意到高门旧族许多脱离了原籍和祖坟的情况,抛弃了本望,没有了根基,门阀没法照原样维持下去。

墓志中反映许多门阀大族因做官等原因迁离改籍,如:柴朗墓志:"平阳临汾人……子孙因家焉,遂为郡著姓。"(《墓志》一五三)卢崇嗣夫人段氏墓志:"涿郡雁门人……徙官雁门,因为北郡著姓。"(《墓志》一六〇)李素墓志:"本赵郡,今屯留人。"(《墓志》一七五)李挈墓志:"其先赵郡之著族,远祖宝,仕汉至玄兔郡守。子孙累代,饮马辽阳,今为襄平人。"(《墓志》一九九)薛锐墓志:"河东万泉人也。其先以封为氏,代居于薛。……及至周末……乃为楚灭,徙居谯沛……受魏封,而居汾左……今吾祖三徙……分为三祖……吾显祖即第三房之侠孙矣。"(《墓志》二二四)裴郾墓志:"闻喜人也。十六代祖徽,仕凉,子孙因之,遂为西眷。"(《墓志》三三四)王思墓志:"其先太原人……自后漂荡,因宦此居。"(《墓志》二五八)赵升朝墓志:"其先天水人也……自后叶茂枝芳,清华贯世,散居列国,所在为盛族焉。君之先也,依西岳之灵踪,面莲峰之秀色,遂家于兹土焉。"(《墓志》三五一)韦羽及夫人崔成简墓志:"博陵人也。其先肇自齐之公族……至汉高帝方迁于冀,后改为博陵焉。"(《墓志》三七一)刘忠让墓志:"公讳忠让,彭城人也。刘于海内为著姓。"(《墓志》三七四)徐超夫人裴氏墓志:"夫人姓裴氏,河东闻喜县人也……东晋八裴,方诸八王。自得姓至今,郁为盛族。"(《墓志》三七九)崔岑及夫人张氏墓志:"府君姓崔氏,望在博陵郡,讳岑。松柏在于太原,寄居潞国卅五载矣。"(《墓志》三八○)崔俚墓志:"夫人讳俚,无字,姓裔之自炎帝之后也。逮营丘开封,勋莫盛焉。子季克让,高莫至焉。季因归老于崔,以是受姓。秦东莱侯之子东武城侯、汶阳文侯。东武居清河,文侯居博陵,自是益大,族望可知。"(《墓志》三八一)赵盈墓志:"公讳盈,系望天水郡,别业河中府,至今河东之人称为甲族。"(《墓志》三七○)李戬墓志:"夫人扶风马氏,本邢州内丘县人也。簪裾门族,即襄城县尉讳烈之令女也。习诗礼于内,立嘉名于外。"(《墓志》四一○)崔王业夫人李氏墓志:"李姓系自老聃,至秦有名将信,自槐里徙陇西,逮于汉将军广,因家著望,遂为冠族。"(《墓志》四三六)李郁墓志:"其先陇西人也。前汉将军广之裔孙也。"(《墓志》四三七)陇西李攀到李广,可能不实,即如李唐皇室,也攀附为陇西李,陈寅恪先生议论过不可信。我以为连赵郡李也不是,要真是赵郡李,何必攀附陇西李! 李虎就是出自武川军镇没有族望的军人。再往前,迁六镇前这一支李家人是不是李初拔古后裔,说不清了。①

以上详细引述墓志中门阀士族频繁迁移的材料,说明隋唐时代的门阀后

---

① 拙著《关陇集团的形成及其矛盾的性格》,载《胡戟文存·历史文化卷》,北京:中国社会科学出版社,2000年。

裔，早已脱离原籍，没有了宗族聚居的土地财产，也不再归葬祖坟了，九品中正时代靠聚族而居的土地和乡举里选取得控制地方政府的经济政治特权都已不复存在。但是虽已没落贫困，却仍以门第自高，郑嫮墓志就反映了范阳卢氏困穷的这种状况："其先以清甲标荥阳门望，祖早，赠考功郎中；父鲂，为江州刺史，终仓部郎中。太夫人范阳卢氏，外祖慎修。"郑嫮始笄，归卢后，"处贫务名，白屋屡空，夫人尝以箱奁服用为其贷质，上奉色养，下助宾客。"（三九八）因此，在这时的历史上留下没落的旧门禁婚家，靠婚姻谋陪门财的丑闻就不足为怪了。

甚至有一批北朝权贵后裔的墓志，如北魏追尊的景穆皇帝后人元释（二二三），建明皇帝曾孙元武寿（七八）、常山王元遵的玄孙元世绪（八）、五代孙元禧（八二），昭成皇帝十一代孙元郎（一七二）、十三代孙元子长（三〇七），晋太尉琨从弟洪为始祖的侯莫陈氏（三一五），凉武昭王李暠七代孙李玄道（一二六）、十代孙李令问（二一〇），后魏十族之拔拔氏后改长孙氏的长孙仿（四四六），崔浩的后人崔修（一八二），北周逍遥公韦敻的五代孙女韦嘉娘（二〇一）、六代孙韦少华（三二二）、七代孙女李宗闵妻韦氏（三六五）、七代孙女韦韫中（三九六），魏七兵尚书卢道虔的五代孙卢朓（二六五）等三十多人的墓志。更有涉及关陇集团人物的，除杨隋、李唐皇室外，有如贺拔岳的侄女贺拔定妃（一一）、独孤信的曾孙独孤贤道（一七四）、玄孙独孤朏（二一三），于谨的七世孙于汝锡（四一七），李远的孙女杨君后夫人李氏（二三），李贵孙徒何？（六）等。这些祖辈曾经历过你死我活的政权争夺的北朝权贵后裔，在隋唐时代一般都能维持门第不坠，甚至有独孤信生前被杀，身后依然可以享有"三后一门，异代同贵"的尊荣（二一三独孤朏墓志），体现了门阀时代政治的特色：高门之间既相互争夺，又相互维持，改朝换代也不影响家族依旧盘踞在社会最高层的地位，享有崇高的威望，这一特点，在隋唐时代依然存在。

就是连南朝权贵后裔的墓志，有齐太祖萧道成的五代孙萧重尊（二一一）、七代孙萧祎（一七三），南齐尚书令长兼侍中徐孝嗣五代孙徐令辉（一〇五），梁武帝孙女萧氏之子杨岳（二四），梁侍中朱异曾孙朱延度（五八），梁云骑将军徐文整曾孙徐德（五九），梁侍中、尚书令王僧辩的玄孙王美畅（一三九），陈武帝陈霸先十九代孙陈宗武（三九二）。这些远离隋唐政权的南朝权贵后裔，依然可以"以陈梁衣冠子弟"（五九徐德墓志）踏入仕途，至少还是一种可以炫耀的身份，也从一个侧面，揭示后门阀时代的特色。

很有意思的是因杨玄感事变被杀的杨素之弟杨岳的两方墓志（二四、五三），说到"玄感自以门着勋庸，材兼文武，知进而不知退，知存而不知亡。"杨岳受他株连被处死，"随炀方旋辽左，以公尝有忠谅之言，是以特有别敕，一房获免。道阻且远，竟无云及。"虽有隋炀帝的赦免，但是敕书传到时，人已被处死。杨玄感起兵时，有坚决反对而从军效命的，如唐晏："会杨玄感黎阳作梗，君壮发冲冠，驰军殉命，以功授建节尉。后归唐。"（四三唐晏墓志）这位贵二代杨玄感的造反看来是不得人心的。对于其父杨素，墓志里出现了两种不同评价。大业九年杨岳初葬的墓志说到："君异母兄素，任重朝端，富擅山海。奸慝潜于养鸩，宠赂彰乎铸蛇。而君深惧贴危，每非聚敛。"所以在误杀杨岳后，隋炀帝"发明诏，蠲其衅籍。诏曰：'故万年县令杨岳，深识大义，夙秉至诚。其兄枭素，包藏凶恶，每经奏陈，实为先见。宜免缘坐，以彰臣节。'仍令改葬。"而六五六年杨岳改葬时的第二方墓志，改口称杨素为"哲兄"："公之长兄太尉、楚景武公，以倜傥之材，受专征之任。平齐之役，公预在戎麾，军谋战功，为当时之最。以勋绩居多，封苍山县开国公。逮皇隋革命之后，而景武当权衡之寄，势倾朝野。"完全是正面的评价了。

在隋炀帝时代，绝医而死的杨素在儿子杨玄感发动叛乱后大受鞭挞。到了唐代，不存在受叛逆株连的问题了，弘农杨氏高门望族的身份又有用了，被后人捡拾起来炫耀。

再说财富观。

如果说，隋唐人还以"冢中枯骨"骄人是落伍的意识，那么一位普通人赵惠满的纳税人意识不输于现代人，足以让世人刮目相看。

永淳年间，关辅大灾，父母双亡年仅十一的赵惠满携姊妹弟兄往东京洛阳谋生。他贱鄙之事，无所不为，"弟兄因免于委弃，姊妹赖是而从夫"，墓志总结他一生有七善，第一便是"夫在白屋，奉王税，自幼及长，不求奸［减］免，谓之忠。"他或农或商，白手起家，艰苦自立，却能一个钱不少地交足王税，表示对国家实实在在的一片忠心。这样的纳税人意识，很了不起。（二四三唐故处士赵府君墓志铭）

反映唐人财富观的墓志，有"每欣耕凿，不悦银黄"的司徒寂（一一九司徒寂墓志），有柳宗元笔下宋清式的"焚券免责"的义商，见载于石解墓志（三四九）："吴房令郑丹为当时闻人，假贾畜家钱百万，没其生业不能以偿。辩于官司，治之遭迫,移禁中牟狱。行贾视公善马,曰:'郑囚得马,吾当代输五十万。'丹先不知公,或言公乃效马,贾者义之,焚券免责。"因为郑丹是个会相马的人才,两位商人各出五十万,慷慨向自己甚至未曾谋面的郑丹伸出援手。

更有在墓志里一上来就侃侃而论"古之高者道,今之高者位,没而不朽者,岂在于富贵乎?"提出"仁以为富,义以为尊"的理念,宣示他们将仁义作为人生最大财富的惊世财富观。(二四六李希敡墓志)。读着这些墓志,一个个唐人的形象跃然纸上,不能不为唐人的高贵优雅折服。①

三说价值观。

反复把玩这批墓志,最深切的感受是它们展示的隋唐人的精神风貌,志石铺就了一条让我们进入隋唐人精神世界的大道。墓志反映隋唐是一个人们可以有追求的时代。无论习文,或者尚武;无论做官,或者隐居;无论做一个亲民的县令,或者做一个恤刑的法官,职业的选择,给了不同的人们,特别是青年男子人生定位的自由,信仰的自由,更给了所有的生民,尤其是孀居妇女对生活的多一种选择。作为核心价值观传播的忠孝仁义,是社会崇尚,也是绝大多数人认同和恪守的道德底线。墓志从一个个鲜活的精彩人生记录里,向我们展示了那个崇尚文化,崇尚道义时代的魅力风采。

唐人崇尚道义的价值观,以常说的"天地之间,惟人为贵"的根本观念为出发点、立足点。(三七七夏侯济墓志)而为人是否讲道义,成为社会评价和择友交游的标准。如主张"道在则尊"的杨献"交不苟合。其有高才博学、树德行道者,虽布衣韦带,必与之游……若乃好夸尚胜,徇利矜荣,心不则德义之经,口不谈忠信之说者,虽执钧操轴,视之蔑如也。"(一八〇)刘元亨以为"立身扬名,士之大者","不能秉笔彤庭,策功紫塞,日所耻也。"他这个人,"仁足以成人之美,义足以字人之孤,谦足以去人之争,信足以与人之友。施于有政,是亦为政。故乡党誉之,宗族敬之。"(二四七)"克己从道"的段廉,墓志说他"弱冠孤贫,克己从道……不以能名节于财,而财自至;不以奢泰俭于事,而事益仁。"(二二一)被誉为"美君子"的李芬,是因为他"德以润身,仁以成性,直以行己,智以周防。"(二五三)有"穷通之分,荣辱之境,视之坦如也"修养的宋琦,自有一套修

---

① 本节财富观的撰写,参考了龚静《反映唐代义商与唐人财富观的三方墓志》,载《考古与文物》2010年第2期,第99—101页。

身养性的招数:"经术,义之府也,君植以为本;藻翰,身之文也,君缘以为饰。有本以树善,有饰以发挥。"(二五九)既自尊,又颇有平等待人精神的杨承恩:"凡束带在位,亦十数年。备警巡,佐府局,忠于主,孝于家。以道则平揖于侯王,流谦则不轻于童仆。"(二三三)房府君"姓[性]本英贤,儒门立仕,年未弱冠,经史并通。功业既成,早蒙乡贡。鑱登省阁,丁妣之忧,乃归私第,守其礼制,永不求于名利,达其大道者也。"(四六二)这是全抛名利心,追求大彻大悟的人生境界。明哲保身的朱泳,则"既惠且仁。明自于诚,动不违直。敦孝悌于戚属,布惠和于朋友,信所谓明哲保身者矣。"(三五六)显然他这样明哲保身的处世之道是积极的。还有一位"能守善道者"刘忠让,"襟抱虚裕,心期和雅,炳慈爱以睦家道,资忠信以奉君恩。非义不行,非礼不履。"(三七四)他守善道的内容,更容易理解是积极的。李公绰的处世安身之道是:"以礼义富己,以孝敬著名,以贞白承家,以刚柔莅事。"(四七三)因为三个儿子"游荡异土"不务正业,因而老无所养的韦君夫人李氏活得很幸运,她最后在长安的十年,虽然"孤而贫",但是得到于方照顾,乃至死后的"小敛,大殓,以至于世日之费,皆出于门。"(三六三)于方不过是受朋友(李氏外甥)之托,就尽了十年养老送终之义务,把"朋友信之"的处世之道,诠释到极致。这就不只是独善其身,还给社会带来温暖。

隋唐人尚武习文,时有侧重。墓志反映,不少唐人选择了与书为伴的人生。临汝县令陆泌之子陆翘就是这样,他"风仪端茂,情性澹泊。名利不汩其用,嗜欲不干其和。由是长而无位,逍遥遐抱,披阅坟籍而已。"(三三〇)除了上文说到过的"年未弱冠,经史并通"的房府君,(四六二)还有柳冲"幼而志学,端雅自居。口无妄谈,手不释卷。"(九五)刘伯当"六岁识字,十岁耽书。□□□□溷之间,未尝释手。"(三六八)小小年纪,已练就马上厕上的功夫。王逢"弱冠积所学为文为诗……释褐将三十年,不改布衣心。字人之暇,而吟读讽咏,动则忘倦。前后所著文章,存诸缃袠,尽以讽化之本,往往寘于丞相家。"(四二七)郭暄官罢后"退守蓬蒿,与诗书为伍,编简抄览,填箱盈箧。"(四一九)。崔王业夫人李氏父李元宾,"以文学隐居,人呼为处士,自号'荆溪子'。"夫人李氏"禀性好文,不习他戏,每问衣之暇,与馈之余,何论《孝经》,古赋之类,讽诵无阙,用此为娱。"可见女性也有习文的爱好。(四三六崔王业夫人李氏墓志)那位父辈崇尚"仁以为富,义以为尊"的李希皎,定位自己的人生是"以礼乐为身谋,以文章为世业。"(二四六)。更有迷恋道家经典的,夏侯济的"高祖、曾祖、祖,并习老氏道德之经，得墨子秘□之术，隐居岩薮，冲和养神，不乐显其玉名。"（三七七）祁振祖上三代，"皆以信义文学称于乡里"，祁振本人"幼习诗书，长慕文学，年未弱冠，词艺出群，就试明庭，入贡殊等，三造礼部，九霄下窥。所忌者，要害权门，千变万化，争名趣利，山高海深。是以鹢退丘园，卷舒人事，纬经咏史，不出户庭，十数年间，致猗顿之富，习游夏之流。"（四七五）这也算得一位奇人，离开考场后，一边诵读他喜爱的经史，一边经商致富。唐明皇的长子李琮"信而好古，本乎童幼。奇颖发翘，嘉生擢秀。清明天与，研精日就。披拂谈丛，翱翔辩囿。每至北场，会有西园好游，芳草则芷兰荪蕙，爱客则徐陈应刘。嘉肴既阜，旨酒思柔。为善最乐，足以忘忧。"（二六七）这位从太子位上下来的亲王，信而好古，沉醉于旨酒，这样的人生选择，多半是出于无奈，也只是这样，才在下得"一日杀三子"毒手的唐明皇眼皮下，熬到寿终。对于被追赠靖德太子的他来说，选择习文，无论是不是"足以忘忧"，总还是一条成功的韬晦保命之路。

　　隋唐人不乏传统的马革裹尸、沙场捐躯的豪情壮志，这种尚武精神，不仅熟见于边塞诗，也充斥于墓志。魏铣"尝自叹曰：文墨，壮夫不为；弓剑，英雄之术。"（九七）苗质"弱龄投笔，不以儒素缠怀；壮齿从戎，直用权奇效策。勋庸命赏，擢授上轻车之班。王事殉躬，龙朔年中，殁于玗貊，魂归里第。"（一四四）；李令则"属契丹群丑，为寇燕垂。公拊剑长息，雄情慷慨。轻生向阴，光（先）登深入。励乳虎而有余威，扫飞燕而无遗卵。"他最后病死于自幽州还都的归途中。（一五一）"秉彝忠直，服义先训。好文尚武，知雄守雌"的杨承恩，"犬戎背恩，犯我军镇。皇上斯怒，展武兴师。公怀报国之诚，蕴特达之气。雄心一发，杖剑昌言：'余闻文武之道，未坠于地。大丈夫亦可将六尺之躯，寄万里之命。一辞京洛，□定风尘。'于是弃笔砚，赴边疆。时陇右节度大使、左羽林军大将军张公，高其风神，共议帏幄。鬼出神入，通幽尽微。动契三才，何往非适。于是贼灭大官，斩级数千。"（二三三）又一位谢玄侗，"中原丧乱，遂弃笔从戎"，官至游击将军、左清道率府率员外置同正员。功成身退，逍遥处尘廿余载。（三二七）再一个官至兼右羽林军大将军的程惟诚，戎马一生："天宝末，盗起幽蓟，皇舆南巡，匈奴寇北庭，胡马饮河渭。公于是愤然有投笔之志，委质戎帅，杖剑西游。"一生立战功无数。（三四二）身为朗宁王季子的皇族子弟李彦藻也加入了"投笔从戎"者的行列："幼而孤，始功（攻）书学文，尝有高节。每或废卷，则吐气再叹：'大丈夫当为国家划不平、诛暴乱，输汗马之劳，董铁衣之众，成功立事，翘足可望,岂不快哉！宁在乎片文只字,而孜孜于我者!'遂投笔从戎。"官至右骁卫将军。"常语于他人曰:'吾早怀大志,所谋则生当封侯,殁当庙食,不介意于蔑蔑耳。'"(四一一)怀抱这样志向的还有如李郁:"丱习儒业,昼夜孜孜。志在穿杨,长攻武艺。声震伊洛,长材不群,果致八座擢用。军前效节,不惮勤劳。"(四三七)郭子仪的十兄弟墓志,大唐西市博物馆收有三方,他们并不是罩在汾阳王的大树下讨生活,个个都有独立品格,在大乱巨变的历史上,作出自己的贡献。其中郭幼儒"尝试论曰:'文虽经时,武可戡难。不学剑,学万人敌。'""出入戎事",获取功名,去世时"三军皆恸"。(二八四)

做官还是隐居,做什么样的官,也能反映唐人的价值观。其中想做官,却不甘在官场庸庸碌碌混的,见有只做到文敬太子庙令的段宏的墓志,道出"大丈夫"的上志、次愿,心态,说他:"恬默静处,不竞于时。吟啸自怡,琴书为友。常叹曰:'丈夫生于世,登科第,由清途。或处谏垣,或由宪府,历枢辖而升台辅。处谏垣,则规天子之得失;由宪府,则行王者之纪纲。历枢辖,则端总百揆,铨擢人才;升台辅,则调燮阴阳,镇抚风俗。致一人如尧舜,俾九土之清平,乃丈夫之上志也。次不由科名,不历显贯。则封侯万里,立功三边。旌幢前驱,貔貅后拥。形模麟阁,铭勒燕然。威震于紫塞之中,名书于青史之上,亦乃丈夫之次愿也。今我年仅强仕,未窥一途,尚以常调求一级一资。屑屑于红尘之中,碌碌于青衫之下,非大丈夫之所为也。'"(四二九)

墓志里出现不少人选择隐居的情况,认为比较做官而言,是高尚的生活,那就不仅是不为官了。如田氏之父田进"遁迹云林,高上不仕。"(四一四夔州长史夫人田氏墓志)又如张恭,"曾祖讳政,祖讳琦,并怀仁履孝,蕴义居贞,婆娑丘园,志在高尚。父讳感,风神秀逸,令问孤标,贵信诺类珠玑,贱荣禄如糠秕。"(二八八)又有陈府君墓志,父子两代人"优游闲放,偃息丘园……傲极田圃,逍遥怡神。"(三四一)张氏先人"累世以道高不仕,志乐林泉。"(四五九庾慎思母张氏墓志)"直不容时"的卢沐,"罢印之后,退耕在野,浃化殊俗,乡闾慕叹。"(三〇二)王询的故事说他渴望功名,但没有了靠山退出官场后安于钓鱼读书的良好心态:"慕定远之投笔,思博望以图功。效河东节度押衙,耀威武也……俄属元戎分务,莅彼洛都,退就林闲,因家河上。一竿之钓,趣适于园林;三箧之书,载安其户牖。朝吟夕咏,风月是资。"(四六九)侯莫陈思义退后安于"抚训子孙"的家庭生活:"中年罢归。彭泽故园,泛醇醪于寒菊;颍川旧社,游几杖于

高星。抚训子孙,终我岁暮。"(一六九)

一些人只是为稻粱谋而不得已做官的,如韩卓"授岳州巴陵令。非其所好,资禄养也。"(三三九)还有苏建初家,"礼法之外,室唯四壁。公乃奋曰:'吾长于诸子,使滑甘有阙,衣食是虞,非男子也。'乃装贫策蹇,南谒先执湖南观察河东薛公。公留居门内,视诸子等,累疏奏请试吏,不果行。及来浙右,方遂释褐,授江阴主簿。"(四八四)也是为有衣食有虞才去讨官职。"少乐丘园,不喜宦进"的赵途,"晚岁有坠弓裘之虑,遂求仕晋陵,不惮卑薄,所贵绪承先懿也。"后来"谢秩归止,恬退自得,耕而食,钓而味,不以利挠,不□势倾。优游儒宫,得前哲风旨。"被称赞为"真土君子屈伸有度者。"(四六三)

除了隐居,将拒绝进官场作为高尚的选择,不恋官场和因选调或年龄社会等原因退出官场后,安于平民百姓的生活的良好心态,也能从不同侧面表现隋唐人的达观。

任荥阳郡圃田县长的常鸿,"吏职諠㧑,非其好也。"(五二)陶普慈"节俭遗荣,情不贵职。闲居养性,大隐丘园。"(五五)朝散大夫吕金纲"虽复玉食天朝,有恋丘园之好。性爱无为,遂从散职。"(六三)王言"曾祖清,志立丘园,披寻经史,数遭征召,绝不关怀。"(七三)田涛曾参加征辽,任乡长,"自兹之后,聿从高尚,临紫岩而徒步,瞩青霞而浪想。又乃居邻湫隘,不恶旗阛之嚣;利叶舟车,自得计然之美。时又凝情贝叶,藻虑昙花。味鹿苑之玄宗,引鸡园之胜托。"(八一)裴师"祖伯仁,随袭封绛郡公……大隐市朝,不就楚王之驾。"(八六)刘猷:"仁智居心,雅好泉石……朱紫期荣,蔑之如脱屣;尘劳俗累,祛之若弃遗。"(一〇一)李楚琼父李俭,"不荣天禄,栖逸志于琴书。"李楚琼也是"乐(药)饵丘园,树春蹊之桃李;风情弃俗,泛洛水之仙舟。虽龟绶冕旒,非荣观也。"(一四三)郭智把官场的事参透了:"君以为鸣钟鼎食,多怀覆𫗧之忧;而乃散髪丘园,啸傲闲居之赏。"他选择了陶渊明式的生活:"门摇五柳,颇类潜明;苑植三桃,味同潘岳。和风甘露,防怀篁筱之林;奔龟跃鱼,茸镂苹蘩之沼。价邱傃洛,符应曳之言;良田广宅,叶仲长之请。既放宕以山水,乃优游而卒岁。"(一九五)赵弘庆的前辈也一样,祖父赵政收"恬淡寡欲,有箕山之操。自怡知命,不事王侯。贲于丘园,子孙娱乐。"父亲赵泰喜"博览群书,由示诸掌。不顾禄秩,绝迹朝班。优哉游哉,聊以卒岁。"(二五四)王玄德"不仕即世。窒名利之机,安恬澹之趣。竟循循于乡党,贲寂寂于丘园。"他的理论依据是主张无为的老子说的"身退,天之道。"（二一七）可恰恰是他，独创在自己墓志四侧刻上四幅写实精美的风俗画：出行、对唱、嫁娶、马球，生活情趣丝毫不减。他们鄙薄名利，不仕官场，只是为了有更好的生活质量。王思祖父王宣"晦迹丘园，婆娑乡曲。不干禄以祈宠，务退静以怡神。"（二五八）王成"高尚世表，不仕逍遥，以琴书礼乐贻于子孙……遁迹人寰，啸傲朝市。"（四一八）

还有两类人，一类是官场失意，退官后悠闲自得，毫不沮丧，如曾任朔州马邑县丞的苏陟，"自他州罢秩，别业归闲。披对林泉，优游耕凿。"（二三〇）卢沐也一样："罢印之后，退耕在野，浃化殊俗，乡间慕叹。"（三〇二）杨公甫也是"好学不倦。应乡举明经，受六军卫佐。知命乐天，退身不仕，佛道二乘，精通义理。"（二六）他们都潇洒地离开了官场。另一类是不情愿地进了不喜欢的官场。柳姬父柳征，进士擢第，"养高不仕。晚年以不容于俗，与时浮沉。历黎城、丰城、嘉兴数丞尉。"（二七四）韩卓"授岳州巴陵令。非其所好，资禄养也。"（三三九）都要为稻粱谋，不喜欢官场的游戏规则，还得去玩。

隋唐时代官场风气大多比较清廉，讲究官德，为治世和盛世支撑起一片清朗的天。墓志对此津津乐道，最能展示踏上仕途的时代精英群体的人生观、价值观，他们的为官之道值得细细玩味。

为什么当官和怎样当官，都受走上仕途的人价值观的支配。这里我们从墓志里反映的隋唐官员的言行，他们履职的实践，来反观他们的人生观、价值观。为官之道着重从公忠奉国的使命感，地方官的亲民和执法官的恤刑和政绩来说。

官员要有公忠奉国的使命感，官至西州都督府别驾的成公崇这样表述："为官清白，处事公平。宽猛临人，德政谋己……移家奉国，资孝事君。"（二二〇成公崇墓志）上柱国王思也说："忠贞奉国"（二五八）在安史之乱时保持臣节的有裴昪："隐身商山，与麋鹿为群……皇舆反正，墨诏交聘，拜尚书膳部员外郎，又转司勋员外郎，封绛县开国公，彰全节也。"（二八二）有郭子仪弟郭幼明："将门高名，为贼重购，山藏莽伏，坚明臣节。朝廷既宁，赏唯称首，拜鸿胪少卿……奉上尽公，临下以简，职事孔修，吏使咸悦。"（二八五）"以忠奉国，以孝承家"的吏部郎中郭雄，"建中之末，乱贼暴兴，皇舆迁播，公奉职以从，越在奉天。而氛妖未清，辇驾不驻，甲徒叛溃，矢射纵横。苍黄之中，遇害而卒。"殉国于朱泚之乱。（三〇五）朱泚乱时，崔时用"奋不顾家，脱身扈从，誓心效节，委质锋芒。"后任麟游镇遏使,"自领斯寄,夙夜在公,奉上以诚,接下以礼。握兵之要,无以加焉。"事平后"辞职,披衣岸帻,养素丘园。"(三一二)泾原兵变时,奉命救驾的朔方节度使李怀光又叛,先被李怀光委以侍御史处理大小事务的裴郾,看到李怀光反朝廷,"义行于色,愤激于衷……誓心指日,呼天泣血。"事平后,副元帅扶风公马燧"列上公之忠勇节概……恩授太子中舍。"(三三四)"在家惟孝,从宦惟忠"的太子司议郎李周南,被贬官后仍"积忠于怀,藏器思用",终因"浮云蔽明……天高难诉",结愤而死。(三三八)安史乱后,河朔三镇割据。大历时,"河北武帅赋入不时,于是天子命节将以讨之。"仓卒之际,河东粮料使范憕辟被劫。"公韦羽愤发于内,罄财募士,兼程晨夜,且战且喻,遂复范公。度支侍郎赵赞具疏上闻,特诏优拜大理评事,用酬勇略,且识公忠。"(三四三)安史乱时"愤然有投笔之志,委质戎帅,杖剑西游"的程惟诚,累立军功。大历初,黠戛斯"侵掠安西,公以骁骑五千,破擒数万。"诏封安定郡王。"旋属节帅身殁,泾军变生,裨将刘闻喜怗乱肆奸,偷固军壁。公时身在壁中,密图诛剪。乃投刃帐中,传首阙下。德宗嘉焉。"建中末,裨将李楚琳窃据本军,"公独明逆顺,抗志不从。密封上陈,间使行在。潜奉诏旨,委之讥(机)宜。"程惟诚历四朝,一贯表现忠勇,去世时唐宪宗"辍食流涕"。(三四二)。另一个在平朱泚之乱中表现忠勇的王杰:"建中末,贼玼(泚)乱常,弟瑫(滔)继逆,起兵于幽蓟,摇蚕于赵郊。当是时,二凶有割据二京之意。相国李公为国柱石,誓歼妖孽,乃命公为军锋,合战于巨野,凶徒繇是挫败,遂亡南顾之心。公前后百余战,被十数疵。及銮舆反正,表绩以闻。天子嘉休,诏授试太常卿、上柱国、太原县开国公、食邑五千户,旌功伐也。"墓志还说他:"几五十年间未尝负公家之谴累。士君子修身慎行,以至于斯,懿哉!交朋友也以信,莅职事也以公,御下以恩,立身以节。及即代之日,凡是部曲,皆劈面呼天,其感恩慕义,有如是焉,故谈士多之。"(三五八)李戬则是一身正气:"辞气慷恺,风骨威棱,举直措诸,诡谀者不敢近;明如古镜,妖邪者讵敢窥。言必有章,礼则有度,性达至道,保含大和。"(四一〇)"赵君相门子,以经明作吏……历职著称,皆夫人辅佐之力。"(三二八赵肃夫人韦氏墓志);"(陈)鲂从事中山,与夫人同之府舍。未尝不以宾主之道,杯酒相忧,俚俍二年,几于无过。主公恩保终初,今忝贰职,盖夫人之助也。(四五七陈鲂撰夫人冯履均墓志)崔王业感激夫人李氏:"余自忝班行,于今六载,幸免愆过,人无责言,实夫人内助之力也。"(四三六崔王业夫人李氏墓志)官员能不能不犯错,自古以来和他枕边刮的什么风有关,崔王业是幸运的。

　　无疑,以上这些公忠奉国的官员,是国家的栋梁,是社稷赖以维持的核心力量。清廉则是他们的立身之本,墓志里多见一生为官,却两袖清风者,为数不少的甚至到家徒四壁,家贫无以为葬的地步,真正是具有高尚人格的清官。

　　官至岐、华、相三州刺史的窦思仁,身处"户口云众,商旅星驰"的繁华之地,而能"处脂膏而不润。出入荣宠卅余年,清风峻节,声溢人口。又平生禄俸,散及亲戚。身殁之日,家无余财。清白诒于子孙,政术流于氓诵。"(一九二)王处俊也是个有品德的清官:"位不屑下,志能牧卑。雪霜比严,铁石方劲。尘壒无杂,洁白昭称。"(二三一)许惟明也是这样:"公清立节,礼乐周身。在公以勤,在家以俭。"所以"人到于今受其赐矣"。(二三六)还可以列举一些:康仙昂"在官廉慎,政必利人。居厚者不矜其多,处薄者不怨其少。"(二六一)刘昭"有挠而不乱之名,有烦而能静之礼。谦冲和众,居领袖之中;恭默为心,处朋友之内。未曾有利己而害于公家,未曾有贪财而润于私室。古人慎四知、去四因,唯君之得继也。历(歷)事十余政,在五十四年,皆以清廉见用。累称官位,曾不自求。前后授官七政,内两任常州别驾。而又处家以忠孝礼让为门风,庄静恭顺为世业。"(四七〇)侯莫陈氏的丈夫,已是吏部侍郎高官的徐府君,当官四十多年,家里仍不富裕:"吏部筮仕已四十余年,历官十五政,委禄积俸而家未丰,敬祀拭会而志未达。而夫人正以率己,严以临下,和理百口,轨仪六姻,解衣以副寒,推食以食饥,人无间言,各得其所。"(三一五)上文说到过的韦羽,"解龟之后,家无余资。"他为官清,所以能"风行俗革",有效治理地方。(三四三)冀崇晖的父亲冀思闻"以轻财重义为道,以仁孝敦笃为荣。"冀崇晖"名以儒素称,位以清慎着……不屈节而达于时,不趋时而博于利。通其货而不粥其弊,然后赒赈匮乏,施及缁徒。"(三五九)职任管盐铁肥差的张卓:"廉洁惠和,直不评,文不华,敏事而慎言,事亲不一日贻亲忧,治家不失婢仆心。与人交,其忠信久弥章章然……公于流辈中,职最重,俸颇优,独以清廉,虽升朝贤士大夫以难俦。而又父党、妻党贫弗克自活,生者、悍婺者附之如归,咸馆之、衣之、食之,死以礼葬之。故厥家恒无余财,卒不能置第京城,然悔吝未尝婴厥躬。"在"珍衣鲜马,服行道路,光色惊动人者什八九,足以黩货致祸者什六七"的同事中,是个了不起的清官。(三七〇)又一个清官唐宗室陇西王后人李愻,任职洪州高安令,"县压楚塞,西接衡湘,南界番禺。土旷千里,民俗犷犴,喜于浄辨。令长至,辄陷以文法,斥去甚众。公至三日,乃诛绝渠率,以状白廉问。自是乡闾怗息,鳏寡乂安。治邑岁余,以贞元四年七月一日终于官舍。家图(徒)壁立,夫人河南源氏,携幼主丧,鬻所乘马,以备刍灵。"(四四三)一个县令死在任上,家属要卖乘马办丧事,廉洁得可以。上文一再提到的道王之子李浮也是这样:"公卒,家无一金,不知所以为葬。姑臧李鹭……闻公之丧之贫,尽出家所有,得缣缯凡三四百,买棺舆归公之丧于长安。自既殓至下棺,凡祭祀坟墓,礼物之丰设,男女之饘粥,一为忖度经纪之,得其年七月廿八日葬于长安城南,与先王之墓附焉。"(四四三)这样吃力地自办丧事官员,墓志中不少见,很有说服力地表明,唐时的官员待遇不高,编制有控制,百姓负担较小,政府成本低廉,是社会维稳容易的根源。

讲官德,光清廉还不够,还要勤政,关键是亲民,做古时习称的父母官,才能彰显官德。隋代王举之父王生,任本州岛刺史,"能忧惮若恤,矜孤愍穷,佩韦苣人,施宽猛而临俗。"(五六)万俟凤节"起家除循州海丰县令……地产瓌宝,吏多侵暴。公清白之道,遗之于子孙……明察以断,忠信以宽……安上理人,富政为百城之最。"(一〇〇)刘彦参"复为怀州武德县令。入而劝,示之以惠和;莅而严,申之以刑罚。豪猾臆伏,顽嚣口钳。颙颙向风,教罔不顺。巡使以名荐,除河南府偃师县令。百姓若岁旱而遇甘雨焉,若亲离如见父母焉,翕然莫不化矣。"(一七八)

执法讲恤刑,是唐人"天地之间,惟人为贵"理念在司法实践中的体现。开州司法参军柳冲"哀矜庶狱,宁失不经。既扇于公之仁,仍流盛吉之涕。"(九五)这很像美国街头的一组富有人情味的雕塑:一位法官伏在一位制定法律的人的肩头哭泣——法官给人判刑,内心受煎熬,而立法的人就没她这样的痛苦。柳冲恤刑,怜悯犯人到"宁失不经"的地步。姜遑父姜琇为夏州法曹参军,"无闻至棘,而狱讼称平;不待囚梧,而罪人斯得。"(一七六)常州司法参军事袁清"抚之以廉平,示之以仁信。缓刑恤狱,敬法守文。十道观风,仰之唯一。"(一九六)赵全壁"长安年,授衡阳郡司法参军。三江五湖,政难其任。惩一劝百,法得其中。"(二三九)韦羽"选授京兆府法曹。长安浩穰,迫于权势,事不由正,狱讼多门。掾吏颠仆者,接迹比肩。公执法不阿,中立仗正,用阐皇度,人自不冤。时人荣之,竟不履祸,正刑明诚故也。"(三四三)郭暄"中年任廷评,则刑狱详明,活当死者数辈。"(四一九)这也是"宁失不经"吧。虽然我们不知道他这样"活当死者数辈"会不会姑息罪犯,但还是称道他这种人道主义的勇气。"宁失不经"终究要比"宁可错杀一千"文明。两者比较,司法文明在千余年后大退步了。

李朋"迁刑部员外,详奏刑狱凡数百道,辩冤谪恶,曲尽法情。一日,以阁内巡对,遂以刑律利病之源敷陈启奏。宣宗皇帝临轩奖纳,令即录奏……迁吏部员外,再判曹务,大扬官业,其抉奸削弊,察滥申冤,制立法条,难以殚纪。驰一时之誉,垂后来之规,至今在人,称为美绝……拜晋州刺史,下车政成,恩威洽布。先是,刺史料俸所给缯帛估直,贱官吏数等,月入剩计二百段。公悉令减去,一与吏等,别库贮之,用嫁人孤女,瘗遗骸,修完城垒,以助公费。既而则焚其簿以灭其迹,真所谓清畏人知耳。惩奸吏,去宿弊,夺己之所利,偿公之不足,便俗惠人,其化大振。今户部尚书崔公玙节制蒲府,乃以公之政绩上闻,下诏褒美,仍锡银章之命。今上嗣位,听政之初,制以公为右谏议大夫。九县之人,如失父母,遮路惜留,连日乃解。"(四五一)小小一方墓志,将这位爱民恤刑清廉父母官的美德,展示无遗,至今读来让人感动。有多少地方官调动时,能做到"九县之人,如失父母,遮路惜留,连日乃解"啊!

墓志对官员的政绩,也时有披露。隋代涪州赤水县令颜宏,"导民以德,政先慈惠,检吏以明,务存简约。蛮陬夷落,襁负而至。永归不息,大耋兴嗟。"(二九)他是得到各族民众爱戴的。担任过幽州长史、郑州长史、庐州刺史、舒州刺史、鄜州刺史、滑州刺史的韩俭,政绩是治下的一片太平祥和:"山泽无夜吠之警,道路有晚来之歌。"(一〇八)赵全璧谙熟"禄以养贤,政以观德。仓廪实知礼节,衣食足知荣辱"的为政之道,"敦睦斯道,沮劝有方。加以每岁有年,人皆翳赖矣。"(二三九)赵全璧是又一位爱民如子的父母官,在还不鲜见的鱼肉百姓的贪官旁出现,对比之下,更凸显其可亲可敬。裴郾以功转衢州刺史,前后守宰,渔夺其利,民之困穷者,弃妻鬻男,公阅视符籍,得贸为赃获者,三百余人,反其所偿以赎之,未期而襁负者归之者如市。贞元九年终于官舍。郡之男女,如婴儿失其父母。"(三三四)又一位"凡去官,筵醴鳞次,送人咽路"的王逢,曾为越州剡县令,"尝陈闽吴之俗好辩论,绝于文教,民然菜色,忍失姻亲。至官之始,庭积讼夫,案牍繁多,思之涉旬而不可视者。公断未盈月,尽能去之,无一不甘而复来。讼堂无鞭挞之音,居民有来苏之望。"他还大兴文教:"作仲尼庙飨。既从之,未踰时而庙成,构殿宇庠廊,共百有余间,民知劝而不知倦,鸠诸生徒,讲肆礼让,晓问溪山,暮横经以论答。舞雩之咏可佳,洙泗之风易处,垂法惠化,诱民孔易。开地千有七百亩,变荆莽为膏腴,历岁而足食,经时而树桑,家有三年之业,人无五袴之爱。邑有因官而寓泊,力未任配偶,公皆出俸钱给之所无,尽从晨趋之礼,所谓彰善亶(瘅)恶,树之风化,公之有焉。"文化建设的任务也由他提上日程。(四二七)段宏任军职,"检身谦冲,奉上抚下。有安人和众之誉,无克暴便媚之名,廿余年矣。属海内晏清,江表无事。竟不遂展筹略于帐幕之下,立勋业于烟尘之中。"没能如愿"立勋于边陲之上",他本是丁公著许愿给立军功"直取富贵"的,可是没得到机会。(四二九)鲜卑族出身的长孙仿,墓志中先探讨了为官之德:"夫人生修身秉义,而行于政教;光昭令德,以遗后世,而明其善恶。其次立德,其次立言,其次立功。无信不可以称其仁,无行义不可以称其德。"他自己努力实践。任歙州歙县主簿、阆州新政县令时,"举善而教,推诚是理,清风暧然,黎民咸赖。恩化流于桎梏,惠爱布于惸独,民到于今称之,可谓岁寒知松柏之后凋。"改任睦州建德县令时,"驯雄之政,闻风再举,仁者悦,不仁惧,附郭之邑,政半议于太守。"再任绵州魏城县令,"魏城之邑,路当要冲,地临蛮貊,非忠信不可以理之,非仁政不可以御之。使命骈阗,宾旅继至,冠盖相望,缧属不绝。祇迎必以尽其敬,颜无懈怠,情无不豫,举音逸韵,声游于畎亩;惠化歌谣,交浸于康庄。"他病死于魏城任上,"吏民号恸,咸怀怨思。"(四四六)

侯莫陈思义任行绛州太平县主簿,把那里治理成一个太平无事的地方:"山连故绛,野接新田。魏俗浩穰,晋风俭啬。君太阿锋颖,游刃盘根。明镜心神,洞照精理。县府无事,讴谣系之。"(一六九)洪洞县这时也出了一位让人怀念的县令陈鲂:"公术业优长,投刃不滞,用清直自律,以法理平民。守柔为强,临事果断。及其解印,邑人去思。"(四六〇)康承恩出镇,奏请李少赞充两番判官。"恭守斯职,炎凉再移。远夷感抚循之恩,踰海修朝献之礼。舟航继至,曾不阙时。从前已来,未有斯比。"李少赞后来"恩拜潮州刺史。公仁以布政,威以除奸,不害物以沽名,不厚身而薄下。理家以约,临物以丰。教不立而民和,令不施而化洽。加以降情接士,罄礼待宾,谈谐有古人之风,举措见端雅之度,求之近代,未有比伦。"(四〇五)更是享誉海内外。

看到这些,应可悟到,真正的政绩原来是千年传诵的口碑。是不是可以考虑古时的涪州赤水县、幽州、郑州、庐州、舒州、鄜州、滑州、衢州、越州剡县、歙州歙县、阆州新政县、睦州建德县、绵州魏城县、绛州太平县、晋州洪洞县、潮州这些地方,在建博物馆、纪念馆时,将相关的颜宏、韩俭、赵全壁、王逢、长孙仿、侯莫陈思义、陈鲂、李少赞这些对地方治理有贡献的历史人物展示出来,藉以激励后人。

　　以价值观为切入点,探索隋唐人的精神世界,不能遗忘妇女和宗教信徒这两大群体,他(她)们的追求和对人生价值的定位,奉献精神的苦扼让人叹息,心灵自由的畅快又让人欣慰,是历史研究应该给予特别关注的。限于篇幅,只能另文补叙了。

　　面对一方方墓志,一个个故人鲜活地复活在眼前,展示着他们的内心世界。刻在千百年前的石头上的生平,让他们的事迹和一生的追求告诉我们。尽管墓志文字自不免溢美,也会为尊者讳,史实的真相还要史家费心考订,但在价值观念上,墓志作为基本出自民间的第一手材料,它的社会学意义当是毋庸置疑的。

(本文作者:陕西师范大学教授)

碑志与唐代文学

——在闭幕式上的讲话

李 浩

据我所知道,史学界老辈学人陈寅恪、岑仲勉、严耕望、毛汉光、王永兴,陕西的马长寿、武伯伦、史念海、李健超、胡戟,中年学人冻国栋、荣新江、葛承雍等,都善于利用包括墓志在内的新史料,对唐史研究有所开拓,他们的著作做学问的也经常浏览。而对于我,则是常置于案头备览。

在唐代文学研究圈中,据我的一隅之见,傅璇琮、陈铁民、赵昌平、韩理洲、陈尚君、程章灿、胡可先等,是较多地倡导利用出土新文献,并且自己也身体力行,在新成果中可以看到新史料的作用。尤其是陈尚君先生在前天开幕式的报告中对新文献的作用有很好的阐发,他已经出版和发表的成果均可见他对新材料特别是墓志材料相当熟稔,也相当敏感,20世纪史学界的科学精神和先进方法在唐代文学界也得到了很好的弘传。

我是这一学术时尚的追随者。一是知道多位研究生充分利用新史料。在《大唐西市博物馆藏墓志》尚未出版的前年,我让研究生王军兵以《陕西新出土墓志与唐代文学》为题,撰写硕士学位论文,充分利用了包括大唐西市在内的馆藏墓志,受到了包括胡戟先生在内的学者肯定。另外还指导过博士生马广新撰写《唐五代佛寺壁画的文献考察》,马君的此项研究还获得教育部人文社科基金的资助。2013年指导博士生万德敬完成《明清唐诗诗意画的文献稽考与研究》,我嘱咐他尽量利用图绘或图画文献,特别是新出土文献,来拓宽唐代文学研究的领域。

我自己在近三十年的研究中,特别是在《唐代关中士族与文学》《唐代三大文学士族研究》《唐代园林别业考录》等一系列著作中,也能较自觉有意识地关注并利用新出史料。在《唐代关中士族与文学》中,我利用李衡《唐绛州闻喜县会杨君夫人裴氏墓志铭并序》中说裴氏"与韦柳薛,关中国之四姓焉",来佐证李芳《氏族论》中"关中郡姓"的命题,说明这一说法源渊有自,"河东著姓"与"关中郡姓"的提法是从属关系,廓清了唐代文史研究中一些模糊的说法。拙著《唐代三大地域文学氏族研究》分上编总论,下编分论和附编个案研究,其中附编附论有五篇,分别为《墓志所见唐代裴氏婚姻关系》《从碑志看唐代河东裴氏的迁徙》《裴氏与佛教信仰》《唐代杜氏在长安的居所》《韦应物家族墓志补论》,从题目中也可以看出都是利用新出土资料撰文。特别是《韦应物家族墓志补论》一文,是关于韦应物一家四方墓志在西安出土后,我的小文是第三篇文章(第一篇是碑林博物馆的马骥先生,第二篇是陈尚君先生),我提到的韦氏家族婚姻关系的细节,韦应物的卒葬地不一等问题,在当时和现在看,都没有重复别人的看法。在《唐代园林别业考录》,新史料有极其重要的作用,例如我用西安西郊中堡村唐墓出土三彩假山水池等文物,证明唐代不仅有"垒土为山"而且已有"叠石为山",廓清了园林史学界的一些似是而非的说法。如果没有对多种墓志文献及总集别集的广事搜求,这项工作几乎无法完成,具体的例证在该书前言中有较详细的列举,此不赘。目前仍在进行的《唐园录》中,不光我自己搜求新出史料,其他学者特别是李健超老师,也帮我提供了不少新出土墓志中的材料。下一步,我们拟对清编《全唐文》进行重新整理,我们的主要学术依据一是学术界已有的学术成果,另一便是新出土文献。

关于此次会议的意义和价值大家已谈了很多,讲得很好,我重复三点。

一、为碑志定位。

包括墓志、碑志在内的出土文献,它的价值是多元的多方位的,不仅仅是文献。比如碑刻的形制、图案、纹饰、字体与艺术美学,比如碑志的石材质地、石材采伐与矿藏地质学,比如石材的运输、石材的经营、石材的选购与经济学,比如碑志的大小、字体的精粗、文辞的雅俗与墓主出身的阶级阶层。毛泽东讲一部《红楼梦》是中国封建社会的百科全书,我觉得唐代墓志也是唐代社会的百科全书。

二、为碑志立传。

在外行看来,墓志是为死去的人所书、刻在冷冰冰的石头上的物化的东西,但在同行看来，碑是有生命力的，有体温的，碑也有它的前世今生。墓碑的出生期是确立在它刻成、确立在它埋入地中、或者确立在它出土时，这是可以讨论的。但围绕着它的身世有很多值得关注的问题。陕西的樟叶先生撰长篇小说《石语》，讲唐代景教碑的流传，重点放在明代的复出，特别是清末围绕着盗碑保碑的一系列争夺战，爱国卖国，民族宗教，刀光剑影，险象环生，很有意思。一块碑形成了史蒂芬·欧文所说的一个值得"追忆"的传统，如收入本书中的几百方碑，仍藏在博物馆中的几千方碑，那就是几千个小传统，值得梳理出几千部传记。

三、让碑志尽其才充其用。

本书的整理出版就是对碑志作用的一个发挥，设立专门的专题博物馆，也是对碑志重视的一个表现，最近大家口传的前有千唐志斋，后有大唐西市，这是对西市的肯定，也是对西市的殷切期望，望西市能不负众望。召开专题会议，研究碑志与唐代文化，更是对碑志价值的很好利用，希望类似的会议能不断地开下去，相关的认识也会越来越深入。

上世纪二三十年代，由于修筑陇海铁路道经邙山，惊动了洛阳邙山周围的隋唐墓，导致墓志的集中出土和千唐志斋藏志的出现。五六十年代的兴修水利、农田基本建设，特别是九十年代兴起迄今仍轰轰烈烈的大规模城市化，大迁徙大建设，又导致了陕西、河南等地大量墓志的再次集中出土。我们得以看到唐宋金石学家没有想到的宝物，乾嘉诸老倾毕生心血无法解开的难题，罗振玉聚敛不到、王国维也触摸不到的文物，这是一件幸事还是不幸，尚不能简单下结论。但是，作为有心人把散落在民间的墓志收集起来，经过整理，公开展览，公开出版，组织专家学者深入研究，则确实是一件功德之举，它的价值和意义随着时间的推移，会彰显得越来越突出也越来越清晰。

2013 年 8 月 7 日改定

（本文作者：西北大学副校长、西北大学文学院院长、中国唐代文学学会秘书长）

王少斌在闭幕式上的书面致辞

　　由中国唐史学会、中国唐代文学学会、中国敦煌吐鲁番学会和我们大唐西市博物馆联合主办的《大唐西市博物馆藏墓志》国际学术研讨会，三天来，来自国内外的88位学者专家，经过热烈的讨论，今天就要结束了，我谨代表吕建中董事长，向远道而来的各位给我们带来的祝贺，带来的评价鼓励，带来的精深学术成果，表示衷心的感谢。

　　我们作为一个民营企业，办墓志收藏、展陈和研究，受规章制度和经费、人力资源多种限制，做得是很艰难的。但是作为一个国家示范文化产业，我们知道自己对祖国文化遗产的责任，我们有自己的良心，多年来克服困难，在北京大学等许多权威研究机构、权威学者的支持下，终于有了现在的收藏规模，有了出版三卷本墓志大书的成果，有了研究论文集，有了已经在国内外引起巨大关注的这次盛会。这不仅是我们的荣幸，更是在座诸位的贡献，仅向诸位学者表示衷心的感谢。

　　希望今后我们继续合作，把未来将在长安区兴建的博物馆城里的墓志博物馆建好。今天下午，请大家再去博物馆和墓志展参观，留下您的高贵意见，留下您的墨宝。

　　现在，我宣布：大唐西市博物馆藏墓志国际学术研讨会胜利结束。

（本文作者：大唐西市文化产业投资有限公司总裁）

《大唐西市博物馆藏墓志》出版发行式
大唐西市博物馆藏墓志国际学术研讨会
大唐西市博物馆藏回鹘葛啜王子墓志
专题国际学术讨论会
三项活动的简报

  大唐西市博物馆藏回鹘葛啜王子墓志专题国际学术讨论会先于4月7日由北京大学中国中古史中心主持，在北京大学召开。到会的有土耳其阿塔图克大学的Cengiz Alyilmaz教授、芬兰赫尔辛基大学的Volker Rybatzki教授等四名国际突厥学界鲁尼文解读专家和国内回鹘语文学专家、中央民族大学的张铁山和阿布杜热西提·亚库甫教授，及北京大学的王小甫、荣新江、罗新、陆扬、朱玉麒教授，以及中国社会科学院的吴玉贵、罗丰、李肖。讨论一天后，移师西安，对回鹘王子墓志作仔细辨识，解决了北京讨论时对墓志铭文留下的所有问题后开会作了进一步研讨。参加讨论的除有土耳其和芬兰的四名学者及罗新教授外，还有西安的胡戟、刘戈教授。董事长和航总自始至终听取了专家们的发言。讨论情况见罗新的简介。

  据公司推广部统计，网上有近百条消息报道大唐西市博物馆藏回鹘葛啜王子墓志专题国际学术讨论会，4月13日中央电视台的新闻联播节目播出了发现回鹘葛啜王子墓志和外国学者到西安实地考察研究的消息和图像。

  4月22—24日，在西市博物馆隆重举办《大唐西市博物馆藏墓志》首发式暨大唐西市博物馆藏墓志国际学术研讨会。

  中国唐史学会、中国唐代文学学会、中国敦煌吐鲁番学会欣然同意与我们博物馆共同主办此次盛会。与会国内外学者多达88名，绝大多数是教授、副教授、博士生导师和博士,有二十来位全国性学会主要负责人、大学校长、学术机构领导,是一次高品位的学术会议。会议正式开始前,介绍了88位与会嘉宾中的33位。当天加上旁听会的大学生,到会110人,挤满了报告厅。

22日的《大唐西市博物馆藏墓志》出版首发式上,北京大学历史系教授、博士生导师、中国古代史教研室主任、中国唐史学会顾问80虚岁的吴宗国先生做主旨发言。吴宗国教授发言讲到:

一

《大唐西市博物馆藏墓志》墓志录文动员了学术界八十余位专家学者和大唐西市博物馆员工历时数年才得以完成。在唐史学界动员面之广,所投人力物力之大,都是空前的。与此同时学者还在录文阶段对墓志展开了学术研究。文物收藏单位和学术界这样亲密的、无私的合作,并且把整理与研究结合起来,这是继《天圣令》项目后,历史学界,特别是唐史学界又一件盛事。

二

墓志是特殊的文物,因为它不仅给我们留下了文字的材料,告诉我们许多史实,向我们传达了当时人们的思想感情、价值观念和时代风尚;而且还给我们提供了许多从其他渠道无法得到的信息,给我们梦回盛唐,体味大唐风采提供了一个特殊的平台。

墓志和其他文物一样,都是有限的,不可再生的,及时把新出土和新发现的墓志收藏和保存下来,具有保护和抢救的意义。

这是对祖国传统文化的热爱和对民族、对祖先的高度责任心。我们要向启动收藏和向这项工作做了大量投入的吕建中理事长,全面负责此事的胡戟教授,参与录文工作的各位学者,以及所有参与这项工作的人士表示衷心的感谢和崇高的敬意!

三

在陈列和讲解等方面希望能有更加吸引观众的创新。

墓志虽然只是一方小小的石头,却包含了丰富的历史内容。大唐西市博物馆所藏的墓志几乎包含了唐朝各个方面的情况,有关唐朝的政治、军事、文化、教育、百姓生活、民族关系、对外关系等在墓志中也多有反映。特别是唐朝后期"不历州县，不拟台省"已经制度化，而去从藩府，充当节度、观察使的幕僚，更是科举及第后快速升迁的捷径，因此官员多有在地方任官的经历，加之古文运动的开展，文体更加开放活泼，这也使唐朝后期墓志的内容更加丰富生动。

建议选择一些具有典型意义墓志，进行必要的解读，通过适当方式加以陈列和展示，把这些死的墓志变活，让民众更加直观地了解唐代的文化和历史，给民众提供一个直接和唐人对话的平台。我想这也可能更加符合这些墓志撰写者和建立者的初衷和心愿。

这样墓志才能更好地发挥作为特殊文物的作用。

发言祝贺的还有陕西省社联主席、前陕西师范大学校长、博士生导师赵世超教授，陕西省文物局副局长刘云辉研究员，文物出版社总编、西北大学文化遗产保护专业博士生导师葛承雍教授，最后吕建中董事长致辞并向嘉宾代表赠书。

赵世超的发言主要内容是：

胡戟教授是汪篯先生的研究生，陈寅恪先生的再传弟子。他一向敢想、敢说、敢为，继承了陈老前辈提倡的独立之精神、自由之思想。退休以后，他在大唐西市博物馆找到了一片滋润学术的沃土。由于这里较少人事纠葛和制度束缚，时间并不太长，他就和同事们一起，在建馆、布展之余，收集到历代石碑、墓志、志盖共计九百五十多石，并选择其中的五百方墓志，集结出版，名曰《大唐西市博物馆藏墓志》。此书装帧、印制精美，内容包括志题、解题、拓片和录文。我因平素师事胡戟教授，故而得以先睹为快，自以为此书必将对中古史研究大有裨益，可谓与千唐志斋藏石、鸳鸯七志斋藏石鼎足而三。胡戟教授对于学术事业的执着追求和无私奉献值得我永远学习。

刘局长作的讲话说：大唐西市馆藏墓志出版发行式，我认为这是学术界的一件盛事，把大唐西市的馆藏墓志集结然后研究出版，这是做了一件非常了不起的事。

大唐西市博物馆是一家民办博物馆，作为一家民办博物馆多少年来征集了近千石碑志，对保存祖国历史文化遗产是一个贡献，这毫无疑义，他收藏这些文物不是为了赚钱，不是文物贩子，他是为了收藏保护祖国历史文物，供学术界来研究。这三本墓志书上中下三册的学术价值，胡教授在《走进隋唐人的精神世界里》面做了宏观的概括。

陕西是一个文物大省，除了大唐西市博物馆收藏有许多重要墓志之外，最近一个时期西安碑林博物馆又新收藏了近200方墓志，经过鉴定一级文物有10多件，另外就是我们西安博物院尤其我们陕西省考古研究院还有好多近年来新出土的大量墓志，有些墓志也特别的重要。但最重要的我想是把这些已经发现的墓志能够尽快的结集出版，提供给学术界，这是对社会的一种贡献，我祝愿大唐西市博物馆墓志出版的发行式圆满成功。

葛承雍的发言内容是：收到书，可谓"沉甸甸的收获"，"沉甸甸的心情"。

"沉甸甸的收获"是因为这部墓志整理时共有80多位人员参与这项工作，这么多的学人有兴趣参加整理编辑注释，纠谬匡正，厘清正误，其中甘苦与辛劳真不容易，我主持的《长安新出墓石》出版也曾历经数年，有着类似的体悟，所以听后委实佩服赞叹，称为"厚礼"名副其实，所以我说是沉甸甸的收获。

"沉甸甸的心情"是因为还有大量的墓志流散于各个地方、各个单位，我刚刚看到的有关比井真诚墓志记载日本还早的祢氏墓志，隐太子李建成等名人墓志，以及正在发掘整理的郭子仪家族墓地所出墓志，大家都在翘首以待。如何收集整理研究确实需要进一步下工夫，更需要静下心来慢慢琢磨，因而我的心情是沉甸甸的。

葛承雍的发言，阐述了"祝贺、祝愿、祝福"三点感想，最后说，一座有历史文化底蕴的城市也应是一座历史文化图书飘香的城市，经典的好书蕴涵着永恒的力量，西安从广义上说应该是这样一座城市。

22日上午接着举行大唐西市博物馆藏墓志国际学术研讨会的开幕式。开幕式上三个全国性学会负责人致贺辞。

首先是中国唐代文学会会长、复旦大学博士生导师、陈尚君教授以"整理规范 文献珍贵"为题致辞。他说：

胡戟、荣新江两位教授主编《大唐西市博物馆藏墓志》（北京大学出版社2012年9月出版）一书，在近年众多汇编中古墓志的出版物中，具有独特而鲜明的优势。一是该书所藏五百方墓志，全部是大唐西市博物馆所藏，并据原始拓本影印，不同于其他诸书大多以汇编拓本出版。二是本书整理工作主持单位为西安大唐西市博物馆、北京大学中国古代史研究中心，参编单位则有中国社会科学院历史研究所、中国人民大学国学院、中国人民大学历史学院、中央民族大学历史文化学院、首都师范大学历史学院、中国国家图书馆古籍馆,列名主编、编委及整理名单者有数七十多人,集中了当代中古史研究的一大批前沿学者。许多学者参与整理,保证了全书的学术质量。三是本书出版前的前期研究成果极其丰富,书末附有《大唐西市博物馆藏墓志研究文献索引》,罗列利用本书提供的新资料,前期发表的学术论文四十多篇,涉及墓志四十三方,且大多刊于国内一流刊物,显示了此批墓志极其难得的学术研究价值。

本书采取影印墓志拓本(部分附录志盖及四缘纹饰),再附加录文的方式,每篇墓志皆有较明晰得体的解题。解题体例统一,第一节说明志主之生卒、里籍、葬地,第二节说明墓志之形制、行款、纹饰、撰书人以及入藏情况。第三节略叙志主之家世、仕历及同出墓志情况,曾与史传略有参酌补充。这些解题对于读者利用这些墓志文献,无疑是很有意义的。

由于众多专业学者参与,本书录文及标点堪称优秀,可以为读者信任。我因为要写书评,通读全书,刻意求疵,也算找到几处可商榷的地方。大端可以信任,则无疑问。

而后,中国敦煌吐鲁番学会会长、首都师范大学教授、博士生导师郝春文从法国发来贺信,请中国敦煌吐鲁番学会秘书长、首都师范大学教授、博士生导师刘屹到会宣读,全文见另文。中国唐史学会会长、武汉大学博士生导师冻国栋教授欣然接受共同主办的邀请,已经订好来西安的票,但是因颈椎发病眩晕,不能出行,不得已退了票,病中还是写了贺信发来,由胡戟在大会上宣读,全文见另文。

三个参与主办的学会致辞后,韩国首尔大学名誉教授、前韩国东洋史学会会长朴汉济和日本专修大学教授土屋昌明发言祝贺。

朴汉济的讲话是:

女士们、先生们,大家好!我是来自韩国的,名叫朴汉济。我在去年2月份已退休首尔大学。这次我有幸参加"大唐西市博物馆藏墓志国际学术研讨会",能在这里见到很多著名学者以及老朋友们,感到格外的高兴。首先,我要向邀请我参加这次大会的胡戟先生以及学术大会主办单位,还有工作人员表示非常感谢。

我一生在韩国研究魏晋南北朝与隋唐史时,为了证明我的论点多次引用墓志铭资料。回头想,我的研究论文第一次发表在中国的是1993年,是在《历史研究(1993—4)》上刊登的和府兵制有关的论文。在那篇文章中,我引用了不少墓志铭资料。

我觉得,在这里不需要特意强调在历史研究中墓志铭资料的重要性。几年前,我在中国《故宫学刊(2010—6)》上发表了一篇在魏晋南北朝时期墓志铭为何流行与其所存在的背景问题。我在那篇文章中主要叙述了两个问题:第一,墓志铭不是在东晋、南朝,而是在北朝,尤其是在北魏时期得到非常大的流行。第二,直到隋唐时期,东晋、南朝和北朝的葬俗趋于融合,并各自流行于世。就是说,在东晋、南朝时期由于墓志铭并不符合当时的礼仪,无法流行,但与此不同,在北朝时期,葬俗作为游牧民族的习俗之一直接对"潜埋"和"虚葬"起到很大的作用。除此之外,在东晋、南朝时期,较为流行的陵墓石雕以及在北朝时期流行的地下石雕,即墓志铭到隋唐已经融合在一起,并流行于世。

不管怎样,我本人能在这里发表我个人的意见,意义非凡。最后,我真希望这次学术大会成果非凡,得以圆满成功。谢谢大家。

土屋昌明的讲话是:

《大唐故道门大德玄真观主皇甫尊师墓志铭并序》提到皇甫奉諝在中唐时期长安玄真观承担观主。他的生年是开元九年(721)。道士墓志出土并不多,而且这是说到道士赴海外的珍贵资料。天宝元年(742)玄元皇帝见于丹凤门,以吉祥之言传给玄宗,有灵符在楼观,玄宗得之,于是置庙。同时,"有诏以童诵随三洞法主秘希一传经新罗。"皇甫奉諝赴新罗传《道德经》,天宝四载(745)才回到长安。这为关于《道德经》传到新罗之问题提供了新的材料。根据《长安志》,天宝十三载(754)景龙观改为玄贞观。可见玄宗时期唐朝道教对外交涉由景龙观承担。开元二十三年(735),日本中臣名代来朝献表,恳求《老子经本》与天尊像,可能由景龙观主导。

董事长参加了整个上午的会议,认真听取嘉宾们的发言和报告。

22日下午2点,连树声、张树森伉俪联袂书画展开幕。连树声老师是著名教育家、民俗学家、翻译家、书法家,参与了《大唐西市博物馆藏墓志》一书的编撰,对500方墓志的书法,逐一做了评述,解题中关于墓志书法的评价,主要就是根据连老师的意见写的。在召开学术研讨会的同时,举办书画展,为会议增色。到会嘉宾饶有兴趣地前往西市艺术馆参观交流,连老师当场作书,向嘉宾、观众和艺术馆工作人员赠字数十幅,并将张树森老师数十年来十五次临摹"富春山居图"的最后一幅按原大临摹的十三米长卷留赠大唐西市艺术馆永久珍藏。连老师并应陕西师范大学历史文化学院之邀请给全院学生做题为"教育是诗——做一个好老师"的报告，并书写大唐西市博物馆藏王弘敏墓志中的："经国纬民，攸先学教。师资之选，非贤勿居。"赠送师大同学。

22日下午3点至6点，全体与会嘉宾参观墓志展和博物馆。

23日上午8：30—10：00继续学术讨论，由中国社科院前隋唐史室主任李斌城担任本场讨论会的主持人。主要发言人有中国唐史学会副秘书长、中国朝鲜史学会理事陕西师范大学教授拜根兴，陕西师范大学教授刘戈。

拜根兴的发言题目是《新公布的在唐新罗人金日晟墓志考析》，发言的主要内容是：

胡戟、荣新江主编的《大唐西市博物馆藏墓志》一书中，公布了十分罕见的新罗人墓志，为学界提供了新的在唐新罗人人物样本。本稿首先探讨墓主金日晟的名称、葬地、志文作者等问题，提出自己的看法。其次，依据中韩学界现存史籍，论证八世纪中叶以前入唐新罗王室人物事件，考证作为新罗王"从兄"的金日晟入唐时间，指出志文中的新罗王应为新罗孝成王或景德王。第三，根据墓志和文献资料，认为金日晟的夫人张氏当是唐人，金日晟"位列九卿"中的光禄卿，是有唐一代在唐为官（实授），而且"名登国史"的新罗籍重要人物；正因为金日晟出色地表现，死后才备受哀荣，获得唐代宗的垂青。最后，作者还探讨了唐代宗在位期间与新罗交往的两件重要事件。金日晟墓志的公布，为探讨唐与新罗关系打开了另外一扇门。期待着公布更多的唐代碑刻墓志，促进古代中韩关系研究更上一层楼。

刘戈的发言内容是：

大唐西市博物馆发现并收藏《故回鹘葛啜王子守左领军卫将军墓志并序》，最近又组织国内外学者进行相关研究，对于中国民族史研究来说，特别是对于维吾尔历史研究来说是一件很重要的事情。

据《唐会要》记载，公元794年四月（阴历）由于改朝换代回鹘跏跌氏骨咄禄登上可汗王位，五月他将前可汗子孙送往唐朝。但是，关于这一事件的年代还有其他记载。《故回鹘葛啜王子守左领军卫将军墓志并序》的面世，证实了《唐会要》的记载是正确的。墓志主人名葛啜，是回鹘王族药罗葛氏可汗的子孙，他于当年阴历五月来到唐朝。

会议简报

《故回鹘葛啜王子守左领军卫将军墓志并序》的内容很丰富，许多记录还有补史的作用，是研究古代回鹘史、唐代与边疆地区的少数民族关系史的重要新资料。

《故回鹘葛啜王子守左领军卫将军墓志并序》具有重要的史料价值，大唐西市博物馆收藏此墓志是有眼力的，组织研究这块墓志是及时的和有水平的。

接下来是半个小时的茶歇时间，与会的专家学者们在此期间就已发言的学者的文章展开讨论，自由交流各自的学术观点。

23日上午10:30—12:00继续学术讨论，由兰州大学历史系副主任，敦煌学研究所副所长陆庆夫主持。本场研讨会的主要发言人有陕西师范大学西北民族研究中心主任、博士生导师周伟洲，中央民族大学历史系教授、博士研究生指导教师李鸿宾，上海师大古籍研究所教授、博士生导师汤勤福。

周伟洲的发言内容是：

本文对由胡戟、荣新江主编的《大唐西市博物馆藏墓志》一书辑录北朝时期的八方胡族墓志，分别考释了墓主的族属、先世、生平事迹及相关的职官名号、婚姻及地理等方面问题。最后，认为八方墓志主人如追溯其族源则有：东汉末内徙的南匈奴（屠各）刘氏（刘阿倪提）、源于匈奴后融入鲜卑的宇文鲜卑（宇文测）、源于东胡乌丸的王氏（王光）、源于慕容鲜卑的徒何氏（徒何櫯）、源于代北鲜卑的是云氏（是云偲）、源于拓拔鲜卑的元氏（元世绪）、源于代北鲜卑的若干氏（若干荣），还有源于高车族的贺拔氏（是云偲夫人贺拔定妃）和源于代北鲜卑的叱罗氏（王光夫人叱罗招男）等。通过对上述八方（实际为九方）胡族墓志的考释，增强了人们对西魏、北周政权中，占了很大比例的胡族上层贵族，已经处于汉化的过程或汉化已基本完成的认识。同时，还认为这批墓志对于补正史籍、研究书法艺术和北朝历史地理方面，均极有价值。

李鸿宾的论文题目是《贺拔亮家族走向中原的路径——兼谈其墓志铭的真伪问题》，发言的主要内容是：

《大唐西市博物馆藏墓志》收录的贺拔亮、其夫人张氏、是云偲、其夫人贺拔定妃四方墓志，因出土地点、出土方式等均未曾通过考古发掘的正规程序而致人疑窦；又因缺少墓志形制、书法撰述、碑刻材质等专有技术的鉴别而令人怀疑。但从志文的内容、尤其相互之间的联系并与传世文献印证，断定其伪冒的证据尚不充分；其内容的相互连接至少让我们相信其真实性远多于伪造性。

作者依托上述四方墓志撰写的4篇论文,就贺拔亮家族步入中原内地过程中其文化转型与族属身份的改变做专门论述。认为这个家族文化的转型是通过与主流政治体的结合,即充任朝廷官职、为朝廷奉献的形式实现的。具体是跟随北魏、参与西魏关陇集团建构并随之创立北周、隋唐的过程而展示。贺拔亮家族抛弃了初始的高车人族属而选择鲜卑拓跋,与汉姓大族之联姻等行为,都是该家族顺应主流政治一体化过程中的不同展现,这是我们对其家族文化转型基本路径的理解。具有意义和价值的是,这条路向在北族南下的选择中具有普遍性,虽然尚存有诸多的其他选项。不可否认的是,以强势为终极关怀的书写,保持更多的就是政治主体化的那个部分,贺拔亮家族的路径之所以为我们所知,与之密切相关。

汤勤福的论文题目是《魏晋南北朝南人北迁及相关史迹释读——读〈大唐西市博物馆藏墓志〉》,发言的主要内容是:

魏晋南北朝是个民族大迁移的时期,历来学界较多关注北民南迁问题,成果颇多。与此迁徙相反,当时还有不少南民北徙的移民活动,然由于资料甚少,学界对此研究开展得并不很顺利。胡戟、荣新江主编《大唐西市博物馆藏墓志》中有关魏晋南北朝至隋初南人北迁及相关内容的墓志有23方,学术价值极高,十分令人瞩目。本文对这些墓志有关南人北迁及相关的史实进行了释读与考辨,以辨明墓主或其家族由南入北的基本情况,纠正墓志或传世典籍中的错谬,力求弄清史实,为相关研究提供一些参考。

23日上午讨论气氛热烈,大家对下午的学术会议充满期待。

23日下午14:00—15:40继续学术讨论,本场研讨会由中国社科院隋唐史室主任黄正建主持。发言的学者主要有洛阳师范学院副教授毛阳光、北京石刻艺术馆的滕艳玲主任、河北省社科院副院长孙继民、兰州大学教授陆庆夫。

毛阳光的文章题目是《洛阳近年新见唐代墓志概说》:报告简要介绍了近年来河南地区,尤其是洛阳地区北邙山、万安山唐代墓志的出土以及偃师、巩义、郑州、许昌、三门峡等地出土唐墓志情况。并对洛阳地区唐墓志的公私收藏、唐墓志的流散,学者对唐墓志的研究整理情况进行了介绍。报告还重点介绍了近期新见的唐代墓志,如贺知章撰文的张有德墓志、李华撰文的姚辟墓志,韦述撰文的萧谅墓志,以及崔汉衡墓志、安玉墓志、杜嗣俭墓志等。报告还介绍了流散洛阳的山西、陕西的几方重要墓志,如贺知章、裴耀卿、韦述撰文的裴子余墓志,中宗驸马都尉王同皎墓志。最后,报告还介绍了近年来洛阳地区翻刻唐墓志、翻刻唐墓志的特点等内容。

北京石刻艺术博物馆,在王丹馆长带领下来了四位,并向每一位与会者送了她们馆藏墓志精品的书。滕艳玲主任用一个短片介绍了北京石刻艺术博物馆的藏品和设施。会后她们将去美国纽约表演展示拓片艺术。

孙继民发言的题目是《河北近年几则唐五代重要碑志资料概述》：

报告简要介绍他近年从事唐代石刻资料整理研究时,发现有几则重要的碑志资料,一是唐米文辩墓志,二是唐恒岳故禅师影堂纪德碑碑阴题记,三是唐许公墓志铭,四是五代后唐《慧炬寺常住山峪土田记》。分别反映了魏博镇军人集团民族构成情况和唐代后期藩镇军队组织体制情况,唐代后期义武镇地方手工业制瓷业和矿冶业以及官府管理手工业的情况,唐代后期大土地所有制背景下的庄园经济诸关系,和当时河北地区寺院经济特别是土地纠纷争讼等问题的新情况。

陆庆夫、吴炯炯(兰州大学):介绍甘肃出土墓志情况。

报告说甘肃古代地处偏僻,比较荒凉,比较落后,不单是庄稼长的不像关中地区和中原大地那么好,就是地上出的宝物也不像你们这个地方出的这么多,甘肃出土隋唐墓志应当说不太多。

在1943年的时候,陇上的名士张维,他曾经出过一本叫《陇右金石录》,这本书搜集宏富,从三代一直到近代,考实的金石大概有1250余种,其中说到隋唐的墓志有11种,其中隋代的墓志有4方,唐代的7方。

第二种是2001年由武威市市志编撰委员会编的《武威金石录》,《武威金石录》里面收的大概是250多方,其中隋唐的墓志有三十多方。

甘肃出土的隋唐时期墓志虽然数量不多,但是它应当说还是有自己的特色,有一定的学术价值,对于中西交通史,对西北民族关系史研究提供一些史料价值。如青海国王乌地也拔勤豆可汗墓志、大周故弘化大长公主李氏赐姓曰武改封西平大长公主墓志,而大唐仪同故康莫覃息阿达墓志,志主原是西域粟特胡人。

接下来是20分钟的茶歇时间。

23日下午14:00—18:00继续学术讨论,本场研讨会由中国文物研究所研究员邓文宽主持。发言的学者主要有北京大学中国古代史研究中心教授罗新、西北大学教授李健超。

罗新因故未能到会议现场,特地发来他此前在北京大学中古史研究中心召开的回鹘王子墓志讨论会简报和他的研究论文,由北京大学博士、南开大学副教授胡明曌代读,论文的主要内容是:

西安大唐西市博物馆新入藏的《回鹘王子葛啜墓志》,因汉文墓志的左侧还有鲁尼字母的古突厥文刻铭而特别引人注目。北京大学中国古代史研究中心和大唐西市博物馆随即组织国内外专家多人对墓志的汉文和鲁尼文部分进行释读和研究,分别在北京大学中国古代史研究中心和大唐西市博物馆举行专题讨论会。土耳其 Cengiz Alyilmaz 教授、芬兰 Volker Rybatzki 教授等国际突厥学界鲁尼文解读专家欣然与会,发表了他们对葛啜墓志鲁尼文刻铭的释读。

葛啜墓志是在唐朝的中心地区第一次发现的含有鲁尼文刻铭的石刻材料,其简要内容是:"此处(所葬)的人,是药罗葛汗的后人,是车毗尸特勤的儿子,是建都督的侄儿,是牟羽毗伽登里可汗的弟弟,即葛啜王子。唐朝皇帝安排了下葬,在猪年六月七日。"

经考证可知,葛啜之父"车毗尸特勤",即两《唐书》及《通鉴》所记牟羽可汗时期的车鼻将军及五年前叶护帐下的车鼻施,葛啜是车毗尸特勤之子(很可能是幼子),建达干(后名建都督)之侄,天亲可汗和骨咄禄毗伽公主之弟。

李健超的论文题目是《长安瑰宝》,发言的主要内容是高度评价大唐西市博物馆收藏墓志的重要学术价值,并对墓志书解题中一些误释如龙首乡等提出订正意见。刘波在会上与他进行了讨论。23日的会议讨论到此结束。

24日上午8:30—9:20继续学术讨论,本场研讨会由首都师范大学教授阎守诚主持。发言的学者主要有中国社科院隋唐史室主任黄正建、三秦出版社李郁、北京大学教授史睿、西安碑林博物馆研究员王其祎和陕西师范大学教授周晓薇。

黄正建的论文题目是从《〈杨岳墓志〉看杨氏在唐前期的浮沉》,发言的主要内容是:

《大唐西市博物馆藏墓志》收有许多珍贵墓志,是研究古代史特别是隋唐史的重要资料。藏志中有两方为一个人写的墓志,前后相差50年,对我们了解墓主信息、墓志书写模式、对人的不同评价等,都有重要作用。这两方墓志的志主是隋朝杨岳。杨岳是权臣杨素的同父异母弟,在杨素之子杨玄感叛乱后被朝廷所杀,第二年赦免改葬,入唐后再次改葬。通过两次改葬时撰写的墓志,我们看到了对杨素的不同评价:第一方墓志写于杨玄感叛乱次年,对杨素是全面否定。第二方墓志写于杨岳之子受重用时,对杨素就是基本肯定了。可见人物评价与当时政治环境的变化密切相关。《杨岳墓志》还能补充史书记载,揭示杨岳一支在唐代前期的浮沉。大致说来,随着李武韦杨婚姻集团的形成,杨氏成为在位皇帝拉拢的对象,用以巩固关陇集团统治。杨岳子孙就是在这种背景下获得重用。但这一支杨氏有个天生弱点,即属于叛臣家族,因此天生具有被政敌攻击的借口。随着在这种借口下遭受的不断打击,这一支杨氏家族势力在武则天以后就衰亡了。从中可知,唐前期实际有着不同家族背景的杨氏集团,有着很不一样的命运。这一点,或可补充陈寅恪先生的相关理论,而这也是通过研究《杨岳墓志》得到的一个重要启示。

李郁的发言是:

近些年来,我曾经编辑出版了与《大唐西市博物馆藏墓志》性质相同的几部图书,即西北大学韩理洲先生的《全三国六朝文》补遗。这几部书的出版得益全国古籍整理出版规划领导小组对于学术出版的支持和扶持。对于国家古籍整理资助项目的申请立项感受较深。古籍立项对于项目的要求非常之高。2011年《大唐西市博物馆藏墓志》立项对于我们是一个很好的启发。我们发现近几年来国家对于出土文献的重视程度是非常高的,资助的力度也很大。因此,从2012年开始,我们着重于出土文献的研究整理立项。2012年《全三国两晋南朝文补遗》在国家立项,2013年我们申报了《任城王汉墓出土文献全集》。现在,国家对于学术出版的支持力度很大,我希望以后有机会和大唐西市以及更多的专家学者们合作,申请到更好的更多的学术立项,出版更多的学术著作。

史睿的论文题目是《唐代长安法书收藏与鉴赏——以城市空间和社会网络为中心》,发言的主要内容是:

唐代长安书法鉴藏群体散处于长安坊里之中,围绕法书鉴藏,有党派团体的结合,政治权利的争斗,亦有超越时代的知赏,跨越阶层的联系,这些错综复杂的社会网络与长安城市地缘关系纠缠在一起,对此加以分疏,我们能够获得一种新的角度来观察,从长安坊里的空间与法书鉴赏之学传承的交错中描绘长安文化史的一个侧面。唐初长安吴儿坊江南世家传承家学,法书典藏以家族内部的继承为主。从唐初武平一到盛唐的徐峤之父子再到唐末的司空舆父子的关联,显示法书鉴赏之学在不同家族间的流转。五世法书收藏的河东张氏以及围绕在张氏家族周边的人物构成多层面的社会网络。永宁坊的王涯的甲第及其书画秘藏超越皇室,其聚散因缘是认知长安文化史的重要线索。

王其祎、周晓薇的发言是:

日前蒙邀参加大唐西市藏墓志国际研讨会,收益颇多。更蒙获赠《大唐西市博物馆藏墓志》一套,至为感荷。《大唐西市博物馆藏墓志》所收五百种墓志文献史料丰赡,价值珍贵,其中尤以长安所出居多,故以之展开对于中古长安历史文化乃至艺术、宗教、民族与地理诸方面的研讨,自会有无限成果与学术推进。匆匆寓目,最觉在体例上的解题部分关于墓志主人的世系官爵史事与其夫妇两族之关系乃至卒葬时地、享年与夫子嗣及某人在正史有传载者之揭示等等,于读者确有极大方便,也是前此同类墓志汇集所未见抽绎者,此是独到而高明之眼光。另,缘所收墓志皆非官方科学出土,故全缺出土时地及相关原境之文物遗存信息,为此,解题中也特别纳入了对于彼时葬地与当今某地的联系性说明,用心良苦,可堪借鉴。

优长之处自不待多言,惟其吹毛求疵处也需列举一二,以备日后修订完善。

释文断句错误举例:

唐显庆六年《杨元嗣夫人李氏墓志》录文有"祖韶,随蜀王师,都督"一句,释文断句皆有误。即其中的"师"字为"帅"字之误,原字一竖出头,为中古碑别字中常见的"帅"字写法,更正了这个字,断句也就应改为"祖韶,随蜀王帅都督",包括该墓志的解题亦如是释文点断而应予更正。倒是通过这一条史料可以推知彼时不仅中央军队系统的十二卫有帅都督,盖王府系统亦有帅都督之设。又,按照体例,志主曾祖李绘,在《新唐书》卷七八有传,解题中亦失注。

24日上午9:50—11:30是自由发言时间,由首都师范大学教授阎守诚主持。自由讨论阶段发言的学者有中国文化遗产研究院研究员邓文宽、首都师范大学教授阎守诚、中国社科院历史所前隋唐史室主任李斌城。

邓文宽的发言是:

当代私企成功者很多,但像大唐西市公司如此独具慧眼者却不多。公司将资金投放在民族文化积淀和学术研究上,站得高,看得远。军阀张钫在百年前建立了《千唐志斋》,今日为世所称道;同理,二百年、五百年后,西市公司将与其所藏墓志齐辉。此事之所以成功,是由于用对了一个人——胡戟教授。他学养丰厚,吃苦耐劳,办事效率极高,是这项事业成功的关键。谨向胡先生致敬。

志石中多有涉及胡人汉化的问题。"汉化"是客观历史事实,不应怀疑。魏晋南北朝时的匈奴、鲜卑、羯、氐、羌,今又何在? 不都融入了汉族? 自古以来,落后文化与先进文化碰撞,总是后进被融入先进,而非相反。认识到落后便应改进。台湾吸收了西方的制度,仍是台湾,也还是中国文明。真正是民族的先进文化,谁也改不掉;而属于其落后方面的内容,想保也保不住,因为前进中的历史不答应。

胡化、汉化问题作为十六国北朝隋唐历史进程的一个基本内容,是与会许多学者长期关注的。墓志提供了许多个案可供了解其进程的具体状态。引起多位学者发言,讨论热烈。

阎守诚会后整理的发言是:

4月22日至24日在西安参加了大唐西市博物馆藏墓志国际学术研讨会,聆听了与会专家学者的发言,参观了馆藏的墓志和博物馆的展览,很受启发,大开眼界,感触良多。

我自己从事隋唐五代史的教学与研究多年,深切地感受到大唐是一个令中华民族引以为自豪的时代。在中国古代史的研究中,隋唐史的研究历来是成果较多的。如何把研究引向深入,发现新的史料就是关键之一。大唐西市博物馆以极大的努力收藏了大量最近出土并流传于民间的墓志,组织了一大批学者整理研究这些墓志,出版了《大唐西市博物馆藏墓志》一书和研究论文集,这些工作,不仅具有很高的学术水平,而且对隋唐史的研究也是有力的推动。

众所周知,从事这些工作是需要有经费的,大唐西市博物馆理事长吕建中先生作为民营企业家,以博大的文化情怀有力地支持了这些工作。从事这些工作还需要有专家学者的参加,胡戟教授就是其中的杰出代表,他以极大的热情和顽强的毅力,完成了这些工作。由此,我相信在改革开放的新形势下,企业家和专家学者的精诚合作是发扬光大祖国传统文化的一条新的有效途径。

李斌城以推动隋唐史研究的盛事为题发言:

人们常说,学术贵在创新。所谓创新,不外乎:一、新资料,二、新观点。而无新资料,何来新观点? 故归根结底,新资料乃基础也。人们重视出土墓志,就在于其中有许多传统文献里没有的原始而鲜活的新资料,可证史、补史之阙遗。新面世的《大唐西市博物馆藏墓志》,比起已出版的万方隋唐墓志,数量虽少(仅四百八十五方），含金量却很高，内容之丰富多彩，令人惊叹。它不仅涉及隋唐两代重要政治事件、人物、科举制度、士大夫宦海浮沉、士族门第、婚丧礼仪、道德观念、价值取向、宗教信仰、妇女生活、周边民族、对外关系等，而且提供了许多鲜为人知的重要新数据。例如隋朝开漕渠总监郭均生平、对举足轻重的朝臣杨素截然不同的评论，唐王朝管理道教的机构和道观，范阳卢氏"处贪务名，白屋屡空"犹以门第自高，科场"要害权门，千变万化，争名趣利，山高海深"的弊病，刘惠满"在白屋，奉王税，自幼及长，不求奸免"的忠，及孝、贵、富、寿、正、善等七善反映的唐人价值观，王傑从政五十年"未尝负公家，交友以信，莅职以公，御下以恩，立身以节"的官德人品，唐懿宗诸亲有无衣求赍、求耕口庇风雨、仕进无路求官者等，大大充实了隋唐史内涵，令人有耳目一新之感。《大唐西市博物馆藏墓志》一书的出版，可喜可贺。

而后用上午的最后半小时举行的闭幕式，由唐代文学会秘书长、西北大学副校长李浩教授做主旨发言，题目是《碑志与唐代文学》：

这个题目是胡老师给我出一个命题作文的题，在我们这个老辈学人里面，史学的陈寅恪先生，包括我们中年的一些学者，不光是在史学上有很多的阐发，也对我们做文学的人影响很大。利用这个碑志里边的一些新史料，不光对唐史有开拓，对我们唐代文学研究也有很多的开拓。我们做唐代文学圈子里边也有傅璇琮先生、陈尚君教授等一批人比较自觉利用新出土的这个墓志，这个新文献新史料，进行研究，出了很多的成果。

这些新出土的这些东西，对我们做唐代文学研究的，确实是打开了一个新的一扇大门，一下出来这么多的新文献，我们比乾嘉时期的，或者更早的古人，能一下子看到这么多他们没有看到的东西，确实是一件很值得我们振奋的事情。

但是在目前来说，墓志研究对于我们唐代文学的研究的这个影响，这个冲击波，我觉得还没有正式开始。可能是我们考古、文物然后是史学首先关注到，文学关注到这个问题，包括我们胡老师这个馆藏墓志，文学圈会注意到他，并且能够充分的利用它，我估计在三五年，十年以后，不是在当下就能看到他一个深远的影响。充分的使用，可能是要有待于我们整个学界的，各个学科多方的合作才能做好。胡老师和荣老师，和这个大唐西市的合作给我们开了一个非常好的头。我想以后会看到更多的更有价值的成果。

祝贺我们这个大唐西市馆藏墓志的出版、发行，我非常荣幸参加这次研讨会，我觉得开得非常好，开的非常成功、圆满。我想以后会看到更多的更有价值的成果。

最后王少斌总裁做闭幕辞，用书面发表。他谨代表吕建中董事长，向远道而来的各位给我们带来的祝贺，带来的评价鼓励，带来的精深学术成果，表示衷心的感谢。最后宣布：大唐西市博物馆藏墓志国际学术研讨会胜利结束。

八十八位与会嘉宾一致盛赞大唐西市博物馆对墓志的收藏保护工作，盛赞对墓志研究的组织推动工作已经取得的重要成果。高度肯定文物收藏单位和学术机构合作的成功范例。在会上发言的和提交论文的有三十篇，会议论文集里的简报中刊出简介，大多数发言的全文和论文，收在本论文集中。

【整理：胡戟 张文颖 李靖婧（执笔） 周晓薇（执笔）】

与会人员通讯录

姓名	联系方式	单位/职位	论文题目
王小甫		北京大学历史系教授,博导	
荣新江		北京大学中古史中心主任,教授,博导	
罗新	luoxin@pku.edu.cn	北京大学中古史中心副主任,教授。	大唐西市博物馆藏汉文鲁尼文双语回鹘王子葛啜墓志简介
朱玉麒		北京大学中古史中心研究员	
陆扬		北京大学中古史中心研究员	
Cengiz Aly-ilmaz		【土耳其】阿塔图克大学突厥语言系教授	
Semraaly-ilmaz		【土耳其】阿塔图克大学突厥语言系副教授	
Muratyakar		【土耳其】塞尔柱大学突厥语言系副教授	
Volke Ry-batzki		【芬兰】赫尔辛基大学阿尔泰学研究所讲师	
胡鸿		北京大学社会学人类学系博士后	
吴国圣		台湾大学历史系博士	
张铁山		中央民族大学教授	

与会人员通讯录

姓名	联系方式	单位/职位	论文题目
阿布杜热西提·亚库甫		中央民族大学教授	
吴玉贵		中国社会科学院研究员	
罗丰	Lf200862@126.com	宁夏回族自治区考古所所长,研究员	
李肖		原吐鲁番地区文物局长,博士	
连树声		北京市中学特级教师,书法家	连树声、张树森伉俪联袂书画展
张树森		画家	同上
吴宗国	zgg1234@yahoo.cn	北京大学教授,博导	发挥墓志作为特殊文物的作用
刘念华		画家	友情参与书画展
陈尚君	chshj1952@hotmail.com	复旦大学教授,博导,中国唐代文学会长	评《大唐西市博物馆藏墓志》
冻国栋	dgdong@whu.edu.cn	武汉大学教授,博导,中国唐史学会会长	贺信
赵世超		陕西省社联主席 前陕西师大校长,教授,博导	贺词
金善昱		【韩国】忠南大学教授,文科学长	
朴汉济	hanjpark@snu.ac.kr	【韩国】首尔大学名誉教授	贺词
葛承雍	gechengyong00@yahoo.com.cn	文物出版社总编,西北大学教授,博导	贺词:祝贺、祝愿、祝福,三点感想
胡戟	hfdj99110@sohu.com	陕西师范大学教授,博导	掀开盛世唐人心扉的一角
李斌城		中国社科院前隋唐史室主任,研究员	大唐西市博物馆藏墓志所载唐代道教研究
阎守诚	zhaoyan905@yahoo.com.cn	首都师范大学教授,博导	

姓名	联系方式	单位/职位	论文题目
邓文宽	dwksyr@163.com	中国文化遗产研究院研究员	
赵和平	zhao-heping@sohu.com	北京理工大学教授，学报主编	西市博物馆藏《韩处章墓志》与敦煌本《记室备要》的比较研究
翁雯婧	annapku@hotmail.com	北京大学出版社	
武芳		北京大学出版社	
史睿	shirui@pku.edu.cn	北京大学教授	唐代长安法书收藏与鉴赏——以城市空间和社会网络为中心
黄正建	hzjyb66@126.com	中国社科院隋唐史室主任	从《杨岳墓志》看杨氏在唐前期的浮沉
刘屹	wensi6@hotmail.com	首都师范大学教授，博导	唐代道教五方镇墓石
陈艳玲	yanlingch54@yahoo.com.cn	山东大学历史学院博士后	新出大唐墓志所见佛教影响下唐人丧葬礼俗及其灵魂观
胡明曌	humingzhao@nankai.edu.cn	南开大学副教授，隋唐史博士	有涉杨玄感起兵事件的三方新发现墓志
苏士梅	sushimeihd@163.com	河南大学副教授，隋唐史博士	
毛阳光	Maoyangguang73@126.com	洛阳学院副教授，隋唐史博士	近年河南地区出土唐代墓志介绍
李鸿宾	lhb_history@yahoo.com.cn	中央民族大学教授，博导	唐贺拔亮家族汉化取径之研究——《贺拔亮墓志铭》诸问题
朱振宏	hischc@ccu.edu.tw	台湾中正大学博士	新见两方突厥族史氏家族墓志研究
孙继民	sunjimin203@sina.com	河北省社会科学院副院长，研究员	河北近年重要唐志介绍

与会人员通讯录

姓名	联系方式	单位/职位	论文题目
汤勤福	Tqfxx1@163.com	上海师范大学古籍所教授	长安新出墓志所见南人北迁之迹释读
土屋昌明	tuwu@s01.itscom.net	【日本】专修大学教授	皇甫奉源墓志与道教东传
宋德喜	tcsung@dragon.nchu.edu.tw siil@dragon.nchu.edu.tw	台湾中兴大学教授	孙棨《北里志》中的纨袴子弟
宁欣	ningxin1018@126.com	北京师范大学教授,博导	石解墓志研究新编
胡明瑶		西南大学硕士生	
盖金伟	794504407@qq.com	新疆师范大学历史与民族学院副院长,教授	
陆庆夫		兰州大学教授	甘肃出土隋唐墓志简介
吴烱烱		兰州大学	甘肃出土隋唐墓志简介
王丹	wangdan909@126.com	北京石刻艺术馆馆长	
王苹苹		北京石刻艺术馆	
滕艳玲		北京石刻艺术馆	北京出土墓志简介
李崴		北京石刻艺术馆	
张云燕		北京石刻艺术馆	
周晓濛		陕西师范大学历史文化学院毕业生	
李靖婧		陕西师范大学历史文化学院毕业生	
李浩		西北大学教授,西北大学副校长,博导	闭幕式致辞
贾志刚	xsjzg@126.com	西北大学副教授,历史系主任	
李裕民		陕西师范大学教授,博导	
于赓哲		陕西师范大学教授,博导	

姓名	联系方式	单位/职位	论文题目
张建林		陕西省考古研究院副院长,研究员	
陈根远	Chengy6510@126.com	西安碑林博物馆研究员	
王维坤	wwd637@hotmail.com	西北大学教授,博导	
刘建惠		陕西省对外友协	
拜根兴	Baigenxing@126.com	陕西师范大学教授,博导	新公布的在唐新罗人金日晟墓志考析
周伟洲		陕西师范大学教授,博导	大唐西市博物馆入藏北朝胡姓墓志考
李健超	guohaiwen@snnu.edu.cn	西北大学西北历史研究中心教授	长安瑰宝,对《大唐西市博物馆藏墓志》部分解题地名的异议
马维斌		陕西师范大学社科处,隋唐史博导	
田卫丽		陕西历史博物馆,隋唐史硕士	
周晓薇	ZXW_71@163.com	陕西师范大学教授	
王其祎		碑林博物馆研究员	
李郁		三秦出版社,隋唐史硕士	《全三国六朝文补遗》的编辑出版及其学术价值
刘波			参与墓志工作
向德		西安博物院院长,西安市政协副主席	
刘云辉		陕西省文物局副局长,研究员	墓志首发式祝贺辞
赵力光		西安碑林博物馆馆长,研究员	
郑润植		韩国驻西安领事馆领事	
张思琦		韩国驻西安领事馆研究员	
陆中明		陕西省文物局	
张在明		陕西省考古研究院	
范新坤		陕西新华发行集团总经理	
刘戈		陕西师大教授,博士	回鹘王子葛啜王子墓志考

与会人员通讯录

姓名	联系方式	单位/职位	论文题目
郭平梁		新疆社科院研究员	回鹘王子葛啜王子墓志考
李春阳		大明宫研究院院长	
李媛		大明宫研究院	
曹印双		西安电子科技大学副教授,隋唐史博士	唐代萧祎墓志考释
刘敏			参与墓志工作
朱辰渝			参与墓志工作
买萌萌			参与墓志工作
付会侠		大唐西市博物馆	
陈会军		大唐西市博物馆副馆长	
屈增成		大唐西市博物馆	
张文颖		大唐西市博物馆	

后 记

  在几经反复,过了大年才又定下墓志会还要开以后,我紧急邀请学者与会。主要依靠博物馆张文颖和李靖婧、周晓濛两位同学协助,我们迅速完成确定88位应邀到会人员名单,代购部分外地学者的机票和个别的接站,选定宾馆,安排食宿,确定会议日程,还赶着编印出第一本大唐西市博物馆墓志研究文集,印制了包装袋,分发会议材料和赠书,为便于会前准备发言论文,把重重的墓志大书会前寄送出几十套。繁杂的工作不免有不周到之处,好在与会学者都非常宽容,总是体谅我的岁数吧,开会时没有一个给我们提意见提要求的。

  感谢所有与会学者和文物工作者,对大唐西市收藏和出版墓志,举办墓志展,汇编墓志研究文集的工作,给予高度评价。感谢他们对吕建中董事长继千唐志斋张钫、鸳鸯七志斋于右任以后,慷慨出资,和学术界合作做这项重要文化遗产工程的义举,给予的鼓励和赞扬。这已经给又一个千唐志斋,甚至是双千唐志斋、三千唐志斋在西安的出现,以巨大的推动。相信不几年后,一个规模宏大的西安墓志博物馆,将在吕建中董事长正在长安筹建的博物馆城闪亮登场。这里提前给学术界、艺术界的朋友们一个念想了。

  作为我个人来说,三十多年来为唐代学术做的工作,能有这样一个圆满的结局,十分感谢每一位与会学者代表的支持,他们的名字已在本书中记录在案。感谢西市公司和博物馆、艺术馆、酒店为会议的成功做出贡献的各位,特别要感谢的自然是出力最多的张文颖和李靖婧、周晓濛,两位同学为出这本会议论文集,一直忙到她们毕业离校的最后一天。特别要感谢的更有吕建中董事长,放手让我办会,听说还有指示,让胡老师放手花钱。王少斌总裁在闭幕式时实在不能抽身过来,授权让我发了他的书面发言,使会议有个体面的结局。

  学术会自始至终保持了很高的学术水平和学术气氛,内容宏富的墓志,使大家的发言的学术含金量颇高。文史并重是一大特色,学(术)艺(术)双馨的特色,因为邀请的钟明善、杜中信两位书法大家因事因病没能到会而打了折扣,但是参观了将书法放在最突出位置上的墓志展,这一缺憾有所弥补。学术报告专门组织了多个省市介绍出土墓志收藏研究情况的发言,得到好评,因此会后

后 记

　　选编这本会议论文集的时候，特别组织了一组汇编各地墓志著录研究情况的文章，赶得匆忙，资料又有保守或封锁的问题，缺误必多，敬请大家配合日本学者气贺泽保规编的《唐代墓志所在总合目录》使用。

　　似乎是大家明白，这次学术会议，实际也是我自 1981 年组织丝绸之路考察，1983 年接手中国唐史学会工作以来，在学术工作舞台上的谢幕式。中国唐代文学学会、中国唐史学会、中国敦煌吐鲁番学会的三位会长——陈尚君、冻国栋、郝春文，欣然接受我的动议，一起作为主办单位，共襄盛举。陈尚君会长硬是挤出时间来回赶飞机，亲莅大会致贺；郝春文会长因在新疆主事不能分身，发来贺电；冻国栋会长订好了票，因颈椎病发作退了票，当时发短信都困难，可第二天还是挣扎着写了贺信传来。到会的还有我 1958 年即 55 年前的连树声老师，有我 50 年的朋友吴宗国教授、李裕民教授、赵世超教授，30 年的朋友就多了：李健超教授、周伟洲教授、阎守诚教授、邓文宽研究员、赵和平教授……还有我 30 年、20 年、10 年前的九位学生。台湾大学高明士教授因为和台北的会冲突来不了，但还是就收到的西市墓志书，专门写了一篇文章给会议，尽心支持我们的工作。听我说这是我最后一次主持学术会了，他不胜伤感，说想想我们也是该交班了。

　　应该是陕西师范大学老校长陕西省社联赵世超主席带了不好的头，好多人在发言中对我说了一些过誉的话，我不得不在会议闭幕时回应一句：还不到开追悼会的时候，说这么多好话，真让人受不了。不过心里对大家一贯支持我工作的心意是深领了。

　　与会学者的合影照片由朱建强摄，富春山居图由张海报摄，其余所有会议发言照片由胡明瑶摄。李兴和孟庆璟参加校对。

　　最后要感谢的是陕西师范大学出版社的领导和责编刘定的支持和辛劳。我们之间至少已经有七本书的合作了，相互配合默契，他们已经到了不知任劳任怨为何物的地步了。我很佩服他们敢接我催命小鬼似的活。这次又是为在这本书里刊出的《回鹘葛啜王子墓志》首发在外国学者之前，他们又熬不眠之夜了。好在添麻烦就这一次了，包涵不包涵也就是这了。

胡　戟

2013.7.7

大唐西市博物馆藏墓志研究 续一 下

吕建中 胡戟 主编

陕西师范大学出版总社有限公司

目 录

洛阳近年新见唐墓志概说 …………………………… 毛阳光　1

西安北朝隋唐墓志收藏研究编年目录 ………… 周晓薇　李靖婧　9

山西北朝隋唐墓志收藏研究编年目录 ………… 李靖婧　周晓薇　132

甘肃所出隋唐墓志概说 …………………………… 陆庆夫　180

河北近年几则唐五代重要碑志资料概述 ………… 孙继民　187

北京地区出土墓志及研究概述 …………………… 王苹苹　188

北京北朝隋唐墓志收藏研究编年目录 …………… 龚　方　204

后记 ……………………………………………… 胡　戟　230

洛阳近年新见唐墓志概说

毛阳光

非常感谢大唐西市博物馆,也感谢胡戟先生给我这样一个机会来汇报一下近几年来洛阳唐墓志整理研究的大致情况。因为我在洛阳师范学院工作,有一定的地域优势,加之自己也对隋唐史比较感兴趣,因此近几年来一直在关注和整理洛阳的唐代墓志情况。所以在这里简要介绍一下近几年洛阳地区唐代墓志的情况。

洛阳和西安一样,一直都是唐代墓志出土最为集中的地区之一。原因很简单,因为它是唐代的两京之一,政治地位也比较高,经济比较发达,交通也便利。因此,很长一段时间内这里达官贵人云集,许多文人也居住在这里,北朝以来的许多外族移民后裔,来到中原经商的胡商,还有大量的僧尼、道士等等,可以说形形色色的人聚集在这里。这些人许多死后都葬在洛阳,古代聚族而葬的习俗也使许多流寓在外的人也归葬洛阳。

而唐代洛阳丧葬区也非常广大,我们都知道北邙山是唐代洛阳非常重要的葬区,从洛阳一直绵延偃师,再到巩义。同时洛阳城南郊也是一个重要的葬区,洛阳城南的龙门山也是唐代达官贵人墓葬较为集中的地区。龙门山以东就是著名的万安山,万安山土层深厚,林木茂密。从唐初开始也成为士大夫重要的丧葬区,比如说张说家族、姚崇家族,乃至宋代的范仲淹家族都葬在这里。这些因素都导致洛阳唐代墓志绝对数量比较大。大家只要看一看上个世纪出版的几种重要的墓志图录,如《唐代墓志汇编》《隋唐五代墓志汇编》就知道,相当一部分都是洛阳出土的。而且我们也知道全国最大的唐墓志收藏地就是新安县铁门镇的千唐志斋,就在洛阳。因此,这一地区的唐墓志一直受到学界的广泛重视,上个时期洛阳出土的大量唐墓志都收录在《曲志精庐藏唐志》《千唐志斋藏志》《隋唐五代墓志汇编》《唐代墓志汇编》《洛阳新获墓志》等书籍之中了。

然而，从上个世纪末以来，洛阳地区又出土了非常数量巨大的唐代墓志。一方面是由于经济发展带动大量的基础建设，许多墓葬被考古发掘出土。另一方面，盗墓的猖獗也使得大量唐代墓志被盗掘出土。

这些唐墓志一部分被洛阳地方的文物部门、博物馆以及地方高校征集。其中千唐志斋新征集的唐代墓志见于《全唐文补遗·千唐志斋新藏专辑》《新中国出土墓志·河南三·千唐志斋（一）》（文物出版社 2007 年）二书，前者只刊布录文，收洛阳唐墓志 516 方，后者既有录文又有图版，其中唐墓志共 333 方，所收都是千唐志斋藏有原石的，因此所收墓志数量没有前者多。加上原有的唐代墓志的收藏，目前千唐志斋博物馆是国内收藏唐代墓志数量最多的机构。

洛阳第二文物工作队（现已与第一文物工作队合并为洛阳考古研究院）的征集品已经收入《全唐文补遗（第八辑）》《洛阳新获墓志续编》，前者只有录文。而《洛阳新获墓志续编》中共收入唐墓志 258 方，图版清晰，并附有录文和长短不一的考释，便于使用。

洛阳理工学院征集的唐墓志数量有 24 方，其中重要的有《支谟墓志》《姚爱同墓志》《袮寔进墓志》，其墓志拓本多数散见各种墓志图录。

洛阳师范学院河洛古代石刻艺术馆从 2002 年以来开始征集洛阳新出土历代墓志，其中洛阳唐墓志共 215 方，西安唐墓志 3 方，山西唐墓志 28 方。比较重要的有《桓臣范墓志》《徐峤墓志》《杨元卿墓志》《薛兼训墓志》《苑咸墓志》《陆亘墓志》《陈君赏墓志》《赵宗儒墓志》《史孝章墓志》《高真行墓志》等。2004 年由北京图书馆出版社出版的《洛阳新出土墓志释录》，收录了其中 15 方重要墓志的研究录文，刊布了 30 方新出土墓志的录文。而洛阳师范学院收藏的全部墓志的图版和录文目前基本整理完毕，该书稿已经纳入王素先生 2012 年申报的国家社科基金重大项目《新中国出土墓志整理与研究》的子课题。

同时有相当部分的唐代墓志流入私人收藏者以及郑州、西安的博物馆和私人手中，数量也非常大，许多都具有很高的史料价值和艺术价值。如李适之墓志、陈尚仙墓志、刘宪墓志、张履冰墓志、傅游艺墓志、姚合墓志、狄兼谟墓志、姚彝墓志、李迻墓志、崔郸墓志、李益墓志、杨收墓志、郑太素墓志等。其中许多在这几年出版的《邙洛碑志三百种》《河洛墓志拾零》《秦晋豫新出墓志搜佚》《洛阳新获七朝墓志》《龙门区系石刻文萃》几本书里面都有展现。

目前洛阳有两个较大的收藏、展示墓志石刻的民营博物馆，一个是洛阳碑志拓片博物馆，主要展示碑刻拓本，据称有200多件墓志原石，位于王城广场附近的捷佳商贸城中。馆长刘建军是做商贸的企业家。还有一个是金石文字博物馆，馆长朱晓杰是一位在上海做生意的企业家，他也非常喜欢洛阳碑刻和砖铭，也收集了一部分墓志，其中唐志有数十方，比较著名的如安禄山谋臣严庄的兄弟严希庄的墓志，唐后期天德军防御使李逖墓志，李邕撰文的裴冬日墓志等。郑州的华夏博物馆也收藏了一部分洛阳流散唐墓志。当然，大唐西市博物馆收藏的洛阳唐墓志数量也非常多，在民营博物馆中当属翘楚。

而流落到私人收藏家手中的墓志数量更是庞大，私人收藏家将唐墓志原石、拓本公开展示的只是少数。另外还有相当一部分收藏家并不张扬，收藏的墓志秘而不宣。如孟津县的宋姓收藏家，他自己手里面有三百方墓志，据说墓志质量非常高，但是很少制造拓片，基本上不展示。而洛阳零星收藏墓志的人也很多，手里面也有很好的墓志，但基本上都秘不示人，导致相当数量的墓志都沉淀在民间，目前知道的仅仅是冰山一角。我2012年曾经去孟津南石山村考察，这个村子是以做唐三彩仿制品而闻名的。其中在一个企业家的家里就摆放了一方唐代郭姓的墓志，首题下方赫然写着"国子广文博士郑虔撰"。再如唐后期义成军节度使刘悟的墓志，长宽约1.3米，是目前洛阳出土尺寸最大的唐墓志，现在也在私人手里面。

当然我们也知道一些洛阳的学者先后都编辑过洛阳古代墓志的图录，但是总体来讲他们毕竟和唐代文献专业有一定距离，因此图录中很多地方错误比较多，如拓本的重复与翻刻，别字的释读，墓志的命名等。我曾经写过一个书评，郭桂坤也曾写过，可以参看。因此，像大唐西市博物馆这样邀请国内知名的专家整理和研究墓志就显得非常有必要了。

我从2008开始一直搜集整理洛阳流散的唐代墓志，基本上是私人收藏家和古玩商手中，也有一些收藏在洛阳以及郑州、西安的民营博物馆中。目前书稿已经完成，书名是《洛阳流散唐代墓志汇编》，今年下半年在北京国家图书馆出版社出版。所收墓志有322方，其中也有大唐西市收藏的一些洛阳唐代墓志，当然更多的是这几年洛阳新出土的。

洛阳唐墓志整体讲和西安的比，西安地区墓志的种类非常丰富，高等级的墓志也非常多。长安毕竟是唐代的都城所在,政治中心,经济与文化发达,对外交往也频繁。因此,西安地区出土的高等级的贵族墓志,皇亲国戚类的就比较多。高级官僚的墓志也较多。宦官墓志的数量也非常多,也有许多高级别的。西安地区出土的归附唐朝的各国、各族首领、王公贵胄、使臣等墓志比较多,如大唐西市新收的回鹘王子葛啜墓志。而洛阳这些方面的墓志就少一些。像皇室贵族,我印象中洛阳也就出土过睿宗崔、唐二孺人,还有睿宗卢贵妃。近年来还出土过许王几个王子的墓志,还是武则天时期被迫害致死追葬的。唐前期的功臣贵胄也不多,因为许多都陪葬长安了。各国归附或投降的贵族墓志主要集中在高宗后期与武周时期。但洛阳地区唐墓志总体数量要多于西安,毕竟它是当时重要的重镇,高宗后期一直到武周时期也是国家的中心。而且洛阳所处的河南道经济非常发达,人口较为密集,加上洛阳历史积淀形成的浓厚的丧葬文化。所以唐墓志总量比较大,同时各种阶层的人物也都能见到。唐代安葬在洛阳的高官也不少,如屈突通、狄仁杰、张说、姚崇,盛唐之后安葬在洛阳的更多。许多文人也聚集在这里。另外,北朝以来很多世家大族的成员都葬在这里。包括像著名的当时崔、卢、李、郑、裴、萧氏等很多世家大族墓都在洛阳,也出土了很多高级别的墓志。中古时期,洛阳也是丝绸之路上的重镇。有较多的外来移民,也有外来的宗教。所以,洛阳唐代墓志总体量的确非常大,尽管可能有一些墓志不一定像西安地区出土的高级别墓志那样容易引起轰动,但许多墓志视角独特,能够很好地反映当时的经济与社会,也具有很高的史料和艺术价值。

这里可以给大家展示几方近期收获的洛阳唐代墓志。

这是近年出土的姚崇长子姚彝、次子姚异的墓志。姚彝和姚异在两《唐书》中的记载非常简略,这两方墓志都细致记载了其生平仕宦等情况。其中姚彝墓志是贺知章撰文。姚崇次子姚异的墓志文章也非常好,书法精湛,但是没有书丹和撰文者。最近姚崇的孙子姚閈的墓志也出土了,撰文是著名的文人李华,他当时是燕政权的中书舍人。据记载姚閈,"危不忘本",最后"身陷于法",可能是反安禄山最后被杀掉了。洛阳很多世家大族墓志也非常好,尽管不是都城,但是像姚崇的家族,包括张说的家族,所以它的特色也非常鲜明,这些都出自洛阳南万安山姚崇家族墓地。

杜嗣俭及其妻阎夫人墓志是一个月前收集的,这个墓志字数并不多,但此人就是唐代《兔园册府》作者杜嗣先的兄弟,我们知道杜嗣先墓志是叶国良先生在台北"寒舍"古玩店中发现并做了录文,之后引起了日本学者和敦煌学研究者的极大关注。但是之后墓志下落不明。根据墓志记载,该墓志是在偃师出土的。而杜嗣俭墓志中记载的其家族世系完全和杜嗣先墓志记载一致,而且葬地都是在偃师当阳侯杜预墓旁边,进一步印证《杜嗣先墓志》的可靠性,进一步了解了杜嗣先的家族情况。

《张有德墓志》两三年前出土在河南许昌襄城县,秘书少监贺知章撰文。其孙是玄宗时期的重臣张暐,活了90多岁。可能由于当时张暐地位尊崇,因此在迁葬其祖父时请贺知章撰写了墓志。这是最新一方贺知章撰文的墓志。《旧唐书·张暐传》记载其祖"德政",武德年任郓州刺史。而墓志记载,张有德先后任桂州、夏州刺史,最后任沧州刺史,与史书记载不同。墓志还提到当年唐朝在平定王世充的时候,因为张有德是南阳人,让他去南阳及叶县等地招兵夹击王世充,所以该墓志本身史料价值也非常高。

中古时期的洛阳由于民族融合以及对外交流的频繁,也居住着许多外族的居民。如许多的粟特人,之前刊布的已经很多了。安玉墓志是新出土的唐代洛阳粟特人后裔的墓志,同时出土的还有其夫人刘氏的墓志。据知情人讲两方墓志已经不在洛阳。另外还有一些胡族的墓志值得关注,如单于吉华墓志,该姓氏文献中没有记载,她是太常寺奉礼郎卢鸥的妻子,其祖、父分别是左卫大将军胤,左金吾卫中郎将施。新见的定远将军素和乔墓志,将其先祖追溯到上古帝尧时期的羲和,但《魏书》中明确记载素和出自鲜卑。和氏家族的墓志洛阳出过数方,但素和氏则以往唐墓志中未见。

这是新出土的徐浩撰文的崔贲墓志,才得到的拓本。署名是太子司议郎徐浩撰并书。墓志不大,志主崔贲是豫章郡兵曹参军。墓志后面提到"公之季弟太子司议郎、摄监察御史颢",是不是黄鹤楼诗的作者崔颢还需考证。

萧谅墓志也是新近出土的洛阳唐志。萧谅在书法史上与其兄萧诚以擅书而闻名。而此前其父萧元祚、叔父萧元礼的墓志已经在洛阳出土。该墓志记载萧谅的仕宦经历,曾任御史中丞,后因与李林甫不和被排挤任陕郡太守。墓志文字由韦述撰文,根据墓志记载,萧谅妻韦氏是韦述的姊妹。这是目前知道的第三方韦述撰文的墓志。

洛阳不仅地下文物众多,同时,自民国以来就是一个文物集散地。洛阳有三个古玩城,大量来自山西、陕西、河北和甘肃的文物都从洛阳流散到全国各地。所以在洛阳不仅能见到洛阳本地出土的墓志,还能见到周边县市,如郑州、巩义、荥阳、三门峡地区的墓志,其中巩义地区多一些,豫南的基本见不到。我在洛阳还见过安阳出土的北齐和士开墓志的拓本,要价2000块钱一张。河北、山西、陕西等省出土的墓志在洛阳也很常见,尤其是陕西地区出土的唐墓志,前几年尤为普遍。如丘师、窦怀让、姬总持、郑鼎墓志等。许多拓本在《秦晋豫新出土墓志搜佚》中都有展示。前段时间我还见到一方晚唐李姓宗室的墓志,内容很丰富,刘邺撰文,但拓本索价甚高,没有买。再比如当年武承嗣的墓志在洛阳待了很长时间,最后被卖到北京。

因此我收集的唐墓志拓本,尽管说以洛阳为主,但是也收了一些洛阳周边地区的墓志拓本,比如张有德墓志就是在许昌出土的,张须陀墓志就是灵宝出土的,再比如荥阳、郑州、巩义、三门峡的都收。所以利用洛阳集散地的优势尽量搜集,这些资料我们不收集,不关注的话,以后就不知道流到哪去了。在洛阳也能遇到很好的外面墓志,尤其是陕西出土的墓志。这可能是陕西到洛阳的交通便利,另外文物部门对于盗掘文物在民间流动的态度也是一个因素。

中宗的驸马都尉王同皎的墓志多年前已经出土,景云二年十月八日陪葬在定陵,长宽均90多公分。现归偃师一收藏家收藏。这是一个朋友给我拿的,他们还没有发表。

刘从一墓志也是前些年就到了洛阳,现在据说在山东。墓志不大,志盖是"唐故相国刘公墓志铭",内容与两唐书记载大致一致。郑絪撰文,柳公绰书丹。葬于少陵原。

山西近年来出土了许多唐墓志,尤其是上党地区,即唐代的潞州。尽管以中下级官吏的墓志居多,还有许多处士的墓志,但是也不乏精品。裴子余墓志近年出土于山西新绛裴氏家族墓地,长90多公分,志盖曰"裴孝公志",目前被洛阳收藏家收藏。该墓志的独特之处是由贺知章、裴耀卿和韦述三人撰写的。裴子余是玄宗时期名相裴耀卿的哥哥,以孝友闻名,在两《唐书·孝友传》里面有列传。裴子余开元十四年去世,葬于河南县委粟原,当时是由其好友贺知章撰文。但志文中看不出来。此后裴耀卿在为其兄迁葬到绛州的时候又写了一段文字,提到墓志铭是贺知章写的,迁葬后,裴子余的外甥韦述又撰写了铭。购买者买的时候也没有注意是贺知章的手笔,因此价格据说不高,最后才发现,可谓如获至宝。

近来山西新绛还出了裴光庭及其妻正平县主两方墓志,墓志现在也收藏在洛阳私人收藏家手中。裴光庭墓志非常大,边长约1米。其夫人是武三思的女儿。也在洛阳,这一方都是在洛阳比较新的一些外地墓志拓本,当然这个情况现在还比较多。我现在手里还有数种陕西出土的唐代墓志拓本。如刘从一墓志,柳公绰书丹。另外,据多个知情人讲,元载的墓志也在洛阳,曾开价到10多万。

另外洛阳还有一些情况也值得注意,就是洛阳墓志伪刻和翻刻的情况较为严重,也有改刻的现象。如杨元卿夫人的墓志被改刻成隋墓志,我还看到过明代万历年间的墓志改刻成大历的,当然这样的易于辨识。主要是墓志翻刻的情况比较多,伪刻的情况不多。因为伪刻需要撰写很到位的墓志文字,还要熟悉史料,一般人做不到。我看到的一些伪刻就是套用一些唐墓志的文字,改头换面。如一方李姓的墓志,祖上居然是杨震。洛阳唐墓志的翻刻品主要是翻刻名人的,像翻刻李华、徐浩、贺知章、颜真卿等撰文、书丹的墓志,或志主是名人。另外一个是隶书翻刻品比较多,因为书法比较好,如李邕、窦时英、蔡郑客等。书法一般,个头小,身份普通,内容平常的墓志一般翻刻很少。因为一般墓志翻刻不上算,一方石头上千块钱,一个字好几块钱,工本费都挣不回来。其中翻刻品有些工艺比较粗糙,容易辨识。但也有一些工艺非常高,都是手工刻制,有的达到真假莫辨的程度,比如像颜真卿书丹的王琳墓志,有6方之多,很多人辨不清真假。如裴度撰文的杨元卿墓志有4、5方翻刻品。

所以胡老师在为大唐西市博物馆征集墓志的时候也是斟酌再三,去了好几次,而且也多次请专家过来鉴定博物馆的藏品。整体来讲,大唐西市博物馆的墓志绝大多数都是原石,整体质量非常高,有许多高级别的墓志。如蔡郑客墓志是胡老师很熟悉的墓志,大唐西市收藏的是真品。而《河洛墓刻拾零》、《龙门区系石刻文萃》中所收的都是翻刻品。我这里展示的是一方翻刻品,志石周边被人为敲打了许多豁口,是一个典型的翻刻。

再如洛阳出土的李宝会墓志,其人是姚崇的妹夫,我在古玩市场发现后就买了拓本。之后很快就见到了一个首行下方有"右拾遗徐浩撰"署名的拓本,或许就是在原石上添加的。可能就是因为徐浩名气比较大,该墓志又没有撰、书者,所以就有好事者添加来抬高其价格。

贾励言墓志也是一方较为明显的翻刻品,曾收入到张乃翥编的《龙门区系石刻文萃》里面。原石现藏洛阳师范学院河洛古代石刻艺术馆。大家可以看一看，内容都一样，文字基本一致，但是翻刻的很粗糙拙劣。原志没有署名，翻刻品加了一行字"河南伊阙县尉李华撰文并书"，以此来攀附李华。

现在有些翻刻品也会在出版物中见到，比如赵君平《秦晋豫新出土墓志搜佚》一书中崔元冲墓志和杨元亨墓志都是翻刻品。再如《洛阳新获墓志续编》中的杨元卿墓志也有问题。我在洛阳这么多年我也不会看墓志真假，买的翻刻品也不多，可能他们都不卖给我吧。我主要找的是洛阳专业的拓工，他们长期从事拓片制作，对于古代石头的性质、颜色非常熟悉，在拓片制作方面，真实和伪造、翻刻石头明显不一样，颜色、刻工都是差别很大。比如说大唐西市收藏的那方周边有精美线刻纹饰的《王玄德及夫人邰氏墓志》，几个拓工就非常赞叹其工艺，说那个线刻的花纹是现在工艺达不到的，明显是出于唐代工艺。拓工可以看到细微的东西，包括刻的笔画，包括打磨都可以看到其中蹊跷，所以这方面他们水平比较高，是真正的专家。所以我们现在一般都是找拓工来看拓片真伪。

这里简要介绍一下近年在洛阳见到的唐墓志的情况。个人觉得很幸运，能够在洛阳见到这么多新出土的唐代墓志。但同时，这么多的墓志被盗掘出土也令人心痛。有很多好的墓志，如流散到郑州的徐浩、颜真卿书丹的墓志，还有一些姚崇家族新出土的墓志，由于一些原因，在这里也不便多说。我也知道个人之力做不完，洛阳地区所见的唐代墓志资料也非常丰富，内容也非常新颖，所以希望大家加以关注，多多沟通和交流。如果有需要我提供的话，我也很乐意给大家提供一些能够用得上的一手资料。尤其是陕西的唐墓志，尽管很好，但我实在没有实力和精力来搜集和整理，更遑论研究了。希望更多的学者加以关注，我也希望大唐西市有朝一日将这些墓志再征集回去，物归原主。

我的报告就到这里，谢谢大家。

（本文作者：洛阳师范学院副教授，博士）

西安北朝隋唐墓志收藏研究编年目录

周晓濛　李靖婧

葬年	墓主姓名	埋葬地	出土地	现藏地	著录研究现状
400	吕宪		西安	日本	《六朝墓志检要》（修订本）页21 《汉魏六朝碑刻校注·总目提要》页127 《汉魏六朝·碑刻校注》3/81
402	吕他	常安北陵去城廿里	咸阳市渭城区窑店镇东北原畔	西安碑林博物馆	《西安碑林博物馆新藏墓志汇编》页3 《汉魏六朝碑刻校注·总目提要》页127 《汉魏六朝碑刻校注》3/83 《咸阳碑刻》页4 罗新、叶炜《新出魏晋南北朝墓志疏证》，中华书局2005 李朝阳《吕他墓表考述》，《文物》1997(10)页81、82 路远《后秦〈吕他墓表〉与〈吕宪墓表〉》，《文博》2001(5)、页62—65 《西安碑林博物馆藏碑刻》函25卷补遗页1
480	杨珽		西安		《六朝墓志检要》（修订本）页31 《石刻名汇》二·七 《汉魏六朝碑刻校注·总目提要》页140
490	王阿聪		西安市郊	西安碑林博物馆	《汉魏六朝碑刻校注·总目提要》页141
512	杨祖兴		陕西潼关		《六朝墓志检要》（修订本）页50 《石刻名汇》二·八

葬年	墓主姓名	埋葬地	出土地	现藏地	著录研究现状
515	皇甫驎		陕西户县		《碑帖鉴定》页163 《汉魏六朝碑刻校注·总目提要》页164 《汉魏六朝碑刻校注》4/282 《汉魏南北朝墓志集释》图217
517	张宜	北原咸阳石安县长陵东南	咸阳市窑店	西安碑林博物馆	《西安碑林博物馆新藏墓志汇编》页9 《汉魏六朝碑刻校注·总目提要》页167 《汉魏六朝碑刻校注》4/334 《咸阳碑刻》页5
517	张宜世子	北原咸阳石安县长陵东南	咸阳市窑店	西安碑林博物馆	《汉魏六朝碑刻校注·总目提要》页167 《汉魏六朝碑刻校注》4/337 《咸阳碑刻》页6
517	张宜世子妻	北原咸阳石安县长陵东南	咸阳市窑店	西安碑林博物馆	《汉魏六朝碑刻校注·总目提要》页167 《汉魏六朝碑刻校注》4/339 《咸阳碑刻》页6
517	张君妻阎氏		咸阳市		《汉魏六朝碑刻校注·总目提要》页167 《中国文物报》1997年8月17日
519	杨胤季女		陕西潼关关南		《1949—1989四十年出土墓志目录》页20 《考古与文物》1984(5)页17、23
520	邵真		西安市郊任家村西北	西安碑林博物馆	《六朝墓志检要》(修订本)页71 《1949—1989四十年出土墓志目录》页21 《文物》1955(12)页64、65 《汉魏六朝碑刻校注·总目提要》页176 《汉魏六朝碑刻校注》5/81 《文物参考资料》1955(12) 《新中国出土墓志》陕西卷贰图页1 《汉魏南北朝墓志汇编》页115 《西安碑林博物馆藏碑刻》函6卷六一页271

葬年	墓主姓名	埋葬地	出土地	现藏地	著录研究现状
525	元义华		西安西郊小土门村	西安碑林博物馆	《汉魏六朝碑刻校注·总目提要》页192 《汉魏六朝碑刻校注》5/368 《新中国出土墓志》陕西卷2上册页2 《西安碑林博物馆藏碑刻》函6卷六二页459
526	韦彧	旧兆杜陵	西安市长安区韦曲北原		《汉魏六朝碑刻校注·总目提要》页198 《汉魏六朝碑刻校注》6/77 《新出土的四方北朝韦氏墓志考释》,《文博》2000(2) 《新出魏晋南北朝墓志疏证》页128
526	文烈公文使君			西安长安区博物馆	西安市长安博物馆《长安新出墓志》
527	刘玉		西安	已毁	《六朝墓志检要》(修订本)页103 《汉魏六朝碑刻校注·总目提要》页201 《汉魏六朝碑刻校注》6/130 《汉魏南北朝墓志集释》图261 《增补校碑随笔》页334 《北京图书馆藏中国历代石刻拓本汇编》第5册页72 《八琼室金石补正》卷一六 《汉魏南北朝墓志汇编》页212 《北魏墓志百种》第十辑
536	赵超宗妻王氏		西安长安区	西安碑林博物馆	《汉魏六朝碑刻校注·总目提要》页244 《汉魏六朝碑刻校注》8/165
537	刘阿倪提	石安县坚固乡	陕西咸阳泾阳县	大唐西市博物馆	《大唐西市博物馆藏墓志》上册一
538	宇文测	京兆山北县	西安长安区杜曲附近	大唐西市博物馆	《大唐西市博物馆藏墓志》上册二

葬年	墓主姓名	埋葬地	出土地	现藏地	著录研究现状
539	姬买勖		西安西郊三民村	西安碑林博物馆	《西安碑林博物馆藏碑刻》函7卷六六页927 《1949—1989 四十年出土墓志目录》页30 《考古学报》1963(2)页91 《汉魏六朝碑刻校注·总目提要》页244
544	侯义		陕西省咸阳市渭城区窑店乡胡家沟村北	咸阳博物馆	《1949—1989 四十年出土墓志目录》页31 《文物》1987(12)页3、4 《汉魏六朝碑刻校注·总目提要》页245 《汉魏六朝碑刻校注》8/183 《咸阳碑石》页1、2 《咸阳市胡家沟西魏侯义墓清理简报》,《文物》1987(12) 《新中国出土墓志》陕西卷(壹)上册页19 罗新、叶炜《新出魏晋南北朝墓志疏证》,中华书局2005
546	邓子询		西安市东郊韩森寨	西安碑林博物馆	《1949—1989 四十年出土墓志目录》页31 《考古学报》1963(2)页91 《汉魏六朝碑刻校注·总目提要》页246 《汉魏六朝碑刻校注》8/188 《新中国出土墓志》陕西卷二上册页3 《西安碑林博物馆藏碑刻》函7卷六六页984
549	朱龙妻任氏		西安东郊韩森寨	西安碑林博物馆	《汉魏六朝碑刻校注·总目提要》页247 《汉魏六朝碑刻校注》8/211 《新中国出土墓志》陕西卷二上册页4
550	韦彧妻柳敬怜	杜陵旧兆洪固乡畴贵里	西安市长安区韦曲北原		《汉魏六朝碑刻校注·总目提要》页247 《汉魏六朝碑刻校注》8/213 《新出土的四方北朝韦氏墓志考释》,《文博》2000(2) 《新出魏晋南北朝墓志疏证》页234

葬年	墓主姓名	埋葬地	出土地	现藏地	著录研究现状
550	谢婆仁		咸阳市陕西省邮电学校内		《汉魏六朝碑刻校注·总目提要》页247 《咸阳西魏谢婆仁墓清理简报》，《考古与文物》2003(1) 《新出魏晋南北朝墓志疏证》页236
553	韦彪妻柳遗兰		西安市长安区韦曲北原		《汉魏六朝碑刻校注·总目提要》页248 《汉魏六朝碑刻校注》8/224 《新出土的四方北朝韦氏墓志考释》，《文博》2000(2) 《新出魏晋南北朝墓志疏证》页237
553	韦孝宽妻郑氏		西安市长安区韦曲北原		《汉魏六朝碑刻校注·总目提要》页248 《汉魏六朝碑刻校注》8/224 《韦孝宽墓志》，《文博》1991(5) 《新出魏晋南北朝墓志疏证》页632
557	独孤信		陕西省咸阳市	原藏西北历史博物馆	《汉魏六朝碑刻校注·总目提要》页285 《汉魏六朝碑刻校注》10/133 《北京图书馆藏中国历代石刻拓本汇编》第8册页98 《隋唐五代墓志汇编》页480
558	拓跋育	小陵原	长安区大兆乡小兆寨与西曹村之间的土壕	西安碑林博物馆	《汉魏六朝碑刻校注·总目提要》页286 《汉魏六朝碑刻校注》10/141 祥生《长安发现北魏献文皇帝之孙墓志》，《碑林集刊》第四辑 罗新、叶炜《新出魏晋南北朝墓志疏证》，中华书局2005
559	侯远		西安市	西安市文物保护考古研究院	《汉魏六朝碑刻校注·总目提要》页286 《汉魏六朝碑刻校注》10/150 《陕西碑石精华》图页18

葬年	墓主姓名	埋葬地	出土地	现藏地	著录研究现状
560	独孤浑贞	杜原	咸阳市渭城区北杜镇成仁村	西安碑林博物馆	《西安碑林博物馆新藏墓志汇编》 《汉魏六朝碑刻校注·总目提要》页286 《汉魏六朝碑刻校注》10/152 《咸阳碑刻》页8 《咸阳市郊北周独孤浑贞墓志考述》,《文物》1997(5) 《新出魏晋南北朝墓志疏证》页241 《西安碑林博物馆藏碑刻》函25卷补遗页5
562	贺兰祥	洪突原	咸阳市周陵乡贺家村	咸阳博物馆	《汉魏六朝碑刻校注·总目提要》页287 《汉魏六朝碑刻校注》10/160 《咸阳碑刻》页5—8 《新出魏晋南北朝墓志疏证》页245 《新中国出土墓志》陕西卷(壹)上册页21,下册页17、18 刘晓华《北周贺兰祥墓志及其相关问题》,《咸阳师范学院学报》第16卷第5期
564	李稚华	小陵原	西安长安区	大唐西市博物馆	《大唐西市博物馆藏墓志》上册五
565	王士良妻董荣晖	石安原	陕西省咸阳市底张湾飞机场候机楼基址王士良及妻妾三人合葬墓		《汉魏六朝碑刻校注·总目提要》页289 《汉魏六朝碑刻校注》10/193 《中国北周珍贵文物》页109、123—125 《新出魏晋南北朝墓志疏证》页255
565	拓跋虎	石安北原	咸阳市渭城区渭城乡坡刘村西拓跋虎夫妇合葬墓		《新出魏晋南北朝墓志疏证》页251 《汉魏六朝碑刻校注·总目提要》页287 《汉魏六朝碑刻校注》10/171 《中国北周珍贵文物》页5—8 《咸阳市渭城区北周拓跋虎夫妇墓清理记》,《文物》1991(3—11) 牟发松《〈拓跋虎墓志〉释考》,《魏晋南北朝隋唐史资料》第十八辑,武汉大学出版社2001

葬年	墓主姓名	埋葬地	出土地	现藏地	著录研究现状
565	徒何樆	建忠郡三原县	陕西三原县东北	大唐西市博物馆	《大唐西市博物馆藏墓志》上册六
569	郑术	长安之阿傍嵒陂里	长安区镐京乡丰镐村		《新出魏晋南北朝墓志疏证》页261 《汉魏六朝碑刻校注·目提要》页292 《汉魏六朝碑刻校注》10/235 《北周郑术墓志考略》,《文博》2003(6)
569	拓跋虎妻尉迟将男	石安县北原之山	陕西省咸阳市渭城区渭城乡坡刘村西拓跋虎夫妇合葬墓		咸阳市渭城区文管会《咸阳市渭城区北周拓跋虎夫妇墓清理记》,《文物》1993(11) 拓片图版及参考录文又见于《咸阳碑刻》图9、页387 罗新、叶炜《新出魏晋南北朝墓志疏证》,中华书局2005
570	乌六浑乐			西安长安区博物馆	西安市长安博物馆《长安新出墓志》
571	康业		陕西省西安市北郊		《汉魏六朝碑刻校注·总目提要》页292 《汉魏六朝碑刻校注》10/246
571	元世绪	鸿固乡	陕西西安长安区韦曲镇	大唐西市博物馆	《大唐西市博物馆藏墓志》上册八
572	步六孤须蜜多		咸阳底张湾	西安碑林博物馆	《西安碑林博物馆藏碑刻》函7卷六六页1014 《汉魏南北朝墓志汇编》页482 《1949—1989四十年出土墓志目录》页43 《文物》1957(9)页53 《汉魏六朝碑刻校注·总目提要》页294 《汉魏六朝碑刻校注》10/258 《新中国出土墓志》陕西卷二上册页5 《庚子山集》卷一六

葬年	墓主姓名	埋葬地	出土地	现藏地	著录研究现状
572	匹娄欢		咸阳底张湾	西安碑林博物馆	《西安碑林博物馆藏碑刻》函7卷六六页1023 《汉魏南北朝墓志汇编》页485
573	叱罗外妃		陕西省三原县		《汉魏六朝碑刻校注·总目提要》页295
573	宇文显和		陕西咸阳北古洪渎原		《汉魏六朝碑刻校注·总目提要》页295 《汉魏六朝碑刻校注》10/267 《庚子山集》卷一五
575	叱罗协	中原乡	咸阳市北斗乡靳里村东		《汉魏六朝碑刻校注·总目提要》页296 《汉魏六朝碑刻校注》10/282 《中国北周珍贵文物》页31—34 《新出魏晋南北朝墓志疏证》页269 瞿安全《〈叱罗协墓志〉考释》,《碑林集刊》第八辑,陕西人民美术出版社2002
576	单英儒		西安市郊	西安碑林博物馆	《汉魏六朝碑刻校注·总目提要》页296 《新中国出土墓志》陕西卷二,补2
576	王钧	石安原	陕西省咸阳市底张湾飞机场候机楼基址王钧墓	陕西省考古研究院	《汉魏六朝碑刻校注·总目提要》页297 《汉魏六朝碑刻校注》10/291 《咸阳碑刻》页10、388 《中国北周珍贵文物》页57—59 《新出魏晋南北朝墓志疏证》页278
576	韦彪		西安市长安区丰曲北原		《新出魏晋南北朝墓志疏证》页281 《汉魏六朝碑刻校注·总目提要》页297 《汉魏六朝碑刻校注》10/294 周伟洲、贾麦明、穆小军《新出土的四方北朝韦氏墓志考释》,《文博》2000(2)

葬年	墓主姓名	埋葬地	出土地	现藏地	著录研究现状
576	单英儒		西安东郊韩森寨	西安碑林博物馆	《西安碑林博物馆藏碑刻》函7卷六六页1044
577	若干荣	泾阳县		大唐西市博物馆	《大唐西市博物馆藏墓志》上册九
578	宇文俭	雍州泾阳县西乡始义里	咸阳市国际机场新建停机坪西南		《汉魏六朝碑刻校注·总目提要》页297 《汉魏六朝碑刻校注》10/302 《咸阳碑刻》页11 《北周宇文俭墓清理发掘简报》，《考古与文物》2001（3）
578	独孤藏		陕西省咸阳市底张湾		《新出魏晋南北朝墓志疏证》页295 《汉魏六朝碑刻校注·总目提要》页298 《汉魏六朝碑刻校注》10/312 《中国北周珍贵文物》页89 《长安新出墓志》
578	若干云	泾阳洪渎川赵村东北	陕西省咸阳市底张湾飞机场候机楼基址		《中国北周珍贵文物》页72、75 罗新、叶炜《新出魏晋南北朝墓志疏证》，中华书局2005
578	宇文瓘	万年县洪固乡寿贵里	陕西省长安区郭杜镇岔道口村北鱼池	西安长安区博物馆	《汉魏六朝碑刻校注·总目提要》页298 《汉魏六朝碑刻校注》10/309 《新出魏晋南北朝墓志疏证》页291 《碑林集刊》第八辑页49 罗新、叶炜《新出魏晋南北朝墓志疏证》，中华书局2005 西安市长安博物馆《长安新出墓志》

葬年	墓主姓名	埋葬地	出土地	现藏地	著录研究现状
579	安伽	长安之东	西安市未央区大明宫乡炕底寨村西北约300米处	陕西省考古研究	《汉魏六朝碑刻校注·总目提要》页299 《汉魏六朝碑刻校注》10/324 《西安发现的北周安伽墓》,《文物》2001（1） 《新出魏晋南北朝墓志疏证》页308 陕西省考古研究所《西安北周安伽墓》页59—63，文物出版社2003
579	尉迟运	咸阳郡泾阳洪渎乡永贵里	咸阳市底张湾		《新出魏晋南北朝墓志疏证》页304 《汉魏六朝碑刻校注·总目提要》页299 《汉魏六朝碑刻校注》10/327 《中国北周珍贵文物》页101—104
580	韦孝宽	万年之寿贵里	长安区韦曲镇北原		《汉魏六朝碑刻校注·总目提要》页301 《韦孝宽墓志》,《文博》1991（5） 《新出魏晋南北朝墓志疏证》页313
580	韦孝宽妻贺兰氏		长安区韦曲镇北原		《汉魏六朝碑刻校注·总目提要》页301 《韦孝宽墓志》,《文博》1991（5） 《新出魏晋南北朝墓志疏证》页632
582	茹洪	咸阳之耦原	咸阳市	西安碑林博物馆	《西安碑林博物馆新藏墓志汇编》 《碑林集刊》第十辑页230 李志杰《新见隋茹洪墓志考释》 王其祎、周晓薇《隋代墓志铭汇考》第1册，线装书局2007 页20

葬年	墓主姓名	埋葬地	出土地	现藏地	著录研究现状
582	北周武德皇后阿史那氏	孝陵	陕西省咸阳市底张镇陈马村东南	咸阳市文物保护中心	马先登《北周武德皇后墓志》,《文物天地》1995(2) 于曹发展《北周武帝陵志、后志、后玺考》,《中国文物报》1996年8月11日,《大陆杂志》第93卷第5期 陕西省考古研究所、咸阳市考古研究所《北周武帝孝陵发掘简报》,《考古与文物》1997(2) 侯养民、穆渭生《北周武帝孝陵三题》,《文博》2000(6) 《西安碑林全集》卷一九五页911 《咸阳碑刻》图13、页390 罗新、叶炜《新出魏晋南北朝墓志疏证》,中华书局2005 页323 王其祎、周晓薇《隋代墓志铭汇考》第1册,线装书局2007
582	梁暄		西安市长安区沣水南岸	西安交通大学艺术馆	周晓薇《长安沣水南岸发现隋代梁暄墓志铭》,《碑林集刊》第十一辑页204 王其祎、周晓薇《隋代墓志铭汇考》第1册,线装书局2007
582	李和	冯翊郡华池县万寿原	陕西省三原县陵前乡双盛村李和墓	西安碑林博物馆	《六朝墓志检要》(修订本)页172 《1949—1989 四十年出土墓志目录》页44 《碑帖鉴定》页163 陕西省文物管理委员会《陕西省三原县双盛村隋李和墓清理简报》,《文物》1966(1) 《隋唐五代墓志汇编》陕西卷第1册页1 贺华《〈李和墓志铭〉考补》,《文博》1998(4) 《碑帖叙录》页71 《西安碑林全集》卷六七页1073 《新中国出土墓志》陕西贰上册页7图、下册页4文 《六朝墓志简要》页274 《碑帖鉴定》页208 罗新、叶炜《新出魏晋南北朝墓志疏证》,中华书局2005 页325 王其祎、周晓薇《隋代墓志铭汇考》第1册,线装书局2007 页25 《西安碑林博物馆藏碑刻总目提要》页72

葬年	墓主姓名	埋葬地	出土地	现藏地	著录研究现状
583	贺兰祥妻刘氏	咸阳洪渎原	陕西省咸阳市周陵乡贺家村	咸阳博物馆	《咸阳碑石》页15—17 《隋唐五代墓志汇编》陕西卷第3册页1 《新中国出土墓志》陕西［壹］上册页22图、下册页19文 罗新、叶炜《新出魏晋南北朝墓志疏证》，中华书局2005页331 王其祎、周晓薇《隋代墓志铭汇考》第1册，线装书局2007页34
583	王士良	泾阳县洪渎川	陕西省咸阳市底张湾飞机场候机楼基址王士良及妻、妾三人合葬墓	陕西省考古研究院	《中国北周珍贵文物》页126—129 罗新、叶炜《新出魏晋南北朝墓志疏证》，中华书局2005页345 王其祎、周晓薇《隋代墓志铭汇考》第1册，线装书局2007页93
583	阴云	京兆郡长安区	西安市长安区郭杜镇	西安市文物保护考古研究院	王其祎、周晓薇《隋代墓志铭汇考》第1册，线装书局2007页110
585	宋胡	高阳原	长安区郭杜镇康都村西北大学新校区	陕西省考古研究院	刘呆运、李明《西安南郊新出土的三方隋代墓志》，《碑林集刊》第十一辑页236 王其祎、周晓薇《隋代墓志铭汇考》第1册，线装书局2007页156
586	郁久闾伏仁	长安城西六里	长安	西安碑林博物馆	《六朝墓志检要》（修订本）页176 《汉魏南北朝墓志集释》卷一一页117上、图页599 《北京图书馆藏中国历代石刻拓本汇编》第9册页31 《隋唐五代墓志汇编》北京卷附辽宁卷第1册页3 《石刻题跋索引》页153 王其祎、周晓薇《隋代墓志铭汇考》第1册，线装书局2007页191
586	于宽	长安之高阳原	西安长安区郭杜镇	大唐西市博物馆	《大唐西市博物馆藏墓志》十

葬年	墓主姓名	埋葬地	出土地	现藏地	著录研究现状
586	侯子钦	韦曲东北	陕西省长安区南里王村西南	陕西省考古研究院	《中国北周珍贵文物》页153—155 罗新、叶炜《新出魏晋南北朝墓志疏证》，中华书局2005 页382 王其祎、周晓薇《隋代墓志铭汇考》第1册，线装书局2007 页180
586	刘侠	长安区高阳原司台里	长安区郭杜镇康都村西北大学新校区	陕西省考古研究院	刘呆运、李明《西安南郊新出土的三方隋代墓志》，《碑林集刊》第十一辑页236 王其祎、周晓薇《隋代墓志铭汇考》第1册，线装书局2007 页210
586	田悦暨妻赵氏	高阳原	长安区郭杜镇岔道口村陕西师范大学新校区	陕西省考古研究院	刘呆运、李明《西安南郊新出土的三方隋代墓志》，《碑林集刊》第十一辑页236 王其祎、周晓薇《隋代墓志铭汇考》第1册，线装书局2007 页217
587	王懋暨妻贺拔二娘		西安地区征集	西安市文物保护考古院	杨宏毅《隋王懋暨妻贺拔氏墓志考》，《碑林集刊》第十一辑页222 王其祎、周晓薇《隋代墓志铭汇考》第1册，线装书局2007 页232
589	王仕恭		泾阳县永乐镇	西安碑林博物馆	《西安碑林博物馆新藏墓志汇编》 王其祎、周晓薇《隋代墓志铭汇考》第1册，线装书局2007 页307
589	德□□		1986年西安长乐路40号工地		《1949—1989四十年出土墓志目录》页47 《考古与文物》1988(1)页64—65
589	成史备	雍州大兴县小原之陵	西安市长安区引镇北		大唐西市博物馆《大唐西市博物馆藏墓志》十三

葬年	墓主姓名	埋葬地	出土地	现藏地	著录研究现状
589	宋忻及妻韦胡磨	小陵原	陕西省长安区韦曲镇东街宋忻夫妇合葬墓	陕西省考古研究院	陕西省考古研究所隋唐研究室《陕西长安隋宋忻夫妇合葬墓清理简报》,《考古与文物》1994(1) 王京阳《新出土七方墓志释文商兑》,《考古与文物》2000(2) 罗新、叶炜《新出魏晋南北朝墓志疏证》,中华书局 2005 页 391 王其祎、周晓薇《隋代墓志铭汇考》第 1 册,线装书局 2007 页 267
589	王昌暨妻薛氏	义成乡孝曲里之东原	西安市灞桥区洪庆街道办事村教委住宅楼工地	陕西省考古研究院	陕西省考古研究所《西安洪庆北朝、隋家族迁葬墓地》,《文物》2005(10) 页 47 王其祎、周晓薇《隋代墓志铭汇考》第 1 册,线装书局 2007 页 301
589	王瑱	霸城	西安市灞桥区洪庆街道办事村教委住宅楼工地	陕西省考古研究院	陕西省考古研究所《西安洪庆北朝、隋家族迁葬墓地》,《文物》2005(10) 页 47 王其祎、周晓薇《隋代墓志铭汇考》第 1 册,线装书局 2007 页 304
589	皇甫忍	长安区布政乡延侏里	西安市长安区郭杜镇	西安市长安区博物馆	王其祎、周晓薇《隋代墓志铭汇考》第 1 册,线装书局 2007 页 357 西安市长安博物馆《长安新出墓志》
590	裴文基		陕西长安区		《隋代墓志铭汇考》第 6 册页 99 《宝刻丛编》卷七页 19 《古志汇目》卷一页 11 《六朝墓志检要》(修订本)页 180
590	耿雄	大兴县南小陵原高平乡通明里	西安长安区韦曲北焦村一带	大唐西市博物馆	《大唐西市博物馆藏墓志》十四

葬年	墓主姓名	埋葬地	出土地	现藏地	著录研究现状
590	元仁宗	大兴县洪固乡永寿里李村东		长安区	《关中金石文字存逸考》卷三页12下 《汉魏南北朝墓志集释》卷三页16上、图63 《石刻题跋索引》页154 《六朝墓志检要》页288 《善本碑帖录》页88 《碑帖鉴定》页213 王其祎、周晓薇《隋代墓志铭汇考》第1册，线装书局2007 页375
591	韩景	始平原	陕西省咸阳市渭城区渭城乡龚家湾村南	志石已佚	《咸阳碑石》页17、18 罗新、叶炜《新出魏晋南北朝墓志疏证》，中华书局2005 页405 王其祎、周晓薇《隋代墓志铭汇考》第2册，线装书局2007
591	赵世摸	雍州大兴县埠洪固乡所	西安市长安区韦曲东洪固原	西安市长安区博物馆	王其祎《西安新出土隋代上开府乐安县开国伯赵世摸墓志疏证》，《出土文献研究》第七辑页332 王其祎、周晓薇《隋代墓志铭汇考》第2册，线装书局2007 西安市长安博物馆《长安新出墓志》
591	王猛	大兴县高阳原	西安市长安区郭杜镇杨村	西安市长安区博物馆	《全唐文补遗千唐志斋新藏专辑》页450 王其祎《长安区郭杜镇新出土隋代墓志铭四种》，《碑林集刊》第十一辑页227 王其祎、周晓薇《隋代墓志铭汇考》第2册，线装书局2007 西安市长安博物馆《长安新出墓志》
592	吕武		西安韩森寨		《1949—1989四十年出土墓志目录》页47 《西安郊区隋唐墓》图页45、46，93录文

葬年	墓主姓名	埋葬地	出土地	现藏地	著录研究现状
592	吕武暨妻宇文氏	大兴县宁安乡	西安市东郊韩森寨	中国社会科学院考古研究所西安研究室	中国科学院考古研究所《西安郊区隋唐墓》,科学出版社 1966 页 106—107、93 《隋唐五代墓志汇编》陕西卷第 3 册页 2 罗新、叶炜《新出魏晋南北朝墓志疏证》,中华书局 2005 王其祎、周晓薇《隋代墓志铭汇考》第 2 册,线装书局 2007
592	吕思礼暨妻辛氏	高阳原	西安市长安区郭杜镇杨村南三百米	陕西省考古研究院	《隋吕思礼夫妇合葬墓清理简报》,《考古与文物》2004(6) 页 21 王其祎、周晓薇《隋代墓志铭汇考》第 2 册,线装书局 2007
592	郁久闾可婆头	高阳原	西安市长安区	陕西省考古研究院	王其祎、周晓薇《隋代墓志铭汇考》第 2 册,线装书局 2007
593	李椿	孝义里地	西安东郊庆华厂厂区	陕西省考古研究院	《1949—1989 四十年出土墓志目录》页 48 《考古与文物》1986(3) 页 25—29 《隋唐五代墓志汇编》陕西卷第 3 册页 3 罗新、叶炜《新出魏晋南北朝墓志疏证》,中华书局 2005 王其祎、周晓薇《隋代墓志铭汇考》第 2 册,线装书局 2007
594	惠云法师		西安	已佚	《六朝墓志检要》(修订本) 页 183 《汉魏南北朝墓志集释》卷八页 84 上、图 388
594	库狄士文	杜陵之南三里	西安市长安区引镇北	大唐西市博物馆	《大唐西市博物馆藏墓志》十五
594	扈志	大兴城西南一十五里	西安长安区	大唐西市博物馆	《大唐西市博物馆藏墓志》十六

葬年	墓主姓名	埋葬地	出土地	现藏地	著录研究现状
594	刘仁恩	长安区高阳原	西安长安区郭杜镇	大唐西市博物馆	《大唐西市博物馆藏墓志》十七
594	王台	义成乡北原	西安市长安区		王京阳《隋车骑将军王台墓志铭略考》,《碑林集刊》第十一辑页208 王其祎、周晓薇《隋代墓志铭汇考》第2册,线装书局2007
594	梁毚		西安市长安区	西安碑林博物馆	《北京图书馆藏中国历代石刻拓本汇编》第9册页90 《西安碑林全集》卷六七页1175 王其祎、周晓薇《隋代墓志铭汇考》第2册,线装书局2007
595	崔弘安		咸阳市		《隋代墓志铭汇考》第6册页103 《宝刻丛编》卷八页42 《古志汇目》卷一页12 《六朝墓志检要》(修订本)页186
595	巩宾暨妻陈氏		武功		《汉魏南北朝墓志集释》卷八页85、图392
595	郭均	长安之高阳原	西安郭杜镇	大唐西市博物馆	《大唐西市博物馆藏墓志》十八

葬年	墓主姓名	埋葬地	出土地	现藏地	著录研究现状
595	段威	洪渎川奉贤乡大和里	陕西省咸阳市底张湾	中国国家博物馆	《隋唐五代墓志汇编》陕西卷第1册页2 罗新、叶炜《新出魏晋南北朝墓志疏证》，中华书局2005 王其祎、周晓薇《隋代墓志铭汇考》第2册，线装书局2007 张铁弦《谈全国出土文物展览中的北方发现品》，《文物参考资料》1954(10)页54 夏鼐《咸阳底张湾隋墓出土的东罗马金币》，《考古学报》1959(3)页68 《碑帖叙录》页117 《北京图书馆藏中国历代石刻拓本汇编》第9册页101 《隋唐五代墓志汇编》陕西卷第1册页2 《西安碑林全集》卷六七页1185 《新中国出土墓志》陕西[贰]上册页8图、下册页6文 《西安碑林博物馆藏碑刻》函7卷六七页1185 《1949—1989四十年出土墓志目录》页48 《中国考古学研究》二集页182
596	卢瞻		咸阳市		《隋代墓志铭汇考》第6册页104 《金石录》卷三页6 《通志略》页742《金石略隋唐》 《宝刻丛编》卷八页42下 《古志汇目》卷一页12下 《六朝墓志检要》(修订本)页186
596	罗达	大兴县浐川乡长了里白鹿原	西安东郊郭家滩西北国棉五厂	西安碑林博物馆	《西安碑林博物馆新藏墓志汇编》 《1949—1989四十年出土墓志目录》页49 《考古与文物》1984(5)页29、31 罗新、叶炜《新出魏晋南北朝墓志疏证》，中华书局2005 王其祎、周晓薇《隋代墓志铭汇考》第2册，线装书局2007

葬年	墓主姓名	埋葬地	出土地	现藏地	著录研究现状
596	何雄		西安市长安区郭杜镇杨村	长安区博物馆	王其祎《长安区郭杜镇新出土隋代墓志铭四种》,《碑林集刊》第十一辑页227 王其祎、周晓薇《隋代墓志铭汇考》第2册,线装书局2007 西安市长安博物馆《长安新出墓志》
597	美人董氏	龙首原	西安	咸丰三年毁	《六朝墓志检要》(修订本)页186 王其祎、周晓薇《隋代墓志铭汇考》第2册,线装书局2007
597	张通妻陶贵		咸宁	已佚	《汉魏南北朝墓志集释》卷八页86下、图394
597	赵长述		陕西省西安市西郊权杨村	西安碑林博物馆	《1949—1989四十年出土墓志目录》页49 《考古学报》1963(2)页96 武伯纶《古城集》,三秦出版社1987页262、108 罗新、叶炜《新出魏晋南北朝墓志疏证》,中华书局2005 《西安碑林全集》卷六八页1214 《新中国出土墓志》陕西[贰]上册页434、下册页388 王其祎、周晓薇《隋代墓志铭汇考》第2册,线装书局2007 《西安碑林博物馆藏碑刻》函7卷六八页1214
597	贺若嵩	长安县龙首乡	陕西省西安市	西安市文物保护考古研究院	《隋唐五代墓志汇编》陕西卷第3册页5 罗新、叶炜《新出魏晋南北朝墓志疏证》,中华书局2005 王其祎、周晓薇《隋代墓志铭汇考》第2册,线装书局2007

葬年	墓主姓名	埋葬地	出土地	现藏地	著录研究现状
597	孙观暨妻王氏	万年	西安市长安区郭杜镇杨村	长安区博物馆	王其祎《长安区郭杜镇新出土隋代墓志铭四种》,《碑林集刊》第十一辑页227 王其祎、周晓薇《隋代墓志铭汇考》第2册,线装书局2007
597	刘绍暨妻郭氏	大兴县高阳原	西安市长安区豆引乡	西安碑林博物馆	《西安碑林博物馆新藏墓志汇编》 周晓薇《两方新出土隋代墓志铭解读》,《碑林集刊》第九辑页165 王其祎、周晓薇《隋代墓志铭汇考》第2册,线装书局2007
598	宋叔彦	长安县昆明乡	西安西南斗门镇一带	大唐西市博物馆	《大唐西市博物馆藏墓志》上册十九
598	刘安	洪固乡冑贵里	西安市长安区	陕西省考古研究院	王其祎、周晓薇《隋代墓志铭汇考》第2册,线装书局2007
600	独孤罗	雍州泾阳县洪渎原奉贤乡静民里	陕西省咸阳市底张湾	中国国家博物馆	《1949—1989四十年出土墓志目录》页49 《考古学报》1959(3)页68 《北京图书馆藏中国历代石刻拓本汇编》第9册页126 《隋唐五代墓志汇编》北京卷第1册页10 罗新、叶炜《新出魏晋南北朝墓志疏证》,中华书局2005 王其祎、周晓薇《隋代墓志铭汇考》第2册,线装书局2007
600	杨文愿	大兴县洪固乡	西安市长安区		王其祎、周晓薇《隋代墓志铭汇考》第2册,线装书局2007
600	席渊	神和之原	西安市长安区神禾原		王其祎、周晓薇《隋代墓志铭汇考》第2册,线装书局2007
601	贾义		咸阳市		《隋代墓志铭汇考》第6册页111 《宝刻丛编》卷八页42下 《古志汇目》卷一页13上 《六朝墓志检要》(修订本)页191

葬年	墓主姓名	埋葬地	出土地	现藏地	著录研究现状
601	张光暨妻姚氏		陕西长安区		《隋代墓志铭汇考》第6册页115 《金石录》卷三页6 《通志略》页742《金石略隋唐》 《宝刻丛编》卷八页1下 《古志汇目》卷一页13上 《六朝墓志检要》(修订本)页191
601	梁恭		陕西咸阳市		《隋代墓志铭汇考》第6册页115 《金石录》卷三页6 《通志略》页742《金石略隋唐》 《宝刻丛编》卷八页43上 《古志汇目》卷一页13上 《六朝墓志检要》(修订本)页191
601	独孤君妻宇文氏		西安韩森寨		《1949—1989出土墓志目录》页50 《文博》1984(2)页36 《中国考古学研究》二集页182
601	杨士贵		陕西省西安市西郊权杨村	西安碑林博物馆	《1949—1989四十年出土墓志目录》页50 《考古学报》1963(2)页96 武伯纶《古城集》页262、108 罗新、叶炜《新出魏晋南北朝墓志疏证》,中华书局2005页484 王其祎 周晓薇《隋代墓志铭汇考》第2册,线装书局2007 《西安碑林博物馆藏碑刻》函7卷六八页1251
601	禽昌伯妻宇文氏		西安东郊洪庆村	西安碑林博物馆	孙秉根《西安隋唐墓葬的形制》,《中国考古学研究》第三集页182 《西安碑林全集》卷六八页126 王其祎、周晓薇《隋代墓志铭汇考》第2册,线装书局2007 《西安碑林博物馆藏碑刻》函7卷六八页1260 《文博》1984(2) 《西安碑林博物馆藏碑刻》函7卷六八页1260

葬年	墓主姓名	埋葬地	出土地	现藏地	著录研究现状
601	尉迟运妻贺拔毗沙	雍州泾阳县奉贤乡静民里	陕西省咸阳底张湾	陕西省考古研究院	《中国北周珍贵文物》页107、108 罗新、叶炜《新出魏晋南北朝墓志疏证》，中华书局2005 页491 王其祎 周晓薇《隋代墓志铭汇考》第3册，线装书局2007 页5
601	鲁阿鼻	洪固乡畴贵里	西安市长安区洪固乡少陵原	陕西省考古研究院	王其祎、周晓薇《隋代墓志铭汇考》第3册，线装书局2007 页15
601	鲁钟馗	雍州大兴县畴贵里之原	西安市长安区洪固乡少陵原	陕西省考古研究院	王其祎、周晓薇《隋代墓志铭汇考》第3册，线装书局2007 页17
601	田保洛暨妻王氏	雍州长安县福阳乡	西安市长安区郭杜镇杨村	长安区博物馆	王其祎《长安区郭杜镇新出土隋代墓志铭四种》，《碑林集刊》第十一辑页227 王其祎、周晓薇《隋代墓志铭汇考》第3册，线装书局2007 页40
601（卒）	赫连山妃		西安市西郊陕西省印刷科学技术研究院	陕西省考古研究院	《隋代墓志铭汇考》第6册页118
603	萧绍	雍州泾阳县奉贤乡靖民里	西安咸阳机场二期扩建工程工地	咸阳市文物考古研究所	谢高文《隋萧绍墓志考》，《碑林集刊》第十一辑页216 王其祎、周晓薇《隋代墓志铭汇考》第3册，线装书局2007 页55
603	尉琼仁	大兴县洪源乡之小陵原	西安市长安区杜曲镇兴教寺北	大唐西市博物馆	《大唐西市博物馆藏墓志》上册二十一

葬年	墓主姓名	埋葬地	出土地	现藏地	著录研究现状
605	李文都		陕西省西安市东郊郭家滩	西安碑林博物馆	《1949—1989四十年出土墓志目录》页50 《考古学报》1963（2）页93 武伯纶《古城集》页262、101、123 《宝鸡和西安附近考古发掘简报》，《考古通讯》1955（2）页40 《西安碑林全集》卷68页1803 《新中国出土墓志》陕西［贰］上册页434、下册388［补遗］ 罗新、叶炜《新出魏晋南北朝墓志疏证》，中华书局2005页507 王其祎、周晓薇《隋代墓志铭汇考》第3册，线装书局2007页146 《西安碑林博物馆藏碑刻》函7卷六八页1303
605	李景亮	京兆杜原	西安市长安区杜陵原		王其祎、周晓薇《隋代墓志铭汇考》第3册，线装书局2007页159
607	贺兰才		泾阳县		《隋代墓志铭汇考》第6册页131 《金石录》卷七页7 《通志略》页742《金石略隋唐》 《石刻名汇》卷三页25上
607	皇甫诞		长安区		《隋代墓志铭汇考》第六册页133 《宝刻丛编》卷八页1下 《古志汇目》卷一页14上 《六朝墓志检要》（修订本）页201
607	姜济		咸阳		《隋代墓志铭汇考》第6册页134 《宝刻丛编》卷八页43上 《古志汇目》卷一页13上 《六朝墓志检要》（修订本）页201
607	常丑奴暨妻宗氏		明代出兴平		《汉魏南北朝墓志集释》卷八页93下，图425

葬年	墓主姓名	埋葬地	出土地	现藏地	著录研究现状
607	杨弘	高阳里	西安市长安区		王其祎、周晓薇《隋代墓志铭汇考》第3册,线装书局2007 页229
607	陈叔兴		西安市长安区韦曲镇民间征集	长安区文管会	董理《陈沅陵王陈叔兴墓志铭考释》,《陕西历史博物馆馆刊》第八辑页258 王其祎、周晓薇《隋代墓志铭汇考》第3册,线装书局2007 页238
607	吕昙		陕西省西安市东郊韩森寨附近	西安碑林博物馆	《1949—1989 四十年出土墓志目录》页51 《考古学报》1963(2)页93 武伯纶《古城集》页261、101 《西安碑林全集》卷六八页1321 《新中国出土墓志》陕西[贰]上册页434、下册页388 罗新、叶炜《新出魏晋南北朝墓志疏证》,中华书局2005 页544 王其祎、周晓薇《隋代墓志铭汇考》第3册,线装书局2007 页300 《西安碑林博物馆藏碑刻》函7卷六八页1321
608	梁罗		西安城南杜曲		《隋代墓志铭汇考》第6册页138 《金石文字记》卷二页24 《金石录补》卷九页8上 《关中金石记》卷一页10上 《关中金石文字存逸考》卷五页10上 《石刻名汇》卷三页25下 《汉魏六朝墓志铭纂例》卷四页17 《咸宁县志》卷一六《金石志》页3 《陕西金石志》卷七页12 《六朝墓志检要》(修订本)页203 《碑帖鉴定》页222
608	李静训	京兆长安区休祥里万善道场之内	陕西省西安市玉祥门外西站大街南50米处	中国国家博物馆	《1949—1989出土墓志目录》页51 《唐长安城郊隋唐墓》页25—28 唐金裕《西安西郊隋李静训墓发掘简报》,《考古》1959(9) 罗新、叶炜《新出魏晋南北朝墓志疏证》,中华书局2005 页547 王其祎 周晓薇《隋代墓志铭汇考》第3册,线装书局2007 页350

葬年	墓主姓名	埋葬地	出土地	现藏地	著录研究现状
609	元世斌	大兴城西龙首乡隆安里之山	陕西省西安市西郊	陕西师范大学古籍整理研究所	王其祎《西安新出土〈元世斌墓志〉考证》,《文物》2001(8) 王雪玲《新发现五种隋唐墓志考证》,《碑林集刊》第七辑 罗新、叶炜《新出魏晋南北朝墓志疏证》,中华书局 2005 页 550 王其祎 周晓薇《隋代墓志铭汇考》第 3 册,线装书局 2007 页 356
609	陈宣帝夫人施氏	高杨原洪固乡	陕西省长安区韦曲镇北原	长安区文管会	董理《〈陈临贺王国太妃墓志铭〉考释》,《文博》2001(5) 罗新、叶炜《新出魏晋南北朝墓志疏证》,中华书局 2005 页 552 王其祎、周晓薇《隋代墓志铭汇考》第 3 册,线装书局 2007 页 363
610	李椿妻刘琬华	蓝田县童人乡	西安市东郊庆华厂	陕西省考古研究院	《隋代墓志铭汇考》第 4 册页 27 《西安东郊隋李椿夫妇墓清理简报》,《考古与文物》1986(3)页 22 《隋唐五代墓志汇编》陕西第 3 册 9 《新出魏晋南北朝墓志疏证》页 558 《1949—1989 四十年出土墓志目录》页 51 《隋唐五代墓志汇编》陕西卷第 3 册页 9
610	韦圆照妻杨静徽	鸿固乡畴贵里	西安长安区韦曲镇北原	陕西省考古研究院	《隋代墓志铭汇考》第 4 册页 62 戴应新:《隋丰宁公主杨静徽驸马韦圆照墓志笺证》,《故宫学术季刊》14 卷第 1 期页 169 《新出魏晋南北朝墓志疏证》页 575

葬年	墓主姓名	埋葬地	出土地	现藏地	著录研究现状
610	姬威	京兆郡大兴县浐川乡之白鹿原	西安东郊郭家滩	中国国家博物馆	《六朝墓志检要》(修订本)页207 《西安郭家滩隋姬威墓清理简报》,《文物》1958页4 《隋代墓志铭汇考》第四册页66 《碑帖叙录》页148 《北京图书馆藏中国历代石刻拓本汇编》第10册页35 《新出魏晋南北朝墓志疏证》页570 茹士安、何汉南《西安地区考古工作中的发现》,《考古通讯》1955(3)页20 《隋唐五代墓志汇编》北京卷附辽宁第1册页75 《1949—1989四十年出土墓志目录》页52
610	元咳女		西安市长安区		《隋代墓志铭汇考》第4册页72 《金石书学》(日本)2002(6)
610	解方保	京兆郡长安区福阳乡修福里	西安市长安区	西安碑林博物馆	《西安碑林博物馆新藏墓志汇编》 《隋代墓志铭汇考》第4册页101 《碑林集刊》第九辑《两方新出土隋代墓志铭解读》 《碑林集刊》第九辑页165
610	上官政		陕西礼泉县		《隋代墓志铭汇考》第6册145页 《金石录》卷三页7 《宝刻丛编》卷九页1上 《通志略》页742《金石略隋唐》 《六朝墓志检要》(修订本)页206
610	柳旦		陕西长安区		《隋代墓志铭汇考》第6册页148 《金石录》卷二二页12下 《宝刻丛编》卷八页2上 《通志略》742页《金石略隋唐》 《六朝墓志检要》页332 《古志汇目》卷一页14下 《石墨考异》卷上页8
610	元幼娥		长安区	陕西省考古研究院	《隋代墓志铭汇考》第6册页152

葬年	墓主姓名	埋葬地	出土地	现藏地	著录研究现状
611	姚辩		西安长安区	已佚	《隋代墓志铭汇考》第4册页152 《集古录目》卷四 《金石录》卷三 《宝刻丛编》卷八页2 《金石文字记》卷二 《潜研堂金石文跋尾》卷三页28 《金薤琳琅》卷八页11 《集古求真》卷二页1 《全隋文》卷一四 《授堂金石一跋》卷四页7 《金石萃编》卷四〇页6下 《宜禄堂收藏金石记》卷一六 《碑版文广例》卷七页30 《汉魏六朝墓志金录》卷21 《观妙斋藏金石文考略》卷五页26 《古墨斋金石跋》卷二页2 《汉魏石经室金石跋尾》 《石志石华》卷四页9 《咸宁长安两县续志》卷一二《金石考上》页57 《陕西金石志》卷七页13 《碑帖叙录》页126 《石刻题跋索引》页159 《六朝墓志检要》（修订本）页212
611	田德元	大兴县浐河乡白鹿原	西安东郊郭家滩浐河东白鹿原西麓	西安碑林博物馆	《六朝墓志检要》（修订本）页213 《1949—1989四十年出土墓志目录》页52 《文物》1957页866 《隋代墓志铭汇考》第4册页18 《碑帖叙录》页46 《北京图书馆藏中国历代石刻拓本汇编》第10册页55 《隋唐五代墓志汇编》陕西卷第1册页3 《西安碑林全集》卷六九页1424 《新出魏晋南北朝墓志疏证》页587 《新中国出土墓志》陕西[贰]上册页9图、下册页7文 《碑帖鉴定》页228 陕西省文物管理委员会《西安郭家滩隋墓清理简报》,《文物参考资料》1957(8) 《西安碑林博物馆藏碑刻》函7卷六九页1424

葬年	墓主姓名	埋葬地	出土地	现藏地	著录研究现状
613	郁提	京兆大兴县高平乡之杜原	西安长安区韦曲镇	西安碑林博物院	《隋代墓志铭汇考》第4册页361 《隋唐五代墓志汇编》北京大学卷第1册页19 《隋代碑志百品》页365 《中国美术全集书法篆刻编》第3册页29 《新出魏晋南北朝墓志疏证》页612 《新中国出土墓志》陕西[贰]上册页10图、下册页7文 《碑帖鉴定》页228 《西安碑林全集》卷七〇页1523
613	张子明	泾阳县洪川乡洪原里石安原	陕西咸阳机场	陕西省考古研究院	《隋代墓志铭汇考》第4册页379
613	元整		长安区		《隋代墓志铭汇考》第6册页161 《宝刻丛编》卷八页2上 《古志汇目》卷一页15上 《六朝墓志检要》(修订本)页224
613	徐寔		长安区		《隋代墓志铭汇考》第6册页162 《宝刻丛编》卷八页2下 《古志汇目》卷一页15上 《六朝墓志检要》(修订本)页225
613	萧氏		西安		《隋代墓志铭汇考》第6册页163 《芒洛冢墓遗文续编》卷上页13下 《六朝墓志检要》(修订本)页225
613	丁那提	京兆大兴县高平乡	陕西西安长安区韦曲附近	西安碑林博物馆	《隋唐五代墓志汇编》北大卷第1册页19 罗新、叶炜《新出魏晋南北朝墓志疏证》,中华书局2005 《西安碑林博物馆藏碑刻总目提要》函7卷六六页1023 《西安碑林博物馆藏碑刻总目提要》函7卷七〇卷页1523
614	杨岳	大兴县洪固乡之原	西安长安区韦曲	大唐西市博物馆	《大唐西市博物馆藏墓志》上册二十四

葬年	墓主姓名	埋葬地	出土地	现藏地	著录研究现状
615	尉富娘	京兆郡长安县龙首乡兴台里	长安龙首乡	上海博物馆	《六朝墓志检要》(修订本)页234 《隋代墓志铭汇考》第5册页181 《八琼室金石补正》卷二七页176 《石志石华续编》卷一页10 《关中石刻文字新编》卷三页4 《关中金石文字存逸考》卷三页14 《宝鸭斋题跋》卷中页19 《丁戊金石跋》卷中 《碑帖跋》页46 《陕西金石志》卷七页14 《校碑随笔》卷四页24 《雪堂金石文字跋尾》卷三页22 《咸宁长安两县续志》卷一三《金石考下》页8 《寰宇贞石图》第4册 《艺风堂文集》卷六 《汉魏南北朝墓志集释》卷九页104上、图498 《碑帖叙录》页174 《增补校碑随笔》页467 《西安碑林全集》卷一九五页927 《碑帖鉴定》页230 《六朝墓志检要》页375 《石刻题跋索引》页161 《善本碑帖录》页93
615	刘世恭	城东白鹿原浐川乡	西安东郊白鹿原	中国社会科学院考古研究所西安研究室	《1949—1989四十年出土墓志目录》页53 《考古学报》1956(3)页52、53 《隋代墓志铭汇考》第5册页237 《隋唐五代墓志汇编》陕西卷第3册页11 《新出魏晋南北朝墓志疏证》页623
615	冯淹	大兴县浐川乡白鹿之原	西安东郊韩森寨	西安碑林博物馆	《1949—1989四十年出土墓志目录》页53 《中国考古学研究》第二集页183 《隋代墓志铭汇考》第5册页273 《西安碑林全集》卷七二页1771 《新中国出土墓志》陕西[贰]上册页11图、下册页8文 《新出魏晋南北朝墓志疏证》页634存目 《西安碑林博物馆藏碑刻》函7卷七二页1771

葬年	墓主姓名	埋葬地	出土地	现藏地	著录研究现状
615	元智	大兴县□□乡□□里	西安西	残石存故宫	《隋代墓志铭汇考》第5册页201 《平津读碑续记》卷一页2 《古泉山馆金石文编残稿》卷一页20 《古志石华》卷四三页13 《金石萃编补略》卷一页28 《八琼室金石补正》卷二七页17 《隋唐石刻拾遗》卷上页4 《金石续编》卷三页30 《关中金石文字存逸考》卷五页11 《校碑随笔》卷四页24 《非见斋审定六朝正书碑目》卷一页2 《清风堂文钞》卷一一 《激素飞清阁平碑记》卷二 《清仪阁题跋》页75 《丁戊金石跋》页4 《独笑斋金石考略》卷四 《集古求真》卷一页20 《辽居稿》 《读碑小笺》(增订本) 《陕西金石志》卷七页13 《咸宁县志》卷一六 《金石志》页3 《寰宇贞石图》第4册 《汉魏南北朝墓志集释》卷三页12、图51 《史讳举例》卷七 《增补校碑随笔》页469 《碑帖叙录》页31 《北京图书馆藏中国历代石刻拓本汇编》第10册页131 《石刻题跋索引》页162 《六朝墓志检要》(修订本)页236 《善本碑帖录》页93 《碑帖鉴定》页231

葬年	墓主姓名	埋葬地	出土地	现藏地	著录研究现状
615	元智妻姬氏墓志	大兴县□□乡□□里	西安西	残石存故宫	《隋代墓志铭汇考》第5册页221 《平津读碑续记再续》页8 《古志石华》卷四页17 《金石续编》卷三页39 《八琼室金石补正》卷二七页29 《金石萃编补略》卷一页33 《清仪阁题跋》页76 《宜禄堂收藏金石记》卷二页16 《关中金石文字存逸考》卷五页11 《集古求真》卷一页20 《汉石经室金石跋尾》 《隋唐石刻拾遗》卷上页7 《陕西金石志》卷七页14 《校碑随笔》卷四页27 《丁戊金石跋》卷下页8 《碑帖跋》页51 《寰宇贞石图》第四册 《汉魏南北朝墓志集释》卷三页14、图52 《增补校碑随笔》页470 《碑帖叙录》页30 《北京图书馆藏中国历代石刻拓本汇编》第10册页132 《石刻题跋索引》页162 《六朝墓志检要》(修订本)页236 《碑帖鉴定》页231 《善本碑帖录》页94
615	吴弘暨妻高氏	大兴县产川乡白禄之原	西安东郊	西安市文物保护考古研究院	《隋代墓志铭汇考》第5册页237 《隋唐五代墓志汇编》陕西卷第3册页10 《新出魏晋南北朝墓志疏证》页620
616	于纬暨妻唐氏	京兆郡长安县之高阳原	西安长安区		《隋代墓志铭汇考》第5册页277
616	尹君妻王氏		西安东郊郭家滩东国棉厂		《隋代墓志铭汇考》第5册页281 《考古学报》1962页92 《新中国出土墓志》陕西[贰]上册页434、下册页388 《新出魏晋南北朝墓志疏证》页619

葬年	墓主姓名	埋葬地	出土地	现藏地	著录研究现状
616	田行达	京兆郡大兴县口口乡	西安东郊郭家滩	西安碑林博物馆	《1949—1989四十年出土墓志目录》页53 《隋代墓志铭汇考》第5册页313 《中国考古学研究》二集页183 《隋唐五代墓志汇编》陕西卷1册页4 《碑帖鉴定》页232 《碑林集刊》第六辑页26 《新出魏晋南北朝墓志疏证》页625 《西安碑林博物馆藏碑刻》函7卷七二页1784
616	窦俨	京兆郡大兴县小陵原	西安市长安区		《隋代墓志铭汇考》第5册页325
616	长孙汪暨妻杜氏	京兆郡大兴县洪原乡洪原里	西安市长安区		《隋代墓志铭汇考》第5册页353
616	宋永贵	京兆郡长安县龙首乡	西安	光绪十五年以前入藏西安碑林博物馆	《隋代墓志铭汇考》第5册页384 《古志石华续编》卷一页12 《八琼室金石补正》卷二八页1、13 《关中石刻文字新编》卷三页5 《关中金石文存逸考》卷一页8 《宜禄堂收藏金石记》卷十页16 《香南精舍金石契》 《集古求真》卷一页19 《慕汲轩志石文录续编》页19 《陕西金石志》卷七页15 《咸宁长安两县续志》卷一二《金石考上》页7 《碑帖叙录》页83 《北京图书馆藏中国历代石刻拓本汇编》第10册页160 《隋唐五代墓志汇编》陕西卷第1册页5 《西安碑林全集》卷七二页1794 《石刻题跋索引》页163 《碑帖鉴定》页233 《六朝墓志检要》(修订本)页244 《汉魏南北朝墓志集释》卷九页07上、图520

葬年	墓主姓名	埋葬地	出土地	现藏地	著录研究现状
616	于纬	京兆郡长安县之高阳原	西安长安区郭杜镇	大唐西市博物馆	《大唐西市博物馆藏墓志》上册二十五
616	长孙汪	京兆郡大兴县洪原乡洪原里	西安长安区杜曲镇兴教寺北	大唐西市博物馆	《大唐西市博物馆藏墓志》上册二十六
617	孟常暨妻吕氏赵氏	永口之里	陕西长安		《隋代墓志铭汇考》第5册页418 《汉魏南北朝墓志集释》卷九页108、图523 《石刻题跋索引》页163 《六朝墓志检要》(修订本)页246
617	元统师	大兴县洪源乡之小陵原	西安长安区杜曲镇兴教寺北	大唐西市博物馆	《大唐西市博物馆藏墓志》上册二十七
618—907	宫人九品		西安市西郊枣园	西安碑林博物馆	《西安碑林博物馆新藏墓志汇编》〔下〕页932
619	莫丽芳	长安之福阳乡	西安长安区	大唐西市博物馆	大唐西市博物馆藏墓志》上册二十八
619	颜宏	雍州万年县永寿之乡	西安市西三爻村西、杜城村东	大唐西市博物馆	《大唐西市博物馆藏墓志》上册二十九
621	张权	万年县之小陵原	西安长安区兴教寺以北	大唐西市博物馆	《大唐西市博物馆藏墓志》上册三十

葬年	墓主姓名	埋葬地	出土地	现藏地	著录研究现状
624	郭敬		西安东郊红庆村	西安碑林博物馆	《西安碑林博物馆藏碑刻总目提要》函8卷七三页1858 《补》3—308
625	苏永安		西安东郊韩森寨	西安碑林博物馆	《1949—1989四十年出土墓志目录》页56 《中国考古学研究》二集页183 《西安碑林博物馆藏碑刻总目提要》函8卷七三页1872 《汇编》页15 《补》3—310
628	李㪍	雍州长安县之高阳原	西安长安区郭杜一带	大唐西市博物馆	《大唐西市博物馆藏墓志》三十一
628	李药王	雍州长安县之高阳原	西安长安区郭杜一带	大唐西市博物馆	《大唐西市博物馆藏墓志》三十二
631	李寿		陕西三原焦村		《1949—1989四十年出土墓志目录》页56 《文物》1974(9)页75、84 《西安碑林博物馆藏碑刻》函8卷七三页1905 《汇编》一24 《补》1—474
631	宫人何氏	长安县之龙首原	西安市西郊三民村	西安碑林博物馆	《西安碑林博物馆新藏墓志汇编》 《1949—1989四十年出土墓志目录》页57 《考古与文物》1982(6)页35—37
631	宫人麻氏	长安县之龙首原	西安市西郊三民村	西安碑林博物馆	《西安碑林博物馆新藏墓志汇编》 《1949—1989四十年出土墓志目录》页57 《考古与文物》1982(6)页36、37
631	宫人司制何氏		西安西郊三民村	西安碑林博物馆	《西安碑林博物馆藏碑刻总目提要》函8卷七三页1902 《汇编》页21 《补》3—313

葬年	墓主姓名	埋葬地	出土地	现藏地	著录研究现状
631	宫人掌闱麻时		西安西郊三民村		《西安碑林博物馆藏碑刻总目提要》函8卷七三页1895
635	段元哲		西安东郊韩森寨		《1949—1989四十年出土墓志目录》页59 《西安郊区隋唐墓》图页47、94录文
640	陆士季	京兆杜陵之东原	西安市长安区	大唐西市博物馆	《大唐西市博物馆藏墓志》三十三
640	王宣	长安县西	西安市长安区高桥村	西安碑林博物馆	《西安碑林博物馆新藏墓志汇编》
642	李绍		西安东郊韩森寨	西安碑林博物馆	《1949—1989四十年出土墓志目录》页59 《考古学报》1963（2）页88 《中国考古学研究》二集页183 《西安碑林博物馆藏碑刻》函8卷七三页1949 《汇编续》一27 《补》6—237
642	李夫人		西安		《1949—1989四十年出土墓志目录》页59 《中国考古学研究》二集页183
642	独孤开远		西安		《1949—1989四十年出土墓志目录》页60 《中国考古学研究》二集页183 《西安碑林博物馆藏碑刻》函8卷七三页1935 《补》3—325
642	李府君夫人长乐县君		西安东郊韩森寨	西安碑林博物馆	《西安碑林博物馆藏碑刻总目提要》函8卷七三页1958 《补》6—327

葬年	墓主姓名	埋葬地	出土地	现藏地	著录研究现状
642	李世寿	长安县福阳乡修福里高阳原	西安长安区郭杜东祝村附近	西北大学博物馆	葛承雍《新出唐遂安王李世寿墓志考释》,《唐研究》第三卷(1997)
645	王君愕		西安		《1949—1989四十年出土墓志目录》页62 《考古》1978(3)页178注
645	王约	神和原之旧茔	西安长安区香积寺一带	大唐西市博物馆	《大唐西市博物馆藏墓志》三十四
646	胡演	雍州长安县细柳原	西安市长安区细柳镇一带	大唐西市博物馆	《大唐西市博物馆藏墓志》三十六
646	韦怀德	杜陵原	西安长安区	大唐西市博物馆	《大唐西市博物馆藏墓志》三十七
646	吕道仁妻王凝华	浐川乡龙首之原	西安东郊田家湾四队第二砖厂	西安碑林博物馆	《西安碑林博物馆新藏墓志汇编》《西安碑林博物馆藏碑刻》函8卷七三页1970 《汇编续》一33 《补》3—333
647	张氏		西安东郊韩森寨		
649	贺拔亮	万年县之少陵原	西安长安区兴教寺北	大唐西市博物馆	《大唐西市博物馆藏墓志》四十
649	王客卿	雍州万年县洪固乡黄沟里之神和原	西安长安区	大唐西市博物馆	《大唐西市博物馆藏墓志》四十一

葬年	墓主姓名	埋葬地	出土地	现藏地	著录研究现状
649	唐晏	永寿乡高阳之原	西安郭杜镇	大唐西市博物馆	《大唐西市博物馆藏墓志》四十三
650	司马睿		西安东郊洪庆乡路家湾		《1949—1989 四十年出土墓志目录》页62 《考古与文物》1985(1)页48
650	刘世通		西安西郊小土门村		《1949—1989 四十年出土墓志目录》页63 《考古学报》1963(2)页94
650	刘世通妻王氏		西安西郊小土门村	西安碑林博物馆	《1949—1989 四十年出土墓志目录》页63 《考古学报》1963(2)页97
650	武玄希		西安浐桥东南下家村	西安碑林博物馆	《西安碑林博物馆藏碑刻》函8卷七三页1976 《汇编》一131 《补》3—349
651	阿史那婆罗门	灞原		西安碑林博物馆	《西安碑林博物馆新藏墓志汇编》
651	段简璧		陕西礼泉烟霞乡张家山村昭陵附近		《1949—1989 四十年出土墓志目录》页64 《文博》1989(6)页10—12
651	高昱	雍州醴泉县安乐乡昭陵之侧	陕西礼泉县	大唐西市博物馆	《大唐西市博物馆藏墓志》四十四
651	姜崇业	京兆万年洪源乡之原	西安曲江池西南	大唐西市博物馆	《大唐西市博物馆藏墓志》四十五

葬年	墓主姓名	埋葬地	出土地	现藏地	著录研究现状
651	贺拔君夫人张氏	少陵原	西安长安区引镇北	大唐西市博物馆	《大唐西市博物馆藏墓志》四十六
652	刘氏妻		西安东郊韩森寨	西安碑林博物馆	
653	牛文宗	京兆杜城西高阳原山	陕西西安郭杜镇	大唐西市博物馆	《大唐西市博物馆藏墓志》四十八
653	苏兴		西安土门	西安碑林博物馆	《西安碑林博物馆藏碑刻》函8卷七四页 1985 《补》3—353
654	李玄济	雍州长安县同乐乡宁安里之细柳原	西安长安区细柳乡	西安碑林博物馆	《西安碑林博物馆藏碑刻》函25卷补遗页18 《碑林集刊》第7辑页70 《西安碑林博物馆新藏墓志汇编》
654	安万通		西安枣园村	西安碑林博物馆	《1949—1989四十年出土墓志目录》页65 《文博》1984(2)页40
654	某君刚	杜陵之西原	西安长安区	大唐西市博物馆	《大唐西市博物馆藏墓志》五十
654	杜怀让	雍州万年县少陵之西原	西安长安区引镇北	大唐西市博物馆	《大唐西市博物馆藏墓志》五十一
654	袁神		西安长安王曲村	西安碑林博物馆	《碑林集刊》第八辑页183

葬年	墓主姓名	埋葬地	出土地	现藏地	著录研究现状
654	李智贠		西安东郊韩森寨	西安碑林博物馆	《西安碑林博物馆藏碑刻》函8卷七四页1992 《补》6—246
655	毕正义		西安西郊土门		《1949—1989四十年出土墓志目录》页66 《文博》1984(2)页42 《西安碑林博物馆藏碑刻》函8卷七四页1998 《补》6—251
655	常鸿	万年县之少陵原	西安长安区引镇北	大唐西市博物馆	《大唐西市博物馆藏墓志》五十二
656	韦尼子		陕西礼泉昭陵陵园附近		《1949—1989四十年出土墓志目录》页66 《文物》1987(1)页86—88
656	杨岳墓志[又一方]	雍州万年县黄台乡少陵原	西安长安区郭杜	大唐西市博物馆	《大唐西市博物馆藏墓志》五十三
657	亡宫五品		陕西礼泉昭陵陵园附近		《1949—1989四十年出土墓志目录》页67 《文物》1987(3)页175
657	张士贵		陕西礼泉马寨村		《1949—1989四十年出土墓志目录》页67 《考古》1978(3)页175
657	陶普慈	高阳之原	西安长安区郭杜镇	大唐西市博物馆	《大唐西市博物馆藏墓志》五十七
658	执失奉节		西安长安郭杜镇一号墓	西安碑林博物馆	《1949—1989四十年出土墓志目录》页68 《文物》1959(8)页32 《西安碑林博物馆藏碑刻》函8卷七四页2007 《补》3—362

葬年	墓主姓名	埋葬地	出土地	现藏地	著录研究现状
658	辛谦	雍州高陵县临泾里泾阳之原		西安碑林博物馆	《西安碑林博物馆新藏墓志汇编》
658	尉迟敬德		陕西礼泉昭陵烟霞新村		《1949—1989四十年出土墓志目录》页68 《文物》1978(5)页24—25
658	尉迟敬德妻苏氏		陕西礼泉昭陵烟霞新村		《1949—1989四十年出土墓志目录》页69 《文物》1978(5)页24—25
658	徐德	雍州万年县少陵原之智原乡	西安长安区	大唐西市博物馆	《大唐西市博物馆藏墓志》五十九
658	李知本		西安临潼姚村西康工地	西安碑林博物馆	《集刊》第八辑页187
659	李政		西安东郊郭家滩	西安碑林博物馆	
659	李整		西安近郊	西安碑林博物馆	
659	李万端		西安近郊	西安碑林博物馆	
660	刘贵及妻张氏		西安长安区杜陵乡高旺村	西安碑林博物馆	
660	王妃子	高阳之原	长安区郭杜镇一带	大唐西市博物馆	《大唐西市博物馆藏墓志》六十一
660	吕铁头	长安县细柳	咸阳市西南两寺渡附近	大唐西市博物馆	《大唐西市博物馆藏墓志》六十三

葬年	墓主姓名	埋葬地	出土地	现藏地	著录研究现状
661	郭敬善		西安东郊路家湾	西安碑林博物馆	《1949—1989四十年出土墓志目录》页69 《中国考古学研究》二集页183 《西安碑林博物馆藏碑刻》函8卷七四页2022 《补》3—377 《汇编续》一116
661	段伯阳		西安东郊十里铺	西安碑林博物馆	《西安碑林博物馆藏碑刻总目提要》函8卷七四页2031 《补》3—378 《考古学报》1963(2)页88 《中国考古学研究》二集页183
661	张直	万年县少陵之原	西安长安区	大唐西市博物馆	《大唐西市博物馆藏墓志》六十四
661	韩赟	万年神禾之原	西安长安区	大唐西市博物馆	《大唐西市博物馆藏墓志》六十五
661	杨元嗣夫人李氏	高平乡少陵之原	西安长安区韦曲镇	大唐西市博物馆	《大唐西市博物馆藏墓志》六十六
662	张楚贤		西安南郊三爻村新安建材厂		《1949—1989四十年出土墓志目录》页69 《考古与文物》1983(3)页35、39、40
663	张难		西安东郊郭家滩	西安碑林博物馆	《西安碑林博物馆藏碑刻总目提要》函8卷七四页2040 《补》6—295
663	七品宫人	城西原	西安西	大唐西市博物馆	《大唐西市博物馆藏墓志》六十七
663	王约	万年县高平乡	西安市长安区韦曲镇北焦村一带	大唐西市博物馆	《大唐西市博物馆藏墓志》六十八

葬年	墓主姓名	埋葬地	出土地	现藏地	著录研究现状
664	张楚贤妻王氏		西安南郊三爻村		《1949—1989 四十年出土墓志目录》页71 《考古与文物》1983(3)
664	郑仁泰		陕西礼泉马寨村		《1949—1989 四十年出土墓志目录》页71 《文物》1972(7) 页38、39
664	何德		西安土门村		《1949—1989 四十年出土墓志目录》页72 《文博》1984(2) 页36
664	何刚		西安东郊郭家滩	西安碑林博物馆	《1949—1989 四十年出土墓志目录》页72 《文博》1984(2) 页38 《中国考古学研究》二集页183 《西安碑林博物馆藏碑刻》函8卷七四页2047 《补》3—385 《汇编续》—142
664	李实	长安之南阳原	西安长安区	大唐西市博物馆	《大唐西市博物馆藏墓志》六十九
665	赵宗妻刘宝		西安韩森寨		《1949—1989 四十年出土墓志目录》页73 《西安郊区隋唐墓》图页48、49、94、95，录文
665（卒）	三品亡尼		昭陵陵园附近		《1949—1989 四十年出土墓志目录》页73 《文物》1987(1) 页89、90
665	宇文干	雍州万年县杜陵凤栖之原	西安长安区	大唐西市博物馆	《大唐西市博物馆藏墓志》七十一
666	王氏妇口氏		西安东郊郭家滩	西安碑林博物馆	《西安碑林博物馆藏碑刻》函8卷七四页2054 《补》3—401

葬年	墓主姓名	埋葬地	出土地	现藏地	著录研究现状
667	张世贵妻岐氏		陕西礼泉马寨村		《1949—1989 四十年出土墓志目录》页68 《考古》1978(3)页175
667	桓表		西安西郊土门	西安碑林博物馆	
667	段允探		西安东郊韩森寨	西安碑林博物馆	《西安碑林博物馆藏碑刻》函8卷七四页2061 《补》3—406
667	段伯阳妻高氏		西安东郊韩森寨	西安碑林博物馆	《西安碑林博物馆藏碑刻》函8卷七四页2068 《补》3—406
667	赵五娘（懿懿）		西安东郊韩森寨	西安碑林博物馆	
668	张智慧		陕西咸阳长武枣园乡郭村		《1949—1989 四十年出土墓志目录》页73 《考古与文物》1981(2)页113 《文博》1986(5)页61
668	李爽		西安雁塔仰头镇西曲江池遗址南岸	西安碑林博物馆	《1949—1989 四十年出土墓志目录》页74 《文物》1959(3)页45、52、53 《西安碑林博物馆藏碑刻》函8卷七四页2074 《补》1—46
668	程令淑	京兆杜陵	西安市曲江街道三兆村南	大唐西市博物馆	《大唐西市博物馆藏墓志》七十四
670	元武寿	雍州万年县义丰乡之原	西安灞桥以东	大唐西市博物馆	《大唐西市博物馆藏墓志》七十八

葬年	墓主姓名	埋葬地	出土地	现藏地	著录研究现状
670	王大礼及妻		西安东郊洪庆村	西安碑林博物馆	《西安碑林博物馆藏碑刻》函8卷七四页2095《补》1—48
670	郭丽及妻		西安东郊郭家滩出土	西安碑林博物馆	《西安碑林博物馆藏碑刻》函8卷七四页2103《补》3—419
671	李奴	雍州之高阳原	西安长安区郭杜镇	大唐西市博物馆	《大唐西市博物馆藏墓志》七十九
672	牛弘满		西安南郊山门口乡曹家堡		《1949—1989四十年出土墓志目录》页75《文物资料丛刊》第1期页200、201
672	冯承素	雍州干封县高阳原	西安长安区	大唐西市博物馆	《大唐西市博物馆藏墓志》八十
673	田涛	高阳原	西安长安区郭杜镇	大唐西市博物馆	《大唐西市博物馆藏墓志》八十一
673	亡宫九品		西安西郊枣园大马路村	西安碑林博物馆	《新中国出土墓志》陕西贰下册
673	王大方		西安东郊洪庆村	西安碑林博物馆	《西安碑林博物馆藏碑刻》8函75卷页2112
673卒	宫人九品	葬于城西	西安西郊枣园大马路村	西安碑林博物馆	《西安碑林博物馆新藏墓志汇编》
674	陆法师（贞惠）		西安东郊韩森寨	西安碑林博物馆	
674	宇文昌	凤栖原	西安长安区大兆乡三益村一带	大唐西市博物馆	《大唐西市博物馆藏墓志》八十五

葬年	墓主姓名	埋葬地	出土地	现藏地	著录研究现状
675	阿史那忠		陕西礼泉西周村		《1949—1989 四十年出土墓志目录》页 77
675	郑师	高阳原	西安市长安区郭杜镇	大唐西市博物馆	《大唐西市博物馆藏墓志》八十八
675	蒋少卿夫妇	明堂县少陵原	西安长安区韦曲兆余村北	西安市文物保护考古研究院	杨军凯、陈昊《新出蒋少卿夫妇墓志与唐前期的蒋氏医官家族》,《唐研究》第十七卷(2011)
676	姬温		西安东郊郭家滩	西安碑林博物馆	《1949—1989 四十年出土墓志目录》页 78 《中国考古学研究》二集页 183 《西安碑林博物馆藏碑刻》函 8 卷七五页 2186 《补》3—434 《汇编续》一219
676	甘露寺尼真如塔		西安曲江乡三兆村	西安碑林博物馆	《西安碑林博物馆藏碑刻》函 25 卷补遗页 29 《文博》1987(5)
676	李扢		西安东郊郭家滩	西安碑林博物馆	
676	费智海		西安西郊小土门	西安碑林博物馆	《西安碑林博物馆藏碑刻》函 8 卷七五页 2195 《补》3—438 《汇编续》一223
676	岐慈及妻高氏		西安西郊西窑长村	西安碑林博物馆	《西安碑林博物馆藏碑刻》函 8 卷七五页 2204 《补》3—442 《汇编续》一230
676	徐齐聃	雍州明堂县智原乡之少陵原	西安长安区引镇北	大唐西市博物馆	《大唐西市博物馆藏墓志》八十九

葬年	墓主姓名	埋葬地	出土地	现藏地	著录研究现状
676	郑贞	雍州明堂县义善乡凤栖原	西安市长安区大兆乡三益村一带	大唐西市博物馆	《大唐西市博物馆藏墓志》九十一
676	阎庄	雍州高阳原	西安长安区郭杜东祝村西南	陕西师范大学博物馆	藏振《西安新出阎立德子阎庄墓志铭》,《唐研究》第二卷(1996)
677	宫人九品	葬于城西		西安碑林博物馆	《西安碑林博物馆新藏墓志汇编》
677	九品宫女		西安		《1949—1989 四十年出土墓志目录》页78 《中国考古学研究》二集页183
677	七品典灯		陕西礼泉昭陵陵园附近		《1949—1989 四十年出土墓志目录》页78 《文物》1987(1)页94,有图并录文
677	王君夫人康氏	万年县龙首乡凤栖原	西安长安区大兆乡一带	大唐西市博物馆	《大唐西市博物馆藏墓志》九十四
678	吴氏女奈波罗		西安东郊韩森寨	西安碑林博物馆	《1949—1989 四十年出土墓志目录》页79 《考古学报》1963(2)页93 《文博》1984(2)页39
678	许崇艺妻弓氏		西安东郊韩森寨	西安碑林博物馆	
678	柳冲	干封县福阳乡高阳原	西安长安区郭杜镇	大唐西市博物馆	《大唐西市博物馆藏墓志》九十五
678	柳子阳故妻皇甫氏	雍州明堂县洪原乡少陵原	西安长安区	大唐西市博物馆	《大唐西市博物馆藏墓志》九十六

葬年	墓主姓名	埋葬地	出土地	现藏地	著录研究现状
679	安宝		西安东郊韩森寨	西安碑林博物馆	《1949—1989 四十年出土墓志目录》页 80 《中国考古学研究》二集页 183
679	张弼	雍州明堂县洪原乡丰仁里	西安市长安区杜曲镇兴教寺北	大唐西市博物馆	《大唐西市博物馆藏墓志》一〇二
679	杨芷	明堂县洪原乡丰仁里	西安长安区杜曲镇兴教寺北	大唐西市博物馆	《大唐西市博物馆藏墓志》一〇三
679	□仕六	龙首之原	西安北郊龙首村一带	大唐西市博物馆	《大唐西市博物馆藏墓志》一〇四
680	萧怀举	干封高阳原	西安市长安区	西安碑林博物馆	《西安碑林博物馆新藏墓志汇编》
680	亡尼七品		西安长安天子峪国涛寺附近	西安碑林博物馆	《西安碑林博物馆藏碑刻》函 8 卷七五页 2223 《汇编续》一245
681	韩俭	少陵之原	西安长安区	大唐西市博物馆	《大唐西市博物馆藏墓志》一〇八
681	刘应道	雍州明堂县少陵原		西安市长安区文管会	刘瑞、穆晓军《唐秘书监刘应道墓志考释》,《唐研究》第四卷(1999)
682	李孟姜		陕西礼泉新寨村		《1949—1989 四十年出土墓志目录》页 80 《文物》1977(10)页 50、51、58、59,有图并录文
682	西宫二品昭仪		陕西礼泉昭陵陵园附近		《1949—1989 四十年出土墓志目录》页 80 《文物》1987(1)页 91、92,有图并录文

葬年	墓主姓名	埋葬地	出土地	现藏地	著录研究现状
682	柳子阳	雍州明堂县少陵原	西安长安区	大唐西市博物馆	《大唐西市博物馆藏墓志》一一〇
682	柳冲夫人长孙氏	高阳原	西安长安区郭杜镇	大唐西市博物馆	《大唐西市博物馆藏墓志》一一二
682	王贤及妻郗氏		西安东郊韩森寨	西安碑林博物馆	《西安碑林博物馆藏碑刻总目提要》函8卷七五页2225 《补》6—323
685	杜俨	白鹿原	西安灞桥区红旗街道办事处三殿村	西安碑林博物馆	《西安碑林博物馆新藏墓志汇编》
685	李威		西安长安区郭杜镇长里村		《1949—1989四十年出土墓志目录》页84 《考古与文物》1988(4)页82—84，有图并录文
686	于贤	龙首原	西安曲江新开门	西安碑林博物馆	《西安碑林博物馆新藏墓志汇编》 《西安碑林博物馆藏碑刻》函8卷七五页2232 《补》6—327 《汇编续》一287
686	方藏	终南山之楩梓谷	西安曲江新开门	大唐西市博物馆	《大唐西市博物馆藏墓志》一一六 《西安碑林博物馆藏碑刻》函8卷七五页2232 《补》6—327 《汇编续》一287
688	李满藏		西安东郊韩森寨	西安碑林博物馆	《西安碑林博物馆藏碑刻》函8卷七五页2234 《补》6—327

葬年	墓主姓名	埋葬地	出土地	现藏地	著录研究现状
689	田僧	酆镐之原	西安市长安区王寺村	西安碑林博物馆	《西安碑林博物馆新藏墓志汇编》《西安碑林博物馆藏碑刻》函25卷补遗页33《集刊》第七辑页87
689	独孤丞长女		西安		《1949—1989四十年出土墓志目录》页85《文博》1984(2)页35
689	独孤婉		西安东郊路家湾	西安碑林博物馆	《西安碑林博物馆藏碑刻》函8卷七六页2241《补》6—332《汇编续》一300
690	高绩	少陵原	西安长安区	大唐西市博物馆	《大唐西市博物馆藏墓志》一二〇
693	王感		西安西郊枣园		《西安碑林博物馆藏碑刻》函8卷七六页2248《补》3—497《汇编续》一321
693	王俨		西安长安区	大唐西市博物馆	《大唐西市博物馆藏墓志》一二四
694	柳璧	凤栖原	西安市长安区大兆乡三益村	大唐西市博物馆	《大唐西市博物馆藏墓志》一二七
694	柳保隆	雍州明堂县高平乡凤栖原	西安市长安区大兆乡三益村一带	大唐西市博物馆	《大唐西市博物馆藏墓志》一二八
695	郭冒		陕西长安张家坡		《1949—1989四十年出土墓志目录》页80《西安郊区隋唐墓》图页50、51、95录文

葬年	墓主姓名	埋葬地	出土地	现藏地	著录研究现状
695	韦仁约		西安东郊田王镇		《1949—1989四十年出土墓志目录》页85 《中国考古学年鉴》1985年页237
695	李崇望妻王氏		西安东郊韩森寨	西安碑林博物馆	《1949—1989四十年出土墓志目录》页87 《考古学报》1963(2)页88
696	王定		西安西郊枣园	西安碑林博物馆	《1949—1989四十年出土墓志目录》页74 《文物》1965(8)页45、46 《西安碑林博物馆藏碑刻》函8卷七六页2302 《补》2—339 《汇编》—886
696	萧道济	长安区高阳原	西安长安区郭杜镇	大唐西市博物馆	《大唐西市博物馆藏墓志》一三一
697	韦仁约妻王琬		西安东郊田王镇		《1949—1989四十年出土墓志目录》页87 《中国考古学年鉴》1985年页237
697	王绪太妻郭氏		西安		《1949—1989四十年出土墓志目录》页88 《文物》1957(9)页55
697	李节	少陵原	西安市长安区	大唐西市博物馆	《大唐西市博物馆藏墓志》一三四
697	殷子慎	雍州乾封县之高阳原之旧茔	西安市西南长安区郭杜镇一带	大唐西市博物馆	《大唐西市博物馆藏墓志》一三六
698	独孤思贞		西安东郊洪庆村		《1949—1989四十年出土墓志目录》页88 《唐长安城郊隋唐墓》页40—42,有图并录文

葬年	墓主姓名	埋葬地	出土地	现藏地	著录研究现状
698	刘师及妻房氏	雍州明堂县义善乡凤栖原	西安市长安区大兆乡三益村一带	大唐西市博物馆	《大唐西市博物馆藏墓志》一三七
699	阎昃		西安市长安区郭杜茅坡村	西安碑林博物馆	《西安碑林博物馆新藏墓志汇编》《碑林集刊》第十辑页118
699	王美畅	雍州明堂县界高平乡少陵原	西安长安区	大唐西市博物馆	《大唐西市博物馆藏墓志》一三九
699	郭淑	少陵旧茔	西安长安区兴教寺北	大唐西市博物馆	《大唐西市博物馆藏墓志》一四二
700	李则政		西安东郊洪庆村	西安碑林博物馆	《1949—1989四十年出土墓志目录》页90 《中国考古学研究》二集页184 《西安碑林博物馆藏碑刻》函8卷七六页2302 《补》3—514 《汇编续》一371
700	李楚琼	高阳原	西安市长安区郭杜镇	大唐西市博物馆	《大唐西市博物馆藏墓志》一四三
700	仇立本	鼎州云阳县嵯峨乡北平原	陕西咸阳三原县	大唐西市博物馆	《大唐西市博物馆藏墓志》一四五
702	史怀训	雍州乾封县居安乡高阳原	西安长安区郭杜镇居安村	西安碑林博物馆	《西安碑林博物馆新藏墓志汇编》
702	孙知节	雍州高陵县乡平原	西安市	大唐西市博物馆	《大唐西市博物馆藏墓志》一四八

葬年	墓主姓名	埋葬地	出土地	现藏地	著录研究现状
703	独孤思敬妻元氏		西安东郊洪庆村		《1949—1989 四十年出土墓志目录》页 78 《考古》1958(1)页 46 《唐长安城郊隋唐墓》页 50—52，有图并录文
703	独孤思敬继妻杨氏		西安东郊洪庆村		《1949—1989 四十年出土墓志目录》页 83 《考古》1958(1)页 46 《唐长安城郊隋唐墓》页 54—56
703	骞绍业		西安东郊郭家滩	西安碑林博物馆	《西安碑林博物馆藏碑刻》函 8 卷七六页 2331 《补》5—272 《汇编续》—404 《1949—1989 四十年出土墓志目录》页 91 《考古学报》1963(2)页 92
705	李恩贞		西安高楼村	西安碑林博物馆	《1949—1989 四十年出土墓志目录》页 91 《考古学报》1963(2)页 88 《西安碑林博物馆藏碑刻》函 8 卷七六页 2344 《补》5—278 《汇编续》—406
705	华文弘	雍州万年县长乐原	西安幸福路华山机械制造厂变电所	西安市文物保护考古研究院	张全民《唐华文弘墓志铭》，《唐研究》第十七卷(2011)
706	李贤		陕西乾县乾陵附近		《1949—1989 四十年出土墓志目录》页 82 《文物》1972(7)页 18、25，有图
706	李仙蕙		陕西乾县乾陵附近		《1949—1989 四十年出土墓志目录》页 90 《文物》1963(1)页 59—62，有图并录文

葬年	墓主姓名	埋葬地	出土地	现藏地	著录研究现状
707	严明府夫人任氏		西安东郊郭家滩国棉四厂	西安碑林博物馆	《西安碑林博物馆藏碑刻》函8卷七六页2362 《补》5—289 《汇编续》一422 《汇编》一1073 《1949—1989四十年出土墓志目录》页92 《考古》1956(5)页433、434,有图
708	韦泂		西安长安南里王村	西安碑林博物馆	《1949—1989四十年出土墓志目录》页86 《文物》1959(8)页13、16,有图 《西安碑林博物馆藏碑刻》函8卷七七页2368 《补》1—86 《汇编》一1083
708	郭恒		西安长安区张家坡		《1949—1989四十年出土墓志目录》页92 《西安郊区隋唐墓》图页52、53、95、96录文
708	房先忠	陪葬昭陵先尚书房仁裕之旧茔	陕西醴泉九嵕山下	大唐西市博物馆	《大唐西市博物馆藏墓志》一五五
709	独孤思敬		西安东郊洪庆村		《1949—1989四十年出土墓志目录》页93 《考古》1958(1)页45、46 《唐长安城郊隋唐墓》页48—50,有图有录文
709	王孟玉		西安东郊十里铺		《西安碑林博物馆藏碑刻》函8卷七七页2430 《补》3—306 《汇编续》一431
709	韦顼妻裴觉		长安区李王村		《西安碑林博物馆藏碑刻》函8卷七七页2394 《补》5—296 《汇编》一1091 《陕志》

葬年	墓主姓名	埋葬地	出土地	现藏地	著录研究现状
709	弓昭	咸阳洪渎川	陕西咸阳机场附近	大唐西市博物馆	《大唐西市博物馆藏墓志》一五六
709	辅恒	三原县西北平原先茔之侧	陕西三原	大唐西市博物馆	《大唐西市博物馆藏墓志》一五八
709	召弘安	万年县东四十里见子之原	西安城东	大唐西市博物馆	《大唐西市博物馆藏墓志》一五九
710	李仁		西安东郊洪庆村		《1949—1989 四十年出土墓志目录》页 92 《西安郊区隋唐墓》图页 54、55，96、97，录文
710	贾氏夫人		西安东郊长乐东路		《1949—1989 四十年出土墓志目录》页 93 《中国考古学年鉴》1987 年页 269
710	薛突利施匐阿史夫人		西安东郊韩森寨	西安碑林博物馆	《新中国出土墓志》陕西贰下册
710	骞思惎		西安东郊郭家滩	西安碑林博物馆	《西安碑林博物馆藏碑刻》函 8 卷七七页 2435 《补》5—300 《汇编》一441
710	万泉县主薛氏		陕西咸阳底张湾	西安碑林博物馆	《1949—1989 四十年出土墓志目录》页 94 《文博》1984(2)页 41 《西安碑林博物馆藏碑刻》函 8 卷七七页 2444 《补》1—93 《汇编》一1120
710	卢崇嗣夫人段氏	咸阳县洪渎川	陕西咸阳机场附近	大唐西市博物馆	《大唐西市博物馆藏墓志》一六〇

葬年	墓主姓名	埋葬地	出土地	现藏地	著录研究现状
711	李贤及妃房氏		陕西乾县乾陵附近		《1949—1989四十年出土墓志目录》页82 《文物》1972(7)页18、24,有图
711	李令晖	长安县高阳原	西安市长安区细柳乡羊元村	西安碑林博物馆	《西安碑林博物馆新藏墓志汇编》
713	李炯	高阳原	西安市长安区郭杜镇	大唐西市博物馆	《大唐西市博物馆藏墓志》一六三
714	杨谏臣		陕西咸阳边防村		《1949—1989四十年出土墓志目录》页95 《文博》1985(4)页66
714	于尚范		西安东郊郭家滩国棉四厂	西安碑林博物馆	《西安碑林博物馆藏碑刻》函8卷七七页2457 《补》5—314 《汇编续》一454
714	亡宫九品		西安西郊大白杨	西安碑林博物馆	《西安碑林博物馆藏碑刻》函25卷补遗页42 《西安碑林博物馆新藏墓志汇编》
714	李君妻刘氏		西安东郊惠王村	西安碑林博物馆	
716	乙速孤直	凤栖原	西安长安区大兆乡	大唐西市博物馆	《大唐西市博物馆藏墓志》一七一
716	净域寺法藏禅师塔铭		终南山楩梓谷	西安碑林博物馆	《西安碑林博物馆藏碑刻》函1卷八页880 《萃编》
716	杨执一妻独孤开		陕西咸阳底张湾	西安碑林博物馆	《西安碑林博物馆藏碑刻》8函77卷页2467 《补》1—97 《汇编》一1181
717	萧祎	京兆府万年县洪原乡之少陵原	西安长安区杜曲镇附近	大唐西市博物馆	《大唐西市博物馆藏墓志》一七三

葬年	墓主姓名	埋葬地	出土地	现藏地	著录研究现状
717	独孤贤道	灞上	西安东	大唐西市博物馆	《大唐西市博物馆藏墓志》一七四
718	李贞		陕西礼泉兴隆村		《1949—1989四十年出土墓志目录》页84 《文物》1977(10)页47—49，有图并录文
718	严识玄		西安东郊郭家滩国棉四厂	西安碑林博物馆	《西安碑林博物馆藏碑刻》函8卷七七页2487 《补》3—53 《汇编续》—465
718	韦顼		西安长安李王村	西安碑林博物馆	《西安碑林博物馆藏碑刻》函8卷七八页2496 《补》1—100 《汇编》—1202 《陕志》
718	姜遥	凤栖原	西安长安区大兆乡	大唐西市博物馆	《大唐西市博物馆藏墓志》一七六
720	刘府君及妻阎氏		西安东郊郭家滩国棉四厂	西安碑林博物馆	《西安碑林博物馆藏碑刻》函8卷七八页2516 《补》3—54 《汇编续》—474
721	李嗣庄		西安		《1949—1989四十年出土墓志目录》页96 《文物》1957(9)页53 《西安碑林博物馆藏碑刻》函8卷页七八2539 《补》3—57 《汇编续》—482
721	师大娘塔铭		西安长安区子午镇国清寺附近	西安碑林博物馆	《西安碑林博物馆藏碑刻》函8卷七八页2525
721	骞思泰		西安东郊韩森寨出土	西安碑林博物馆	《西安碑林博物馆藏碑刻》函8卷七八页2530 《补》3—55 《汇编续》—476

葬年	墓主姓名	埋葬地	出土地	现藏地	著录研究现状
721	长孙全义	万年县南凤栖原	西安长安区大兆乡	大唐西市博物馆	《大唐西市博物馆藏墓志》一八一
722	韦晃	京兆毕原	西安长安区韦曲北街	西安碑林博物馆	《西安碑林博物馆新藏墓志汇编》 《西安碑林博物馆藏碑刻》函8卷七八页2548 《补》5—334 《汇编续》—486
723	梁式	长安马祖原	西安雁塔区山门口乡响堂村	西安碑林博物馆	《西安碑林博物馆新藏墓志汇编》
723	鲜于庭诲		西安南郊南何村		《1949—1989四十年出土墓志目录》页96 《考古》1958(1)页51 《唐长安城郊隋唐墓》页62—64，有图并录文
723	阿史那哲		西安南郊延兴门外	西安碑林博物馆	《西安碑林博物馆藏碑刻》函8卷七八页2555 《补》5—338 《汇编续》—493
723	阿史那勿施		西安西郊土门	西安碑林博物馆	
723	王泰	万年县神禾原之旧茔	西安长安区西南	大唐西市博物馆	《大唐西市博物馆藏墓志》一八七
723	李元雄夫人元氏	少陵原	陕西西安长安区兴教寺北	大唐西市博物馆	《大唐西市博物馆藏墓志》一八八
723	窦思仁	三原县之北原	陕西	大唐西市博物馆	《大唐西市博物馆藏墓志》一九二

葬年	墓主姓名	埋葬地	出土地	现藏地	著录研究现状
723	窦知节	京兆府万年县凤栖原之阳	西安长安区郭杜北一带	大唐西市博物馆	《大唐西市博物馆藏墓志》一九四
724	阿史那毗伽特勤		西安枣园村	西安碑林博物馆	《1949—1989四十年出土墓志目录》页97 《文博》1984(2)页40 《西安碑林博物馆藏碑刻》函8卷七八页2588 《补》3—59 《汇编续》—492
724	唐昭女瑞盖		西安		《1949—1989四十年出土墓志目录》页97 《文物》1957(9)页55
724	刘惟正		西安东郊韩森寨	西安碑林博物馆	《西安碑林博物馆藏碑刻》函8卷七八页2564 《补》5—340 《汇编续》—496
724	净业法师		香积寺净业法师灵塔	西安碑林博物馆	《西安碑林博物馆藏碑刻》函8卷七八页2573 《萃编》 《汇编》—1296
724	唐端		西安东郊郭家滩	西安碑林博物馆	《西安碑林博物馆藏碑刻》函8卷七八页2584 《续编》 《汇编》—1297 《拾》66/2
724	袁清	京兆长安县福阳乡高阳原	西安长安区郭杜镇	大唐西市博物馆	《大唐西市博物馆藏墓志》一九六
726	李千里妃慕容真如海		西安东郊洪庆村		《1949—1989四十年出土墓志目录》页98 《西安郊区隋唐墓》图页56、57、98、99录文

葬年	墓主姓名	埋葬地	出土地	现藏地	著录研究现状
726	薛崇简		陕西咸阳底张湾	西安碑林博物馆	《1949—1989四十年出土墓志目录》页98 《中国考古学研究》二集页184 《西安碑林博物馆藏碑刻总目提要》函8卷七八页2603 《补》5—345
726	尉元宾	细柳原先茔	西安市长安区西南细柳乡一带	大唐西市博物馆	《大唐西市博物馆藏墓志》一九八
726	李挈	三原北原	陕西	大唐西市博物馆	《大唐西市博物馆藏墓志》一九九
727	安元寿妻翟六娘		陕西礼泉赵镇新寨村		《1949—1989四十年出土墓志目录》页89 《文物》1988（12）页47—49，有图并录文
727	郑绩		西安东郊灞桥区向阳公司		《1949—1989四十年出土墓志目录》页98 《文博》1989（4）页36—39，有图并录文
727	赵知俭		西安		《1949—1989四十年出土墓志目录》页99 《中国考古学研究》二集页184
727	韦嘉娘	义善乡少陵原	西安长安区	大唐西市博物馆	《大唐西市博物馆藏墓志》二〇一
727	王内则	咸阳县洪渎川	陕西咸阳国际机场东南	大唐西市博物馆	《大唐西市博物馆藏墓志》二〇二
727	杨执一		陕西咸阳底张湾	西安碑林博物馆	《西安碑林博物馆藏碑刻》函8卷七九页2614 《汇编》页1336

葬年	墓主姓名	埋葬地	出土地	现藏地	著录研究现状
727	崔思忠		西安		
727	李邕	富平县直成原	陕西富平北吕村西北	陕西省考古研究院	张蕴《唐嗣虢王李邕墓志考》,《唐研究》第十二卷(2006)
728	薛莫及妻史氏		西安东郊高楼村	西安碑林博物馆	《1949—1989 四十年出土墓志目录》页99 《考古》1956(6)页50,图版拾柒 《西安碑林博物馆藏碑刻》函8卷七九页2647 《补》5—349 《汇编》一1345
728	高文贞	京兆龙之原	西安	大唐西市博物馆	《大唐西市博物馆藏墓志》二〇五
728	辛公妻韦宪英		西安东郊郭家滩	西安碑林博物馆	《西安碑林博物馆藏碑刻》函8卷七九页2662 《补》5—350 《汇编续》一514
729	冯君衡		西安东郊高楼村	西安碑林博物馆	《1949—1989 四十年出土墓志目录》页99 《文物》1957(9)页54 《文博》1984(2)页35 《中国考古学研究》二集184 《西安碑林博物馆藏碑刻》函8卷七九页2690 《全》231/2341 《汇编续》一516
729	赵若丘	长安永寿里	西安雁塔区西三爻村以西一带	大唐西市博物馆	《大唐西市博物馆藏墓志》二〇六
730	高木卢		西安郭家滩	西安碑林博物馆	《1949—1989 四十年出土墓志目录》页100 《考古学报》1963(2)页89 《中国考古学研究》二集页184 《西安碑林博物馆藏碑刻》函8卷七九页2697 《补》2—483 《汇编续》一520

葬年	墓主姓名	埋葬地	出土地	现藏地	著录研究现状
730	严澄	京兆毕原	西安韦曲镇东北	大唐西市博物馆	《大唐西市博物馆藏墓志》二〇七
730	刘浚		陕西乾县乾陵附近		《1949—1989四十年出土墓志目录》页84 《文物》1965（12）页63—64
730	李君夫人弓凤儿	京兆府长安县福阳乡高阳原	西安长安区郭杜镇一带	大唐西市博物馆	《大唐西市博物馆藏墓志》二〇八
730	李元雄	少陵原	西安长安区引镇北一带	大唐西市博物馆	《大唐西市博物馆藏墓志》二〇九
730	李令问	京兆细柳原之东原	西安长安区西南细柳乡一带	大唐西市博物馆	《大唐西市博物馆藏墓志》二一〇
730	毋丘令恭砖		西安西郊	西安碑林博物馆	《西安碑林博物馆藏碑刻》函8卷七九页2690 《补》5—353 《汇编续》—520
730	骞思玄		西安东郊郭家滩	西安碑林博物馆	《西安碑林博物馆藏碑刻》函8卷七九页2699 《补》3—63
730	骞如珪		西安东郊郭家滩	西安碑林博物馆	《西安碑林博物馆藏碑刻》函8卷七九页2708 《补》5—356 《汇编续》页523
730	韦昊夫人柳氏	万年县白鹿原	西安东郊西北国棉五厂东侧马家湾村	陕西省考古研究院	王育龙、程蕊萍《陕西西安新出唐代墓志铭五则》,《唐研究》第七卷(2001)
731	贾季卿	咸阳之北原	咸阳市渭城区羊过村	西安碑林博物馆	《西安碑林博物馆新藏墓志汇编》
732	独孤胐	京兆万年县龙首原	西安北郊龙首村一带	大唐西市博物馆	《大唐西市博物馆藏墓志》二一三

葬年	墓主姓名	埋葬地	出土地	现藏地	著录研究现状
732	李庭家		西安东郊郭家滩	西安碑林博物馆	
733	王晛		西安东郊王家坟	西安碑林博物馆	《西安碑林博物馆藏碑刻总目提要》函8卷七九页2717 《补》5—360 《汇编续》页536
736	裴谨		西安东郊郭家滩	西安碑林博物馆	《1949—1989四十年出土墓志目录》页100 《中国考古学研究》二集页184 《西安碑林博物馆藏碑刻》函9卷八〇页2741 《补》5—361 《汇编续》页555
737	吴淑	高阳之原	西安市长安区郭杜一带	大唐西市博物馆	《大唐西市博物馆藏墓志》二一九
737	贺睿	神和原	西安市长安区樊川之南	大唐西市博物馆	《大唐西市博物馆藏墓志》二二二
738	李着	长安城南安固原	西安市西郊	西安碑林博物馆	《西安碑林博物馆新藏墓志汇编》
739	裴闻一	京兆延兴门东马头空之原	西安雁塔区马腾空乡	西安碑林博物馆	《西安碑林博物馆新藏墓志汇编》
739	俾失十囊	京兆府长安县龙首原	西安市西郊枣园村陕西钢铁研究所	西安碑林博物馆	《西安碑林博物馆新藏墓志汇编》 《1949—1989四十年出土墓志目录》页102 《文博》1985(6)页2—3 《西安碑林博物馆藏碑刻》函9卷八〇页2750 《补》5—368
739	薛锐	少陵原	西安长安区引镇北	大唐西市博物馆	《大唐西市博物馆藏墓志》二二四

葬年	墓主姓名	埋葬地	出土地	现藏地	著录研究现状
739	高婕妤	新丰步昌原	西安临潼区	大唐西市博物馆	《大唐西市博物馆藏墓志》二二七
739	张公	长乐原	西安灞桥区	大唐西市博物馆	《大唐西市博物馆藏墓志》二二九
739	苏陟	高平原	西安市长安区韦曲北焦村一带	大唐西市博物馆	《大唐西市博物馆藏墓志》二三〇
739	王处俊	咸阳渭城乡之北原	咸阳市渭城区	大唐西市博物馆	《大唐西市博物馆藏墓志》二三一
739	卢婉	京兆府万年县洪源乡张村之南	西安长安区杜曲镇兴教寺北	大唐西市博物馆	《大唐西市博物馆藏墓志》二三二
740	杨思勖		西安东南郊驾坡村		《1949—1989四十年出土墓志目录》页103 《唐长安城郊隋唐墓》页83—86，有图并录文
740	杨承恩	京师城南	西安长安区	大唐西市博物馆	《大唐西市博物馆藏墓志》二三三
740	雍智云		西安西郊土门	西安碑林博物馆	《西安碑林博物馆藏碑刻总目提要》函9卷八〇页2759 《补》5—369 《汇编续》页572
740	杨大娘		西安东郊韩森寨	西安碑林博物馆	
740	范安及		西安东郊韩森寨	西安碑林博物馆	《西安碑林博物馆藏碑刻总目提要》函9卷八〇页2766 《补》3—66 《汇编续》页574

葬年	墓主姓名	埋葬地	出土地	现藏地	著录研究现状
740	严满		西安近郊	西安碑林博物馆	
740	张守珪	北邙	洛阳	洛阳	《隋唐五代墓志汇编》洛阳卷第10册，天津古籍出版社1991 陕西师范大学图书馆藏旧拓李志凡《唐张守珪墓志浅释》，《唐研究》第五卷(1999)
741	李君妻段慈顺	京兆府万年县浐川乡原	西安东郊韩森寨	西安碑林博物馆	《西安碑林博物馆新藏墓志汇编》 《西安碑林博物馆藏碑刻》函9卷八○页2774 《补》6—67 《汇编续》页580
741	韦倬亡妻杨氏	高阳原	西安市长安区郭杜镇一带	大唐西市博物馆	《大唐西市博物馆藏墓志》二三四
742	韦君妻胡氏		西安长安区韦曲		《1949—1989四十年出土墓志目录》页104 《考古与文物》1989(5)页75—77，有图并录文
742	周急	国门东原	西安东郊光辉机械厂基建工地	西安碑林博物馆	《西安碑林博物馆藏碑刻》函9卷八一页2974 《补》5—372 《西安碑林博物馆新藏墓志汇编》
742	韦昊	万年县白鹿原	西安东郊西北国棉五厂东侧马家湾村	陕西省考古研究院	王育龙、程蕊萍《陕西西安新出唐代墓志铭五则》，《唐研究》第七卷(2001)
743	崔君妻独孤氏		西安		《1949—1989四十年出土墓志目录》页105 《文物》1957(9)页55
743	赵惠满	万年县少陵原	西安长安区引镇北一带	大唐西市博物馆	《大唐西市博物馆藏墓志》二四三

葬年	墓主姓名	埋葬地	出土地	现藏地	著录研究现状
743	陈子宜夫人卢氏	少陵原	西安长安区引镇北	大唐西市博物馆	《大唐西市博物馆藏墓志》二四四
743	史曜		西安东郊郭家滩	西安碑林博物馆	
744	李元则	长乐原	西安金花北路	西安碑林博物馆	《西安碑林博物馆新藏墓志汇编》
744	韦韫妻源端	万年县白鹿原	西安市东郊	西安碑林博物馆	《西安碑林博物馆新藏墓志汇编》《新中国出土墓志·陕西》
744	周思忠	长安西承平乡	西安东郊韩森寨	西安碑林博物馆	《西安碑林博物馆新藏墓志汇编》《集刊》第二辑页80
744	史思礼		西安东郊郭家滩		《1949—1989 四十年出土墓志目录》页105 《考古学报》1963(2)页87 《中国考古学研究》二集页184 《西安碑林博物馆藏碑刻》函9卷八〇页2780 《补》3—75 《汇编续》页594
744	王守言		西安东郊韩森寨	西安碑林博物馆	《1949—1989 四十年出土墓志目录》页106 《中国考古学研究》二集184 《西安碑林博物馆藏碑刻》函9卷八〇页2789 《补》5—373 《汇编续》页590
744	豆卢建		陕西咸阳底张湾	西安碑林博物馆	《1949—1989 四十年出土墓志目录》页106 《中国考古学研究》二集页184

葬年	墓主姓名	埋葬地	出土地	现藏地	著录研究现状
744	上官希皎	京兆府万年县龙首原	西安北郊龙首村	大唐西市博物馆	《大唐西市博物馆藏墓志》二四六
744	徐承嗣		西安东郊韩森寨万寿路	西安碑林博物馆	《西安碑林博物馆藏碑刻》函9卷八〇页2798 《补》3—74 《汇编续》页592
744	韦正己		西安西郊	西安碑林博物馆	《集刊》11—120
744	九姓突厥契苾		西安东郊韩森寨	西安碑林博物馆	
744	裴仙先	万年县龙首乡龙首原	西安曲江水厂	西安市考古研究院	葛承雍、李颖科《西安新发现唐裴仙先墓志考述》,《唐研究》第五卷(1999)
745	苏思勖		西安东郊经五路		《1949—1989四十年出土墓志目录》页106 《考古》1960(1)页31—33、36,有图
745	雷内侍妻宋氏		西安东郊韩森寨	西安碑林博物馆	《1949—1989四十年出土墓志目录》页106 《考古》1957(5)页61—62 《中国考古学研究》二集页185 《西安碑林博物馆藏碑刻》函9卷八〇页2807 《补》3—79
745	赵令问	西京少陵原先茔之后	西安长安区引镇北	大唐西市博物馆	《大唐西市博物馆藏墓志》二四八
745	康令恽	灞陵原	西安东郊国棉六厂东侧马家沟村北	陕西省考古研究院	王育龙《唐长安东新出土的康令恽等墓志跋》,《唐研究》第六卷(2000)

葬年	墓主姓名	埋葬地	出土地	现藏地	著录研究现状
746	杨惠	京兆府万年县永寿乡之原	西安市长安区三爻村	西安碑林博物馆	《西安碑林博物馆新藏墓志汇编》《集刊》第9辑页186
746	郑勋	凤栖原	西安长安区	大唐西市博物馆	《大唐西市博物馆藏墓志》二五一
746	骞君妻郑氏		西安东郊郭家滩	西安碑林博物馆	
747	蔺元亮		西安东郊韩森寨	西安碑林博物馆	《西安碑林博物馆藏碑刻》函9卷八〇页2821《补》6—434
747	赵明		西安长安王曲	西安碑林博物馆	
748	桓义成	武功东原	乾县薛禄镇南里村	西安碑林博物馆	《西安碑林博物馆新藏墓志汇编》
748	张去奢		陕西咸阳底张湾		《1949—1989 四十年出土墓志目录》页107《文博》1984(2)页35
748	吴守忠		西安东郊高楼村	西安碑林博物馆	《1949—1989 四十年出土墓志目录》页107《文物》1955(7)页109《西安碑林博物馆藏碑刻》函9卷八〇页2827《补》5—380《汇编续》—614
748	吴巽		西安东郊洪庆村	西安碑林博物馆	《1949—1989 四十年出土墓志目录》页108《考古学报》1963(2)90页《西安碑林博物馆藏碑刻》函9卷八〇页2836《补》3—83《汇编续》页612

葬年	墓主姓名	埋葬地	出土地	现藏地	著录研究现状
748	严令元		西安东郊郭家滩	西安碑林博物馆	《1949—1989四十年出土墓志目录》页108 《中国考古学研究》二集185页 《西安碑林博物馆藏碑刻》函9卷八〇页2845 《补》5—378 《汇编续》页609
748	张去逸		陕西咸阳底张湾	西安碑林博物馆	《1949—1989四十年出土墓志目录》页108 《中国考古学研究》二集页185
748	李悌	万年毕原先茔	西安长安区韦曲镇政府东北	大唐西市博物馆	《大唐西市博物馆藏墓志》二五六
749	李忠义	京兆府咸宁县长乐乡龙首原	西安东郊韩森寨	西安碑林博物馆	《西安碑林博物馆新藏墓志汇编》 《西安碑林博物馆藏碑刻》函9卷八〇页2858 《补》3—75 《汇编续》页617
750	郭文喜	龙首原	西安市东郊	西安碑林博物馆	《西安碑林博物馆新藏墓志汇编》 《集刊》第9辑页189
750	韦英	京城东白鹿原	西安东郊灞桥	西安碑林博物馆	《西安碑林博物馆新藏墓志汇编》
750	王公美人李氏	京城通化门外北原	西安东郊	西安碑林博物馆	《西安碑林博物馆藏碑刻》函9卷八一页2891 《补》5—384 《汇编续》页625
750	屈元寿	京兆府咸宁县崇道乡齐礼里神鹿原	西安东郊郭家滩	西安碑林博物馆	《1949—1989四十年出土墓志目录》页105 《文博》1984(2)页40 《西安碑林博物馆藏碑刻》函9卷八一页2866 《补》3—77 《汇编续》页626

葬年	墓主姓名	埋葬地	出土地	现藏地	著录研究现状
750	尉迟阿道		西安东郊王家坟	西安碑林博物馆	《新中国出土墓志》陕西贰下册
750	王润		西安东郊韩森寨	西安碑林博物馆	《西安碑林博物馆藏碑刻》函9卷八一页2875 《补》3—87
750（卒）	杨贇	咸宁县少陵原	西安市长安区引镇北	大唐西市博物馆	《大唐西市博物馆藏墓志》二六二
751	陆振		西安东郊韩森寨	西安碑林博物馆	《1949—1989四十年出土墓志目录》页109 《文博》1984（2）页36 《西安碑林博物馆藏碑刻》函9卷八一页2898 《补》5—391
751	张金刚夫人李氏	浐川原	西安东郊灞桥区枣刘村北	陕西省考古研究院	王育龙《唐长安东新出土的康令恽等墓志跋》，《唐研究》第六卷（2000）
752	朱元昊	咸宁县白鹿原之西	西安东郊高家沟村	西安碑林博物馆	《西安碑林博物馆新藏墓志汇编》《集刊》第9辑页4
752	李琮哀册文	京兆府咸宁县之细柳原	西安临潼西泉乡一带	大唐西市博物馆	《大唐西市博物馆藏墓志》二六七

葬年	墓主姓名	埋葬地	出土地	现藏地	著录研究现状
752	赵何一	延兴门东南三赵村之北凤栖原	西安东南城外	大唐西市博物馆	《大唐西市博物馆藏墓志》二六六
752	南川县主		西安东郊	西安碑林博物馆	《西安碑林博物馆藏碑刻》函9卷八一页2905 《汇编》一1678 《补》1—180
753	张仲辉		陕西泾阳太平乡		《1949—1989四十年出土墓志目录》页109 《中国考古学年鉴》(1988)页243
753	张元忠妻令狐氏		西安近郊	西安碑林博物馆	《西安碑林博物馆藏碑刻》函9卷八一页2914 《汇编》一1694 《拾》66/11111
754	韦豫	毕原	西安长安区韦村北少陵原	西安碑林博物馆	《西安碑林博物馆新藏墓志汇编》 《西安碑林博物馆藏碑刻》函9卷八一页2926 《汇编续》一651 《补》5—398
754	何德		西安西郊土门	西安碑林博物馆	《西安碑林博物馆藏碑刻》函9卷八一页2920 《补》3—97 《汇编续》一650
754	张金刚	浐川原	西安东郊灞桥区枣刘村北	陕西省考古研究院	王育龙《唐长安东新出土的康令恽等墓志跋》，《唐研究》第六卷(2000)

葬年	墓主姓名	埋葬地	出土地	现藏地	著录研究现状
755	李玄德		西安东郊郭家滩	西安碑林博物馆	《1949—1989四十年出土墓志目录》页110 《中国考古学研究》二集页185 《西安碑林博物馆藏碑刻》函9卷八一页2942 《汇编续》—659 《补》5—402
755	韦琼		西安		《1949—1989四十年出土墓志目录》页110 《文物》1957(9)页55
755	宋应		西安南郊新开门	西安碑林博物馆	《1949—1989四十年出土墓志目录》页111 《文博》1984(2)页41 《西安碑林博物馆藏碑刻》函9卷八一页2935 《汇编续》—659 《补》3—100
755	张登山		西安		《1949—1989四十年出土墓志目录》页111 《考古学报》1963(2)页94
755	刘至柔		西安东郊洪庆村	西安碑林博物馆	《西安碑林博物馆藏碑刻》函9卷八一页2949 《汇编续》—662 《补》3—102
756	高元珪		西安东郊高楼村	西安碑林博物馆	《1949—1989四十年出土墓志目录》页111 《文博》1984(2)页35 《西安碑林博物馆藏碑刻》函9卷八一页2965 《汇编续》—664 《补》3—12
757	王玼		西安近郊	西安碑林博物馆	《西安碑林博物馆藏碑刻》函9卷八一页2987 《汇编续》—667 《补》5—403

葬年	墓主姓名	埋葬地	出土地	现藏地	著录研究现状
758	寿王第六女赠清源县主		西安南郊庞留村	西安碑林博物馆	《西安碑林博物馆藏碑刻》函9卷八一页2980 《汇编》—1732 《补》3—105 《1949—1989四十年出土墓志目录》页112 《文物》1958（10）
758	章令信		西安东郊国棉四厂		《1949—1989四十年出土墓志目录》页112 《考古与文物》1981（2）页26、27、31，有图
758	李镐		西安西郊小土门	西安碑林博物馆	《1949—1989四十年出土墓志目录》页113 《考古学报》1963（2）页96
759	曹怀直	京兆永寿原	西安雁塔区三爻村	大唐西市博物馆	《大唐西市博物馆藏墓志》二七五
759	周以悌夫人高氏	万年县义善乡凤栖原之西	西安长安区大兆乡三益村	大唐西市博物馆	《大唐西市博物馆藏墓志》二七三
759	裴利物妻窦夫人	三桥	西安三桥车辆厂	陕西省考古研究院	《考古与文物》1991（6）页25—31
760	回纥琼	龙首乡	西安市西郊	西安碑林博物馆	《西安碑林博物馆新藏墓志汇编》 《西安碑林博物馆藏碑刻》函9卷八二页3003 《汇编续》—681 《补》7—58
760	康夫人		西安近郊	西安碑林博物馆	《西安碑林博物馆藏碑刻》9函卷八二页2997 《汇编续》—681 《补》3—107

葬年	墓主姓名	埋葬地	出土地	现藏地	著录研究现状
760	胡君夫人成氏		西安东郊韩森寨	西安碑林博物馆	
761	王祥		西安		《1949—1989四十年出土墓志目录》页113 《考古学报》1963(2)页96
761	刘感义	长安城右丰镐中原	西安	大唐西市博物馆	《大唐西市博物馆藏墓志》二七六
761	卫思九	兖州瑕丘县临泗里志南原	山东兖州城东南泗河北建材厂一带	兖州	樊英民《山东兖州的四件唐代碑志》,《唐研究》第八卷(2002)
762	宇文氏	万年县滋水乡原	西安东郊灞桥区官厅村	西安碑林博物馆	《西安碑林博物馆新藏墓志汇编》
762	薛突利施匐阿施夫人		西安东郊韩森寨	西安碑林博物馆	《西安碑林博物馆藏碑刻》函10卷九三页4508 《补》2—565
763	李盈	韦曲之北原	西安市长安区环城西路	西安碑林博物馆	《西安碑林博物馆新藏墓志汇编》 《1949—1989四十年出土墓志目录》页114 《文博》1987(5)页20—22 《西安碑林博物馆藏碑刻》函9卷八二页3012 《汇编续》一686 《补》2—566
763	臧敬廉	三原	咸阳市东北部	大唐西市博物馆	《大唐西市博物馆藏墓志》二七七

葬年	墓主姓名	埋葬地	出土地	现藏地	著录研究现状
763	囗囗别部司马妻柳氏		西安东郊韩森寨	西安碑林博物馆	
764	李相妻司马和		西安东郊郭家滩	西安碑林博物馆	《西安碑林博物馆藏碑刻》函9卷八二页3018 《汇编续》一687 《补》5—407
765	吴贲妻韩氏		西安东郊洪庆村		《1949—1989四十年出土墓志目录》页115 《西安郊区隋唐墓》图页58、59、99、100 录文
766	阿史舵妻薛突利施匐阿施		西安		《1949—1989四十年出土墓志目录》页115 《中国考古学研究》二集页185
766	姚贞谅		西安近郊	西安碑林博物馆	《汇编》一1759 《西安碑林博物馆藏碑刻》函9卷八二页3029 《补》5—408 《陕志》补遗上
767	李粹	长安县之高阳原	西安长安区郭杜镇一带	大唐西市博物馆	《大唐西市博物馆藏墓志》二七九
768	阎守元		西安东郊韩森寨	西安碑林博物馆	《西安碑林博物馆藏碑刻》函9卷八二页3042 《补》5—409
769	元环及妻新平县主		西安西门外	西安碑林博物馆	《西安碑林博物馆藏碑刻》函9卷八二页3050 《汇编续》一719 《补》5—409
770	姚常一（法津禅师）	滋川乡横霸原	西安市东郊席王乡卞家村	西安碑林博物馆	《西安碑林博物馆新藏墓志汇编》 《1949—1989四十年出土墓志目录》页116 《陕西考古学会第一届年会论文集》页221，有图并录文 《新中国出土墓志》陕西贰下册

葬年	墓主姓名	埋葬地	出土地	现藏地	著录研究现状
771	朱府君妻雷定真		西安近郊	西安碑林博物馆	《西安碑林博物馆藏碑刻》函9卷八二页3056 《汇编续》—702 《补》6—94
772	高夫人窦氏	万年县洪固乡凤栖原大茔	西安长安区大兆乡三益村	大唐西市博物馆	《大唐西市博物馆藏墓志》二八三
772	孙希岩妻刘氏		西安东郊韩森寨	西安碑林博物馆	《西安碑林博物馆藏碑刻》函9卷八二页3063 《汇编续》—704 《补》3—109
772	段晏		西安东郊韩森寨	西安碑林博物馆	《西安碑林博物馆藏碑刻》函9卷八二页3070 《汇编续》—705 《补》3—109
774	金日晟	长安永寿之古原	西安雁塔区	大唐西市博物馆	《大唐西市博物馆藏墓志》二八七
774	张恭	府城北七里平原	山西长治	大唐西市博物馆	《大唐西市博物馆藏墓志》二八八
774	陆众妻杨氏		西安东郊韩森寨	西安碑林博物馆	《西安碑林博物馆藏碑刻》函9卷八二页3077 《补》3—110
775	程希诠	城西龙首原	西安市近郊	西安碑林博物馆	《西安碑林博物馆新藏墓志汇编》 《西安碑林博物馆藏碑刻》函9卷八二页3091 《汇编续》—709 《补》6—96
775	张延晖	杜陵之原	西安市长安区	大唐西市博物馆	《大唐西市博物馆藏墓志》二九一

葬年	墓主姓名	埋葬地	出土地	现藏地	著录研究现状
775	常无名	细柳原之茔	西安长安区西南细柳乡一带	大唐西市博物馆	《大唐西市博物馆藏墓志》二九〇
775	陈公妻李氏		西安东郊王家坟	西安碑林博物馆	《西安碑林博物馆藏碑刻》函9卷八二页3084 《补》5—412
776	瞿昙譔		西安长安区北田村		《1949—1989四十年出土墓志目录》页117 《文物》1978（10）页50—52，有图并录文
776	崔秀夫人李氏	万年县凤栖原	西安大兆乡三益村	大唐西市博物馆	《大唐西市博物馆藏墓志》二九二
776	吴公妻独孤氏		西安东郊洪庆村	西安碑林博物馆	《西安碑林博物馆藏碑刻》函9卷八二页3099 《补》3—111
777	高义忠		西安东郊韩森寨	西安碑林博物馆	《1949—1989四十年出土墓志目录》页117 《文博》1984（2）页38 《中国考古学研究》二集页185 《西安碑林博物馆藏碑刻》函9卷八二页3113 《汇编续》一712 《补》5—413
777	皇甫奉譔	少陵原	西安市长安区引镇北一带	大唐西市博物馆	《大唐西市博物馆藏墓志》二九三
777	周惠		西安东郊韩森寨	西安碑林博物馆	《西安碑林博物馆藏碑刻》函9卷八二页3106 《补》3—111
779	曹慧琳		西安东郊韩森寨	西安碑林博物馆	《1949—1989四十年出土墓志目录》页118 《中国考古学研究》二集页185 《西安碑林博物馆藏碑刻》函9卷八二页3113 《汇编续》一712 《补》5—413

葬年	墓主姓名	埋葬地	出土地	现藏地	著录研究现状
779	常清	万年县铜人原	西安东郊灞桥区洪庆田王村	陕西省考古研究院	王育龙、程蕊萍《陕西西安新出唐代墓志铭五则》,《唐研究》第七卷(2001)
780	马朝阳	长安县义阳乡南姜村南原	长安区郭杜镇岔道口村附近	大唐西市博物馆	《大唐西市博物馆藏墓志》二九八
780	张堪贡		西安东郊郭家滩	西安碑林博物馆	
780	王训妻李氏		西安郊区	西安碑林博物馆	《新中国出土墓志》陕西贰下册
780	祁日进		西安枣园村	西安碑林博物馆	《西安碑林博物馆藏碑刻》函9卷八三页3129 《补》5—414 《1949—1989四十年出土墓志目录》页119 《文博》1984(2)页40
781	胡超夫人李氏	万年县神禾原之先茔	西安长安区香积寺一带	大唐西市博物馆	《大唐西市博物馆藏墓志》三〇一
782	曹景琳		西安东郊韩森寨		《1949—1989四十年出土墓志目录》页118 《西安郊区隋唐墓》图页60、61、100,录文
782	独孤桢妻宇文氏		西安东郊韩森寨	西安碑林博物馆	《西安碑林博物馆藏碑刻》函9卷八三页3136 《补》3—120
783	韦氏夫人裴氏	万年县义善乡少陵原	西安长安区引镇北一带	大唐西市博物馆	《大唐西市博物馆藏墓志》三〇四
783	李仪		西安东郊韩森寨	西安碑林博物馆	《西安碑林博物馆藏碑刻》函9卷八三页3143 《补》5—415

葬年	墓主姓名	埋葬地	出土地	现藏地	著录研究现状
784	李傀		西安东郊华山机械厂		《1949—1989四十年出土墓志目录》页119 《考古与文物》1984(5)页32
784	唐安公主		西安东郊王家坟西北电力职工医院外	西安碑林博物馆	
784	吕遥		西安东郊洪庆村	西安碑林博物馆	《新中国出土墓志》陕西 贰 下册
786	李桔亡妻河东裴氏	长安县高阳原	西安长安区郭杜镇一带	大唐西市博物馆	《大唐西市博物馆藏墓志》三〇六
786	陈守礼	万年县龙首原	北郊龙首村一带	大唐西市博物馆	《大唐西市博物馆藏墓志》三〇八
786	马晤	万年县同人原	西安东郊灞桥区洪庆田王村	陕西省考古研究院	王育龙、程蕊萍《陕西西安新出唐代墓志铭五则》,《唐研究》第七卷(2001)
786	马晤夫人崔氏	万年县同人原	西安东郊灞桥区洪庆田王村	陕西省考古研究院	王育龙、程蕊萍《陕西西安新出唐代墓志铭五则》,《唐研究》第七卷(2001)
787	沈慆	万年县白鹿原	西安市灞桥区红旗街道办事处三殿村征集	西安碑林博物馆	《西安碑林博物馆新藏墓志汇编》
787	郯国大长公主		陕西咸阳底张湾	西安碑林博物馆	《1949—1989四十年出土墓志目录》页120 《文博》1984(2)页41 《中国考古学研究》二集页185 《西安碑林博物馆藏碑刻》函9卷八二页3150 《汇编》一1845 《补》3—123

葬年	墓主姓名	埋葬地	出土地	现藏地	著录研究现状
787	雷彦芬妻冯氏		西安东郊郭家滩	西安碑林博物馆	《西安碑林博物馆藏碑刻》函9卷八三页3159 《补》3—124
788	郭幼冲	万年县义善乡之南原	西安长安区大兆乡三益村一带	大唐西市博物馆	《大唐西市博物馆藏墓志》三一〇
788	王承稀与夫人郗氏	万年县洪固乡李永村	长安区韦曲镇	大唐西市博物馆	《大唐西市博物馆藏墓志》三一一
789	韩洎	长安城东白鹿原	西安东郊灞桥区纺织城正街	西安碑林博物馆	《西安碑林博物馆新藏墓志汇编》
789	崔时用	长安县义阳乡平原里	西安长安区郭杜镇	大唐西市博物馆	《大唐西市博物馆藏墓志》三一二
790	杜升	长安县神禾原	西安市长安区樊川之南	大唐西市博物馆	《大唐西市博物馆藏墓志》三一三
790	秦君妻孟氏		西安韩森寨	西安碑林博物馆	《1949—1989 四十年出土墓志目录》页121 《文博》1984(2)页41 《西安碑林博物馆藏碑刻》函9卷八三页3188 《汇编续》一746 《补》3—126
790	杨万乐		西安东郊韩森寨	西安碑林博物馆	《西安碑林博物馆藏碑刻》函9卷八三页3179 《补》3—126
791	徐府君夫人侯莫陈氏	万年县栖凤原	西安市长安区大兆乡三益村	大唐西市博物馆	《大唐西市博物馆藏墓志》三一五

葬年	墓主姓名	埋葬地	出土地	现藏地	著录研究现状
791	俱慈顺		西安东郊韩森寨	西安碑林博物馆	《西安碑林博物馆藏碑刻》函9卷八三页3197《汇编续》—747《补》3—108
795	常承之妻史氏		西安第三印染厂		《1949—1989 四十年出土墓志目录》页121《考古与文物》1988(3)页39—40，有图并录文
795	崔时用夫人苏氏	高阳原	西安市西南郭杜镇	大唐西市博物馆	《大唐西市博物馆藏墓志》三一七
795	杨公妻高氏		西安东郊韩森寨	西安碑林博物馆	《西安碑林博物馆藏碑刻》函9卷八三页3206《汇编续》—757《补》5—415
795	萧季江		西安长安区	西安碑林博物馆	《新中国》陕西 贰 下册
796	韦少华	万年县洪固乡之毕原	西安长安区韦曲镇政府东北	大唐西市博物馆	《大唐西市博物馆藏墓志》三二二
797	何邕李夫人	福阳乡高阳原	长安区郭杜镇一带	大唐西市博物馆	《大唐西市博物馆藏墓志》三二四
797	刘升朝		西安东郊郭家滩	西安碑林博物馆	《新中国出土墓志》陕西贰下册
798	汜慆夫人张氏	白鹿原	西安市灞桥区红旗街道办事处三殿村征集	西安碑林博物馆	《西安碑林博物馆新藏墓志汇编》

葬年	墓主姓名	埋葬地	出土地	现藏地	著录研究现状
798	马浩	万年县高平乡凤栖原	西安市南郊	西安碑林博物馆	《西安碑林博物馆新藏墓志汇编》《西安碑林博物馆藏碑刻》函9卷八三页3227《汇编续》一765《补》6—111《集刊》第2辑页93
798	刘奇秀		西安东郊国棉三厂	西安碑林博物馆	《1949—1989四十年出土墓志目录》页122《考古学报》1963(2)页92《文博》1894(2)页42《西安碑林博物馆藏碑刻》函9卷八三页3220《汇编续》一764《补》5—418
798	超寂大师	万年县长乐乡城东原	西安东南郊新生机械厂	西安碑林博物馆	《西安碑林博物馆新藏墓志汇编》《西安碑林博物馆藏碑刻》函9卷八三页3236《汇编续》一763《补》6—109
798	李通进		西安西郊土门	西安碑林博物馆	《西安碑林博物馆藏碑刻》函9卷八三页3213《汇编续》一763《补》5—417
798	裴衡		西安长安区郭杜镇大居安村	西安碑林博物馆	《西安碑林博物馆新藏墓志汇编》《西安碑林博物馆藏碑刻》函9卷八三页3242《补》6—110
799	裴君妻元氏		西安长安区郭杜镇大居安村	西安碑林博物馆	《西安碑林博物馆新藏墓志汇编》《西安碑林博物馆藏碑刻》函9卷八三页3258《汇编续》一768《补》6—112
799	王求古	户县北灌钟乡漕南之原	西安长安区细柳乡	西安碑林博物馆	《西安碑林博物馆新藏墓志汇编》《西安碑林博物馆藏碑刻》25/补遗/44《集刊》6—249

葬年	墓主姓名	埋葬地	出土地	现藏地	著录研究现状
799	王守廉妻仇氏		西安东郊韩森寨	西安碑林博物馆	《1949—1989 四十年出土墓志目录》页 123 《文博》1984（2）页 40 《西安碑林博物馆藏碑刻》函 9 卷八三页 3249 《汇编续》—771 《补》3—133
800	马干	龙首原	西安东郊韩森寨	西安碑林博物馆	《西安碑林博物馆新藏墓志汇编》 《西安碑林博物馆藏碑刻》函 9 卷八三页 3265 《汇编续》—774 《补》3—134
800	韦嶙	先茔少陵之原	西安长安区引镇北	大唐西市博物馆	《大唐西市博物馆藏墓志》三二六
800	刘斌	积德乡先茔	西安市长安区郭杜镇	大唐西市博物馆	《大唐西市博物馆藏墓志》三二八
800	夫蒙锃		西安东郊郭家滩	西安碑林博物馆	《1949—1989 四十年出土墓志目录》页 124 《文博》1984（2）页 41 《新中国出土墓志》陕西贰下册
801	独孤保生	万年县山北乡辰和原之先茔	西安长安区杜曲镇附近	大唐西市博物馆	《大唐西市博物馆藏墓志》三三一
801	李良		西安东郊白鹿原		《1949—1989 四十年出土墓志目录》页 123 《考古学报》1956（3）页 71—73
801	张公妻荆氏		西安西郊土门	西安碑林博物馆	《西安碑林博物馆藏碑刻》函 9 卷八四页 3270 《汇编续》—781 《补》3—120

葬年	墓主姓名	埋葬地	出土地	现藏地	著录研究现状
802	独孤申叔	万年县凤栖原义善乡	西安长安区大兆乡三益村	西安碑林博物馆	《西安碑林博物馆新藏墓志汇编》《全》588/5974
802	郭佩	京兆城南凤栖原	西安长安区大兆乡三益村	大唐西市博物馆	《大唐西市博物馆藏墓志》三三二
802	李行简夫人宇文氏	城南郭杜村先茔	西安长安区	大唐西市博物馆	《大唐西市博物馆藏墓志》三三三
803	刘昱妻宜都公主		西安东郊洪庆村	西安碑林博物馆	《1949—1989 四十年出土墓志目录》页 124 《文物》1957(9)页 55 《考古学报》1963(2)页 89 《西安碑林博物馆藏碑刻》函 9 卷八四页 3296 《汇编续》一787 《补》3—137
803	徐思倩		西安东郊郭家滩	西安碑林博物馆	《西安碑林博物馆藏碑刻》函 9 卷八四页 3280 《补》3—136
803	张明进		西安东郊韩森寨	西安碑林博物馆	《西安碑林博物馆藏碑刻》函 9 卷八四页 3289 《汇编续》一786 《补》3—137
804	裴郾	万年县先子之茔	西安	大唐西市博物馆	《大唐西市博物馆藏墓志》三三四
804	赵肃夫人韦氏	长安区永寿乡之北原	西安雁塔区三爻村一带	大唐西市博物馆	《大唐西市博物馆藏墓志》三三六

葬年	墓主姓名	埋葬地	出土地	现藏地	著录研究现状
804	柳昱		西安东郊红庆村	西安碑林博物馆	《1949—1989四十年出土墓志目录》页125 《文物》1957(9)页53 《文博》1984(2)页41 《西安碑林博物馆藏碑刻》函9卷八四页3303 《汇编续》一791 《补》3—138
805	米继芬		西安西郊三桥	西安碑林博物馆	《1949—1989四十年出土墓志目录》页126 《文博》1984(2)页40 《西安碑林博物馆藏碑刻》函9卷八四页3334 《汇编续》一796 《补》3—143
805	索玄爱		西安西郊枣园	西安碑林博物馆	《西安碑林博物馆藏碑刻》函9卷八四页3321 《汇编续》一793 《补》3—140
805	韦孟明妻元氏		西安东郊郭家滩	西安碑林博物馆	《西安碑林博物馆藏碑刻》函9卷八四页3312 《补》3—141
805	九华观道师铭		西安南郊三爻村第二砖瓦厂	西安碑林博物馆	《西安碑林博物馆藏碑刻》函9卷八四页3328 《汇编续》一795 《补》3—141
807	圆寂	必原	西安韦曲镇政府东北	大唐西市博物馆	《大唐西市博物馆藏墓志》三四四
807	程惟诚	万年县凤栖原	西安长安区大兆乡三益村一带	大唐西市博物馆	《大唐西市博物馆藏墓志》三四二

葬年	墓主姓名	埋葬地	出土地	现藏地	著录研究现状
807	董楹		西安韩森寨		《1949—1989 四十年出土墓志目录》页 127 《西安郊区隋唐墓》图页 62、62、101，录文
807	韦羽	长安城之南少陵原	西安市长安区引镇北	大唐西市博物馆	《大唐西市博物馆藏墓志》三四三
807	渤海郡君骆氏		西安东郊韩森寨	西安碑林博物馆	《西安碑林博物馆藏碑刻》函9卷八四页3347 《汇编续》—802 《补》3—145 《新中国出土墓志》陕西贰下册
807	法津禅师塔铭		西安东郊席王乡卞家村	西安碑林博物馆	《补》4—7 《汇编》—1956
808	韦告成夫人裴氏	韦告成之茔	西安市长安区	大唐西市博物馆	《大唐西市博物馆藏墓志》三四八
808	孟琳	万年县细柳原	西安临潼西泉乡一带	大唐西市博物馆	《大唐西市博物馆藏墓志》三四六
808	刘奇秀妻骆氏		西安东郊郭家滩		《1949—1989 四十年出土墓志目录》页 127 《考古学报》1963(2)页92 《文博》1984(2)页39
808	韦孟明		西安东郊郭家滩	西安碑林博物馆	《1949—1989 四十年出土墓志目录》页 128 《中国考古学研究》二集页186 《西安碑林博物馆藏碑刻》函9卷八五页3375 《汇编续》—813 《补》3—150

葬年	墓主姓名	埋葬地	出土地	现藏地	著录研究现状
808	朱庭玘		西安西郊土门	西安碑林博物馆	《1949—1989 四十年出土墓志目录》页 128 《考古学报》1963（2）页 94 《西安碑林博物馆藏碑刻》函 9 卷八五页 3384 《汇编续》一810 《补》3—151
808	杨萼		西安西郊	西安碑林博物馆	《西安碑林博物馆藏碑刻》函 9 卷八五页 3390 《汇编续》一810 《补》3—149
808	秦公妻杨氏		西安东郊韩森寨	西安碑林博物馆	《西安碑林博物馆藏碑刻》9 函卷八四页 3360 《汇编续》一812 《补》3—149
809	冯仙师（得一）	小杨原	西安近郊	西安碑林博物馆	《西安碑林博物馆新藏墓志汇编》 《西安碑林博物馆藏碑刻》函 9 卷八五页 3401 《汇编续》一814 《补》6—132
809	秦君妻李氏		西安东郊韩森寨	西安碑林博物馆	《西安碑林博物馆藏碑刻》函 9 卷八五页 3396 《补》3—151
809	李日荣		西安北郊	西安碑林博物馆	《西安碑林博物馆藏碑刻》函 9 卷八五页 3409 《汇编续》一813 《补》2—567
810	牛名俊	京兆府万年县山北乡归明里	西安	大唐西市博物馆	《大唐西市博物馆藏墓志》三五〇

葬年	墓主姓名	埋葬地	出土地	现藏地	著录研究现状
810	魏邈		西安	西安碑林博物馆	《西安碑林博物馆藏碑刻》函9卷八五页3447 《汇编》—2005 《八琼》 《萃编》 《拾》25/10649
810	张涣		西安东郊韩森寨	西安碑林博物馆	《西安碑林博物馆藏碑刻》函9卷八五页3415 《汇编续》—818 《补》3—156
810	崔慎思		西安东郊韩森寨	西安碑林博物馆	《西安碑林博物馆藏碑刻》函9卷八五页3424 《汇编续》—819 《补》3—157
810	会王李缰		西安长安区席王村	西安碑林博物馆	《西安碑林博物馆藏碑刻》函9卷八五页3431 《汇编》—1980 《全》679/6939
810	刘溢		西安西郊土门	西安碑林博物馆	《西安碑林博物馆藏碑刻》函9卷八五页3440 《汇编续》—822 《补》3—158
811	间公妻段氏	京城长安区义阳乡	西安长安区郭杜	西安碑林博物馆	《西安碑林博物馆新藏墓志汇编》
811	张威德山	万年县细柳□□□原	西安临潼西泉乡一带	大唐西市博物馆	《大唐西市博物馆藏墓志》三五二
811	赵藤	万年县义善乡凤栖原	西安市长安区大兆乡三益村一带	大唐西市博物馆	《大唐西市博物馆藏墓志》三五四
811	崔纮		西安南郊三爻村		《1949—1989四十年出土墓志目录》页129 《考古与文物》1983（3）页37、38、40，有图并录文

葬年	墓主姓名	埋葬地	出土地	现藏地	著录研究现状
811	董希逸		西安东郊韩森寨	西安碑林博物馆	《新中国》陕西 贰 下册
811	张公妻宗氏		西安东郊韩森寨	西安碑林博物馆	《西安碑林博物馆藏碑刻》函9卷八五页3455 《汇编续》一825 《补》5—422
812	武士穆		西安东郊田家湾	西安碑林博物馆	《西安碑林博物馆新藏墓志汇编》 《西安碑林博物馆藏碑刻》25/补遗/55
812	朱泳	京兆府万年县凤栖原	西安市长安区大兆乡三益村一带	大唐西市博物馆	《大唐西市博物馆藏墓志》三五六
812	董岌妻杨氏		西安韩森寨		《1949—1989四十年出土墓志目录》页130 《西安郊区隋唐墓》图页64、65、102,录文
812	李瞻		西安灞桥东田王村		《1949—1989四十年出土墓志目录》页130 《文博》1984(2)页38
812	李瞻妻萧氏		西安洪庆村		《1949—1989四十年出土墓志目录》页130 《考古学报》1963(2)页89 《西安碑林博物馆藏碑刻》函9卷八五页3463 《汇编续》一828 《补》3—160
814	刘夫人宋氏		西安东郊征集	西安碑林博物馆	《西安碑林博物馆藏碑刻》函9卷八五页3485 《汇编续》一836 《补》5—425

葬年	墓主姓名	埋葬地	出土地	现藏地	著录研究现状
814	张良辅		西安东郊郭家滩	西安碑林博物馆	《西安碑林博物馆藏碑刻》函9卷八五页3492 《汇编续》—838 《补》3—163
815	韦君夫人李氏	长安区神禾原户曹韦府君之茔	西安长安区樊川之南	大唐西市博物馆	《大唐西市博物馆藏墓志》三六三
815	董文萼		西安		《1949—1989四十年出土墓志目录》页131 《中国考古学研究》二集页186 《西安碑林博物馆藏碑刻》函9卷八六页3517 《汇编续》—844 《补》3—168
815	王叔宁	长安城坤维龙首原	西安市西郊土门	西安碑林博物馆	《西安碑林博物馆藏碑刻》函9卷八五页3501 《汇编续》—841 《补》3—166
816	王绶	毕原	西安韦曲镇政府东北一带	大唐西市博物馆	《大唐西市博物馆藏墓志》三六六
816	李宗闵妻韦氏	万年县少陵原	西安长安区引镇北	大唐西市博物馆	《大唐西市博物馆藏墓志》三六五
816	松公		西安东郊韩森寨	西安碑林博物馆	
817	刘伯刍	长安县小姜村高阳原	西安长安区郭杜镇	大唐西市博物馆	《大唐西市博物馆藏墓志》三六八

葬年	墓主姓名	埋葬地	出土地	现藏地	著录研究现状
817	萧君妻田氏		西安东郊郭家滩	西安碑林博物馆	《1949—1989 四十年出土墓志目录》页 132 《中国考古学研究》二集页 186 《西安碑林博物馆藏碑刻》函 9 卷八六页 3547 《汇编续》一849 《补》3—173
817	秦朝俭		西安东郊韩森寨	西安碑林博物馆	《西安碑林博物馆藏碑刻》函 9 卷八六页 3532 《汇编续》一848 《补》3—170
817	贾府君		西安东郊郭家滩	西安碑林博物馆	《新中国》陕西 贰 下册
817	张氏妻吕氏		西安西郊飞机场	西安碑林博物馆	
818	张卓墓志	国城坤维高阳原西	西安市西南长安区郭杜镇一带	大唐西市博物馆	《大唐西市博物馆藏墓志》三七〇
818	柳寔	京兆府高阳原	西安市长安区郭杜镇	大唐西市博物馆	《大唐西市博物馆藏墓志》三六九
818	张十八娘子		西安韩森寨		《1949—1989 四十年出土墓志目录》页 132 《西安郊区隋唐墓》图页 66、102，录文
818	张怙		陕西咸阳底张湾	西安碑林博物馆	《1949—1989 四十年出土墓志目录》页 132 《中国考古学研究》二集页 186 《文物》1957(9)页 53 《西安碑林博物馆藏碑刻》函 9 卷八六页 3563 《汇编》一2035 《补》3—175

葬年	墓主姓名	埋葬地	出土地	现藏地	著录研究现状
818	王涓		西安东郊韩森寨	西安碑林博物馆	《西安碑林博物馆藏碑刻》函9卷八六页3556 《汇编续》一852 《补》3—175
819	韦羽及夫人崔成筒	万年县少陵原高平乡夏侯村	西安长安区韦曲北焦村一带	大唐西市博物馆	《大唐西市博物馆藏墓志》三七一
819	李文贞		西安东郊国棉四厂		《1949—1989四十年出土墓志目录》页132 《考古与文物》1981（2）页27、28、31,有图
821	吴弘简妻李夫人		西安雁塔山门口乡管家村	西安碑林博物馆	
823	刘忠让	万年县浐川乡	西安东灞桥区	大唐西市博物馆	《大唐西市博物馆藏墓志》三七四
823	李文贞继妻牟失氏		西安东郊国棉四厂		《1949—1989四十年出土墓志目录》页134 《考古与文物》1981（2）页28、29、31,有图
823	李赡		西安东郊洪庆村	西安碑林博物馆	《西安碑林博物馆藏碑刻》函9卷八六页3586 《汇编续》一861 《补》3—184
825	董岌		西安韩森寨		《1949—1989四十年出土墓志目录》页134 《西安郊区隋唐墓》图页64、68、102,录文
826	贾光及妻陈氏		西安东郊郭家滩	西安碑林博物馆	《西安碑林博物馆藏碑刻》函9卷八六页3594 《汇编续》一875 《补》3—188

葬年	墓主姓名	埋葬地	出土地	现藏地	著录研究现状
828	崔俚	长安城南洪源乡张屈村	西安长安区杜曲镇兴教寺北	大唐西市博物馆	《大唐西市博物馆藏墓志》三八一
828	文安公主		西安东郊灞桥草滩砖厂内		《1949—1989 四十年出土墓志目录》页135 《考古与文物》1988（4）页78—80，有图并录文
828	独孤娥娘		西安长安区梁家庄	西安碑林博物馆	《西安碑林博物馆藏碑刻》函9卷八六页3601 《汇编续》一884 《补》3—190
829	李温	万年县少陵原	西安长安区引镇北一带	大唐西市博物馆	《大唐西市博物馆藏墓志》三八八
829	许遂忠	万年县浐川乡上傅村	西安市东郊堡子村	西安碑林博物馆	《1949—1989 四十年出土墓志目录》页136 《考古与文物》1985（6）页29、30，有图并录文 《西安碑林博物馆新藏墓志汇编》[下]页678 《西安碑林博物馆藏碑刻》函9卷八六页3605 《汇编续》一898 《补》3—194
829	李冲	京兆祝村先茔之北隅	西安	大唐西市博物馆	《大唐西市博物馆藏墓志》三八五
829	王明哲		西安		《1949—1989 四十年出土墓志目录》页136 《中国考古学研究》二集页186
829	王府君		西安东郊十里铺		《西安碑林博物馆藏碑刻》函9卷八六页3617 《汇编续》一899 《补》3—195

葬年	墓主姓名	埋葬地	出土地	现藏地	著录研究现状
830	何文哲		西安西郊西安铜厂		《1949—1989 四十年出土墓志目录》页136 《西北史地》1984(3)页47 《考古》1986(9)页841、846、848，有图并录文
830	李文政		西安韩森寨		《1949—1989 四十年出土墓志目录》页137 《西安郊区隋唐墓》图页69、70、103，录文
830	郑准		西安近郊		《西安碑林博物馆藏碑刻》函9卷八六页3624 《汇编》—2115 《全》744/7705
831	祁宪真		西安土门村		《1949—1989 四十年出土墓志目录》页137 《文物》1957(9)页55 《西安碑林博物馆藏碑刻》函9卷八六页3630 《汇编续》—907 《补》3—196
831	韩自明		西安长安区韦曲		
832	陈宗武	长安县益阳乡高阳原	西安长安区郭杜镇	大唐西市博物馆	《大唐西市博物馆藏墓志》三九二
833	郑琮	京兆府万年县少陵原先茔之东北	西安市长安区引镇北	大唐西市博物馆	《大唐西市博物馆藏墓志》三九三
833	李稷		西安洪庆村		《1949—1989 四十年出土墓志目录》页138 《考古学报》1963(2)页90 《西安碑林博物馆藏碑刻》函10卷八七页3637 《补》3—185

葬年	墓主姓名	埋葬地	出土地	现藏地	著录研究现状
834	杨迥	万年县高平乡高望里	西安凤栖原		《唐代墓志汇编》大和〇七六 《1949—1989 四十年出土墓志目录》页138 《文物》1957(9)页55
834	韦韫中墓表	京兆府万年县义善乡王斜村北原	西安长安区三益村一带	大唐西市博物馆	《大唐西市博物馆藏墓志》三九六
834	郯王李经		西安灞桥区东下家村		《1949—1989 四十年出土墓志目录》页139 《文物》1957(9)页53 《考古学报》1963(2)页89 《西安碑林博物馆藏碑刻》函10卷八七页3653 《汇编续》一916 《补》3—198
834	严愈妻李氏	凤栖原	西安市长安区杜陵三府井村	西安碑林博物馆	《西安碑林博物馆新藏墓志汇编》[下]页693 《集刊》10—137
835	张据	长安县府娄村	西安长安区	大唐西市博物馆	《大唐西市博物馆藏墓志》四〇一
835	姚存古		西安东郊韩森寨		《1949—1989 四十年出土墓志目录》页140 《中国考古学研究》二集页186 《西安碑林博物馆藏碑刻》函10卷八七页3689 《汇编续》一921 《补》3—200
835	张荣恩		西安东郊韩森寨		《1949—1989 四十年出土墓志目录》页140 《考古学报》1963(2)页87 《西安碑林博物馆藏碑刻》函10卷八七页3665 《汇编续》一919 《补》3—199

葬年	墓主姓名	埋葬地	出土地	现藏地	著录研究现状
835	贾温		西安东郊韩森寨		《西安碑林博物馆藏碑刻》函10卷八七页3680 《汇编续》一920 《补》6—148
836	贺从章		西安永平乡贺家村		《1949—1989 四十年出土墓志目录》页140 《考古学报》1963(2)页95 《中国考古学研究》二集页186 《西安碑林博物馆藏碑刻》函10卷八七页3732 《汇编续》一927 《补》3—205
836	司马修		西安东郊郭家滩		《西安碑林博物馆藏碑刻》函10卷八七页3707 《汇编续》一924 《补》3—203
836	李公妻戴氏		西安东郊郭家滩		《西安碑林博物馆藏碑刻》函10卷八七页3715 《汇编续》一926 《补》3—204
837	卢岑		西安南郊岳家寨		《1949—1989 四十年出土墓志目录》页124 《文博》1984(2)页43 《西安碑林博物馆藏碑刻》函10卷八七页3741 《汇编续》一930 《补》3—205
837	陇西夫人董氏		西安韩森寨		《1949—1989 四十年出土墓志目录》页141 《西安郊区隋唐墓》图页71、72、103,录文
838	李从易	京兆府三原县万寿原	陕西省咸阳市东北	大唐西市博物馆	《大唐西市博物馆藏墓志》四〇四

葬年	墓主姓名	埋葬地	出土地	现藏地	著录研究现状
838	李少赞及夫人康氏	京兆府咸阳县五云乡咸阳原	陕西咸阳	大唐西市博物馆	《大唐西市博物馆藏墓志》四○五
838	王志用		西安东郊韩森寨		《西安碑林博物馆藏碑刻》函10卷八七页3750 《汇编续》—932 《补》3—206
838	李泳妻王氏		西安近郊		《西安碑林博物馆藏碑刻》函10卷八七页3761 《补》3—208
839	董媛	万年县义丰乡孙村	西安灞桥区与临潼区一带	大唐西市博物馆	《大唐西市博物馆藏墓志》四○七
839	李德义		西安东郊韩森寨		《西安碑林博物馆藏碑刻》函10卷八七页3767 《汇编续》—939 《补》3—210
840	颜宪	长安县万春乡神禾原	西安樊川之南	大唐西市博物馆	《大唐西市博物馆藏墓志》四○八
840	李溶		西安市郊新兴堡		《1949—1989四十年出土墓志目录》页143 《考古学报》1963（2）页89 《西安碑林博物馆藏碑刻》函10卷八八页3775 《汇编续》—940 《补》3—211
840	杜某柔		西安长安区司马村		《1949—1989四十年出土墓志目录》页142 《考古与文物》1988（4）页85，有图并录文
840	杜公长女	万年县少陵原下洪原乡	西安市长安区大兆乡司马村	西安碑林博物馆	《西安碑林博物馆新藏墓志汇编》[下]页717 《西安碑林博物馆藏碑刻》函10卷八八页3782 《汇编续》—941 《补》1—318

葬年	墓主姓名	埋葬地	出土地	现藏地	著录研究现状
840	王阿贵		西安西郊		
841	郭盈夫人卢氏	万年县洪固乡李村毕原先府君郭盈之兆 永	西安长安区韦曲镇东北	大唐西市博物馆	《大唐西市博物馆藏墓志》四〇九
841	刘士环		西安东郊韩森寨		《1949—1989四十年出土墓志目录》页143 《考古学报》1963(2)页88 《西安碑林博物馆藏碑刻》函10卷八八页3819 《汇编续》一949 《补》3—214
841	刘渶涮		西安近郊		《西安碑林博物馆藏碑刻》函10卷八八页3819 《汇编续》一948 《补》3—212
843	潘克俭	京兆万年县宁安乡	西安雁塔区	大唐西市博物馆	《大唐西市博物馆藏墓志》四一二
843	严愈	京兆府万年县义善乡兴牛里	西安市长安区杜陵三府井村	西安碑林博物馆	《西安碑林博物馆新藏墓志汇编》[下]页725 《集刊》10—137
844	梁元翰		西安郭家滩		《1949—1989四十年出土墓志目录》页144 《考古学报》1963(2)页88 《西安碑林博物馆藏碑刻》函10卷八八页3841 《汇编续》一956 《补》3—216
844	范氏幼女		西安东郊韩森寨		《西安碑林博物馆藏碑刻》函10卷88页3826 《汇编续》一968 《补》5—435

葬年	墓主姓名	埋葬地	出土地	现藏地	著录研究现状
844	敬氏		西安东郊十里铺		《西安碑林博物馆藏碑刻》函10卷八八页3833 《汇编续》一953 《补》5—215
844	牛浦及妻陈氏		西安灞桥新会村		
845	吕翁归	京兆万年县义丰乡更始里	西安东	大唐西市博物馆	《大唐西市博物馆藏墓志》四一五
845	张渐		西安东郊郭家滩		《西安碑林博物馆藏碑刻》函10卷八八页3848 《汇编续》一961 《补》3—217
845	魏邈妻赵氏		西安长安区西		《西安碑林博物馆藏碑刻》函10卷八八页3857 《汇编》—2243 《拾》30/10708
845	李太恭	京兆府万年县浐水东上傅村	西安市灞桥区红旗乡	西安碑林博物馆	《西安碑林博物馆新藏墓志汇编》[下]页735
847	王子埋	万年县大茔之西	西安长安区	大唐西市博物馆	《大唐西市博物馆藏墓志》四一六
847	窦纁	京兆府咸阳县武安乡契符原	咸阳市渭城区羊过村	西安碑林博物馆	《西安碑林博物馆新藏墓志汇编》[下]页741 《集刊》8—69
847	刘公妻马氏		西安西郊土门		《西安碑林博物馆藏碑刻》函10卷八八页3865 《汇编续》一970 《补》3—219

葬年	墓主姓名	埋葬地	出土地	现藏地	著录研究现状
847	黄季长		西安东郊韩森寨		《西安碑林博物馆藏碑刻》函10卷八八页3874 《汇编续》—971 《补》3—219
847	高克从		西安东郊高楼村		《西安碑林博物馆藏碑刻》函10卷八八页3881 《汇编续》—972 《补》3—220 《1949—1989 四十年出土墓志目录》页147 《文物》1959（8）页32 《中国考古学研究》二集页186
848	鱼君妻郑德柔		西安郭家滩		《1949—1989 四十年出土墓志目录》页148 《西安郊区隋唐墓》图页73、104，录文
848	王颙	京兆府万年县龙首原古成村	西安市东郊等驾坡	西安碑林博物馆	《西安碑林博物馆新藏墓志汇编》[下]页744
848	罗士则		西安东郊十里铺		《西安碑林博物馆藏碑刻》函10卷八八页3896 《汇编续》—979 《补》3—222
849	王氏故笄女		西安韩森寨		《1949—1989 四十年出土墓志目录》页149 《文物》1957（9）页55 《文博》1984（2）页37 《西安碑林博物馆藏碑刻》函10卷八九页3812 《汇编续》—985 《补》3—224
849	段文绚		西安东郊十里铺		《西安碑林博物馆藏碑刻》函10卷89页3903 《汇编续》—983 《补》3—223

葬年	墓主姓名	埋葬地	出土地	现藏地	著录研究现状
849	赵群		西安西郊陕棉长十厂		《西安碑林博物馆藏碑刻》函10卷八九页3919 《汇编续》一984 《补》1—340 《文博》1987.5
850	郑瑶	万年县少陵原神禾乡	西安长安区引镇北	大唐西市博物馆	《大唐西市博物馆藏墓志》四二〇
850	郭暄	万年县凤栖原	西安市长安区大兆乡三益村一带	大唐西市博物馆	《大唐西市博物馆藏墓志》四一九
850	何溢		西安韩森寨		《1949—1989四十年出土墓志目录》页149 《西安郊区隋唐墓》图页74、74、104、105、录文
850	丘君妻柳氏		西安东郊洪庆村		《1949—1989四十年出土墓志目录》页150 《中国考古学研究》二集页186 《西安碑林博物馆藏碑刻》函10卷八九页3948 《汇编续》一978 《补》3—227
850	刘士准		西安东郊王家坟		《西安碑林博物馆藏碑刻》函10卷89页3939 《补》3—226
850	裴行着		西安东郊韩森寨		《西安碑林博物馆藏碑刻》函10卷八九页3955 《汇编续》一987 《补》3—225
850	高可方		西安东郊韩森寨		《西安碑林博物馆藏碑刻》函10卷八九页3930 《汇编续》一988 《补》3—225

葬年	墓主姓名	埋葬地	出土地	现藏地	著录研究现状
850	裴氏小娘子		西安长安区嘉里村		《西安碑林博物馆藏碑刻》函10卷八九页3964 《汇编续》一988 《补》3—227 《文博》1993（1）
850	似先义逸	万年县丰润乡之原	西安市灞区桥务庄乡	西安碑林博物馆	《西安碑林博物馆新藏墓志汇编》[下]页753 《西安碑林博物馆藏碑刻》函25卷补遗页67 《集刊》3—98
851	李郧夫人杜氏	京兆府长安县福阳乡高阳原	西安长安区郭杜镇	大唐西市博物馆	《大唐西市博物馆藏墓志》四二一
851	南安郡王妻仇氏		西安		《1949—1989四十年出土墓志目录》页151 《考古学报》1963（2）页89
851	段懿全	雍城之南凤栖原之北	西安市长安区大兆乡三益村一带	大唐西市博物馆	《大唐西市博物馆藏墓志》四二三
852	孟秀荣	京兆府万年县浐川乡北姚村	西安市东郊十里铺张家坡二队	西安碑林博物馆	《西安碑林博物馆新藏墓志汇编》[下]页764 《西安碑林博物馆藏碑刻》函10卷八九页3987 《汇编续》一993 《补》6—487
853	李愔	万年县崇道乡西赵乡	西安市长安区	大唐西市博物馆	《大唐西市博物馆藏墓志》四二四
853	王怡政妻刘氏		西安东郊郭家滩		《1949—1989四十年出土墓志目录》页152 《中国考古学研究》二集页186 《西安碑林博物馆藏碑刻》函10卷八九页4019 《补》3—231

葬年	墓主姓名	埋葬地	出土地	现藏地	著录研究现状
854	王逢	万年义善乡少陵原先府君所封东南	西安长安区	大唐西市博物馆	《大唐西市博物馆藏墓志》四二七
854	裴君妻时氏		西安南郊三爻村		《1949—1989 四十年出土墓志目录》页152 《考古与文物》1983(3)页36、28、40,有图并录文
854	路全交		西安郭家滩		《1949—1989 四十年出土墓志目录》页153 《考古学报》1963(2)页89 《西安碑林博物馆藏碑刻》函10卷八九页4024 《汇编续》—1002 《补》3—230
854	王怡政		西安		《1949—1989 四十年出土墓志目录》页153 《中国考古学研究》二集页186
855	段宏	万年县义善乡东仵村旧茔之原	西安郭杜镇岔道口村附近	大唐西市博物馆	《大唐西市博物馆藏墓志》四二九
855	韦辂夫人薛氏	长安城南洪固乡毕原	西安韦曲镇政府东北	大唐西市博物馆	《大唐西市博物馆藏墓志》四二八
855	东乡君妻夏氏		西安市新安建材厂	西安碑林博物馆	《西安碑林博物馆新藏墓志汇编》[下]页779 《新中国出土墓志》陕西贰下册

西安北朝隋唐墓志收藏研究编年目录   111

葬年	墓主姓名	埋葬地	出土地	现藏地	著录研究现状
855	李暎		西安东郊洪庆村		《西安碑林博物馆藏碑刻》函10卷九〇页4033 《汇编续》—1005 《补》3—231
855	韦识	京兆府万年县义善乡凤栖原	西安市长安区大兆乡三益村	西安碑林博物馆	《西安碑林博物馆新藏墓志汇编》[下]页782 《集刊》10—142
856	崔王业夫人李氏	万年县宁安乡三赵村	西安雁塔区	大唐西市博物馆	《大唐西市博物馆藏墓志》四三六
856	庾二十九女	京兆杜陵	西安曲江街道三兆村南	大唐西市博物馆	《大唐西市博物馆藏墓志》四三二
857	佚名墓志砖		西安东郊郭家滩		
858	郭君夫人张氏	京兆府万年县凤栖原	西安长安区三益村一带	大唐西市博物馆	《大唐西市博物馆藏墓志》四四〇
858	李公夫人韦氏	万年县朱赵村	西安长安区	大唐西市博物馆	《大唐西市博物馆藏墓志》四三九
858	路复原		西安郭家滩		《1949—1989四十年出土墓志目录》页155 《西安郊区隋唐墓》图页76、77、105,录文
858	闾知诚	京兆府万年县浐川乡蛇村之原	西安东郊郭家滩	西安碑林博物馆	《1949—1989四十年出土墓志目录》页154 《文博》1984(2)页36 《中国考古学研究》二集页186 《西安碑林博物馆藏碑刻》函10卷九〇页4049 《汇编续》—1015 《补》3—236

葬年	墓主姓名	埋葬地	出土地	现藏地	著录研究现状
859	韦辂	京兆府万年县洪固乡毕原之先茔	西安长安区韦曲镇政府东北	大唐西市博物馆	《大唐西市博物馆藏墓志》四四二
859	崔文龟	京兆府万年县洪源乡曹村少陵原	西安城南兴教寺北	大唐西市博物馆	《大唐西市博物馆藏墓志》四四一
859	王公素		西安		《1949—1989四十年出土墓志目录》页155 《考古学报》1963(2)页90
859	韩孝恭	万年县长乐乡陈张村	西安灞桥区	西安碑林博物馆	李举纲、张安兴《西安碑林新入藏唐韩炼师玄堂铭》,《唐研究》第十二卷(2006)
860	李浔	长安城南	西安长安区	大唐西市博物馆	《大唐西市博物馆藏墓志》四四三
860	李敬实	京兆府万年县浐川乡上傅村之西原	西安东郊郭家滩国棉三厂	西安碑林博物馆	《1949—1989四十年出土墓志目录》页156 《考古与文物》1985(6)页32—36,有图并录文 《西安碑林博物馆新藏墓志汇编》[下]页806 《西安碑林博物馆藏碑刻》函10卷九〇页4067 《汇编续》一1028 《补》1—377
860	李沂庆王	万年县崇道乡西赵村	西安市灞桥区席王乡	西安碑林博物馆	《西安碑林博物馆新藏墓志汇编》[下]页810 赵力光《唐庆王李沂墓志综考》,《唐研究》第十二卷(2006)

葬年	墓主姓名	埋葬地	出土地	现藏地	著录研究现状
861	宋伯康	京兆郡长安县义阳乡	西安市长安区郭杜镇	西安碑林博物馆	《西安碑林博物馆藏碑刻》函10卷九〇页4084 《西安碑林博物馆藏碑刻总目提要》页120 《补》6—177 《西安碑林博物馆新藏墓志汇编》[下]页813
861	独孤骧		西安长安区梁家庄	西安碑林博物馆	《西安碑林博物馆藏碑刻总目提要》页120 《西安碑林博物馆藏碑刻》函10卷九〇页4112 《汇编续》一1031 《补》3—241
861	杨居实		西安东郊韩森寨	西安碑林博物馆	《西安碑林博物馆藏碑刻总目提要》页120 《西安碑林博物馆藏碑刻》函10卷九〇页4121 《汇编续》一1039 《补》3—242 《1949—1989四十年出土墓志目录》页157 《中国考古学研究》二集页187
861	田师巽母张氏			西安碑林博物馆	《西安碑林博物馆藏碑刻总目提要》页120 《西安碑林博物馆藏碑刻》函10卷九〇页4133 《补》3—244
861	田文雅		西安郭家滩		《1949—1989四十年出土墓志目录》页156 《考古学报》1963（2）页88 《西安碑林博物馆藏碑刻》函10卷九〇页4094 《汇编续》一1030 《补》3—241

葬年	墓主姓名	埋葬地	出土地	现藏地	著录研究现状
861	吴夫人	万年县洪固乡	西安东郊韩森寨	西安碑林博物馆	《西安碑林博物馆藏碑刻总目提要》页120 《西安碑林博物馆藏碑刻》函10卷九〇页4103 《汇编续》一1035 《补》6—177 《西安碑林博物馆新藏墓志汇编》[下]页816
861	江师武	京兆府万年县义善里鲍村	西安长安区	大唐西市博物馆	《大唐西市博物馆藏墓志》四四四
862	狄玄愬		西安东郊韩森寨	西安碑林博物馆	《西安碑林博物馆藏碑刻总目提要》页120 《西安碑林博物馆藏碑刻》函10卷九一页4167 《汇编续》一1042 《补》3—249
862	长孙仿	京兆长安县高阳原福阳乡	西安长安区郭杜镇	大唐西市博物馆	《大唐西市博物馆藏墓志》四四六
863	唐思礼妻王氏		西安东郊郭家滩	西安碑林博物馆	《西安碑林博物馆藏碑刻总目提要》页120 《西安碑林博物馆藏碑刻》函10卷九一页4176 《汇编续》1041 《补》3—249 《1949—1989四十年出土墓志目录》页157 《文博》1984(2)页41 《中国考古学研究》二集页187

葬年	墓主姓名	埋葬地	出土地	现藏地	著录研究现状
863	程修己			西安碑林博物馆	《西安碑林博物馆藏碑刻总目提要》120页 《西安碑林博物馆藏碑刻》函10卷九一页4185 《汇编》2398 《续编》 《拾》32/10738
863	郭传则		西安东郊韩森寨	西安碑林博物馆	《西安碑林博物馆藏碑刻总目提要》页120 《西安碑林博物馆藏碑刻》函10卷九一页4200 《汇编续》1046 《补》3—251
863	吴德埔妻赵氏	万年县浐川乡南姚村	西安东郊田家湾	西安碑林博物馆	《新中国出土墓志》陕西贰下册 《西安碑林博物馆新藏墓志汇编》[下]页829
863	田公远	浐川乡上傅村	西安东郊灞桥区枣刘村北	陕西省考古研究院	王育龙《唐长安东新出土的康令恽等墓志跋》,《唐研究》第六卷(2000)
864	师全介		西安小白杨村	西安碑林博物馆	《西安碑林博物馆藏碑刻总目提要》页121 《西安碑林博物馆藏碑刻》函10卷九一页4208 《汇编续》—1047 《补》3—252
864	杨玄略		西安西郊枣园村	西安碑林博物馆	《西安碑林博物馆藏碑刻总目提要》页121 《西安碑林博物馆藏碑刻》函10卷九一页4217 《汇编续》—1048 《补》3—253 《1949—1989四十年出土墓志目录》页157 《文博》1984(2)页39 《中国考古学研究》二集页187

葬年	墓主姓名	埋葬地	出土地	现藏地	著录研究现状
864	李璆妻金氏		西安东郊郭家滩	西安碑林博物馆	《西安碑林博物馆藏碑刻总目提要》页121 《西安碑林博物馆藏碑刻》函10卷九一页4235 《汇编续》一1051 《补》3—254 《1949—1989四十年出土墓志目录》页158 《中国考古学研究》二集页187
865	段璲妻严氏		西安东郊路家湾	西安碑林博物馆	《西安碑林博物馆藏碑刻总目提要》页121 《西安碑林博物馆藏碑刻》函10卷九一页4244 《汇编续》一1053 《补》3—255
865	翟庆全		西安西郊土门	西安碑林博物馆	《西安碑林博物馆藏碑刻总目提要》页121 《西安碑林博物馆藏碑刻》函10卷九一页4255 《汇编续》一1054 《补》3—256 《1949—1989四十年出土墓志目录》页159 《文博》1984(2)页41
865	高璠	万年县义善乡大作村	西安长安区	大唐西市博物馆	《大唐西市博物馆藏墓志》四四八
865	王彦真	万年县细柳乡故郡村	西安长安区	大唐西市博物馆	《大唐西市博物馆藏墓志》四四七
865	段淙		西安东郊韩森寨	西安碑林博物馆	《西安碑林博物馆藏碑刻总目提要》页121 《西安碑林博物馆藏碑刻》函10卷九一页4263 《汇编续》1056 《补》3—257

葬年	墓主姓名	埋葬地	出土地	现藏地	著录研究现状
865	何从章		西安		《1949—1989四十年出土墓志目录》页159 《文博》1984(2)页35
865	李朋夫人杨氏	长安县义阳乡第五村之新兆	西安长安区	大唐西市博物馆	《大唐西市博物馆藏墓志》四五〇
865	李朋	长安县义阳乡第五村之新兆	西安长安区	大唐西市博物馆	《大唐西市博物馆藏墓志》四五一
866	路觉	长安城南之宁安乡青明里三赵村	西安城南三兆村	大唐西市博物馆	《大唐西市博物馆藏墓志》四五三
866	刘真仪	万年县少陵乡中刘村	西安长安区	大唐西市博物馆	《大唐西市博物馆藏墓志》四五二
867	尚弘简		西安近郊	西安碑林博物馆	《西安碑林博物馆藏碑刻总目提要》页121 《西安碑林博物馆藏碑刻》函10卷九—页4292 《汇编续》—1266 《补》3—259
867	兰英		西安东郊韩森寨	西安碑林博物馆	《西安碑林博物馆藏碑刻总目提要》页121 《西安碑林博物馆藏碑刻》函10卷九—页4301 《汇编续》1067 《补》2—583
867	何遂		西安东郊韩森寨	西安碑林博物馆	《西安碑林博物馆藏碑刻总目提要》页122 《西安碑林博物馆藏碑刻》函10卷九—页4284 《汇编续》—1068 《补》3—260

葬年	墓主姓名	埋葬地	出土地	现藏地	著录研究现状
867	朗宁公主		西安东郊灞桥	西安碑林博物馆	《西安碑林博物馆藏碑刻总目提要》页122 《西安碑林博物馆藏碑刻》函10卷九一页4274 《汇编续》1069 《补》3—260 《1949—1989四十年出土墓志目录》页161 《考古学报》1963(2)页89
867	薛太仪		西安东郊韩森寨	西安碑林博物馆	《西安碑林博物馆藏碑刻总目提要》页122 《西安碑林博物馆藏碑刻》函10卷九一页4299 《汇编续》—1069 《补》2—583
867	僧伽		西安东郊韩森寨	西安碑林博物馆	《西安碑林博物馆藏碑刻总目提要》页122 《西安碑林博物馆藏碑刻》函10卷九一页4308 《汇编续》—1070 《补》2—583
867	何楚章		西安东郊韩森寨	西安碑林博物馆	《西安碑林博物馆藏碑刻总目提要》页122 《西安碑林博物馆藏碑刻》函10卷九一页4303 《汇编续》—1070 《补》3—261 《1949—1989四十年出土墓志目录》页161 《中国考古学研究》二集页187
867	路心儿	万年县龙首乡东陈村	西安雁塔区至灞桥区一带	大唐西市博物馆	《大唐西市博物馆藏墓志》四五五

葬年	墓主姓名	埋葬地	出土地	现藏地	著录研究现状
868	魏公妻韦氏		西安西郊枣园	西安碑林博物馆	《西安碑林博物馆藏碑刻总目提要》页122 《西安碑林博物馆藏碑刻》函10卷九一页4310 《汇编续》—1073 《补》3—262
868	萧行群		西安东郊郭家滩	西安碑林博物馆	《西安碑林博物馆藏碑刻总目提要》页122 《西安碑林博物馆藏碑刻》函10卷九一页4321 《汇编续》—1076 《补》3—263 《1949—1989四十年出土墓志目录》页161 《中国考古学研究》二集页187
868	刘遵礼		西安东郊韩森寨		《1949—1989四十年出土墓志目录》页162 《文物》1957(9)页55
869	包筠		西安东郊韩森寨	西安碑林博物馆	《西安碑林博物馆藏碑刻总目提要》页122 《西安碑林博物馆藏碑刻》函10卷九二页4331 《汇编续》—1082 《补》3—265
869	魏孝本		西安西郊枣园	西安碑林博物馆	《西安碑林博物馆藏碑刻总目提要》页123 《西安碑林博物馆藏碑刻》函10卷九一页4335 《汇编续》—1080 《补》3—266
869	冯履均	万年县洪原乡曹赵村少陵原	西安长安区杜曲镇兴教寺北	大唐西市博物馆	《大唐西市博物馆藏墓志》四五七

葬年	墓主姓名	埋葬地	出土地	现藏地	著录研究现状
869	冯铸	京兆长安县之尹村神和原	西安长安区	大唐西市博物馆	《大唐西市博物馆藏墓志》四五八
869	庾慎思母张氏	京兆府万年县洪源乡少陵原	西安长安区	大唐西市博物馆	《大唐西市博物馆藏墓志》四五九
870	王洞明		西安东郊韩森寨	西安碑林博物馆	《西安碑林博物馆藏碑刻总目提要》页123 《西安碑林博物馆藏碑刻》函10卷九一页4340 《汇编续》一1087 《补》7—506
870	唐思礼妻俞氏		西安东郊郭家滩	西安碑林博物馆	《新中国出土墓志》陕西贰下册 《1949—1989四十年出土墓志目录》页164 《中国考古学研究》二集页187
870	荆从皋		西安长安区王曲镇	西安碑林博物馆	《西安碑林博物馆藏碑刻总目提要》页123 《西安碑林博物馆藏碑刻》函10卷九一页4342 《汇编续》一1090 《补》3—268 《1949—1989四十年出土墓志目录》页163 《考古学报》1963(2)页95 《文博》1984(2)页39
870	孙师从	长安县永寿乡里毕原	西安长安区韦曲镇政府东北	大唐西市博物馆	《大唐西市博物馆藏墓志》四六一
870	陈鲂	京兆府万年县洪原乡曹越村	西安长安区	大唐西市博物馆	《大唐西市博物馆藏墓志》四六〇

葬年	墓主姓名	埋葬地	出土地	现藏地	著录研究现状
871	狄公妻骆氏		西安东郊韩森寨	西安碑林博物馆	《西安碑林博物馆藏碑刻总目提要》页123 《西安碑林博物馆藏碑刻》函10卷九一页4352 《汇编续》一1093 《补》3—270
871	唐思礼		西安东郊郭家滩	西安碑林博物馆	《西安碑林博物馆藏碑刻总目提要》页123 《西安碑林博物馆藏碑刻》函10卷九一页4361 《汇编续》一1094 《补》3—271 《1949—1989四十年出土墓志目录》页164 《中国考古学研究》二集页187 《文博》1984(2)页40
871	张叔遵		西安西郊枣园村	西安碑林博物馆	《西安碑林博物馆藏碑刻总目提要》页123 《西安碑林博物馆藏碑刻》函10卷九一页4366 《汇编续》一1099 《补》3—271 《1949—1989四十年出土墓志目录》页164 《中国考古学研究》二集页187
871	李氏(宝应县主)	万年县高平乡西焦村	西安长安区韦曲镇北焦村一带	大唐西市博物馆	《大唐西市博物馆藏墓志》四六四
871	赵途	凤栖原之先茔	西安长安区大兆乡三益村一带	大唐西市博物馆	《大唐西市博物馆藏墓志》四六三

葬年	墓主姓名	埋葬地	出土地	现藏地	著录研究现状
873	郭克勤		西安东郊郭家滩	西安碑林博物馆	《西安碑林博物馆藏碑刻总目提要》页123 《西安碑林博物馆藏碑刻》函10卷九二页4373 《汇编续》一1104 《补》3—273
873	郭克全		西安东郊郭家滩	西安碑林博物馆	《西安碑林博物馆藏碑刻总目提要》页123 《西安碑林博物馆藏碑刻》函10卷九二页4380 《汇编续》一1105 《补》3—274 《1949—1989四十年出土墓志目录》页164 《中国考古学研究》二集页187 《考古学报》1963(2)页89
873	卢虔懿	万年县义善乡曹村	西安长安区大兆乡三益村	大唐西市博物馆	《大唐西市博物馆藏墓志》四六五
873	翟怡妻严氏	兖州瑕丘县进贤乡教正村之原	兖州城城东南泗河南兴隆庄镇李家村	兖州博物馆	樊英民《山东兖州的四件唐代碑志》,《唐研究》第八卷(2002)
873	翟□妻陈氏	兖州瑕丘县进贤乡临泉里之原	兖州城城东南泗河南兴隆庄镇李家村	兖州博物馆	樊英民《山东兖州的四件唐代碑志》,《唐研究》第八卷(2002)
874	苏谅妻马氏		西安西郊土门	西安碑林博物馆	《西安碑林博物馆藏碑刻总目提要》页124 《西安碑林博物馆藏碑刻》函10卷九二页4402 《汇编》一2465 《补》2—583 《考古》1964(9) 《1949—1989四十年出土墓志目录》页165 《考古》1964(9)页458—461

葬年	墓主姓名	埋葬地	出土地	现藏地	著录研究现状
874	李审规		西安东郊韩森寨	西安碑林博物馆	《西安碑林博物馆藏碑刻总目提要》页124 《西安碑林博物馆藏碑刻》函10卷九二页4395 《汇编续》一1115 《补》3—276
874	阿娘		西安东郊高楼村	西安碑林博物馆	《西安碑林博物馆藏碑刻总目提要》页124 《新中国出土墓志·陕西贰》315
876	杨公妻左氏		西安东郊韩森寨	西安碑林博物馆	《西安碑林博物馆藏碑刻总目提要》页124 《西安碑林博物馆藏碑刻》函10卷九三页4410 《汇编续》一1121 《补》3—278
876	王幼虞	万年县洪固乡李永村	陕西省新安建材厂工地	西安碑林博物馆	《西安碑林博物馆藏碑刻总目提要》页124 《西安碑林博物馆藏碑刻》函10卷九三页4422 《汇编续》一1123 《补》6—195 《西安碑林博物馆新藏墓志汇编》[下]页891
876	韩处章	京兆府万年县浐川乡上傅里	西安长安区	大唐西市博物馆	《大唐西市博物馆藏墓志》四六六
876	赵虔章		西安		《1949—1989四十年出土墓志目录》页165 《考古学报》1963(2)页90
876	杨崇妻甘氏		西安曲江池		《1949—1989四十年出土墓志目录》页165 《考古学报》1963(2)页90
876	李泗	万年县浐川乡尚傅村	西安灞桥区	西安碑林博物馆	赵力光《唐庆王李沂墓志综考》,《唐研究》第十二卷(2006)

葬年	墓主姓名	埋葬地	出土地	现藏地	著录研究现状
877	王公妻清河张氏		西安东郊路家湾	西安碑林博物馆	《西安碑林博物馆藏碑刻总目提要》页124 《西安碑林博物馆藏碑刻》函10卷九三页4444 《汇编续》—1124 《补》3—280
877	李汶（康王）	万年县浐川乡尚傅村	西安东郊纺北路十字街	西安碑林博物馆	《西安碑林博物馆藏碑刻总目提要》页124 《西安碑林博物馆藏碑刻》函10卷九三页4428 《汇编续》1125 《补》6—195 《1949—1989四十年出土墓志目录》页160 《文博》1987(5)页30—31,有录文 《西安碑林博物馆新藏墓志汇编》[下]页893
877	周孟瑶	京兆府万年县崇道乡乐安里	西安东郊灞桥热电厂附近	西安碑林博物馆	《西安碑林博物馆藏碑刻总目提要》页124 《西安碑林博物馆藏碑刻》函25卷补遗页77 《集刊》5—66 《西安碑林博物馆新藏墓志汇编》[下]页896
877	杨弘妻李雅		西安南郊三兆缪家寨	西安碑林博物馆	《西安碑林博物馆藏碑刻总目提要》页125 《西安碑林博物馆藏碑刻》函10卷九三页4433 《汇编续》—1128 《补》3—281 《1949—1989四十年出土墓志目录》页166 《考古学报》1963(2)页90 《文博》1984(2)页38

葬年	墓主姓名	埋葬地	出土地	现藏地	著录研究现状
878	王公操		西安东郊韩森寨陕西钢厂	西安碑林博物馆	《西安碑林博物馆藏碑刻总目提要》页125 《西安碑林博物馆藏碑刻》函10卷九三页4433 《汇编续》一1128 《补》3—281
878	韦公夫人周氏	万年县栖凤原韦氏大墓	西安长安区三益村一带	大唐西市博物馆	《大唐西市博物馆藏墓志》四六八
879	段琼		西安东郊韩森寨	西安碑林博物馆	《西安碑林博物馆藏碑刻总目提要》页125 《西安碑林博物馆藏碑刻》函10卷九三页4460 《汇编续》一1135 《补》3—283 《1949—1989四十年出土墓志目录》页167 《中国考古学研究》二集页187
879	王季初		西安东郊郭家滩	西安碑林博物馆	《西安碑林博物馆藏碑刻总目提要》页125 《西安碑林博物馆藏碑刻》函10卷九三页4465 《补》3—284 《1949—1989四十年出土墓志目录》页166 《文博》1984(2)页39、40 《中国考古学研究》二集页187
880	师弘礼	长安县龙首乡祁村	西安西郊小土门村	西安碑林博物馆	《西安碑林博物馆藏碑刻总目提要》页125 《西安碑林博物馆藏碑刻》函10卷九三页4472 《汇编》一2499 《补》1—425 《1949—1989四十年出土墓志目录》页166 《考古与文物》1983(2)页102、104,有图并录文

葬年	墓主姓名	埋葬地	出土地	现藏地	著录研究现状
880	刘昭	葬于长安县□□乡	西安长安区	大唐西市博物馆	《大唐西市博物馆藏墓志》四七〇
889	李令崇	长安县龙首原	西安西郊小土门村	西安碑林博物馆	《西安碑林博物馆藏碑刻总目提要》页125 《西安碑林博物馆藏碑刻》函10卷九三页4477 《汇编》—2536 《补》1—428 《1949—1989四十年出土墓志目录》页171 《考古与文物》1983(2)页100—104,有图并录文
894	卢峻			陕西历史博物馆	《考古与文物》1983(1)朱捷元文
901	郭顺佑妻刘氏	京兆府万年县灞城乡	西安东郊灞桥	西安碑林博物馆	《新中国出土墓志》陕西贰下册 《西安碑林博物馆新藏墓志汇编》[下]页921
928	张居翰	长安县龙门乡峦村	西安市西郊车刘村	西安碑林博物馆	《西安碑林博物馆新藏墓志汇编》[下]页943
930	严二铢	长安县布政乡	西安长安区西安钢厂附近	大唐西市博物馆	《大唐西市博物馆藏墓志》四八六
西魏北周	韦彪妻柳遗兰		陕西省西安市长安县韦曲北原		周伟洲、贾麦明、穆小军《新出土的四方北朝韦氏墓志考释》,《文博》2000年(2) 罗新、叶炜《新出魏晋南北朝墓志疏证》,中华书局,2005

葬年	墓主姓名	埋葬地	出土地	现藏地	著录研究现状
大业年间	王威猛		陕西礼泉县		周伟洲、贾麦明、穆小军《新出土的四方北朝韦氏墓志考释》，《文博》2000年（2） 罗新、叶炜《新出魏晋南北朝墓志疏证》，中华书局，2005 《隋代墓志铭汇考》第6册页173 《宝刻丛编》卷九页1上 《集古录目》卷四页8下 《石刻名汇》卷三页30上 《古志汇目》卷一页15下 《六朝墓志检要》（修订本）页247
隋	杨缙		陕西咸阳市		《隋代墓志铭汇考》第6册179页 《金石录》卷三页8 《宝刻丛编》卷八页43 《通志略》页742《金石略隋唐》 《古志汇目》卷一页15下 《六朝墓志检要》（修订本）页247
隋	韦寿妻史氏		西安市长安区		《隋代墓志铭汇考》第6册页198
隋	韦国成妻独孤氏		西安市长安区		《隋代墓志铭汇考》第6册页199
隋	韦操		西安市长安区		《隋代墓志铭汇考》第6册页200
隋	韦操妻杨氏		西安市长安区		《隋代墓志铭汇考》第6册页201
隋	韦辟邪		西安市长安区		《隋代墓志铭汇考》第6册页202
隋	怀公口君妻达奚氏		西安市长安区		《隋代墓志铭汇考》第6册页203
隋	李晃		西安市长安区		《隋代墓志铭汇考》第6册页204

葬年	墓主姓名	埋葬地	出土地	现藏地	著录研究现状
隋	贺兰宽志盖		陕西泾阳县		《隋代墓志铭汇考》第6册页205 《关中金石文字存逸考》卷七页2上 《六朝墓志检要》页397 《陕西金石志》卷七页19 《续修陕西通志金石稿》卷一四一页19
隋	平桑公□君志盖		西安长安区		《隋代墓志铭汇考》第6册页208
隋	于君志盖		陕西高陵县姬家乡年家村	高陵县文化馆	《隋代墓志铭汇考》第6册页50 《隋唐五代墓志汇编》陕西卷第3册页12 《高陵碑石》页4图 《新中国出土墓志》陕西[壹]上册26页图、下册页23文
隋	于寔志盖		三原县陵前乡扣外村	三原县博物馆	《隋代墓志铭汇考》第6册页52 《隋唐五代墓志汇编》陕西卷第3册页14 《咸阳碑刻》上册页17图版 《新中国出土墓志》陕西[壹]上册页26图、下册页24文
隋	赵芬		西安长安区	陕西蓝田县	《隋代墓志铭汇考》第6册页54 《隋唐五代墓志汇编》陕西卷第3册页13
唐	杨君		咸阳成魏村		《1949—1989四十年出土墓志目录》页80 《文博》1984(2)页35 《1949—1989四十年出土墓志目录》页173 《文物》1951年卷二(10)页141
唐	杨君妻独孤氏		咸阳成魏村		《1949—1989四十年出土墓志目录》页173 《文物》1951年卷二(10)页141

葬年	墓主姓名	埋葬地	出土地	现藏地	著录研究现状
唐	亡宫九品		西安西郊枣园	西安碑林博物馆	《新中国出土墓志》陕西贰下册
唐	宇文夫人墓志盖		西安灞桥电厂路	西安碑林博物馆	《西安碑林博物馆藏碑刻总目提要》页126 《西安碑林博物馆藏碑刻》函10卷九三页4492
唐	苏府君墓志盖		西安西郊小土门	西安碑林博物馆	《西安碑林博物馆藏碑刻总目提要》页126 《西安碑林博物馆藏碑刻》函10卷九三页4496
唐	雷君墓志盖		西安东郊郭家滩	西安碑林博物馆	《西安碑林博物馆藏碑刻总目提要》页126 《西安碑林博物馆藏碑刻》函10卷九三页4498
唐	王君墓志盖		西安东郊郭家滩	西安碑林博物馆	《西安碑林博物馆藏碑刻总目提要》页126 《西安碑林博物馆藏碑刻》函10卷九三页4500
唐	陇西李氏墓志盖		西安东郊白杨寨	西安碑林博物馆	《西安碑林博物馆藏碑刻总目提要》页126 《西安碑林博物馆藏碑刻》函10卷九三页4502
唐	赵君墓志盖		西安长安贾里村	西安碑林博物馆	《西安碑林博物馆藏碑刻总目提要》页126 《西安碑林博物馆藏碑刻》函10卷九三页4504
唐	苏建初		西安长安区	大唐西市博物馆	《大唐西市博物馆藏墓志》四八四

葬年	墓主姓名	埋葬地	出土地	现藏地	著录研究现状
唐	窦宣礼	京兆府万年县杜陵原	西安市长安区	大唐西市博物馆	《大唐西市博物馆藏墓志》四八三
开耀年间	王贤		西安		

资料来源：《文物》《考古》《考古学集刊》《唐研究》《中国史研究》《考古与文物》《文物参考资料》《文博》《长安新出墓志》《考古学报》《碑林集刊》《出土文献研究》《中国考古学研究》《考古通讯》《陕西历史博物馆馆刊》《故宫学术季刊》《西北史地》

《六朝墓志检要》（修订本）《六朝墓志检要》《新出魏晋南北朝墓志疏证》《汉魏六朝碑刻校注·总目提要》《汉魏六朝碑刻校注》《汉魏南北朝墓志汇编》《1949—1989四十年出土墓志目录》《北京图书馆藏中国历代石刻拓本汇编》《隋唐五代墓志汇编》《汉魏南北朝墓志集释》《隋代墓志铭汇考》《大唐西市博物馆藏墓志》《西安碑林博物馆新藏墓志汇编》《咸阳碑刻》《新中国出土墓志》《陕西碑石精华》《中国北周珍贵文物》《西安碑林全集》《全唐文补遗千唐志斋新藏专辑》《古城集》《西安碑林博物馆藏碑刻》《汉魏六朝墓志铭纂例》《唐长安城郊隋唐墓》《汉魏六朝墓志金石录》《隋代碑志百品》《中国美术全集书法篆刻编》《芒洛冢墓遗文续编》《西安郊区隋唐墓》

《古志汇目》《书法丛刊》《石刻名汇》《碑帖鉴定》《增补校碑随笔》《八琼室金石补正》《石刻题跋索引》《授堂金石一跋》《庚子山集》《攈古录》《碑帖叙录》《善本碑帖录》《宝刻丛编》《关中金石文字存逸考》《金石录》《通志略》《金石文字记》《金石录补》《陕西金石志》《金石书学》《石墨考异》《潜研堂金石文跋尾》《全隋文》《金石萃编》《宜禄堂收藏金石记》《碑版文广例》《观妙斋藏金石文考略》《古墨斋金石跋》《汉魏石经室金石跋尾》《石志石华》《宝鸭斋题跋》《丁戊金石跋》《雪堂金石文字跋尾》《寰宇贞石图》《艺风堂文集》《平津读碑续记》《古泉山馆金石文编残稿》《古志石华》《金石萃编补略》《隋唐石刻拾遗》《金石

续编》《碑帖跋》《非见斋审定六朝正书碑目》《清风堂文钞》《激素飞清阁平碑记》《清仪阁题跋》《独笑斋金石考略》《集古求真》《辽居稿》《读碑小笺》（增订本）《清仪阁题跋》《宜禄堂收藏金石记》《汉石经室金石跋尾》《古志石华续编》《香南精舍金石契》《慕汲轩志石文录续编》《续修陕西通志金石稿》《高陵碑石》《咸宁县志》《咸宁长安两县续志》《西安碑林博物馆新藏墓志汇编》

（本文作者：周晓濛，广东省深圳市福田区红岭中学教师；李靖婧，内容古包头市北方重工业集团有限公司第二中学教师）

山西北朝隋唐墓志收藏研究编年目录

李靖婧　周晓濛

葬年	墓主姓名	埋葬地	出土地	现藏地	刊载研究现状
385	孙放		山西绛县		《六朝墓志检要》(修订本)页16 《石刻名汇》一·四 《三晋石刻总目·运城地区卷》页214
北魏正平年间（451—452）	孙恪		山西大同		《汉魏六朝碑刻校注·总目提要》页138 殷宪《北魏早期平成墓志铭析》，《北朝研究》，北京燕山出版社2000
472	申洪	山西大同	山西省大同市博物馆		《汉魏六朝碑刻校注·总目提要》页139 殷宪《北魏早期平成墓志铭析》，《北朝研究》，北京燕山出版社2000 《三晋石刻总目·大同市卷》页1
474	姬辰		山西大同东南石家寨村西南		《六朝墓志检要》(修订本)页30 《山西大同东南石家寨北魏司马金龙墓》，《文物》1972(3) 《汉魏六朝碑刻校注·总目提要》页139
477	宋绍祖		山西省大同市水泊寺乡曹夫楼村东北		山西省考古研究所、大同市考古研究所《大同市北魏宋绍祖墓发掘简报》，《文物》2001(7) 同期《文物》上还发表了张庆捷、刘俊喜《北魏宋绍祖墓两处铭记析》 罗新、叶炜《新出魏晋南北朝墓志疏证》，中华书局2005

葬年	墓主姓名	埋葬地	出土地	现藏地	刊载研究现状
484	司马金龙		山西大同东南石家寨村西南		《六朝墓志检要》（修订本）页51 《山西大同东南石家寨北魏司马金龙墓》，《文物》1972（3） 《1949—1989四十年出土墓志目录》页13 《三晋石刻总目·大同市卷》页1 《汉魏六朝碑刻校注·总目提要》页140 《汉魏六朝碑刻校注》3/266 《汉魏南北朝墓志汇编》页35
490	屈突隆业墓砖		山西大同市二电厂厂区东南变电所		《汉魏六朝碑刻校注·总目提要》页141 《汉魏六朝碑刻校注》3/274 《近年所见北魏书迹二则》，《书法丛刊》2005（3）
494	北海王墓碣		山西灵邱		《六朝墓志检要》（修订本）页32 《石刻名汇》二·七 《汉魏六朝碑刻校注·总目提要》141页 《三晋石刻总目·大同市卷》页96
499	李诜砖志		山西曲澳县秦村西北		《六朝墓志检要》（修订本）页34 《考古》1959（1） 《汉魏六朝碑刻校注·总目提要》页141
504	封和突		山西大同小站村花圪塔台	大同市博物馆	《1949—1989四十年出土墓志目录》页15 《文物》1983（8）页3—4 《汉魏六朝碑刻校注·总目提要》页148 《汉魏六朝碑刻校注》4/23 《三晋石刻总目·大同市卷》页1
508	元淑	白登之阳	山西省大同市小南头乡东王庄村西北1.5公里处，北距水泊寺乡石家寨村1.5公里，西北距大同市区6公里		大同市博物馆《大同东郊北魏元淑墓》，《文物》1989（8）同期还发表了王银田研究该墓志的文章《元淑墓志考释——附北魏高琨墓志小考》 罗新、叶炜《新出魏晋南北朝墓志疏证》，中华书局2005 《1949—1989四十年出土墓志目录》页16 《汉魏六朝碑刻校注·总目提要》页153 《汉魏六朝碑刻校注》4/114

葬年	墓主姓名	埋葬地	出土地	现藏地	刊载研究现状
508	元叔		山西大同小南头乡东王庄	大同市博物馆	《三晋石刻总目·大同市卷》页1
510	辛祥妻李庆荣		山西太原南郊东太堡砖厂		《1949—1989四十年出土墓志目录》页17 《考古学集刊》1981(1)页200 《汉魏六朝碑刻校注·总目提要》页164 《汉魏六朝碑刻校注》4/151 《三晋石刻总目·太原市卷》页6
514	高琨		山西大同小南头村		《1949—1989四十年出土墓志目录》页19 《文物》1989(8)页68 《汉魏六朝碑刻校注·总目提要》页162 《汉魏六朝碑刻校注》4/260
520	辛祥		山西太原南郊东太堡砖厂		《1949—1989四十年出土墓志目录》页20 《考古学集刊》1981(1)页199 《三晋石刻总目·太原市卷》页6 《汉魏六朝碑刻校注·总目提要》页174 《汉魏六朝碑刻校注》5/63
522	胡显明		山西太原南郊东太堡砖厂		《1949—1989四十年出土墓志目录》页21 《考古学集刊》1981(1)页201—202 《三晋石刻总目·太原市卷》页6 《汉魏六朝碑刻校注·总目提要》页181 《汉魏六朝碑刻校注》5/166
524	赵猛	蒲城南隅	山西省永济市蒲州镇侯家庄村南	永济市博物馆	李百勤《河东出土墓志录》，山西人民出版社1994页1 罗新、叶炜《新出魏晋南北朝墓志疏证》，中华书局2005 《三晋石刻总目·运城地区卷》页51 《汉魏六朝碑刻校注·总目提要》页188

葬年	墓主姓名	埋葬地	出土地	现藏地	刊载研究现状
531	张玄及妻陈氏		旧在永济		《三晋石刻总目·运城地区卷》页57
535	裴良		山西省襄汾县永固乡家村	襄汾县博物馆	李学文《山西襄汾出土东魏天平二年裴良墓志》,《文物》1990(12) 周铮《裴良墓志考》,《北朝研究》1994(1) 罗新、叶炜《新出魏晋南北朝墓志疏证》,中华书局2005
537	杜何拔		山西省晋中市榆次区		《三晋石刻总目·晋中市卷》页26
540	刘懿	肆卢乡孝义里	山西忻县西九原岗	山西博物院	《六朝墓志检要》(修订本)页135 《碑帖鉴定》页199 《汉魏南北朝墓志集释》卷六页64下、图294 《汉魏六朝碑刻校注·总目提要》页227 《汉魏六朝碑刻校注》7/240 《增补校碑随笔》页360 《北京图书馆藏中国历代石刻拓本汇编》第6册页59 《八琼室金石补正》卷一九 《汉魏南北朝墓志汇编》页335
553	贺拔昌	晋阳城北廿五里	山西太原市西南万柏林义井村		太原市文物考古研究所《太原北齐贺拔昌墓》,《文物》2003(3) 周铮《对贺拔昌墓志的几点看法》,《文物世界》2002(6) 罗新、叶炜《新出魏晋南北朝墓志疏证》,中华书局2005页164 《汉魏六朝碑刻校注·总目提要》页252 《汉魏六朝碑刻校注》8/295
556	口子辉	晋阳城汾水之左	山西太原郑村	晋祠文物保管所	《1949—1989四十年出土墓志目录》页32 《文物》1963(6)页49—50 《碑帖鉴定》页196 《三晋石刻总目·太原市卷》页19 《汉魏六朝碑刻校注·总目提要》页258 《汉魏六朝碑刻校注》9/16 《汉魏南北朝墓志汇编》页403

葬年	墓主姓名	埋葬地	出土地	现藏地	刊载研究现状
559	张肃俗	晋阳三角城外	山西太原市西南蒙山山麓的圹坡	山西博物院	山西省博物馆《太原圹坡北齐张肃墓文物图录》，中国古典艺术出版社1958 罗新、叶炜《新出魏晋南北朝墓志疏证》，中华书局2005 页167 《1949—1989 四十年出土墓志目录》页33 《汉魏六朝碑刻校注·总目提要》页260
559	库狄回洛妻尉氏		山西寿阳贾家庄		《1949—1989出土墓志目录》页33 《考古学报》1979（3）页394、397—398 《汉魏六朝碑刻校注·总目提要》页260 《汉魏六朝碑刻校注》9/42 《汉魏南北朝墓志汇编》页407
560	贺娄悦	并州三角城南	山西省太原市北郊区义井乡神堂沟砖厂		渠川福《北齐〈贺娄悦墓志铭〉释考》，《北朝研究》1990上半年刊 罗新、叶炜《新出魏晋南北朝墓志疏证》，中华书局2005 《三晋石刻总目·太原市卷》页35
562	库狄回洛		山西寿阳贾家庄		《1949—1989 四十年出土墓志目录》页33 《考古学报》1979（3）页394、395 《汉魏六朝碑刻校注·总目提要》页263 《汉魏六朝碑刻校注》9/110 《汉魏南北朝墓志汇编》页414
562	库狄回洛妻斛律夫人		山西寿阳贾家庄		《1949—1989 四十年出土墓志目录》页29 《考古学报》1979（3）页394、396 《汉魏六朝碑刻校注·总目提要》页263 《汉魏六朝碑刻校注》9/114 《汉魏南北朝墓志汇编》页414

山西北朝隋唐墓志收藏研究编年目录　　　　　　　　　　　　　137

葬年	墓主姓名	埋葬地	出土地	现藏地	刊载研究现状
564	狄湛	晋阳城东北三十里	山西省太原市迎泽区王家峰村		太原市文物考古研究所《太原北齐狄湛墓》,《文物》2003(3) 罗新、叶炜《新出魏晋南北朝墓志疏证》,中华书局2005 页172 《汉魏六朝碑刻校注·总目提要》页266 《汉魏六朝碑刻校注》9/163
565	张海翼	并城西北	太原市晋源区寺底村		李爱国《太原北齐张海翼墓》,《文物》2003(10) 罗新、叶炜《新出魏晋南北朝墓志疏证》,中华书局2005 页182《汉魏六朝碑刻校注·总目提要》页269 《汉魏六朝碑刻校注》9/222
567	库狄业	看山之阳	山西省太原市小店区南坪头村		太原市文物考古研究所《太原北齐库狄业墓》,《文物》2003(3) 罗新、叶炜《新出魏晋南北朝墓志疏证》中华书局2005 页187 《汉魏六朝碑刻校注·总目提要》页271 《汉魏六朝碑刻校注》9/280 《三晋石刻总目·太原市卷》页11
567	韩裔		山西祁县白圭镇东南		《六朝墓志检要》(修订本)页158 《文物》1975(4) 《1949—1989四十年出土墓志目录》页36 《碑帖鉴定》页199 《汉魏六朝碑刻校注·总目提要》页270 《汉魏六朝碑刻校注》9/255 《汉魏南北朝墓志汇编》页435
570	娄叡		山西太原市南郊王郭村		《1949—1989四十年出土墓志目录》页37 《文物》1983(10)页14、16、17 《三晋石刻总目·太原市卷》页3 《汉魏六朝碑刻校注·总目提要》页274 《汉魏六朝碑刻校注》9/326 《汉魏南北朝墓志汇编》页441

葬年	墓主姓名	埋葬地	出土地	现藏地	刊载研究现状
571	裴子诞	临汾城东北五里汾垣堆之阳	民间征集	山西省运城市河东博物馆	运城地区河东博物馆《晋南发现北齐裴子诞兄弟墓志》，《考古》1994(4) 杨明珠、杨高云《北齐裴子诞兄弟三人墓志略探》，《北朝研究》1993(3) 罗新、叶炜《新出魏晋南北朝墓志疏证》，中华书局2005 页206 《三晋石刻总目·运城地区卷》页1 《汉魏六朝碑刻校注·总目提要》页276 《汉魏六朝碑刻校注》9/359
571	徐显秀	晋阳城东北卅余里	山西太原市迎泽区郝庄乡王家峰村		山西省考古研究所、太原市文物考古研究所《太原北齐徐显秀墓发掘简报》，《文物》2003(10) 罗新、叶炜《新出魏晋南北朝墓志疏证》，中华书局2005 《汉魏六朝碑刻校注·总目提要》页277 《汉魏六朝碑刻校注》9/394
571	裴使君	临汾城东北5里汾垣堆之阳	永固乡家村	汾城文庙碑林	《三晋石刻总目·临汾市卷》襄汾县博物馆、汾城文庙碑林存碑目录页95
571	裴良		山西省襄汾县永固乡家村	山西省襄汾县博物馆	《汉魏六朝碑刻校注·总目提要》页276 《汉魏六朝碑刻校注》9/362 《山西襄汾出土东魏天平二年裴良墓志》，《文物》1990(12) 《新出魏晋南北朝墓志疏证》页197
574	李琮		山西元氏县	曾归河北元氏县金石保存所	《六朝墓志检要》(修订本)页163

葬年	墓主姓名	埋葬地	出土地	现藏地	刊载研究现状
583	口静	潞州城东南五里	山西襄垣县	曾归罗振玉，今佚	王其祎、周晓薇《隋代墓志铭汇考》第1册，线装书局2007 页69 《校碑随笔》卷四页18 《汉魏南北朝墓志集释》卷八页79上、图346 《北京图书馆藏中国历代石刻拓本汇编》第9册页12 《隋唐五代墓志汇编》北京大学卷第1册页3 《石刻题跋索引》页153 《碑帖鉴定》页209
583	崔大苟		山西漳滨		《隋代墓志铭汇考》第6册页89 《汉魏南北朝墓志集释》页1［编例］
583	王季族		山西省晋中市昔阳县沾尚镇瓦窑足村西	昔阳县文物管理所	《三晋石刻总目·晋中市卷》页178
584	韩贵和		山西省沁源县郭道镇东村韩贵和墓		郎保利、杨林中《山西沁源隋代韩贵和墓》，《文物》2003(8) 罗新、叶炜《新出魏晋南北朝墓志疏证》，中华书局2005 页352 王其祎、周晓薇《隋代墓志铭汇考》第1册，线装书局2007 页125
586	韩祐	长子城南十里尧山之东麓	山西长子县韩坊村	曾归长白端方，今佚	《授堂金石一跋》卷四页5上 光绪八年《长子县志》卷七《金石志》页1 《攈古录》卷六页41 《山西通志》卷九〇《金石记二》页28 《山右访碑记》页3 《校碑随笔》卷四页18 《汉魏南北朝墓志集释》卷八页80上、图370 《隋唐五代墓志汇编》北京大学卷第1册页6 《增补校碑随笔》页427 《石刻题跋索引》页153 《六朝墓志简要》页281 《碑帖鉴定》页211 王其祎、周晓薇《隋代墓志铭汇考》第1册，线装书局2007 页205 《三晋石刻总目·长治市卷》长子县佚碑存目1，页129

葬年	墓主姓名	埋葬地	出土地	现藏地	刊载研究现状
586	裴子休	汾垣原	山西省运城市河东博物馆民间征集	河东博物馆	运城地区河东博物馆《晋南发现北齐裴子诞兄弟墓志》，《考古》1994（4） 杨明珠、杨高云《北齐裴子诞兄弟三人墓志略探》，《北朝研究》1993（3） 罗新、叶炜《新出魏晋南北朝墓志疏证》，中华书局2005 页408 王其祎、周晓薇《隋代墓志铭汇考》第2册，线装书局2007 页10 《三晋石刻总目·运城地区卷》页1
589	暴永	壶关城西十有五里慈泽乡行义里	山西省壶关	曾归北平杨氏	《山右冢墓遗文》卷上页2 《汉魏南北朝墓志集释》卷八页82上、图347 《北京图书馆藏中国历代石刻拓本汇编》第9册页58 《隋唐五代墓志汇编》山西卷第1册页1 《石刻题跋索引》页154 《六朝墓志简要》页285 王其祎、周晓薇《隋代墓志铭汇考》第1册，线装书局2007 页324
589	裴鸿	正平高梁东原之阳	山西省新绛县		王其祎、周晓薇《隋代墓志铭汇考》第1册，线装书局2007 页341
591	裴子通	汾垣旧茔	山西省运城市河东博物馆民间征集	河东博物馆	运城地区河东博物馆《晋南发现北齐裴子诞兄弟墓志》，《考古》1994（4） 杨明珠、杨高云《北齐裴子诞兄弟三人墓志略探》，《北朝研究》1993（3） 罗新、叶炜《新出魏晋南北朝墓志疏证》，中华书局2005 《三晋石刻总目·运城地区卷》页1

葬年	墓主姓名	埋葬地	出土地	现藏地	刊载研究现状
592	虞弘	唐叔虞坟东三里	山西省太原市晋源区王郭村	山西省博物院	山西省考古所、太原市考古研究所、太原市晋源区文物旅游局《太原隋代虞弘墓清理简报》，张庆捷《虞弘墓志中的几个问题》，《文物》2001(1) 张庆捷《〈虞弘墓志〉中的几个问题》，《文物》2001(1) 罗新、叶炜《新出魏晋南北朝墓志疏证》，中华书局 2005 页 419 王其祎、周晓薇《隋代墓志铭汇考》第 2 册，线装书局 2007 页 95 张庆捷《虞弘墓志考释》，《唐研究》第七卷页 145 林梅村《稽胡史迹考—太原新出土隋代虞弘墓志的几个问题》，《中国史研究》2002(1) 罗丰《一件关于柔然民族的重要史料》，《文物》2002(6) 周伟洲《隋虞弘墓志释证》，《中外关系史：新史料新问题》页 247
594	赵君		山西省长子县		《山右冢墓遗文》卷上页 3 《校碑随笔》卷四页 19 《汉魏南北朝墓志集释》卷八页 85 上、图页 390 《隋唐五代墓志汇编》北京大学卷第 1 册页 9 《石刻题跋索引》页 154 《六朝墓志简要》页 293 王其祎、周晓薇《隋代墓志铭汇考》第 2 册，线装书局 2007 页 151
595	梅渊		山西省汾阳县城关镇北关村	山西汾阳县博物馆	山西省博物馆、汾阳县博物馆《山西汾阳北关隋梅渊墓清理简报》，《文物》1992(10) 《隋唐五代墓志汇编》山西卷第 1 册页 2 罗新、叶炜《新出魏晋南北朝墓志疏证》，中华书局 2005 王其祎、周晓薇《隋代墓志铭汇考》第 2 册，线装书局 2007 页 162

葬年	墓主姓名	埋葬地	出土地	现藏地	刊载研究现状
597	斛律彻	并城之北十里	山西省太原市西南郊沙沟村斛律彻墓	山西省考古研究所	山西省考古研究所、太原市文物管理委员会《太原隋斛律彻墓清理简报》,《文物》1992(10)《隋唐五代墓志汇编》山西卷第1册页3《山西碑碣》,山西人民出版社1997页34—35罗新、叶炜《新出魏晋南北朝墓志疏证》,中华书局2005
597	崇国公		山西省太原市南郊		《三晋石刻总目·太原市卷》页11
598	虞弘妻魏氏		太原市晋源区王郭村	山西省博物院	《太原隋虞弘墓》页93 王其祎、周晓薇《隋代墓志铭汇考》第2册,线装书局2007
598	□彻		山西省黎城县停河铺乡霞庄村	黎城博物馆	《隋唐五代墓志汇编》山西卷页4《北京图书馆藏中国历代石刻拓本汇编》第9册页123 罗新、叶炜《新出魏晋南北朝墓志疏证》,中华书局2005
598	宋睦	五龙城西南六里	山西平遥县(涞源)		《京畿冢墓遗文》卷上页14《汉魏南北朝墓志集释》卷八87页下、图397《北京图书馆藏刻题跋索引》页156《六朝墓志简要》页299 王其祎、周晓薇《隋代墓志铭汇考》第2册,线装书局2007
598	仲达	上党郡黎城县		黎城县文博馆	《三晋石刻总目·长治市卷》黎城县存碑目录页33
600	谢成暨妻李氏		山西省壶关县	西安碑林博物馆	王其祎、周晓薇《隋代墓志铭汇考》第2册,线装书局2007
601	郝伟暨妻王氏	弘善乡刊寺里	山西省上党县		王其祎、周晓薇《隋代墓志铭汇考》第2册,线装书局2007

葬年	墓主姓名	埋葬地	出土地	现藏地	刊载研究现状
601	雍长	万寿乡之西阜	山西省襄垣县		《汉魏南北朝墓志集释》卷八页89下、图405 《石刻题跋索引》页156 《六朝墓志简要》页305 王其祎、周晓薇《隋代墓志铭汇考》第2册,线装书局2007
601	申穆暨妻李氏	壶关城北三十里三垂山	山西省潞城县		光绪《潞城县志》卷三《金石记》页2 《山西通志》卷九〇《金石记二》页32 《山右石刻丛编》卷三页16下 《校碑随笔》卷四页21 《汉魏南北朝墓志集释》卷八页90上、图406 《增补校碑随笔》页448 《北京图书馆藏中国历代石刻拓本汇编》第9册页145 《隋唐五代墓志汇编》山西卷第1册页5 《石刻题跋索引》页156 《六朝墓志简要》页306 《碑帖鉴定》页219 王其祎、周晓薇《隋代墓志铭汇考》第3册,线装书局2007 《三晋石刻总目·长治市卷》潞城市佚碑存目页121
606	李弘秤暨妻蔡阿妃		山西省高平县		《山右冢墓遗文》卷上页4 《汉魏南北朝墓志集释》卷八页93上、图423 《北京图书馆藏中国历代石刻拓本汇编》第10册页11 《隋唐五代墓志汇编》北京卷附辽宁卷第1册页19 《石刻题跋索引》页157 《六朝墓志简要》页317 王其祎、周晓薇《隋代墓志铭汇考》第3册,线装书局2007

葬年	墓主姓名	埋葬地	出土地	现藏地	刊载研究现状
606	李冲暨妻郭氏	关龙逢山左宋微子城前	山西省潞城县		《山右冢墓遗文》卷上页4 《校碑随笔》卷四页23 《汉魏南北朝墓志集释》卷八页93上、图424 《隋唐五代墓志汇编》北京大学卷第1册页17 《石刻题跋索引》页157 《六朝墓志简要》页378 《碑帖鉴定》页222 其祎、周晓薇《隋代墓志铭汇考》第3册，线装书局2007
607	浩喆	万寿乡永昌里长平原	山西襄垣县煤运公司家属楼工地	山西省襄垣县文物博物馆	《山西襄垣隋代浩喆墓》，《文物》2004(10)页4 王其祎、周晓薇《隋代墓志铭汇考》第3册，线装书局2007
608	苏顺暨妻蘧氏		山西省长子县	已佚失	光绪《长子县志》卷七《金石志》页4 《山西通志》卷九〇《金石记二》页34 《增补校碑随笔》页460 《汉魏南北朝墓志集释》卷八页94下、图430 《石刻题跋索引》页158 《六朝墓志简要》页323 王其祎、周晓薇《隋代墓志铭汇考》第3册，线装书局2007 《三晋石刻总目·长治市卷》长子县佚碑存目页129
610	乐微		山西省长治市城东壶山		《隋代墓志铭汇考》第6册页153 《考古》1965(9)页466
615	崔玉	显阳乡	山西省长治市	曾归江宁孙氏	《隋代墓志铭汇考》第5册页104 《六朝墓志检要》(修订本)页230 《善本碑帖录》页93 《隋唐五代墓志汇编》北京大学卷1册页21 《石刻题跋索引》页161 《屯留县志》 《山右冢墓遗文》卷上页5下 《校碑随笔》卷第四页24 《汉魏南北朝墓志集释》卷九页102下、图485

葬年	墓主姓名	埋葬地	出土地	现藏地	刊载研究现状
616	李宝	上党郡屯留县	山西省屯留县		《三晋石刻总目·长治市卷》屯留县佚碑存目页144 《隋代墓志铭汇考》第6册页171 《石刻名汇》卷三页29 《山西通志》卷九〇《金石记二》页35 《古志汇目》卷一页15 《六朝墓志检要》(修订本)页245
617	囗雄		山西省长治市荫城镇荫城村	现存原址	《三晋石刻总目·长治市卷》长治市存碑目录页16
617	陈雄暨妻冯氏	荫城村东一里	山西省长治市荫城镇荫城村	长治市文博馆	《隋代墓志铭汇考》五册页422 《六朝墓志检要》页369 《善本碑帖录》页93 《隋唐五代墓志汇编》北京大学卷第1册页21 《石刻题跋索引》页161 《屯留县志》 《山右冢墓遗文》卷上页5 《校碑随笔》卷四页24 《汉魏南北朝墓志集释》卷九页102下、图485 《隋唐五代墓志汇编》山西卷第1册页6
625	王劢		山西省阳泉市平定县	东赵村	《三晋石刻总目·阳泉市卷》平定县存碑简目页150
649	张风墓志铭			曲沃县博物馆	《三晋石刻总目·临汾市卷》尧都区佚碑目录页18
649	温府君			祁县民俗博物馆	《三晋石刻总目·晋中市卷》页56
651	都尉宗举	潞安府			《三晋石刻总目·长治市卷》长治市城区佚碑存目页9
651	郝玉	神泉村西0.5公里	潞城神泉村	潞城市文博馆	《三晋石刻总目·长治市卷》潞城市存碑目录页115
655	张玉	村南冈1.5公里	襄垣县下点阵大平村	县城东街6号	《三晋石刻总目·长治市卷》襄垣县存碑目录页105

葬年	墓主姓名	埋葬地	出土地	现藏地	刊载研究现状
655	李扬			祁县文物管理所	《三晋石刻总目·晋中市卷》页56
655	龙润及妻何氏		山西省太原市		《三晋石刻总目·太原市卷》页3
658	陈领		长子县背山村东	长子县文管所	《三晋石刻总目·长治市卷》长子县存碑目录页124
658	王举	长平城西南五里之原	山西省高平县	大唐西市博物馆	《大唐西市博物馆藏墓志》五十六
658	冯政	潞州城西一十八里		西安碑林博物馆	《西安碑林博物馆新藏墓志汇编》
660	范澄夫人韩氏	州城西南2.5公里之平原	长治市宋家庄村	长治市博物馆城隍庙院内	《三晋石刻总目·长治市卷》长治市城区存碑目录页1 《1949—1989四十年出土墓志目录》页58 《文物》1989(6)页64、65、72
660	张亮	张村北1.5公里	沁县迎春乡北张村	沁县南涅水石刻馆	《三晋石刻总目·长治市卷》沁县存碑目录页66
660	牛艺	上党城南五里之平原			《西安碑林博物馆新藏墓志汇编》
660	霍休	长子城东一十五里		西安碑林博物馆	《西安碑林博物馆新藏墓志汇编》
661	董君妻任氏		山西省临汾市		《三晋石刻总目·临汾市卷》曲沃县博物馆、大礼堂碑廊存碑目录页217
661	曹显	潞城县南1公里平原		潞城市文博馆	《三晋石刻总目·长治市卷》潞城市存碑目录页115

葬年	墓主姓名	埋葬地	出土地	现藏地	刊载研究现状
661	龙澄		山西省太原市北郊		《三晋石刻总目·太原市卷》页3
662	薛岳		山西省河津市黄村乡黄村	河津市博物馆	《三晋石刻总目·运城地区卷》页256
663	龙义及妻游氏		山西省太原市		《三晋石刻总目·太原市卷》页3
663	门珩		山西省太原市南郊		《三晋石刻总目·太原市卷》页3
663	裴皓		山西省运城市闻喜县东镇仓底村	闻喜县博物馆	《三晋石刻总目·运城地区卷》页277
664	刘生及夫人常氏	玉女村	山西长治市壶关县	大唐西市博物馆	《大唐西市博物馆藏墓志》七十
664	元彪	壶关城南一十一里		西安碑林博物馆	《西安碑林博物馆新藏墓志汇编》
665	李相妻徐氏	城南3.5公里之平原	山西省长治市城南	长治市博物馆城隍庙院内	《三晋石刻总目·长治市卷》长治市城区存碑目录页1
665	郭君		潞州长治县北呈乡北和村	现存原址	《三晋石刻总目·长治市卷》长治县存碑目录页16
666	囗寂	县西南1.5公里阳泽之平原		襄垣县文博馆	《三晋石刻总目·长治市卷》襄垣县存碑目录页105
668	王言	壶关城南卅里	山西长治市东南	大唐西市博物馆	《大唐西市博物馆藏墓志》七十三
669	崔穆	屯留故城西之高原	屯留县李高乡古城村西500米处	屯留县文博馆	《三晋石刻总目·长治市卷》屯留县存碑目录页137

葬年	墓主姓名	埋葬地	出土地	现藏地	刊载研究现状
669	师言				《三晋石刻总目·长治市卷》长治县佚碑存目页30
669	李钦仁	长子城西南一里之原		西安碑林博物馆	《西安碑林博物馆新藏墓志汇编》
670	郭益	州城西6公里之平原	长治市西门外南寒砖厂	长治市博物馆城隍庙院内	《三晋石刻总目·长治市卷》长治市城区存碑目录页2
672	李聆	睦竹村东0.5公里		壶关县文博馆	《三晋石刻总目·长治市卷》壶关县存碑目录页52
672	邓恢	潞州屯留县西10公里邓村			《三晋石刻总目·长治市卷》屯留县佚碑存目页144
672	李普	潞州城西廿里之源		西安碑林博物馆	《西安碑林博物馆新藏墓志汇编》
673	李君		山西省临汾市尧都区		《三晋石刻总目·临汾市卷》尧都区存碑目录页6
673	刘亮	村西北0.5公里之平原	东和乡南和村	长治县文博馆	《三晋石刻总目·长治市卷》长治县存碑目录页17
673	刘文侃	绛州绛县城东十里有余	山西省运城市绛县卫庄镇范村	绛县博物馆	《三晋石刻总目·运城地区卷》页304
675	赵俊		山西省朔州市朔城区北邢家河砖厂	崇福寺文管所	《三晋石刻总目·朔州市卷》页3

葬年	墓主姓名	埋葬地	出土地	现藏地	刊载研究现状
676	成善	州城东南十五里平原	山西省太原市	大唐西市博物馆	《大唐西市博物馆藏墓志》九十二
676	阳合	黎城县东南17.5公里刘壁村东北1.5公里		黎城县文博馆	《三晋石刻总目·长治市卷》黎城县存碑目录页33
676	马恽		山西省晋中市太谷县		《三晋石刻总目·晋中市卷》页54
676	孟贞		山西省晋中市太谷县		《三晋石刻总目·晋中市卷》页54
677	张琮	县城西北3.5公里	山西省长子县草坊乡安家洼村西北20米处	长子县文博馆	《三晋石刻总目·长治市卷》长子县存碑目录页124
679	乐方	州城东2.5公里石槽村西北1公里处	山西省长治市东郊北石槽村	长治市博物馆城隍庙院内	《三晋石刻总目·长治市卷》长治市城区存碑目录页2 《1949—1989四十年出土墓志目录》页69 《考古》1965(9)页465—466
679	杜美	潞州屯留县			《三晋石刻总目·长治市卷》屯留县佚碑存目页144
679	王深		山西省长治市东郊		《1949—1989四十年出土墓志目录》页79 《考古》1957(5)页56—57
679	马君			祁县民俗博物馆	《三晋石刻总目·晋中市卷》页56

葬年	墓主姓名	埋葬地	出土地	现藏地	刊载研究现状
679	丸珍		山西省朔州市朔城区武警支队办公楼工地	崇福寺	《三晋石刻总目·朔州市卷》页3
680	高感	州城东3.5公里之平原	长治市东郊	长治市博物馆城隍庙院内	《三晋石刻总目·长治市卷》长治市城区存碑目录页2
681	龙敏				《三晋石刻总目·太原市卷》页3
682	崔通	潞州屯留县			《三晋石刻总目·长治市卷》屯留县佚碑存目页144
682	冯琼	黎城东南4公里之平原		黎城县文博馆	《三晋石刻总目·长治市卷》黎城县存碑目录页34
682	李诏	长龙之平原	山西省襄垣县城关镇西李村	襄垣县文博馆	《三晋石刻总目·长治市卷》襄垣县存碑目录页105
682	丘恊	潞州西北四里之平原		西安碑林博物馆	《西安碑林博物馆新藏墓志汇编》
682	牛宝	上党县西十里平原		西安碑林博物馆	《西安碑林博物馆新藏墓志汇编》
683	牛感	壶关城东北五里之原		西安碑林博物馆	《西安碑林博物馆新藏墓志汇编》

葬年	墓主姓名	埋葬地	出土地	现藏地	刊载研究现状
683	温才			祁县文物管理所	《三晋石刻总目·晋中市卷》页56
唐高宗年间	李君		山西省运城市稷山县	旧在县北厉坛西	《三晋石刻总目·运城地区卷》页240
684	苗裕	潞州屯留县			《三晋石刻总目·长治市卷》屯留县佚碑存目页144
684	乐道仁		山西省长治市北石槽		《1949—1989四十年出土墓志目录》页82 《考古》1965(9)页463—464
684卒	张父成		山西省河津市杨村乡西辛封村	河津市博物馆	《三晋石刻总目·运城地区卷》页256
685	王敬	州城东南3公里之平原	长治市郊区针漳村	长治市博物馆城隍庙院内	《三晋石刻总目·长治市卷》长治市城区存碑目录页2
685	韩护	村东南三里	山西省襄垣县	大唐西市博物馆	《大唐西市博物馆藏墓志》一一四
685	段君之		响水河镇段村李逢海院内	浮山县博物馆藏	《三晋石刻总目·临汾市卷》浮山县博物馆存碑目录页163
685	段玄		山西省河津市赵家庄乡邵庄村		《三晋石刻总目·运城地区卷》页252

葬年	墓主姓名	埋葬地	出土地	现藏地	刊载研究现状
687	申屠诚	州城西南1公里之平原	山西省长治市城西五一路北端	长治市博物馆城隍庙院内	《三晋石刻总目·长治市卷》长治市城区存碑目录页2
687	王府君			榆次区文物管理所	《三晋石刻总目·晋中市卷》页1
688	司徒寂	州城南七里之原	山西省长治市	大唐西市博物馆	《大唐西市博物馆藏墓志》一一九
688	董广猷	州城南10公里之平原	山西省长治市苏店镇南董村	长治县文博馆	《三晋石刻总目·长治市卷》长治县存碑目录页17
689	崔挈		山西省长治市北郊安昌村		《1949—1989四十年出土墓志目录》页74 《文物》1987(8)页47、48、62
690	鞠静	神州南七里	山西省长治市	大唐西市博物馆	《大唐西市博物馆藏墓志》一二一
691	董盛德	州城南10公里之平原	山西省长治市苏店镇南董村	长治县文博馆	《三晋石刻总目·长治市卷》长治县存碑目录页17
691	冯廓	州城西南2.5公里之平原	山西省长治市建华菜场瓦窑沟	长治市博物馆城隍庙院内	《三晋石刻总目·长治市卷》长治市城区存碑目录页2 《1949—1989四十年出土墓志目录》页86 《文物》1989(6)页55—57,有图

葬年	墓主姓名	埋葬地	出土地	现藏地	刊载研究现状
692	裴可	城东南2.5公里之平原	山西省长治市东郊	长治市博物馆城隍庙院内	《三晋石刻总目·长治市卷》长治市城区存碑目录页2
692	申屠整	县东南1.5公里之平原		潞城文博馆	《三晋石刻总目·长治市卷》潞城市存碑目录页115
693	王轨	潞州城西南廿五里之原		西安碑林博物馆	《西安碑林博物馆新藏墓志汇编》
694	龙寿及妻栗氏		山西省太原市北郊		《三晋石刻总目·太原市卷》页3
695	史爱	村东北1公里处	山西省襄垣县史北乡史北村	襄垣县文博馆	《三晋石刻总目·长治市卷》襄垣县存碑目录页105
695	秦如亮	壶关县东南三里熊山之原	山西省长治市	大唐西市博物馆	《大唐西市博物馆藏墓志》一二九
695	侯子	州城西南五里太平乡之原	山西省长治市南	大唐西市博物馆	《大唐西市博物馆藏墓志》一三〇
695	赵君		山西省太原市董茹庄		《1949—1989四十年出土墓志目录》页87 《文物》1954（12）封三
696	董远	潞州城南廿五里村东北二百步	山西省长治市南董村	大唐西市博物馆	《三晋石刻总目·长治市卷》长治县佚碑存目页17 《大唐西市博物馆藏墓志》一三二

葬年	墓主姓名	埋葬地	出土地	现藏地	刊载研究现状
696	常举	潞州屯留县			《三晋石刻总目·长治市卷》屯留县佚碑存目页144
696	连简	山西省襄垣县西7.5公里纯孝乡之平原	山西省襄垣县城关镇桃树村西	襄垣县文博馆	《三晋石刻总目·长治市卷》襄垣县存碑目录页105 《1949—1989四十年出土墓志目录》页85 《文物》1983(7)页91，有图
696	田德	州城西南2.5公里之平原	山西省长治市郝家庄乡宋家庄村北500米处	长治市博物馆	《三晋石刻总目·长治市卷》长治市城区存碑目录页3
696	王感	上党西五里平原		西安碑林博物馆	《西安碑林博物馆新藏墓志汇编》
696	赵澄		山西省太原市董茹庄		《1949—1989四十年出土墓志目录》页88 《山西文物介绍》地下文物15，图版壹 《三晋石刻总目·太原市卷》页6、11
697	杨政		山西省运城市芮城县大王乡金盆村孙村自然村	芮城县博物馆	《三晋石刻总目·运城地区卷》页158
699	姬素	潞州屯留县			《三晋石刻总目·长治市卷》屯留县佚碑存目页144
699	某信	泽州高平县达宁村南二里	山西省高平县西北	大唐西市博物馆	《大唐西市博物馆藏墓志》一四〇

葬年	墓主姓名	埋葬地	出土地	现藏地	刊载研究现状
699	曲夫人		山西省朔州市朔城区石油公司	崇福寺	《三晋石刻总目·朔州市卷》页3
699	裴皓妻郑夫人		山西省运城市闻喜县东镇仓底村	闻喜县博物馆	《三晋石刻总目·运城地区卷》页277
700	格美	州城西南2.5公里之平原	山西省长治市城区西门外	长治市博物馆	《三晋石刻总目·长治市卷》长治市城区存碑目录页3
700	杨道	村东南3公里平原	襄垣县城关镇南丰沟西南	山西省襄垣县文博馆	《三晋石刻总目·长治市卷》襄垣县存碑目录页106
700	郭信	县城北1公里	山西省屯留县城关镇北1公里化肥厂工地	屯留县文博馆	《三晋石刻总目·长治市卷》屯留县存碑目录页137
700	莫休	长子城西一里平原		西安碑林博物馆	《西安碑林博物馆新藏墓志汇编》
701	唐德州司户夫妇		山西省阳泉市平定县		《三晋石刻总目·阳泉市卷》平定县存碑简目页150
702	李度	李高村西南1.5公里之平原	山西省屯留县李高乡西李高村西南1.5公里处	屯留县文管所	《三晋石刻总目·长治市卷》屯留县存碑目录页137
702	王义	州城东2.5公里之平原	山西省长治市城区红星厂内	长治市博物馆	《三晋石刻总目·长治市卷》长治市城区存碑目录页3

葬年	墓主姓名	埋葬地	出土地	现藏地	刊载研究现状
702	杨俊	屯留县西九里		西安碑林博物馆	《西安碑林博物馆新藏墓志汇编》
703	青住	城南之原	山西省长治市南	大唐西市博物馆	《大唐西市博物馆藏墓志》一五〇
703	刘买夫人周氏	续村西北1.5公里干地		黎城县文博馆	《三晋石刻总目·长治市卷》黎城县存碑目录页34
703	向徹及妻韩氏		山西省襄垣县南邯乡向村西北200米处	向村庙内	《三晋石刻总目·长治市卷》襄垣县存碑目录页106 《1949—1989四十年出土墓志目录》页62 《文物》1983（7）页92
703	赫连仁及妻杜氏		山西省太原市		《三晋石刻总目·太原市卷》页3
707	霍良				《三晋石刻总目·长治市卷》壶关县佚碑存页62
707	申屠行				《三晋石刻总目·长治市卷》潞城市佚碑存页121
708	李德	屯留城西0.5公里平原	屯留县李高乡李坊村	李高乡故城村张双虎家	《三晋石刻总目·长治市卷》屯留县存碑目录页137
708	冯君	潞州长治县南董村		存原址	《三晋石刻总目·长治市卷》长治县存碑目录页17

葬年	墓主姓名	埋葬地	出土地	现藏地	刊载研究现状
708	郝起			榆社县化石博物馆	《三晋石刻总目·晋中市卷》页199
709	韩公夫人常氏	山西省长子县东北1公里兴教乡怀恩里之平原	山西省长子县城关镇背山村	存原址	《三晋石刻总目·长治市卷》长子县存碑目录页124
710	李度	州城西南1公里之平原	山西省长治市城区建华小区	长治市博物馆	《三晋石刻总目·长治市卷》长治市城区存碑目录页3 《1949—1989四十年出土墓志目录》页94 《文物》1989(6)页46、47,有图并录文
711	董巇	村西北一里	山西省临汾市	大唐西市博物馆	《大唐西市博物馆藏墓志》一六一
712	司马程芝				《三晋石刻总目·长治市卷》长治县佚碑存目页30
712	郭仁	长子城东八里平原		西安碑林博物馆	《西安碑林博物馆新藏墓志汇编》
712	宋景			祁县文物管理所	《三晋石刻总目·晋中市卷》页56
713	董善	州城南10公里之平原	山西省长治市南董村	存原址	《三晋石刻总目·长治市卷》长治县存碑目录页17
715	王德	潞州屯留县			《三晋石刻总目·长治市卷》屯留县佚碑存目页144

葬年	墓主姓名	埋葬地	出土地	现藏地	刊载研究现状
715	韩孝纯		山西省芮城县大王乡招贤村	芮城县博物馆	《三晋石刻总目·运城地区卷》页158
715	王胡及妻祁氏		山西省太原市		《三晋石刻总目·太原市卷》页6
715	王举	壶关城南卅里冈峦		西安碑林博物馆	《西安碑林博物馆新藏墓志汇编》
715	大唐处士				《三晋石刻总目·晋中市卷》页118
715	胡佺墓志				《三晋石刻总目·晋中市卷》页118
715	侯感及妻董氏		山西省太原市南郊		《三晋石刻总目·太原市卷》页3
716	申屠府君	潞城县垂杨村西北1公里平原		潞城文博馆	《三晋石刻总目·长治市卷》潞城市存碑目录页115
716	张仁		山西省长治市西城墙下		《1949—1989四十年出土墓志目录》页95 《考古》1964(8)页408
718	李素	故屯留城东	山西省	大唐西市博物馆	《大唐西市博物馆藏墓志》一七五
718	温公故夫人贾氏			祁县文物管理所	《三晋石刻总目·晋中市卷》页56

葬年	墓主姓名	埋葬地	出土地	现藏地	刊载研究现状
718	薛君			平遥县城内清虚观	《三晋石刻总目·晋中市卷》页70
720	薛儆		山西省运城市万荣县皇甫乡皇甫村	万荣县博物馆	《三晋石刻总目·运城地区卷》页100
721	刘节	州西南15公里之平原	山西省长治县东和乡南和村	长治县文博馆	《三晋石刻总目·长治市卷》长治县存碑目录页17
721	王修福		山西省临汾市姜家祠		《三晋石刻总目·临汾市卷》尧都区佚碑目录页18
721	李嵩	故屯留城西一里平原		西安碑林博物馆	《西安碑林博物馆新藏墓志汇编》
723	董义	屯留县东南廿里	山西省	大唐西市博物馆	《大唐西市博物馆藏墓志》一九三
723	陈伯	城东南1.5公里之平原	山西省长治市东郊壶口村	长治市博物馆	《三晋石刻总目·长治市卷》长治市城区存碑目录页3
723	张山象		山西省河津市柴家乡北原村	河津市博物馆	《三晋石刻总目·运城地区卷》页256
724	申屠茂忠	县城西北2.5公里之平原		潞城文博馆	《三晋石刻总目·长治市卷》潞城市存碑目录页115
724	路氏夫人司徒氏	上党城西北32.5公里高陵之阳	山西省屯留县城关镇西街村北2公里处	屯留县文管所	《三晋石刻总目·长治市卷》屯留县存碑目录页138
724	处士徐君		山西省晋中市榆次区猫儿岭	晋中市文物局	《三晋石刻总目·晋中市卷》页1

葬年	墓主姓名	埋葬地	出土地	现藏地	刊载研究现状
724	吕伏光	潞州东南六十里		西安碑林博物馆	《西安碑林博物馆新藏墓志汇编》
724	牛奘	壶关城东南廿五里		西安碑林博物馆	《西安碑林博物馆新藏墓志汇编》
726	李良佐	长子城东南3.5公里平原	山西省长子县	长子县文博馆	《三晋石刻总目·长治市卷》长子县存碑目录页125
726	李安定	潞州屯留县			《三晋石刻总目·长治市卷》屯留县佚碑存页145
726	武宜	长子县东南十六里神农乡弹冠里柳树村西百步高原		西安碑林博物馆	《西安碑林博物馆新藏墓志汇编》
726	马君		山西省晋中市平遥县	平遥县城内清虚观	《三晋石刻总目·晋中市卷》页70
726	董师及妻赵氏		山西省太原市		《三晋石刻总目·太原市卷》页3
727	唐故处士董君			洪洞县博物馆	《三晋石刻总目·临汾市卷》洪洞县博物馆、大槐树祭祖园、兴唐寺、万圣寺、玄帝宫存碑目录页53
727	贾君	屯留县北三里平原		西安碑林博物馆	《西安碑林博物馆新藏墓志汇编》

葬年	墓主姓名	埋葬地	出土地	现藏地	刊载研究现状
727	李怀	长子城南十五里平原		西安碑林博物馆	《西安碑林博物馆新藏墓志汇编》
730	栗简	百谷村东北甲地之平原		黎城县文博馆	《三晋石刻总目·长治市卷》黎城县存碑目录页34
730	秦育	壶关县东北2公里平原	山西省壶关县城关镇马驹村	壶关县文管所	《三晋石刻总目·长治市卷》壶关县存碑目录页52
730	暴仁	潞州大都督府城西南十里之原		西安碑林博物馆	《西安碑林博物馆新藏墓志汇编》
730	和善	上党城西南五里之原		西安碑林博物馆	《西安碑林博物馆新藏墓志汇编》
732	冯明	府城西南2.5公里之平原	山西省长治县宋家庄村	长治市博物馆	《三晋石刻总目·长治市卷》长治市城区存碑目录页3
732	智元	夕阳村东北四里	山西省晋中市太谷县		《三晋石刻总目·晋中市卷》页54
732	曹君墓志			晋祠博物馆	《三晋石刻总目·太原市卷》页20
733	口智高	屯留县西北5公里	山西省屯留县余吾镇董家庄	原址	《三晋石刻总目·长治市卷》屯留县存碑目录页138

葬年	墓主姓名	埋葬地	出土地	现藏地	刊载研究现状
733	唐珍	潞州屯留县董家庄东北			《三晋石刻总目·长治市卷》屯留县佚碑存目页145
733	张府君			榆次区文物管理所	《三晋石刻总目·晋中市卷》页1
735	董师言				《三晋石刻总目·长治市卷》长治县佚碑存目页30
735	董亮	上党郡北董村南三里平原		西安碑林博物馆	《西安碑林博物馆新藏墓志汇编》
735	景羡	长子城东北一十五里平原		西安碑林博物馆	《西安碑林博物馆新藏墓志汇编》
736	董娄	潞府南10公里董村东北0.5公里高原	山西省长治县苏店镇南董村	存原址	《三晋石刻总目·长治市卷》长治县存碑目录页18
736	李忠	襄城西南平南	山西省襄垣县城关镇韩家村西100米处	襄垣县博物馆	《三晋石刻总目·长治市卷》襄垣县存碑目录页106
736	申君			祁县文物管理所	《三晋石刻总目·晋中市卷》页57
737	云府君夫人武氏		山西省太原市		《三晋石刻总目·太原市卷》页3、4

葬年	墓主姓名	埋葬地	出土地	现藏地	刊载研究现状
738	董逢	董村东北1公里之平原	山西省长治市苏店镇南董村砖厂	存原址	《三晋石刻总目·长治市卷》长治县存碑目录页18
738	裴崇礼	潞府城东2.5公里		长治市博物馆	《三晋石刻总目·长治市卷》长治市城区存碑目录页3
738	要志		山西省太原市晋祠镇索村		《1949—1989四十年出土墓志目录》页102 《文物》1958(2)页79 《三晋石刻总目·太原市卷》页6
739	王仁	城东北0.5公里之平原	山西省长子县城关镇背山村	存原址	《三晋石刻总目·长治市卷》长子县存碑目录页125
739	王盛墓	潞安府			《三晋石刻总目·长治市卷》长治市城区佚碑存页10
739	王守忠				《三晋石刻总目·长治市卷》长治县佚碑存目页30
739	浩览	长子县西北卅里平原		西安碑林博物馆	《西安碑林博物馆新藏墓志汇编》
739	赵行陇	铜鞮县城西北二百五十步之原	山西省沁县	大唐西市博物馆	《大唐西市博物馆藏墓志》二二五
739	宋庆	潞州大都督府城西南五里宋村之平原		西安碑林博物馆	《西安碑林博物馆新藏墓志汇编》

葬年	墓主姓名	埋葬地	出土地	现藏地	刊载研究现状
739	申屠征	潞城县西卅五里屯留积石之南原		西安碑林博物馆	《西安碑林博物馆新藏墓志汇编》
741	龙叡及妻张氏		山西省太原市北郊		《三晋石刻总目·太原市卷》页4
742	郭怀则	上党县西南卅里平原		西安碑林博物馆	《西安碑林博物馆新藏墓志汇编》
742	冉远		山西省朔州市朔城区朔县农业学校	崇福寺	《三晋石刻总目·朔州市卷》页3
745	华廓		大运公路朔城区段一唐墓	崇福寺	《三晋石刻总目·朔州市卷》页3
746	郝四	邗祠山东南一里平原		西安碑林博物馆	《西安碑林博物馆新藏墓志汇编》
746	张君		山西省晋中市左权县城北	左权县文物管理所	《三晋石刻总目·晋中市卷》页197
747	董昭	中条山之南原			《三晋石刻总目·运城地区卷》页166
748	梁秀			大同市博物馆	《三晋石刻总目·大同市卷》页1

葬年	墓主姓名	埋葬地	出土地	现藏地	刊载研究现状
750	柱国郭盛				《三晋石刻总目·长治市卷》长治县佚碑存目页30
750	李勋	郡城口南25公里之平原		长子县文博馆	《三晋石刻总目·长治市卷》长子县存碑目录页125
750	封君		山西省平遥县城内清虚观		《三晋石刻总目·晋中市卷》页70
750	王君			晋祠博物馆	《三晋石刻总目·太原市卷》页20
751	王晖及妻李氏		山西省太原市		《三晋石刻总目·太原市卷》页6
751	申黄	长子县西北卅里		西安碑林博物馆	《西安碑林博物馆新藏墓志汇编》
752	王君			太原市北郊区文管所	《三晋石刻总目·太原市卷》页35
752	武君故夫人乐氏			祁县民俗博物馆	《三晋石刻总目·晋中市卷》页57
753	李行满		山西省朔州市西站工地	崇福寺	《三晋石刻总目·朔州市卷》页3

葬年	墓主姓名	埋葬地	出土地	现藏地	刊载研究现状
753	周玄珞及妻程氏		山西省太原市北郊		《三晋石刻总目·太原市卷》页6
756	翟思隐		山西省沁县故县镇故县村中		《三晋石刻总目·长治市卷》沁县存碑目录页66
756	先吕藏		山西省运城市芮城县风陵渡西王村	运城地区文物工作站	《三晋石刻总目·运城地区卷》页138
756	阎君			介休市博物馆	《三晋石刻总目·晋中市卷》页94
757	杨庭芳		山西省朔州市朔城区		《三晋石刻总目·朔州市卷》页4
762	雍福	雍村西北100米	山西省屯留县路村乡姬村	屯留县文博馆	《三晋石刻总目·长治市卷》屯留县存碑目录页138
763	裴思德		山西省沁县故县镇故县村西北1公里处		《三晋石刻总目·长治市卷》沁县存碑目录页66
768	晋州刺史李公	城东			《三晋石刻总目·临汾市卷》尧都区佚碑目录页18
768	唐故李公	晋城			《三晋石刻总目·临汾市卷》尧都区佚碑目录页26

葬年	墓主姓名	埋葬地	出土地	现藏地	刊载研究现状
769	张奉璋		山西省太原市北郊		《三晋石刻总目·太原市卷》页4
769	张文续妻王氏及长子张涓			山西省太原市南郊	《三晋石刻总目·太原市卷》页4
772	张君妻陈氏		山西省太原市南郊		《三晋石刻总目·太原市卷》页4
772	王珍及妻元氏		山西省太原市郊区		《三晋石刻总目·太原市卷》页6
773	冯昭迁	州城西南3.5公里之平原	山西省长治县宋家庄村砖厂	山西省长治市博物馆城隍庙院内	《三晋石刻总目·长治市卷》长治市城区存碑目录页4
773	马崇仙妻裴氏		山西省太原市晋祠镇索村		《1949—1989四十年出土墓志目录》页116 《文物》1985(2)页79
773	申君			祁县文物管理所	《三晋石刻总目·晋中市卷》页56
779	张嘉庆及妻高氏		山西省太原市南郊		《三晋石刻总目·太原市卷》页4
780	桑金及妻高氏		山西省太原市		《三晋石刻总目·太原市卷》页4

葬年	墓主姓名	埋葬地	出土地	现藏地	刊载研究现状
782	李公	晋阳城西南一里龙之山下			《三晋石刻总目·晋中市卷》页54
782	李迳			旧在太原县	《三晋石刻总目·太原市卷》页29
786	张嘉宾		山西省太原市南郊		《三晋石刻总目·太原市卷》页4
787	万齐岳	潞府城西南临泉乡界		西安碑林博物馆	《西安碑林博物馆新藏墓志汇编》
787	王承仙		山西省太原市		《三晋石刻总目·太原市卷》页4
790	舍利口铁		山西省太原市北郊		《三晋石刻总目·太原市卷》页4
792	宋嘉进	潞府城西南5公里	山西省长治市西郊郝家庄	长治市博物馆	《三晋石刻总目·长治市卷》长治市城区存碑目录页4《1949—1989四十年出土墓志目录》页122《文物》1989(6)49、50页，有图并录文
792卒	裴济				《三晋石刻总目·运城地区卷》页283
793	武青			大同市博物馆	《三晋石刻总目·大同市卷》页1

葬年	墓主姓名	埋葬地	出土地	现藏地	刊载研究现状
794卒	马崇仙		山西太原晋祠镇索村		《1949—1989四十年出土墓志目录》页122《文物》1958(2)页79
795	唐故口口君		山西省沁县故县镇东仁村中	沁县石刻馆	《三晋石刻总目·长治市卷》沁县存碑目录页66
798	吕崇一	潞府城西南五里平原		西安碑林博物馆	《西安碑林博物馆新藏墓志汇编》
798	李府君			大同市博物馆	《三晋石刻总目·大同市卷》页1
799	王驾	潞府城西北九里高原		西安碑林博物馆	《西安碑林博物馆新藏墓志汇编》
800	张超清	潞府城北五里		西安碑林博物馆	《西安碑林博物馆新藏墓志汇编》
804	李山贤	上党城西南三里太平之原		西安碑林博物馆	《西安碑林博物馆新藏墓志汇编》
806	陈府君	潞府城西南四里信义乡平原	山西省长治市	大唐西市博物馆	《大唐西市博物馆藏墓志》三四一
807	秦承恩	上党城西南五里之原		西安碑林博物馆	《西安碑林博物馆新藏墓志汇编》
808	宋曜	芦洲城东南卅七里之原		西安碑林博物馆	《西安碑林博物馆新藏墓志汇编》

葬年	墓主姓名	埋葬地	出土地	现藏地	刊载研究现状
808	王叔平	潞州大都督府上党县景灵乡柏台村之原	山西省长治市	大唐西市博物馆	《大唐西市博物馆藏墓志》三四七
810	申屠府君			祁县民俗博物馆	《三晋石刻总目·晋中市卷》页57
813	王杰	上党县景云乡崔村	山西省长治市	大唐西市博物馆	《大唐西市博物馆藏墓志》三五八
814	郭韬	郡城西南	长治市西南	山西省长治市博物馆	《三晋石刻总目·长治市卷》长治市城区存碑目录页4
814	范伦妻赵氏	上党城之西南太平乡五里之原		西安碑林博物馆	《西安碑林博物馆新藏墓志汇编》
814	田进	上党郡城西南十余里古城之左平原		西安碑林博物馆	《西安碑林博物馆新藏墓志汇编》
814	冀崇晖	上党县西南七里太平乡之原	山西省长治市	大唐西市博物馆	《大唐西市博物馆藏墓志》三五九
815	王液		山西省朔州市右玉县右卫镇北辛窑村	右玉县博物馆	《三晋石刻总目·朔州市卷》页68

葬年	墓主姓名	埋葬地	出土地	现藏地	刊载研究现状
816	申屠晖光			潞城县合室村	《三晋石刻总目·长治市卷》潞城市佚碑存目页121
823	周望	朔州天宁军城西北三里平原	山西省朔州市内		《三晋石刻总目·朔州市卷》页40
824	张府君			大同市博物馆	《三晋石刻总目·大同市卷》页2
824	何神忠		山西省朔州市应县边耀村	应县文物管理所	《三晋石刻总目·朔州市卷》页86
825	张希进及妻申屠氏	潞府西南十里平原			《西安碑林博物馆新藏墓志汇编》下册
826	崔岑及夫人张氏	府城西北五里	山西省长治市	大唐西市博物馆	《大唐西市博物馆藏墓志》三八〇
827	武言			大同市博物馆	《三晋石刻总目·大同市卷》页2
827	张遵	条山之北潜龙之岗	山西省永济市虞乡县东屯东庄韩氏屋舍之旁		《三晋石刻总目·运城地区卷》页59
829	程安	上党郡之西北一十五里戡黎乡之北原			《西安碑林博物馆新藏墓志汇编》下册

葬年	墓主姓名	埋葬地	出土地	现藏地	刊载研究现状
829 卒	张瑷		山西省运城市冯村乡太坊村	运城市博物馆	《三晋石刻总目·运城地区卷》页122
830	张皇妻陈氏	潞府子城西北七里			《西安碑林博物馆新藏墓志汇编》下册
830	能师				《三晋石刻总目·运城地区卷》页216
831	唐故西囗囗囗	铜鞮县艮方四里任村东北	山西省沁县故县镇东仁村	沁县石刻馆	《三晋石刻总目·长治市卷》沁县存碑目录页66
831	李君及妻韩氏残志		山西省运城市安邑镇		《三晋石刻总目·运城地区卷》页128
832	武万秋	府城西七里太平原	山西省太原市	大唐西市博物馆	《大唐西市博物馆藏墓志》三九〇
836	郎公	屯留县西卅里平原			《西安碑林博物馆新藏墓志汇编》下册
838	程君	屯留东南八里			《西安碑林博物馆新藏墓志汇编》下册
839	荆千载		山西省运城市临猗县牛杜镇香落村砖瓦窑	河东博物馆	《三晋石刻总目·运城地区卷》页2

葬年	墓主姓名	埋葬地	出土地	现藏地	刊载研究现状
841	郎清	屯留县西卅里于村西北平原			《西安碑林博物馆新藏墓志汇编》下册
849	赵氏	潞府城西南故村西北一里半平原			《西安碑林博物馆新藏墓志汇编》下册
849	郭密	府西南5公里坤埠	山西省长治市西郊	长治市博物馆	《三晋石刻总目·长治市卷》长治市城区存碑目录页4
849	王成及夫人牛氏	潞州府西南五里	山西省长治市	大唐西市博物馆	《大唐西市博物馆藏墓志》四一八
853	李文益	长子县崇道乡张季村之原			《西安碑林博物馆新藏墓志汇编》下册
853	吴士恒	上党西南五里			《西安碑林博物馆新藏墓志汇编》下册
855	张怀清		山西省沁县城北百步之原	沁县石刻馆	《三晋石刻总目·长治市卷》沁县存碑目录页67
856	刘府君及夫人董氏	潞府城西南五里坤分之地	山西省长治市	大唐西市博物馆	《大唐西市博物馆藏墓志》四三五
859	李尊府君夫人刘氏		山西省屯留县李高乡李坊村东	屯留县李高乡张双虎家	《三晋石刻总目·长治市卷》屯留县存碑目录页138

葬年	墓主姓名	埋葬地	出土地	现藏地	刊载研究现状
860	王锐	铜鞮县北崇唐乡交口村东南0.5公里	山西省沁县漳源乡交口村南2公里处	沁县石刻馆	《三晋石刻总目·长治市卷》沁县存碑目录页67
861	程云		山西省长治市	大唐西市博物馆	《大唐西市博物馆藏墓志》四四五
864	李用夫人周氏	村东北0.5公里胜冈		黎城县文博馆	《三晋石刻总目·长治市卷》黎城县存碑目录页34
864	张其生			平遥县文物局	《三晋石刻总目·晋中市卷》页71
864	康荣夫人武感君米氏		山西省朔州市应县水磨村	应县文物管理所	《三晋石刻总目·朔州市卷》页86
865	刘府君			大同市博物馆	《三晋石刻总目·大同市卷》页2
869	曹府君		山西省朔州市应县城西铺		《三晋石刻总目·朔州市卷》页86
870	郝府君夫人	村北1公里	山西省沁县南里乡唐村北500米处	沁县石刻馆	《三晋石刻总目·长治市卷》沁县存碑目录页67
870	唐府君夫人裴氏	紫盖城东北固村河南之平原		长治市博物馆	《三晋石刻总目·长治市卷》长治市城区存碑目录页4

葬年	墓主姓名	埋葬地	出土地	现藏地	刊载研究现状
871	张国清	潞府城西北一十七里上党县北张泽村前官道东			《西安碑林博物馆新藏墓志汇编》下册
871	青陟霞及妻万氏	上党东南六里五龙乡北董村后半里			《西安碑林博物馆新藏墓志汇编》下册
871	房府君	府城西三里太平乡	山西省长治市	大唐西市博物馆	《大唐西市博物馆藏墓志》四六二
874	李仲甫及妻崔氏田氏	潞城县永济乡口村木庄东北一里			《西安碑林博物馆新藏墓志汇编》下册
876	李公及夫人			大同市博物馆	《三晋石刻总目·大同市卷》页2
883	张兔	铜鞮县北0.5公里	山西省沁县城关镇	沁县	《三晋石刻总目·长治市卷》沁县存碑目录页67
885	靳斌及申氏夫人	村西南1.5公里		潞城市文博馆	《三晋石刻总目·长治市卷》潞城市存碑目录页115
896	张府君			大同市博物馆	《三晋石刻总目·大同市卷》页2

葬年	墓主姓名	埋葬地	出土地	现藏地	刊载研究现状
900	苻进昌	马邑县城西南八里	山西省朔州市内		《三晋石刻总目·朔州市卷》页40
909	李克用		山西省朔州市应县城关七里营		《三晋石刻总目·朔州市卷》页87
911	宋府君			介休市博物馆	《三晋石刻总目·晋中市卷》页94
916	张宗谏	军城之西北五里马邑县口口乡	山西省朔州市		《三晋石刻总目·朔州市卷》页40
917	郭君妻李氏	潞府城西尧城西北原			《西安碑林博物馆新藏墓志汇编》下册
931	王素	城北0.5公里	山西省襄垣城关镇北关村东北900米处	襄垣县城东街6号	《三晋石刻总目·长治市卷》襄垣县存碑目录页106
939	何君口及妻安氏		山西省太原市阳曲县		《三晋石刻总目·太原市卷》页6
940	李寔			襄垣县文博馆	《三晋石刻总目·长治市卷》襄垣县存碑目录页106
946	李行恭	村东7.5公里皇后岭西		黎城县博物馆	《三晋石刻总目·长治市卷》黎城县存碑目录页35
949	董府君	南董村0.5公里丰丘	山西省长治县苏店镇南董村砖厂		《三晋石刻总目·长治市卷》长治县存碑目录页18

葬年	墓主姓名	埋葬地	出土地	现藏地	刊载研究现状
949	汉故秦国太夫人			榆社县文物管理所	《三晋石刻总目·晋中市卷》页199
北魏	高琨		山西省大同市东郊小南头村		王银田《元淑墓志考释——附北魏高琨墓志小考》,《文物》1989 (8) 罗新、叶炜《新出魏晋南北朝墓志疏证》,中华书局2005
唐代	唐故高士董君			洪洞县博物馆	《三晋石刻总目·临汾市卷》洪洞县博物馆、大槐树祭祖园、兴唐寺、万圣寺、玄帝宫存碑目录页53
唐代	大唐故岳领军副使王府君			洪洞县博物馆	《三晋石刻总目·临汾市卷》洪洞县博物馆、大槐树祭祖园、兴唐寺、万圣寺、玄帝宫存碑目录页54
唐代	李章	潞州城西北7.5公里之平原		长治市博物馆	《三晋石刻总目·长治市卷》长治市城区存碑目录页4
唐代	李府君			襄垣县王桥村李丑孩家	《三晋石刻总目·长治市卷》襄垣县存碑目录页106
唐武则天时	武连令王牲				《三晋石刻总目·长治市卷》壶关县佚碑存目页62
北齐	彭城太妃		山西省太原市		《三晋石刻总目·太原市卷》页20
北周	柳遐				《三晋石刻总目·运城地区卷》页127
隋	万君志盖		山西省上党县	西安碑林博物馆	《隋代墓志铭汇考》第6册页61

葬年	墓主姓名	埋葬地	出土地	现藏地	刊载研究现状
唐	口君墓志		山西省晋中市榆次区猫儿岭	晋中市文物局	《三晋石刻总目·晋中市卷》页2
唐	郭君			平遥县城内清虚观	《三晋石刻总目·晋中市卷》页71
唐	郝君			平遥县城内清虚观	《三晋石刻总目·晋中市卷》页71
唐	胡君			平遥县城内清虚观	《三晋石刻总目·晋中市卷》页71
唐	成君			平遥县城内清虚观	《三晋石刻总目·晋中市卷》页71
唐	尹君			平遥县城内清虚观	《三晋石刻总目·晋中市卷》页71
唐	薛君			平遥县城内清虚观	《三晋石刻总目·晋中市卷》页71
唐	朱邪府君墓志盖				《三晋石刻总目·朔州市卷》页100
唐	柳府君		山西省永济市虞乡镇原头村柳行满墓地		《三晋石刻总目·运城地区卷》页31
唐	吕恭				《三晋石刻总目·运城地区卷》页60
唐	尉迟敬善				《三晋石刻总目·太原市卷》页40

资料来源:《文物》《考古》《考古学集刊》《唐研究》《中国史研究》《六朝墓志检要》(修订本)《新出魏晋南北朝墓志疏证》《汉魏六朝碑刻校注·总目提要》《汉魏六朝碑刻校注》《汉魏南北朝墓志汇编》《1949—1989四十年出土墓目录》《北京图书馆藏中国历代石刻拓本汇编》《隋唐五代墓志汇编》《汉魏南北朝

墓志集释》《隋代墓志铭汇考》《山西碑碣》《山右石刻丛编》《大唐西市博物馆藏墓志》《西安碑林博物馆新藏墓志汇编》《古志汇目》《书法丛刊》《石刻名汇》《碑帖鉴定》《增补校碑随笔》《八琼室金石补正》《石刻题跋索引》《授堂金石一跋》《山右访碑记》《攈古录》《山右冢墓遗文》《善本碑帖录》《潞城县志》《屯留县志》《长子县志》《山西通志》《三晋石刻总目·大同市卷》《三晋石刻总目·运城地区卷》《三晋石刻总目·太原市卷》《三晋石刻总目·晋中市卷》《三晋石刻总目·阳泉市卷》《三晋石刻总目·临汾市卷》《三晋石刻总目·长治市卷》《三晋石刻总目·朔州市卷》《三晋石刻总目·晋城市卷》

（本文作者：李靖婧，内蒙古包头市北方重工业集团有限公司第二中学教师；周晓濛，深圳市福田区红岭中学教师）

甘肃所出隋唐墓志概说

陆庆夫

甘肃作为西部历史文化大省,文物遗迹遍布全境,在各类地上传世及地下出土文物中,不乏金石瑰宝。虽然自魏晋以来,甘肃地方史志层出不穷,但专门以甘肃一地之金石为对象之著作,确如凤毛麟角。清代毕沅《关中金石记》等兼顾甘肃金吉、采涉陇上金石,但略显不足。直至1943年,近代陇上名士张维①之《陇右金石录》②,成就首部甘肃金石专著。凡编辑时能搜集之金石文献,自三代以降均有所辑录,标明当时之佚存情况,并按照年代罗列、考释,蔚为大观。著录隋唐墓志11种,存目1种。

新中国成立之后,甘肃各地地下之考古新材料不断出土,其中亦有不少隋唐墓志,以武威地区为多。1998年之前的新材料,具见于王其英主编的《武威金石录》③一书,收录明确出土于武威或现存武威市博物馆之新旧隋唐墓志21种,大多附有图版。

在甘肃出土的隋唐墓志中,吐谷浑王族成员墓志共计九合,即《慕容忠墓志》、《弘化大长公主李氏墓志》、《慕容煞鬼墓志》、《慕容神威迁奉墓志》、《慕容若妻李氏墓志》、《金城县主墓志》、《慕容曦光妻武氏墓志》、《慕容明墓志》和《慕容曦光墓志》等,从历年来吐谷浑慕容氏家族墓志的出土地来看,武威青嘴喇嘛湾是吐谷浑王族的家族墓地。这批墓志的出土大大扩充了西北民族史及

---

① 后又有续作《陇右金石录补》一册印行。张维学术及生平参王希隆《张维先生学术述略》,《兰州大学学报(哲学社会科学版)》2009年第5期,第9—20页。
② 民国三十二年甘肃省文献征集委员会校印。收入《石刻史料新编》,新文丰出版公司,第21册,第5982页。
③ 王其英主编:《武威金石录》,兰州:兰州大学出版社,2001年。

隋唐吐谷浑史的研究资料。因此一直受到学界重视，提高了吐谷浑史研究的水平。现将搜集所见甘肃所出隋唐墓志罗列如下：

隋五种：
1. 开皇三年卒《张崇妻王氏墓志》①
2. 开皇八年十一月七日《吕端墓志》②
3. 仁寿元年三月二十六日《隋故成公府君（蒙）墓志铭并序》③
4. 大业二年正月十八日《李虎墓志》④
5. 大业六年正月二十五日《伏生墓志》⑤

唐十七种：
1. 贞观四年十一月十二日《毛祐墓志》⑥
2. 贞观五年二月六日《隋曹庆珍墓志》⑦
3. 贞观六年十月十日《姜谟墓志》⑧
4. 贞观十七年十月廿□日《晁大明墓志》⑨
5. 永徽三年正月十五日《郭长生墓志》⑩

---

① 出土于甘肃清水县，志已佚，录文及考证见《陇右金石录》卷一，第5981页。
② ［清］光绪二十二年（1896）出土于甘肃天水，志存，录文及考证见《陇右金石录》卷一，第5981—5982页。
③ 1988年征集，志藏武威市博物馆，拓片图版及录文首次刊布于黎大祥《甘肃武威发现隋唐墓志》，载《文物》1993年第10期，第80—83页。又，拓片图版及录文见《武威金石录》，第18—19页。
④ 《陇右金石录》称民国十五年（1926）出土于甘肃清水县，《甘肃古代石刻艺术》称清道光五年发现于清水县白沙乡鲁湾，志存，录文及考证见《陇右金石录》卷一，第5982页。拓片图版见唐晓军《甘肃古代石刻艺术》，民族出版社，2007年，第223页。相关研究有汪受宽《唐先祖李虎与清水李虎墓志铭》，天水：《天水师范学院学报》2001年第2期。
⑤ 出于天水卦台山，时间不详，志存，录文及考证见《陇右金石录》卷一，5982—5983页。
⑥ 《陇右金石录》称此志出土未久，今志存武威市博物馆，录文及考证见《陇右金石录》卷二，第5985页。又墓志图版及录文《武威金石录》，第25页。
⑦ 1977年武威市出土，志藏武威市博物馆，墓志图版及录文见《武威金石录》，第24页。
⑧ 出土时间不详，《陇右金石录》成书时志已佚，录文及考证见《陇右金石录》卷二，第5984—5985页。
⑨ 出土时间不详，志藏武威市博物馆，录文见《武威金石录》，第28页。
⑩ 1988年武威市出土，志藏武威市博物馆，墓志图版及录文见《武威金石录》，第28—29页。

6. 永徽三年八月二十四日《刘意墓志》①
7. 垂拱元年六月十六日《纥单端墓志》②
8. 圣历二年三月十八日《慕容忠墓志》③
9. 圣历二年三月十八日《弘化大长公主李氏墓志》④
10. 神龙二年九月十五日《慕容煞鬼（宣昌）墓志》⑤
11. 景龙三年四月十一日《慕容神威（宣彻）迁奉墓志》⑥
12. 开元六年十二月二十六日《慕容若妻李氏墓志》⑦
13. 开元七年八月十七日《金城县主墓志》⑧
14. 开元十四年十一月十一日《翟舍集墓志》⑨
15. 开元二十四年十月三日《慕容曦光夫人武氏墓志》⑩
16. 开元二十六年十二月七日《慕容明墓志》⑪
17. 开元二十六年十二月九日《慕容曦光墓志》⑫

---

① 出土时间不详，志藏武威市博物馆，墓志照片及录文见《武威金石录》，第22—23页。
② 出土时间不详，志藏武威市博物馆，墓志图版及录文见《武威金石录》，第29—30页。
③ 出土时间不详，志藏武威市博物馆，录文及考证见《陇右金石录》卷二，第5879页。又，拓片图版及录文《武威金石录》，第36—37页。
④ 出土时间不详，志藏武威市博物馆，录文及考证见《陇右金石录》卷二，第5986—5987页。又，拓片图版及录文见《武威金石录》，第38—39页。
⑤ 出土时间不详，志藏武威市博物馆，拓片图版及录文见《武威金石录》，第39—40页。
⑥ 出土时间不详，志藏武威市博物馆，录文及考证见《陇右金石录》卷二，第5990页。又，拓片图版及录文见《武威金石录》，第40—41页。
⑦ 出土时间不详，志藏武威市博物馆，拓片图版及录文见《武威金石录》，第45页。
⑧ 1945年武威出土，为西北科学考察团发掘所得，志原藏中央研究院历史语言研究所。录文见《武威金石录》，第46页。志、盖拓片图版及录文首刊于夏鼐《武威唐代吐谷浑慕容氏墓志》，《中央研究院历史语言研究所集刊》第二十本《本院成立第二十周年专号》，上海：商务印书馆，1948年，上册，第313—342页。
⑨ 1997年武威市出土，墓志图版及录文见《武威金石录》，第46—47页。
⑩ 1979年武威出土，志藏武威市博物馆，拓片图版及录文首刊于宁笃学《甘肃武威南营发现大唐武氏墓志》，载《考古与文物》1981年第2期。拓片图版及录文见《武威金石录》，第47—48页。研究见周伟洲《武威青嘴喇嘛湾出土大唐武氏墓志补考》，氏著《西北民族史研究》，郑州：中州古籍出版社，1994年，第460—464页。
⑪ 出土时间不详，志藏武威市博物馆，录文及考证见《陇右金石录》卷二，第5994页。又拓片图版及录文见《武威金石录》，第48页。
⑫ 1945年武威出土，为西北科学考察团发掘所得，志原藏中央研究院历史语言研究所。志、盖拓片图版及录文首刊于夏鼐《武威唐代吐谷浑慕容氏墓志》，《中央研究院历史语言研究所集刊》第二十本《本院成立第二十周年专号》，上册，第313—342页。又录文见《武威金石录》，第61—62页。

时代不详二种：
1.《刘和墓志》①
2.《康阿达墓志》②

存目一种：
1.《皇甫大娘墓志》③

散见四种：
除《陇右金石录》、《武威金石录》等所收之外，散见于各类研究论文中之甘肃新出土隋唐墓志记有如下数种。

1. 大中五年十月二十三日《唐故泾州潘原镇十将朝散大夫检校太子宾云麾将军试殿中监上柱国彭城刘府君（自政）墓志铭并序》，1982 年平凉市出土。④

2. 开元十八年二月二十九日《唐故游击将军上柱国灵州河润府左果毅穆君（泰）墓志铭》，2001 年甘肃庆城县出土。⑤

3. 咸亨元年十一月壬寅《大唐故右监门卫将军魏公（哲）墓志铭并序》，2010 年甘肃合水县出土。⑥

此外，唐晓军《甘肃古代石刻艺术》称："甘肃省博物馆保存有约 70 合从各地征集来的墓志铭，部分墓志铭的拓本保存在国家图书馆，目前还没有人对这

---

① 出土时间不详，志藏武威市博物馆，《武威金石录》将其系在隋代墓志之后，拓片图版及录文见《武威金石录》，第 22 页。
② 出土时间不详，此志出于武威，此志无明确之纪年，《陇右金石录》据内容认为当在唐初，录文及考证见《陇右金石录》卷二，第 5985—5986 页。又《武威金石录》将其系在唐代，拓片图版及录文见《武威金石录》，第 62—63 页。
③ 吴之斑《襄武人物志》："《皇甫大娘墓志》，在陇西，康熙中河决出土。天宝时人，上柱国李令休之妻。"《陇右金石录》卷二，第 5995 页。
④ 拓片图版及录文见刘玉林《唐刘自政墓整理记》，载《考古与文物》1983 年第 5 期。
⑤ 庆阳市博物馆、庆城市博物馆《甘肃庆城唐代游击将军穆泰墓》，载《文物》2008 年第 3 期，第 32—51 页。研究见李鸿宾《唐故游击将军穆泰墓志考释——兼论唐朝胡人汉化的问题》，《民族研究》2009 年第 1 期，第 76—84 页。
⑥ 甘肃省文物考古研究所、甘肃省陇东古石刻艺术博物馆《甘肃合水唐魏哲墓发掘简报》，载《考古与文物》2012 年第 4 期，第 48—54 页。

些墓志铭进行整理和研究"。可惜无缘目睹,不知其中是否有隋唐墓志。①

【附记】甘肃多有在路边的摩崖碑刻,《碑林集刊(十七)》(2011年)吴景山《甘肃古代交通金石碑刻目录提要》,记有210通。

〔附〕陆庆夫大会发言:这一次受胡先生的邀请能参加这次会议很高兴,但同时胡先生给我出了一个难题,说把甘肃出土墓志在这里给大家介绍介绍。我对这一方面没有太多的了解,再一个甘肃这个地方古代地处偏僻,比较荒凉,比较落后,不单是庄稼长的不像关中地区和中原大地那么好,就是地上出的宝物也不像你们这个地方出的这么多。刚才河南那位同事谈起洛阳那一带的墓志是口若悬河,如数家珍,所以我们感到相形见绌,我不知道谈什么,有点自惭形秽,虽然少吧,但是有几件谈几件。PPT我是请我们吴博士制作的,现在我基本上就按他制作的东西给大家说一说。

甘肃出土隋唐墓志应当说不太多,在解放前1943年的时候,陇上的名士张维,他曾经出过一本书叫《陇右金石录》。这本书搜集洪富,从三代一直到近代,考实的金石大概有1250余种,其中说到隋唐的墓志有11种,这就是《陇右金石录》,这个书到现在也没有人重新加以整理和研究。这里面收集了隋代和唐代的,其中隋代的墓志有4方,一个是开皇三年的时候张崇妻王氏的墓志,再有开皇八年吕端的墓志,大业二年李虎的墓志和大业六年伏生的墓志,这是在隋代,有这么几方。

唐代的七方,一个是在贞观四年有一个毛祐的墓志,贞观六年姜末的墓志,圣历二年慕容忠的墓志,圣历二年弘化大长公主李氏墓志,景隆三年慕容神威墓志,开元二十六年慕容明墓志。

第二种是1949年以后2001年有一个王其英,他编的一本《武威金石录》。《武威金石录》里面收的大概是250多方,其中隋代的墓志有一方,在仁寿元年有一个成公府君的墓志铭和序。其他都是唐代东西,包括贞观四年毛祐的墓志,贞观五年曹庆珍的墓志,贞观十七年晁大明墓志,永徽三年郭长生墓志,永徽三年刘毅墓志,垂拱元年纥单端的墓志,以及圣历二年慕容忠墓志,圣历二年

---

① 唐晓军:《甘肃古代石刻艺术》第5章《墓碑、墓志和墓莂》,第218页。

弘化大长公主李氏墓志,神龙九年慕容煞鬼(宜昌)的墓志,还有景龙三年慕容神威的墓志,再就是开元六年慕容若妻李氏墓志,开元七年金城县主的墓志,开元二十四年慕容曦光的夫人武氏的墓志,开元二十六年慕容明的墓志,开元二十六年慕容曦光的墓志以及刘和的墓志。这就是见于《武威金石录》里面收的关于隋唐墓志。

近年来在甘肃出土的文物不多。一个是在大中五年的塘沽青州攀援镇石匠晁三大夫、永辉将军的墓志,开元十八年穆泰的墓志。咸亨元年十一年有一个卫哲的墓志,2010年在甘肃合水县出土的墓志。大概甘肃出土的墓志,就是隋唐这个时期墓志也就是这么多。这个是开元十八年穆泰的墓志,我们李教授曾经对这个墓志做过很好的研究。这个墓志有一个特点,不是石头的,而是陶郅的,而且不是刻在上面的,是用朱笔书写在上面,这个在我们西市里面没有看到,这可能也是我们个地方出土墓志的特点,这个很少见的。

卫哲的墓志,还有金城县主的墓志,里面出现了十二生肖的图像。这个好像昨天大家在参观的时候还争论这个问题,卫哲是唐代前期人,好像这个墓志贞观时期就做过官了,到咸亨时候大概去世了,所以他这个里面出现了十二生肖的图像。

金城县主的墓志,是1945年西北考察团夏爱发觉出来,当时就把这个东西公布了。这个墓志也有一个特点,墓盖上的周围也出现了十二地支,我觉得也可以把它理解为十二生肖了,这是甘肃出土的墓志比较值得注意的一点。

再一个我们看这些墓志,一个很突出的特色,吐谷浑王族出土的墓葬群出土的九方墓志,这个时候从东北一直迁徙到了青海草原,在青海湖旁边,吐蕃势力强大以后,就把吐谷浑作为附庸灭掉。那么他实际上是处在唐朝和吐蕃两强之间的部族。所以说他和唐朝之间也有和亲这种关系。所以王族的坟茔就建在武威,就是古代的凉州,南边20公里处的祁连山路,那个地方是吐谷浑王族的坟茔所在地,那么这九方有关吐谷浑王族的墓志都是在这地方发掘出来的。这对于研究吐谷浑史都是有非常珍贵的学术价值,周伟洲先生就曾经根据这些墓志来考证、研究吐谷浑的王族的世系,还是做得很好的。

另外,因为甘肃处在边区地区和少数民族,和西域地区有交通关系,所以出土的墓志里头有一些有表现中西交通的问题。其中有一个墓志,就讲阿达是西域康国人也,这个很明确的讲他祖上是属于粟特人,就是西域胡人,长期在河西地区从政做官。所以我们研究粟特史和中西交通史很有价值的。翟舍集我还没有研究,但是这个姓和这个名也是很特别的,翟又念 di,有浔阳翟氏,但是也有我们研究东方文书中出现的翟××,这显然属于西域国,在康居国的北方就有一个小国,就是翟国,这个翟国曾经被康居所统辖,属于康居的附庸,所以翟舍集很有可能属于西域胡人。总之,甘肃出土的隋唐时期墓志虽然数量不多,但是它应当说还是有自己的特色,有一定的学术价值,对于中西交通史,对西北民族关系史研究提供一些史料价值。

今天甘肃的墓志介绍确实是有一些力不从心,材料也不多,说的也不到家,就说这些,谢谢大家。

(本文作者:兰州大学教授,博导)

河北近年几则唐五代重要碑志资料概述

孙继民

近年笔者从事唐代石刻资料整理研究时,发现有几则重要的碑志资料,一是《唐米文辩墓志》,二是《唐恒岳故禅师影堂纪德碑碑阴题记》,三是《唐许公墓志铭》,四是五代后唐《慧炬寺常住山峪土田记》。唐米文辩墓志2002年5月发现于河北省大名县铺上乡田水坑村,志石近正方形,边长分别为0.93至0.95厘米,厚0.25厘米,志文30行,满行33字。记载了志主在唐后期魏博镇军队的仕途经历,是反映魏博镇军人集团民族构成情况和唐代后期藩镇军队组织体制情况的新资料。唐恒岳故禅师影堂纪德碑现在河北省曲阳县文保所,碑阴题记现存32行文字,保留有许多僧道、官员、瓷窑官员和平民信士四类人员的部分姓名和职衔,是反映唐代后期义武镇地方手工制瓷业和矿冶业以及官府管理手工业的重要资料,也是近年有关唐代手工业史料最重要的新发现之一。唐许公墓志铭原刊于河北美术出版社2003年4月出版的《保定市出土墓志选注》,内容主要纪录了义武军定州曲阳县归政乡齐村许公的田产和房产数量及其分布。提供了唐代大土地所有者财产结构和田庄内部不动产结构的具体实证材料,反映了唐代后期大土地所有制背景下的庄园经济诸关系,为研究唐代后期的华北特别是河朔藩镇地区的大土地所有制和庄园经济提供了一个比较完整意义上的田庄标本。五代后唐《慧炬寺常住山峪土田记》现存于河北省曲阳县文保所,记载了慧炬寺常住山峪土田的产权和范围,还涉及了慧炬寺与道士石光的土地争讼问题,是反映当时河北地区寺院经济特别是土地纠纷争讼等问题的新材料。

(本文作者:河北省社会科学院,教授)

北京地区出土墓志及研究概述

王苹苹

墓志是自汉魏南北朝以来出现的一种重要随葬品,是随葬在墓室中标明墓主身份的一种石刻,记述了墓主的姓名、生卒年月、家世、生平事迹以及下葬时间、地点,并具有一定形制、文体和行文格式。《新中国出土墓志》总叙部分曰:"形制起源于秦汉,变化于魏晋,定型于南北朝,兴盛于隋唐,经宋元明清发展,至民国仍然行用"。与墓志在形制、内容上最接近者为墓碑,其使用年代早于墓志,可见墓志的定型,受汉代墓碑影响极大。定型后的墓志铭文与碑文之区别在于除记述墓主本人一生功德外,对其家族祖先世系以及后嗣、亲属关系的记录更为详尽,这与北朝、隋、唐讲究门第、推崇士族大姓有关[1]。此后的墓志内容基本延续着这种记录方式,反映着不同历史时期的历史文化状况,往往能从不同侧面补证史料之不足,也因此成为重要的考古资料,受到史学界的重视。以目前资料"估计历代墓志的存留数字将超过万件"[2]。

北京地区目前出土的墓志逾千方,除少部分传世品外,大多为1949年建国以后出土。主要集中收藏于首都博物馆、北京石刻艺术博物馆和北京市文物研究所,各区县文物管理部门也有一些收藏。北京文物工作队于1964年编辑了《北京市出土墓志目录》第一编,收录了工作队自1951年至1964年在配合本市基本建设过程中发掘出土的墓志,共计151方,墓志年代从北齐武平二年(571)至清乾隆十年(1745)。《北京文博》自1996年第一期至1998年第三期分十次刊载了北京市文物局资料中心所藏北京地区出土的墓志拓片,共计304件,其

---

[1] 引自赵超著:《中国古代石刻概论》,北京:文物出版社,1997年6月第一版,第40页。
[2] 引自赵超著:《中国古代石刻概论》,北京:文物出版社,1997年6月第一版,第33页。

中唐以前40件、辽金元27件、明代206件、清代26件、民国2件。2003年列入1982年至1986年全国古籍整理出版规划的《新中国出土墓志·北京·壹》出版，该书由中国文物研究所和北京石刻艺术博物馆联合编辑，收录建国后北京地区出土墓志411方，这四百余方墓志出土地点分布广泛，除现收藏于北京石刻艺术博物馆的外，还藏于朝阳、海淀、丰台、顺义、昌平、门头沟、通州、房山、大兴、怀柔、平谷、密云等区县。以上三项是目前单独集中收录北京地区出土墓志的目录性书刊。

近年来见诸于各种刊物利用北京地区出土墓志，对北京这座历史文化名城进行研究者越来越多，使墓志这种石刻品类成为我们今天研究北京史不可或缺的宝贵财富。现根据所见发表文献，简略述及北京地区出土墓志及研究成果。

北京地区出土的唐代以前墓志不多，以现存于首都博物馆的西晋永嘉元年(307)的华芳墓志年代最为久远，该墓志1956年7月出土于石景山区八宝山西。墓志为碑版形，尚属早期墓志形态。罗振玉《实交录》卷二云："晋人墓志皆为小碑，直立圹中，与后世墓志平放者不同，故无盖而有额"。华芳墓志其形符合罗氏之说，墓志从碑版形转化为盝顶盒式，应是受到其他冥器形制的影响，到南北朝时形制才基本定型。陕西省西安碑林博物馆所藏西晋《管氏夫人墓志》亦为碑形，属碑碣演变为墓志的过渡样式，华芳墓志的出土无疑又为此期墓志形制增添了又一例证。华芳墓志四面连文环刻，存1630字，古隶书体，无撰文、书丹人。志主华芳为西晋幽州刺史王浚之妻，王浚在"八王之乱"和"十六国"中，利用鲜卑、乌丸骑兵攻战剽掠以巩固自己的地位，使幽州百姓深受苦难。《晋书》称其为"为政残暴"、"黔庶荼毒"。其妻华芳墓志的出土，为研究当时的历史及地理提供了实物史料。志文曰："今岁荒民饥，未得南还，辄权假葬于燕国蓟城西廿里"。此记是迄今北京地区出土墓志中，对于蓟城方位的最早记载，研究者利用墓志及同时出土的骨尺一并研究，为确立晋时蓟城的地理位置提供了较准确的证据。对华芳墓志之研究可见《北京西郊西晋王浚妻芳华墓志清理简报》①、《晋王浚妻华芳墓志铭释文》②及《西晋王浚妻华芳墓志について》③。

---

① 郑仁：《北京西郊西晋王浚妻芳华墓志清理简报》，载《文物》1965年第12期，北京：文物出版社，1965年。
② 邵茗生：《晋王浚妻华芳墓志铭释文》，载《文物》1966年第2期，北京：文物出版社，1966年。
③ [日]川合安：《西晋王浚妻华芳墓志について》，载《唐代史研究》第4号，2001年。

除华芳墓志外,据《北京考古四十年》记,1983年底在石景山老山南坡下,发现西晋墓一座,该墓出有永嘉元年(307)迁葬于此的姑、叔、侄三人墓志,志记三人皆不足周岁即亡。北京出土较早的墓志还有北齐武平二年(571)的傅隆显墓志,该墓志于1963年3月在怀柔县韦里村出土。艾叶青石质,盝顶式盖,未镌字。志石长52厘米,宽22厘米,书:"大齐武平二年岁次辛卯十一月乙巳朔十六日庚申渔阳郡功曹二代郡正解褐平北将军幽州冶中土垠雍奴路渔阳四县令傅隆显铭"。与墓志同时出土的还有红色刻字砖两块,其一上刻"安太二年傅隆显铭",另一上刻"记"字。

目前所见资料记载北京出土的隋以前墓志仅见上述墓志。从墓志使用发展过程看,隋唐时期是墓志的盛行期,在书法、文体、雕刻艺术等方面都达到了艺术高峰,上自王公官宦、下至庶民百姓,在墓葬中埋设墓志都极为普遍。但北京出土的隋代墓志却不多。1987年北京市怀柔县迎宾南路西侧出土了李始妃砖志,砖志题:"大隋开皇十二年二月六日昌平县常盈乡侯惠阪妻李始妃铭",书体不正规,为随手镌刻,笔画浅细,不具典型墓志特征。然而1992年7月在房山区韩村河镇出土的韩智、韩辅两方墓志却弥补了北京隋代墓志出土较少的缺憾。韩智墓志为隋开皇九年(589),韩辅墓志为隋仁寿元年(601)。二人为叔侄。韩智,字子哲,曾祖韩合,曾任北魏中坚将军、乐陵郡守;祖韩据,为长平县令;父韩琬,为清河太守。韩辅,字仲卿,曾任主簿、司功。如此可称官宦世家,但未见史籍有载,对其郡望亦不见载,时韩氏郡望主要为昌黎。有学者结合北京出土的辽韩佚墓志,认为韩氏确有燕国郡望,且也源出昌黎,从而可补史载之不足①。此外,韩辅墓志称其:"更心易志,慕求大道。舍己珍物,劝导乡亲。为造一切经,并作经藏",此说如与房山云居寺刻经历史联系考查,幽州智泉寺僧静琬于白带山发愿刻造佛教经典是在隋大业中(605—611),而韩辅墓志所记,"劝导乡亲,为造一切经,并作经藏"最迟也在隋仁寿元年(601)之前,比静琬刻经要早数年。由此可见,房山刻经其时之状况。

北京地区的唐代墓志出土相对较多,大约在80方。我馆目前所藏墓志拓片有51件。时间自唐载初元年(690)至唐天佑四年(907)。唐志志文中所保留的大量北京历史地理变迁记录,给考古工作者利用出土墓志及相关史料,结合

---

① 高景春主编:《新中国出土墓志(北京·壹)》前言,北京:文物出版社,2003年。

实地考古调查,对唐幽州城址、城坊及郊区乡村的定位提供了不可或缺的实物资料,尤其是对唐代幽州城地理位置及下辖乡村的研究影响显著。

现藏于首都博物馆的《唐仵钦墓志铭》于1929年出土于中国大学(今北京市西城区二龙路教育部),同年10月19日即见于《北平晨报》,常慧、王宪章和傅振伦分别发文《中国大学发现唐墓调查报告》和《中国大学唐仵钦墓之发掘》,后编入《北平金石目》,罗振玉又将其收入《墓志征存目录》。该墓志是北京地区迄今发现的最早记录唐幽州历史的墓志铭,也是记载唐太宗以幽州为基地,东征辽东及高丽等地区的实物资料。

唐代墓志中对志主宅邸、葬地的记述详细,是确定地理位置的重要依据,因此极受研究者的重视。赵其昌先生的《唐幽州村乡初探》①和《唐幽州村乡再探》②二文,利用北京地区出土的唐代墓志共计40余方,对唐代幽州的村乡进行了详细考证,确认幽州所辖蓟县所属有燕夏乡海王村、甘棠村;会川乡从善村、邓村;燕台乡东岗、高义村;广宁乡鲁村、姚村;归仁乡李曲村、刘村和幽都县所属丰乐乡;幽都乡石槽;正统乡胡堡;礼贤乡龙道村、别驾村、黄城、刘村;房仙乡庞村;大保乡杜村、樊村;归义乡;太平乡仵村、万合里;相公乡显固村;美锦乡南四村;效德乡姚村;展台乡等共计十六乡24村,其中依据墓志所记能确定具体位置者为十一乡。并绘有"唐幽州村乡图示"。考证虽距史籍记载还相差尚远,但为我们今天了解乃至复原幽州村乡地理位置提供了较为可靠的依据。鲁琪先生的《唐幽州城考》③一文,利用出土的唐辽时期墓志28方及相关史料,对幽州城四垣及城内二十六坊进行了考证,以墓志所记对应宋代路振《乘轺录》所记幽州城坊数,两相吻合。后又有多篇关于此题目之研究,《唐幽州村乡补缀》④对赵其昌先生的研究加以肯定,认为其重要意义还在于为历史地理研究创立了新的研究方法,开拓了新的研究领域,对于村落形成和发展史的研究也有重要意义。该文还就已掌握的材料,引用出土墓志所载信息,对幽州村乡进行了补缀。《唐幽州诸坊考》⑤除利用原出土墓志外,还使用了近二十年来新出土的墓

---

① 赵其昌:《唐幽州村乡初探》,载《中国考古学会第一届年会论文集》,中国考古学会编著,北京:文物出版社,1979年。
② 赵其昌:《唐幽州村乡再探》,载《首都博物馆丛刊》第9辑,北京:燕山出版社,1994年。
③ 鲁琪:《唐幽州城考》,载《北京史论文集》第2辑,北京史研究会编,1982年9月版。
④ 于德源:《唐幽州村乡补缀》,载《北京文博》1999年第4期,北京:北京燕山出版社,1999年版。
⑤ 鲁晓帆:《唐幽州诸坊考》,载《北京文博》2005年第2期,北京:北京燕山出版社,2005年版。

志,再次对幽州二十六坊重新进行考证,纠正了过去不够准确的记述。又《唐代幽州蓟城里坊、村乡之我见》①亦属此类。

1956年永定门外安乐林村大公报宿舍工地曾出土《唐姚子昂墓志》,载墓主墓地"左带梁河,近瞩东流之水,右临城廓,西接燕王之陵"。有学者考证此"墓志早于金大定三百八十年,记载了燕王陵在幽州城之东南,志文与郦道元《水经注》、《金史·蔡珪传》所记燕王陵方位相吻合。由此观之,汉两燕王陵由汉、北魏、唐、辽直至金大定九年,历经一千三百多年,皆在蓟城(唐幽州城)东南,其位置未变。姚子昂墓志的出土为研究汉蓟城、唐幽州城、金中都城以及燕王陵,高梁河故道的历史地理变迁,提供了珍贵的实物佐证"。②

唐时北京地区为北方重镇,在安史之乱前为范阳节度使治所,安史之乱后为幽州、卢龙节度使治所。从出土墓志中可见涉及时任幽州镇重要官员者颇多。馆藏墓志拓片中所涉及的就有时任幽州市丞骑都尉王道、开府仪同三司试太常卿兼左金吾卫大将军上柱国刘如泉、监察御史王仲堪、卢龙节度掌书记监察御史王叔平(王仲堪弟)、平州卢龙府折冲都尉孙如玉、银青光禄大夫行瀛州别驾莫州刺史上柱国申国公蔡雄、奉议郎前守瀛州长史赐绯鱼袋摄檀州长史李藤、瀛州司马陉邑安平范阳县令幽州节度押衙兼侍御史王郅、衙前散将游击将军守翊府中郎将和元烈、朝请郎试太子洗马赐绯鱼袋蓟州司仓参军李洪、卢龙节度驱使官□王府参军朱方道、妫州怀戎县令杨鏻、卢龙征马使游击将军守左武卫大将军赐紫金鱼袋曹朝宪、檀州司兵参军窦少文(曹朝宪志撰文人)、幽州节度押衙银青光禄大夫检校太子宾客兼监察御史王时邕、前卢龙节度驱使官宣德郎试太常寺协律郎贾喧(王时邕志撰文人)、幽州节度两藩副使朝散郎检校秘书少监兼御史中丞上柱国赐绯鱼袋华封舆、游击将军守左金吾卫大将军试鸿胪卿纪公、幽州节度判官兼殿中侍御史银青光禄大夫检校太子宾客卢龙节度刘后营府都督柳城军使平州诸军使平妫等州刺史上柱国王公淑、涿州范阳县主簿萧公、平州刺史卢龙节度留后周屿、幽州卢龙节度押奚契丹两藩副使摄蓟州刺史正议大夫检校太子左庶子兼御史大夫上柱国赐紫金鱼袋张建章、幽州节度押衙银青光禄大夫检校太子宾客兼监察御史上柱国赵从一、幽州副将孙英、幽州节

---

① 陈康:《唐代幽州蓟城里坊、村乡之我见》,载《北京文博》2006年第1期,北京:北京燕山出版社,2006年版。
② 鲁晓帆:《唐姚子昂墓志考》,载《首都博物馆丛刊》第8辑,北京:北京燕山出版社,1993年。

度衙前讨击副使太中大夫试殿中监温令绶、幽州节度押衙银青光禄大夫检校国子祭酒兼监察御史韩宗穗、□□□□事兵马使充使宅将副将茹弘庆、幽州节度押衙摄纳降军营田等使银青光禄大夫检校国子祭酒兼御史中丞上柱国侯元知、妫州刺史充清夷军营田等使朝散大夫检校尚书司封郎中摄御史中丞上柱国赐紫金鱼袋刘钤、卢龙节度判官兼掌书记朝散大夫检校尚书兵部郎中兼御史大夫赐紫金鱼袋郑隼(刘钤志撰文人)及信州刺史薛某等。如此众多的任职官员墓志,反映了志主身份的复杂,几乎涵盖了唐代幽州地方官员的各阶层。对此《试论北京唐代墓志的地方特色》①一文总结了三点,于此不再赘述。

《唐幽州经济的佐证——两墓志考辨》②一文利用《唐王叔原墓志》和《唐范阳卢公夫人赵氏墓志》对唐朝后期幽州地区的经济形势进行考察,以王叔原充沽河大使增加军府税收和张钤飞狐铸钱缓和经济危机,是"安史之乱"后幽州地区经济衰退的反映。认为藩镇割据的局面使幽州的节度使在政治、经济上可以左右政局,并已影响到唐王朝的大一统,使唐王朝逐渐走向衰亡。此两墓志的记载为我们今天研究北京经济史的发展,提供了很好的素材,这也是对唐代历史资料的有益补充。

此外在北京出土的唐志中受到广泛关注可提及者有《王仲堪墓志》,该墓志清乾隆五十五年(1790)在北京广渠门内安庆义地出土,先归翁树培庋藏。清嘉庆间翁氏赠与大兴徐松,道光十七年徐松移置崇效寺。徐松在志石下方镌跋,记其变迁之始末。

《王道墓志》2000年在北京丰台区右安门外出土。志主王道,唐乾封元年(666)任县录事,后迁任州仓吏、州录事,上元元年(760)任州郊丞。上元三年(676)九月六日终,葬于蓟城南三里平原。提及此志是因志盖雕琢精美,四坡减地平钑对称如意形缠枝卷草纹饰,在北京出土墓志中较为少见。

《王时邕墓志》1985年5月北京丰台区槐房乡出土,志载墓主葬于唐会昌六年(846)。值得重视的是该墓志盖背面镌有《释迦牟尼佛画赞并叙》残碑文,仅残存21行439字。碑记国子监书学博士王南金词,押官于乾育、路奴子、李

---

① 陈康:《试论北京唐代墓志的地方特色》,载《北京文博》2005年2期,北京:北京燕山出版社,2005年。

② 鲁晓帆:《唐幽州经济的佐证——两墓志考辨》,载《首都博物馆丛刊》2004年第8期,北京:北京燕山出版社,2004年。

怀岳、李景澄等刻建于唐天宝二年(743)十二月八日。史载唐武宗于会昌五年(845)七月灭佛，志主王时邕于同年十一月病逝，次年三月入葬，家人正是利用了未加磨砻的这通佛教碑石改制成了墓志盖。据志主葬年和志盖残存碑文推断，《释迦牟尼佛画赞并叙》碑应为历史上"会昌灭佛"之遗物。洪欣先生《唐〈王时邕墓志〉、〈阳氏墓志〉考》①一文对此有详细考释。

《张建章墓志》1956年11月在北京德胜门外冰窖口东出土。志石双面镌文，背面刻志主官衔及迁葬年月。张建章唐大和七年(833)曾出使渤海国，著有《渤海记》一书，墓志为了解唐廷与"渤海国"的关系及历史提供了重要实物史料，于此墓志考证者就有三文，即徐自强先生作《张建章墓志考》②、佟柱臣先生作《〈渤海记〉著者张建章〈墓志〉考》③、赵其昌先生作《唐〈张建章墓志〉续考》④，足以说明此志之重要。

综上所述唐代墓志中所涉及的北京地区政治、经济、历史、文化等方面的内容丰富，目前学者利用墓志进行幽州地理位置研究者较多，并取得了突出成果。对幽州其时所设节度治所的研究亦有涉猎，相信随着对出土唐代墓志的不断深入研究，定会给北京史的研究带来新的成果。

北京地区出土的辽、金、元时期墓志相对较少，我们所见资料显示这一时期墓志51方，其中辽代21方，金代21方，元代9方。今北京地区曾为辽南京、金中都、元大都。特别是辽、金时的燕京是契丹政权、女真政权真正的统治中心，京畿之地多官吏、豪族墓地不足为奇，元人苏天爵就曾说："辽、金墓多在京畿"。现今北京地区出土的辽金墓志也可证明。北京地区出土的这一时期家族墓志较为丰富，如韩氏家族墓志共七方，即辽韩佚、韩佚夫人王氏、韩资道、王师儒、王师儒妻韩氏、丁文道以及金代韩（诣）墓志；张氏家族墓志五方，即张琪、张俭、张嗣甫、张馆及张岐墓志。

以北京出土的辽、金两朝韩氏家族及与韩氏有亲戚关系的墓志为例，齐心

---

① 洪欣：《唐〈王时邕墓志〉、〈阳氏墓志〉考》，载《北京文物与考古》第二辑，北京市文物研究所编，北京：北京燕山出版社，1991年2月版。
② 徐自强：《张建章墓志考》，载《文献》1979年5期，北京：书目文献出版社，1979年版。
③ 佟柱臣：《〈渤海记〉著者张建章〈墓志〉考》，载《黑龙江文物丛刊》1981年创刊号，黑龙江省文物出版编辑室，1981年。
④ 赵其昌：《唐〈张建章墓志〉续考》，载《首都博物馆丛刊》2004年第18期，北京：北京燕山出版社，2004年。

先生以其中六盒墓志为依据,结合历史文献初步搞清楚了从韩延徽之父韩梦殷起至其孙韩汝止十代的家族成员关系及名字、官职。其文《〈辽代汉臣世系表〉补证——兼论辽金幽燕地区韩延徽族世系》载于《首都博物馆丛刊》1982年第一期。后又有陈康先生《杜悆与韩氏家族》[1]和《辽杜悆墓志补证》[2]二文,对杜氏家族及与韩氏家族的关系进行了考证,可视为是对韩氏家族世系的补证。

1980年在北京丰台区米粮屯村出土了金代《乌古论窝论墓志》、《乌古论元忠墓志》和《鲁国大长公主墓志》,此三盒家族墓志极为重要。乌古论氏为金代女真重要部族。元忠部族扶助完颜氏建立金政权,为女真皇室所器重,有三代"世为姻亲,娶后尚主"的关系。乌古论窝论尚太祖第二女毕国公主,由此拜驸马都尉。卒后加赠紫金光禄大夫;赠其父为银青荣禄大夫;赠其祖为光禄大夫。育有四子,其第四子即元忠,尚世宗女鲁国大长公主。窝伦墓志的撰文、书丹及篆盖者,《金史》中皆立传,被世人所熟者为篆者党怀英,其官至翰林学士承旨,世称"党承旨"。擅书法,尤爱玉箸篆书,堪称"独步金代",泰和四年,书"泰和重宝",铸于钱币之上,是为"金泰和"。乌古论元忠墓志载:元忠,小字讹里也,十岁时,因仪冠颖异,为金世宗择为长公主婿,并育于邸中六年。大定二年(1162)加驸马都尉,三年(1163)迁左卫将军、右副点检,官至尚书右丞相,二十五年(1185)被罢相,后明昌二年(1191)加开府仪同三司,知广宁府,承安二年(1197)改彰德尹。鲁国大长公主是金世宗长女,明德皇后所生,下嫁开府公元忠。大定初始封豫国长公主,章宗继位,进封为鲁国大长公主。由赵福生、王武玉、袁进京撰文的《金代乌古论窝论、乌古论元忠及鲁国大长公主墓志考释》[3]一文,对乌古论元忠之部族与金皇室的关系、乌古论窝论家族世系、元忠生平及三位志主生卒年等问题都进行了考证,认为此家族墓志可与史互证、纠史之误、补史之缺。

除家族墓志外,北京地区出土的辽金时期较为重要的墓志还有1959年北京丰台区永定门外马家堡洋桥村发现的北平王赵德钧及妻种氏合葬墓中出土

---

[1] 陈康:《杜悆与韩氏家族》,载《首都博物馆丛刊》2002年第16期,北京:北京燕山出版社,2002年。

[2] 陈康:《辽杜悆墓志补证》,载《首都博物馆丛刊》2004年第18期,北京:北京燕山出版社,2004年。

[3] 赵福生、王武玉、袁进京:《金代乌古论窝论、乌古论元忠及鲁国大长公主墓志考释》,载《北京文物与考古》第一辑,北京:北京燕山出版社,1983年。

的《辽故赵德钧妻种氏墓志》，墓主赵德钧五代时任北平王，长期镇守幽州，在保卫建设幽州，抗击契丹南侵中有一定建树。《后唐北平王赵德钧》①一文，用墓志所载内容结合史料，对赵德钧生平和墓志所涉及的地理位置、家庭成员等问题给予了论述。

2000年4月北京丰台区丰体南路出土了《辽故李继成暨妻马氏墓志》，志主李继成，字孝廉，辽代汉臣石昉之外孙。此志有《辽代〈李继成暨妻马氏墓志铭〉考释》②一文，对墓主、先辈、仕历、姻亲、后代及墓志所提地名等问题进行了考释，是了解辽代职官、家族姻亲及地理位置的重要史料。另一篇关于辽代墓志的研究文章是任秀侠的《辽郑颉墓志考》，感兴趣者可见《北京文博》2003年第四期。

利用墓志对辽燕京历史地理研究者有《辽南京〈燕京〉村乡指辨》③，文章利用出土墓志多方并结合其他史料，对志中所记燕京所辖村乡进行了考辨。

1956年9月百万庄二里沟出土了《金张汝猷墓志》，侯鄂先生遗作《金〈张汝猷墓志〉考释》录于《北京文物与考古》第二辑，文章结合史料对张氏的家史、官职、家属及戚友、地理等问题加以考证，谓：张汝猷为金首相张浩之子，曾娶世宗的元妃李氏之妹，有外戚关系。此志简述始末，可为金史、渤海国史及北京史的参考。

1975年8月北京通县南三间房出土了《金故石宗璧墓志》，志载石宗璧娶女真人纥克石烈氏为妻，由管理酒税的官吏升为显武将军管理边政。志石可为研究金代守边制度、军事制度、社会经济状况及汉人与女真人通婚情况的例证。

北京地区出土的金代墓志较重要的还有蒲察胡沙墓志，墓志于1978年9月出土于海淀区香山附近娘娘府建筑工地。《金蒲察胡沙墓志铭考释》④就墓志内容作了详细考释。蒲察氏为金代"黑号之姓"，是金代的贵族和外戚之一。蒲察胡沙祖父蒲察按不尚金太祖完颜阿骨打之妹韩国大长公主，其女又嫁与金太祖完颜阿骨打之子睿宗完颜宗辅，也因此被金世宗"赠太尉、曹国公"，并追封

---

① 苏天钧：《后唐北平王赵德钧》，载《北京史苑》第一辑，北京：北京出版社，1983年。
② 周峰：《辽代〈李继成暨妻马氏墓志铭〉考释》，载《北京文博》2003年第3期，北京：北京燕山出版社，2003年。
③ 于德源：《辽南京〈燕京〉村乡指辨》，载《北京文博》2001年第1期，北京：北京燕山出版社，2001年。
④ 齐心：《金蒲察胡沙墓志铭考释》，载《北京史论文集》第一辑，北京史研究会编印，1980年版。

其祖。志主蒲察胡沙本人尚金世宗第三女充国长公主，成为驸马。此后一路官运亨通，一生所任重要职位有"殿前左副都点检"、"左宣徽使"、"兵部尚书"、"河南路兵马总管兼南京留守"等。该墓志的出土，无论对金代女真史的研究还是对北京史的研究都具有重要作用。

近年来发表的金代墓志考证还有《金代赵公墓志考》①，墓志2002年3月在石景山游乐园东侧五环路工地出土。文章对志主赵励的家族、世系以及辽代科举制度、北辽、金克汴京、金代宛平乡里建置等问题提出了见解。

北京迄今发现的规模最大、等级最高的元代墓葬是1998年9月19日在颐和园公园内昆明湖东岸发现的耶律铸墓。2004年4月在正阳门举行了元左丞相耶律铸夫妇合葬墓出土文物展，王丹、王策合撰了该展的巡礼一文②，对展览进行了介绍。墓中出土的《耶律铸墓志》及《耶律铸夫人奇渥温氏墓志》无疑是北京出土的最为重要的元代墓志，两方墓志均为圆首碑形。《耶律铸墓志》额篆："故中书左丞相耶律公墓志铭"；首题："大元故光禄大夫监修国史中书左丞相耶律公墓志铭"。夫人《奇渥温氏墓志》额楷书："故郡主夫人奇渥温氏墓志铭"，首题："故光禄大夫中书左丞相监修国史耶律公郡主夫人墓志"。志主耶律铸为契丹皇族的后裔，据墓志等史料，可追溯到其九世祖耶律倍。其父耶律楚材是元初重臣，铸为其次子。耶律楚材卒后，耶律铸嗣领中书省事，按志载历加光禄大夫中书左丞相，改荣禄大夫平章政事，荣禄大夫中书左丞相，迁光禄大夫平章政事，监修国史，拜光禄大夫监修国史中书左丞相等职。墓志是了解、研究耶律铸本人、家庭和家族世系的重要史料。耶律铸夫人志载，奇渥温氏，小字瓒贞。斡真大王女孙，捏木儿图大王幼女，塔察儿大王从妹，生耶律希援、希崇、希晟。昔宪宗蒙哥崩于钓鱼山后，世祖立，世祖弟阿里不哥叛乱，耶律铸"弃妻子"自朔方归世祖，世祖遂以其忠于王室而在是年将奇渥温氏下嫁，奇渥温氏下嫁耶律铸时"甫及笄年"。夫人元至元十七年（1280）三月六日卒，卒年三十三岁。耶律铸至元二十二年（1285）四月十二日卒，同年七月十五日与奇渥温氏同"葬于瓮山之阳中书令之地次"。墓志关涉到元朝宗室的姓氏、耶律氏家族与蒙古贵族的婚姻关系等几个重要的历史问题，对研究元代政治、物质文明、社会文

---

① 陈康：《金代赵公墓志考》，载《北京文博》2004年第4期，北京：北京燕山出版社，2004年。
② 王丹、王策：《元左丞相耶律铸夫妇合葬墓出土文物展巡礼》，载《北京文博》2000年第4期，北京：北京燕山出版社，2000年。

化、民族习俗均有重要价值和意义。

　　《铁可墓志》于1962年12月在北京崇文区法塔寺东龙潭湖北吕家窑村出土。志盖盝顶式，顶部没有镌题，盖内续刻志文。蔡文渊撰文，刘赓书丹。铁可为元初辅佐忽必烈之重臣，历成宗、武宗、仁宗四朝，官至太傅、录军国重事。志文内容涉及广泛，包括国名、地名、人物、信仰、宗教活动及元朝统治者内部政治斗争，是研究元史的重要史料。有文《元〈铁可墓志〉考释》[1]对墓志所载内容进行了研究，认为此墓志可与史互证、补史之缺。文章还对墓志涉及的官职、寺庙、地名及志主后代进行了考证。

　　《张弘纲墓志》于1972年5月在北京朝阳区永定门外小红门村出土。梅宗说撰文，赵孟頫书丹，方回篆盖。志主元初与父张禧在辅佐忽必烈征讨八百媳妇国的战役中屡建战功，成为忽必烈的重臣。大德九年（1305）葬于大都南二十里中疃先茔之兆（今永定门外小红门一带）。黄秀纯的《元代张弘纲墓志及其事迹考索》[2]对志主生平及家世、墓志所涉及的地理位置、书丹人等内容进行了考证。谓书丹人赵孟頫所书碑版作品多在延祐年间，取法李邕，书于大德之时的不多见。此志字体严密峻整，峭劲秀丽，是一件不可多得的书法艺术珍品。

　　北京地区出土的墓志明代数量最多，约三百余方。志主上至皇亲国戚，下至京城百姓，涉及范围极为广泛。尤以皇族、外戚及太监墓志相对较多，明显带有国都的色彩，是研究明代宫廷史的重要史料。依据北京市文物研究所编辑的《北京考古四十年》一书，对出土的明代嫔妃圹志、外戚墓志及太监墓志做如下梳理。

　　明代妃嫔墓葬于北京有两处，一在昌平十三陵陵园内，一在西郊金山。葬于金山的还有明代诸王及公主。《长安客话》中载："凡诸王、公主夭殇者，并葬金山口，其地与景皇陵相属。又诸妃亦多葬此"。1951年8月至11月在董四村妃嫔墓天启帝的妃子墓中出土了张裕妃、段纯妃和李成妃三盒圹志；万历帝的嫔墓中出土了张顺嫔、耿悼嫔、邵敬嫔、魏慎嫔、李荣嫔、李德嫔和梁和嫔共七盒圹志。1963年在厢红旗营成化帝的妃子墓中出土了庄静妃王氏、庄懿德妃张氏

---

[1]　侯璪：《元〈铁可墓志〉考释》，载《北京文物与考古》第二辑，北京文物研究所编，北京：北京燕山出版社，1991年2月。

[2]　黄秀纯：《元代张弘纲墓志及其事迹考索》，载《北京文物与考古》第三辑，北京文物研究所编，1992年。

和惠静妃岳氏三盒圹志。《明代妃嫔陵园及圹志》①一文,根据出土的嫔妃圹志对明代妃嫔制度和宫廷生活进行了探索与研究,订补了有关历史典籍。此十三盒嫔妃圹志是明史研究中罕见而难得的实物资料。

2000年4月石景山文物管理所在刘娘府门诊部征集到《光庙恭懿庄妃圹志》,苗天娥据此成文《光庙恭懿庄妃圹志略考》②,对庄妃李氏进行了详细研究,分抚视崇祯、功不可没;远离祸乱、仁慈无争;持正不阿、愤郁而薨三部分给予李庄妃一生恰当的评述。

除上述所说嫔妃圹志外,1954年在镶红旗董四墓还出土了诸多公主、皇子墓志。如:沅怀王圹志,明万历十六年(1588)葬,1953年海淀区镶红旗董四墓出土。沅怀王朱常治,明神宗朱翊钧第四子,万历十五年(1587)九月生,郑贵妃出,一岁而殇,追封谥为"沅怀王"。1954年海淀区镶红旗董四墓出土了明熹宗朱由校两位公主的圹志。一为永宁公主朱淑娥圹志,她是熹宗的长女,天启二年(1622)十月生,范贵妃出。天启三年(1623)七月薨,同年葬,追封谥为"永宁公主"。另一为怀宁公主朱淑瑛圹志,她是熹宗第二女,天启四年(1642)二月生,李成妃出,当年六月即薨,追封谥"永宁公主"。《明史》对两位公主记载不详,可补史之缺。

明代外戚墓志出土有1957年右安门外彭庄出土的万贵夫妇墓志,万贵为明宪宗成化帝宠妃万贵妃之父,历锦衣卫指挥使。1961年在南苑苇子坑出土正德年间夏儒墓志,夏儒为明武宗毅皇后之父。1977年在八里庄慈寿寺塔西一公里处出土了万历间李伟夫妇墓志,李伟为明神宗生母李太后之父,封武清伯,进武清侯。我馆藏品中属外戚者有钱雄墓志,其姑母是明英宗孝庄睿皇后钱氏。陈善言暨元配宋宜人墓志,陈善言是明神宗孝安皇后之兄。郑承宗家族墓志,郑承宗的侄女是神宗皇贵妃郑氏。这些明代外戚墓志的出土,为研究外戚的政治和经济生活提供了帮助。

明代太监墓志在北京出土的数量可观,资料显示自1955年至1984年北京地区发现的明代中晚期太监墓葬近百余座,出土的大量太监墓志,为明代宦官

---

① 刘精义、鲁琪:《明代妃嫔陵园及圹志》,载《故宫博物院院刊》1980年第2期,故宫博物院院刊杂志编辑部,1980年。

② 苗天娥:《光庙恭懿庄妃圹志略考》,载《北京文博》2005年第3期,北京:北京燕山出版社,2005年。

研究提供了诸多史料。我馆馆藏明代太监墓志实物计有二十余方。

1980年6月北京西郊香山出土了刘忠墓志。志主刘忠为明御马监太监署乙字库事,号栖岩,广东人。九岁入选内廷,任孝宗、武宗、世宗三朝近侍太监,在宫中达五十九年,生前"特赐蟒衣玉带"。明嘉靖三十三年(1554)葬于"都城西香山乡慈感庵义茔"。

对于明代宦官之研究,近年来不断深入。《北京文物与考古》2004年第六期登载了《明御用太监赵西漳墓志考》①,文章对墓志所载赵西漳的生平进行了详细考证。赵西漳历武宗、世宗、穆宗和神宗四朝,七岁即阉割入宫,武宗时在内馆读书,世宗时任御用监太监,特赐飞鱼、斗牛、蟒衣、玉带和绸叠祭玄帝于太和山,监理敕封朝鲜国,任凤阳皇陵守备,穆宗时留任凤阳守备,万历时管甲字库,教宫内经书,掌宝和皇店,提督南海子等职,是明朝太监中极为风光者。此墓志内容可与《明史·宦官传》互相补益。

《北京文博》2006年第2期发表了郝黎《再论明代宦官教育机构的名称和初设时间》,该文利用相关墓志材料,对宦官教育的问题进行了研究。

任昉女士因参与《新中国出土墓志》大型丛书的编辑和审定工作,利用获见的一些明代宦官墓志对明代宦官的籍贯与民族、选用与仕进、退休与养老等问题进行了较为系统深入的研究,著文三篇分刊在《首都博物馆丛刊》第15至17辑。

明代墓志中涉及任职锦衣卫者也颇多,《张爵墓志》就是其中一例。该墓志1957年于永定门外蒲黄榆第三师范学院出土。张爵本为兴献王府的一名臣仆小吏,后逐渐成为嘉靖皇帝深信的宠臣,官至锦衣卫管卫事指挥使。其所著《京师五城坊巷胡同集》对研究明代北京城坊胡同极具帮助。吴梦麟先生所作《明〈张爵墓志〉考》②一文,对该墓志进行了考证,内容包括张爵的身世、著作及对此墓志的几点认识,这对研究明代锦衣卫的构成状况、荫封和世袭等制度极有价值。

明清时期因受葬俗习惯之影响,出现了许多家族墓地,因此也有一些具有

---

① 王清林:《明御用太监赵西漳墓志考》,载《北京文物与考古》第六辑,北京:民族出版社,2004年版。

② 吴梦麟:《明〈张爵墓志〉考》,载《北京文物与考古》第二辑,北京文物研究所编,北京:北京燕山出版社,1991年。

影响的家族墓志出土。如明代武定侯郭氏家族墓志、明代郑承宗家族墓志及清代词人纳兰成德家族墓志等。

郭氏家族墓志现藏我馆,共三方,包括郭玹墓志、郭守乾墓志和郭守乾夫人谭氏墓志。郭玹墓志1999年在怀柔县红螺寺西出土。郭玹为武定侯郭英之孙。因其姐为明仁宗贵妃,而于永乐二十二年(1424)十一月袭侯,正统九年(1444)镇宣府。郭守乾墓志和郭守乾夫人谭氏墓志1982年海淀区中央团校南出土。郭守乾父郭勋袭封武定侯,进太师翊国公。十六岁其父谢世后闭门潜修,于嘉靖二十九年(1550)袭父爵武定侯,屡领军府。死后其子郭大诚于嘉靖四十四年(1565)袭侯。其妻谭氏为宁新伯谭论之女。

清代纳兰成德家族墓志在1972至1973年间陆续出土,共计九件,包括纳兰成德墓志、纳兰成德夫人卢氏墓志、明珠墓志、明珠夫人觉罗氏墓志、纳兰揆叙墓志、揆叙夫人耿氏墓志、纳兰揆方墓志、纳兰揆方夫人觉罗氏墓志和揆方嫡子永寿墓志。赵迅先生据此九件墓志为第一手资料,结合文献对明珠家族进行了深入研究,成书《纳兰成德家族墓志统考》,由北京文津出版社在2000年12月出版。

北京出土的清代墓志要比明代少。1952年9月海淀区车道沟出土的洪承畴暨元配李氏合葬墓志较为重要。墓志长88厘米、宽85厘米,周祚撰文,吴正治书丹,黄机篆盖。洪承畴原为明代重臣,松山战时被俘,崇祯十五年(1642)五月降清,他在明朝时为官二十六年,用为重臣十二年。降清后,为清廷提出诸多有效统治方略。墓志的出土对研究洪承畴及明清史极有帮助。

1962年7月西城区小西天索家坟出土的黑舍里氏圹志镌刻精巧是清代墓志中少见的。志石汉白玉石质,通高98厘米,宽28厘米,厚9厘米,碑形。阳镌满文,阴镌汉文。沈荃撰文并书丹,冯源济篆额,刘源填朱。首题"清故淑女黑舍里氏圹志铭"。黑舍里氏法名"众圣宝",在世仅七年。祖父即清光禄大夫辅政大臣一等公索尼,父即光禄大夫太子太傅户部尚书保和殿大学士索额图。《北京考古四十年》[①]载,其墓用料精细、做工考究,墓室中三座壁龛为仿明式建筑,随葬品有瓷器、玉器及铜器等,皆是当时传世珍品。

---

① 《北京考古四十年》,北京文物研究所编,北京:北京燕山出版社,1990年1月。

熊鹰女士的《王熙墓志考——从王熙墓志谈王熙》①一文，利用馆藏《王熙墓志》对志主所处时代和清代统治者的用人政策、王熙在清初政治舞台上所起的作用及其评价进行了综合研究，认为王熙是清初顺治、康熙两朝的重臣，其墓志对清史文献有补阙之用。

民国时期墓志在北京出土甚少，所见研究者更甚，幸见《英年早逝的民国将领——从胡景翼墓志谈起》②一文，对这位为资产阶级民主革命奋斗的爱国将领之生平进行了较全面的评述。此墓志由著名国民党元老于右任撰文并书丹，对胡景翼的一生给予充分的肯定，并邀请著名书法家吴昌硕篆盖，由精于刻石的琉璃厂翰茂斋李月庭勒石。胡景翼卒后葬于陕西华山王猛台下，墓志本应运往陕西，但却不知因何原因滞留京城，后被首都博物馆收藏。

另一件值得关注的民国时期墓志是我馆于1996年5月31日在西城区按院胡同49号征集的《王妙茹墓志》，此志盖篆书"王妙茹女士之墓志铭"，志文首题"王女士妙茹墓志铭"，闽侯陈衍撰文，蒲圻张海若书丹并篆额，北平陈云亭勒石。志文以隶书勒就，存31行，满行32字，共计908字。志主王妙茹，字一真，别号云中，大同人。自幼家贫，4岁丧母，十四岁时至平定李素处，侍其妻梁夫人，被收为箧室。李素，字位斋，亦名畏斋，平定娘子关东口村人。清末举人，曾任清政府咨政院议员。民国后，历任南京临时政府代表、参议院议员。民国六年（1917）追随孙中山南下参加护法运动至广州，时王妙茹也伴其侍侯，"奔走于越、桂、滇、黔、巴蜀间"，历经艰难困苦。期间在广州时，专攻诗文书画，作品笔力苍劲，无闺阁之气，为时人所乐道。护法运动失败后，归京定居，"肄业艺术学院，专心书画"，师从齐白石等书画家，"初毕业，书画即有名，于时求者踵至"，其书法无所不佳，画无式不精，为古今才女之罕见。康有为称其书画"直逼卫夫人、黄俊贤、齐白石"。时李素预在家乡构建一座高小学堂，尚资金短缺，妙茹"愿鬻书画助成之，积劳体敝，卧病四稔，遂以不起"，于民国二十五（1936）年病故于北京，年仅37岁。墓志文未载其葬地，说明撰写墓志文时葬地还未确定。近年曾闻听王妙茹归葬于山西，刊刻好的墓志不知为何却留在了北京而未得下

---

① 熊鹰：《王熙墓志考——从王熙墓志谈王熙》，载《首博丛刊》2000年第14辑，北京：北京燕山出版社，2000年。
② 葛建军：《英年早逝的民国将领——从胡景翼墓志谈起》，载《首都博物馆国庆四十周年文集》，北京：中国民间文艺出版社，1989年。

葬。

　　综上所述,可见北京出土的历代墓志为北京史的研究提供了不可或缺的宝贵财富,许多研究者以此为据也取得了诸多成绩,愿以此唤起我们今后对墓志这种特殊的石刻文物所蕴藏的珍贵史料价值更加关注,并利用它为历史文化的研究做出更多成果。本文参阅同行前辈诸多研究成果列举于上,简述北京出土墓志及研究概况。因学识能力所限,诸多学师所著未及拜读,至错漏难免,恳请诸师斧正。

（本文作者：北京石刻艺术博物馆馆员）

北京北朝隋唐墓志收藏研究编年目录

龚 方

葬年	墓主姓名	埋葬地	出土地	现藏地	著录研究现状	备注
307	王浚妻华芳			石景山区八宝山西	郑仁:《北京西郊西晋王浚妻华芳墓志清理简报》,《文物》1965-12 邵茗生:《晋王浚妻华芳墓志铭释文》《文物》1966-2 川合安:《西晋王浚妻华芳墓志について》,《唐代史研究》第四号,2001 《北京石刻艺术博物馆馆藏墓志拓片精选·简述》	碑版形
308	石鲜		洛阳城北五里马坡村东	故宫博物院	《六朝墓志检要》19 《故宫博物院藏历代墓志汇编》第一册	
308	石定		洛阳城北五里马坡村东	故宫博物院	《六朝墓志检要》19 《故宫博物院藏历代墓志汇编》第一册	
505	王元鸾	北邙	洛阳城北海资平冢西第五冢	故宫博物院	《六朝墓志检要》61 《故宫博物院藏历代墓志汇编》第一册	
507	王元绪	洛阳城西北	洛阳城北安驾沟西南	故宫博物院	《六朝墓志检要》66 《故宫博物院藏历代墓志汇编》第一册	
513	元演	洛阳西陵孝文帝之兆域	洛阳城北张羊村西北三里	故宫博物院	《六朝墓志检要》80 《故宫博物院藏历代墓志汇编》第一册	

葬年	墓主姓名	埋葬地	出土地	现藏地	著录研究现状	备注
514	司马景和妻孟敬训	河南河内温县温城西	河南孟县东北八里葛村	故宫博物院	《六朝墓志检要》83《故宫博物院藏历代墓志汇编》第一册	
518	高宗嫔耿寿姬		洛阳城北安驾沟南	故宫博物院	《六朝墓志检要》99《故宫博物院藏历代墓志汇编》第一册	
521	冯迎男	洛阳之山陵	洛阳城南石山村西	故宫博物院	《六朝墓志检要》115《故宫博物院藏历代墓志汇编》第一册	
526	元伯阳	金陵	洛阳	故宫博物院	《六朝墓志检要》153《故宫博物院藏历代墓志汇编》第一册	
526	于景	北邙山西岗	洛阳伯乐凹村西	故宫博物院	《六朝墓志检要》155《故宫博物院藏历代墓志汇编》第一册	
529	元维		洛阳城西东陵沟村西南	故宫博物院	《六朝墓志检要》180《故宫博物院藏历代墓志汇编》第一册	
529	元道		洛阳城北前海资村东南	故宫博物院	《六朝墓志检要》181《故宫博物院藏历代墓志汇编》第一册	
544	隗天念	汲郡城东北三里	河南辉县	故宫博物院	《六朝墓志检要》226《故宫博物院藏历代墓志汇编》第一册	
565	房周陁	齐郡益都县鼎足山之阳	山东益都	故宫博物院	《六朝墓志检要》250《故宫博物院藏历代墓志汇编》第一册	
北齐	高肱	邺北紫陌	河南安阳，一说河北磁县	故宫博物院	《六朝墓志检要》251《故宫博物院藏历代墓志汇编》第一册	
571	傅隆显	怀柔县韦里村	北京市文物工作队？		北京市文物工作队：《北京市出土墓志目录》1964《北京石刻艺术博物馆馆藏墓志拓片精选·简述》	
574	魏翊军（懿）	邺彰之阴，西门豹祠西南	河南安阳	故宫博物院	《六朝墓志检要》261《故宫博物院藏历代墓志汇编》第一册	

葬年	墓主姓名	埋葬地	出土地	现藏地	著录研究现状	备注
585	元洪俊			故宫博物院	《六朝墓志检要》279《故宫博物院藏历代墓志汇编》第一册	
586	韩祜	长子城南十里尧山东麓	山西长子县韩坊村	故宫博物院	《六朝墓志检要》281《故宫博物院藏历代墓志汇编》第一册	
589	韩智		房山区韩村河镇		《北京石刻艺术博物馆馆藏墓志拓片精选·简述》	
593	苏巍	相州北十里邺县白素乡		故宫博物院	《六朝墓志检要》291《故宫博物院藏历代墓志汇编》第一册	
595	巩宾	雍州始平县孝义乡永丰里	陕西武功南乡	故宫博物院	《六朝墓志检要》294《故宫博物院藏历代墓志汇编》第一册	
601	赵韶	京上村南旧陵	河北定县赵村	故宫博物院	《六朝墓志检要》304《故宫博物院藏历代墓志汇编》第一册	
601	韩辅		房山区韩村河镇		《北京石刻艺术博物馆馆藏墓志拓片精选·简述》	
602	郭休	黄门桥西南	洛阳城东十八里三里桥	故宫博物院	《六朝墓志检要》307《故宫博物院藏历代墓志汇编》第一册	
605	王善来	定州城东南四里	河北定县四家庄访得	故宫博物院	《六朝墓志检要》314《故宫博物院藏历代墓志汇编》第一册	
607	刘渊	邙山之阳	河南洛阳	故宫博物院	《六朝墓志检要》321《故宫博物院藏历代墓志汇编》第一册	
610	董穆	城西北二里	河南洛阳	故宫博物院	《六朝墓志检要》332《故宫博物院藏历代墓志汇编》第一册	
610	梁璟	芒阜	洛阳高沟村北陵	故宫博物院	《六朝墓志检要》333《故宫博物院藏历代墓志汇编》第一册	

葬年	墓主姓名	埋葬地	出土地	现藏地	著录研究现状	备注
611	元钟	东都郭城东北十里邙山之阳	洛阳城东北拦驾沟村	故宫博物院	《六朝墓志检要》称归开封博物馆《六朝墓志检要》338《故宫博物院藏历代墓志汇编》第一册	
611	元陆	洛京城北之隅	洛阳城北前海资村南	故宫博物院	《六朝墓志检要》339《故宫博物院藏历代墓志汇编》第一册	
612	孔神通	河南郡河南县千金乡北邙山原	洛阳城北前海资村南	故宫博物院	《六朝墓志检要》348《故宫博物院藏历代墓志汇编》第一册	
613卒	徐纯	洛州洛阳县北邙之山	河南洛阳	故宫博物院	《六朝墓志检要》308《故宫博物院藏历代墓志汇编》第一册	
616	唐直	河南郡河南县灵渊乡翟村西南二里	洛阳城东北十里前海村东南	故宫博物院	《六朝墓志检要》389《故宫博物院藏历代墓志汇编》第一册	
620	虞臣			故宫博物院藏盖	《故宫博物院藏历代墓志汇编》第一册《陶斋藏石记》卷16《郑故大将军舒懿公(虞臣)之墓志铭》	
唐	仵钦		中国大学,今西城区二龙路教育部		常慧 王宪章:《中国大学发现唐墓调查报告》,《北平金石目》、《墓志征存目录》傅振伦:《中国大学唐仵钦墓之发掘》,《北平金石目》、《墓志征存目录》	
641	李道素	洛州河南县千金里之原	河南洛阳	故宫博物院	《唐代墓志汇编》59《故宫博物院藏历代墓志汇编》第一册	
651	潘卿	邙山之阳	河南洛阳	故宫博物院	《唐代墓志汇编》140《故宫博物院藏历代墓志汇编》第一册	
653	杨逸	邙山之阳	河南洛阳	故宫博物院	《唐代墓志汇编》183《故宫博物院藏历代墓志汇编》第一册	

葬年	墓主姓名	埋葬地	出土地	现藏地	著录研究现状	备注
655	桓彦	邙阜	河南洛阳	故宫博物院	《唐代墓志汇编》217《故宫博物院藏历代墓志汇编》第一册	
657	崔素	耀州三原县之北原	陕西三原	故宫博物院	《唐代墓志汇编》255《故宫博物院藏历代墓志汇编》第一册	
659	皇甫弘敬	龙首原隆安之里	陕西西安	故宫博物院	《唐代墓志汇编》301《故宫博物院藏历代墓志汇编》第一册	
662	王积善	芒山北原	河南洛阳	故宫博物院	《唐代墓志汇编》357《故宫博物院藏历代墓志汇编》第一册	
662	皇甫相贵	□□平原	河南洛阳	故宫博物院	《唐代墓志汇编》366《故宫博物院藏历代墓志汇编》第一册	
663	郭氏	平乐乡	河南洛阳	故宫博物院	《唐代墓志汇编》375《故宫博物院藏历代墓志汇编》第一册	
664	霍达	平乐乡邙山之阳	河南洛阳	故宫博物院	《唐代墓志汇编》412《故宫博物院藏历代墓志汇编》第一册	
666	张行恭	七帝村北三百步平原	河南安阳	故宫博物院	《唐代墓志汇编》453《故宫博物院藏历代墓志汇编》第一册《陶斋藏石记》卷17	
670	乐达	河南县郏鄏乡邙山之阳平乐乡	河南安阳？	故宫博物院	《唐代墓志汇编》515《故宫博物院藏历代墓志汇编》第一册	
672	张祖	相州滏阳滏泉西三里之平原	河南安阳	故宫博物院	《唐代墓志汇编》544《故宫博物院藏历代墓志汇编》第一册	
673	朱远	咸阳之原		故宫博物院	《唐代墓志汇编》《故宫博物院藏历代墓志汇编》第一册	
674	王君夫人	长安城西十五里高烽原	陕西西安	故宫博物院	《唐代墓志汇编》594《故宫博物院藏历代墓志汇编》第一册	

葬年	墓主姓名	埋葬地	出土地	现藏地	著录研究现状	备注
675	范褒夫人柳氏	河南洛阳		故宫博物院	《唐代墓志汇编》599《故宫博物院藏历代墓志汇编》第一册	
676	王道	蓟城南三里	丰台区右安门外		《北京石刻艺术博物馆馆藏墓志拓片精选·简述》	
676	王爱	相州城西北四十里新北村西北一里半平原	河南安阳	故宫博物院	《唐代墓志汇编》625《故宫博物院藏历代墓志汇编》第一册	
678	元赵买	城西廿里平原	四川开县	故宫博物院	《唐代墓志汇编》634《故宫博物院藏历代墓志汇编》第一册	仪凤二年十二月八日葬
678	周广	黑山东南歆城西北四里之平原	河南汤阴	故宫博物院	《唐代墓志汇编》635《故宫博物院藏历代墓志汇编》第一册	
679	公孙管真	鸱鸣埠禅师林左	陕西西安	故宫博物院	《唐代墓志汇编》661《故宫博物院藏历代墓志汇编》第一册	
681	王善相夫人禄氏	京城南洪固乡界韦曲	陕西西安	故宫博物院	《唐代墓志汇编》674《故宫博物院藏历代墓志汇编》第一册	
683	张懿	长安县龙首乡之原	陕西西安	故宫博物院	《唐代墓志汇编》705《故宫博物院藏历代墓志汇编》第一册	
688	第五安安	龙首原	陕西西安	故宫博物院	《唐代墓志汇编》773《故宫博物院藏历代墓志汇编》第一册	
688	郭本	壶关城南十五里平原	山西壶关	故宫博物院	《唐代墓志汇编》776《故宫博物院藏历代墓志汇编》第一册	

葬年	墓主姓名	埋葬地	出土地	现藏地	著录研究现状	备注
689	姬处真	北邙山原清风里			《新中国出土墓志·北京·下册》三	
691	田雁门县君	城东龙首原长乐乡王柴村南一里	陕西咸阳?	故宫博物院	《唐代墓志汇编》805《故宫博物院藏历代墓志汇编》第一册	
693	和钱	神米山西五里之平原	河南安阳	故宫博物院	《唐代墓志汇编》840《故宫博物院藏历代墓志汇编》第一册	
693	程仵郎	北□阳村西北三里之原	河北雄县	故宫博物院	《唐代墓志汇编》852《故宫博物院藏历代墓志汇编》第一册	
694	程玄景	龙首原	陕西西安	故宫博物院	《唐代墓志汇编》853《故宫博物院藏历代墓志汇编》第一册	
694	房怀亮	龙首之原	陕西西安	故宫博物院	《唐代墓志汇编》864《故宫博物院藏历代墓志汇编》第一册	
696	仇道朗	京兆南高□之原	陕西西安	故宫博物院	《唐代墓志汇编》891《故宫博物院藏历代墓志汇编》第一册	
699	姬素	村西北一里平原	山西屯留姬村西北石佛沟	故宫博物院	《唐代墓志汇编》944《故宫博物院藏历代墓志汇编》第一册	
700	冯名	应城西一里平原	山西应县	故宫博物院	《唐代墓志汇编》980《故宫博物院藏历代墓志汇编》第一册	
703	张嘉	滏阳县西南十三里平原	河南洛阳?	故宫博物院	《唐代墓志汇编》1006《故宫博物院藏历代墓志汇编》第一册	
710	申屠行	潞城县西南十五里平原	山西长治	故宫博物院	《唐代墓志汇编》1108《故宫博物院藏历代墓志汇编》第一册景龙三年十二月甲申合葬	

葬年	墓主姓名	埋葬地	出土地	现藏地	著录研究现状	备注
710	阿罗憾丘	建春门外	河南洛阳	故宫博物院	《唐代墓志汇编》1116 《故宫博物院藏历代墓志汇编》第一册	
712	王天	洹水之南原		故宫博物院	《唐代墓志汇编》1138 《故宫博物院藏历代墓志汇编》第一册	
714	郑玄果	承平里之原	陕西西安	故宫博物院	《唐代墓志汇编》1157 《故宫博物院藏历代墓志汇编》第一册	
716	高应	城东南十一里平原	山东益都	故宫博物院	《唐代墓志汇编》1184 《故宫博物院藏历代墓志汇编》第一册	
718	贾黄中	汜水县东七里原	河南荥阳	故宫博物院	《唐代墓志汇编》1208 《故宫博物院藏历代墓志汇编》第一册 《陶斋藏石记》卷21	
720	梁方张夫人	相州城西五十里平原	河南安阳	故宫博物院	《唐代墓志汇编》1229 《故宫博物院藏历代墓志汇编》第一册	
723	康威	定鼎门正北廿五里河南北山	河南洛阳	故宫博物院	《唐代墓志汇编》1269 《故宫博物院藏历代墓志汇编》第一册	
724	宋运夫人王氏	京城西南高阳原三会寺舍利塔南	陕西西安	故宫博物院	《唐代墓志汇编》1295 《故宫博物院藏历代墓志汇编》第一册	
724	吴善	八特村东北三里原	河北磁县	故宫博物院	《唐代墓志汇编》1299 《故宫博物院藏历代墓志汇编》第一册	
727	顾思恒	神禾原涂山寺东	陕西西安	故宫博物院	《唐代墓志汇编》1321 《故宫博物院藏历代墓志汇编》第一册 《金石萃编》有盖	

葬年	墓主姓名	埋葬地	出土地	现藏地	著录研究现状	备注
732	安孝臣母米氏			故宫博物院	《故宫博物院藏历代墓志汇编》第一册	
733	郭君	蓟城北丰乐乡	海淀区钓鱼台东门以北	北京石刻艺术博物馆？	《新中国出土墓志·北京·下册》四 北京石刻艺术博物馆馆藏墓志拓片精选	王利贞词
735	萧令臣	清风乡安乐里	河南洛阳	故宫博物院	《唐代墓志汇编》1438 《故宫博物院藏历代墓志汇编》第一册	
735	梁义方	林虑县城东五里曲□村西北平原	河南林县	故宫博物院	《唐代墓志汇编》1451 《故宫博物院藏历代墓志汇编》第一册	
736	邵真	李村北一里平原	河南安阳	故宫博物院	《唐代墓志汇编》1459 《故宫博物院藏历代墓志汇编》第一册	
738	李素	桃□村西南一里	山西长子	故宫博物院	《唐代墓志汇编》1471 《故宫博物院藏历代墓志汇编》第一册	
738	侯思泰	河南府河南县平乐乡北原	河南洛阳	故宫博物院	《唐代墓志汇编》1482 《故宫博物院藏历代墓志汇编》第一册	
743	崔夫人独孤氏	长安县义阳乡义阳原	陕西西安	故宫博物院	《唐代墓志汇编》1554 《故宫博物院藏历代墓志汇编》第一册	
748	大慈禅师李净觉	万年县洪固乡毕原东南	陕西咸宁	故宫博物院	《唐代墓志汇编》1642 《故宫博物院藏历代墓志汇编》第一册	

葬年	墓主姓名	埋葬地	出土地	现藏地	著录研究现状	备注
748	李秀	东京河南府洛阳县上东门之道北北部乡	河南洛阳	故宫博物院	《唐代墓志汇编》1626《故宫博物院藏历代墓志汇编》第一册	
749	薛义	国门之西龙首原	陕西西安	故宫博物院	《唐代墓志汇编》1633《故宫博物院藏历代墓志汇编》第一册	
750	李经	范阳县东北二里千龄乡平原	河北涿县	故宫博物院	《唐代墓志汇编》1638《故宫博物院藏历代墓志汇编》第一册	
750	裴公夫人韦氏	城东嘉宁乡之平原	江苏扬州	故宫博物院	《唐代墓志汇编》1646《故宫博物院藏历代墓志汇编》第一册	
750	李系	河南府洛阳县北邙南原	河南洛阳	故宫博物院	《唐代墓志汇编》1648《故宫博物院藏历代墓志汇编》第一册	
751	崔虞延	清河东武城？		故宫博物院	《唐代墓志汇编》1652《故宫博物院藏历代墓志汇编》第一册	
752	李府君夫人崔氏	寿安乡北原	河南宜阳	故宫博物院	《唐代墓志汇编》1668《故宫博物院藏历代墓志汇编》第一册	葬于天宝十载十二月十一日
752	张璬	京兆府金城县三陂乡	陕西兴平	故宫博物院	《唐代墓志汇编》1680《故宫博物院藏历代墓志汇编》第一册	
753	暴庄	邺城郡城东南一里	河南安阳	故宫博物院	《唐代墓志汇编》1690《故宫博物院藏历代墓志汇编》第一册	
755	李诒	北邙山杜郭之原	河南洛阳	故宫博物院	《唐代墓志汇编》712《故宫博物院藏历代墓志汇编》第一册	葬于天宝十三载闰十一月廿九日

葬年	墓主姓名	埋葬地	出土地	现藏地	著录研究现状	备注
755	高元表	燕城西四十里	北京	北京石刻艺术博物馆？	《新中国出土墓志·北京·下册》六 北京石刻艺术博物馆馆藏墓志拓片精选	
763	王徽	顺州城北平原	海淀区清河镇朱房村	北京石刻艺术博物馆？	《新中国出土墓志·北京·下册》五北京石刻艺术博物馆馆藏墓志拓片精选	
768	张（董）义琬		河南洛阳	故宫博物院	《唐代墓志汇编》1764 《故宫博物院藏历代墓志汇编》第一册	
768	田处琼妻阳氏	蓟城西南廿里正礼乡南胡□	丰台区樊家村郭公庄	北京石刻艺术博物馆？	《新中国出土墓志·北京·下册》八	
774	张锐	京兆凤栖原	陕西西安	故宫博物院	《唐代墓志汇编》1782 《故宫博物院藏历代墓志汇编》第一册	
776	王景秀	蓟城北保大乡之原	北京大兴	故宫博物院	《唐代墓志汇编》790 《故宫博物院藏历代墓志汇编》第一册	
777	赵悦	蓟城东南燕下乡			《新中国出土墓志·北京·下册》九	
777	赵龙	州城□□二□乡之原			《新中国出土墓志·北京·下册》十	
778	孙封	潞城南潞城乡之平原			《新中国出土墓志·北京·下册》一一	
778	李国清	益都县西原	山东益都	故宫博物院	《唐代墓志汇编》1806 《故宫博物院藏历代墓志汇编》第一册	

葬年	墓主姓名	埋葬地	出土地	现藏地	著录研究现状	备注
778	辛云京妻陇西夫人李氏	万年杜陵之南原	陕西西安	故宫博物院	《唐代墓志汇编》1809《故宫博物院藏历代墓志汇编》第一册	
780	萧俱兴	安阳高平村东北平原	河南安阳	故宫博物院	《唐代墓志汇编》1819《故宫博物院藏历代墓志汇编》第一册	
781	姚子昂	幽州城东南六里燕台乡	永定门外安乐林村大公报宿舍工地	北京市文物工作队	北京市文物工作队：《北京市出土墓志目录》1964《北京石刻艺术博物馆馆藏墓志拓片精选·简述》	
782	刘如泉	良乡县西南尚义乡之原			《新中国出土墓志·北京·下册》一二	
783	宋俨	幽州昌平县东北十里武安乡	北京昌平	故宫博物院	《唐代墓志汇编》1833《故宫博物院藏历代墓志汇编》第一册	
783卒	朱愿	昌平东南太尉乡白石山之原			《新中国出土墓志·北京·下册》一三	
787	田侁	江都县山光寺南原	扬州湾头集	故宫博物院	《唐代墓志汇编》1846《故宫博物院藏历代墓志汇编》第二册	
787卒	蔡雄				《新中国出土墓志·北京·下册》一六	
788	吴金	城西北保大乡之原			《新中国出土墓志·北京·下册》一四	
790	比丘尼正性	城南神禾原	陕西西安	故宫博物院	《唐代墓志汇编》1858《故宫博物院藏历代墓志汇编》第二册	

葬年	墓主姓名	埋葬地	出土地	现藏地	著录研究现状	备注
792	张石	潞府城西七里景云之原	山西潞城	故宫博物院	《唐代墓志汇编》1865《故宫博物院藏历代墓志汇编》第二册	
792	卢峤	河南县万安山之南原	河南洛阳	故宫博物院	《唐代墓志汇编》1866《故宫博物院藏历代墓志汇编》第二册	
793	卢峤夫人崔氏	河南县万安山阳之太茔	河南洛阳	故宫博物院	《唐代墓志汇编》1874《故宫博物院藏历代墓志汇编》第二册	
795	陈诸	北邙山之原	河南洛阳	故宫博物院	《唐代墓志汇编》1883《故宫博物院藏历代墓志汇编》第二册	
797	李侯七	河南府缑氏县公路涧西原	河南缑氏	故宫博物院	《唐代墓志汇编》1894《故宫博物院藏历代墓志汇编》第二册	
798	龙花寺尼王实照			故宫博物院	《唐代墓志汇编》1897《故宫博物院藏历代墓志汇编》第二册贞元十三年十二月十九日葬	
798	孙如玉	潞川			《新中国出土墓志·北京·下册》一五	
799	崔程	洛阳县平阴乡陶村	河南洛阳	故宫博物院	《唐代墓志汇编》1906《故宫博物院藏历代墓志汇编》第二册	
801	郑怀	万安旧封	河南洛阳	故宫博物院	《唐代墓志汇编》1910《故宫博物院藏历代墓志汇编》第二册	
802	张容成	河南县龙门乡午桥村	河南洛阳	故宫博物院	《唐代墓志汇编》1919《故宫博物院藏历代墓志汇编》第二册	
803	毕游江	府城西北七里冰河乡之原	河北正定	故宫博物院	《唐代墓志汇编》1927《故宫博物院藏历代墓志汇编》第二册	

葬年	墓主姓名	埋葬地	出土地	现藏地	著录研究现状	备注
805	王恭	幽州昌平县东十五里太尉乡之北原	昌平县何家营村	北京市文物工作队？	北京市文物工作队：《北京市出土墓志目录》1964	
806	魏和	北邙	河南洛阳	故宫博物院	《唐代墓志汇编》1950《故宫博物院藏历代墓志汇编》第二册	
807	朱府君	幽州良乡县□□□	良乡县下豆各庄	北京市文物工作队？	北京市文物工作队：《北京市出土墓志目录》1964	李鸿撰
808	任紫宸	幽州城东北七里余	东单御河桥	北京市文物工作队？	北京市文物工作队：《北京市出土墓志目录》1964	冯霄撰
808	史光	良乡县仁风乡			《新中国出土墓志·北京·下册》一七	
808卒	樊□言	□门乡万寿寺东园	陕西西安	故宫博物院	《唐代墓志汇编》1879【拓片不完整】《故宫博物院藏历代墓志汇编》第二册	
809	孙素朱			故宫博物院	《唐代墓志汇编》1975《故宫博物院藏历代墓志汇编》第二册	
812	李藤	幽州良乡县房山乡之平原			《新中国出土墓志·北京·下册》一八	
813	王叔原	幽都县归义乡	阜成门外二里沟	北京市文物工作队？	北京市文物工作队：《北京市出土墓志目录》1964	王知徽撰
813	桑氏夫人	幽州城东北五里燕夏乡海王村	东单御河桥	北京市文物工作队？	北京市文物工作队：《北京市出土墓志目录》1964	

葬年	墓主姓名	埋葬地	出土地	现藏地	著录研究现状	备注
813	秦士宁	汜水县东	河南荥阳	故宫博物院	《唐代墓志汇编》1991 《故宫博物院藏历代墓志汇编》第二册	
814	高承金	昭义县临水乡之西原	河北磁县	故宫博物院	《唐代墓志汇编》1996 《故宫博物院藏历代墓志汇编》第二册元和八年十二月景申葬	
815	刘(大德)性忠	龙门望仙乡护保村	河南洛阳	故宫博物院	《唐代墓志汇编》2008 《故宫博物院藏历代墓志汇编》第二册	
815	臧协妻向氏	龙门天阙之南伊汭乡中梁之原	河南洛阳	故宫博物院	《唐代墓志汇编》2009 《故宫博物院藏历代墓志汇编》第二册	
816	和元烈	幽府之东燕台乡高义村之原			《新中国出土墓志·北京·下册》一九	刘适撰
816	李洪	幽都县西吊虞之原			《新中国出土墓志·北京·下册》二〇	李标撰邠王少子
816	石默啜	州西北燕山之阳陵云乡	河北易县	故宫博物院	《唐代墓志汇编》2024 《故宫博物院藏历代墓志汇编》第二册目录为十二年	
816	申屠晖光	阁室村西北一里	山西潞城合室村	故宫博物院	《唐代墓志汇编》2014 《故宫博物院藏历代墓志汇编》第二册	
816	李岸与夫人徐氏	府城北十五里寿阳之原	河北正定	故宫博物院	《唐代墓志汇编》2015 《故宫博物院藏历代墓志汇编》第二册	

葬年	墓主姓名	埋葬地	出土地	现藏地	著录研究现状	备注
817	赵诚夫人宗氏	北邙原杜翟村	河南洛阳	故宫博物院	《唐代墓志汇编》2027《故宫博物院藏历代墓志汇编》第二册	
819	李弘亮	涿之东北周落之原		故宫博物院	《唐代墓志汇编》2037《故宫博物院藏历代墓志汇编》第二册	
819	萧子昂与夫人高氏	州西卅五里先代茔	河南安阳	故宫博物院	《唐代墓志汇编》2038《故宫博物院藏历代墓志汇编》第二册	
820	朱曰□	幽州城西一十五里幽都界房仙乡大丰里之北原			《新中国出土墓志·北京·下册》二一	
820	李治	河南府河阴县广武山之南平原		故宫博物院	《故宫博物院藏历代墓志汇编》第二册	
820	赵氏夫人	长安县昆明乡魏村	陕西西安	故宫博物院	《唐代墓志汇编》2047《故宫博物院藏历代墓志汇编》第二册《陶斋藏石记》卷30	
820	王佺与夫人李氏	青州益都西北九里尧山东南隅孝义乡之原	山东益都	故宫博物院	《唐代墓志汇编》2053《故宫博物院藏历代墓志汇编》第二册	
820	弓府君并夫人郭氏	州西南四里平源	山西灵丘	故宫博物院	《唐代墓志汇编》2055《故宫博物院藏历代墓志汇编》第二册	
823	杨鳞夫人达奚氏	良乡玄寝			《新中国出土墓志·北京·下册》二二	杨素七世孙杨弘正述

葬年	墓主姓名	埋葬地	出土地	现藏地	著录研究现状	备注
823	周望	朔州天宁军城西北三里平原	山西朔州	故宫博物院	《唐代墓志汇编》2073《故宫博物院藏历代墓志汇编》第二册《陶斋藏石记》卷30	
825？	石忠政	庄东南	陕西西安	故宫博物院	《唐代墓志汇编》2086《故宫博物院藏历代墓志汇编》第二册 罗振玉《墓志征存目录》葬年为宝历元年	墓志残字痕迹似为大历元年
826	郑仲连	潞州府东北闎村之平原		故宫博物院	《唐代墓志汇编》2047《故宫博物院藏历代墓志汇编》第二册	
827	曹朝宪夫人陶氏	蓟城东南八里会川乡从善村东北原			《新中国出土墓志·北京·下册》二三	窦少文撰
		幽州幽都县西北界樊里之原			《新中国出土墓志·北京·下册》	
828	侯□弘	幽都县界礼贤乡刘村之原			《新中国出土墓志·北京·下册》二四	路□心撰
829	李蕚	河南府密县义台乡许吕管敬义里明山之阳	河南密县	故宫博物院	《故宫博物院藏历代墓志汇编》第二册	
830	王逊	河南府河南县长乐乡平原里之北原	河南洛阳	故宫博物院	《唐代墓志汇编》2115《故宫博物院藏历代墓志汇编》第二册	

葬年	墓主姓名	埋葬地	出土地	现藏地	著录研究现状	备注
830	杜氏	府城西北五里寿阳村之原	河北正定	故宫博物院	《唐代墓志汇编》2116 《故宫博物院藏历代墓志汇编》第二册	
830	吴达	京兆府万年县洪固乡北韦村	陕西西安	故宫博物院	《唐代墓志汇编》2117 《故宫博物院藏历代墓志汇编》第二册	
832	李元素	京兆府万年县龙首乡成义里凤栖原	陕西西安	故宫博物院	《唐代墓志汇编》2129 《故宫博物院藏历代墓志汇编》第二册 陆增祥《八琼室金石补正》	
833	周玛妻刘氏	幽府东南十里燕台乡高义村之原	丰台区蒲黄榆方庄小区焦家花园路南侧	北京石刻艺术博物馆?	《新中国出土墓志·北京·下册》二五 北京石刻艺术博物馆馆藏墓志拓片精选	贾暄同时出周玛墓志
833	辛幼昌	京兆万年县三赵村东原	陕西西安	故宫博物院	《唐代墓志汇编》2136 《故宫博物院藏历代墓志汇编》第二册	
834	杨迥	万年县高平乡高望里	陕西西安	故宫博物院	《唐代墓志汇编》2151 《故宫博物院藏历代墓志汇编》第二册	
834	田万升	(潞)府城西南五里		故宫博物院	《唐代墓志汇编》2155 《故宫博物院藏历代墓志汇编》第二册	
835	杜公夫人李氏	长安县龙首乡	陕西西安	故宫博物院	《唐代墓志汇编》2159 《故宫博物院藏历代墓志汇编》第二册	

葬年	墓主姓名	埋葬地	出土地	现藏地	著录研究现状	备注
	张建章		德胜门外冰窖口东		《北京石刻艺术博物馆馆藏墓志拓片精选·简述》 徐自强:《张建章墓志考》,《文献》1979－5 佟柱臣《〈渤海记〉著者张建章墓志考》,《黑龙江文物丛考》1981年创刊号 赵其昌:《唐〈张建章墓志〉续考》,《首都博物馆丛刊》2004－18	
836	李彦崇	扬州江阳县仁善乡弦歌坊千秋里蜀岗之侧	江苏扬州	故宫博物院	《唐代墓志汇编》2170 《故宫博物院藏历代墓志汇编》第二册	
838	周元长	蓟城东北七里龙道之古原	西城区颐坛寺西街	北京市文物工作队?	北京市文物工作队:《北京市出土墓志目录》1964	
838	李平	自颍阳县移洛阳	河南洛阳	故宫博物院	《唐代墓志汇编》2179 《故宫博物院藏历代墓志汇编》第二册	833年葬颍阳县万安山南原
838	陈沕	河南府寿安县连理乡寇庄村	河南洛阳	故宫博物院	《唐代墓志汇编》2179 《故宫博物院藏历代墓志汇编》第二册	
839	辅德一	万年县宁安乡毕原	陕西西安	故宫博物院	《唐代墓志汇编》2189 《故宫博物院藏历代墓志汇编》第二册	
839	杨澄夫人程氏	□□□南三里		故宫博物院	《唐代墓志汇编》2191 《故宫博物院藏历代墓志汇编》第二册	
841	王方彻	镇府真定县永安乡北□村之北原	河北正定	故宫博物院	《唐代墓志汇编》2215 《故宫博物院藏历代墓志汇编》第二册	

葬年	墓主姓名	埋葬地	出土地	现藏地	著录研究现状	备注
845	柳老师	杜城村	陕西西安	故宫博物院	《唐代墓志汇编》2241《故宫博物院藏历代墓志汇编》第二册	
846	卫景初	河南县平乐乡朱阳村	河南洛阳	故宫博物院	《唐代墓志汇编》2247《故宫博物院藏历代墓志汇编》第二册	
846	王时邕	蓟县南一十五里广宁乡鲁村东一里之原	丰台区槐房乡六必居酱菜园工地	北京石刻艺术博物馆?	《新中国出土墓志·北京·下册》二七《北京石刻艺术博物馆馆藏墓志拓片精选》洪欣：《〈王时邕墓志〉、〈阳氏墓志考〉》，《北京文物与考古》第二辑，1991	贾暄撰李方素书
846	宋再初妻蔡氏	幽州幽都县界礼贤乡龙道村西南一百廿步之原	西城区地安门西大街北海中学	北京石刻艺术博物馆?	《新中国出土墓志·北京·下册》二八《北京石刻艺术博物馆馆藏墓志拓片精选》	成褒撰
847	华封舆	幽州幽都县保大乡樊村之原			《新中国出土墓志·北京·下册》二九	幽州节度两蕃副使
847	纪公夫人张氏	蓟城西幽都县幽都乡石槽之原			《新中国出土墓志·北京·下册》三〇	夫试鸿胪卿纪公制
847	曹府君暨夫人张氏	昌平县东太尉乡白浮之原	昌平县白浮村	北京市文物工作队?	北京市文物工作队：《北京市出土墓志目录》1964	
847	张亮	孟州河阳县丰平乡赵村里之北原	河南孟县	故宫博物院	《唐代墓志汇编》2256《故宫博物院藏历代墓志汇编》第二册	

葬年	墓主姓名	埋葬地	出土地	现藏地	著录研究现状	备注
847	契苾公妻何氏	振武军□□□原之邑	陕西西安？	故宫博物院	《唐代墓志汇编》2260《故宫博物院藏历代墓志汇编》第二册	
849	张锋	唐县唐城□□张□古原	河北唐县	故宫博物院	《唐代墓志汇编》2270《故宫博物院藏历代墓志汇编》第二册	
850	翟府君夫人婉	京兆府鄠县宜善乡中庞村	陕西鄠县	故宫博物院	《唐代墓志汇编》2278《故宫博物院藏历代墓志汇编》第二册	
850	卢夫人	寿春县俊造乡左史坊寿□之东廿里	安徽寿县	故宫博物院	《北京图书馆藏中国历代石刻拓本汇编》32册52《故宫博物院藏历代墓志汇编》第二册	
851	刘继	长安县城西龙首乡未央里祁村白帝坛西南隅三百余步	陕西西安	故宫博物院	《唐代墓志汇编》2286《故宫博物院藏历代墓志汇编》第二册大中四年十二月廿九日葬	
852	王公淑				《新中国出土墓志·北京·下册》二六	幽州节度判官寇伦撰
852	董惟靖	江都先考茔侧域内	江苏江都	故宫博物院	《唐代墓志汇编》2300《故宫博物院藏历代墓志汇编》第二册	
854	张谈英兼夫人刘氏	南阳郡先茔	河南南阳	故宫博物院	《唐代墓志汇编》2316《故宫博物院藏历代墓志汇编》第二册	
855	赵建遂与董氏王氏二夫人	易州东南五里	河北易县	故宫博物院	《唐代墓志汇编》2317《故宫博物院藏历代墓志汇编》第二册	

葬年	墓主姓名	埋葬地	出土地	现藏地	著录研究现状	备注
855	卢子蕃夫人郑氏	郑州荥阳县檀山岗	河南荥阳	故宫博物院	《唐代墓志汇编》2317《故宫博物院藏历代墓志汇编》第二册	
856	李昼	先人之殡侧	陕西西安	故宫博物院	《唐代墓志汇编》2340《故宫博物院藏历代墓志汇编》第二册	
856	李府君	振武军城正西三里平原		故宫博物院	《唐代墓志汇编》2344《故宫博物院藏历代墓志汇编》第二册《陶斋藏石记》卷34	
856	郑恕已	中山某庄西南一里平原	河北定县	故宫博物院	《唐代墓志汇编》2346《故宫博物院藏历代墓志汇编》第二册	
856?	周玨	蓟县高义村之原			《新中国出土墓志·北京·下册》三一	子检校太子宾客周在中撰书
857	陈立行	幽都县礼贤乡之平原	北京丰台	故宫博物院	《唐代墓志汇编》2352《故宫博物院藏历代墓志汇编》第二册	
859	韦广惠	韦曲之右	西安城南韦曲西北	故宫博物院	《唐代墓志汇编》2368《故宫博物院藏历代墓志汇编》第二册	志主大德比丘尼
859	朱萱	邑之西原白路里	江苏扬州	故宫博物院	《唐代墓志汇编》2370《故宫博物院藏历代墓志汇编》第二册	初葬大中四年
862	马惟良与夫人王氏	□州城西南约七里高元	山东寿光	故宫博物院	《唐代墓志汇编》2387《故宫博物院藏历代墓志汇编》第二册	
867	李郴夫人宇文氏	长安县承平乡龙首原南刘村	陕西西安	故宫博物院	《唐代墓志汇编》2426《故宫博物院藏历代墓志汇编》第二册	

葬年	墓主姓名	埋葬地	出土地	现藏地	著录研究现状	备注
868	赵从一	蓟县城东燕台乡杨村平原			《新中国出土墓志·北京·下册》三二	
870	孙英暨夫人王氏	仲孙葬涿州范阳县弘化乡白带管中庄西一里创茔龙岗原			《新中国出土墓志·北京·下册》三三	夫妇葬良乡县金山乡
870	戎仁诩夫人刘氏	钦贤乡修山东北原	江苏句容	故宫博物院	《唐代墓志汇编》2442 《故宫博物院藏历代墓志汇编》第二册	
874 卒	温令绥及妻门氏	海淀区万寿路	幽都县房仙乡	北京石刻艺术博物馆？	《新中国出土墓志·北京·下册》三四 北京石刻艺术博物馆馆藏墓志拓片精选	温彦博七世侄温景中撰
875	孙瓛	河南县平乐乡杜郭村		故宫博物院		《故宫博物院藏历代墓志汇编》第二册
875	郭宣	京兆府长安县龙首乡祁村	陕西西安	故宫博物院	《唐代墓志汇编》2473 《故宫博物院藏历代墓志汇编》第二册	
877	李頵	先茔	河南洛阳	故宫博物院	《故宫博物院藏历代墓志汇编》第二册	
879	韩宗穗	幽州蓟县广宁乡姚村原			《新中国出土墓志·北京·下册》三五 《新中国出土墓志·北京·下册》三六	
879	郭全丰及夫人宋氏	宣泉□西北一里半原	山西长治	故宫博物院	《唐代墓志汇编》2497 《故宫博物院藏历代墓志汇编》第二册	

葬年	墓主姓名	埋葬地	出土地	现藏地	著录研究现状	备注
879	申屠珣夫人贺氏	阁室村西北羊里平原之坰	山西潞城	故宫博物院	《唐代墓志汇编》2498《故宫博物院藏历代墓志汇编》第二册	
880	茹弘庆	幽都县刘□□□		□	《新中国出土墓志·北京·下册》三七	
880	张师儒	万年县宁安乡	陕西西安	故宫博物院	《唐代墓志汇编》2502《故宫博物院藏历代墓志汇编》第二册	
881	祖君夫人杨氏	沧州清池县玄都乡□祥里	河北沧县	故宫博物院	《唐代墓志汇编》2506《故宫博物院藏历代墓志汇编》第二册	
882	王府君	相州东北古北王村	河南安阳	故宫博物院	《唐代墓志汇编》2507《故宫博物院藏历代墓志汇编》第二册	
883	戚高	诸暨石鮮皇父之茔右壬首	浙江诸暨	故宫博物院	《唐代墓志汇编》2512《故宫博物院藏历代墓志汇编》第二册《陶斋藏石记》卷35	
885?	李公夫人王氏	雄武军东北五里之原		故宫博物院	《唐代墓志汇编》2518《故宫博物院藏历代墓志汇编》第二册	
888	刘铃	蓟县姚村北原			《新中国出土墓志·北京·下册》三八	郑隼撰
888	要氏夫人	昌平县安集乡怀居里	海淀区白家疃	北京市文物工作队？	北京市文物工作队：《北京市出土墓志目录》1964	路□□撰
888	卢公妻赵氏	府城西北十里樊村	海淀区紫竹院三虎桥	北京市文物工作队？	北京市文物工作队：《北京市出土墓志目录》1964	

葬年	墓主姓名	埋葬地	出土地	现藏地	著录研究现状	备注
890	杨公夫人李氏	万年县同仁乡仇白村	陕西西安	故宫博物院	《唐代墓志汇编》2523《故宫博物院藏历代墓志汇编》第二册	
898	崔舣与夫人郑氏	河南府寿安县甘泉乡连理村	河南宜阳	故宫博物院	《唐代墓志汇编》2535《故宫博物院藏历代墓志汇编》第二册	
初唐	许洛仁妻宋善主	龙首原	陕西西安	故宫博物院	《北京图书馆藏中国历代石刻拓本汇编》16册36《故宫博物院藏历代墓志汇编》第二册	许洛仁陪葬昭陵碑载《全唐文》卷991
唐	薛府君		永定门内姚家井	北京市文物工作队?	北京市文物工作队:《北京市出土墓志目录》1964	
唐	杜府君夫人朱氏	龙首原	陕西西安	故宫博物院	《唐代墓志汇编》残12《故宫博物院藏历代墓志汇编》第二册	
唐	王郊	万年县浐川乡		故宫博物院	《故宫博物院藏历代墓志汇编》第二册	
唐	刘府君夫人侯氏	深州?常山城东北五里之平原			故宫博物院《唐代墓志汇编》残29《故宫博物院藏历代墓志汇编》第二册	
	赵公夫人李氏王氏				《新中国出土墓志·北京·下册》七	
后梁910	穆征君	涿州东三里孝义乡河源村之原	河北涿县	故宫博物院	《故宫博物院藏历代墓志汇编》第二册《陶斋藏石记》卷38	
吴913	邢沨夫人周氏	镇平府平山县望仙乡之北原	河北平山	故宫博物院	《故宫博物院藏历代墓志汇编》第二册《北京图书馆藏中国历代石刻拓本汇编》34册49	

葬年	墓主姓名	埋葬地	出土地	现藏地	著录研究现状	备注
吴 916	张宗谏	军城之西北隅五里马邑县珍戎胡乡和息马里之南原	山西朔县	故宫博物院	《故宫博物院藏历代墓志汇编》第二册 《陶斋藏石记》卷36	
后汉 948	张府君	贝丘乡蔓固村漳济里	河北宁晋县大杨庄	故宫博物院	《故宫博物院藏历代墓志汇编》第二册	

王苹苹:《北京石刻艺术博物馆馆藏墓志拓片精选·简述》称唐代墓志在北京地区出土大约在80方左右。

（本文作者：中央民族大学博士生）

后 记

　　丧葬作为一种文明现象,在保存历史文化中,发挥了特殊的作用。墓志铭和墓碑,是丧葬文化中最可珍惜的一部分。墓志铭不仅保存在古今中外不少文人墨客的文集中,也作为石刻文献不断出土,丰富了人们了解历史文化的资料。已经发现的墓志,保存的隋唐人物传记数量,大约是隋书和两唐书人物传的四倍,仅此一点便可知其可贵。史学家研究历史,十分重视碑志资料,已经蔚然成风。

　　由于墓志在史学、文学、书法艺术等多方面的特殊价值,也受到一些收藏家的亲睐。近百年来,复制赝品也渐成风气。典型如洛阳人,在唐代开采石料的原地,从采石到打磨成材,镌刻志文,形成产业链,伪造的假文物,正在伤害学术文化的进步。20年前,周绍良先生就对我说过,他收的拓片中,就有30多方属伪刻的墓志。而造假的痕迹,更多是要靠看原石才能辨识。目前流传的许多墓志拓本书籍,编者多无周先生那样的法眼,若未经过与原石核对,仔细辨伪,难免鱼目混珠,造成谬种流传。

　　《大唐西市博物馆藏墓志》是完全用自己的藏石,经过多方求证反复辨伪之后,录文刊出的。这次首发式和学术研讨会,强调做墓志利用拓片时,不能光从网上检索,要关注原石的收藏情况。会上特别约请多位专家介绍本地墓志的出土收藏研究情况,这部分发言受到与会学者欢迎。会议论文结集出版时,我们进一步组织补充这部分内容,从藏石角度介绍墓志的信息,特别编为下册,以便利用。

　　现在选编的内容仅涉及西安、洛阳、北京和山西、河北、甘肃等墓志出土较多的六省市。因为众多藏家的藏石秘不示人,不少博物馆藏品尚未整理展示的原因,也因本书要赶着出版公布回鹘葛啜王子墓志的研究成果,所以局促收集的这些资料还很不完善。且作抛砖引玉,只要能给学者们提供一些信息和方便就好。我们还将安排专人收集整理各地墓志出土保存情况的资料,尽量用不断更新的电子版形式提供给需要的学者,以尽西市人自觉传承文化,续写历史的责任。

  个人还想说的一点是,墓志铭不仅记载历史,而且激励人生。你总要做些好事,才有好写进墓志铭的,去夸耀人生。泛而言之,整个丧葬文化,具有慎终追远、缅怀故人的作用。纪念前辈先贤,可以培养感恩之心,而有感恩心,才是一切伦理道德的起点。懂得感恩父母长辈朋友,才会去回报家乡社会国家。十年前,我和陕西台的杨芳一起去上海卫视做祭黄帝陵的直播,最后主持人专门让我讲一讲对丧葬文化的想法。我是主张结合环保,绿化荒山,有管理地恢复丧葬文化的。近年还向昭陵墓园建议,提倡为逝者写墓志铭。可以将铭文精刻在青铜或不锈钢材料上,置入骨灰盒,复制品留为子孙亲朋纪念。这样还带动起墓志铭文学、书法和铸造业,马上形成一个产品每年数以千万计的新的文化产业链。不仅藉以寄托哀思,更有激励人生,引导风尚的意义。千年之后,当代人的这些写着他们的人生追求,快乐和不幸,奉献和遗憾,不同于千篇一律只为应付追悼会的墓志铭,谁说不是文物呢?

胡　戟

2013.7.7